THE
RISE PROGRESS,
AND
PRESENT CONDITION
of
BANKING IN INDIA

हिन्दी-अंग्रेजी मिज़ो शब्दकोश
HINDI-ENGLISH-MIZO DICTIONARY

हिन्दी-अंग्रेज़ी-मिज़ो शब्दकोश
HINDI-ENGLISH-MIZO DICTIONARY

डॉ. सी.ई. जीनी

वाणी प्रकाशन

वाणी प्रकाशन
4695, 21-ए, दरियागंज, नयी दिल्ली 110 002
फ़ोन : +91 11 23273167 फ़ैक्स : +91 11 23275710
शाखाएँ
अशोक राजपथ, पटना 800 004, बिहार
कॉफ़ी हाउस कैम्पस, महात्मा गांधी मार्ग, इलाहाबाद 211 001, उत्तर प्रदेश
महात्मा गांधी अन्तरराष्ट्रीय हिन्दी विश्वविद्यालय, वर्धा 442 001, महाराष्ट्र
सुल्तानिया रोड, मोतिया पार्क, भोपाल 462 001, मध्य प्रदेश
www.vaniprakashan.com
marketing@vaniprakashan.in
sales@vaniprakashan.in

HINDI-ENGLISH-MIZO DICTIONARY
by Dr. C.E. Jeeni

ISBN : 978-81-7055-538-4
Dictionary

प्रथम संस्करण 1997
द्वितीय संस्करण 2021

मूल्य : ₹ 695

सिटी प्रेस, दिल्ली-110 095 में मुद्रित

वाणी प्रकाशन का लोगो मक़बूल फ़िदा हुसेन की कूची से

भूमिका

मिज़ोरम भारतीय गणतंत्र का सुदूर पूर्व में स्थित एक महत्वपूर्ण प्रदेश है। 'मिजो' एक जाति-विशेष का नाम है। 'रम' का अर्थ है क्षेत्र या भूमि। 'मिज़ोरम' का अर्थ है मिज़ो लोगों द्वारा आवासित भूमि। 'मिज़ो' शब्द के भी दो अंश हैं—'मि' का अर्थ है आदमी और 'ज़ो' जिसका अर्थ है ठण्ड। इन दोनों अंशों के योग से बना है मिज़ो शब्द, जिसका अर्थ है ठंडे स्थान पर रहने वाला आदमी।

यद्यपि आजकल मिज़ोरम में न केवल मिज़ो जाति के लोग ही हैं, परन्तु भारत के अन्य प्रदेश के लोग भी आकर बस गए हैं। जिसमें मुख्य रूप से बंगाली तथा नेपाली हैं। विकास की गति तीव्र होने के कारण भारतवर्ष के अन्यान्य प्रदेशों के लोग मिज़ोरम में सरकारी नौकरियों में नियुक्त हैं। अतएव कहा जा सकता है कि मिज़ो प्रदेश एक छोटा भारत ही है जिसके कई रंगों में से प्रधानतया मिज़ो लोगों का रंग विशिष्ट है।

मिज़ोरम में मिज़ो लोगों द्वारा बोली जाने वाली भाषा जो मिज़ो या लुशाई कहलाती है। पूरे राज्य में कई और भाषाएँ/बोलियाँ व्यवहार में प्रचलित हैं किन्तु इसमें मुख्य भाषा मिज़ो या लुशाई ही है। सरकारी कामकाज में और कई औपचारिक अनौपचारिक सन्दर्भों में अंग्रेजी का प्रयोग होता है। इन दोनों के अतिरिक्त हिन्दी भाषा का स्थान व्यवहार और लोकप्रियता की दृष्टि से मिज़ो भाषा के बाद दूसरा स्थान है। औपचारिक शिक्षा में यद्यपि इसे उतना महत्वपूर्ण स्थान नहीं दिया गया है। जितना कि अंग्रेजी को प्राप्त है, फिर भी अनौपचारिक क्षेत्र में मिज़ो के बाद दूसरी सर्वाधिक व्यवहृत भाषा हिन्दी है।

भारत की अन्यान्य भाषाओं में राष्ट्रीय भावना एवं विभिन्न जनवर्गों के मध्य सहभागिता का भाव जागृत करने वाली भाषा प्रमुख रूप से हिन्दी है। वर्तमान समय में मिज़ोरम राज्य की शिक्षा संस्थाओं में आरम्भिक स्तर से लेकर कॉलेज स्तर तक के पाठ्यक्रम में हिन्दी भी एक अनिवार्य अथवा वैकल्पिक विषय है। मिज़ो भाषा-भाषी छात्रों को हिन्दी का वैज्ञानिक ढंग से शिक्षण देने का प्रयास जोरों से चल रहा है। स्वयं मिज़ोभाषी अध्यापक हिन्दी की उच्च उपाधियाँ प्राप्त करके अध्यापन कार्य में निरत हैं। इन अध्यापकों को हिन्दी शिक्षण की वैज्ञानिक पद्धति का प्रशिक्षण दिया जा रहा है। यह उल्लेखनीय है कि मिज़ोरम की राजधानी आइज़ोल में हिन्दी प्रशिक्षण महाविद्यालय सरकार द्वारा संचालित है जिसके प्राचार्य एवं अन्य प्राध्यापक मिज़ोभाषी ही हैं। मिज़ो लोगों की संस्कृति एवं जन-जीवन को दृष्टि में रखते हुए पाठ्य-पुस्तकें तैयार की गई हैं अध्यापक-प्रशिक्षण तथा पाठ्य-पुस्तक निर्माण के कार्य में केन्द्रीय हिन्दी संस्थान, आगरा का योगदान अत्यंत महत्वपूर्ण रहा है।

सरकारी शिक्षण संस्थाओं के अतिरिक्त राष्ट्रभाषा प्रचार समिति वर्धा, असम राष्ट्रभाषा

प्रचार समिति एवं मिज़ोरम हिन्दी प्रचार परिषद् में हिन्दी प्रचार संस्था के द्वारा भी हिन्दी की परीक्षाएँ चलाई जाती हैं। इनके लिए हिन्दी-अध्यापन की व्यवस्था की जाती है।

हिन्दी भाषा के पठन-पाठन के विकास के साथ, हिन्दी के उपन्यास, कथा-साहित्य, समाचार-पत्र आदि के पढ़ने में तथा हिन्दी फिल्मों के गीत आदि सीखने में भी लोगों की रुचि बढ़ रही है।

इस संदर्भ में हिन्दी, अंग्रेजी, मिज़ो शब्दकोश की बड़ी आवश्यकता अनुभव की जाती रही है।

यह लेखिका कई वर्षों से हिन्दी के अध्ययन तथा अध्यापन में निरत रही है, हिन्दी भाषा साहित्य, भाषाविज्ञान आदि विषयों में स्नातकोत्तर उपाधि प्राप्त करने के अतिरिक्त शोध उपाधि 'डाक्टरेट' भी प्राप्त की है तथा केन्द्रीय हिन्दी संस्थान से प्रशिक्षण उपाधि प्राप्त की है।

अनेक वर्षों से मिज़ो भाषा-भाषी छात्रों तथा संस्थान में अध्ययनरत विभिन्न भाषा-भाषियों को हिन्दी विषय का अध्यापन करने का अनुभव प्राप्त किया है। इस कार्य के दौरान मिज़ो तथा हिन्दीतर भाषा-भाषियों को हिन्दी सीखने में होने वाली कठिनाइयों तथा समस्याओं से अवगत होती रही हैं। हिन्दी-मिज़ो शब्दकोश का अभाव खटकता रहा अतएव इस कोश कार्य को करने का साहस किया है। सन् 1986 से धीरे-धीरे प्रयास करते हुए यह कोश इस वर्ष एक प्रकार से प्रकाशन योग्य बना है।

हिन्दी के अध्ययन एवं अध्यापन में निरत छात्र एवं विद्वान् अध्यापक इस कोश ग्रन्थ का अवश्य स्वागत करेंगे, यह दृढ़ विश्वास है।

इस कार्य को संपन्न करने में कई विद्वानों का मार्गदर्शन एवं सहयोग प्राप्त हुआ है। विशेषकर डा. न. वी. राजगोपालन का उल्लेख करना आवश्यक है। कई भाषाओं के विद्वान्, भाषा-विज्ञान एवं भाषा-शिक्षण पद्धति के विशेषज्ञ होने के साथ-साथ उन्होंने हिन्दी तथा तमिल, तेलगु, अंग्रेजी आदि अन्य भाषाओं में हिन्दी से अनुवाद कार्य एवं मौलिक रचना कार्य करके ख्याति प्राप्त की है। उनके प्रति हार्दिक कृतज्ञता व्यक्त करना इस लेखिका का कर्तव्य है।

कई अन्य विद्वानों से समय-समय पर इस कार्य के लिए प्रेरणा, परामर्श तथा अन्य आवश्यक सहयोग मिला है। विशेष रूप से श्री चंद्रधर त्रिपाठी आई. ए. एस. सचिव, भारत सरकार ने इस कोश के निर्माण के प्रति रुचि प्रकट की और प्रेरणा दी और इस कोश को शीघ्र पूरा करने के लिए प्रोत्साहित किया। मैं उनके प्रति हृदय से आभार प्रकट करती हूँ।

इस कार्य में अंग्रेजी और हिन्दी के कुछ प्रसिद्ध शब्दकोशों का सहारा लिया गया है। विशेषकर इंगलिश-लुशाई डिक्शनरी, जे. एफ. लाल्डाइलोवा के द्वारा निर्मित तथा डा. रघुवीर, डा. रामचंद्र शर्मा, डा. हरदेव बाहरी के द्वारा निर्मित हिन्दी शब्दकोश प्रस्तुत कोश की रचना के लिए सहायक रहीं। ये लेखिका इन ग्रंथों के निर्माताओं के प्रति भी आभार प्रकट करती है।

हिन्दी-मिज़ो शब्दकोश की रचना का यह प्रथम प्रयास है। जैसा कि पहले उल्लेख किया जा चुका है मिज़ोरम में कई बोलियाँ व्यवहृत हैं। इनमें परस्पर अन्तर है। तो भी पूरे राज्य में मानक भाषा के रूप में प्रचलित शैली 'लुशाई' ही है। इस शब्दकोश में उसी बोली को प्राधान्य दिया गया है। फिर भी कई स्थानों में लुशाई के साथ दूसरी बोलियों के प्रयोग भी अर्थ-संदर्भ के अनुसार दिए गए हैं।

स्कूल एवं कॉलेज की हिन्दी पाठ्य पुस्तकों, समाचार पत्र, रेडियो और दूरदर्शन पर प्रसारित हिन्दी समाचार, हिन्दी कथा साहित्य, हिन्दी फिल्म आदि क्षेत्रों में प्रचलित हिन्दी शब्दों एवं प्रयोगों को इस कोश में संकलित करने का प्रयास किया गया है। इस ग्रन्थ के परिशिष्ट भाग में दैनिक उपयोग की वस्तुओं, रिश्तों, विभिन्न खाद्य वस्तुओं, शरीर के अंग, रोग, त्योहार आदि अनेक संदर्भों के शब्द संकलित किए गए हैं।

विश्वास किया जाता है कि कोश-निर्माण का यह प्रयास उपयोगी सिद्ध होगा और मिज़ो भाषी छात्र एवं अध्यापक इस ग्रन्थ का सहर्ष स्वागत करेंगे।

प्रो. सी. ई. जीनी

आइ.आइ.टी. बेर सराय
नई दिल्ली-110016

Thu Hmahruai

Kan ram leh hnam tân hmasawnna nia ngaiin leh Mizo ṭawng zirduhte tan (Mizo ṭawng Nagri Script) a ziakin Hindi-English-Mizo Dictionary hi duhthusâm lo takin ka han buatsaih ve a, 1986 kum bul lama ṭanin tunah hian peih fel a lo ni thei ta a, duhthu sâm tling lo mahse chhiartu ten ṭawng lama hma insawn phah ngei ka beisei a ni. Hun lo la kal zel turah hei aia ṭha zawk buatsaih anih theih nan a dik lohna leh kimhlelhna hretu apiang chuan a tih dân tur ṭha zawk min kawhhmuh zêl ula, ka lawm êm êm ang.

–Chawngthu Engineeri Jeeni

New Delhi
11th Aug. 2006

आमुख

भारत की बहुरंगी संस्कृति में हमारी जनजातियों का विशिष्ट स्थान है। विभिन्न जनजातियों के उद्भव के सम्बंध में भिन्न-भिन्न मान्यताएँ हैं, किन्तु यह निर्विवाद है कि वे जहाँ भी बसीं अपने निकटवर्ती गैर-जनजातीय समुदायों से उनका सामाजिक और सांस्कृतिक आदान-प्रदान हमेशा होता रहा। बहुत थोड़ी जनजातियाँ ऐसी हैं जो अन्य मानव समूहों से सर्वथा अलग अथवा कटी रहीं। इसे जनजातीय संस्कृतियों की आंतरिक शक्ति ही कहा जाएगा कि शताब्दियों से चले आ रहे इस आदान-प्रदान को इन्होंने एक सीमा के भीतर रखा और बृहत्तर समाज में आत्मसात् हो जाने से बचते हुए आज भी ये अपनी स्वतंत्र पहचान बनाए हुए हैं। इस प्रक्रिया में ये विकास की दौड़ में अवश्य पीछे रह गईं किन्तु अनेक मानवीय मूल्यों को इन्होंने औरों की अपेक्षा कहीं अधिक जतन से सँजो कर रखा हुआ है।

आज के युग में इन जनजातीय समाजों का औरों के साथ घनिष्ठतर सम्बंध बनना स्वाभाविक है। इसके साथ ही एक बृहत्तर भारतीय समाज की जो परिकल्पना हमारे सामने है उसे साकार बनाने के लिए भी इन जनजातियों को अपने सीमित भौगोलिक और सामाजिक परिवेश से बाहर आने की प्रक्रिया को क्षिप्रता प्रदान भी आवश्यक है। इसके लिए भाषा सबसे सशक्त माध्यम है।

सैकड़ों वर्षों से भारतवर्ष के रूप में हिंदी प्रतिष्ठित रही है। हिन्दी का सार्वदेशिक प्रचलन ही इसे भारतीय संघ की राजभाषा के रूप में स्थापित करने का मुख्य कारण था। यह चिंता का विषय है कि सम्पर्क भाषा के रूप में सैकड़ों वर्ष पुरानी परम्परा और संविधान की स्वीकृति के बावजूद अभी भी हिन्दी को देश में वह स्थान नहीं मिल सका है जिसकी वह अधिकारिणी है। हिन्दी को यह स्थान दिलाने का प्रयत्न करना हर उस व्यक्ति का कर्तव्य है जो इस क्षेत्र में क्षमतावान है तथा भारत की एकता तथा समृद्धि साधन के प्रति निष्ठावान है।

यह काम राजनीतिक नारेबाजी से होनेवाला नहीं। इसे करने के लिए कर्मठ हिन्दी सेवियों और विद्वानों को ही आगे आना होगा। हिन्दी वाङमय की समृद्धि, भाषा के क्षमताविस्तार, आधुनिक एलेक्ट्रानिकी और मशीनी संसाधनों के विकास, हिन्दीभाषियों द्वारा अन्य भारतीय भाषाओं के सीखने और अहिन्दीभाषियों के लिए हिन्दी ज्ञानार्जन को सहज बनाने से ही हिन्दी और राष्ट्र की सेवा हो सकती है। साथ ही ऐसे उपाय भी करने होंगे जिनसे हिन्दीभाषी अन्य भाषाओं का कुछ ज्ञान प्राप्त कर अहिन्दीभाषियों के निकट आएँ। हिन्दीभाषियों को यह समझ लेना चाहिए कि हिन्दी को उसका उचित स्थान तब तक नहीं मिल सकता जब तक हिन्दीभाषियों

में अन्य भारतीय भाषाओं के प्रति न केवल उदारता वरन् सच्ची आदर की भावना नहीं पनपती। यह भावना यदि केवल 'लिप सर्विस' तक सीमित रहती है तो उससे न हिन्दी का भला होगा न अन्य भारतीय भाषाओं का और न राष्ट्र का। इस भावना का सही निदर्शन इसी में है कि हिन्दीभाषी अन्य भाषाओं को भी राष्ट्रभाषाएँ मानें और उनमें कुछ गति हासिल करें। मैं इस देश में बोली जानेवाली सभी भाषाओं को राष्ट्रभाषा मानता हूँ। इनमें हिन्दी का स्थान अपना अलग महत्व रखता है क्योंकि वह सारे देश की सम्पर्क-भाषा है और देश के बहुत बड़े भाग के निवासियों की स्वभाषा है। किन्तु केवल हिन्दी को राष्ट्रभाषा कहना मेरी दृष्टि में सर्वथा उचित नहीं है। भारत का 'जन' अनेक भाषाओं में बोलता है और ये सारी भाषाएँ राष्ट्रभाषा कहलाने की अधिकारिणी हैं।

इस परिदृश्य में भारतीय भाषाओं के एक-दूसरे से और विशेष रूप से हिन्दी के साथ आदान-प्रदान के लिए शब्दकोशों की अनिवार्यता स्वतः सिद्ध है। अपेक्षतया कम लोगों द्वारा बोली जानेवाली भाषाओं और हिन्दी को जोड़ने के लिए भी हमें ऐसे शब्दकोशों की आवश्यकता है। प्रस्तुत शब्दकोश इस दृष्टि से अत्यंत महत्वपूर्ण और स्वागतयोग्य है।

मिज़ो भारत के उत्तर-पूर्वी अंचल में बर्मा से लगा हुआ अत्यंत मनोरम प्रदेश है। इसके निवासी, जिन्हें मिज़ो नाम से पुकारा जाता है, इस भू-भाग में शायद कुछ ही सौ वर्ष पूर्व से बसे हुए हैं। यों तो भाषा-शास्त्र की दृष्टि से 'टिबटो-बर्मन', 'मॉन-खेर' आदि संज्ञाओं को अब कुछ संदेह की दृष्टि से देखा जाने लगा है, तथापि, मोटे तौर से यह कहना निरापद है कि मिज़ो भाषा का सम्बंध दक्षिण-पूर्व एशिया की भाषाओं से निश्चित रूप से स्थापित होता है। यह कहने में भी किसी को संकोच नहीं हो सकता कि संस्कृत-पाली-प्राकृत मूल वाली उत्तर-भारतीय भाषाओं से मिज़ो भाषा सर्वथा भिन्न है। मिज़ो भाषा के स्वरूप के सम्बंध में तो विद्वानों ने काम किया है मिज़ो-अंग्रेजी शब्दकोश भी उपलब्ध हैं, किन्तु हिन्दी-मिज़ो या मिज़ो-हिन्दी शब्दकोश तैयार करने का कष्ट आज तक किसी ने नहीं उठाया था। प्रस्तुत शब्दकोश इस दिशा में प्रथम प्रयास है।

मिज़ोरम में हिन्दी का काफी प्रचार है। राजधानी आइज़ोल और अन्य छोटे-छोटे नगरों के बाजारों में आपका काम हिन्दी से बखूबी चल सकता है। इसका एक कारण सम्भवतः यही भी रहा है कि इस शताब्दी के पूर्वार्द्ध से ही मिज़ो लोग भारतीय फौज में यथेष्ठ संख्या में भर्ती होते रहे हैं। यहाँ यह स्मरण दिला देना उचित होगा कि कुछ वर्ष पूर्व तक मिज़ो के स्थान पर लुशाई नाम ही अधिक प्रचलित था यद्यपि लुशाई बृहत्तर मिज़ो समाज की प्रमुख शाखा मात्र है। मिज़ोरम में न केवल हिन्दी का काफी प्रचार है वरन् हिन्दी सीखने के लिए काफी उत्साह भी है। प्रस्तुत हिन्दी-मिज़ो शब्दकोश उन लोगों के लिए, जिनकी मातृभाषा मिज़ो है और जो हिन्दी सीखना चाहते हैं या हिन्दी का अध्यापन करते हैं, वरदान सिद्ध होगा।

श्रीमती चोड·थू इंजीनियारी जीनी एक कर्मठ मिज़ो महिला हैं। उन्होंने सन् 1986 में विक्रम विश्वविद्यालय, उज्जैन से हिन्दी में पीएच.डी. की उपाधि प्राप्त की थी। मिज़ोरम से इसके पहले किसी ने हिन्दी में डाक्टरेट नहीं की थी। साथ ही भाषा-विज्ञान (Linguistics) M.A. आगरा विश्वविद्यालय से प्रथम श्रेणी (प्रथम) स्थान भी प्राप्त किया। प्रस्तुत शब्दकोश वर्षों के उनके

परिश्रम और अध्ययन का परिणाम है। यह प्रयास कितना महत्वपूर्ण और स्तुत्य है, यह मैं ऊपर कह चुका हूँ। लगभग दस हजार शब्दों का यह शब्दकोश अपने उद्देश्य में पूर्ण सफल होगा, यह मेरा विश्वास है। भविष्य में यदि इसका विस्तार किया जा सके तो विद्वानों और विद्यार्थियों दोनों के लिए इसका मूल्य और बढ़ सकेगा। मैं यह भी आशा करता हूँ कि विद्वान कोशकार डॉ. जीनी शीघ्र ही मिज़ो-हिन्दी कोश का निर्माण भी कर सकेंगी।

डॉ. जीनी हिन्दी के सभी हितैषियों तथा समस्त मिज़ो समाज के साधुवाद की पात्र हैं।

नई दिल्ली (चन्द्रधर त्रिपाठी)

10 अगस्त, 2006

कोश परिचय

इस कोश में ऐसे हिन्दी शब्दों और प्रयोगों का चयन किया गया है जो हिन्दी के सामान्य व्यवहार में प्रचलित हैं।

मूल शब्द हिन्दी है। शब्द की व्याकरणिक विशेषताओं का उल्लेख शब्द के साथ ही लिखा गया है। उसके पश्चात् शब्द के उच्चारण का संकेत स्वनिम लेखन के द्वारा दिखाया गया है। शब्द का अर्थ पहले अंग्रेजी में फिर मिज़ो भाषा में दिया गया है।

व्याकरणिक विशेषताओं के संकेत

सं.पु.	संज्ञा पुल्लिग	noun masculine–n.m.
सं.स्त्री	संज्ञा स्त्रीलिंग	noun feminine–n.f.
वि.	विशेषण	Adjective–adj.
क्रि. अ.	क्रिया अकर्मक	verb transitive–v.i.
क्रि. स.	क्रिया सकर्मक	verb intransitive–v.t
क्रि. वि.	क्रिया विशेषण	adverb–adv.
अव्य	अव्ययम	indeclinable–ind.
समुच्चय	समुच्चय बोधक	conjunctive–con.

स्वनिम संकेत

हिन्दी के स्वर तथा उनके स्वनिम संकेत–

अ	a	उ	u
आ	ā	ऊ	ū
इ	i	ए	e
ई	ī	ऐ	aī
ऋ	ri	ओ	o
		औ	aū

उदाहरण

अ	a	अब	ab
आ	ā	आम	ām
इ	i̤	इस	is
ई	ī	ईख	īkh
ऋ	ri	ऋण	riṇ

ए	e	एक	ek
ऐ	ai	ऐनक	aīnak
ओ	o	ओट	oṭ
औ	au	औरत	āurat

अनुनासिक स्वर

अं	ã	जैसे अंधेरा	andhera
		आँख	ā̃kh
		ऊंघ	ū̃gh
		भैंस	bhā̃is
		सौंप	sā̃up

हिन्दी के व्यंजन जैसे

क	ka	कमल	kamal
ख	kh	खटक	khaṭak
ग	g	गमला	gamlā
घ	gh	घर	ghar
च	ch	चल	chal
छ	chh	छवि	chhavi
ज	ja	जल	jal
झ	jha	झलक	jhalak
ट	ṭa	टल	ṭal
ठ	ṭha	ठस	ṭhas
ड	ḍa	डर	ḍar
ढ	dh	ढाल	dhal
ड़	ṛa	लड़	laṛ
ढ़	ḍha	गढ़	gaṛh
त	ta	तल	tal
थ	tha	थल	thal
द	da	दल	dal
ध	dha	धन	dhan
प	pa	पल	pal
फ	pha	फन	phan
ब	ba	बल	bal
भ	bha	भय	bhay
य	ya	यश	yash
र	ra	रण	raṇ
	la	लत	lat

व	va	वन	van
श	sha	शर	shar
ष	ṣ	वेष	veṣ
स	sa	सन	san
ह	ha	हल	hal

नासिक्य व्यंजन

ङ	ṇ	अंक	aṅk (अङ् क)
ञ	ñ	संचय	sañchay (सञ्चय)
ण	ṇ	कण	kaṇ
न	n	नल	nal
म	m	मन	man

कुछ विशिष्ट ध्वनियाँ

क़	q	क़तार	qatār
ग़	G	ग़म	Gam
ख़	kh	ख़बर	<u>kh</u>abar
ज़	z	ज़मीन	zamin
फ़	f	फ़कीर	faqir

मिज़ो नागरी लिपि का संकेत

—/	लुप्त ध्वनि का संकेतक
/	व्यंजनांत को बताएगा
U/	ह्रस्व 'औ' का सूचक
'ह'	में हलन्त् ह के लोप और अंतिम स्वर की दीर्घता को बताएगा।

HINDI-ENGLISH-MIZO DICTIONARY

अ

Hindi	Pronunciation	English	Mizo	Mizo (Hindi Pronunciation)
अंक सं. पु. (nm)	aṅk	mark, figure of number, digit lap, act of drama.	Chhin-Chhiahna nambar, Nambar zat malchung. lemchan	छिनछियाँह्ना नम्बर, नम्बर, जात मलचुङ, लेमचन
अंकगणित स. पु. (nm)	ank gaṇit	arthmetic	pakhat Pahnih belh leh paih ilo zirn	पखत पह्नीह् बेलह् लेह् पइह् इलो जिरना
अंकित (p.p.)	aṅkit	written, printed	ziah, lemziah	ज़ियह्, लेमजियाह्
अंकुर सं. पु. (n.m.)	aṅkur	1. shoot, 2. spoout	1. thing/thlai chawr no	थिङ्/थ्लाई चॅर नौ
अंकुश सं. पु. (n.m.)	aṅkush	restraint control	khuahkhirhna chin neih	खुवह्खिरनह् चिन-नेइह्
अंग सं. पु. (n.m.)	aṅg	1.body, 2. limb	1. taksa ke leh bânte	तक्सा के लेह बान्ते
अंगन्यास सं. पु. (n.m.)	aṅgnyas	position of limbs	pumpui hnuna tui ilo petu tisa	पुम्पुइ ह्नूना तुई इलो पेतु तीसा
अंगप्रत्यंग सं. पुं. (n.m.)	aṅg.pratyaṅg	body and all its part, each and every part of the body	taksa bung engkim	तक्सा बुङएङकिम
अंगभंग सं.पु. (n.m.)	aṅg.bhaṅg	injury to a limb	ke emaw bân emaw tihnat	के एमो बान एमो तिह्नत्
अंगड़ाई सं.स्त्री (n.f.)	ãg.ṛài	stretching of limbs(for relaxaion).	zi mar vel	जी मर वेल
अंगरक्षक सं.पु. (n.m.)	aṅg-rakṣak	body guard	(mi) vengtu	(मी) वेङ्तु
अंगरखा स.पु. (n.m.)	angrakhā	a kind of loose longish male	mipa kawr fual	मीपा कोर फुअल

		garment		
अंगहीन वि.(adj.)	aṅg.hīn	destitute of corporal torm.	tisa neilo	तीसा नैलो
अंगारा सं.पु.(n.m.)	aṅgārā	a samll piece of burning coal live coal.	meiling.	मेइलिङ्
अंगिया सं.स्त्री (n.f.)	aṅgiyā	a kind of bodice	awm khuh kawr chi khat.	ऑम खुह कॅुर चि खत
अंगीकार सं. पु. (n.m.)	aṅgīkār	acceptance (as one's own.)	pawm, zawm.	पोम जॉम
अंगीठी सं. स्त्री (n.f.)	agiṭhī	a kind of Indian stove, grate, firepot.	India thuk chi khat	इण्डिया थुक चिखत
अंगुल सं.पु.(n.m.)	aṅgul	finger	kut zungṭang	कुत जुङ्टङ्
अंगूठा सं.पु.(n.m.)	aṅ gūṭhā	thumb	kut zungpui	कुत जुङ्पुइ
अंगूठी सं.स्त्री(n.f.)	aṅgūṭhī	finger ring	zungbun	जुङ्बुन
अंगूर सं.पु.(n.m.)	aṅgūr	grape	grep	ग्रेप
अंगोछा सं.पु. (n.m.)	aṅ gochhā	a piece of cloth used principally as a towel	inhrukna puan	इनुहुकना पुआन
अंचल सं.पु.(n.m.)	añchal	1. the part of the saree which covers the front portion of the body. 2. region, district	1. taksa hmalam khuhtu sari. 2. rambung khat.	तक्सा म्हालम खुहृतु सारी रमबुङ्खत
अजन सं.पु.(n.m.)	añjan	collyrium	mithnawih	मितन्हॅइह्
अंजर पंजर सं.पु. (n.m.)	añjar	joints of parts of a body, machine or structure.	taksa emaw khawl emawa bung hrang-hrang	तकसा एमौ खोल एमौआ बुङ् ह्रङ् ह्रङ्
अंजलि सं.स्त्री (n.f.)	añjali	hollow of the palm.	kutphah lai tak	कुटफाह् लाइ तक
अंजाम सं.पु. (n.m.)	añjām	result, consequence	rah, nghawng.	राह् ङ्हॉवृङ्
अंजीर सं.पु.	añjir	fig(tree and	theipui (a kungt	थेइ पुइ (अकुङ

(n.m.)		its fruit)	leh arah)	लेह् अरह)
अंटना क्रि.अ. (vi)	ā̃ṭ.nā	to be acc-omodated, to be able to hold.	huap, vuan tlat thei, vap.	हुआप् वॉन त्लत् थेइ, वाप
अंटशंट वि. (adj.)	ā̃ṇṭ.sā̃nṭ.	incoherent, ir-relevent (talk)	thu in-hmulo, thu in-remlo	थु इन्म्हुलो थू इन्रेमलो
अंटी सं. स्त्री (n.f.)	aṇṭī	1. a guestrue with one finger over the other. 2. a fold of the lo in cloth meant specially for keeping coins.	1.kut zaizir 2. puan kawnghren tangka pai theihna.	कुत ज़इज़िर, पुआन कोङ्हेन् तङ्का पाइ थेइह्नाह्
अंडज वि. (adj.)	aṇ ḍaj	born from an egg, as a bird, fish, snake.	keu (tui aṭangin)	केउ (तुइ अट्टङिन्)
अंडबंड वि. (adj.)	aṇḍ baṇḍ	1. incoherent, 2. meaningless	1. thu chaing lo 2. thu awmze neilo.	थु च्यीङ लो, थु अमूजे नेइ लो
अंडा सं.पु. (n.m.)	aṇ ḍā	egg	tui (artui angte)	तुइ (अर्तुइ अङ्ते)
अंडाकार वि. (adj.)	aṇḍākār	egg-shaped, oval	artuiang, bial sawl, zuih.	अर्तुइ अङ्, ब्यॅल सॉल, जुइह्
अंत सं.पु. (n.m.)	ant	1. end 2. termination 3. secret	1. tawp 2. chat-lakna 3. thuruk.	तॉप, चत-लक्ना, थुरुक
अंततः (ind)	antatah	1. at last. 2. ultimately.	1. a tawp a tawpah chuan 2. a taw-pkhawk.	अ तॉप अ तॉपाह् चुआन, अ तॉप खॉक
अंततोगत्वा (ind)	antato gatvā	1. at last, 2. ultimately	1. a tawp a tawpah chuan hlawl 2. a taw-pkhawk.	अ तॉप अ तॉपअह् चुआन हलॅल, अ तॉप खं क
अंतःपुर सं.पु. (n.m.)	antah-pur	seraglio, harem	hmeichhe khungna in.	म्हेइछे खुङ्ना इन

अंतर सं.पु. (n.m.)	antar	1. difference, 2. interval of time or space	1. danglamna, inanlohna 2. hun inkar hmun inkar	दंग लमना, इनअनलौना हुन इन्कार, म्हुन इन्कार
अंतरतम वि. (adj.)	antar-tam	inner most closest	chungnung ber, hnaih ber.	चुङ्नुङ् बेर न्हइह् बेर
अंतरंग वि. (adj.)	ant.raṅg	1. inner, 2. intimate	1. chhungunung 2. inhnaih/ inngaina	चुङ्नुङ्, इन्न्हाइह्/ इनूङ्इना
अंतरा सं.पु. (n.m.)	antarā	the second part of a song usually confined to the upper octare.	hlasak hnuhnug lam ki sang zawka sak.	ह्लासक हनुह्नुङ लम् कि साङ् जॉका सक
अंतरिक्ष सं.पु. (n.m.)	antarikṣa	outer spaces inter-planetary sapce.	Vansang (boruak)	वनसाङ् (बॉउरुअक्)
अंतरिक्ष यान सं.पु. (n.m.)	antarikṣayān	space-ship	Vansanga zinna bawm.	वनसाङा जिन्नाह् बॉम
अंतर्गत (PP)	antargat	included	telhin, tiamin, nen.	तेल्ह्इन, तिअम्इन, नैन्
अंतर्जातीय वि. (adj.)	antarjātīya	intercaste	chi hrang hrang inkar thil	चि ह्रङ् ह्रङ् इन्कार थिल्
अंतर्धान सं.पु. (n.m.)	antardhān	disappearance	bona, kalbona.	बॉउनह, कलबॉउनह्
अन्तर्यामी वि. (adj.)	antaryāmī	immanent	Chhungrila awm, awmsa vereng.	छुङ्रिल्लअ ऑम्, ऑमसा वेरेङ्
अंतर्राष्ट्रीय वि. (adj.)	antarrāṣṭrīy	international	hnam leh hnam inkar thil	ह्नम् लेह् ह्नम इन्कार थिल
अंतर्हित वि. (adj.)	antarhit	contained	khungzo pai	खुङ्जॉव, पाइ
अंतिम वि. (adj.)	antim	last, final	hmuh hnu hnu nna ber, tawp ber	म्हुमु ह्नु ह्नुन बेर, तॉप बेर
अंत्याक्षरी सं.स्त्री (n.f.)	antyākṣarī	a kind of competition in	hla chang, ngaithlatute	ह्ला चाङ् ङ्इटलातुते

		verse recitation	hmaa en lova hla thu chang sawina	म्हाअ एन लॉवअ ह्ला थु चाङ् सॉइनह्
अंत्येष्टि सं.स्त्री (n.f.)	antyesṭi	obsequies	mithi vui dana urhsun taka vui	मित्थि वुइ दानह् उर्ह्सुन तका वुइ
अंदर वि. (adj.)	andar	inside, within	Chhung, chhunglam.	छुङ् छुङलम्
अंदरूनी वि. (adj.)	andarūnī	internal, internecine	Chhunglam thil	छुङलम थिल्
अंदाज सं.पु. (n.m.)	andāz	1. guess 2. gesture(s)	1. rin (rinthu) 2. chet dana entir	रिन् (रिन्थू) चेत् दाना एनतीर्
अंदेशा सं.पु.(n.m.)	andeshā	misapprehension	ngaih ṭhelh, suangtuah ngaih thiam loh	ङइह् ठेल्ह् सुअङ्तुअह् ङइह् थिअम् लॉह
अंधकार सं.पु.(n.m.)	andhkār	darkness, gloom	thim (thimna) nguina	थिम (थिमना) ङुइना
अंधभक्ति सं.स्त्री (n.f.)	andh.bhakti	blind devotion	engkhaw hrelova inpumpek ve ngawt.	एङ्खॉह्रेलॉवा इन्पुमपेक् वे ङोत्
अंधविश्वास सं.पु. (n.m.)	andh.vishvās	blind faith, suprestition	a dik lehdikloh thlu lova rinna (hmanlai) rinna atthlak thilte	अ दिक लेह्दिक्लॉह् थ्लु लॉवा रिन्ना (म्हान्लाइ) रिन्ना आत् थ्लाक् थिल्ते
अंधड़ सं.पु. (n.m.)	andhaṛ	squall windstorm	thlipui	थ्लीपुइ
अंधा वि. (adj.)	andhā	blind	mitdel	मित्देल
अंधाधुंध वि. (adj.)	andhādundh	1. blindly, 2. indiscriminately	1. eng hrelovin 2. dik leh diklo thliarlovin, vaihma	एङ् ह्रेलॉवइन, दिक् लेह्, दिक् लोउ थ्लिअरलॉवइन, वॉइम्हा
अंधानुकरण सं. पु. (n.m.)	andhānukaraṇ	blind following	Chhan hre lova inzui	छन् ह्रे लॉवअ इन्जुइ
अंधियारा सं.पु. (n.m.)	āndhiyārā	darkness	thimna	थिम्ना
अंधेर सं.पु. (n.m.)	andher	1. grave 2. anarchy	1. thlan 2. buaina	थ्लाअन् बुअइना
अंधेरा वि. (adj.)	āndherā	dark	thim	थिम्

अंधेरी सं.स्त्री (n.f.)	ãndherī	blinkers	sakawr mit sirlam khuhna	सकोर मित् सीरलम् खुह्ना
अंबर सं.पु. (n.m.)	ambar	1. sky 2. cloud 3. a kind of garment.	1. van 2. Chhum 3. kawr chikhat	वान् छूम, कोर चिखत्
अंबा सं.स्त्री (n.f.)	ambā	mother	nu	नू
अंबार सं.पु. (n.m.)	ambār	heap, pile, bulk	vum, intiang hlawm	वूम्, इनूतियाङ्, ह्लोम
अंश सं.पु.(n.m.)	ansh	1. part 2. share 3. degree 4. fraction 5. numberatar	1. ṭhen 2. chanvo 3. tehnachi khat 4. number petu.	ठेन्, चनवोउ, तेह्न चिखत्, नम्बर पेतु
अंशतः (ind)	anshatah	in part, partly	aṭhen	अठेन्
अकंटक वि. (adj.)	akaṇṭak	thornless	hling neilo, mam	ह्लीङ् नेइलॉउ, मॉम
अकंपित वि. (adj.)	akampit	unwavering, not vibrating	nghing lo chelo.	ङ्हिङ लॉव, चे लॉव
अकड़ सं.स्त्री (n.f.)	akaṛ	Conceit, strut	intivelvei	इनूति वेलूवेइ
अकड़ना क्रि.अ.	akaṛ nā	to become stiff, to behave conceitdely	induh, intivei vel	इनूदुह् इनूतिवेइ वेल
अकथ वि. (adj.)	akath	unutterable, unworthy of being spoken	Sawi chiloh, sawitlakloh	सोइचीलॉव, सोइत्लाक्लॉव
अकथनीय वि. (adj.)	akath.nīy	unutterable, unworthy of being spoken	sawichiloh, sawitlakloh	सोइचीलॉव सोइत्लाक्लॉव
अकथित वि. (adj.)	akathit	unsaid, untold	sawiloh, hrihloh	सोइलॉव, ह्रिल्लॉव
अकर्मक वि. (adj.)	akarmak	intransitive	tuartu neilo thiltilo	तुअरूतु नेइलो, थिलूतिलो
अकर्मण्य वि. (adj.)	akar.maṇya	indolent, idle	dawngdah, thatchhia	दोङदह् थत्छिया
अकलंक सं.पु. (n.m.)	akalañk	spotless, chaste	sawi-sel bo, thianghlim	सोइसेल बॉउ, थियाङ ह्लीम
अकलुष वि. (adj.)	akaluṣ	blotless, stainless	bawlhlawh kai lo, bawlhhlawh	बोलह्लोह्, काइ लॉव, बोलह्लोह्

अकस्मात् क्रि.वि. (adv.)	akasmāt	all of a sudden, suddenly	thawk leh lo khatan, phut	थोक् लेह् लोउ खतअन्, फुत्
अकाट्य वि. (adj.)	akāṭya	that cannot be proved false, irrfutable	sut cho rualloh	सुत् चोउ रुअलूलॉव
अकादमी सं.पु. (n.f.)	akad.mī	academy	zirna sikul, thiam zirna	जिरनह् सिकुल, थिअम् जिरनह्
अकारथ वि. (adj.)	akārath	futile, ineffec-tual.	ṭangkailo, koritulo	टङकाइलो, कोउरितुलो
अकारण क्रि.वि. (ind)	akāraṇ	without cause, without any rhyme or reason.	chhan leh vang awm lo	छन लेह् वाङ ऑम लो
अकाल सं.पु. (n.m.)	akāl	famine, acute, shortage of any-thing	tamtla, en-gemaw tlakchhamna	टामत्ला, एङएमौ त्लाक्छम्ना
अकाली सं.पु. (n.m.)	akālī	a sect among the Sikhs, a fol-lower of this sect.	Sikh-ho pawl khat, chumi pawl zuitute	सिक्ख-हॉव पॉल खत, चुमी पोल जुइनूतेह्
अकिंचन वि. (adj.)	akiñchna	destitute, poor, pauper.	rethei, chan-hai, loneimi.	रेथेइ, चन्हइ, लोनेइमि
अकीर्ति सं.स्त्री (n.f.)	akīrti	disgrace, im-material.	mual pho, thiamloh chang, pawimawh lo.	मुआल फौउ थिआम्लोह चङ् पोइमोह् लो
अकुलाना क्रि.अ. (vi.)	akulānā	to feel rest-less/uneasy.	awm nuamlo, awm hle hle theilo	ऑम नुअम्लो ऑम ल्हे ल्हे थेइलौ
अकेला वि. (adj.)	akelā	alone, unique, sole.	amal, tak ngat, chauh,	अमल् तक् ङत् चउह्
अक्खड़ वि. (adj.)	akhaṛ	rough	rothap nem/ mam lo	रोउथप् नेम्/ माम् लो
अक्स सं.पु. (n.m.)	aks	reflection	thla	त्ला
अक्टूबर सं.पु. (n.m.)	aktūbar	october	octobar	ऑक्तोबार
अक्लमंदी सं.स्त्री (n.f.)	aqlmandī	wisdom	finna	फिन्ना

अक्ल सं.स्त्री (n.f.)	aql	wisdom	finna, hriat theih/thiamna	फिन्ना, ह्रियत् थेइह्/थियमना
अक्लमंद वि. (adj.)	aqlmand	wise	fing. hrethiam	फिङ् ह्रेथियम्
अक्रूर वि. (adj.)	akrūr	mild, not cruel an epithet of lord Krishna's uncle	zaidam, lalpa krishna pami/pu sawina	जाइदम्, लल्पा कृष्णा पमी/पू सोइना
अक्सर क्रि.वि. (adv.)	aksar	often, generally	fovin, anaranin	फोउइन्, अनरान्इन्
अक्सीर सं.पु. (n.m.)	aksīr	effective	koritu, ṭangkai.	कोउरितु, टङ्काइ
अक्ष सं.पु. (n.m.)	akṣa	axis, axie	thil inherna laipui	थिल इन्हेरना लाइपुइ
अक्षत वि. (adj.)	akṣat	unjured, whole intact	him, kehlo, ballo, chhelo	हिम् केह्लो बल्लौ, छेलो
अक्षम वि. (adj.)	akṣam	unable, sable, incompetent'e	titheilo, tlinlo	तिथेइलो, त्लिन्लो
अक्षम्य वि. (adj.)	akṣamya	inexcusable, unforgivable	ngaih dam theilh loh	ङइह्दम् थेइह् लो
अक्षय वि. (adj.)	akṣay	undecaying, in-exhaustible	ral zello, phai/tlem thei lo	रल् जेललो फाइ/त्लेम् थेइ लो
अक्षर सं.पु. (n.m.)$_1$	akṣar	Character (of the alphabat), syllable, letter.	A, Aw, B, lam (khat), thuziah	अ, ऑ, बी, लम (खत) थूजियह्
अक्षर वि. (adj.)$_2$	akṣar	undecaying, in-destructible	tih chhiat theih loh, tih boral theihloh	तिह् छियत् थेइह् लोह्, तिह बोउरल् थेइह्लोह्
अक्षरशः (ind)	akṣarashah	to the letter, verbatim.	aziah angin, sawi ang takin	अजियह् अङ्इन्, सोइ अङ् तक्इन
अक्षरेखा सं.स्त्री (n.f.)	akṣarekhā	axis latitude	thil vir lairil tak.	थिल् विर लाइरिल तक
अक्षुण्ण वि. (adj.)	akṣuṇṇa	intact, uncur-tailed	a pumpial, pilh-hlekloh.	अपुमपियल पिल्ह् ह्लेक्लोह्
अक्षौहिणी सं.स्त्री (n.f.)	akṣāuhiṇi	a brigade con-sisting of 21870 Chariots,	a hnuaiami zat hokhat sakawr-	अन्हुअइ अमी जात होउखत सकोर

		21870 elephants, 65619 horses and 109353 foot soldiers.	tawlailir 21870, sakawr 65619 leh keakal sipai 109353.	तोलाइलीर 21870 सकोर 65619 लेह् केअकल् सिपइ 109353
अखंड वि. (adj.)	akhaṇḍ	unbroken, non-stop, undivided.	kehlo, chawllo, sem darhloh	केह्लो, चोल्लो, सेम् दअर्लोह्
अखबार सं.पु. (n.m.)	a<u>kh</u>bār	newspaper	chanchinbu	चन्चिन्-बु
अखरना क्रि.अ. (vi)	akhar.nā	to be store, hurtful	tuar	तुअर्
अखरोट सं.पु. (n.m.)	akhroṭ	walnut	thing/rah khawkherh	थिङ्/रह् खोह्खेरह्
अखाड़ा सं.पु. (n.m.)	akhāṛā	arena, rendezvous	intawhna hmun	इन्तोह्न म्हुन्
अखाद्य वि. (adj.)	akhādya	uneatable, inedible	ei theihloh, ei chiloh	एइ थेइह्लोह्, एइ चिलोह्
अखिल वि. (adj.)	akhil	all	vai, zawg zawng.	वइ, जोङ् जोङ्
अखिलेश्वर सं.पु. (n.m.)	Akhileshvar	the lord of all God, the supreme being.	lalber, Pathian, miropui ber	लल्बेर, पथियन् मिरोउपुइ बेर्
अख्तियार सं. पु. (n.m.)	a<u>kh</u>tiyār	power, right	tihtheihna, chanpual	तिह्थेइह्न चनपुअल्
अगठित वि. (adj.)	agaṭhit	countless	chhiar tam lutuk	छिअर् तम् लुतुक्
अगम्य वि. (adj.)	agamya	impassable, beyond reach	thlen theihloh, thlen phak loh	त्लेन् थेइह्लोह् त्लेन् फाक्लोह्
अगर (Cong.)	agar	if, in case.	chuan, sela.	चुअन्, सेला
अगरबत्ती सं.स्त्री (n.f.)	agarbattī	incense stick used sply on religious or ceremonial occassions.	sakhaw thila hman rimtui hmawlh.	सखोह् थिल्ला म्ह्न रिमुतुइ म्होल्
अगर-मगर सं. स्त्री (n.f.)	agar-magar	(n.f.) ifs and buts	tase, nise	तासे, नीसे
अगल-बगल क्रि. वि. (adv.)	agal-bagal	on either side, to the right	sir tawn, ding leh vei	सिर तोन् दिङ् लेह् वेइ

		and left.		
अगला वि. (adj.)	ag.lā	next, following, front, fore	a dawt, azuitu hma, hma tawng	अदोत्, अजुइतु म्हा, म्हातोङ्
अगवाड़ा सं.पु. (n.m.)	agvāṛā	fontage	hmatawng.	म्हातोङ्
अगवानी स.स्त्री (n.f.)	ag.vānī	reception	inlawmna, in-hmuahna.	इनलोम्ना, इनम्हुह्ना
अगस्त सं.पु. (n.m.)	agast	the month of August	augasthla	ऑगसत्ला
अगहन सं.पु. (n.m.)	agahan	ninth month of the hindu calender.	hindu thla a thla kuana (November thla)	हिन्दू त्ला अ त्ला कुअना (नोवेम्बार त्ला)
अगाध वि. (adj.)	agādh	unfathomable	hriat thiam phak loh, ngaihtuahna piah lam thil	ह्रेथ्यिाम् फाक् लोह् ङ्इह्तुअह्ना पिअह् लम् थिल्
अगाड़ी [1] क्रि.वि. (adv.)	agāṛī	in front, in future.	hmalam, nakin hnulam	म्हालम्, नकिन् न्हुलम्,
अगाड़ी [2] सं.स्त्री (n.f.)	agāṛī	front part, rope used for tying a horse's neck.	hmalam, sakawr nghawng hlinna.	म्हालम्, सकोर ङोह्ङ ल्हिनना
अग्नि बोट सं.पु. (n.m.)	agin boṭ	steam-boat	meikhulawng	मेइखुलोङ
अग्नि-परीक्षा सं.स्त्री (n.f.)	agni-parīkṣā	acid-test	acid hmanga fianha	असिड म्हाङ्ग फियह्ना
अग्नि सं.स्त्री (n.f.)	agni	fire, the fine of the stomach power of dig-estion.	mei, chawpai ti ṭawihtu (Pumpuiah)	मेइ, चोपइति टोइह्तु (पुम्पुइअह्)
अग्निहोत्र सं.पु. (n.m.)	agnihotra	the ceremony consisting of offering obla-tions to the deities Conse-cration	inthawina chik-hat	इनथोइना चिखत्

अगुआ सं.पु. (n.m.)	aguā	one who leads, leader, one who takes the initiative.	hruaitu, hotu thusa bultumtu	हुअइतु होउतु थुसा बुलतुम्तु
अगोचर वि.·(adj.)	agochar	imperceptible	hriat theih mai loh.	ह्रिअत् थेइह्मइ लोह्
अग्र वि. (adj.)	agra	foremost, top-most	hmasaber, sangber.	म्हासबेर् साङबेर्
अग्रगण्य वि. (adj.)	agr.gaṇya	first and foremost	hmasa ber.	म्हासबेर्
अग्रणी वि. (adj.)	agraṇī	foremost	hmasaber	म्हासबेर्
अग्रसर वि. (adj.)	agr.sar	to forward	hmalam pan, hmasawn.	म्हालम् पन म्हासोन्
अग्रिम वि. (adj.)	agrim	advance	hmasawn, hlawh pe lawk	म्हासोन् ह्लोह् पे लॉक्
अघाना क्रि अ. (vi)	aghānā	to be satiated	tlai, rui, kham	त्लाइ, रुइ, खम्
अचंभा सं.पु. (n.m.)	achambhā	amazement, astonishment.	mak, phawk.	मक्, फोक्
अचल वि. (adj.)	achal	immovable, not moving firm.	tih chet theihloh chelo, nghet	तिह् चेत् थेइह्लोह् चेलो, ङेत्
अचल सम्पत्ति वि. (adj.)	achal sampatti	immovable property.	thil hlu neih lak sawn loh chi	थिल ह्लू नेहइ् लाक् सोन् लोह् ची
अचकन सं.स्त्री (n.f)	ach.kan	an old Indian attire worn as long coat.	hman-lai India kawrfual	म्हान्-लाइ इण्डिया कॉरफुअल्
अचानक (ind.)	achānak	Suddenly, un-expectedly.	thut, rinlohtakin	थुत्, रिनलोह्तक्इन्
अचार सं.पु. (n.m.)	achār	Pickles	eitur thil um, thei um.	एइतुर थिल् उम थेइ उम्
अचूक वि. (adj.)	achūk	unfailing, in-failible	thelhlo.	थेइह्लो
अचेत वि. (adj.)	achet	senseless, un-conscious	engmah hre lo. thidang.	एङमह् ह्रेलौ थिदङ्
अचेतन वि. (adj.)	achetan	unconsious, inanimate	hriatna nei lo, nunna neilo.	ह्रियत्न नेइ लो नुन्ना नेइ लो

अच्छा वि/क्रि.वि. (adj.)	achchhā	good, right, well.	ṭha	ठा
अच्छाई सं.स्त्री (n.f.)	achchhāī	goodness, virtue	ṭhatna leh felna	ठत्ना लेह् फेलना
अछूत वि. (adj.)	achhūt	untouchable (person)	mi khawih-thiang lo, chi chhe mi.	मि खोइह्-थियङ लो ची छे मी
अछूता वि. (adj.)	achhūtā	untouched	Khawihloh	खोइह्लोह्
अछूतोद्धार सं.पु. (n.m.)	achhuto-ddhār	uplift of the untouchable	chi hnuai-hnung (khawih thiang lo te), tihhmasawna	चि न्हुअइन्हुङ् (खोइह् थियङ् लो ते) तिह्म्हासोन्ना
अजगर सं.पु. (n.m.)	aj.gar	python	saphai	सफाइ
अजदहा सं.पु. (n.m.)	ajdaha	python	saphai	सफाइ
अजनबी वि. (adj.)	ajnabī	stranger	mikhual, hriat loh mi	मिखुअल् ह्रिअत् लोह् मी
अजन्मा वि. (adj.)	ajanmā	unborn, eternal, unbegotten	hrinloh, chatuan	ह्रिनलोह् चतुअन्
अजर वि. (adj.)	ajar	free from old age, undecaying	tar thei lo chhe chuang lo.	तर थेइ लो छे चुअङ लो
अजवाइन सं.स्त्री	ajvāin	carcum, copticum.	mosola chikhat (chawhmeh kan a telh chi)	मोसोला चि खत् (चौम्हे कन् अ तेलह् ची)
अजस्र वि. (adj.)	ajasra	perpetual, constant.	awm zel, nizel	ओम जेल्, नि जेल्
अजा सं.स्त्री (n.f.)	ajā	a she-goat	kelnu	केलूनु
अजातशत्रु वि. (adj.)	ajāt-shatru	having no enemy, the name of the king of yudhisthira.	hmelma neilo, judhisthira lal hming.	म्हेल्मा नेइलो जुदिसथिरा ल्ल म्हिङ्
अजान सं.स्त्री (n.f.)	ajān	Prayer-call given from the mosque	ṭawngṭaina pindan	टोङ्टाइना पिनूदन्
अजायबघर सं.पु. (n.m.)	ajāyab-ghar	museum	thilhlui dahkhawmna.	थिल-हलुइ दअह्खोमूना
अजितेन्द्रिय वि. (adj.)	ajitendriy	one who has	lepchiah, hur-	लेपूचियह् हुर-लेर्

		no control over his mind and senses, sensual	ler	
अजीब वि. (adj.)	ajīb	Strange, odd.	mak, dang dai	मक् दंङ-दाइ
अजीर्ण वि. (adj.)	ajīrṇa	indigestion, (esp. due to over eating)	kawpuar (eitam luat vangte)	कोपुअर् (एइतम लुअत् वङते)
अजेय वि. (adj.)	ajey	unconquerable	hneh theihloh	न्हे थेइह्लोह्
अर्गला सं.पु. (n.m.)	argalā	olog, drawbar	dai theu, sedai	दाइ थेउ, सेदाइ
अज्ञात वि. (adj.)	agyāt	unknown	hriat loh	ह्रिअत् लोह्
अज्ञातवास स.पु. (n.m.)	agyātvās	dwelling in an unknown place.	chenna (hriat ngailoh hmun ami)	चेन्नह् (ह्रिअत् ङइलोह् म्हुन् अमि)
अज्ञान वि. (adj.)	agyān	ignorant	a engmah hrelo	अ एङमह् ह्रेलो
अज्ञानतया क्रि.वि. (adv.)	agyān.tayā	owing to ignorance, unknowingly.	hre lovin	ह्रे लॉविन
अटकना कि.अ. (v.i.)	aṭak.na	to get help up, to get stuck up.	chellding, tâng	चेल्ह्दिङ्, ताङ्
अटकल सं.स्त्री (n.f.)	aṭkal	guess, conjecture	rinna, thudawn, ngaihruat.	रिन्ना थुदोन् ङइह्रुअत्
अटकलपच्चू वि. (adj.)	aṭkalpachchū	based on conjecture.	rinthu, thudawn, ngaihruat.	रिन्थू थूदोन् ङइह्रुअत
अटपटा वि. (adj.)	aṭpaṭā	absurd, odd, unpleasant	anglo, dangdai, lawm awm lo.	अङलो दंङ-दाइ लॉम् ऑम लो
अटल वि. (adj.)	aṭal	immovable, steady, unaterable	tihsawn theihloh nghet, thlak theih loh.	तिह्सोन् थेइह्लोह् ङेहत् त्लाक् थेइह् लोह्
अटारी सं.स्त्री (n.f.)	aṭārī	uppermost of a house attic, house with several stories.	inchung pindan sangber, inchhawng engemaw zat nei	इन्चुङ पिन्दन् साङ्बेर् इन्छोङ् एङएमो जात् नेइ

अटूट वि. (adj.)	aṭūṭ	unbroken, unbreakable	tihkehloh, tihkehtheihloh	तिह् केह् लोह् तिह्केह्थेइह्लोह्
अटेरन सं.पु. (n.m.)	aṭeran	a gadget for winding up thread	lazai hlumna	लजाइ ह्लुम्ना
अठ्ठहास सं.पु. (n.m.)	aṭṭahās	guffaw	nui haw haw	नुइ हो हो
अठ्ठाईस वि. (adj.)	aṭṭhāis	twenty eight	sawmhnih pariat.	सोमह्निह् परियृत्
अठ्ठानवे वि. (adj.)	aṭṭhānave	ninety eight	sawmkua pariat	सोम्कुअ परियृत्
अट्टालिका सं.स्त्री (n.f.)	aṭṭālikā	a house of many storeyes, a high palatial building, mansion	in chhawng engemaw zat nei, in lian leh sang tak	इन् छोङ् एङएमो जात् नेइ इन लियन् लेह् साङ तक
अठ्ठावन वि. (adj.)	aṭṭhāvan	fifty eight	sawmnga pariat	सोम्ङा परियृत्
अठ्ठासी वि. (adj.)	aṭṭhāsī	eighty-eight	sawmriat pariat	सोमरियत् परियृत्
अट्टी सं.स्त्री (n.f.)	aṭṭī	a reel of thread	la (zai) hlum	ल (जाइ) ह्लुम
अठखेली सं.स्त्री (n.f.)	aṭhkhelī	frolic, frolicsome movement	nuam ti thothang vel nuam tia zuang-phar vel	नुअम् ती थोउथाङ् वेल नुअम् तीअ जुअङ् फअर् वेल्
अठहत्तर वि. (adj.)	aṭh.hattar	seventy-eight	sawmsarih pariat	सोम्सरिह् परियत्
अठारह वि. (adj.)	aṭhārah	eighteen	sawm pariat	सोम् परियत
अड़ंगा सं.पु. (n.m.)	aṛangā	obstruction, impediment	dalna, sukukna	दाल्ना सुकुक्ना
अड़चन सं.स्त्री (n.f.)	aṛchan	impediment, hindrance	dalna, hnufumna	दाल्ना ह्नुफुम्ना
अड़तालीस वि. (adj.)	aṛtālīs	forty-eight	sawmli pariat	सोम्ली परियत्
अड़तीस वि. (adj.)	aṛtīs	thirty-eight	sawmthum pariat	सोम्थुम् परियत्
अड़ना क्रि.अ. (v.i.)	aṛnā	to be obstinate pertinacious	luhlul chhuah, kawhmawhbawl	लुह्लुल् छुअह् कोह्मोह्-बोल्
अड़सठ वि. (adj.)	aṛ.saṭh	sixty-eight	sawmruk pariat	सोम्रुक परियत्

अडिग वि. (adj.)	aḍig	firm, unshakeable	nghet, tihnghin theihloh	ह्ङेत् तिह्ङिङ् थेइह्लोह्
अड़ियल वि. (adj.)	aṛial	restive	awm hle hle lo, za ruai	ओम् ल्हे ल्हे लोह्, ज रुअइ
अड़ोस-पड़ोस सं.पु. (n.m.)	aṛos-paṛos	neighbourhood, vicinity	veng, awmna hmun	वेङ ओम्ना म्हुन्
अड्डा सं.पु. (n.m.)	aḍḍā	halting place perch (of birds), stand (of vehicles)	chawlhna hmun, fukna (savate), lirtheiho dinna	चोल्ह्ना म्हुन, फूक्ना (सवाते) लिरथेइहोउ दिन्ना
अणु सं.पु. (n.m.)	aṇu	minute particle, molecule, atom.	hmuh thamloh thil te te.	म्हुह् थमलोह् थिल् ते ते
अतः (ind)	atah	hence, therefore, so	chutiangin, chutichuan, tichuan. chutachinah	चुतियङइन्, चुतिचुअन् तिचुअन् चुताचिन्अह्
अतएव (ind)	at.ev	hence, therefore	chutachinah, chutichuan	चुताचिन्अह् चुतिचुअन्
अतर सं.पु. (n.m.)	atar	perfume, essence	rimtui	रिम्तुइ
अतल वि. (adj.)	atal	bottomless	tawp neilo, mawng neilo	तोप् नेइलो मोङ् नेइलो
अता-पता सं.पु. (n.m.)	atā-patā	where abouts, clue	chin, chin chang.	चिन् चिनचाङ्
अति (prifix)	ati	over, too, super, ultra	lutuk, chungnung, chungchuang.	लुतुक् चुङ्नुङ चुङचुअङ्
अतिक्रमण सं.पु. (n.m.)	atikramaṇ	transgression	bawhchhiatna, penbona	बोअछिय्त्ना पेन्बोउना
अतिथि सं.पु. (n.m.)	atithi	guest	misawm, mikhual	मिसोम्, मिखुअल
अतिथिगृह सं.पु. (n.m.)	atithigrih	guest-house	khualbuk	खुअल्बूक्
अतिरिक्त वि. (adj.)	atirikta	extra, additional, surplus.	bak, chuang, belhna, chuang-bang	बाक् चुअङ बेल्हना चुअङ बाङ

अतिवृष्टि सं.स्त्री (n.f.)	ativrisṭi	excessive rain, plethora of rain.	ruah-puivanawn, ruah tam lutuk sur.	रुअह्पुइवन्ऑन रूअह् तम लुतुक सूर
अतिशय वि. (adj.)	atishay	exceeding, excessive	chuangliam, tawkbak	चुअङ्लियम् तोक्बाक्
अतिशयोक्ति सं.स्त्री (n.f.)	atishayokti	hyperbole, exaggeration	uarna (thu)	उअर्ना (थू)
अतीत वि. (adj.)	atīt	passed away, beyond.	bo daih, thlen phakbak	बोउ दइह् त्लेन् फाक्बाक्
अतीव वि. (adj.)	atīv	exceeding	tawkbak, chuangliam	तोक्बाक् चुअङलियम्
अतुलनीय वि. (adj.)	atulnīya	immeasurable, very great.	tehrual loh, ropui êm êm	तेह्रुअल् लोह् रोउपुइ एम् एम्
अतुल्य वि. (adj.)	atulya	immeasurable, incomparable	tehkhin rual loh, tehrualloh	तेह्रिक्न्रुअल् लोह् तेह्रुअल् लोह्
अतृप्त वि. (adj.)	atripta	unsatisated, unsatisfied	tlai lo, puar lo, kham lo, ruilo.	त्लइ लो, पुअर लो खम् लो रुइ लो
अत्यंत वि. (adj.)	atyant	very, very much	tam nasa êm êm	तम् नसा एम् एम्
अत्यधिक वि. (adj.)	atyadhik	excessive, too much	tam, nasa lutuk chuangliam	तम् नसालुतुक् चुअङ्लियम्
अत्याचार सं.पु. (n.m.)	atyāchār	tyranny	nunrawnna	नुनरोन्ना
अत्याचारी वि. (adj.)	atyāchārī	tyrannical, tyrannous.	nunrawng, nunchhia	नुन्रोङ् नुन्छिया
अत्युक्ति सं.स्त्री (n.f.)	atyukti	exaggeration	varna (thu)	वर्ना (थू)
अत्युत्तम वि. (adj.)	atyuttam	most excellent, very best.	fel-ṭha tawp, ṭha bik chuang.	फेल्-ठा तोप् ठा बिक् चुअङ्
अथ (ind)	ath	here, now	hetah, tunah	हेत्अ, तुन्अह्
अथक वि. (adj.)	athak	untiring, unceasing	chaulo, chawllo	चाउलो, चोल्लौ
अथवा (ind)	athvā	or	emaw	एमो
अथाह वि. (adj.)	athāh	unfathomable, very deep.	phak rualloh, tehphakloh, thukem em	फाक् रुअल्लोह् तेह्फाक्लोह् थूक् एम् एम्

अदना वि. (adj.)	adnā	very small, in-significant.	te êm êm, ngaihmawh tham loh.	ते एम् एम् ङइह्मोह् थम् लोह्
अदव सं.पु. (n.m.)	adab	regard, respect	chibai, zah entirna	चिबइ, जह् एन्तिरना
अदम्य वि. (adj.)	adamya	that cannot be repressed, ir-repressible	thup rualloh zep theih loh, ngaihthah theihloh	थुप् रुअल्लोह, जेप् थेइह् लोह् ङइह्थअह् थेइह्लोह्
अदल-बदल सं.पु. (n.m.)	adal-badal	inter-change, barter	thil inthleng kual	थिल् इन्थ्लेङ् कुअल्
अदरक सं.पु. (n.m.)	adarak	ginger (in the green state)	sawhthing (la hring)	सोह्थिङ् (ल ह्रिङ्)
अद्द सं.पु. (n.m.)	adda	piece, number	musiclemchan, etc. hlawm khat	मुज़िक्/लेम्चन् ह्लोम खत्
अदा सं.स्त्री (n.f.)	adā	an expressive gesture, car-riage.	awmdan-hmelhmang entir	ओम्दान्-म्हेल्म्हाङ् एन्तिर
अदा करना क्रि.सं. (v.t.)	adā karnā	to pay, to per-form	petla, tita	पेत्ला, तित्ला
अदायगी सं.स्त्री (n.f.)	adāygi	payment, defrayal	pektlakna, tih-lungawina	पेक्त्लाक्ना तिह्लुङ्ओइना
अदालत सं.स्त्री (n.f.)	adālat	court (of justice)	rorelna	रोउरेल्ना
अदावत सं.स्त्री (n.f.)	adāvat	enmity	in-nghirnghona, inngeihlohna	इनङिरङोउना, इन्ङेइहलोह्ना
अदृश्य वि. (adj.)	adrishya	out of sight, in-visible.	hmuh theihloh, hmuh phakloh.	म्हुह् थेइह्लोह म्हुह् फाक्लोह्
अदभुत वि. (adj.)	adbhut	wonderful, marvellous.	mak, thei-ropui	मक् थेइ-रोउपुइ
अद्वितीय वि. (adj.)	advitiya	unique, un-equalled	ṭhafal, tlukloh	ठफाल्, त्लुक्लोह्
अंधियारी वि. (adj.)	adhiyarī	dark, hazy, sombre	thim fiahlo ruai	थिम्, फियह्लो रुअइ
अधकचरा वि. (adj.)	adhkachrā	half-ripe, im-mature	hmin ṭhelh, puitlinglo	म्हिन् ठेल्ह् पुइत्लिङलो

अधजला वि. (adj.)	adh-jalā	half-burnt	kang-ût ṭhelh	काङ्-उत् ठेल्ह्
अधपका वि. (adj.)	adh-pakā	half-ripe, half-cooked	hmin ṭhelh (thei angte), hmin ṭhelh (chhum)	म्हिन् ठेल्ह् (थेइ अङ्ते) म्हिन् ठेल्ह् (छूम्)
अधम वि. (adj.)	adham	ignoble, mean	ṭhalo, zahawmlo, kawm, zim (rilru)	ठलो, जह्ओमूलो कोम् जीम् (रिलूरु)
अधमरा वि. (adj.)	adhmarā	half dead	thichhawng	थिछोङ्
अधर सं.पु. (n.m.)	adhar	lower lip, space between heaven and earth	hmui hnuailam, lei leh van inkar awng.	म्हुइ न्हुइलम्, लेइ लेह् वन इन्कार ओङ
अधर्म सं.पु. (n.m.)	adharm	unrighteousne sin.	fellohna, sualna	फेल्लोह्ना, सुअल्ना
अधखिला वि. (adj.)	adh khilā	half- bloomed	par ṭhelh, pui-tlinghmin ṭhelh	पार ठेल्ह् पुइत्लिङ-म्हिन् ठेल्ह्
अधर्मी वि. (adj.)	adharmi̅	impious, irreligious	(mi) ṭhalo, (mi) sakhw ngaih saklo	(मि) ठलो, (मि) सखोउ ङ्हइ् सकलो
अधःपतन सं.पु. (n.m.)	adhah patan	down fall, degradation	tlak hniamna, hming chhiatna	त्लाक् न्हीयमना म्हिङ् छियत्ना
अधिक वि. (adj.)	adhik	more, additional	tamnasa zawk, belh chhahna	तम/ नसा जोक्, बेल्ह् छह्ना
अधिकतर वि. (adj.)	adhiktar	more, more than half	tamnasa zawk, chanve aia tam.	तम्/नसा जोक् चन्वे अइअतम्
अधिकाधिक वि. (adj.)	adhikādhik	maximum	a tam berah, a sang berah	अ तम्बेरअह्, अ साङ् बेरअह्
अधिकार सं.पु. (n.m.)	adhikār	right, claim, possession, authority, command.	chanve, chanpual, ta, neihlai, thuneihna, thupek	चन्वे चनपुअल् ता, नेइहलाइ थुनेइह्अना थुपेक्
अधिकार पत्र सं.पु. (n.m.)	adhikār patra	letter of authority.	aiawh theihna lehkha	अइओह् थेइह्ना लेह्खा

अधिकारिणी सं.स्त्री (n.f.)	adhikāriṇī	lady officer	hotu hmeichhia	होउतु म्हेइछिया
अधिकारी वि. (adj.)	adhikārī	authority, officer	thunei, hotu	थुनेइ, होउतु
अधिकांश सं.पु. (n.m.)	adhikānsh	major part, mostly, generally	a tlangpui, a nazawng, dan-naran.	अ त्लाङ्पुइ, अ नजोङ्, दानूनरान्
अधिनायक सं.पु. (n.m.)	adhināyak	dictator	mahni duh-dana roreltu.	महनि दुह्दाना रोउरेलतु
अधिनियम सं.पु. (n.m.)	adhiniyam	act (of legis lature)	danzawm	दानजोम्
अधिपति सं.पु. (n.m.)	adhipati	proprietor, lord, king	neitu, lalpa	नेइतु लल्पा
अधिराज सं.पु. (n.m.)	adhirāj	sovereign, supreme, ruler	lalber, roreltu lu ber.	लल्बेर, रोउरेलूतु लु बेर
अधिवेशन सं.पु. (n.m.)	adhiveshan	session, sitting	ṭhukhawm (rorelin)	ठुखोम् (रोउरेलूइन्)
अधिसूचना सं.स्त्री (n.f.)	adhisūchnā	notification	hriattirna	ह्रियत्तिरना
अधीन वि. (adj.)	adhīn	subservient, dependent	mi ringa awm, mi thu thua awm, thuh-nuaia awm.	मि रिङा ऑम्, मी थु थुअ ऑम् थुन्हुइअ ऑम्
अधीनता सं.स्त्री (n.f.)	adhīntā	subordination, dependence.	mi thuhnuaia awm, mi ringa awm	मि थुन्हुइअ ऑम्, मि रिङा ऑम
अधीर वि. (adj.)	adhīr	impatient	nghakhlel, dawhtheilo	ङ्हक्हेल्ल्, दोह्थेइलौ
अधूरा वि. (adj.)	adhūrā	half finished, imprefect.	zothuak, tling tha lo, famkim lo	जोउथुअक, त्लिङ ठ लो फमूकिम् लो
अधेड़ वि. (adj.)	adheṛ	middle-aged	tar lam pan (kum 50 vel)	तर लम् पन् (कुम 50 वेल्)
अधोड़ वि. (adj.)	adhoṛ	not dreadful	hlauhawmlo	ह्लाउओमूलो
अध्यक्ष सं.पु. (n.m.)	adhyakṣh	head, chair-man, speaker of lok. sabha), president	hotu, hruai tu, ram rorelna a huaihawttu, ram sawrkar lu ber	होउतु ह्रुइतु रम् रोउरेनूना अ हुअइहोतूतु रम सोरकार लु बेर

अध्यक्षता सं.स्त्री (n.f.)	adhyaksatā	headship chair-manship, speakership, presidentship.	hotu nihna	होउतु निह्ना
अध्ययन सं.पु. (n.m.)	adhyayan	study, reading	zir, chhiar	जिर, छियूर
अध्ययनशील वि. (adj.)	adhyayanshil	studious, given to study	inzirmi, zirna lam ngaihven mi	इन्ज़िरमी, जिर्ना लम् ङइह्वेन मी
अध्यादेश सं.पु. (n.m.)	adhyādesh	ordinance	thupek, dan	थुपेक्, दान्
अध्यापक सं.पु. (n.m.)	adhyāpak	teacher	zirtirtu	जिर्तिरतु
अध्यापन सं.पु. (n.m.)	adhyāpan	work or pro-fession of a teacher, tea-ching	zirtirhna	जिर्तिरन्हा
अध्यापिका सं.स्त्री (n.f.)	adhyāpikā	lady teacher	zirtirtunu hmeichhia	जिर्तिरतुनू म्हेइछिया
अध्याय सं.पु. (n.m.)	adhyāy	chapter	bung, ṭhen	बुङ, ठेन
अनंत वि. (adj.)	anant	infinite	tiamchin awmlo, chin nei lo,	तियम्चिन ओम्लो, चिन् नेइ लो
अनंतर (ind)	anantar	after wards, in the wake of	chûng hnuah, chumi thuhlaah	चूङ न्हुअह् चुमि थुह्लाअह्
अनगढ़ वि. (adj.)	an-gaṛh	unhewn, un-chiselled.	cheimamloh chher mam loh	चेइमाम्लोह् छेरमाम्लोह्
अनगिनत वि. (adj.)	anginat	countless, in-numberable.	chhiar senloh, tam nasa	छियूरसेनलोह् तम नसा
अनचाहा वि (adj.)	anchāhā	undesired, unwanted	duhloh, thlauhthlak	दुह्लोह् त्लाउत्लाक्
अनजान वि. (adj.)	anjān	ignorant, unknown.	eng hrelo, hriatloh	एङ ह्रेलो ह्रियत्लोह्
अनधिकार वि. (adj.)	anadhikār	unauthorised	thu neihna peknei lova thiltih	थुनेइह्ना पेक्/नेइ लोउवा थिल्तिह्
अनधिकृत वि. (adj.)	anadhikrit	unauthorised	thu-neihna peknei lova thil tih	थु-नेइह्ना पेक्/नेइ लोउवा थिल्तिह्

अनपढ़ वि. (adj.)	anpaṛh	uneducated, illiterate.	mi mawl, lehkhathiamlo	मि मोल्, लेह्खथियम्लो
अनबन सं.स्त्री (n.f.)	anban	rift, tif,´dissension	then-hranna, inlungruallohna	ठेन्-ह्रन्ना, इन्लुङरुअल्लोह्ना
अनभिज्ञ वि. (adj.)	anbhigya	ignorant, unaafcquainted	eng hrelo, hriatna tlachham	एङ ह्रेलो, ह्रियत्ना त्लाछम्
अनमना वि. (adj.)	anmanā	inattentive, absent-minded, indisposed.	ngaihsaklo, haihawt, ti hlei theilo, tlinlo.	ङइह्सकलो, हइहोत्, ति हेल्इ थेइलो त्लिन्लो
अनमेल वि. (adj.)	anmel	unique, unrestrained, incoherent.	Khapbehloh, Zalentir, chhuah	खप्बेह्लोह्, जलेनतिर, छुअह्
अनमेल वि. (adj.)	anmel	not matching, incommensurate, discordant.	inhmehlo, inremlo, inmillo	इन्म्हेह्लो, इन्रेम्लो, इन्मिललो
अनमोल वि. (adj.)	anmol	invaluable, precious	hlu êm êm, hlutzia leh theihlo	ह्लु एम् एम्, ह्लुत्जिय लेह् थेइह्लो
अनर्थ सं.पु. (n.m.)	anarth	contrary, meaning-less calamity	vanduaina nasatak	वन्दुअइना नसतक्
अनशन सं.पु. (n.m.)	anshan	fasting, hunger-strike	chawngheina	चोङेइना
अनसुनी वि. (adj.)	ansunī	unheard	la hriat ngailoh	ल ह्रियत् ङाइलोह्
अनहोनी सं.स्त्री (n.f.)	anhonī	seemingly impossible	theihloh hmel	थेइह्लोह् म्हेल्
अनाचार सं.पु. (n.m.)	anāchār	improper conduct, corruption	awmdan ṭhalomawllo, pawikhawihna	ऑमदान ठलो⁄ मोइलो पोइखोइह्ना
अनाड़ी वि. (adj.)	anāṛī	unversed, unskilful	thil hre lo, thil thiam lo.	थिल हे लो, थिल थियम् लो
अनादर सं.पु. (n.m.)	anādar	disrespect	inzahlohna	इन्जह्लोह्ना
अनादि वि. (adj.)	anādi	having no beginning, eternal	bul neilo, chatuan	बुल नेइलो, चतुअन्

अनाप-शनाप सं.पु. (n.m.)	anāp-shanāp	incoherent and meaningless talk, noisenese.	mumallo leh awmze neilo thu (ṭawng) thu puitlinglo	मुमलूलो लेह् ओम्‌जे नेइ लो थु (टोङ) थु पुइत्लिङ लो
अनायास क्रि.वि. (adv.)	anāyās	without effort, spontaneously	tiluilovin, nih ang anga awm zelin	तिलुइ लोवृइन निह् अङ् अङा ऑम् जेलइन्
अनावश्यक वि. (adj.)	anāvashyak	unnecessary useless	ṭullo, hman tlak lo, tlak tlailo.	टूललो, म्हान् त्लाक् लो, त्लाक त्लाइलो.
अनावृष्टि सं.स्त्री (n.f.)	anāvrisṭi	want of rain, drought	ruah surlohna, ram ro,	रुअह् सूरलोह्ना रम रोउ
अनिच्छा सं.स्त्री (n.f.)	anichchā	want of desire, unwillingness	chakna awmlo, duhlohna	चक्ना ओमेलो दुह्लोउना
अनियंत्रित वि. (adj.)	aniyantrit	uncontrolled, unrestricted	Khuahkhirhloh, chin neihtirloh	खुअह्खिह्लोउ चिन् नेइह्तिरलोह्
अनियमित वि. (adj.)	aniyamit	irregular, disorderly	mumallo, fello tak.	मुमल्लो, फेल्लो तक
अनिवार्य वि. (adj.)	aniyārya	compulsory,inevitable	ngaiṭulngei ngei, thlengni ngei tur	ङाइ/टुलूङेइ ङेइ थ्लेङ/नि ङेइ तुर
अनिष्ट संपु. (n.m.)	anisṭa	ill, evil	ṭhalo, sual	ठ लो, सुअल्
अनीति सं.स्त्री (n.f.)	añiti	injustice, immorality	dik lova intihna, chhetenawm taka thiltih.	दिक् लोवा इन्तिह्ना छे/तेनूऑम् तका थिल्‌तिह्
अनुकंपा सं.स्त्री (n.f.)	anukampā	compassion Kindness	Khawngaihna, lainaṭna	खोङइह्ना, लइनत्ना
अनुकरण सं.पु. (n.m.)	anukaraṇ	imitation, copying	entawn (thil) (adang) anga tive	एन्तोन् (थिल) (अदंङ) अङा तिवे
अनुकूल वि. (adj.)	anukūl	favourable suitable	ṭha, remchang	ठा, रेम्‌चाङ्
अनुगामी वि. (adj.)	anugāmī	following, obedient	zuitu, thuawih	जुइतू, थुओइह्
अनुग्रह सं.पु. (n.m.)	anugrah	favour, obli-	duhsakna, duhs-	दुह्सक्ना, दुहसक्ना

		gation	akna inletna.	इनूलेत्ना
अनुचर सं.पु. (n.m.)	anuchar	attendant, follower	zuitu	जुइतु
अनुचित वि. (adj.)	anuchit	improper, unseemly.	awmdantihdan	ऑमदान/तिह्दान्
अनुच्छेद सं.पु. (n.m.)	anuchched	paragraph	lehkhaziak hlawmkhat	लेह्खजियक् ह्लोमखत्
अनुज सं.पु. (n.m.)	anuj	younger brother.	unaupa naupang zawk.	उनावूपा नवूपङ जोक्
अनुत्तीर्ण वि. (adj.)	anuttīrṇa	not passed, failed	tlinlo, thiamzolo.	त्लिनलो थियमूजोलो
अनुदान सं.पु. (n.m.)	anudān	grant	ṭanpuina thil phal	टनूपुइना थिल् फल्
अनुनय सं.पु. (n.m.)	anunay	entreaty	ngenna, dilna	ङेनूना, दिलूना
अनुपम वि. (adj.)	anupam	incomparable, matchless	tehkhin rualloh, tluk rualloh	तेह्खिन् रुअल्लोह् त्लुक रुअलूलोह्
अनुपयुक्त वि. (adj.)	anupyukta	unfit, unsuitable	tlak lo, inhmeh remlo	त्लाक् लो इनह्मेह् रेमूलो
अनुपस्थित वि. (adj.)	anupasthit	absent	awmlohsan, awmlo.	ऑमलोह्सन्, ऑमलो
अनुपस्थिति सं.स्त्री (n.f.)	anupasthiti	absence	awmlohsan, awmloh	ऑमलोह्सन् ऑमलोउ
अनुपात सं.पु. (n.m.)	anupāt	ration, proportion	lenzawng, rihzawng, tam-zawng	लेनूजोङ्, रिह्जोङ्, तम्-जोङ्
अनुभव सं.पु. (n.m.)	anubhav	experience	nunin a tawn thil mahni ngeiina hriat chian.	नुनूइन् अ तोन् थिल् म्हनि ङेइइना ह्रियत् चियन्
अनुभवी वि. (adj.)	anubhavī	having experience	mahni ngeiina hriat, nunin a paltlang.	म्हनि ङेइइना ह्रियत्, नुनूइन अ पल्त्लङ्
अनुभूति सं.स्त्री (n.f.)	anubhūti	feeling, emotional, experience	hriatna, rilrua mahni ngeiina hriatna.	ह्रियत्ना, रिलूरुअ् म्हनि ङेइइना - ह्रियत्ना
अनुमति सं.स्त्री (n.f.)	anumati	permission concent	phalna	फलूना
अनुमान सं.पु. (n.m.)	anumān	guess, inference.	nia rin, nihdan rin.	निअरिनू, निह्दान् रिन्

अनुमोदन सं.पु. (n.m.)	anumodan	seconding	thlawp	थ्ओप्
अनुयायी सं.पु (n.m.)	anuyāyī	follower, supporter	zuitu, ṭantu	जुइतु, टन्तु
अनुराग सं.पु. (n.m.)	anurāg	attachment, fondness	inngeihna,inngainatna.	इनूङेइह्ना, इनूङइनत्ना
अनुसार (ind)	anusār	according to	angin, zul zuiin	अङइन् जूल जुइइन्
अनुरूप वि. (adj.)	anurūp	resembling, conforming	angve, thlawp	अङ् वे, थ्ओप्
अनुरोध सं.पु. (n.m.)	anurodh	pressing request	inzahna nasa	इनूजह्ना नसा
अनुवाद सं.पु. (n.m.)	anuvād	translation	thu ṭawng hranga lehlin.	थू टोङ ह्रङा लेह्लिन्
अनुवादी वि. (adj.)	anuvādī	supporter		
अनुशासन सं.पु. (n.m.)	anushāsan	discipline	fel taka enkawina harsatna tawn tlanga chhel leh fel zirna.	फेल् तका एनूकोलना हर्सत्ना तोन् त्लाङा छेल् लेह् फेल जिर्ना
अनुष्ठान सं.पु. (n.m.)	anuṣṭhān	undertaking, founding, ceremony.	mahni pualahtak, thir rawhtuina, urhsun taka thiltihna.	म्ह्नि पुअलूअह् तक्, थिर रोह्तुइना, उरह्सून तका थिल्तिह्ना
अनुसंधान सं.पु. (n.m.)	anusandhān	investigation, research.	enchianna, thilthar zawnna.	एनचियनूना, थिल थर जोनूना
अनुसरण सं.पु. (n.m.)	anusaraṇ	act of following	hniakhnung zuina, hnungzuina	ह्नयिक्न्हुङ जुइना, ह्नुङ्जुइना
अनूठा वि. (adj.)	anūṭhā	unique, singular	ṭha leh dik, nihna ṭha bik nei, ṭhadang dai	ठा लेह् दिक् निह्ना ठा बीक् नेइ, ठादंङ दाइ
अनूदित (f.p.)	anūdit	translated	ṭawng danga lehlin	टोङ दङा लेह्लिन्
अनूप वि. (adj.)	anūp	unequalled, unique	anpui neilo, thuk ruallоh, ṭha dangdai.	अनुपुइ नेइलो, त्लुक रुअल्लोह् ठा दंङदाइ

अनेक वि. (adj.)	anek	more than one, many	pakhat aia tam, tamtak	पख़त अइआ तम् तमृतक
अनैतिक वि. (adj.)	anāitik	contrary to morality, immoral	mihrinna sual sual, nunchhia	मिह्रिनृना सुअल्, सुअल्, नुनृछिया
अनोखा वि. (adj.)	anokhā	peculiar, queer	danglam mak, mak (lawmawmlo)	दंङ्लम् मक्, मक् (लोमॣऑमृलो)
अन्य वि. (adj.)	anya	other	midang	मिदंङ्
अपंग वि. (adj.)	apaṅg	crippled, helpless	ram tui leilo, eng tithei lo.	रम् तुइ लेइलो, एङ् तिथेइलो
अपकर्ष सं.पु. (n.m.)	apakarṣ	decadence, downfall	chhuk zawnga kal, tlahniam, chhe sawt.	छुक् जोङा कल, त्लान्हिअम् छे सोत्
अपकीर्ति सं.स्त्री (n.f.)	apkīrti	infamy, disrepute.	thang chhiatnana, hming chhiatna	थङ् छियत्ना, म्हिङ छियत्ना
अपक्व वि. (adj.)	apakva	unripe immature	hmin lo, pui tling lo	म्हिन् लो, पुइत्लिङ् लो
अपच सं.पु. (n.m.)	apach	indigestion, dyspepsia	pum nuamlo, chaw ei pai ṭawih ṭhat theih loh.	पुम् नुअमृलो चौ एइ पाइ टोइह् ठत्त् थेइह् लोह्
अपठित वि. (adj.)	apaṭhit	unread, unseen	chanchin chhiar loh, hmuhloh.	चन्चिन् छिगर लोह् म्हुह्लोह्
अपढ़ वि. (adj.)	apaṛh	unlettered,uneducated	lehkhathiam lo, ziak leh chhiarthiam lo.	लेह्खथियम् लो, जियक् लेह् छियर्थियम लो
अपदस्थ वि. (adj.)	apadasth	removed from office or throne, deposed.	lalna aṭanga ban (mi) hna atanga ban (mi) hna thawhna a tlak hniam tir	ललृना अटंङा बान्, (मि) न्हा अटंङा बान् (मि) न्हा थोअह्ना अ त्लाक् ह्नियम् तीर
अपना वि. (adj.)	ap.nā	ones won, personal	mahin ta, mimal thil bik.	म्हनि ता, मिमल् थिल् बीक्
अपनाना क्रि.स. (v.t.)	ap.nānā	to adopt as one's own.	ta anga nei	त अङ्गा नेइ

अपभ्रंश सं.पु. (n.m.)	ap.branśh	corrupt form of a word. an old indo-Aryan language.	leh ṭawng thu lam tawiduh dah, hmanlai India miho ṭawng.	लेह् टोङ् थू लम तोइ/दुह् दह्, म्हानूलाइ इण्डिय मिहौउ टोङ्
अपमान सं.पु. (n.m.)	ap.mān	insult, disgrace	huatthu, huatawm, thang chhiat thlak.	हुअत् थू, हुअत्ऑम् थङ् छियत् त्लाक्
अपमानजनक वि. (adj.)	ap.mānjanak	insulting, libellous	huatthlala, huattu, himngchhiat thlak	हुअत्लाला, हुअत्थू म्हिङ्छियत त्लाक्
अपमानित (p.p)	ap.mānit	insulted, disgraced	tihmingchhia, pawisawi	तिह्म्हिङछिया, पोइसोइ
अपयश सं.पु. (n.m.)	ap.yash	disgrace, ill-fame	hming chhiatna, thang chhiatna	म्हिङ् छियत्ना थङ् छियत्ना
अपरंपार वि. (adj.)	aparampār	boundless, infinite	chin neilo, chinawmlo.	चिन नेइ लो, चिन् ओम लो
अपव्ययी वि. (adj.)	ap.vyayī	extravagant	a chuangliama hmang, inhmang tlaran.	अ चुअङ्लियमा म्हङ, इन म्हङ् त्लारन
अपार वि. (adj.)	apār	boundless	chinlem nei lo, zau êm êm.	चिन्लेम् नेइ लो जाउ एम् एम्
अपराजित वि. (adj.)	aparājit	unconquered	hnehloh	न्हेह्लोह्
अपराध सं.पु. (n.m.)	ap.rādh	offence, crime, quilt	thiltiḥ sual, thiamlohna	थिल्तिह् सुअल् थियम्लोह्ना
अपराधी वि. (adj.)	ap.rādhī	offender, criminal	pawi khawihtu, thil tisualtu.	पोइ खोइह्तु, थिल् तिसुअल्तू
अपरिचित वि. (adj.)	a.parichit	unacquainted, not familiar	hmelhriatloh, hriat bel chian loh.	म्हेलह्रियम् लोह् ह्रियत् बेल् चियन्लोह्
अपरिपक्व वि. (adj.)	a.paripakva	unripe, unmatured	hmin lo, puitling lo, hun lo	म्हिन लो, पुइत्लिङ लो हुन् लो
अपरोक्ष वि. (adj.)	a.parokṣ	direct, going straight of the point	ding, nghal, ngil, sawi tur sawi nghal.	दिङ्, ङाल, ङिल्, सोइ तुर सोइ ङाह्ल
अपर्याप्त वि. (adj.)	a.paryāpt	inadequate	tawklo	तोक्लो
अपवाद सं.पु. (n.m.)	ap.vād	exeption	tiamlovin, telovin	तियम्लोइन्, तेल्लोइन

अपवित्र वि. (adj.)	a.pavitra	impious, unholy	thianghlimlo	थियङ्ह्मिूलो
अपव्यय सं.पु. (n.m.)	apvyay	spending wrong way, extravagance.	a ṭul baka hmang tlaran.	अ ठूल बाका म्हाङ त्लार·ı
अपशकुन सं.पु (n.m.)	ap.shakun	ill-omen	thil ṭhalo lo tleng tur hmahruai	थिल् ठलो लो त्लेङ तूर म्हाहुअइ
अपशब्द सं.पु. (n.m.)	ap.shabd	abuse, abusive language	a chhia leh a buai zawnga thil tih, ṭawng chaltlaidėng khawng.	अ छिया लेह् अ बुअइ जोङा थिल् तिह्, टोङ् चलूत्लाइ/देङ् खोङ्
अपहरण सं.पु. (n.m.)	ap.haraṇ	Kidnapping, abduction	′mi) ruk bo, (mi) b'uma hruai bo	(मि) रुक बोउ, (मि) बुमा हुअइ बोउ
अप्रतिम वि. (adj.)	a.pratim	unequalled	tluk loh, tluk rual loh, phak bak.	त्लुक् लोह्, त्लुक रुअल् लोह्, फाक् बाक्
अप्रसन्न वि. (adj.)	a.prasanna	displeased, unhappy	lawm lo, hlimlo	लोमूलो, ल्हिमूलो
अप्रत्यक्ष वि. (adj.)	a.pratyakṣ	inobvious, indirect	langsarlo, pehhel	लङ्सारलो, पेह्हेल्
अप्रत्याशित (f.p.)	a.pratyāshit	unexpected	rin loh tak, beisei loh	रिन् लोह् तक्, बेइसेइ लोह्
अपाहिज वि. (adj.)	apāhij	crippled, disabted	piang sual	पियङ् सुअल्
अप्राप्य वि. (adj.)	a.prāpya	impossible to get, rare.	thil vang, hmuh mai harsa.	थिल् वाङ् म्हुह् मइ हरसा
अपितु (adj.)	apitu	but	nimah sela	निमह् सेला
अप्रिय वि. (n.f.)	apriya	un.pleasant	duh loh zawng	दुह् लोह् जोङ्
अपील सं.स्त्री (adj.)	apīl	appeal	dilna, ngenna.	दीलूना, ङेन्ना,
अपूर्व वि. (adj.)	apūrv	rare	vang	वाङ्
अपूर्ण वि. (n.f.)	apūrṇ	incomplete	kimchang lo.	किमूचङ् लो
अपेक्षा सं.स्त्री	apekṣā	in compriision	beisei	बेइसेइ
अपेक्षाकृत क्रि.वि.	apekṣākrit	comparativety	aiin, zawkin	अइइन, जोकूइन्

अपेक्षित वि.	apekṣit	wanted, needed	beisei, mamawh	बेइसेइ, ममोह्
अप्रैल सं.पु.	aprail	April month	April thla	अप्रिल् त्ला
अप्सरा सं.स्त्री (n.f.)	apsarā	nymph, fairy	lasi, Khuavang	लसी, खुअवाङ्
अफवाह सं.स्त्री	afvāh	rumour	thuthang	थुथंङ्
अफसर सं.पु.	afsar	officer	hotu lian	होउतु लियन्
अफसोस सं.पु. (n.m.)	afsos	regret	makti, pawi ti	मक्ती, पोइती
अफीम सं.स्त्री (n.m.)	afīm	opium	afim, ruih, theih thil	अफीम्, रुइह् थेइह् थिल्
अफीमची सं.पु. (n.f.)	afīmchī	opium-eater	rui a reng.	रुइ आ रेङ
अब वि. (adj.)	ab	now	tunah	तूनअह्
अबला सं.स्त्री (n.f.)	ablā	frail woman	chaklo (hmeichhia)	चकलो (म्हेइछिया)
अबाध वि. (adj.)	abādh	continuous withunt hurdle	dang buaitu awmlo, tlang.	दंङ बुअइतू, ऑम्लो त्लाङ्
अबीर सं.पु. (n.m.)	abīr	colour powder	rawng sen dal lampang.	रोङ् सेन दल् लम्पङ्
अबे-तबे करना	abe-tabe kar.na	to talk rudely	timual pho, engmah lo anga ngai.	तिमुअल् फोउ, एङ्मह लो अङा ङाइ
अबोध वि. (adj.)	abodh	innocent	naupangte rilru thianghlim	नउपङ्ते, रिल्रु थियङ्हिलम्
अभय वि. (adj.)	abhay	fearessness	hlaulo	ह्लाउलो
अभद्र वि. (adj.)	abhadra	uncourcrous	nun phung hre lo	नुन् फुङ ह्रे लो
अभक्ष्य वि. (adj.)	abhakṣya	unfit to be eaten	eitheihloh,	एइ थेइह् लोह्
अभागा वि. (adj.)	abhāgā	unfortunate	vanduai	वन्दुअइ
अभिनंदन सं.पु. (n.m.)	abhinandan	commemora-tion, eneomium	lawm, fak.	लोम्, फक्
अभिनंदन-पत्र सं.पु. (n.m.)	abhinandan-patra	commemora-tive, written add-ress	fak, lawm	फक्, लोम्
अभीष्ट वि. (adj.)	abhīṣta	cherished	hlut, ngaina	ह्लुत्, ङइना
अभ्यस्त वि. (adj.)	abhyast	accustomed	ngaia neih, bel	ङइआ नेइह्, बेल
अभ्यागत सं.पु. (n.m.)	abhyāgat	visitor, guest	tlawhtu, inleng, mikhual	त्लोह्तू, इन्लेङ, मिखुआल्
अभ्यास सं.पु. (n.m.)	abhȳas	practice, exer-	a taka thawh,	अ तका थोह्

		cise	a nihna tur anga thaw	अ निह्ना तूर अङा थोह्
अभी (ind)	abhī	just now, still	tun, maiah, cheu.	तून् मइअह्, चेउ-
अभूतपूर्व वि. (adj.)	abhūt-pūrva	unprecedented	la awmni ngai lo tluk rual loh.	ल ऑम/नि ङइ लो त्लुक रुअल् लोह्
अभेद सं.पु. (n.m.)	abhed	absence of difference, identify	danglamna awmlo, nihna tak	दंङलमूना ऑमलो, निह्ना तक्
अभेद्य वि. (adj.)	abhedya	impregnable impenetrable	thlen phaktheih loh, sawisel ruallohva dik fel.	त्लेन् फाक्/थेइह् लोह्, सोइसेल् रुअल् लोह्वा दिक् फेल्
अभ्युदय सं.पु. (n.m.)	abhyuday	progress, prosperity.	hmasawnna, hausakna neihnunna.	म्हासोनूना, हाउसक्ना नेइह्नुनूना
अमंगल वि. (adj.)	amaṇgal	inauspicious, unlucky	vanduaithlak, vanneih loh thlak.	वानूदुअइथ्लाक्, वानूनेइह् लोह् थ्लाक्
अमचूर सं.पु. (n.m.)	amchūr	dried parings or raw mango.	theihai velna hawng ro.	थेइहाइ वेलूना होङ् रोउ
अमन सं.पु. (n.m.)	aman	peace	thlamuanna, muanna.	त्लामुअनूना मुअनूना
अमन-चैन सं.पु. (n.m.)	aman-chāīn	peace and tranquillity	muanna veng veng	मुअनूना वेङ् वेङ्
अमर वि. (adj.)	amar	immortal	thi thei lo, hriat reng chi	थि थेइ लो, ह्रियत् रेङ् ची
अमरपद सं.पु. (n.m.)	amarpad	the status of being immortal salvation, immortality	thih theih lohna, chhandamna, chatuanminihna	थिह् थेइह् लोह्ना, छनूदमूना. चतुअनूमिनिहूना.
अमरावती सं.स्त्री	amrāvatī	the abode of immortals, the city of Indra	chatuan miho awmna, indra Khawpui	चतुअन् मिहोउ ओमूना, इनद्र खोपुइ
अमरुद सं.पु. (n.m.)	amrūd	guava	kawlthei, Kawiam	कोलूथेइ, कोइआम

अमल सं.पु. (n.m.)	amal	acting upon, addiction	tizel, ti chhun-zawm.	तिजेल, ति छुन-जोम्
अमलदारी सं.स्त्री (n.f.)	amaldārī	rule, possession, quthority	thuneihna, thuhnuaia dah-theihna, neitu nihna.	थुनेइह्ना, थुन्हुइअ दह थेइह्ना, नेइतू निह्ना
अमला सं.पु. (n.m.)	amlā	member of the staff	staff member	स्टाफ मेम्बर
अमात्य सं.पु. (n.m.)	amātya	minister	hotu, thuneitu, roreltu.	होउतु, थुनेइतु रोउरेलतू
अमानत सं.स्त्री (n.f.)	amānat	anything given in trust	duh duha tih-tura thil pêk, ring ngama pe.	दुह् दुह्अ तिह्तूरा थिल् पेक्, रिङ् ङ्मा पे
अमानती वि. (adj.)	amānatī	that which is entrusted.	mawhphurhtir (rin vangin), ring ngama pe	मोउफुरह्तीर (रिन् वाङइन्) रिङ ङ्मा पे
अमानी वि. (adj.)	amānī	system of work in which payment is made on daily wage irrespective of amount of work done.	hnathawk nitin bia hlawh pêk.	न्हाथोक् नितिन् बिआ ह्लोह पेक्
अमानुषिक वि. (adj.)	Amānuṣik	inhuman, beastly	mihrin loh thlak, mihring tihawm loh, ran ang.	मिह्रिन् लोउ थ्लाक मिह्रिङ तिह्ऑम लोउ रन् अङ्
अमाल सं.पु. (n.m.)	amāl	the hair on the neck of a horse, mane.	sakawr nghawng hmul	सकोर ङोइङ म्हुल्
अमावट सं.पु. (n.m.)	amāvaṭ	solidified mango Juice	theihai tui teng Khang	थेइहाइ तुइ तेङ् खङ्
अमावस सं.स्त्री (n.f.)	amāvas	last day of the dark half of a month.	thla thim hun chhunga ni hnuhnung ber.	थ्ला थिम हुन् छुङा नि न्हुनुङ बेर

अमिट वि. (adj.)	amit	indelible	thai bo theih loh	थाइ बोउ थेइह् लोह्
अमीन सं.पु. (n.m.)	amīn	bailiff	thureltu, thuneihna pêk (mi)	थुरेल्तु, थुनेइह्ना पेक् (मी)
अमीर वि. (adj.)	amīr	wealthy, rich	neinung, hausa.	नेइनुङ, हउसा
अमीरी सं.स्त्री (n.f.)	amīrī	wealthiness, nobility	neihnun, ngheh leh zahawm	नेइह्नुन, ङेह लेह् जह्ऑम
अमुक वि. (adj.)	amuk	such and such, so and so	chutiang te pawh	चुतियाङ ते पोह्
अमूर्त वि. (adj.)	amūrta	abstract, intangible	taksa hriatnain a hriat theih loh thil	तक्सा ह्रियत्नइन अ ह्रियात् थेइह् लोह् थिल्
अमूल्य वि. (adj.)	amūlya	priceless, very precious	engmahin a man loh, hlu lutuk	एङमह्इन् अ मन् लोह, ह्लु लुतुक
अमृत सं.पु (n.m.)	amrit	nectar	pangpar zu ang te	पङ्पार जू अङ ते
अमोघ वि. (adj.)	amogh	infallible, unfailing	chhe thei lo,ngei ngei, renawm.	छे थेइ लौ, ङेइ ङेइ, रिन्ऑम
अमोल वि. (adj.)	amol	priceless	man chhiar sen loh, hlu lutuk.	मन् छियार सेन लोह, ह्लु लुतुक
अम्मा सं.स्त्री (n.f.)	ammā	mother	Nu	नू
अम्ल वि. (adj.)	amla	acid, acidity, sour	thur	थूर
अयोग्य वि. (adj.)	ayogya	unfit, unworthy, unqualified	tlak lo, phu lo	त्लाक् लो, फू लो
अरंडी सं.स्त्री (n.f.)	araṇḍi	castor oil plant	thlai hriak sawr chhuah theih (Africa)	थ्लाइ ह्रियक् सोर छुअह् थेइह् (अफरिका)
अरण्य सं.पु. (n.m.)	araṇya	Jungle, forest	ramhnuai, ngaw	रम्ह्नुअइ, ङो
अरथी सं.पु. (n.m.)	arthī	bier	mithi zawnna	मिथि जोन्ना
अरमान सं.पु. (n.m.)	armān	cherished, desire, longing	chak zawng, duhthusam	चक् जोङ, दुह्थुसाम्

अरविंद सं.पु. (n.m.)	arvind	lotus flower	lotus pangpar	लोतास् पङपार
अरवी सं.स्त्री (n.f.)	arvī	a kind of taro	telhawng chi khat	तेल्होङ चि ख़त
अरसा सं.पु. (n.m.)	arsā	period of time, sujectively long	hun rei deuh chhung.	हुन रेइ देउह् छुङ
अरहर सं.स्त्री (n.f.)	arhar	a kind of corn used mostly as a pulse.	dailuah chi khat	दइलुअह् चि ख़त
अराजकता सं.स्त्री (n.f.)	arājak.tā	anarchy	thil buai nuai, awmze nei lo.	थिल बुअइ नुअइ, ऑमजे नेइ लोउ.
अराजपत्रित वि. (adj.)	arājpatrit	nongazetted	sawrkar hna sang thawk lo chinte	सोरकार ह्ना साङ् थोक् लो चिन्ते
अरारोट सं.पु. (n.m.)	arāroṭ	arrowroot	thlaizung ei mi	थ्लाइ जुङ एइ मि
अरि सं.पु. (n.m.)	ari	enemy, foe	hmelma, khinpui	म्हेल्मा, खिन्पुइ
अरुचि सं.स्त्री (n.f.)	aruchi	lack of interest, aversion	ngaihsak lohna, tui loh zawng.	ङइह्सक् लोह्ना, तुइ लोह् जोङ्
अरुण वि. (adj.)	aruṇ	reddish, scarlet	sen	सेन्
अरुचिकर वि. (adj.)	aruchikar	disagreeable, uninteresting.	rempui theih loh zawng. phurpui theih loh zawng.	रेमपुइ थेइह् लोउ जोङ फुरपुइ थेइह् लोह् जोङ
अरुणोदय सं.पु. (n.m.)	aruṇoday	rising of the sun, dawn	ni chhuak, khawvar tir	नि छुअक्, ख़ोवर तिर
अर्क सं.पु. (n.m.)	arq	extract, essence.	rim vanga sawr chhuah	रिम वङा सोर छुअह्
अर्घ्य वि. (adj.)	arghya	valuable	thil hlu, hlu	थिल ह्लु, ह्लु
अर्चना सं.स्त्री (n.f.)	archanā	propitiation	in-thawina hlan, tihlungawi	इन् थोइना ह्लान, तिह्लुङओइ
अर्ज सं.स्त्री (n.f.)	arj	request, prayer	ngen, dil ṭawng-ṭai	ङेन, दील् टोङ्-टाइ
अर्जन सं.पु. (n.m.)	arjan	to earn	tihlai, tihlungawi, inthawina hlan	तिह ्लाइ, तिह्लुङओइ, इन्थोइना ह्लान्
अर्जित सं.पु. (n.m.)	arjit	earned	hlawh chhuah, thawh chhuah.	ह्लोह् छुअह्, थोह् छुअह्

अर्जी सं.स्त्री (n.f.)	arzī	petition, application	dilna, ngenna	दीलूना ङेन्ना
अर्जीदाता सं.पु. (n.m.)	arzī-dātā	plaint	vuivaina, sunna invuina hla	वुइवइना सूनूना इनूवुइना ह्ला
अर्जी नवीस सं.पु. (n.m.)	arzī-navīs	petition writer	dilna ziaktu	दीलूना, जिअकूतु
अर्थ सं.पु. (n.m.)	arth	meaning, import, money	awmzia, pawisa	ऑमजिय पोइसा
अर्थदंड सं.पु. (n.m.)	arth-daṇḍ	fine, monetary	chawi, pawisa lam thil	चोइ, पोइसा लम् थिल
अर्थशास्त्र सं.पु. (n.m.)	arthshāshtra	economics	pawisa telna thil reng renga inenkawl dan hmang.	पोइसा तेलूना थिल रेङ रेङा इनूएनकोल् दान ह्मङ
अर्थात् (ind)	arthāt	namely, this is to say	hetiang te...,chu chu...	हेतियङ ते...,चु चु...
अर्दली सं.पु. (n.m.)	ardalī	orderly, peon.	tirkah, tirchhaih	तिरह्कअह्, तिरह्छियह्
अर्ध वि. (adj.)	ardh	half, semi, bi	chanve, angreng.	चनवे अङरेङ
अर्धव्यास सं.पु. (n.m.)	ardhvyās	semidiameter, radius	bial lai tak aṭanga a ko hawlhtu ngil.	बियल लाइ तक अटंङा अ कोउ ह्लोलूह्तु ङिल्
अर्द्धांगिनी सं.स्त्री (n.f.)	arddhāṅginī	better half, wife	khingpui, nupui	खिङपुइ, नुपुइ
अर्पण सं.पु. (n.m.)	arpaṇ	act of offering, surrendering	inpe, hlan	इनूपे, ह्लन्
अर्पित (pp)	arpit	offered, surrendered	pe, hlan	पे, ह्लन्न्
अर्वाचीन वि. (adj.)	arvāchīn	modern, recent	tunlai, tunhnai	तुनलाइ, तुनन्हआइ
अलंकार सं.पु. (n.m.)	alankār	ornament, figure of speech	incheina, cheimawina, ṭawng entirnei.	इनचेइना, चेइमोइना, टोङ एन्तिरनेइ
अलक सं.स्त्री (n.f.)	alak	lock of hair, curl	sam,(sam) kir	सम (सम) किर

अलख वि. (adj.)	alakh	invisible, imperceptible	hmuh theih loh, hriat theih loh	ह्मुह् थेइह् लोह्, ह्रियात् थेइह् लोह
अलग वि. (adj.)	alag	different, apart, separated	danglam, inang lo, hrang.	दंङ्लम्, इनअङ लो, ह्रङ
अलग-थलग वि. (adj.)	alag-thalag	cut off	dang chat	दंङ चत्
अलगनी सं.स्त्री (n.f.)	alag.nī	clothes-line.	puanzarna.	पुअन्ज़ारना
अलगोजा सं.पु. (n.m.)	algojā	flageolet, a kind of flute	phenglawng chi khat.	फेङ्लोङ चि ख़त
अलगौझा सं.पु. (n.m.)	al gaūjhā	partition, separation.	tihṭhenna, ṭhen hranna.	तिह्ठेननह्, ठेन ह्रअन्ना
अलबत्ता (ind)	albattā	nevertheless, of course.	(ni) tho; (ni) ve bawk.	(नी) थोउ (नी) वे बोक्
अलबेला वि. (adj.)	albelā	peculiarly attractive	ṭha danglam.	ठ दंङ्लम्
अलभ्य वि. (adj.)	alabhya	not obtainable, rare.	neih theih loh, vang.	नेइह् थेइह् लोह्, वाङ
अलमारी सं.स्त्री (n.f.)	almārī	almirah	almari	अलमारी
अलमूनियम सं.पु. (n.m.)	almūniyam	alluminium	aluminium.	अलुमिनियम्
अलसाना क्रि.अ. (v.i.)	alsānā	to feel (deliciously) drowsy.	nguai, vui.	ङुअइ, वुइ
अलसी सं.स्त्री (n.f.)	alsī	linseed	la chi hriak	ल चि ह्रियक्
अल्हड़ वि. (adj.)	alhaṛ	childishly, simple.	naupan thlak, mawl leh ho.	नउपन् त्लाक्, मोल लेह् होउ
अलाव सं.पु. (n.m.)	alāv	camp-fire	meikhuk	मेइखूक
अलापना क्रि.अ. (v.i.)	alāp.ña	to speak, to convese, to sing	ṭawng, bia, zai	टोङ, बिया, जाइ
अलार्म सं.पु. (n.m.)	alārm	alarm	ralkhel hlauhawm thleng	रालखेल ह्लाऑम थ्लेङ

			inhriattirna	इनह्रियत्तीरना
अलावा (ind)	alāvā	in addition to, besides, a part from.	chu bakah, chu lo pawh	चु बाकअह्, चु लो पोह्
अलि सं.स्त्री (n.f.)	ali	female friend	ṭhian (hmeichhia)	ठियन् (म्हेइछिया)
अलील वि. (adj.)	alīl	indisposed, ailing	dam-samlo; na	दम-समलो, ना
अलोप वि. (adj)	alop	disappeared	bo; ral.	बोउ, रल
अल्प वि. (adj.)	alpa	small, short.	te, tawi.	ते, तोइ
अल्पकाल वि. (adj.)	alpakāl	short period	hun tawi te	हुन् तोइ ते
अल्पवयस्क वि. (adj.)	alpavayask	under-age	kum tling lo	कुम त्लीङ लो
अल्पावस्था सं.स्त्री (n.f.)	alpāvasthā	young age	naupan lai hun; tleirawl lai hun.	नवपन लाइ हुन त्लेइरोल लाइ हुन
अल्पाहार सं.पु. (n.m.)	alpāhār	short meal, refreshment.	kam ram, chaw fak, intih puarna.	कम रम, चो फाक, इनतिह् पुअरना
अल्लाह सं.पु. (n.m.)	allāh	almighty, God (muslim mythology)	muslim-ho pathain. engkim ti thei.	मुस्लिम-होउ पथियन्, एङकिम ति थेइ
अवकाश सं.पु. (n.m.)	avkāsh	leisure, recess, scope.	chawlh lai, hun awl.	चोलह् लाइ, हुन ओल
अवगत वि. (adj.)	avgat	aware, apprised.	ngaịhna hria, chhut chhuak.	ङइह्ना ह्रिया छुत छुअक्
अवगुण सं.पु. (n.m.)	avgun	demerit, disqualification	ṭhatlohna, tlinlohna.	ठत्लोउना, त्लिन्लोह्ना
अवज्ञा सं.स्त्री (n.f.)	avagyā	disobedience	thu awih lohna, chona, hnialkalhna.	थू ओइह् लोह्ना चोउना न्हीयलकल्ह्ना
अवतरित (p.p.)	avtarit	descended	thlahchhawng, chhuk.	थ्लाह्छोङ छुक
अवतार सं.पु. (n.m.)	avtār	incarnation	inlarna (engemawa changin)	इन्लारना (एङएमोअ चङइन्)
अवधि सं.स्त्री (n.f.)	avadhi	limit, period,	chin nei, hun	चिन नेइ, हुन

		term	chhung.	छुङ
अवनत (p.p)	av.nat	bowed down.	kûn, intulut.	कून, इनतुलूत
अवनति सं.स्त्री (n.f.)	av.nati	downfall, degradation	tlak chhiatna, in tihhniamna, tlakhniamna.	थ्आक् छियात्ना इन् तिह्न्हीयम्ना, थ्आक्न्हीयम्ना
अवयव सं.पु. (n.m.)	av.yav	limb, component part.	peng; peng zawmpui.	पेङ, पेङ जोमपुइ
अवरुद्ध (p.p)	av.ruddha	obstructed, confined.	khuahkhirh, chhungkhung.	खुअह्खिरह्, छूङ्खुङ्
अवरोधक वि. (adj.)	av.rodhak	causing obstruction hindrance.	tikhirh, ti chep	तिखिरह्, ति चेप्
अवरोह सं.पु. (n.m.)	av.roh	descent	feltha leh mawi.	फेल/ठा लेह् मोइ
अवरोही वि. (adj.)	av.rohī	descending	chhukin..	छुकइन
अवलंबन सं.पु. (n.m.)	av.lamban	dependence, prop	mahnia din awm theihna, chang tluanga awm	म्हनिआ/दिन ऑम थेइह्ना, चङ त्लुअङा ऑम
अवली सं.स्त्री (n.f.)	avlī	line, row, rang.	tlar, tlar khata awm.	त्लर, त्लर खता ऑम
अवलोकन (n.m.)	av.lokan	beholding, perusal,	lo hmu chaing, lo chhiar ngun.	लो म्हु चियाङ, लो छियर ङुन
अवशिष्ट वि. (adj.)	avshiṣṭ	remaining, residual	bang, bangnawi.	बाङ् बाङ्नोइ
अवशेष सं.पु. (n.m.)	av.sheṣ	remainder, riesidue.	labang, bangnawi bang.	लाबाङ बाङ्नोइ बाङ्
अवशोषण सं.पु. (n.m.)	av.shoṣaṇ	absorption	hipful, kep.	हिपहुल, केप्
अवश्य क्रि.वि. (adv.)	avashya	necessarily certainly	ngei ngeiin, ṭul lo thei lo.	ङेइ ङेइइन, टूल लो थेइ लो
अवश्यमेव क्रि.वि. (adv.)	avashyamev	certainly, without fail	ngei ngei, loh-thei loh	ङेइ ङेइ, लोह् थेइह् लोह्
अवश्यंभावी वि. (adj.)	avashyam-bhāvi	inevitable	loh theih loh, ngei ngei thil	लोह् थेइह् लोह् ङेइ ङेइ थिल
अवसर सं.पु. (n.m.)	av.sar	occasion, opportunity	hun tak, hunṭha leh remchang.	हुन तक, हुनठा लेह् रेमचाङ

अवसरवादी सं.पु. (n.m.)	av.sarvādī	opportunist	mahni ṭanghmakai (mi), mi kuh-muma par (mi)	म्ह्नी टाङ्म्हाकाइ (मी), मी कुह्मुमा पार (मी)
अवस्था सं.स्त्री (n.f.)	avasthā	condition, situation, phase	nihdan awmdan hmang.	निह्दान/ ऑमदान म्ह्ङ
अवहेलना सं.स्त्री (n.f.)	av.helnā	intentional des-regard, slig't.	haider, elsen.	हइदेर, एलसेन
अवाक् वि. (adj.)	ȧvāk	speechless, wonder-struck	makti, phawk.	मक्ती, फोक्
अवांछित (p.p)	ȧvañchhit	undesired, un-welcome	lawm lohzawng, chak lohzawng.	लोम् लोहजोङ, चक लोह् जोङ
अविकारी वि. (adj.)	ạvikārī	indeclinable, not sujbect to variation or change.	tihchet rual loh, tihnghin rual loh, sailo.	तिह्चेत रुअल् लोह्, तिह्ङिन रुअल लोह् साइलो
अविचलित वि. (adj.)	a.vichalit	imperturbable, firm.	tihbuai mai mai theih loh nghet.	तिह्बुअइ मइ मइ थेइह् लोह् ङेह्त्
अविच्छिन्न वि. (adj.)	a.vich-hhinna	uninterrupted unbroken	tihbuai loh, tih-keh loh.	तिह्बुअइ लोह, तिह्केह् लोह्
अविनाशी वि. (adj.)	ȧvināshī	imperishable, eternal	boral thei lo, chatuan thil	बोउरल थेइ लो चतुअन थिल
अविभाज्य वि. (adj.)	ȧvibhājya	indivisible	semsawm theih loh, then theih loh.	सेमसोम थेइह् लोह्, ठेन थेइह् लोह्
अविरल वि. (adj.)	ȧviral	uninterrupted, continuous	tihbuai loh, kal zel.	तिह्बुअइ लोह, कलजेल
अविराम वि. (adj.)	ȧvirām	non-stop, in cessant	tawp lo, chawl lo, ni reng.	तोप लो, चॉल लो, नि रेङ
अविलंब क्रि.वि. (adv.)	ȧvilamb	without delay	nghal, vat.	ङअल्, वत्
अविवाहित वि. (adj.)	ȧvivāhit	unmarried, bachelor	nupuipasalnei lo, tlangval.	नुपुइ/पसल्नेइ लो, त्लङवाल
अविश्वास सं.पु. (n.m.)	ȧvishvās	lack of con-fidence, distrust.	rin tawh lohna, rin lohna.	रिन तोह् लोह्ना रिन लोह्ना

अवैज्ञानिक वि. (adj.)	ȧvāigyānik	unscientific	mumal lo, chhuichian dawl lo.	मुमल लो, छुइचियन् दोल लो
अवैतनिक वि. (adj.)	ȧvāitnik	honorary	pek ve(hmingtha) phu lem loh, nihna hlan ve.	पेक वे (म्हीङठा) फू लेम लोह्, निह्न ह्लन् वे
अवैध वि. (adj.)	ȧvāidh	illegal, unlawful	dan lo, dan kalha tih.	दान लो, दान कल्ह्अ तिह्
अव्वल वि. (adj.)	avval	first	pakhatna	पखत्ना
अव्यक्त वि. (adj.)	ȧvyakta	not expressed, indistinct.	tihlan chhuah loh, chiang lo.	तिह्लन छुअह् लोह्, चियङ लो
अव्यवस्था सं.स्त्री (n.f.)	ȧvyavasthā	disorder, confusion.	fello, buai.	फेललो, बुअइ
अंशुमान सं.पु. (n.m.)	aṁsumān	the sun, an epithet of the sun.	ni, ni sawina	नि, नि सोइना
अशक्त वि. (adj.)	ȧshakta	weak, without energy.	chak lo, chakna nei lo.	चक लो, चकना नेइ लो
अशर्फी सं.स्त्री (n.f.)	asharfī	a gold coin, a sovereign.	rangkachak tangka, pound khat (british pawisa)	रंगक्चक्, तंङ्का पाउड खत (ब्रितीश पोइसा)
अशांत वि. (adj.)	ȧshānt	agitated, distrubed	tibuai, fel lo.	तिबुअइ, फेल लो
अशिक्षित वि. (adj.)	ȧshiksit	uneducated, illiterate.	lehkha thiamlo.	लेह्ख थियम्लो
अशिष्ट वि. (adj.)	ȧshiṣṭa	immodest, impolite.	inngaitlawm lo, nung chang mawi lo.	इनङाइत्लोम लो, नुङ्चङ मोइ लो
अशुद्ध वि. (adj.)	ȧshuddha	impure, incorrect	thianghlim lo dik lo, tak lo, hlirlo.	थियङह्लिम् लो दिक लो, तक लो ह्लीर लो
अशुभ वि. (adj.)	ȧshubh	inauspicious, ominous.	vanneilo, chhiatna lam	वान्नेइ लो छियत्नलम्

			kawk.	कोक्
अश्रु सं.पु. (n.m.)	ashru	tear	mittui.	मित्तुइ
अश्रुगैस सं.स्त्री (n.f.)	ashrugas	tear-gass	mittui ti tla thei gas	मित् तुइ ति त्ला थेइ गैस
अश्लील वि. (adj.)	ȧshlīl	obscene	zahmawh hawi.	जह्मोह् होइ
अश्व सं.पु. (n.m.)	ashva	horse	sakawr	सकोर
अश्वमेध सं.पु. (n.m.)	ashvamedh	horse sacrifice	sakawr hlan.	सकोर ह्लान्
असंख्य वि. (adj.)	asȧnkhya	number less, in-countless	chhiarsenloh, tam êm êm	छियरसेन् लोह् तम एम् एम्
असंगत वि. (adj.)	asȧngat	irrelevant, in consistent.	intulo, inhmulo, inthlawplo.	इनतुलो, इनह्मुलो इनत्लौपलो
असंतुष्ट वि. (adj.)	asaṅtuṣṭa	dissatisfied discontented.	lungawilo, lungnilo.	लुङओइलो लुङनिलौ
असंभव वि. (adj.)	asambhav	impossible	theihloh, ni thei lo	थेइह्लोह, नि थेइ लो
असत् वि. (adj.)	asat	non-existing, untrue.	awm lo, ni lo, dik lo.	ऑम लो, नि लो, दिक् लो
असत्य वि. (adj.)	asatya	untrue	ni lo, dik lo.	नि लो, दिक लो
असफल वि. (adj.)	asaphal	unsuccessful	hlawhtling lo.	ह्लोत्लिङ लो
असबाब सं.पु. (n.m.)	asbāb	luggage, goods and chattels.	thawmhnaw telip.	थोमूह्नो तेल/इप
असभ्य वि. (adj.)	asabhya	uncivilized, savage.	mimawl, hawih hailo, mikawlh.	मिमोल्, होइह्हाइलो मिकोलह्
असमर्थ वि. (adj.)	asamartha	unable, in-capable.	theilo, tlinlo.	थेइलो, त्लिन् लो
असमंजस सं.पु. (n.m.)	asamanjas	suspense	ngaihna hrelo, chawlh lailawk	ङइह्ना ह्रेलो चौल्ह् लइलोक्
असर सं.पु. (n.m.)	asar	effect, impres-sion	hnuhma, khawihdan.	न्हूम्हा खोइह्दान्
असल वि. (adj.)	asal	real, true, genuine.	tak tak, dik	तक तक, दिक
असलियत सं.स्त्री (n.f.)	asliyat	reality, truth.	dikna, takna.	दिक्ना, तक्ना
असली वि. (adj.)	aslī	real, genuine	tak, dik	तक्, दिक्
असहनीय वि. (adj.)	asahnīy	unbearable,	tawrhhar,	तोरह्हर,

		intolerable.	tawrhtheihloh	तोरह्थेइह्लोह्
असहयोग संपु. (n.m.)	asaḥyog	non-coopera-tion	intihhranna, tihho lohna.	इनतिह्ह्रन्ना, तिह् होउ लोह्ना
असहाय सं.पु. (n.m.)	asahāy	helpless	engmahtitheilo.	एङ्म्हतिथेइलो
असह्य वि. (adj.)	asahya	unbearable, in-tolerable.	tawrh theih loh tuarhar	तोरह् थेइह् लोह्, तुअरहर
असाधारण वि. (adj.)	asādhāraṇ	uncommon, exceptional	naranlo, dangdai, vang.	नरानलो, दंङ्दाइ, वङ
असाध्य वि. (adj.)	asādhya	incurable, ir-remediable.	tihdam theihloh	तिह्दम थेइह्लोह्
असावधान वि. (adj.)	asav̄dhān	careless, not cautions	fimkhurlo pawlawh.	फिम्खुरलो, पोलोह्
असावधानी सं.स्त्री (n.f.)	asav̄dhānī̄	carelessness, negligence.	fimkhurlohna, ngaihthahna.	फिम्खुरलोह्ना, ङइह्थह्ना
असामी सं.पु. (n.m.)	asāmī̄	tenant, client	inramluah-hawhtu, rawntu.	इन/रमलुअह् होह्तू, रोनतू
अस्त वि. (adj.)	ast	sunk, disapp-eared	pil	पिल
असीम वि. (adj.)	ȧsī̄m	limitless, un-limited, ab solute.	chin awmlo, vek.	चिन् ऑमलो वेक्
असुर सं.पु. (n.m.)	asur	demon	ramhuai.	रमहुअइ
असुविधा सं.स्त्री (n.f.)	asuvidhā	inconveni-ence, difficulty	lohna, harsatna.	लोह्ना, हरसत्ना
असैनिक वि. (adj.)	asāinik	other then military, civil	sipai thillam nilo.	सिपइ थिल्लम निलो
अस्तबल सं.पु. (n.m.)	astabal	stable	sakawrin.	सकोर इन
अस्तर सं.पु. (n.m.)	astar	lining(clothes) base.	kawr chhung thuahna, bulpui.	कोरछुङ थुअह्ना, बुलपुइ
अस्त-व्यस्त वि. (adj.)	ast-vyast	scattered here and there, dis-ordered.	fello, awm niai nuai.	फेल्लो, ऑम निअइ नुअइ
अस्ताचल सं.पु. (n.m.)	astāchal	the mytholo-gical hill be-hind which the sun is suposed	nitla liamna tlang bik (thawn thua mi)	नित्ला लियम्ना त्लाङ बीक् (थोन थू अ मी)

		to set.		
अस्तित्व सं.पु. (n.m.)	astitva	existence, entity	nihawm ngeina, nihna.	निह्/ऑम ङेइना, निह्ना
अस्त्र सं.पु. (n.m.)	astra	weapon	hriamhrei	ह्रियम्ह्रेइ
अस्त्र-शस्त्र सं.पु. (n.m.)	astra-shastra	arms, armanent.	indona hriamhrei	इनदोउना ह्रियम्ह्रेइ
अस्थि सं.स्त्री (n.f.)	asthi	bone	ruh	रुह
अस्थिपंजर सं.पु. (n.m.)	asthi-panjar	skeleton	ruhrel	रुहरेल्
अस्पताल सं.पु. (n.m.)	aspatāl	hospital	damdawiin	दमदोइइन
अस्पृश्य वि. (adj.)	ȧsprishya	untouchable	khawih thiang lo.	खोइह् थियाङ लो
अस्फुट वि. (adj.)	ȧsphuṭ	inarticulate, unblossomed.	mawl, vullo.	मोल, वुललो
अस्वस्थ वि. (adj.)	ȧsvastha	not in health, indisposed	hrisello, chakvak lo.	ह्रिसेल्लो, चकवक्लो
अस्सी वि. (adj.)	assī	eighty	sawmriat.	सोमरियात्
अस्वीकार सं.पु. (n.m.)	ȧsvīkār	refusal, denial.	hnialna.	ह्नियाल्ना
अहं सं.पु. (n.m.)	aham	ego	mahni, inngaihlenna, chapona, kei ka ni intihna.	म्हनी इन्ङइह्लेन्ना, चपोउना, केइ क नी इन्तिहना
अहंकार सं.पु. (n.m.)	ahankār	self-conceit	intihveina.	इन्तिह्वेइना
अहंभाव सं.पु. (n.m.)	ahambhāv	egoism	kei ka ni intihna.	केइ क नी इन्तिह्ना
अहमियत सं.स्त्री	ahmiyat	significance importance.	pawimawhna, lansarhna.	पोइमोह्ना लन्सरह्ना
अहलकार सं.पु. (n.m.)	ahalkār	member of the staff, official (of a law-court)	dan mi, rorelna a thawk.	दान मी, रोउरेलना अ थोक्
अहाता सं.पु. (n.m.)	ahātā	compound, enclosure.	hungchhung, hual chhung.	हुङछुङ, हुअल छूङ
अहिंसा सं.स्त्री. (n.f.)	ȧhiṅsā	abstention from killing, non-violence.	tharum telhlohna a, intihluihlohna.	थरुम तेलह्लोह्नाअ इन्तिह्लुइह्लोहना
अहिंसात्मक वि.	ȧhinsātmak	nonviolent	tharum tello,	थरुम तेल्लो

(adj.)			tihluihna ni lo.	तिह्लुइह्ना नी लो
अहिंसावादी वि. (adj.)	ȧhinsāvādi	non-violent	tharum tello, intiluilo.	थरुम तेल्लो, इनतिलुह्लो
अहिंस्र वि. (adj.)	ȧhinsra	non-cannilo-rous, harmless	misehmi ei ching lo, hlauhwm lo.	मिसेह/मि एइ चिङ लो, ह्लाउओम लो
अहि सं.पु. (n.m.)	ahi	serpent, snake	rûlpui, rûl.	रुलपुइ, रुल
अहित सं.पु. (n.m.)	ȧhit	harm, damage	pawi, chhia	पोइ, छिया
अहितकारी वि. (adj.)	ȧhitkārī	causing harm or disconfort, an enemy, a foe.	intai, hmelma.	इनतइ, म्हेलमा
अहेरी सं.पु. (n.m.)	aheri	hunter	speltu.	सपेलूतू

आ

आँकड़े सं.पु. (n.m.)	ā̃k.ṛe	Statistics, data	thil zat lawrkh-awmna, chhiarna	थिल जात लोरखोमूना, छियरना
आँकना क्रि.स. (vt.)	ā̃k.na	to assess, to mark.	a hlut dan rel, chhut	अ ह्लुत दान रेल, छूत
आँख सं.पु. (n.m.)	ā̃kh	eye	mit	मित
आँगन सं.पु. (n.m.)	ā̃gan	(court) yard	hung chhung, tual	हुङछूङ, तुअल
आँचल सं.पु. (n.m.)	ā̃chal	borderend of to dies cloth, region	ramri, fem, hmawr	रम्री, फेम्, म्होर
आंतरिक वि. (adj.)	āntarik	internal	chhung lam, ram chhung thil	छुङलम, रम छुङ थिल
आंदोलन सं.पु. (n.m.)	āndolan	agitation, movement.	ti nghing, chawk buai	ति ह्ङीङ, चोक बुअइ
आँधी सं.स्त्री (n.f.)	ā̃dhi	(dust) storm	thlipui, ṭiau vaivut thil	त्लीपुइ, टिअउ वइवुत त्ली
आँवला सं.पु. (n.m.)	ā̃vla	the tree emblic myrobalan and its fruit	Sunhlu	सुनह्लू
आँसू सं.पु. (n.m.)	ā̃su	tear	mittui	मितुतुइ

आईना सं.पु. (n.m.)	āīnā	mirror	darthlalang	दारत्लालङ
आकर्षक वि. (adj.)	ākarṣak	attractive (face, view, personality)	ît awm, duhawm ngainatawm.	ईत् ऑम दुह्ऑम ङइनत्ऑम
आकर्षण सं.पु. (n.m.)	ākarṣaṇ	attraction	hipna, ennawm, lungkuai	हिप्ना, एन्नोम लुङ्कुअइ
आकस्मिक वि. (adj.)	ākasmik	accidental, accidentally	tih palh, awm palh	तिह् पल्ह्, ऑम पल्ह्
आकांक्षा सं.स्त्री (n.f.)	ākankṣā	aspiration, ambition	ropuina Umna, thil tum Sanna	रोउपुइना ऊम्ना थिल तुम सान्ना
आकार सं.पु. (n.m.)	ākār	Shape, form, Size.	hmelhmang, pumrua pianhmang.	म्हेलम्अङ, पुम्रुअ पियन्म्हङ
आकाश सं.पु. (n.m.)	ākāsh	Sky	Van	वान
आकृति सं.स्त्री (n.f.)	ākriti	form, shape, (of a face)	hmelhmang, pumrua, ruangam	म्हेलम्अङ, पुमरुअ, रुअङआम्
आकृष्ट वि. (adj.)	ākriṣṭ	attracted	hip, thlem.	हीप, थ्लेम्
आक्रमण सं.पु. (n.m.)	ākramaṇ	attack, assault.	bei, do	बेइ, दोउ
आक्षेप सं.पु. (n.m.)	ākṣep	Charge, blame	puhna, hekna	पुह्ना, हेक्ना।
आखिर वि. (adj.)	ākhir	end, at last	tawp, a twap a tawpah.	तोप, अ तोप अ तोपअह्
आगंतुक वि. (adj.)	āgantuk	visitor, newcommer, a visiting	Hawhtu hmelthar	होह्तू, म्हेल्थर
आग सं.स्त्री (n.f.)	āg	fire	mei, kangmei	मेइ, काङ्मेइ
आगबबूला वि. (adj.)	āg.babūlā	Wild with rage.	thinrim êm êm thin so phut.	थिनरिम एम एम थिन सोउ फुउत्
आगमन सं.पु. (n.m.)	āgman	advent, arrival	lo thlen hun, hun bik.	लो त्लेन हुन, हुन बीक
आगामी वि. (adj.)	āgāmī	forth Coming next	dawt, thleng tur hnai	दोत, त्लेङ तूर न्हाइ
आगार सं.पु. (n.m.)	āgār	Store house.	thil Chi hrang harng dah khawmna in	थिल ची ह्रङ ह्रङ दाह खोम्ना इन
आगाह वि. (adj.)	āgāh	acquainted with, aprised,	hriat, hmel-hriat	ह्रियात्, म्हेल-ह्रियात्

		aware		
आगे क्रि. वि. (adv.)	āge	ahead hereafter, in future.	hma lam, tun hunah.	म्हालम, तून तून हुन्अह्
आग्रह सं.पु. (n.m.)	āgrah	insistence	ngiat, phut	ङियत्, फूत
आचरण सं.पु. (n.m.)	ācharaṇ	conduct	nung chang.	नुङचङ
आचार सं.पु. (n.m.)	āchār	manners	tihdan, awm dan	तिह्दान, ऑमदान
आचार्य सं.पु. (n.m.)	āchārya	teacher, scholar	Zirtirtu, mi kehkha thiam tak.	जिरतीरतू, मी लेहख थियम् तक
आज वि. (adj.)	āj	today	vawiin	वोइन्
आजकल क्रि.वि. (adv.)	āj.kal	now-a-days	tun lai chuan	तून लाइ चुअन्
आज़माना क्रि.सं. (vt.)	āz.mānā	to try to (put to a) test	enchhin, fiah	एनछिन्, फियह्
आज़ादी सं.स्त्री (n.f.)	āzādī	freedom, independence.	zalenna	जलेनूना
आजीवन क्रि.वि. (adv.)	āj.īvan	a life. lifelong, throghoutfore life	tluanin dam chhungin	त्लुअनूइन, दम छूङइन
आजीविका सं.स्त्री (n.f.)	ājīvikā	livelihood	eizawnna, khawsakna dan.	एइजोनूना, खोसकना दान
आज्ञा सं.स्त्री (n.f.)	āgyā	order, permission, leave	thupek, dan, phalna.	थुपेक, दान फलनह्
आज्ञाकारी वि. (adj.)	āgyā.kārī	obedient	thu awih	थु ओइह्
आडंबर सं.पु. (n.m.)	āḍambar	ostentation	intihveina, uanthuanna.	इनतिह्वेइना, उअनूथुअनूना
आड़ सं.स्त्री (n.f.)	āṛ	cover, shelter, barrier	khuh, chhin, hliap	खुह, छीन ह्यीप्
आड़ा सं.पु. (n.m.)	āṛā	diagonal, oblique	thil killi nela a kil inepte rinzawmtu	थिल किलूली नेइआ अ किल् इनएपूते रीनजोमूतु
आड़ू सं.पु. (n.m.)	āṛū	peach	theite	थेइते
आढ़त सं.पु. (n.m.)	āṛhat	brokerage	sumdawnna	सुमदोनूना
आढ़तिया सं.पु. (n.m.)	āṛhatiyā	broker, com-	Sum dawng.	सुमदोङ

		mission agent.		
आतंक सं.पु. (n.m.)	ātank	panic, terror	thlabara chiaina, hlau êm êm.	त्लाबारा चिआइना, ह्लाउ एम एम
आतंकित वि. (adj.)	ātankit	terrorized, panicstricken.	thlabare awm	त्लाबारा ऑम
आतिशबाजी सं.स्त्री (n.f.)	ātish-bāzī	fire works	mei thallawn halmawi	मेइ थल्लोन, ह्लामोइ
आतुर वि. (adj.)	ātur	restless, in-patient, hasty	mi hmanhmawh dawhthei lo.	मी म्हान्म्होह्, दोह्थेइ लो
आतुरता सं.स्त्री (n.f.)	ātur.tā	restlessness, impatience	dawh theihlohna, awm hle hle the-ihlohna.	दोह् थेइह्लोउना, ऑम ह्ले ह्ले थेइह्लोउना
आत्मकथा सं.स्त्री (n.f.)	ātma.kathā	autobiography	mahni chanchin ziahna	म्ह्नी चनचिन जियअना
आत्मनिर्भर वि. (adj.)	ātm.nirbhar	self reliant.	mahni intundina	म्ह्नी इनतुनदिनना
आत्मसमर्पण वि. (adj.)	ātm.samar--paṇ	(self) surrender.	inpe, tlawm.	इनपे, त्लोम
आत्मा सं.स्त्री (n.f.)	ātmā	soul, spirit	thlarau, mahnia chhia leh ṭha hriatna	त्लाराउ, म्ह्निआ छिया लेह् ठा ह्रियत्ना
आत्मीय वि. (adj.)	ātmīy	own, intimate	nei, inlai hnai	नेइ, इन्लाइ न्हाइ
आदत सं.पु. (n.m.)	ādat	habit old, bad funny/ode	chin dan, tih, than	चीन् दान, तिह् ठन
आदमी सं.पु. (n.m.)	ād.mī	man, human being	mihring, mi	मिह्रिङ, मी
आदर सं.पु. (n.m.)	ādar	respect, reverence	zahna.	जअह्ना
आदर्श सं.पु. (n.m.)	ādarsh	an ideal, a model pettern.	entawn tlak, tihve atana en-tawn tur.	एन्तोन त्लाक, तिह्वे अताना एन्तोन तूर
आदान सं.पु. (n.m.)	ādān	receiving taking	dawng. hmu	दोङ, म्हू
आदान-प्रदान सं.पु. (n.m.)	ādān.pradān	giving and taking, ex-change	inthleng, in-indawr tawn	इन्त्लेङ, इनदोर तोन

आदाब सं.पु. (n.m.)	ādāb	saluation	inchibai	इनचिबइ
आदि [1] सं.पु. (n.m.)	ādi	beginning	ṭan, awmṭan	टन, ऑमटन
आदि [2] अ. (ind.)	ādi	etcetera	Chutiang zelin	चुतिआङ जेलइन
आदित्य सं.पु. (n.m.)	āditya	the sun	ni	नी
आदिम वि. (adj.)	ādim	primitive, early	hmasang thil hma.	म्हासाङ थिल म्हा
आदिवासी सं.पु. (n.m.)	ādi-vāsi	an oboriginal	ram leilung luah hmasatu, a ram mite	रम लेइलुङ लुअह् म्हासतू अ रम मीते
आदी वि. (adj.)	ādī	habitual, accustomed	Ching, tihdan-aneih	चीङ, तिह्दानानेइह्
आदेश सं.पु. (n.m.)	ādesh	order, command.	thu pe	थू पे
आद्यंत क्रि.वि. (adv.)	ādyant	from beginning to end.	a bul aṭang a tawp	अ बुल अटङ्ङा तोप्
आद्यक्षर सं.पु. (n.m.)	ādyakṣar	initials	hming bul hawrawpte	म्हिङ बुल, होरोपूते
आधा वि. (adj.)	ādhā	half	a chanve	अ चनूवे
आधार सं.पु. (n.m.)	ādhār	base, basis, foundation	bulṭhut, lungphum	बुलठुत्, लुङफुम्
आधारभूत वि. (adj.)	ādhār.bhūt	fundamental, basic	a bul bulpui	अ बुल बुलपुइ
आधासीसी सं. (n.)	ādhāsīsī	hemicrania, pain, affecting half of the forehead maigraine	lu pangkhing na	लु पङखिङ ना
आधि सं.स्त्री (n.f.)	ādhi	mental agony/suffering	rilru natna	रिलरु नतूना
आधिक्य सं.पु. (n.m.)	ādhikya	abundance, planty.	tam le lu, hniang hnar	तम ले लू, न्हीयङ न्हार
आधुनिक वि. (adj.)	ādhunik	modern	tun laihunna mi tunlai rilru pu.	तून लाहइुना मी, तूनलाइ रिलरु पू
आनंद सं.पु. (n.m.)	ānand	bliss, happiness	nawmna sangtak hlimna	नोमूना साङतक हूलीमूना
आन सं.स्त्री (n.f.)	ān	dignity, prestige	zahawmna, hming mawina	जअह्ओमूना म्हीङ मोइना

आनन सं.पु. (n.m.)	ānan	face, mouth	hmai, ka	म्हाइ, क
आनन-फानन (में) क्रि.वि. (adv.)	ānan-phānan	instantan cously atonce.	vat, nghal	वत्, ङअल्
आना [1] क्रि.अ. (vi)	ānā	to come	lo kal	लो कल
आना [2] सं.पु. (n.m.)	ānā	coin of the value of 1/16 of old rupee	cheng hnakhat, hmun sawm leh paruk a ṭhenna hmun khat.	चेङ न्हाखत, म्हुन सोम लेह् परुक अ ठेन्ना म्हुन खत
आना कानी सं.स्त्री (n.f.)	ānā kānī	hesitation, avoidance, evasion	timna, pumphlhna	तीम्ना, पुमपेल्ह्ना
आना जाना सं.पु. (n.m.)	ānā-jānā	coming and going, frequent visits.	tlawh zing, kal reng reng	त्लुओह् जिङ, कल रेङ रेङ
आनी जानी वि.स्त्री (adj.f.)	ānī-jānī	temporary	tawp leh mai thin	तोप लेह् मइ ठीन
आनुवंशिक वि. (adj.)	ānuvanshik	hereditary	in thlah chhawnna	इन त्लाह् छोन्ना
आनुषंगिक वि. (adj.)	ānu.saṇgik	incidental, contingent.	a kahpah, thil dang rinchhan	अ कह्पह्, थिल दंङ रिनछन
आप सर्व (Pro.)	āp	you	nang	नङ
आपत्ति सं.स्त्री (n.f.)	āpatti	objection calamity.	hnialna, chhiat buaina.	न्हीयलना, छियत् बुअइना
आपदा सं.स्त्री (n.f.)	āp.dā	Calamity, misfortune	vanduaina, chhiat rupna.	वनदुअइना, छियत् रुपना
आपबीती सं.स्त्री (n.f.)	āp.bītī	self-experiecne, the story of one's own suffering	mahni ngei ina tawh, mahni tuarna.	म्हानी ङेइ इना तोह् म्हानी तुअरना
आपसदारी सं.स्त्री (n.f.)	āpas.dari	mutual relationship.	inpe tawn, rilru inhmutawn	इनपे तोन, रिलूरु इनम्हुतोन्
आपसी वि. (adj.)	āp.sī	mutual, reciprocal	intitawn rilru inang pu tawn	इनूतितोन, रिलूरु इनअङ पू तोन
आपात सं.पु. (n.m.)	āpāt	emergency	rik rum thil, thil lo thleng thut	रीक्रुम थिल थिल लो त्लेङ थुत्
आपाधापी सं.स्त्री (n.f.)	apā-dhāpī	self-interest	mahni hma sial	म्हानि म्हा सियल

आबरु सं.स्त्री (n.f.)	āb.rū	honour, dignity	hming mawina, takna	म्हीङ मोइना, तक्ना
आबादी सं.स्त्री (n.m.)	ābādī	population, habitation residential area	mi cheng zat, mipui Chenna hmun	मि चेङ जात्, मिपुइ चेन्ना म्हुन
आभार सं.पु. (n.m.)	ābhār	obligation	lawmthu sawibat, tiamna	लोमथू, सोइबत, तियम्ना
आभास सं.पु. (n.m.)	ābhās	hint, inkling	sihhmuh, hmawr-hmuh	सिह्म्हु ह्मोर-म्हुह्
आभूषण सं.पु. (n.m.)	ābhūṣaṇ	ornament	incheina, cheimawina	इन्चेइना चेइमोइना
आमन्त्रण सं.पु. (n.m.)	āmantraṇ	invitation, call	sawmna, kohna	सोम्ना कोह्ना
आम 1 सं.पु. (n.m.)	ām	mango	theihai	थेइहाइ
आम 2 वि. (adj.)	ām	general, public	a tlangpui, mipui thil	अ त्लाङ्पुइ, मिपुइ थिल
आमदनी सं.पु. (n.m.)	āmad.nī	income	pawisa lak luh hlawh.	पोइसा लाक् लुह ह्लोह्
आय वि. (adj.)	āy	ıncome	pawisa lak luh, hlawh	पोइसा लाक् लुह ह्लोह्
आयात वि. (adj.)	āyāt	import	la lut, chaw lut. ram dang atanga thil lak luh.	ल लूत, चो लूत, रम दंङ अंटङा थिल लाइ लूह्
आयु सं.स्त्री (n.f.)	āyu	age	kum,upat lam	कुम, उपत् लम
आयुक्त वि. (adj.)	āyukta	commissioner high,assistant officer,	Sawrkar aiawha ram bial khat awptu	सोरकार आइओह्अ रम बियाल खत ऑपतू
आयोग सं.पु. (n.m.)	āyog	commission	thuneihna inpekna, mi ai awhna	थुनेइह्ना इनपेक्ना मी आइ ओह्ना
आयोजन सं.पु. (n.m.)	ayojan	convening, function.	in khawmna pawimawh, puipunna.	इनखोम्ना पोइमोह् पुइपुन्ना
आरम्भ सं.पु. (n.m.)	ārambh	beginning	tan, awm tan	टन, ऑम टान
आरंभिक सं.पु. (n.m.)	ārambhik	intial, prelimi-	hmahruai,	म्हाहुआइ,

		nary	hming bula	म्हीङ बुला
			hawrawpte	होरोपूते
आरक्षण वि. (adj.)	ārakṣaṇ	reserved	hauh, khek	हूउह्, खेक्
आरती सं.स्त्री (n.f.)	ār.tī	ceremonial	Khawnvar	खोनूवार
		adoration with	chhia Pathian	छीअ पथ्यिान
		kindled lamps	biakna	बियक्ना
आर-पार वि. (adj.)	ār.pār	across	hmun khat	म्हुन खत
			aṭanga hmun	अटङा म्हुन
			leh lamah, pakai	लेह् लमाह्, पकाइ
आरा सं.पु. (n.m.)	ārā	sawṠharp,	thing zaina	थिङ जइना
		mechanic.		
आराम सं.पु. (n.m.)	ārām	rest, comfort,	Chawlhna	चोल्हना,
		relief	zangkhaina	जाङखाइना
			hah damna	हूआह् दमूना
आरामदेह वि. (adj.)	ārām.deh	comfortable	nuam, rem.	नुआमू, रेम
आरी सं.स्त्री (n.f.)	ārī	hand-saw	thingzainate	थिङजइनाते
आरोप सं.पु. (n.m.)	ārop	charge	Puh	पुउह्
आर्थिक वि. (adj.)	ārthik	economic,	inremchem	इनरेमचेम्
		monetary	lam, pawisa	लम, पोइसा
			hmanga	म्हाङा
			khaw sakna lam	खोसक्ना लम
			thil.	थिल
आलसी वि. (adj.)	āl.sī	lazy, lethargic	that chhia,	थत् छिया,
			vuaicha.	वुअइचा
आलिंगन सं.पु. (n.m.)	ālingan	embrace	pawm, kuah	पोम, कुअह्
आलू सं.पु. (n.m.)	ālū	potato	alu	आलू
आलू-बुखारा सं.पु.	ālū-bū-	plumẏellow,	japan theite,	जपन् थेइते,
(n.m.)	khārā	ripe, red, green.	thil duhawm tak.	थिल दुहूऑम तक
आलूचा सं.पु. (n.m.)	ālūchā	plum	theite	थेइते
आलोचक सं.पु. (n.m.)	ālochak	a critic	an chhiat-ṭhat	अन छियात्-ठत
			entu	एनतू
आलोचना सं.स्त्री (n.f.)	āloch.nā	criticism.	a chhiat-ṭhat	अ छियात्-ठत
			an thlithlaina	अन त्लीत्लाइना
आव भगत सं.स्त्री (n.f.)	āv.bhagat	hospitality,	mikhual laka	मिखुअल लका
		reception.	ṭhatna, mi lo	ठतूना मी लो
			lawmna	लोमूना

आवर्ती वि. (adj.)	āvartī	recurring	a khat tawka awm leh ṭhin.	अ खात तोका ऑम लेह् ठीन्
आवश्यक वि. (adj.)	āvashyak	necessary, essential	ṭul mamawh.	टूल, ममोह्
आवश्यकता सं.स्त्री (n.f.)	āvashyaktā	necessity, requirement.	ṭul, pawimawh, mamawh.	टूल पोइमोह, ममोह्
आवागमन सं.पु. (n.m.)	āvāgaman	coming and going, trans-migration	kal tawn sek	कल तोन सेक्
आवारा सं.पु. (n.m.)	āvāra	loafer	vak mai mai mi	वक मइ मइ मी
आवारागर्दी सं.स्त्री (n.f.)	āvārāgārdi	loafering wandering	tum nei lem lova vak vel.	तुम नेइ लेम लॉवा वाक् वेल
आवास सं.पु. (n.m.)	āvās	dwelling place abode	chenna hmun, in.	चेन्ना म्हुन, इन
आविर्भाव सं.पु. (n.m.)	āvirbhāv	adventi-emer-gence	lo kal leh, lo thlen hun, Isua lo kakl hmasak emaw, a lo kal leh hun tur emaw, krismas hma Pathianni pali inkar hun chhung hi.	लो कल लेह्, लो थ्लेन हुन्, इशुअ लो कल म्हासक एमोउ, अ लौ कल लेह् हुन् तूर एमोउ, क्रिसमस म्हा पथियन्नी पली इन्कार हुन् छूङ हि
आविष्कार सं.पु. (n.m.)	āviṣkār	invention	thil thar siam chhuah, khawl chi thar siam.	थिल थर सियम् छुअह्, खोल चि थर सियम्
आवेदन सं.पु. (n.m.)	āvedan	application	dilna, ngenna	दील्ना, ङेन्ना
आशंका सं.स्त्री (n.f.)	āshankā	apprehension, fear.	engemaw thleng dawna hriatna, hlauhna.	एङएमो त्लेङ दोना ह्रियत्ना हलाउना
आशा सं.स्त्री (n.f.)	āshā	hope	beiseina	बेइसेइना
आशीर्वाद सं.पु. (n.m.)	āshirvād	blessings	malsawmna, thil-thlawnpek.	मलसोमना, थिल-त्लोनपेक्
आश्रम सं.पु. (n.m.)	āshram	hermitage, home.	Chenna buk, in	चेन्ना बूक, इन

आश्रय सं.पु. (n.m.)	āshray	shelter, refuge	buk, inhumna	बुक, इनहुम्ना,
आश्वासन सं.पु. (n.m.)	āshvāsan	assurance, guarentee.	intiamna, tiam-kamna.	इनूतियमूना, तियमूकमना
आषाढ़ सं.पु. (n.m.)	aṣaṛh	the fourth month of Hindu calender	June thla	जून त्ला
आस सं.स्त्री (n.f.)	ās	hope, expect-ations	inzawmna, in-ngainatna	इनजोमूना, इनङ्इनूतना
आसक्ति सं.स्त्री (n.f.)	āsakti	attachment, foundness	inzawmna, inngainatna.	इनजोमूना, इनङ्इनतूना
आसन सं.पु. (n.m.)	āsan	seat, posture	ṭhutna, awmdan hmelhmang.	ठुतूना, ऑमदान म्हेलम्हूङ
आसन्न वि. (adj.)	āsanna	imminent, impending	hnai, thleng ṭep	न्हआइ, त्लेङ टेप
आस-पास क्रि.वि. (adv.)	ās-pās	near about, in the vincity	hnai, hnai vai	न्हआइ, न्हआइ वाइ
आसमान सं.पु. (n.m.)	āṣ.mān	sky.	Van	वान
आसमानी वि. (adj.)	ās.mānī	skyblue, azure	pawdal	पोदल
आसरा सं.पु. (n.m.)	āsrā	shelter, support	inhumna, thil-phen, behchhan	इनहुमना, थिल फेन, बेहूछनू
आसरा सं.पु. (n.m.)	āsrā	reliance, sup-port	rinchhanna, benchhan	रिनछनूना, बेहूछनू
आसान वि. (adj.)	āsān	esay, simple	awlsam, mawl	ओलूसम, मोल
आसानी सं.स्त्री (n.f.)	āsānī	convenience	remchang	रेमचाङ
आसार सं.पु. (n.m.)	āsar	symptom, sign	hriltu, chhinchhiahna	ह्रिलतू, छिनछियाहूना
आस्तिक वि. (adj.)	āstik	theist person. a thesistic country, ideas.	Pathian awm ring, Pathian thu zawmtu.	पथियन ऑम रिङ, पथियन थु जोमतू
आस्तीन सं.स्त्री (n.f.)	āstīn	sleeve	kawr ban	कोर बान
आस्था सं.स्त्री (n.f.)	āsthā	faith, devotion	rinna, inpekna	रिनूना, इनपेकूना
आह विस्म/सं.स्त्री (ind.n.f.)	āh	sigh deep.	thaw huai	थो हुआइ
आहट सं.स्त्री (n.f.)	āhaṭ	sound	ri, thawm, tuipui rek,	रि, थोम, तुइपुइ रेक

आहट वि. (adj.)	āhaṭ	wounded Ṡoldier, person.	hliam.	ह्लीयम्
आहार सं.पु. (n.m.)	āhār	food, diet	chaw, chaw ei.	चो, चो एइ
आहिस्ता क्रि.वि. (adv.)	āhistā	slowly gently.	zawi, muang.	जोइ, मुआङ
आहुति वि. (adj.)	āhuti	oblatlan, offering, sacrifice	hlan	ह्लान
आहलाद सं.पु. (n.m.)	āhlād	repture, delight	nuam, lutuk, hlim	नुअम लुतुक, ह्लीम
आह्वान सं.पु. (n.m.)	āhvān	call, Summons.	Kohna	कोह्ना

इ

इंगित सं.पु. (n.m.)	ingit	hint, sign	insih hmuhna, inhmawr hmuhna	इनसिह् म्हुना, इनम्होर म्हुना
इंच सं.पु. (n.m.)	inch	inch	sei lam tehna, tawite	सेइलम तेह्ना, तोइते
इंजन सं.पु. (n.m.)	injan	engine	Engine, Khawl	इनजिन, खोल
इंजीनियर सं.पु. (n.m.)	injīniyar	engineer (chief, civil)	Khal lam thiam mi	खोल लम थियम मी
इंजेक्शन सं.पु. (n.m.)	injekshan	injection	tak, damdawi ilo chiu luhna	तक, दमदोइ इलो चीउ लुह्ना
इंटरव्यू सं.पु. (n.m.)	intarvyu	interview	hna dilna mahni inlanna	ह्ना दीलूना म्हानी इनलनूना
इंतजाम सं.पु. (n.m.)	int.zām	management	enkawlna, enkawl dan, kaihhruai dan	एनकोलना, एनकोल दान कइह्हुइ दान
इंतजार सं.पु. (n.m.)	int.zār	waiting	nghak,	ङ्हक
इंद्र वि. (adj.)	indra	god indra	Indra pathian hinduin indra hi chungnung berah a ngai.	इनूद्र पथियन (हिन्दूइन इनूद्र ही चुङनुङ बेरह् अ ङाइ)
इंद्रेय सं.स्त्री (n.f.)	indriy	organ of sense, physical organs.	taksaa hriat theihna chi hrang hrang rim hriatna, finna.	तकसा अ ह्रियत् थेइह्ना ची ह्रङ ह्रङ (रिम ह्रियतना फिनूना)
इंसान सं.पु. (n.m.)	insān	man	mihring, misa	मिह्रिङ, मिसा

			puitling	पुइत्लीङ
इंसाफ सं.पु. (n.m.)	insāf	justice good, full.	dikna, felna, rorel dik.	दिकना, फेलना, रोउरेल दिक्
इकतालीस सं.पु. (n.m.)	iktālīs	fourty one	sawmli leh pakhat	सोमली लेह् पखत
इकतीस सं.पु. (n.m.)	iktīs	thirty one	sawm thum pakhat	सोम थुम पखत्
इकरार सं.पु. (n.m.)	ik.rār	promise firm pledge, false, written.	tiamna, thutiam, beiseiawmna	तियम्ना, थुतियम् बेइसेइऑमना
इकलौता सं.पु. (n.m.)	ik.laūtā	only son.	mal fapa mal	मल (फपा) मल
इकसठ सं.पु. (n.m.)	ik.saṭh	sixty one	sawmruk leh pakhat	सोमरुक लेह पखत
इकहत्तर सं.पु. (n.m.)	ik.hattar	seventy one	sawmsarih pakhat	सोमसरिह् पखत्
इक्कीस सं.पु. (n.m.)	ikkīs	twenty one	sawmhnih pakhat	सोमन्हीअ पखत्
इक्यावन सं.पु. (n.m.)	ikyāvan	fifty one	sawmnga pakhat	सोमङा पखत
इक्यासी सं.पु. (n.m.)	ikyāsī	eighty one	sawmriat pakhat	सोमरियत पखत
इच्छा सं.स्त्री (n.f.)	ichchā	will, desire	châkna, itna, duhna	चाकना, ईत्ना, दुहना
इच्छुक वि. (adj.)	ichchuk	desireous, willing	chāk it	चाक ईत
इजाज़त सं.पु. (n.m.)	ijāzāt	permission	phalna	फलना
इज्ज़त सं.स्त्री (n.f.)	izzat	honour, respect	hming mawina, zahawmna	म्हीङ मोइना, जह्ऑमना
इठलाना क्रि.अ. (adv.)	iṭhlānā	to give one self airs, to street	chapo taka kal, inti vei	चपोउ तका कल, इनति वेइ
इतना वि. (adj.)	it.nā	so much	tam	तम
इतमीनान सं.पु. (n.m.)	itmīnān	satisfaction	tilungawi, tipuar	तिलुङऑइ, तिपुअर
इतवार सं.पु. (n.m.)	itvār	sunday	chawlhni	चोल्ह्नी
इतिहास सं.पु. (n.m.)	itihās	history	thil lo thleng tawh chanchin sawina	थिल लो त्लेङ तोह् चन्चिन सोइना
इतिहासकार सं.पु. (n.m.)	itihāskār	historian	history ziaktu, history thiam	हिस्टोरी जियक्तू, हिस्टोरी थियम्
इत्तफाक सं.पु. (n.m.)	ittafāq	unity, concord	inpumkhatna,	इनपुमखत्ना,

		chance	inremna, hun remchang	इनरेमना, हुन् रेमचाङ
इत्तिला सं.स्त्री (n.f.)	ittilā	information, intimation	hriattirna chanchin hriatna	ह्यिाततिरना चनचिन ह्यिातना
इत्यादि अव्य	ityādi	etcetera, so on and so forth.	chutiang zelin, chutiangte	चुतियाङ जेलूइन चुतियाङ ते
इत्र सं.पु. (n.m.)	itra	otto, scent	rimtui, rim	रिमतुइ, रिम
इधर क्रि.वि. (adv.)	idhar	here, this, side	hetah hian	हेतह् हीयन्
इधर-उधर क्रि.वि. (adv.)	idhar-udhar	here and there	khawi lai laiah emaw hian, veleh, velin	खोइ लाइ लाइअह् एमो हीयन्, वेलेह् वेलूइन्
इनकलाब सं.पु. (n.m.)	inqalāb	revolution	inherna, thil dang-lam thut	इनूहेरना, थिल दङलम थुत्
इनकार सं.पु. (n.m.)	in.kār	denial	phatna, duhlohna	फत्ना, दुहलोउना
इनसान सं. (n.m.)	in.sān	human being man	mihring, mipa puitling	मिह्रिङ, मीपा पुइत्लीङ
इनाम सं.पु. (n.m.)	inām	prize	lawmman	लोममन्
इमली सं.स्त्री (n.f.)	imlī	tamarind	tengtere	तेङतेरे
इमारत सं.स्त्री (n.f.)	imārat	building	in	इन
इम्तहान सं.पु. (n.m.)	imtahān	examination	endikna, tehna	एनदिकना, तेह्ना
इरादा सं.पु. (n.m.)	irādā	intention	tumna, awn	तुमना ऑन
इर्द-गिर्द क्रि.अ. (adv.)	ird-gird	around	velin, hual	वेलइन, हुआल्
इल्जाम सं.पु. (n.m.)	il.zām	blame, allegation	puh, mawhpuh dem.	पुह, मोहपुह् देम
इलाज सं.पु. (n.m.)	ilāj	treatment	hman dan, endan, chhawr dan.	म्हान दान, एनदान, छोरदान
इशारा सं.पु. (n.m.)	ishārā	gesture, hint, sign	insihhmuhna, in hmawr hmuhna	इनसिह्म्हुना, इनम्होर म्हुह्ना
इश्क सं.पु. (n.m.)	ishq	love	hmangaihna, thil hma-ngaih	म्हाङाइह्ना थिल म्हाङाइह्
इस्तीफा सं.पु. (n.m.)	istīfā	resignation	banna	बानूना
इस्तेमाल सं.पु. (n.m.)	istemāl	use common, general, special	hmang.	म्हाङ
इस्पात सं.पु. (n.m.)	ispāt	steel	kahpathir	कह्पथीर

ई

ईंट संस्त्री (n.f.)	īt	brick	leirawhchan	लेइरोह्चन
ईंधन सं.पु. (n.m.)	Idhan	fuel mineral, solid, fluie.	meituah petrol lungalhthei etc..	मेइतुआह, (पेतरोल, लुङअल्ह्थेइ)
ईख सं.पु. (n.m.)	Ikh	sugar-cane	fu	फू
ईजाद संस्त्री (n.f.)	Ijād	invention	thil thar siam chhuah, khawl chi thar siam.	थिल थरसीयम छुआह्, खोल ची थरसीयम
ईद संस्त्री (n.f.)	id	muslim festivel	musalman kût	मुसलमान कूत
ईमान सं.पु. (n.m.)	imān	faith	rinna, sakhua.	रिनूना साखुअ
ईमानदार वि. (adj.)	imān.dar	honest	midik, mi rilru ngil	मिदिक, मी रिलूरू ङील्
ईर्ष्या संस्त्री (n.f.)	irṣ.yā	jealouslay	îtsikna, thikna	ईत्सीकना, थीक्ना
ईश सं.पु. (n.m.)	ish	God	Pathian	पथियन
ईश्वर सं.पु. (n.m.)	ishvar	God	Pathian	पथियन
ईसवी वि. (adj.)	isvi	before christ. B.C.	Isua pian hma	इशुआ पियान म्हा
ईसा सं.पु. (n.m.)	i s ā	Jesus	ISUA	इशुआ
ईसाई वि. (adj.)	isai	Christian	Kristian	क्रिसतियान्

उ

उंगली संस्त्री (n.f.)	Ug.li	finger	kut zungtang	कुतजुङटङ
उऋण सं.पु. (n.m.)	Urin	a debt-free	leibat nei lo	लेइबत् नेइ लो
उकसाना क्रि.स. (vt)	Uk.sānā	to incite, to provoke	tur nghawr chhuak	तुर ह्ङोर छुआक्
उक्त वि. (adj.)	Ukta	aforesaid above mentioned	thu leh hla nei	थू लेह् ह्ला नेइ
उक्ति संस्त्री (n.f.)	Ukti	Saying, dictum	thu leh hla, thu sawi	थू लेह् ह्ला, थू सोइ
उखड़ना क्रि.अ. (adv.)	Ukhaṛ.nā	to be uprooted	a zung chawpa pawt phawng	अ जुङ चोपा पोत फोङ
उखाड़ना क्रि.स. (vt)	Ukhāṛ.nā	to uproot, to pull out.	phawi, thiat	फोइ, ठियत्

उगना क्रि.अ. (adv.)	Ug.nā	to grow, germinate.	ṭiak, ṭo	टियाक, टोउ
उगाना क्रि.स. (vt)	Ugānā	to grow	thang, tuh, ching (thlai, buh etc.)	ठङ, तुह, चीङ (त्लाइ, बुह्)
उगलना क्रि.स. (vt)	Uagl.nā	to vomit out, to disclose	luak chhuak, puang zar	लुआक् छुआक् पुआङ जार
उग्र वि. (adj.)	Ugra	radical, sharp.	bul, zung, hriam, zum	बुल, जुङ, ह्रियाम जुम
उचकना क्रि.अ. (adv.)	Uchak.nā	to leap, to bound	zuang, sawt. kat.	जुआङ, सोत, कत्
उचित वि. (adj.)	Uchit	proper, fair	awm, dik, hmeh	ओम, दिक, म्हेह्
उच्च वि. (adj.)	Uchcha	high, loud	sang, ring	साङ, रिङ
उच्चारण सं.पु. (n.m.)	Uchchāraṇ	pronunciation	lam rik dan.	लम रीक दान
उछल-कूद सं.स्त्री (n.f.)	Uchchal-kūd	hopping and skipping, gambols	zuang leh ṭum vel	जुआङ लेह् टुम वेल
उछलना क्रि.अ. (adv.)	Uchchal.nā	to leap, jump	zuang, ṭum, sawt.	जुआङ, टुम सोत्
उजड़ना क्रि.अ. (adv.)	Ujaṛ.nā	to be ruined	tlak chhiatna, thil sawp rawp	त्लाक छियात्ना, थिल सोप रोप
उजड्ड वि. (adj.)	Ujaḍḍ	boorish, uncouth man, girl.	chet dan, mawi lo	चेत् दान, मोइ लो
उजला वि. (adj.)	Uj.lā	clean	fai, thianghlim	फाइ, थियाङत्लीम
उजागर वि. (adj.)	Ujāgar	bright, famous	êng, lang chiang, hming thang.	एङ लङ चियाङ म्हीङ थङ
उजाड़ना क्रि.स. (vt.)	Ujāṛnā	to ruin	tichhia	तिछीया
उजाला सं.पु. (n.m.)	Ujālā	light	êng	एङ
उठना क्रि.वि. (adv.)	Uṭh.nā	to rise, get up	tho, nung leh	थोउ, नुङ लेह्
उठवाना क्रि.स. (vit)	Uṭh.vānā	to cause to be lifted, raised	ti kang, tungding	ति काङ, तुङदिङ
उड़द सं.पु. (n.m.)	Uṛad	black gram	dailuah chi khat	दइलुआह् चि खत
उड़ना क्रि.अ. (adv.)	Uṛnā	to fly	thlawk,	त्लोक
उड़ाना क्रि.स. (vt.)	Uṛānā	to fly, to left fly	thlawk	त्लोक
उतरना क्रि.अ. (adv.)	Utar.nā	to come/get	Chhuk, lo kal	छुक, लो कल

		down		
उतार सं.पु. (n.m.)	Utār	down hill	Chhuk lam, Chhuk̦ zawng.	छुक लम, छुक जोङ
उतार-चढ़ाव सं.पु. (n.m.)	Utār- chaṛhāv	rise & fall	sânga hniam leh ṭhin, tlu leh dingin	साङा ह्नीयम लह् ठीन, त्लू लेह दिङइन
उतारना क्रि.स. (vt)	Utārnā	to take down	thlah, chawlhsan	त्लाअह्, चोल्ह्सन
उतारु वि. (adj.)	Utārū	a determined, bent upon	hriat chain, tum, ruh.	ह्रियात चीयन, तुम रुह्
उतावला वि. (adj.)	Utāvlā	impatient	nghakhlel dawh thei lo.	ङाअक्ल्हेल्, दोउ थेइ लो
उत्कंठा सं.स्त्री (n.f.)	Utkaṇṭhā	longing	lunglenna	लुङलेन्ना
उत्तम वि. (adj.)	Uttam	best	ṭha ber, ber	ठा बेर, बेर
उत्तर[1] सं.पु. (n.m.)	Uttar	reply, answer	Chhang	छङ
उत्तर[2] सं.पु. (n.m.)	Uttar	north	hmar	म्हार
उत्तरदायित्व सं.पु. (n.m.)	Uttar- dāyitva	responsibility	mawh phurhna	मोहफ़्र्ह्ना
उत्तरार्ध वि. (adj.)	Uttarārdha	latter half	Chanve hnulam	चन्वे न्हुलम,
उत्तेजित वि. (adj.)	Uttejit	excited, provoked.	Chawk tho, tizauthau	चोक थोउ तिजाउथाउ
उत्तरोत्तर क्रि.वि. (adv.)	Uttarottar	progressively	hmasawn	म्हासोन्
उत्तीर्ण वि. (adj.)	Uttīrṇa	passed	kal tlang	कल त्लाङ
उत्तेजक वि. (adj.)	Uttejak	excitting, provoking	thin ṭhawng thei, thin khei	थिन ठोङ थेइ, थिन खेइ
उत्तेजना सं.स्त्री (n.f.)	Uttejnā	excitement provocation	tha thona, thin ṭhawng	था थोउना, थिन ठोङ
उत्थान सं.पु. (n.m.)	Utthān	rise	tho nung leh	थोउ नुङ लेह
उत्पत्ति सं.स्त्री (n.f.)	Utpatti	orgin, birth	bul, Pian leh murna	बुल, पियान लेह मूरना
उत्पन्न सर्व (pro.)	Utpanna	produced, born	Siam Chhuak, Chhuah.	सियाम छुआक् छुआह्
उत्पात सं.पु. (n.m.)	Utp̄at	mischief, nuisance	Suah sualna, chimawm.	सुआह सुआल्ना, चिमऑम
उत्पादक सं.पु. (n.m.)	Utpādak	productive, producer	Siam, thei Siamtu	सियम, थेइ सियामतू
उत्पादन सं.पु. (n.m.)	Utpādan	production,	thar chhuah	थर छुआह्

		product		
उत्सव सं.पु. (n.m.)	Utsav	function, festivity	huau huau, intihhlimna	हुआव हुआव इनतिहूल्लीमना
उत्साह सं.पु. (n.m.)	Utsāh	Zeal, enthusiasm.	tha thona, phurna	थ थोउना फूरना
उत्साहित वि. (adj.)	Utsāhit	encouraged	tithatho, fuih	तिथथोउ, फुइह्
उत्साही वि. (adj.)	Utsāhī	enthusiastic	thatho, phur	थ थोउ, फूर,
उत्सुक वि. (adj.)	Utsuk	eager, curious, keen.	nghakhlel, dilchhut, thil chik.	ङाकल्हेल्, दीलछूत, थिल चीक
उत्सुकता सं.स्त्री (n.f.)	Utsuk.ta	eagerness	nghakhlel, phur	ङाकल्हेल्, फूर
उथल-पुथल सं.स्त्री (n.f.)	Uthal-puthal	Upheaval, Commotion	buai philina	बुआइ फिलीना
उथला वि. (adj.)	Uth.lā	Shallow Study, well water, knowledge.	pawn lang, dahalu	पोन लाङ, दहूलउ
उदय सं.पु. (n.m.)	Uday	rise prosperity	hlawhpun san lam pan, hausakna, hlawh tlinna.	ह्लोह् पुन, सान लम् पन, हाउसक्ना, ह्लोह त्लीना
उदार वि. (adj.)	Udār	liberal, generous	hawiher zau, thilphal	होइहेर जाउ, थिलफल्
उदास वि. (adj.)	Udās	sad, dejected	lungngai, pawi	लुङ्ङाइ, पोइ,
उदासी सं.पु. (n.m.)	Udāsī	Sadness, dejection	ngui, tinguai	ङुइ, तिङुआइ
उदासीनता सं.स्त्री (n.f.)	Udāsīn.tā	indifference	ngaih sak lo, pawi mawh lo.	ङाइह् सक लो, पोइ मोहलो
उदाहरण सं.पु. (n.m.)	Udāharaṇ	example	entirna	एनतीरना
उद्घाटन सं.पु. (n.m.)	Udghāṭan	Opening, inauguration	vantlang tana hawng	वानत्लाङ ताना होङ
उद्देश्य वि. (adj.)	Uddeshy	Purpose, object	Chhan, hnathawhchhan	छन, न्हाथोअहूछन
उद्धरण सं.पु. (n.m.)	Uddharaṇ	quotation	man chhal zat, thufing tawi	मन छाल जात, थुफिङ् तोइ
उद्धार सं.पु. (n.m.)	Uddhār	uplift, emancipation	Chawi sang, zalen na pe.	चोइ साङ जलेनूना पे

उद्यम सं.पु. (n.m.)	Udyam	effort, venture	tha thawh, tumna, beihna	थ थोअह, तुमना, बेइह्ना
उद्यान सं.पु. (n.m.)	Udyān	garden	huan	हुआन्
उद्योग सं.पु. (n.m.)	Udyog	industry, assiduity	thil siamna, tih peihna	थिल सियाम्ना, तिह् पेइह्ना
उधर क्रि.वि. (adv.)	Udhar	there	sawtah, chutah	सोतह्, चुताह्
उधार सं.पु. (n.m.)	Udhār	Credit, loan	inrinna avanga a ba a leitirna, pawisa hisapa a sum lut lam ziah luhna	इनरिन्ना अवाङा अ बा अ लेइतीरना, पोइसा हिसाब अ सुम लूत लम जियाह् लुह्ना
उन सर्व (pron.)	Un	those	sawng saw, sawng.	सोङ सो, सोङ
उनचास वि. (adj.)	Un.chās	forty-nine	sawmli leh pakua	सोमली लेह पकुआ
उनतालीस वि. (adj.)	Un.tālis	thirty-nine	sawmthum leh pakua	सोमथुम लेह् पकुआ
उनतीस वि. (adj.)	Un.tīs	twenty-nine	sawmhnih leh pakua.	सोमन्हीह् लेह् पकुआ
उनासी वि. (adj.)	Unāsi	seventy-nine	Sawm sarih leh pakua.	सोम सरीह् लेह् पकुआ
उनसठ वि. (adj.)	Un.saṭh	fifty-nine	Sawmnga leh pakua	सोमङा लेह पकुआ
उनहत्तर वि. (adj.)	un.hattar	sixty-nine	Sawmruk leh pakua	सोमरुक लेह् पकुआ
उन्नत वि. (adj.)	Unnat	developed	thang, changkang	ठङ, चङकाङ
उन्नति सं.स्त्री (n.f.)	Unnati	developed	thang, insiam	ठङ, इनसियाम्
उन्नीस वि. (adj.)	Unnīs	nineteen	sawm leh pakua	सोम लेह् पकुअ
उन्मूलन सं.पु. (n.m.)	Unmūlan	uprooting	a zung chawpa pawt phawng, tibung	अ जुङ चोपा पोत फोङ, तिबुङ
उन्हीं सर्व (pron.)	Unhī̃	those	Sawng saw	सोङ सो
उन्हें सर्व (pron.)	Unhẽ	them	an hnenah, an mahni	अन् न्हेनूआह्, अन् म्हाह्नी
उन्होंने सर्व (pron.)	Unhõne	they	an mahni, an	अन् म्हाह्नी, अन
उपकार सं.पु. (n.m.)	Up.kār	good benefaction	thil ṭha tih ṭanpuina	थिल ठा तिह् टनपुइना

उपकुलपति सं.पु. (n.m.)	Up.kul. pati	Pro-vice-chan-cellor of a university	Pro-vice-chenc-ellor	प्रो-वाइस-चनूसेलोर
उपचार सं.पु. (n.m.)	Up.chār	remedy, treat-ment	tih-damna, enkawlna	तिह्दमना, एनकोलना
उपजाऊ वि. (adj.)	Up.jāū	fertile, produ-ctive	ram tha, thar chhuak thei	रम ठा, थर छुआक् थेइ
उपदेश सं.पु. (n.m.)	Up.desh	sermon	Pathian thu sawi, zilhna	पथियान थु सोइ, जिल्ह्ना
उपद्रव सं.पु. (n.m.)	Upadrav	mischeif	suah sualna, awmhleina	सुआह् सुआलना ओम ह्लेइना
उपन्यास सं.पु. (n.m.)	Upanyās	novel	thawnthu	थोनथू
उपभोक्ता वि. (adj.)	Up.bhoktā	Consumer	hmang raltu	म्हाङ रलतू
उपमंत्री सं.पु. (n.m.)	UP.mantrī	deputy minister	deputy minister	डिप्युती मिनिस्तर
उपयोगिता सं.स्त्री (n.f.)	Up.yogitā	utility	ṭangkaina	टङकाइना
उपयोगी वि. (adj.)	Up.yogī	useful	ṭangkai	टङकाइ
उपलब्ध वि. (adj.)	Up.labdha	available	hman theihaawm, awm	म्हन थेइह्अऑम, ऑम
उपलब्धि सं.स्त्री (n.f.)	Up.labdhi	availability attainment achievement	hman theihaawm, awm.	म्हन थेइह्अऑम ऑम
उपला सं.पु. (n.m.)	Up.lā	Cowdung-cake	bawngêk ro-cake tuah, hal atana hman	बोङएक रोउ केक् (तुआह, हाल अताना म्हान)
उपवन सं.पु. (n.m.)	Up.van	park	ramsa humhalhan huang, Vantlang len vahna huan.	रमसा हुमृह्लह्ना हुआङ, वानत्लाङ लेन वह्ना हुआन्
उपवास सं.पु. (n.m.)	Up.vās	fast	chaw nghei	चो ह्ङेइ
उपस्थिति वि. (adj.)	Up.sthit	Present	awm	ऑम
उपहार सं.पु. (n.m.)	Up.hār	Present, gift.	pek, thil, pek.	पेक, थिल, पेक
उपाधि सं.स्त्री (n.f.)	Upādhi	degree, title	thiamna lama hming an pek	थियमना लमा म्हीङ अन् पेक
उपेक्षा सं.स्त्री (n.f.)	Upekṣhā	disregrad, over lodcing,	pawi salo, enkhum	पोइ सलो, एनखूम

उबाल सं.पु. (n.m.)	Ubāl	boiling, burst of passion	chhuang so, so sang	छुआङ सोउ, सोउ साङ
उमंग सं.स्त्री (n.f.)	Umañg	zest, gusto.	tuina, phurna	तुइना, फूरना
उम्मीद सं.स्त्री (n.f.)	Ummīd	hope	beiseina	बेइसेइना
उम्मीदवार सं.पु. (n.m.)	Ummīdvār	Candidate	eng dinhmun emaw luah tura ruat.	एङ दिनम्हुन् एमो लुआह् तूरा रुआत्
उर्वर सं.पु. (n.m.)	Urvar	fertile	ram ṭha, lei ṭha	रम ठा, लेइ ठा
उलझन सं.स्त्री (n.f.)	Ul.jhan	Complication tangle	tluang tlam lo, khirhkhan, a hnawk zawnga in kaihh-nawih.	त्लुआङ त्लम् लो, खिरह्खान् अ हनोक जोङा इन कइह्न्होइह्
उलटा वि. (adj.)	Ul.tā	reverse, opposite	letling, ani lo zawng.	लेतलिङ, अ नी लो जोङ
उलाहना सं.पु. (n.m.)	Ulāh.nā	Complaint	sawisel, phunnawi	सोइसेल, फुन्नोइ
उल्लंघन सं.पु. (n.m.)	Ullanghan	Violation	bawh chhia	बोह्छिया
उल्लास सं.पु. (n.m.)	Ullās	delight	tinuam, tilawm	तिनुआम, तिलोम्
उल्लू सं.पु. (n.m.)	Ullū	Owl	Chhimbuk chi reng reng (hrang kir, chingpirinu)	छिमबुक ची रेङ रेङ (ह्राङकिर) चिङपिरिनु)
उष्ण वि. (adj.)	Uṣṇa	Warm.	lum.	लुम
उस्तरा सं.पु. (n.m.)	Ustārā	razor	bakmeh chem.	बकमेह चेम
उस्ताद सं.पु. (n.m.)	Ustād	master, expert	thiam tak, thiam hneh.	थियाम् तक, थियाम न्हेह्

ऊ

ऊंघना क्रि.सं. (v.t.)	Ūgh.na	to doze, to nap	nghet vak lova muhil, muthlu, nghar mut.	ह्ङेत वक् लोवा मुहील, मुत्लु, ह्ङर मुत
ऊंच-नीच सं.पु. (n.m.)	Ūch-nīch	the high and the low	sang leh hniam.	साङ लेह् ह्नीयम
ऊंचा वि. (adj.)	Ūchā	high	sang	साङ
ऊंचाई सं.स्त्री (n.f.)	Ūchāi	height	tawn san ber	तोन सान बेर
ऊंट सं.पु. (n.m.)	Ūṭ	camel	sanghawngsei	सह्ङोङसेइ
ऊख सं.पु. (n.m.)	ūkh	sugar cane	fu	फू

ऊखल सं.पु. (n.m.)	ukhal	wooden mortar	sum	सुम
ऊखली सं.स्त्री (n.f.)	ukhalī	samll, wooden potl, mortar	sumte	सुमते
ऊटपटांग वि. (adj.)	ūtpaṭāg	absurd (language)	awm lo	ऑम लो
ऊधम सं.पु. (n.m.)	ūdham	mischief, uproar	sual sualna bengchheng	सुआल सुआलना बेङछेङ
ऊन वि. (adj.)	Ūn	wool	sahmul	सम्हुल
ऊनता सं.स्त्री (n.f.)	Ūntā	deficiency	tlak chhamna, nih tlinlohna	त्लाक छमृना निह् त्लीनलोह्ना
ऊनी वि. (adj.)	Ūnī	Woollen	sahmula siam	सम्हुला सियाम्
ऊपर क्रि.वि. (adv.)	Ūpar	up above	chugah, chungnung zawk.	चुङअह्, चुङनुङ जोक्
ऊपरी वि. (adj.)	Ūp.rī	Upper, higher	chungnung zawk	चुङनुङ जोक
ऊब सं.स्त्री (n.f.)	Ūb	broedom	ninna, khamna	निनृना, खमृना
ऊबड़-खाबड़ वि. (adj.)	Ubar-Khābar	Uneven rugeed	bumboh, ṭi ṭoh	बुमबोउ, टी टोउह्
ऊबना क्रि.अ. (v.i.)	Ūbnā	to feel bored	ning, Kham	निङ, खम
ऊर्जा सं.स्त्री (n.f.)	Ūrjā	energy	chakna	चकना
ऊर्मि सं.स्त्री (n.f.)	Ūrmi	Wave	tuifawn, in chhawknghawl	तुइफोन, इन छोकहूङोल
ऊष्म वि. (adj.)	Ūṣma	hot	sa	सा
ऊष्मा सं.स्त्री (n.f.)	Ūṣmā	heat	sa, satna	सा सतना
ऊलजलूल वि. (adj.)	ūl-jalūl	absurd, incoherent	awm lo, mumal lo.	ऑम लो मुमल् लो
ऊसर सं.पु. (n.m.)	Ūsar	barren	ram, chhengchhia	रम छेङछिया
ऊहापोह सं.पु. (n.m.)	Ūhāpoh	conjecture surmise	thu mumlo, sawh kawina.	थू मुमूलो, सोह् कोइना

ऋ

ऋग्वेद सं.पु. (n.m.)	rig.ved	the Rigved the first of the four Vedas	Vedas Pali zinga hmasa ber, hla thu.	वेदास पली जिङा म्हासा बेर, हूला थू
ऋचा सं.स्त्री (n.f.)	richā	Vedic hymn	Vedic takna hla	वेदिक तकना हूला
ऋण सं.पु. (n.m.)	rin	debt.	leiba	लेइबा
ऋणग्रस्त वि. (adj.)	riṇ.grast	indebted	bat nei	बत नेइ

ऋणदाता सं.पु. (n.m.)	riṇ.dātā	creditor	liebatna	लेइबत्ना
ऋणी वि./सं.पु. (adj./n.m.)	riṇī	grateful/ debtor	leibatu	लेइबतू
ऋतु सं.पु. (n.m.)	ritu	season	Sik lehsa, kum khata hun bi hrang hrang inher chhuak.	सिक लेह् सा कुम खता हुन् बी हृङ हृङ इन्हेर छुआक
ऋतुपति सं.पु. (n.m.)	ritu.pati	spring	march leh April thla, nipui	मार्च लेह अप्रैल त्ला, निपुइ
ऋतुराज सं.पु. (n.m.)	ritu.rāj	spring	March leh april thla, nipui	मार्च लेह् अप्रैल त्ला, निपुइ
ऋषि सं.पु. (n.m.)	riṣi	sage	mi fing	मिफिङ

ए

एकजुट सं.पु. (n.m.)	ek.jut	united	inpumkhat, inzawm	इनपुमखत, इनजोम
एकता सं.स्त्री (n.f.)	ek.tā	unity, solidarity	inpumkhatna, in zawmna	इनपुमखतना, इन जोमना
एकत्र क्रि.वि. (adv.)	ekātrā	collected	fawm, khawm	फोम खोम
एकदम क्रि.वि. (adv.)	ek.dam	all at once, suddenly	rin loh a takin, vawilehkhatah	रिन लोह् अ तकइन, वाइलेह्खतअह्
एकमत वि. (adj.)	ek.mat	agreed, unanimous	remti, inthurual	रेमती, इनथुरुआल
एकमात्र वि. (adj.)	ek.mātra	only, sole, exclusive	chauh, awm chhun	चउह्, ऑम छुन
एकरूप वि. (adj.)	ek.rūp	uniform	inagn, ngaireng.	इनअङ, ङाइरेङ
एकरूपता सं.स्त्री (n.f.)	ek.rūp.tā	identity, uniformity	inanna, nihna	इनअ्नना, निह्ना
एकवचन सं.पु. (n.m.)	ekvachan	singular, number	pakhat, mal	पखत, मल
एकांत वि. (adj.)	ekānt	solitude, seclusion	khawharna, fianrial, thlaler.	खोहरना, फियनृरियाल, थ्लालेर
एकाएक क्रि.वि. (adv.)	ekāek	sudden	thut, rinloh a takin	थुत्, रिन लोह् अ तकइन

एकाग्र वि. (adj.)	ekāgra	concentrated	inhnawh muk, rilru ding taka ngaihtuah.	इनह्नोह्मुक, रिलरु दीङ तका ङइह्तुअह
एकांकी वि. (adj.)	ekāṅkī	a one-act (play)	drama (ṭum khata lemchan chi)	ड्रामा (टुम खता लेमचन ची)
एकांगी वि. (adj.)	ekāṅgī	a one-sided, unilateral	sir khat chauh, lam khat chauh thil	सीर खत चाउह, लम खत चाउह् थिल
एकांतवास सं.पु. (n.m.)	ekāntvās	solitude	awm falna, fian rial	ऑम फालना, फियनरियल
एड़ी सं.स्त्री (n.f.)	eṛī	heel	ke artui, kebawr	के अरतुइ के बोर
एतबार सं.पु. (n.m.)	et.bār	trust, consideration	inrinna, inrin vanga thil inkawltir.	इनरिन्ना, इनरिन वाङा थिल इनकोलतीर
एतराज सं.पु. (n.m.)	et.rāz	objection	hnialna	ह्नीयलना
एलान सं.पु. (n.m.)	elān	announcement declaration	puang	पुआङ
एवं अव्यय	evām	and	leh, thuzawmtu	लेह्, थुजोमतू
एवज सं.पु. (n.m.)	evaz	exchange, substitute	thlak, inthleng, aiawhtir	त्लाक्, इनत्लेङ, आइओह्तीर
एहसान सं.पु. (n.m.)	eh.sān	obligation	lawm thu sawi bat	लोम थू सोइ, बत
एहसास सं.पु. (n.m.)	eh.sās	feeling	hriatna, thinlung	ह्रियत्ना, थिनलुङ

ऐ

ऐंचातानी सं.स्त्री (n.f.)	ãichātāni	Conflict, tussle	insu, inchai	इनसु, इनचइ
ऐंठ सं.स्त्री (n.f.)	ãiṭh	Conciet	mahni in intivei	म्ह्राहनी इन इनतिवेइ
ऐंठन सं.स्त्री (n.f.)	ãiṭhan	twist, convolution.	herh sawih, inherh.	हेरह् सोइह् इनहेरह्
ऐंठना क्रि. अ. (vi)	ãiṭh nā	to twist, to take by force or fraud.	hrual vet, la kawi	ह्रुआल वेत, ल कोइ
ऐंद्रजालिक वि. (adj.)	ãindr jālik	magical	mit dawivaih thil	मित दोइवइह् थिल
ऐंद्रिक वि. (adj.)	ãindrik	Sen-sual	taksaa hriatna	तकसाअ ह्रियात्ना

		pertaining to senses.		
ऐंद्रिय वि. (adj.)	ā̃indriy	Sensual, pertaining to senses.	taksaa hriatna	तकसा अ ह्रियात्ना
ऐच्छिक वि. (adj.)	ā̃ichchik	voluntary optional	duh thlan theih thil	दुह त्लान थेइह् थिल
ऐतिहासिक वि. (adj.)	āitihāsik	historical	history thil, a tak taka awm.	हिसतोरी थिल, अ तक तका ऑम
ऐन सं.पु. (n.m.)	āin	exactuly	dik chiah, ni chiah	दिक चियाह्, नी चियाह्
ऐनक सं.स्त्री (n.f.)	aīnak	spectacles, glasses.	tarmit	तरमित
ऐब सं.पु. (n.m.)	aīb	defect, fault.	kim lohna, chhiatna	किम लोह्ना, छियात्ना
ऐयारी सं.स्त्री (n.f.)	aīyāri	wiliness, shrewdness	fing verek, rem hria	फिङ वेरवेक् रेम ह्रिया
ऐयाश वि./सं.पु. (adj./n.m.)	aīyāsh	law, debauch sensual	hur, nawm sipbawl, luattukna	हुर, नौम सिपबोल लुआत्तुकना
ऐयाशी सं.स्त्री (n.f.)	aī yā shī	debauchery lechery.	hur luattukna, hurna.	हुर लुआत्तुकना, हुरना
ऐरा गैरा वि. (adj.)	āirā-gāirā	having no status, tom.	nihna neilo, naran	निह्ना नेइ लो, नरान
ऐरावत सं.पु. (n.m.)	aīravat	the mytholo-gical elephant of indra, Chief of gods.	Indra sai	इन्द्रा साइ
ऐश सं.पु. (n.m.)	aīsh	luxury.	nawmship thil	नोमसिब थिल
ऐश्वर्य सं.पु. (n.m.)	aī.shvarya	opulence, Prosperity	hausakna, a lang a pauva ropuina	हउसकना, अ लङ अ पाव अ रोउपुइना
ऐसा वि. (adj.)	aīsā	such	chutiang	चुतियाङ
ऐसा-वैसा वि. (adj.)	āisā-vāisā	trifling	te tham, neu.,	ते थम, नेउ
ऐसे क्रि.वि. (adv.)	aīse	thus, in this way.	hetiang hian	हेतियाङ हियान्

ऐहिक वि. (adj.)	aihik	mundane, wordly	khawvel thil, nunphung pangngai.	खोवेल थिल, नुन्फुङ पाङ्ङाइ

ओ

ओंठ सं.पु. (n.m.)	Õṭh	lip	hmui, heh	म्हुइ, हेह्
ओखली सं.स्त्री (n.f.)	Okh.lī	mortar	sum, laipui ngul tawi chi	सुम, लाइपुइ ङुल तोइ ची
ओछा वि. (adj.)	Ochhā	mean	ruat.	रुआत
ओट सं.स्त्री (n.f.)	Oṭ	covering, shelter	khuhna hliap,	खुह्ना, ह्लीप
ओढ़ना-बिछौना-सं.पु. (n.m.)	Oṛh.nā. bichhāunā	bedding	puanthuah, mutna thuamhnaw.	पुआनथुआह, मुतना थुआमन्हो
ओढ़नी सं.पु. (n.m.)	Oṛhnī	woman's uppper cloth	hmeiche puan bah	म्हेइछे पुआन बह्
ओर सं.स्त्री (n.f.)	Or	side	Sir, lampang	सीर, लमपङ
ओला सं.पु. (n.m.)	Olā	hailstone	rial	रीयल
ओस सं.स्त्री (n.f.)	Os	dew	daifim	दाइफीम
ओझल सं.पु. (n.m.)	Ojhal	out of sight, to disappear	hmuh theih lova awm.	म्हुह् थेइह लोवा ऑम
ओहदा सं.पु. (n.m.)	Oh.dā	rank, post.	sipai tlar, din-hmun sang	सिपाइ त्लार, दिन-म्हुन् साङ
ओहदेदार वि. (adj.)	Oh.dedār	Office-holder	dinhmun sang	दिनम्हुन साङ
ओहो (int)	Oho	Sorry	Pawiti, pawi	पोइती, थोइ

औ

औंधा वि. (adj.)	ãudhā	overturned, upside down	letling let	लेतलिङ, लेत
औकात सं.स्त्री (n.f.)	āuqāt	Capacity	theihna, dinhmun	थेइह्ना दिनम्हुन
औजार सं.पु. (n.m.)	āuzār	instrument tool.	hmanrua, hla sakna hmanrua.	म्हनूरुआ, ह्ला सकना म्हनरुआ
औद्योगिक वि. (adj.)	āudyogik	industrial	thil siamna, sumdawnna kawng.	थिल सियामना सुमदोनूना कोङ

औपचारिक वि. (adj.)	āup.chārik	formal	dan Pangngai ang, urhsun, puithu.	दान पाङङाइअङ, उरह्सून, पुइथू
और संयो. conjuni	āur.	and.	(thu zawmtu) leh	(थू जोमतू) लेह्
औलाद सं. स्त्री. (n.f.)	āulād	Child	fa, naupang.	फा, नउपङ
औवल वि. (adj.)	āuval	first	pakhatna	पखतना
औषधालय सं.पु. (n.m.)	āuṣadhālay	dispensary	damdawi sem chhuahna hmun.	दमदोइ सेम छुआह्ना म्हुन
औषधि सं.पु. (n.m.)	auṣ.adhi	medicine	damdawi	दमदोइ
औसाना क्रि.सं. (vt.)	āusānā		um (thei ilo)	उम (थेइ इलो)
औसतन क्रि.वि. (adv.)	aūstan	averge	Chawh ruala chhuak, avantlang.	चोह् रुअला छुआक्, अवान्त्लाङ

क

कंकड़ सं.पु. (n.m.)	kaṅkaṛ	gravel, pebble	lungte awm Khawm, ṭiau lungte	लुङते ऑम खोम, टिअउ लुङते
कंगन सं.पु. (n.m.)	Kaṅgan	bracelet	ngun	ङून
कंगाल वि. (adj.)	Kaṅgāl	pauper, poor	in leh lo nei lo, mi rethei	इन लेह् लो नेइ लो, मी रेथेइ
कंघी सं.स्त्री (n.f.)	Kaṅghī	comb	samkhuih	समखुइह्
कंटीला वि. (adj.)	kaṭīlā	thorny	hling nei, hling ngah	ह्लीङ नेइ, ह्लीङ ङअह्
कंठ सं.पु. (n.m.)	Kaṇṭh	throat, larynx	hrawk	ह्रोक्
ककड़ी सं.स्त्री (n.f.)	Kakṛī	cucumber	fanghma	फङम्हा
कचहरी सं.स्त्री (n.f.)	Kacharī	court	rorelna in, roreltu pawl	रोउरेनूना इन, रोउरेलतू पोल
कच्चा वि. (adj.)	Kachchāa	unripe, raw, under cooked	hmin lo, hel, phawk.	म्हीन् लो, हेल्, फोक्
कछुआ सं.पु. (n.m.)	Kchhuā	turle, tortoise	satel, sumsi	सतेल, सुमुसी
कटहल सं.पु. (n.m.)	Kaṭ.hal	Jack fruit	lamkhuang	लामखुआङ
कटु वि. (adj.)	Kaṭu	bitter, in-pleasant	Kha, lawm loh zawng.	खा, लोम् लोह् जोङ
कटोरा सं.पु. (n.m.)	Kaṭorā	bowl	khuhhriang, chawhtawlh,	खुह्ह्रियाङ, चोह्तोल्ह्,

			thlengkum	त्लेङ्कुम
कट्टर वि. (adj.)	kaṭṭar	staunch, dog-matic	Khaw hmu lo khawpa mahni pawl ṭan mi	खो हमु लो खोपा म्हानी पोल टन मी
कठपुतली सं.स्त्री (n.f.)	Kaṭh.putlī	puppet, mariontte	milem, pawh chet chi	मिलेम्, पोह चेत ची
कठिन वि. (adj.)	Kaṭhin	difficult, hard.	harsa, tawh khirh, sak.	ह्अरसा, तोह खिरह् सक
कड़क सं.स्त्री (n.f.)	Kaṛ.ak	loud sound	ri dur, ri ṭhuai	रि दुर, रि ठुआइ
कड़वा वि. (adj.)	Kaṛvā	bitter, pungent	Kha, ru	खा, रु
कड़ा सं.पु. (n.m.)	kaṛā	hard, difficult tough	sak, taẉh khrih, harsa, khawng	सक, तोह खिरह्, हरसा, खोङ
कड़ाई सं.स्त्री (n.f.)	Kaṛāī	hardness, stiff-ness, firmness	nghehna, khawng, sak	ह्ङेह्ना, खोङ, सक
कण सं.पु. (n.m.)	Kaṇ	particle	thil them te tak te, atom them.	थिल थेम ते तक ते, अतोम् थेम्
क़तार सं.स्त्री (n.f.)	quatār	line, row, queue	tlar, a indawta mipui intlar.	त्लार, अ इनदोत्ता मिपुइ इनत्लर
क़त्ल सं.पु. (n.m.)	Quatl	murder, ass-assination	tualthat, in thahna	तुआल्थत, इनथ्अह्ना
कथा सं.स्त्री (n.f.)	Kathā	story, narrative	thawnthu, chanchin	थोनथू, चनचिन
कथन सं.पु. (n.m.)	Kathan	statement	sawi	सोइ
क़द सं.पु. (n.m.)	qad	height, size	san lam, tawn san ber	सान लम, तोन सान बेर
क़दम सं.पु. (n.m.)	qadam	step, pace	pen, pheikhai kal chak lam	पेन, फेइखाइ, कल चक लम
क़दर सं.स्त्री (n.f.)	qadar	value, worth	hlutna, man	ह्लुतना, मन
कदाचित सं.पु. (n.m.)	Kadāchit	perhaps, maybe that	mei thei, dah lo maw, mial	मइ थेइ, दह् लो मो, मियाल्
कद्दू सं.पु. (n.m.)	Kaddū	Pumškin, gourd	mai, berûl lam chi	माइ, बेरुल लम ची
कनपटी सं.स्त्री (n.f.)	kanpaṭī	temple	biak in ṭhialpawn	बियक इन, ठियल्पोन्
कन्या सं.स्त्री (n.f.)	Kanya	girl, daughter	hmeichhia la	ह्मेइछिया ला

			naupang chin, fanu	नउपङ चिन, फनु
कपट सं.पु. (n.m.)	kapaṭ	deceipt, fraud, terrible	inbumna	इनूबुमूना
कपटी सं.पु. (n.m.)	Kap.ṭī	a deceiful, fraudulent	bum hmang	बुम् म्हङ
कपाट स.पु. (n.m.)	kapāṭ	panel, leaf of a door	thil killi nei tlang-chei, Kawngkhar hmai phum pan lai, roreltu thu khawm endiktu rual.	थिल किलूली नेइ त्लाङ चेइ कोङखार म्हाइ फूम पन लाइ, रोउरेलतू ठु खोम् एनदिकतू रूअल्
कपाल सं.पु. (n.m.)	Kapāl	skull, desting	luruh, chantawk, khuarel	लुरुह, चनतोक्, खुआरेल
कपास सं.स्त्री (n.f.)	Kapās	cotton	la, la kung, la par la a saim puan	ला, ला कुङ, ला पार ला आ सियम पुआन्
कफन सं.पु. (n.m.)	kafan	shroud	mitthi, Khuhna paun	मित्थी खुह्ना पुआन्
कबूतर सं.पु. (n.m.)	Kabūtar	pigeon	parva	पारवा
क़बूल सं.पु. (n.m.)	Qabūl	admited, to admit, to con-fess	Puang, inpuang, sual-puang	पुआङ, इनपुआङ, सुआल पुआङ
क़ब्ज़ सं.पु. (n.m.)	Qabz	constipation	êk khal, êk ṭhat theih lohna	ऍंक खल, ऍंक ठत् थेइह् लोह्ना
क़ब्जा सं.पु. (n.m.)	qabzā	possession, occupation	neih, ramluah	नेइह्, रमलुअह्
क़ब्र सं.स्त्री (n.f.)	qabr	grave	thlan	त्लअन्
क़ब्रिस्तान सं.पु. (n.m.)	Qabristān	burial, place graveyard	thlanmual	त्लअनमुआल
कमज़ोर वि. (adj.)	Kamzor	weak, feeble	derthawng, chaklo	देरथोङ, चकलो
कमर सं.स्त्री (n.f.)	Kamar	waist	Kawng, lai vel	कोङ, लाइ वेल
कमरा सं.पु. (n.m.)	Kamrā	room	Pindan awmna hmun	पिनदन, ऑमना म्हुन
कमल सं.पु. (n.m.)	kamal	lotus wue, red	tui lili (sen,	तुइ लीली (सेन,

		white.	var)	वार)
कमाई सं.स्त्री (n.f.)	Kamāī	earning	hlawh, thawh chhuah	ह्लोह्, थोह् छुआह्
कमाल सं.पु. (n.m.)	Kamāl	wonder, miracle	mak, thiltihmak, thil mak	मक, थिलतिह्मक्, थिल मक्
कमी सं.स्त्री (n.f.)	kamī	deficiency dearth, want, scarcity	tlak chhamna, mamawhna.	त्लाक छम्ना ममोह्ना
क़मीज़ सं.स्त्री (n.f.)	qamīz	shirt	Kamis	कमीस
कमीना वि. (adj.)	Kamīnā	unchanged	danglam lo	दंङलम लो
करछी/कलछी सं.स्त्री (n.f.)	Karchhī kalchhī	ladle	fianpui, fianlian	फियनपुइ, फियनलियन्
करतूत सं.स्त्री (n.f.)	Kartūt	doing, misdeed	thil tihsualna, thil sualtih	थिल तिह्सुआलना, थिल सुआलतिह्
करना सं.पु. (n.m.)	Kar.nā	to do	Phusakna	फुसकना
करवट सं.स्त्री (n.f.)	Kar.vaṭ	side, position	dinhmun, ṭanhmun	दिनम्हुन, टनम्हुन
कराह सं.पु. (n.m.)	karāh	groan, moan	hrehawm tuara rum, lungngaia rum.	ह्रेऑम तुआरा रुम, लुङङाइअ रुम
क़रीब क्रि.वि. (adv.)	qarīb	near, close by	hnai, hnaih kiang vel	न्हाइ, न्हाइह्, कियाङ वेल्
करुणा सं.स्त्री (n.f.)	karuṇā	pity, compas-sion	Khawngaihna, lainatan	खोङइह्ना लइनत्ना
करेला सं.पु. (n.m.)	karelā	bitter gourd.	changkha	चङखा
कर्कश सं.पु. (n.m.)	Karkash	harsh sound, speech, person, woman.	richher, ṭawng ngaihno bei lo bengkhawrh hreawm, mi rothap.	रिछेर, टोङ ङाइह् नो बेइ लो बेङखोरह्, ह्रेऑम, मी रोउथप
क़र्ज सं.पु. (n.m.)	qarz	loan, debt.	thil hawh puk, leiba	थिल ह्ओह् पूक, लेइबा
कर्तव्य वि. (adj.)	Kartavya	duty	tihtur, hmabak	तिह्तूर, म्हाबाक्
कर्ता सं.पु. (n.m.)	Kartā	make, creator author, doer..	siamtu, titu ziaktu	सियमतू, तितू जियाकतू

कर्म सं.पु. (n.m.)	Karm	action deed, in grawer object	thil tih hnathawh, indona hmuna inbeihna, rorelna hmaa mi khinna.	थिल तिह्, न्हाथोह्, इनूदोउना म्हुना इनबेइह्ना, रोउरेन्ना म्हा अ मी खिन्ना
कर्मचारी सं.पु. (n.m.)	Karma. chārī	worker employee	thawktu, hnathawk	थोकतू, न्हाथोक्
कलंक सं.पु. (n.m.)	kalȧnk	blemish, slur	bawlhhlawhna, dikhlelhna, demawm.na	बोल्ह्लोह्ना दिकह्लेह्ना, देमऑमना
कलपुर्जे सं.पु. (n.m.)	Kal.purze	parts,	bunghrang (khawl chhe thawmna)	बुङ्ह्रङ (खोल छे थोम्ना)
कलह सं.पु. (n.m.)	Kalah	dispute	inhnialna, intih-buaina	इनून्हीयलूना, इनतिह्बुआइना
कला सं.पु. (n.m.)	kalā	art	themthiamna sang (zirna lam, lam ziak)	थेमूथियमूना साङ (जिरना लम, लम जियाक्)
कलाई सं.स्त्री (n.f.)	Kalāī	wrist	banrek	बनरेक
कलाकार सं.पु. (n.m.)	Kalākār	artist	themthiamnabik nei (lem ziak, milem ker etc.)	थेमथियमूना बीक नेइ (लेम जियाक् मिलेम केर)
कली सं.स्त्री (n.f.)	Kalī	bud	Kuhmum (roseets)	कुह्मूम
कलेजा सं.पु. (n.m.)	Kalejā	heart	lung, lairil hnukpui	लुङ लाइरिल, न्हुकपुइ
कलेवा सं.पु. (n.m.)	kalevā	breakfast	tukṭhuan	तुकठुआन्
कल्पना सं.स्त्री (n.f.)	Kalpanā	imagination	ngaihruata, zeldin, suangtuahna.	ङइह्रुआता, जेलदिन, सुआङ्तुआह्ना
कल्याण सं.पु. (n.m.)	Kalyan	welfare, good	hamṭhatna, hmakhua	हमूठत्ना, म्हाखुआ
कवि सं.पु. (n.m.)	Kavi	Poet.	hlaphuah thiam,	ह्लाफुआह् थियाम
कविता सं.स्त्री (n.f.)	Kavitā	Poem, Poetry,	hlathu, hla (dan naranin a chhama chham chi)	ह्लाथू, हला (दान नरानइन अ छमाछम ची)
कश सं.स्त्री (n.f.)	Kash	puff	pak, thaw chhuak	पक, थो छुआक्
कष्ट सं.पु. (n.m.)	Kaṣta	trouble, su-	buaina, manganna	बुआइना, मङअनूना

		ffering	hrehawmna	हेहऑमना
कसक सं.स्त्री (n.f.)	Kasak	lingering pain	hreawm	हेऑम
कसना क्रि.सं. (v.t.)	Kas.nā	to tighten, to test.	timar, titawt, fiah	तिमर, तितोत् फियह्
क़सम सं.स्त्री (n.f.)	qasam	oath	chhechham	छेछम
कसर सं.स्त्री (n.f.)	Kasar	deficiency, short- coming, loss	kim lohna, hekna, channa, hnehlohna	किम लोह्ना, हेक्ना, चानूना, न्हेह्लोउना
कसरत सं.स्त्री (n.f.)	Kas.rat	(physical) ex- ercise	taksa sawizawina	तक्सा सोइजोइना
क़साई सं.पु. (n.m.)	qaṣāī	butcher, cruel, merciless	ran talh mi, nun- rawng zahngaihna neilo.	रन तल्ह मी, नुनरोङ जह्ङइह्ना नेइ लो
क़सूर सं.पु. (n.m.)	qasūr	fault, guilt	dik lohna, tihsualna dikhlelhna	दिक लोह्ना तिह्सुआलना दिक्ह्लेह्ना
कसैला वि. (adj.)	Kasāilā	astringent teste.	ka a thak ṭhak	का अ थक ठक
कसौटी सं.पु. (n.m.)	Kasaūṭī	touch stone, criterion	tehkhawng, tehna	तेह्खोङ तेहना
कस्तूरी सं.स्त्री (n.f.)	Kastūrī	musk	sazuk ki nei lo chi, dul vun hnuai aṭanga an lak chhuah hlo rim na tak	सजुक की नेइ लो ची, दुल वुन ह्नुआइ अटङा अन लाक छुआह् ह्लोउ रिम ना तक
क़स्बा सं.पु. (n.m.)	qasbā	township small, old, new	khawpui bial chhung	खोपुइ बियल छूङ
कहाँ क्रि.वि. (adv.)	kahā̃	Where	chutah, khawiah, naah	चुतह्, खोइअह् नअह्
कहना सं.पु. (n.m.)	Kah.nā	to say, to tell	thu leh hlanei, sawi, hril	थू लेह् ह्ला नेइ, सोइ, ह्रिल
कहा-सुना सं.पु. (n.m.)	Khaā-sunā	improper word	thudiklo, thu	थुदिकलो, थू

			inchawih	इनचोइह्
			lo, thu awm lo	लो, थू ऑम लो
कहा-सुनी सं.स्त्री (n.f.)	Kahā-sunī	wrangling, altercation	inhnial, inhau, inhnial buai	इनह्नीयल, इनहाउ, इनह्नीयल बुअइ
कहानी सं.स्त्री (n.f.)	Kahānī	story	thawnthu	थोनथू
कहार सं.पु. (n.m.)	Kahār	bearer	tui chawi hnam	तुइ चोइ न्ह्नम्
कहावत सं.स्त्री (n.f.)	kahāvat	proverb	thufing	थुफिङ
कहीं क्रि.वि. (adv.)	Kahī̃	anywhere, somewhere	kawilaiah emaw.	खोइलाइअह् एमो
काँख सं.स्त्री (n.f.)	Kā̃kh	armpit	zakhnuai	जकह्नुअइ
काँच सं.स्त्री (n.f.)	Kā̃ch	glass	darthlalang, glass	दारत्लालङ, ग्लास
काँटा सं.स्त्री (n.f.)	Kā̃ṭā	thorn, obstacle	hling, daltu	ह्लीङ, दालतू
काँपना क्रि.स. (v.t.)	Kā̃pnā	to tremble, to shiver	Khur	खुर
काँव-काँव सं.पु. (n.m.)	Kā̃v-Kā̃v	crowing	choak hram	चोउआक ह्राम
काँसा सं.पु. (n.m.)	Kā̃sā	bronze	darsen lehṭin chawhpawlh	दारसेन लेह् टीन् चोह्पोल्ह्
क़ाई सं.स्त्री (n.f.)	Kāi	moss, algal.	lung pat, pat êk	लुङ पात, पात एक्
काग़ज़ सं.पु. (n.m.)	KāGaz	Paper	lehkha, thuziak pawimawh	लेह्खा, थूजियाक् पोइमोह्
काग़ज़ी वि. (adj.)	KāGazī	made of paper paperlike	lehkha, lehkha thil	लेह्खा, लेह्खा थिल
काजल सं.पु. (n.m.)	Kājal	collyrium (to apply to the eyes)	mit hnawih (a dum rawng)	मित् न्होइ (अ दुम रोङ)
काजू सं.पु. (n.m.)	Kājū	cashew (nut)	sazu pumpui thei	सजु पुमपुइ थेइ
काट सं.स्त्री (n.f.)	Kāṭ	cut, rebutta	tán, zai, ât	तन, जइ, आत
काटा क्रि.सं. (v.t.)	Kāṭā	bite	seh (rûl) chuk, na,taka hau.	सेह् (रुल) चुक, न तका हाउ
काठ सं.पु. (n.m.)	Kāṭh	wood	thing, ramhnuaingaw	थिङ, रमह्नुआइङो
काठी सं.स्त्री (n.f.)	Kāṭhī	frame, Physique, saddle.	taksa, ruangam, sakawr zin.	तकसा, रुअङआम्, सकोर जीन
काढ़ना क्रि. स. (v.t.)	Kāṛh.nā	to embroider, to draw	ṭhui par, lem ziak	ठुइ पार, लेम् जियाक्
कातना क्रि.स. (v.t.)	Kāt.nā	to spin, (cotton	la kai	ल काइ

		yarh)		
कान सं.पु. (n.m.)	kān	ear	beng	बेङ
काना वि. (adj.)	Kānā	one-eyed (person)	mit khing del	मित् खिङ देल
क़ानून सं.पु. (n.m.)	qānūn	law	dan	दान
कापी सं.स्त्री (n.f.)	Kāpī	exercise book.	lehkha puan	लेह्खा पुआन्
कॉफी सं.पु. (n.m.)	Kāfī	coffee.	coffee	कॉफी
काफ़ी वि. (adj.)	Kāfī	enough	tawk, tawkfang, khawpkham	तोक, तोकफङ, खोपूखम्
क़ाबू सं.पु. (n.m.)	qābū	hold, control	vuan, khuahkhrih	वुअन्, खुअह्खिरह्
काम सं.पु. (n.m.)	Kām	work, job, function	hnathawh, hna, sekrek	न्हाथोह, न्हा, सेकरेक
कामकाज सं.पु. (n.m.)	Kāmkāj	work, business	hnathawh, hna, tih	न्हाथोह्, न्हा, तिह्
			tur sum dawnna	तूर सुम दोनूना
कामचलाऊ वि. (adj.)	Kām. chālāu	workable, serviceable	tlaktlai, ṭangkai, la hman theih.	त्लाकत्लाइ, टंङ्काइ, ला म्हन् थेइह्
कामचोर वि. (adj.)	Kām.chor	lazy (person) shirker	thatchhia, pumpelh	थत्छिया, पुमपेल्ह्
कामना सं.स्त्री (n.f.)	Kām.nā	wish	duhna, chakna	दुह्ना, चाकना
क़ामयाब वि. (adj.)	Kām.yāb	successful	hlawhtling	ह्लोह्त्लिङ
क़ायम वि. (adj.)	qāyam	firm, established	nghet, ruh, awmhmun bengbel	ङेह्त, रुह्, ऑमम्हुन बेङबेल
कायर वि. (adj.)	Kāyar	coward, timid (person)	dawihzep, (mi)	दोइजेप, (मी)
काया सं.स्त्री (n.f.)	Kāyā	body	ṭaksa, ruang	तकसा, रुआङ
कारगर वि. (adj.)	Kārgar	effective	ṭangkai huhang nei koritu	टंङ्काइ, हूहाङ नेइ कोउरितू
कारण सं.पु. (n.m.)	Kāraṇ	cause, reason	chhan atitu, awmtirtu	छन, अतितू, ऑमतीरतू
कारतूस सं.पु. (n.m.)	Kārtūs	catridge	Kartut	कारतूत
कारबार सं.पु. (n.m.)	Kārbār	business	hna, thil ṭul, sumdawnna	न्हा, थिल टूल सुमूदोनूना
कारागार सं.पु. (n.m.)	Kārāgār	goal, jail prison	tan in, lungin	तान इन, लुङइन
कारावास सं.पु. (n.m.)	Kārāvās	imprisonment.	tantir,	तानतीर,

			khuahkhirh	खुआह्खिरह्
कारीगर सं.पु. (n.m.)	Kārīgar	craftman, mechanic, expert.	thil siam thiam, thiamna nei, zei, khawl lam khawih thiam.	थिल सियाम् थियाम, थियाम्ना नेइ, जेइ खोल लम् खोइह् थियाम्
कारीगरी सं.स्त्री (n.f.)	Kārīgarī	workmanship	hna thiamna	न्हा थियाम्ना
कारोबार सं.पु. (n.m.)	Kārobār	business	hna, sumdawna	न्हा सुमदोनूना
कार्य सं.पु. (n.m.)	Kārya	work	hnathawh, hna	न्हाथोह्, न्हा
कार्यकर्ता सं.पु. (n.m.)	Kāryakartā	worker	thawktu, hnathawk	थोकतू, न्हाथोक्
कार्यकारिणी सं.स्त्री (n.f.)	Kāryakāriṇī	working, executive	kut hnathawk pawl, viltu	कुत न्हाथोक् पोल, विलतू
कार्यकाल सं.पु. (n.m.)	Kāryakāl	term	hun engemaw chhung, awh rei chhung	हुन एङ्एमो छूङ, ओह् रेइ छूङ
कार्यक्रम सं.पु. (n.m.)	Kāryakram	Programme	rel lawkna, in-khawmna kalhmang	रेल लोक्ना, इन खोम्ना कल्म्हाङ
कार्यवाही सं.स्त्री (n.f.)	Kāryavāhi	action, proceedings	thiltih, tihdan hmang	थिलतिह् तिह्दान म्हाङ
कार्यालय सं.पु. (n.m.)	Kāryālay	office	office, pisa rawng -bawlna, pisa	ऑफिस, पीसा रोङ- बोलना, पीसा
काल सं.पु. (n.m.)	Kal	period, death	hun chhung, hunlai, tawpna, thihna	हुन छूङ हुन्लाइ, तोपूना थिह्ना
कालकोठरी सं.स्त्री (n.f.)	Kāl.koṭhrī	solitary cell, daric cell	tan in pindan pindan fianrial	तान इन पिनदन, पिनदन फियन्रियाल
काला वि. (adj.)	Kālā	black person flag, shoe, market, sea, suit.	dum hang, sorkar phalloh sumdawnna.	दुम हाङ, सोरकार फल्लोह् सुमदोनूना
कालिख सं.स्त्री (n.f.)	Kālikh	blackness, stigma	inṭing	इनटिङ
कालीन सं.पु. (n.m.)	Kālīn	carpet	chhuat phah	छुआत् फाह्
काल्पनिक सं.पु. (n.m.)	Kālpanik	imaginary	ngaihruat thil,	ङइह्रुआत थिल,

			zeldin thu.	जेलदिन थू
काव्य सं.पु. (n.m.)	kāvya	poetry	hlathu	ह्लाथू
काश सं.पु. (n.m.)	Kāsh	Had God willed	fo, ang, ṭhin	फोउ अङ, ठीन
काशीफल सं.पु. (n.m.)	Kāshīphal	squash gourd	thlai chikhat, umchi	त्लाइ चिख़त, उमची
काश्त सं.स्त्री (n.f.)	Kāsht	Cultivation	lo neih (buh emaw thlai emaw chinna)	लो नेइह् (बुह् एमो त्लाइ एमो चीन्ना)
काश्तकार सं.पु. (n.m.)	Kāshtkār	cultivator, land tenant	lo nei mi, lo-ram neitu	लो नेइ मी, लो रम नेइतू
काष्ठ सं.पु. (n.m.)	Kasṭha	wood	thing, ramhnuai, ngaw	थिङ रमन्हुआइ, ङो
किन्तु अव्य	kintu	but, yet	mahse nichung pawhin	म्हासे निचुङ पोह्इन
कितना वि. (adj.)	Kitnā	how much how	engzatnge, engtiatnge a danhmang.	एङजात ङे एङत्यात्ङे, अ दानम्हाङ
किताब सं.स्त्री (n.f.)	Kitāb	book	lehkhabu,	लेह्खबू
किताबी वि. (adj.)	Kitābī	bookish	lehkhabu, chhiar ngainami	लेह्खबू छियार ङइनामी
किधर क्रि.वि. (adv.)	Kidhar	where	chutah, khawiah	चुतह्, खोइअह्
किन सर्व (pron.)	Kin	whom, which	tunge, hnenah	तूङे, न्हेनूअह
किनारा सं.पु. (n.m.)	Kinārā	bank, border	luikamvaukam ramri fem puan, tlang	लुइकम वाउकम रमरी फेम, पुआन, त्लाङ
किन्हीं सर्व (pron.)	Kinhī̃	Pron obl. to any	engpawh, a enga pawh	एङपोह्, अ एङा पोह्
किन्हें सर्व (pron.)	Kinhẽ	Pronacc. whom.	hnenah	न्हेनूअह्
किफ़ायत सं.स्त्री (n.f.)	Kifāyāt	economy	pawisa lam leh chhungkhawsak leh sawrkar thila khawsak reldan, in-	पोइसा लम लेह् छुङखोसक् लेह् सोरकार थिला खोसक रेलदान, इन

			renchem taka	रेनचेम तका
			pawisa	पोइसा
			hman.	म्हान
किरकिरा वि. (adj.)	Kirkirā	grity, sandy,	ngap, me,	ङ्प, मे
		spoilt	khawk	खोक्
किरण सं.स्त्री (n.f.)	Kiraṇ	ray, beam	eng zung, radio	एङ जुङ, रेडियो
			zung	जुङ
किराया सं.पु. (n.m.)	Kirāyā	rent, hire, fare	in luah	इन लुआह्
			hawhman,	ह्ओह्मन,
			hawh man,	ह्ओह्मन,
			kalman	कलमन्
किरायेदार सं.पु. (n.m.)	Kirāyedār	tenant	mi in leh lo	मी इन लेह् लो
			luah	लुआह्
			hawhtu, luahtu	होह्तू लुआह्तू
किलकारी सं.स्त्री (n.f.)	Kilkārī	(joyful) outcry	bengchheng,	बेङछेङ,
			hnialna	ह्नीयना
		(of a child)	thawm riva	थोम रीवा
किला सं.पु. (n.m.)	qilā	fort	kulh	कुल्ह्
किलो सं.पु. (n.m.)	kilo	kilo (gram)	kilogramme	किलोग्राम
			kaihtawi	कइह्तोइ
किवाड़ सं.पु. (n.m.)	Kivāṛ	door (panel)	kawngkhar,	कोङखार,
			kawngka	कोङका
किशमिश स.पु. (n.m.)	kish.mish	raisin, currant	grep rah rep,	ग्रेप रह् रेप,
			grep rah tihro	ग्रेप रह् तिह्रोउ
किशोर सं.पु. (n.m.)	Kishor	adolescent,	tleirawl, rawlthar	त्लेइरोल, रोलथर
		youth		
किश्ती सं.स्त्री (n.f.)	Kishtī	boat	lawng, lawng	लोङ लोङ
			leng	लेङ
किस सर्व (pron.)	kis	to whom? by	hnenah, tu ?	ह्नेनाह्, तू ?
		whom ?		
किसान सं.पु. (n.m.)	Kisān	farmer	lo neitu	लो नेइतू
किसी सर्व (pron.)	Kisī	Pronany, a cer-	engpawh, nichiah,	एङपोह्, निचियह्
		tain	chiang	चीयङ
क़िश्त सं.स्त्री (n.f.)	qist	instalment	tlem tlema pawisa	त्लेम त्लेमा पोइसा
			ilo pekrulhna	इलो पेक/रुलह्ना
क़िस्म सं.पु. (n.m.)	qism	kind	chikhat, thlah khat	चिखत, त्लाह् ख़त

क़िस्मत सं.स्त्री (n.f.)	qismat	luck	vanneihna, vanduaina, chanvo	वान ्नेइह्ना, वानदुआइना चनवोउ
क़िस्सा सं.पु. (n.m.)	quissā	story	thawnthu chanchin	थोनृथू, चनृचिन्
कीचड़ सं.पु. (n.m.)	Kīchaṛ	mud	chirh, leidiak	चिरह्, लेइदियाक्
कीटाणु सं.पु. (n.m.)	Kītānu	bacteria, germ.	hrik chi hrang hrang	ह्रिक् चि ह्रङ ह्रङ
कीड़ा सं.पु. (n.m.)	Kīrā	worm, insect, moth	rulhût, rannung, lungphur thlahtu,	रुलहूत्, रननुङ, लुङफुर त्लाहतू
कीड़े-मकोड़े सं.पु. (n.m.)	Kīṛe-makoṛe	insects	rannung	रननुङ
क़ीमत सं.स्त्री (n.f.)	qīmat	price, value	man, hlutna	मन, हलुत्ना
कीमती वि. (adj.)	qīmatī	precious, valu-able	hlu	ह्लु
क़ीमा सं.पु. (n.m.)	qīmā	minced meat	satihsawm	सतिह्सोम
कीर्तन सं.पु. (n.m.)	Kīrtan	devotional song	pathian baikna	पथिआन् बियकना
कील सं.स्त्री (n.f.)	Kīl	nail	kilhna thir	किल्ह्ना थीर
कुँआरा वि. (adj.)	Kũārā	bachelor, un-married	tlangval, pathlawi nupui nei lo	त्लाङ्वाल् पथ्लोइ नुइपुइ नेइ लो
कुँआरी वि. (adj.)	Kũārī	virgin, unma-rried (girl)	nula tlangval la ngai lo, hmechhe pasal la nei lo	नुला त्लङ्वाल ल ङाइ लो, म्हेइछे पसल ला नेइ लो
कुंजी सं.स्त्री (n.f.)	Kunjī	key, keybook	chabi, thil kalhna	चाबी, थिल कल्ह्ना
कुंड सं.पु. (n.m.)	Kuṇḍ	pool, cistern	dilte, tuizem	दीलते, तुइजेम
कुंडल सं.पु. (n.m.)	Kuṇḍal	large, earring, coil	bengbeh, in-kul	बेङ्बेह् इनकुआल
कुंडली सं.स्त्री (n.f.)	Kuṇḍalī	coil	thil inzem, in kual	थिल इनजेम्, इनकुआल्
कुआँ सं.पु. (n.m.)	Kuā̃	well	tuichhunchhuah, tuikhuah	तुइछुनछुआह, तुइखुआह्
कुचलना क्रि.सं. (v.t.)	Kuchal.nā	to crush	rawt sawm, tikeh chhia	रोत सोम् तिकेह् छिया
कुछ वि. (adj.)	Kuchh	something	ṭhenkhat	ठेनखत्

कुटिया सं.स्त्री (n.f.)	Kuṭiyā	hut small,big.	bûk, bawk te	बूक, बोकूते
कुटुंब सं.पु. (n.m.)	Kuṭumb	household, family	chhungkua	छूङ्कुआ
कुढ़न सं.स्त्री (n.f.)	Kurhan	fretting, repining	vui, phun	वुइ, फुन
कुतरना क्रि.सं. (v.t.)	Kutarnā	to gnaw	ker, kher, rilrukap	केर, खेर, रिलरुकप
कुतिया सं.स्त्री (n.f.)	Kutiyā	bich black,	uipui, a diriam zawng	उइपुइ, अ दिरियाम् जोङा
		domestic.	hmeichhe kohna, uinu	म्हेइछे कोह्ना उइनु
कुत्ता सं.पु. (n.m.)	Kuttā	dog, a low person	ui, uipa	उइ, उइपा
कुदाल सं.स्त्री (n.f.)	Kudāl	pickaxe	lungral	लुङराल
कुनकुना वि. (adj.)	Kun.kunā	a warm milk water.	lum	लुम्
कुनैन सं.पु. (n.m.)	Kunain .	quinine	sikserh damdawi (kha)	सिक्सेरह् दमदोइ (खा)
कुपात्र वि. (adj.)	kupātra	undescrving\ unwarthy (person)	tlak lo, tling lo phu lo.	त्लाक लो, त्लीङ लो फू लो
कुप्पी सं.स्त्री (n.f.)	Kuppī	a leather Pitcher (small)	no tung (savun)	नौउ तुङ (सवुन)
कुमार सं.पु. (n.m.)	Kumār	unmarried boy	tlangval (nupuinei lo)	त्लाङ्वाल (नुपुइनेइ लो)
कुमारी सं.स्त्री (n.f.)	Kumārī	unmarried girl	nula (pasalneilo)	नुला (पसल्नेइ लो)
कुम्हार सं.स्त्री (n.f.)	Kumhār	potter	belvawtu	बेलूवोतू
कुरता सं.पु. (n.m.)	Kurtā	a loose shirt without collar and cufld	Kurta	कुरता
कुरबान वि. (adj.)	qur.bān	sacrificed	mahni inphatna, tawrhna	म्हह्नी इनफत्ना, तोरहना
कुरसी सं.स्त्री (n.f.)	Kursī	chair	thutphah (chair)	ठुतफआह (चेर)
कुरूप वि. (adj.)	Kurūp	ugly, ill-	hmelchhia pianphung	म्हेलछिया पियान्फुङ
		looking	nalh lo.	नल्ह् लो
कुरेदना क्रि.स. (v.t.)	Kured.nā	to rake	thirkut nena hai	थिरकुत नेना हाइ

कुर्क वि. (adj.)	Kurk	attached, distrained	zawm, behtir, vuah	जोम, बेह्तीर, वुआह्
कुल[1] सं.पु. (n.m.)	Kul	family, lineage	chhungkua, inthlah chhawng kalzel	छूङ्कुआ, इनत्लाह् छोङ कलजेल
कुल[2] वि. (adj.)	Kul	gross, net, total	avai, zasawmlipali	अवाइ, जसोमलीपली
कुलबुलाना क्रि.अ. (v.i.)	Ku.bulānā	wriggle, with pain	vial	वियाल्
कुलपति सं.पु. (n.m.)	Kul.pati	vice-chancellor	vice-chancellor	वाइस-चन्सेलोर
कुलफी सं.स्त्री (n.f.)	Kul.fi	indian icecream	Indian icecream	इण्डियन आइसक्रिम
कुली सं.पु. (n.m.)	Kulī	porter	puakphur	पुआक्फुर
कुलीन वि. (adj.)	Kulīn	well-born, of noble descent.	chhungkaw ropui aṭanga lo piang	छूङ्को रोउपुइ अटंङा लो पियाङ
कुल्ला सं.पु. (n.m.)	Kullā	gargle	tui lem lova hrawk ṭhuah	तुइ लेम लोवा ह्रोक् ठुआह्
कुल्हड़ सं.पु. (n.m.)	Kulhaṛ	small village pitcher	thingtlang khua (hlumbel)	थिङत्लाङ खुआ (ह्लुम्बेल)
कुल्हाड़ा सं.पु. (n.m.)	Kulhāṛā	axe	hreipui, hrei	ह्रेइपुइ, ह्रेइ
कुल्हाड़ी सं.पु. (n.m.)	Kulhāṛī	axe (small)	hrei (hreite)	ह्रेइ (ह्रेइते)
कुशल[1] सं.पु. (n.m.)	Kushal	skilful, skilled, clever	themṭhiam, thil thiam, rem hria	थेम्थियाम्, थिल थियाम, रेम ह्रिया
कुशल[2] सं.पु. (n.m.)	Kushal	well-being	hamṭhatna, hmakhua	हम्ठत्ना, म्हाखुआ
कुशलता सं.स्त्री (n.g.)	Kushaltā	skill dexterity safety welfare	thiamna nalna himna hmakhua	थियामना, नाल्ना हिम्ना म्हाखुआ
कुशलपूर्वक सं.पु. (n.m.)	Kushal-pūrvak	quite will	ṭha, dam	ठा, दम
कुश्ती सं.पु. (n.m.)	Kushtī	wrestling	inchai, inbuan	इनचइ, इनबुआन्
कुसूर सं.स्त्री (n.f.)	qusūr	fault	dik lohna, tihsual, dikhlel	दिक लोउना तिह्सुआल, दिकह्लेल्ल
कुहनी सं.स्त्री (n.f.)	kuhnī	elbow	Kiu, Kiu thlep	कीउ, कीउ थ्लेप
कुहरा सं.पु. (n.m.)	Kuhrā	fog	ṭiauchhum chhum leivak	टीअउछूम छूम लेइवाक्
कुहराम सं.पु. (n.m.)	Kuhrām	commotion	buai philina	बुआइ फीलीना

कूँची सं.स्त्री (n.f.)	Kū̃chī	brush	lakhuih, rawng hnawihna hmanrua lem ziakna hmanrua.	लखुइह्, रोङ न्होइह्ना म्हानूरुआ लेम जियाक्ना म्हानूरुआ
कूँडा/कूँड़ा सं.पु. (n.m.)	Kū̃ḍa/kū̃ṛa	earthen basin.	hlum bel, hlum bel thlen.	ह्लुम बेल, ह्लुम बेल त्लेन
कूक सं.स्त्री (n.f.)	Kūk	cooing, warbling	(sava) hram, chiar	(सवा) ह्राअम्, चियार
कूच सं.स्त्री (n.f.)	Kūch	march, departure	kalchhuak, chhuahsan	कलछुआक्, छुआह्सन्
कूटना क्रि.सं. (v.t.)	Kūṭ.nā	to pound, to beat.	rawt sawm, chhu	रोत् सोम् छू
कूड़ा सं.पु. (n.m.)	Kūṛā	rubbish, garbage	hnawmhnawk, bawlhhlawh	न्होम्न्होक्, बोल्ह्ह्लोह्
कूद सं.स्त्री (n.f.)	kūd	Jump high long.	zuang, ṭum sawt	जुआङ टुम सोत्
कूबड़ सं.पु. (n.m.)	Kūbaṛ	hump, hunch	hnungzang pawng, thlukvum	न्हुङ्जाङ पोङ, त्लुक्वूम्
कृतघ्न वि. (adj.)	Kritaghna	ungrateful man, person woman.	lawm nachang hrelo.	लोम नचाङ ह्रेलो
कृतज्ञ वि. (adj.)	Kritāgya	grateful, obliged	lawm	लोम
कृतार्थ वि. (adj.)	Kritārtha	satisfied, gratified	lungni, lungawi puar, kham	लुङ्नी, लुङ्ओइ पुआर, खम
कृति सं.स्त्री (n.f.)	Kriti	Work (esp. of art)	hnathawh, Kut chhuak	न्हाथोह्, कुत् छुआक्
कृत्रिम वि. (adj.)	Kritrim	artificial	a tak anga thil siam chawp.	अ तक अङा थिल सियाम् चोप्
कृपया क्रि.वि. (adv.)	Kirpaȳa	kindly, please	ngilnei, zaidam, dam	ङिल्नेइ, जाइदम, दम
कृपा सं.स्त्री (n.f.)	Kirpā	kindness, favour	ngilneihna	ङिल्नेइह्ना
कृपालु वि. (adj.)	Kripālu	kind, benign	ngilnei, nundam,	ङिल्नेइ, नुन्दम्

		man, parents	zaidam.	जाइदम
		Woman master		
कृषक सं.पु. (n.m.)	Krişak	cultivator, farmer	lo nei mi.	लो नेइ मी
कृषि सं.स्त्री (n.f.)	Krişi	agriculture, farming	thlawhhma lâm thiamna	त्लोह्म्हा लाम थियाम्ना
केंचुल/केचुली सं.स्त्री (n.f.)	Kẽchul/ Kechuli	slough (of a snake)	vuninlip	वुनइनलिप्
केन्द्र सं.पु. (n.m.)	Kendra	Centre	a lai tak, biala a lai tak.	अ लाइ तक, बियला अ लाइ तक
केन्द्रित वि. (adj.)	Kendrit	concentrated, Centered	rilru ding taka ngaihtuah	रिलूरु दीङ तका ङाइह्तुआह्
केन्द्रीय वि. (adj.)	Kendrīy	a central office government organization, committee.	laipui	लाइपुइ
केकड़ा सं.पु. (n.m.)	Kek.ṛā	crab.	chakai	चक्आइ
केतली सं.स्त्री (n.f.)	Ketlī	Kettle	Ketli	केत्ली
केवल वि. (adj.)	Keval	mere, only	chauh, lek	चउह्, लेक
केश सं.पु. (n.m.)	Kesh	(usually pl) hair black, thick, carly, long, gray.	sam, hmul, samzai	सम, म्हुल, समजाइ
केसर सं.पु. (n.m.)	Kesar	saffron, is produced in kashmir, china and spain.	serthlum rawng engsen kashmir china leh spain chin (pangpar chikhat)	सेरत्लुम रोङ एङ्सेन काशमीर, चइना लेह् स्पेन चीन (पङपार चिख़त)
कैंची सं.स्त्री (n.f.)	Kā̃ichī	scisors	bakcheh	बकचेह्
क़ै सं.स्त्री (n.f.)	qāi	vomiting	luak chhuak, luak.	लुआक् छुआक्, लुआक्
क़ैद सं.स्त्री (n.f.)	qāid	inprisonment	hreng, tang	ह्रेङ, ताङ
क़ैदख़ाना सं.पु. (n.m.)	qāid-khānā	prison, jail	tan in, lunging	तानइन, लुङइन
क़ैदी सं.पु. (n.m.)	qāidī	prisoner	lung in tang	लुङइन ताङ
कैलेंडर सं.पु. (n.m.)	Kāilendar	calender	hun leh ni	हुन लेह नी

			chhiarna	छियारना
कैसे क्रि.वि. (adv.)	Kāise	how	engtiangin, aziaran	एङतियाङइन, अजियाराङ
को (p.p)	Ko	to, in, on, at (time)	ah, (lamah, chungah, chutah)	अह्, (लमअह्, छुङअह्, चुताह)
कोई सर्व. (pron.)	Koī	any, anybody somebody.	engpawh, tupawh, tuemaw	एङ पोह्, तू पोह् तू एमो
कोटि[1] सं.स्त्री (n.f.)	Koṭi	grade, rank	ṭhat lam leh san dan tehna, tlar, dinhmun hmun san lam	ठत् लम लेह् सान दान तेह्ना, त्लर, दिनम्हुन् म्हुन् सान लम
कोटि[2] सं.स्त्री (n.f.)	Koṭi	a ten million	makta duai sawm, tam tak	मक्ता दुआइ सोम, तम तक
कोठड़ी/कोठरी सं.स्त्री (n.f.)	Koṭh.ṛī/ koṭh.rī	Cell, closet (dark, empty narrow)	pindan fianriallehte, mimal pual pindan te tak te, pindan te pen	पिनदन, फियानरियाल लेह् ते, मिमल् पुआल पिनदन ते तक ते, पिनदन ते पेन
कोठा[1] सं.पु. (n.m.)	Koṭhā	Upper apart-ment\storey	inchhawng	इनछोङ
कोठा[2] सं.पु. (n.m.)	Koṭhā	brothel	nawhchi zawrhna in, inzawrhna in	नोह्ची जोरह्ना इन, इनजोरह्ना इन
कोठी सं.स्त्री (n.f.)	Koṭhī	bungalow, mansion	bangla, in lian nuam tak.	बङला, इन लियान् नुआम तक
कोड़ा सं.पु. (n.m.)	Koṛā	whip, lash	talhfiak, hruihrual	तल्ह्फीयक्, हुइह्रुआल
कोड़ी सं.स्त्री (n.f.)	Koṛī	score (aggre-gate of twenty)	sawmhnih bi	सोम्ह्नीह् बी
कोढ़ सं.पु. (n.m.)	Koṛh	leprosy, evil	phar natna, sualna, sual	फार नत्ना, सुआल्ना सुआल
कोढ़ी सं.पु. (n.m.)	Koṛhī	leper, an in-dolent person (abusive)	phar, thatchhia	फार, थ्त्छिया

कोतवाल सं.पु. (n.m.)	Kotvāl	city police	khawpui police	खोपुइ पुलिस
कोतवाली सं.स्त्री (n.f.)	Kotvālī	city police station	chawlhhmun.	चोल्ह्म्हुन्
कोना सं.पु. (n.m.)	Konā	corner	kil, kilkhawr	किल, किलखोर
कोफ़ता सं.पु. (n.m.)	Koftā	ball of minced and cooked meat or vegetable	sa emaw thlai chhumhmin hlawm	सा एमो त्लाइ छुमूम्हीन् ह्लोम
कोमल वि. (adj.)	Komal	delicate, tender	nêm, no, hnip	नेम नोउ, ह्नीप
कोमलता सं.स्त्री (n.f.)	Komal.tā	tenderness, softness	nêm, nelthiap	नेम, नेलथियाप
कोयल सं.स्त्री (n.f.)	Koyal	cuckoo, is black	sava chi khat (hram mawi tak)	सवा ची ख़त (ह्राम मोइ तक)
कोयला सं.पु. (n.m.)	Koy.lā	coal	meihlawl, lungalhthei	मेइह्ओल, लुङअल्ह्थेइ
कोर सं.स्त्री (n.f.)	Kor	edge	hmawr, sir, kotlang	म्होर, सीर कोउत्लाङ
कोर-कसर सं.स्त्री (n.f.)	Kor-kasar	deficiency	Kim lohna	किम लोउह्ना
कोरा वि. (adj.)	Korā	unused, blank	ziak loh, ruak	जियाक् लोउह्, रुआक्
कोलाहल सं.पु. (n.m.)	Kolāhal	noise, uproar	ribengchheng, buai	रिबेङछेङ, बुआइ
कोल्हू सं.पु. (n.m.)	Kolhū	crusher	tihsawmna, raw sawmna	तिह्सोमूना, रोत सोमूना
कोश सं.पु. (n.m.)	Kosh	dictionary	A-Aw-B indawta thumal awmze hrilhfiahna bu	अ-ओ-बी इनदोत्ता थुमल् ऑमूजे ह्लिनह्फियूना बू
कोषाध्यक्ष सं.पु. (n.m.)	kosādh-yaksa	treasurer	pawisa vawngtu	पोइसा वोङतू
कोष्ठक सं.पु. (n.m.)	Kosthak	bracket	number kual-khungna	नम्बर कुआल-खुङ्ना
कोसना क्रि.सं. (v.t.)	Kosnā	to curse	anchhe lawh	आनछे लोह्
कौंधना क्रि.अ. (v.i.)	Kā̃udh.nā	to flash	engzawr, phet	एङजोर, फेत्
कौड़ी सं.स्त्री (n.f.)	Kāuṛī	shell, cowrie	kawr, heng	कोर, हेङ
कौन सर्व. (pron.)	Kāun	pron who	chu mi chu, tu pawh	चू मी चू, तू पोह्

क़ौम सं.स्त्री (n.f.)	Quām	nation English, ind-dian commu-nity, race, caste.	hnam pum khat, chi mite, hnam, chi	ह्नम् पुम् खत्, ची मीते, ह्नम, ची
कौर सं.पु. (n.m.)	Kaūr	morsel	bar khat, hmawm Khat.	बार ख़त, म्होम् ख़त
क़ौल सं.पु. (n.m.)	qual	promise	tiamna, thutiam	तियाम्ना, थुतियाम्
कौशल सं.पु. (n.m.)	Kaushal	skill	thiamna, nâlna	थियाम्ना, नाल्ना
क्या सर्व (pron.)	Kyā	what	engnge	एङङे
क्यों क्रि.वि. (adv.)	Kyõ	interr sent-ence why ?	engatinge vangin	एङतिङे वाङइन्
क्योंकि क्रि. वि. (adv.)	Kyõki	because, since	avangin, atangin	अवाङइन, अटाङइन
क्रम सं.पु. (n.m.)	Kram	Order	indawt dan, mumal, kawng zawngnei	इनदोत् दान, मूमल कोङ जोङनेइ
क्रमसंख्या सं.स्त्री (n.f.)	Kram.saṅ-khyā	serial number	number indawt.	नम्बर इनदोत्
क्रमशः क्रि.वि. (adv.)	Kramshah	gradually,	a indawt (in), zawi	अ इनदोत् (इन), जोइ
		respectively	zawi (in), a sakal (in)	जोइ (इन), अ सकल (इन)
क्रमानुसार क्रि.वि. (adv.)	Kramānusār	serially	indawt, inzui, intlar	इनदोत्, इनजुइ, इनूत्लर
क्रांति सं.स्त्री (n.f.)	Krāṅtī	revolution	buaina nena sawrkar thlak thutna, vir dan	बुआइना नेना सोरकार त्लाक् थुत्ना, विर दान
क्रांतिकारी सं.स्त्री (n.f.)	Krāntikārī	revolutionary	rorelna thlak duh mi	रोउरेल्ना त्लाक् दुह मी
क्रिकेट सं.पु. (n.m.)	Kriket̤	cricket (game)	ball vuaka inkhelna chi khat.	बोल बुआका इनूखेल्हना ची खत
क्रिया सं.स्त्री (n.f.)	Kriyā	action, verb	thiltih, hnathawh, thil tih sawina	थिलतिह्, न्हाथोह, थिल तिह् सोइना
क्रियाशील वि. (adj.)	Kiryāshīl	active	phusa, taima	फुसा, तइमा

क्रुद्ध वि. (adj.)	Kruddha	angry	thinur	थिनूउर
क्विंटल सं.पु. (n.m.)	Kvinṭal	quintal	quintal	कुइनूतल

ख

खंगालना क्रि. (v.)	Khãgāl.nā	to rinse	dim tea su, tuia tleuh.	दीम ते अ सु, तुइआ त्लेउह्
खंजर सं.पु. (n.m.)	Khanjar	dagger	chemte luzum.	चेमते लुजुम्
खंड सं.पु. (n.m.)	Khanḍ	Part	them, ṭhen, chhumbung.	थेम, ठेन, छुमबुङ
खंडन सं.पु. (n.m.)	Khanḍan	contradiction refutation	a Kalh zawngin, hnar, hnawl.	अ कल्ह् जोङइन न्हार, न्होल्
खंडहर सं.पु. (n.m.)	Khanḍhar	ruins, remains.	thil sawprawp, inrawp, chambang	थिल सोपरोप, इनरोप, चामबाङ
खंदक सं.पु. (n.m.)	Khandak	ditch, trench.	Khuar, Khuarkhurum, tuihawk luankawr.	खुआर, खुआरखुरुम्, तुइहोक लुआनकोर
खंभा सं.पु. (n.m.)	Khambhā	Pillar, Pole	ban a Khaipa	बन, अ खाइपा
खखारना क्रि. (v)	Khakhār.nā	to cought out	Khu •	खुह्
खगोल सं.पु. (n.m.)	Khagol	astronomy	Van sang thil (ni leh thla leh arsi) Zirna Science	वान साङ थिल (नी लेह त्ला लेह अरसी) जिरना साइंस
खच्चर सं.पु. (n.m.)	Khachchar	mule	sabengtung	सबेङतुङ
खजाना सं.पु. (n.m.)	Khajānā	treasure, treasury	ro, tangka.	रोउ तङ्का
खजूर सं.स्त्री (n.f.)	Khajūr	date (palm) date sweet, unripe.	tûm rah thlum chi	तूम राह् थ्लुम ची
खटखट सं.स्त्री (n.f.)	Khaṭ.khaṭ	rapping	inhau.	इनूहाउ
खटखटाना क्रि.स. (v.t.)	Khaṭ.-Khaṭānā	Knock, rap	Kik, Kuk	किक्, कुक
खटपट सं.स्त्री (n.f.)	Khaṭ.paṭ	bickering, wrangling	thil tenauva hnial	थिल तेनाउवा ह्नीयल
खटमल सं.पु. (n.m.)	Khaṭ.mal	bug.	Khumfa	खुमफा
खटाई सं.स्त्री (n.f.)	Khaṭāī	sourness	thûr	थूर
खट्टा वि. (adj.)	Khaṭṭā	a sour lime	thûr	थूर

		juice.		
खड़ा वि. (adj.)	Kharā	Standing, to stand, to raise.	ding, chawl.	दिङ चोल्
खड़ा वि. (adj.)	Kharā	a vertical.	dingngil.	दिङ ङील्
खड़ाऊँ सं.स्त्री (n.f.)	Kharāū̃	Wooden Sandals.	thing pheikhawk Vawthlep.	थिङ फेइखोक् वोथ्लेप्
खड़िया सं.स्त्री (n.f.)	Khariyā	Chalk	Chawk, Ziakna lungno	चोक् जियक्ना लुङनोउ
खड्ड सं.पु. (n.m.)	Khadda	depression, Khud.	tlak hniamna, Phai	त्लाक् ह्नीयमना फाइ
ख़त सं.पु. (n.m.)	Khat	letter, hand writing	lehkhathawn, Kutziak	लेह्खथोन्, कुत्जियाक्
ख़तरा सं.पु. (n.m.)	Khatra	danger, risk.	hlauhawm	ह्लाउऑम
ख़त्म वि. (adj.)	Khatm	finished	Zo, titawp, Peih tawh lo	जो, तितोप्, पेइह् तोह् लो
खनकना क्रि.अ. (v.i.)	Khanaknā	to clink	thir or dar thla lang inkhak ri Khauh, richheng chheng	थीर दार त्लालङ इनखक री खउह्, रीछेङ छेङ
खनिज वि. (adj.)	Khanij	mineral	thil laih chhuah, leilung.	थिल लइह् छुआह् लेइलुङ
ख़पत सं.स्त्री (n.f.)	Khapat	consumption	hman ralna, hman ral	म्हान् रलना, म्हान् रल
खपाना क्रि.अ. (v.i.)	Khapānā	to consume, to use up	tiral, hmangral, eiral.	तिरल, म्हङरल, एइरल्
ख़बर सं.स्त्री (n.f.)	Khabar	news information	chanchin (thar), hriattirna.	चनचिन (थर), ह्रियात्तीरना
ख़बरदार वि. (adj.)	Khabar.dār	alert, cautions.	inring, inralring, fimkhur.	इन्रिङ, इनरालरिङ, फीमखुर
ख़मीर सं.पु. (n.m.)	Khamir	Yeast.	dawidim	दोइदिम
ख़याल सं.पु. (n.m.)	Khayāl	thought, idea	ngaihtuahna rilrua suangtuah.	ङइह्तुअह्ना रिलरुअ सुआङतुअह्
ख़रगोश सं.पु. (n.m.)	Khar.gosh	rabbit,	sazupui	सजुपुइ
ख़रबूजा सं.पु. (n.m.)	Khar.būjā	musk melon	hmazil	म्हाजिल्

खरा वि. (adj.)	Kharā	Pure gold.	rangkachakfir	रङकचकफ़ीर
ख़राब वि. (adj.)	Kharāb	evil, spoiled	sual ṭhalo, thil sual	सुआल ठलो, थिल सुआल
ख़रीद सं.स्त्री (n.f.)	Kharīd	Purchase.	lei	लेइ
ख़रोंच सं.स्त्री (n.f.)	Kharõch	Scrath deep light.	khem, pem	खेम, पेम्
खर्च सं.पु. (n.m.)	Kharch	expenditure, expenses, cost.	senso, Pawisa hmanral zat.	सेनसोउ, पोइसा म्हनरल् जात्
खर्चीला वि. (adj.)	Kharchīlā	prodigal, expensive, costly	neih renlo, tlaran.	नेइह् रेन लो, त्लारन्
खर्राटा सं.पु. (n.m.)	Kharrātā	Snore, Snoring sound.	muhila (hnar)	मुहीला (न्हार)
खलिहान सं.पु. (n.m.)	Khalihān	Place for thresing corn.	buhilo, chilna hmun.	बुअह्इ लो चीलूना म्हुन्
खस सं.स्त्री (n.f.)	Khas	grass, syrup of khas.	hnim, phaitual hnim hlobet.	ह्निम् फाइतुआल् ह्निम हलोउबेत्
ख़सोटना क्रि.स. (v.t.)	khasoṭ.nā	to snatch, to pluck, to pull	ban thuta la, chhuhthut, lo, hnuk.	बन थूत्ता ला, छुअह् थूत्, लो, न्हूक्
ख़स्ता वि. (adj.)	Khasta	crisp	roram, ruh	रोउरम, रुअह्
खाँसी सं.स्त्री (n.f.)	Khā̃sī	cough	khuh.	खुह्
खाई सं.स्त्री (n.f.)	Khāī	moat, ditch deep narrow.	kulh hual veltu Khuarkhurum, Kulh hualtu dil.	कुल्ह हुआल् वेलतू खुआरखुरुम, कुल्ह हुआलतू दील्
ख़ाक सं.स्त्री (n.f.)	Khāk	dust.	Vaivut, Vaivut paw, thildip.	वइवुत्, वइवुत् पो थिलदिप्
खाट सं.स्त्री (n.f.)	Khāt	bedstead	Khum	खुम
खाता सं.पु. (n.m.)	Khātā	account	bat chin chhutna, thil chanchin sawina emaw ziahna emaw.	बत चिन छूतना, थिल चनचिन् सोइना एमो जियाह् एमो
ख़ातिर सं.पु. (n.m.)	Khātir	entertainment	mikhual lawmna, mikhual thlenna,	मिखुआल लोमना, मिखुआल त्लेनूना

			intihhlimna.	इनतिह्लीमना
खातिरदारी सं.स्त्री (n.f.)	Khātir̄.dārī	hospitality	mikhual laka ṭhatna	मिखुआल लका ठत्ना
खाद सं.स्त्री (n.f.)	Khād	manure, fertilizer	lei ṭha, leidur, leitihhanna	लेइ ठा, लेइदूर, लेइतिह्हान्ना
खान सं.पु. (n.m.)	Khān	mine, quarry	thil laihchhuah, nakhur.	थिल लइह्छुआह्ना खुर
खानदान सं.पु. (n.m.)	Khān.dān	family, dynasty.	chhungkua, thlah Khat. chikhat.	छूङकुआ, त्लहखत्, चिखत्
खान-पान सं.पु. (n.m.)	Khān.pān	eating and drinking.	ei leh in	एइ लेह इन
खाना क्रि.स. (v.t.)	Khānā	to dine, to eat meal.	chawei, ei	चोएइ, एइ
ख़ाना सं.पु. (n.m.)	Khānā	case, shelf	in, chung chang chungthu, chhuar, chhawrdawh.	इन चुङचाङ चुङ्थू, छुआर, छोरदोह्
ख़ामोश वि. (adj.)	Khāmosh	silent	ngawi, reh	ङोइ रेह्
ख़ामोशी सं.स्त्री (n.f.)	Khāmoshī	silence	ngawihna, reh.	ङोइह्ना, रेह
खारा वि. (adj.)	Khārā	salty, saline saltish.	chial, chipai, al	चीअल, चीपाइ, अल
खाल सं.स्त्री (n.f.)	Khāl	Skin dark, fair, dry.	vun, pil, hawng	वुन, पिल, ह्रोङ
ख़ाली वि. (adj.)	Khālī	empty, vacant, free, not busy.	ruak, thu-fun lo awl, zalen.	रुआक्, थु-फुन लो, ऑल, जलेन
ख़ास वि. (adj.)	Khās	a special, particular.	bik, bil, hmerh bik	बीक, बिल, म्हेरह् बीक
खिंचना क्रि.अ. (v.i.)	Khīch.nā	to be tightened	timar, ti tawt sauh,	तिमर, ती तोत् सउह्,
		to be removed	dah, sawn.	दाह सोन
खिचड़ी सं.स्त्री (n.f.)	Khich.ṛī	mixed	chawhpawlh.	चोहपोल्ह
ख़िजाब सं.पु. (n.m.)	Khizāb	hair-dye	sam dum.	सम दुम
खिड़की सं.स्त्री (n.f.)	Khiṛkī	window	tukverh.	तुकवेरह
ख़िदमत सं.स्त्री (n.f.)	Khidmat	Service	rawngbawlna ṭangkaina	रोङबोलना, टंङ्काइना
खिलखिलाना क्रि.अ. (v.i.)	Khil.khi-lānā	to laugh loudly	ring tak taka nui	रिङतक तका नुइ

खिलना क्रि.स. (v.t.)	Khil.nā	to bloom, to be dilighted	par, vul, lawm.	पार, वुल, लोम
खिलवाड़ सं.पु. (n.m.)	Khil.vāṛ	fun	fiamthu, nuihza	फियमथू, नुइह्जा
खिलाड़ी सं.पु. (n.m.)	Khilāṛī	Player	infiamnaatel, infiam mi	इनफियमना अ तेल्, इनफियम मी
खिलाना क्रि.स. (v.t.)	Khilānā	caus, to feed	chawpe, hrai	चोपे ह्राइ
ख़िलाफ वि. (adj.)	<u>Kh</u>ilāf	Opposed	Kalh, dal, dodal.	कल्ह, दाल, दोउदाल
खिलौना सं.पु. (n.m.)	Khilāunā	toy	naupang lawm, naupang thil Khalh	नउपङ लोम्, नउपङ थिल खल्ह्
खिसकना क्रि.अ. (v.i.)	Khisak.nā	to slip away	tawlh bo	तोल्ह् बोउ
खिसियाना क्रि.अ. (v.i.)	Khisiyanā	to feel embar-rassed	a ngaihna hre lo	अ ङाइह्ना ह्रे लो
खींच-तान सं.स्त्री (n.f.)	Khīch.tān	tussle, tugging.	inchaina.	इनृचइना
खींचना क्रि.स. (v.t.)	Khīch.nā	to pull	Pawt, hip hnuk	पोत, हीप, न्हूक
खींचातानी सं.स्त्री (n.f.)	Khīchā.tānī	tussle, tugging.	inchaina inpawhna	इनचइना, इनपोह्ना
खीझना क्रि.अ. (v.i.)	Khījh.nā	to be annoyed	tithinur	तिथिनृउर
खीरा सं.पु. (n.m.)	khīrā	Cucumber.	fanghma	फङम्हा
खीस सं.स्त्री (n.f.)	Khīs	grinning.	ṭhen chunga sawi ṭhenṭhe.	ठेन चुङ सोइ ठेनृठे
खुजलाना क्रि.स. (v.t.)	Khuj.lānā	to Scratch. to itch.	hiat, Ziat, ham	हीयत्, जीयत् हम्
खुजली सं.स्त्री (n.f.)	Khuj.lī	itch, scabies.	thak, uithak	थक, उइथक्
खुद सर्व (pron.)	<u>Kh</u>ūd	self	mahni	म्हाह्नि
खुदगरज़ी सं.स्त्री (n.f.)	<u>Kh</u>ūd. gurazī	Selfishness	mahni hmasialna	म्हाह्नि म्हासियलना
खुदरा सं.पु. (n.m.)	Khu.drā	retail, small coins	tlem thlema hralh.	त्लेम त्लेमा ह्रल्ह
खुदवाना क्रि.स. (v.t.)	Khud.vānā	to get dug out	khawsak nana khuarkhurum laih chawp trench khur.	खोसक नाना खुआर खुरुम लइह् चोप् ट्रेन्च खुर
खुदा सं.पु. (n.m.)	<u>Kh</u>udā	God	Pathian	पथियन्
खुफिया वि. (adj.)	<u>Kh</u>ufiyā	Secret (work)	rûk, biru, mi enthlatu	रुक, बिरु, मी एनत्लातू
		detective	police pawla mi	पुलिस पोला मी

खुर सं.पु. (n.m.)	Khur	hoof	ran leh ramsa tin Kawm tin.	रन लेह् रमसा तिन कोम, तिन
खुरदरा वि. (adj.)	Khur.darā	rough	thap, tiṭoh, bum-boh	थप, टिटोह, बुम-बोह्
खुरपा सं.पु. (n.f.)	Khur.pā	Scraping instrument	tuthlawh.	तुत्लोह्
खुराक सं.पु. (n.m.)	Khurāk	diet	eitur inchawh lawkna, chaw	एइ तूर इन्चोह लोक्ना चो
खुराफात सं.स्त्री (n.f.)	Khurāfāt	mischeif, smut	suahsualna chimawmna	सुआह् सुआलना चिमऑमना
खुलना क्रि.अ. (v.i.)	Khul.nā	to open	tihawng	तिन्होङ
खुला वि. (adj.)	Khulā	open, large, loose, wide	inhawng, thu zep lo.	इनहोङ, थू जेप लो
खुल्लम-खुल्ला क्रि.अ. (adv.)	Khullam-Khullā	Publicly	tlanghriat, tlangthan.	त्लाङह्रियात् त्लाङथन
खुश वि. (adj.)	Khush	happy, pleased	hlim, lawm.	ह्लीम्, लोम
खुशक़िस्मत वि. (adj.)	Khush. qismat	lucky, fortunate.	vannei.	वान्नेइ
खुशख़बरी सं.स्त्री (n.f.)	Khush. khabrī	good news.	chanchinṭha, chanchin lawmawm	चनचिनठा, चनचिन् लोमऑम
खुशदिल वि. (adj.)	Khush.dil	Cheerful boy, girl.	hlimawm lawmawm	ह्लीमऑम, लोमऑम
खुशबू सं.स्त्री (n.f.)	Khush.bū	good smell, fragrance.	rimtui	रिमतुइ
खुशबूदार वि. (adj.)	Khush. būdār	fragrant.	rimtui	रिमतुइ
खुशामद सं.स्त्री (n.f.)	Khush-āmad	flat-tery	infakderna.	इनफक्देरना
खुशी सं.स्त्री (n.f.)	khushī	Pleasure, delight	nawmna, hlimna	नोमना, ह्लीमना
खुश्क वि. (adj.)	Khushk	dry	ro, hul	रोउ, हुल
खूँटा सं.पु. (n.m.)	Khū̃ṭā	stake wooden, iron.	pal ban, ngul zum	पल बन, ङुल जुम
खूँटी सं.स्त्री (n.f.)	Khū̃ṭī	peg, hook	hmawlh Khen	म्होलूह् खेन

			bûr, thil kawm.	बूर थिल कोम्
.ख़ून सं.पु. (n.m.)	Khūn	blood	thi, thisen	थी, थिसेन्
ख़ूबसूरत वि. (adj.)	Khūb.sūrat	beautiful, hand- some, pretty	hmelṭha, nalh mawi tawk zahawm.	म्हेलूठा, नलूह् मोइ तोक, जह्ऑम
खेत सं.पु. (n.m.)	Khet	field, crop, battle field	leilet zawl, buhleh thlai Kung, indona hmun.	लेइलेत् जोल, बुह लेह त्लाइ कूङ, इनदोउना म्हुन .
खेती सं.स्त्री (n.f.)	Khetī	farwing, farm.	thlawhma leilet	त्लोह्म्हा, लेइलेत
खेद सं.पु. (n.m.)	khed	regret.	in chhir, pawiti	इनछीर, पोइती
खेल सं.पु. (n.m.)	Khel	Play, game	infiamna, intihhl- iamna, intiamna	इनफियूमना इनतिह्- ह्लीयना इन्तियमना
खेल-कूद सं.पु. (n.m.)	Khel-kūd	sports, athletics	infiamna intihsiakna	इन्फियम्ना इनतिह्सियाक्ना
ख़ैर सं.पु. (n.m.)	Khāir	Welfare, inter	hamṭhatna, hmakhua, kar, inkar	हम्ठत्ना म्हाखुआ, कार, इनकार
ख़ैरियत सं.स्त्री (n.f.)	Khāiriyat	Welfare	hmakhua, hamṭhatna	म्हाखुआ हम्ठत्ना
खोखला वि. (adj.)	Khokh.lā	hollow	Kua, pawp kawrawng	कुआ, पोप् कोरोङ
खोज सं.स्त्री (n.f.)	Khoj	Search, resea- rch, discovery	Zawng, chhui, chik taka chhuina, thil hmuh chhuahna	जोङ, छुइ, चीक तका छुइना, थिल म्हुह् छुआह्ना
खोट सं.स्त्री (n.f.)	Khot	alloy, flaw, reserve	thirleh darchi hrang hrang chawhpawlh diklohna, khek khal	थ्लीर लेह् दार ची ह्रङ ह्रङ चोह्पोल्ह्, दिकलोउना, खेक, खल्
खोटा वि. (adj.)	Khoṭā	False (weight measure)	dik lo, dânang lo, dawt.	दिक लो, दानअङ लो, दोत्

खोदना क्रि.स. (v.t.)	Khod.nā	to dig	cho, lai, hreuh.	चोउ, लाइ ह्रेउह्
खोना क्रि. स. (v.t.)	Khonā	to lose	hloh, chan, tibo	ह्लोह्, चान, तिबोउ
खोपड़ी सं.स्त्री (n.f.)	Khop.ṛī	Skull, craniuni head, brains	lu ruh, lu	लू रुह, लू
खोया सं.पु. (n.m.)	Khoyā	condensed thickened.	bawnghnute Khal	बोङ्ह्नुते खल
खोलना क्रि.स. (v.t.)	Khol.nā	to open	hawng, tipawp	होङ, तितोप
खौलना क्रि.अ. (v.i.)	Khāul.nā	boil	so, chhuang so	सोउ, छुआङ सोउ
ख्याति सं.स्त्री (n.f.)	Khȳati	reputation	ṭhan dan, hming ṭhatna	ठन दान, म्हीङ ठत्ना
ख्वाब सं.पु. (n.m.)	Khvāb	dream	mumang, suang-tuahna	मुमङ, सुआङ-तुअह्ना
ख़्वाहमख़्वाह सं.पु. (n.m.)	khvāh makhvāh	unnecessarily	ṭul lo, mamawh lo, pawimawh lo	टूल लो, ममोह् लो, पोइमोह् लो
ख़्वाहिश सं.स्त्री (n.f.)	Khvahish	wish, acute desire	duhna, chakna, thil chakna nasa	दुह्ना, चकना, थिल चकना, नसा

ग

गंगा सं.स्त्री (n.f.)	gaṅgā	Ganga, the river Ganges.	Ganges	गेनूजिस
गंजा सं.पु. (n.m.)	gaṅjā	bald man, heae.	lukawlh, hmui nei lo	लुकोल्ह्, म्हुइ नेइ लो
गँठजोड़ सं.पु. (n.m.)	gā̃ṭhojoṛ	alliance	ṭanrualna, inzawm-khawmna	टनरुआलना, इनजोम-खोमना
गठबंधन सं.पु. (n.m.)	gath.ban-dhan	wedding,	inneihna, inlaichinna	इननेइह्ना, इनलइचीनूना
		intimate rela-tionship, secret alliance	thuk	थूक
गंदगी सं.स्त्री (n.f.)	gand.gī	filth	bawlhhlawh	बोल्ह्लोह्
गंदा वि. (adj.)	gandā	dirty, filthy	tuitang lo, bawlhhlawh	तुइतङ लो, बोल्ह्लोह्
गंध सं.स्त्री (n.f.)	gandh	smell, odour	rim	रिम
गंधक सं.स्त्री (n.f.)	gandhak	sulphur	Kat	कात

गंभीर वि. (adj.)	gambhīr	grave, serious deep	thuk, ril, muk	थूक, रिल, मूक
गँवार वि. (adj.)	gãvār	rustic	mawl, thingtlang	मोल, थिङत्लाङ
गऊ सं.स्त्री (n.f.)	gaū	cow	bawngpui, bawngnu	बोङपुइ, बोङनू
गगरा सं.पु. (n.m.)	gag.rā	Pitcher	no tung	नोउ तुङ
गज सं.पु. (n.m.)	gaj	yard, yard-stick	hung chung, tehfung.	हुङ छुङ तेह्फुङ
गज सं.पु. (n.m.)	gaj	Elephant	sai	साइ
गज़ब सं.पु. (n.m.)	Gazab	calamity onbrage	vanduaina, chhiatbuaihna	वानदुआइना, छियात्बुआइह्ना
गजरा सं.पु. (n.m.)	gajrā	garland	pangpar ṭhi	पङपार ठी
ग़ज़ल सं.स्त्री (n.f.)	Gazal	ode, amatory	hming hmerh neia	म्हीङ म्हेरह् नेइआ
		poem.	hla phuah	ह्ला फुआह्
गठरी सं.स्त्री (n.f.)	gaṭh.rī	bundle, package	tel, tumtel, fun	तेल, तुमतेल, फून
गठिया सं.स्त्री (n.f.)	gaṭhiyā	gout, rheumatism	ruhtuah natna	रुह्तुआह् नत्ना
गड़गड़ाना क्रि.अ. (v.i.)	gaṛ.gaṛānā	to rumble, to thunder.	ri dur dur	री दुर दुर
गड़गड़ाहट सं.स्त्री (n.f.)	gaṛ.gaṛāhaṭ	rumbling, thundering sound.	Khawpui ri, ri dur	खोपुइ री, री दुर
गड़ना क्रि.अ. (v.i.)	gaṛ.nā	to pierce	chhun tlang, vit thinlung Khawih	छुन त्लाङ, वित थिनलुङ खोइह्
गड़बड़ वि. (adj.)	gaṛ.baṛ	muddle, confusion, disorder.	tibuai, ti chiai, a ngaihna hre lovasiam	तिबुआइ, ति चीआइ, अ ङइह्ना हे लोवासियम
गडरिया सं.पु. (n.m.)	gaḍariyā	Shephered	beram pu.	बेराम पू
गड्ढा सं.पु. (n.m.)	gaḍḍhā	pit deep, small, wide	khuarkhurum	खुआरखुरुम
गढ़ सं.पु. (n.m.)	gaṛh	fort	kulh	कुल्ह
गणतंत्र सं.पु.(n.m.)	gaṇ.tantra	republic, people's government	mipui thlan te rorelna ram	मीपुइ त्लन् ते रोउरेन्ना रम
गणित सं.पु. (n.m.)	gaṇit	arithmetic	chhiar kawp	छियार क्रोप

गत वि. (adj.)	gat	last	hnuhnung, tawp ber.	न्हुन्हुङ, तोप बेर
गतिरोध वि. (adj.)	gati.rodh	deadlock, impasse	khirhkhan, inkalh tlatna, mutan	खिरह्खान, इनकल्ह् त्लात्ना, मुतान
गतिशील वि. (adj.)	gati.shīl	mobile, dynamic	chethei, tihchet theih, chak	चेथेइ, तिह्चेत थेइह् चक
गतिहीन वि. (adj.)	gati.hīn	inert. inactive	chethei lo, awm hlehle.	चेथेइ लो ऑम ह्ले ह्ले
गद्दा सं.पु. (n.m.)	gaddā	cushion, mattress	thil phah chhah dup, ṭhu chhan	थिल फाह् छअह् दूप, ठुत छन
ग़द्दार सं.पु. (n.m.)	Gaddār	traitorous person	mahni ram phatsantu, mi phatsantu	म्हाह्नी रम फतसनतू, मी फतसनतू
गद्दी सं. स्त्री (n.f.)	gaddī	cushion, pad, seat	thil phah chhah dup chhung ṭhutna	थिल फाह छअह् दूप, छूङ,, ठुत्ना
गधा सं.पु. (n.m.)	gadhā	ass, donkey	sabengtung, mi chhawih	सबेङ्तुङ, मी छोइह्
गन्ना सं.पु. (n.f.)	gannā	sugar cane	fu	फू
गप्प सं.स्त्री (n.f.)	gapp	gossip	titi	तीती
गपशप सं.स्त्री (n.m.)	gap.shap	tittle, tattle	chit-chat. ti ti holam	चित्-चत्, ती ती, होउलम्
ग़बन सं.पु. (n.m.)	Gaban	embezzlement	pawisa eiru.	पोइसा एइरु
ग़म सं.पु. (n.m.)	Gam	sorrow, grief	lungngaihna lungngaih--manganna	लुङ्ङाइह्ना लुङ्ङाइह्-मङअनूना
गमला सं.पु. (n.m.)	gam.lā	flower pot	Pangpar leh thlai ilo chinna bel	पङ्पार लेह त्लाइ इलो चीनूना बेल
गरज सं.स्त्री (n.f.)	garaj	thunder	khawpuiri	खोपुइ री
गरदन सं.स्त्री (n.f.)	gar.dan	neck	nghawng, ring	ह्ङोङ, रिङ
गरम वि. (adj.)	garam	hot	sa	सा
गरारा[1] सं.पु. (n.m.)	garārā	gargle	a ṭhuahna tui lem lova hrawk ṭhuah.	अ ठुअह्नातुइ लेम लोवा ह्रोक ठुअह्
गरारा[2] सं.पु. (n.m.)	garārā	loose phjama worn by ladies	Kekawrtlawn thawl puk	केकोरत्लोन थोल पुक्
गरी सं.स्त्री (n.f.)	garī	copra, Kernel	coconut chhunga	कोकोनट छूङा

		of a coconut	a var ei mi	अ वार एइ मी
ग़रीब वि. (adj.)	Garib	Poor man, family peasant, girl.	rethei tlachham, khawngaihthlak	रेथेइ त्लाछम खोङइह्थ्लाक्
ग़रीबी सं.स्त्री (n.f.)	Garibi	Poverty, penury.	retheihna, tlak chhamna	रेथेइह्ना, त्लाक् छमना
गर्द सं.स्त्री (n.f.)	gard	dust	vaivut, thildip	वइवुत् थिलदिप
गर्भ सं.पु. (n.m.)	garbh	womb, preg-nancy.	chhûl, naupai	छूल नावपाइ
गर्भवती वि. (adj.)	garbhvati	Pregnant Women)	rai, naupai	राइ, नाउपाइ
गर्मियाँ सं.स्त्री (n.f.)	garmiyā̃	summer	nipui	निपुइ
गर्व सं.पु. (n.m.)	garv	Pride, conciet	chapona mahni thu duh	चपोउना, म्हानी थु दुह
ग़लत वि. (adj.)	Galat	wrong	dik lo, ṭhalo, sual	दिक लो, ठ लो, सुआल
ग़लतफहमी सं.स्त्री (n.f.)	Galat. fah.mi	misunder-standing	sual hre, hre ṭhelh	सुआल ह्रे, ह्रे ठेल्ह्
ग़लती सं.स्त्री (n.f.)	Galati	mistake	tihsual, thil dik lo	तिह्सुआल, थिल दिक लो
गलना क्रि.अ. (v.i.)	gal.nā	to melt, to be dissolved, to decay.	tui, tui ral, tizawp, ṭawih	तुइ, तुइ रल, तिजोप, टोइह्
गली सं.स्त्री (n.f.)	gali	lane, street	kawng zim, kawtthler zim	कोङ जीम, कोतत्लेर जीम
गल्ला सं.पु. (n.m.)	gallā	grain	mu, thil te tak te, british buklung te ber	मु, थिल ते तक ते, ब्रिटीश बूकलुङ ते बेर
गला सं.पु. (n.m.)	galā	neck, throat voice	nghawng, hrawk, aw.	ह्ङोङ, ह्रोक, ओ
गवाह सं.पु. (n.m.)	gavāh	witness	thuhretu, hriatpuitu	थुह्रेतू, ह्रियात्पुइतू
गवाही सं.स्त्री (n.f.)	Gavāhi	evidence	chianna, thubuaia thuhretu thusawi	चियान्ना, थुबुआइअ थुह्रेतु थुसोइ
गश्त सं.पु. (n.m.)	gasht	Patrol	fang kual,	फङ कुआल,

			ral veng.	राल वेङ
गहरा वि. (adj.)	gah.rā	deep	thûk, ril	थूक, रिल
गाँठ सं.स्त्री (n.f.)	gā̃ṭh	tie, Knot.	insuih, inṭawn hlinna	इनुसुइह्, इनटोन ह्लीना
गाँव सं.पु. (n.m.)	gā̃v	village	thingtlang, Khua	थिङत्लाङ खुआ
गागर सं.स्त्री (n.f.)	gāgar	pitcher	notung , bel ringrêk te	नोउतुङ, बेल रिङरेक् ते
गाज सं.स्त्री (n.f.)	gāj	thunderbolt	ṭek	टेक
गाजर सं.स्त्री (n.f.)	gājar	carrot black red	anṭambulbal, carrot	अनटमबुलबाल, केरोट
गाड़ना सं.पु. (n.m.)	gāṛ.nā	buty	phum, thukru	फूम, थुकरु
गाड़ी सं.स्त्री (n.f.)	gāṛī	any conveyance specially one drawn by an animal or power such as train, car, cart, atc.	rel car, vantlang hman chi motor leh tawlai lir	रेल, कार, वानत्लाङ म्हान ची मोटोर लेह् तोलाइलीर
गाढ़ा वि. (adj.)	gāṛhā	thick, dense, deep. close, in timate	chhah, nghet inhnaih	छह्, ङ्हेत इनन्हाइत्
गाना क्रि.अ. (v.i.)	gānā	to sing	hlasak	ह्लासक्
गाय सं.स्त्री (n.f.)	gāy	cow	bawngpui, bawngnu.	बोङपुइ, बोङनू
ग़ायब वि. (adj.)	Gāyab	disappeared	bo, bibo	बोउ, बीबोउ
गारा सं.पु. (n.m.)	gārā	mortar	sum, laipui ngul tawi chi, bilat lei	सुम, लइपुइ ङुल तोइ ची, बिलात् लेइ
गाल सं.पु. (n.m.)	gāl	cheek	biang	बियाङ
गाली सं.स्त्री (n.f.)	gālī	abuse	ankhum	ऑनखुम
गाहक सं.पु. (n.m.)	gāhak	customer	dawrtu, leitu	दोरतू, लेइतू
गिड़गिड़ाना क्रि.अ. (v.i.)	giṛ.giṛānā	to entreat, to implore humble.	ngen, dil	ङेन, दील
गिद्ध सं.पु. (n.m.)	giddha	Vulture	mulukawlh	मुलुकोल्ह्
गिनती सं.स्त्री (n.f.)	gin.tī	counting	chhiar	छियार
गिरगिट सं.पु. (n.m.)	gir.giṭ	chameleon	lai king rilru thawk	लाइ कीङ रिलरु थोक्

			thut thut mi (awr sena awr dum)	थुत थुत मी (ऑर सेना ऑर दुम)
गिरजा सं.पु. (n.m.)	gir.jā	church, cathedral	biak in	बियाक् इन
गिरना क्रि.अ. (v.i.)	gir.nā	fall, drop	tla, tlu, far khat	त्ला, त्लु, फर खत
गिरफ्तार वि. (adj.)	giraftār	arrested captured	man	मन
गिरवी वि. (adj.)	gir.vī	Pawn, mortgage.	dahkham, tiamkam neia dahpe.	दह्खम, तियाम्कम नेइ अ दाह/पे
गिरोह सं.पु. (n.m.)	giroh	gang	misual rual chetla	मिसुआल रुआल चेत्ला
गिर्द क्रि.वि. (adv)	gird	around	velin	वेलइन
गिलटी सं.स्त्री (n.f.)	gil.ṭī	gland	Kawchhunga tuihnang, ṭangkai tak tak pai chi	खोछुङा तुइन्हाङ टङ्काइ तक तक पाइ ची
ग़िलाफ सं.पु. (n.m.)	Gilāf	Pillowcase, quilt cover	lukham Kawr, rizai kawr.	लुखम कोर, रिजाइ कोर
गिलास सं.पु. (n.m.)	gilās	glass, tumbler	darthlalang no no tung.	दारत्लालङ नोउ नोउ तुङ
गीत सं.पु. (n.m.)	gīt	song	hla	ह्ला
गीदड़ सं.पु. (n.m.)	gīdaṛ	Jackal	Sihal	सिहल
गीला वि. (adj.)	gīlā	wet	huh, hnawng	हुह्, न्होङ
गुंडा वि. (adj.)	guṇḍā	hoodlum	misual	मिसुआल
गुँथना क्रि.अ. (v.i.)	gũth.nā	to be intertwined	inkherh, chingchivet	इनखेरह् चिङचिवेत
गुंबज सं.पु. (n.m.)	gumbaj	dome	inchung mum	इनचुङ मुम
गुच्छा सं.पु. (n.m.)	guchchā	bunch	tel, hlawm	तेल ह्लोम
गुज़र सं.पु. (n.m.)	guzar	living	khawsak dan, ei zawn dan.	खोसक दान, एइ जोन दान
गुज़रना क्रि.अ. (v.i.)	guzar.nā	to pass	Kal pel, Kal thlang	कल पेल, कल त्लाङ
गुज़ारा सं.पु. (n.m.)	guzārā	maintenance subsistence	enkawlna, chawmna	एन्कोलना, चोमना
गुज़ारिश सं.स्त्री (n.f.)	guzārish	request	ngenna	ङेन्ना
गुट सं.पु. (n.m.)	guṭ	group	rual, pawl, huho	रुआल, पोल, हुहोउ

गुठली सं.स्त्री (n.f.)	guṭh.lī	stone	theite, Japan theite ilo mu.	थेइते, जपन थेइते इलो मू
गुड़िया सं.स्त्री (n.f.)	guṛiyā	doll	naute lem.	नउते लेम
गुड्डा सं.पु. (n.m.)	guḍḍā	doll	naute lem	नउते लेम
गुड्डी सं.पु. (n.m.)	guḍḍī	kite	lehkhachaih	लेह्खाचइह्
गुण सं.पु. (n.m.)	guṇ	merit, excel-lence	that lawrna	ठत्लोरना
गुणा सं.पु. (n.m.)	guṇā	multiplication	Puntirna	पुनतीरना
गुत्थी सं.स्त्री (n.f.)	gutthī	Knot	suih, bilhbawlawk.	सुइह, बिल्ह्बोलोक
गुदगुदाना क्रि.अ. (v.i.)	gud.gudānā	to tickle	tiza, tinui	तिजा, तिनुइ
गुदड़ी सं.स्त्री (n.f.)	gudarī	rag	Pawnchhia	पोनछिया
गुनगुना सं.पु. (n.m.)	gun.gunā	tepid	lum pep pup	लुम पेप पुप
गुनगुनाना क्रि.अ. (v.i.)	gun.gunānā	to hum	thum mam mam	थूम मम् मम्
गुनाह सं.पु. (n.m.)	gunāh	sin	sual, sualna	सुआल सुआलना
गुप्त वि. (adj.)	gupta	secret	ruk, thuruk	रुक, थुरुक
गुफा सं.स्त्री (n.f.)	gufā	cave	Pûk	पूक
गुब्बारा सं.पु. (n.m.)	gubbārā	balloon	balun	बलून
गुम वि. (adj.)	gum	missing	bo	बोउ
गुमनाम वि. (adj.)	gum.nām	anonymous	hming nei lo, hming vuah loh	ह्मीङ नेइ लो, ह्मीङ वुआह् लोह
गुरदा सं.पु. (n.m.)	gurda	Kidney	Kal	कल
गुरु सं.पु. (n.m.)	guru	teacher spiritual guide	Sakhaw zirtirtu	साखो जिरतीरतू
गुरुद्वारा सं.पु. (n.m.)	guru.dvārā	Sikh temple	Sikh biakin	सिक्ख बियकइन
गुरुवार सं.पु. (n.m.)	guruvār	thursday	nilai thawhṭan	निलाइ थोह्टन
गुर्राना वि. (adj.)	gurrānā	to growl	ngur, rum	ङुर, रुम
गुलदस्ता सं.पु. (n.m.)	guldastā	bouquet.	Pangpar tel Khawm	पङपार तेल खोम
गुलदान सं.पु. (n.m.)	guldān	flower, vase	Pangpar Khawina no	पङपार खोइना नोउ
गुलाब सं.पु. (n.m.)	gulāb	rose	rose pangpar	रोस पङपार
गुलाब-जल सं.पु. (n.m.)	gulāb-Jal	rose-water	rose pangpar tui	रोस पङपार तुइ
गुलाब जामुन सं.पु.	gulāb-	a variety of In-	India chhang	इण्डिया छङ

(n.m.)	jāmun	dian sweet meat	thlum mum	थ्लुम मुम
गुलाम सं.पु. (n.m.)	Gulām	Slave	bawih	बोइह्
गुलूबंद सं.पु. (n.m.)	gulūband	muffler	Kawlbawn	कोलबोन
गुलेल सं.स्त्री (n.f.)	gulel	Pellet, bow	Sairawkherh	सइरोखेरह्
गुल्ली सं.स्त्री (n.f.)	gullī	Pin	Pin, ṭing ṭang herhna	पिन, टिङ टङ हेरह्ना
गुसलख़ाना सं.पु. (n.m.)	Gusal. khānā	Bath-room	inbualnain	इनूबुआल ना इन
गुहा सं.स्त्री (n.f.)	guhā	den, cave	Pûk	पूक
गुह्य वि. (adj.)	guhya	Secret	ruk thu ruk	रुक थु रुक
गूँगा वि. (adj.)	gū̃gā	a dumb	ṭawng thei lo	टोङ्थेइ लो
गूँज सं.स्त्री (n.f.)	gū̃nj	echo, rever-beration	aukhawk, thangkhawk	ऑउखोक, थङ्खोक्
गूँथना क्रि.स. (v.t.)	gū̃dhnā	to interwine	inkherh, inzem	इनखेरह्, इनजेम
गूँधना क्रि.स. (v.t.)	gū̃dhnā	to Knead	Sawh ban, nuai ban	सोह् बन, नुअइ बन
गूढ़ वि. (adj.)	gūḍh	obscure, abstruse	biru, chiang lo, lar lo	बिरु चियाङ लो, लार लो
गूदड़ सं.पु. (n.m.)	gūdaṛ	rags.	silhfen chhia, puanchhia	सिलह्फेनछिया, पुआनूछिया
गूदा सं.पु. (n.m.)	gūdā	Pulp	thei raha a hnip lai hnip nem	थेइ राह्अ आ ह्निप लाइ ह्निप नेम
गृह सं.पु. (n.m.)	grih	home	in, chenna	इन, चेनूना
गृहस्थ सं.पु. (n.m.)	grihastha	house-holder	chhungpuipanu.	छूङ्पुइपा/नू
गेंद सं.पु. (n.m.)	gẽd	ball	thil mum, bawl.	थिल मूम, बोल
गेंदा सं.पु. (n.m.)	gẽdā	marigold	derhken.	देरह्केन
गेहुँआ वि. (adj.)	gehūā	tawny	senbuang	सेनबुआङ
गेहूँ सं.पु. (n.m.)	gahū̃	Wheat	chhangphut buh	छङ्फुत् बुह
गैंड़ा सं.पु. (n.m.)	gãiḍā	rhinoceros	samak	समक
गैंती सं.स्त्री (n.f.)	gãitī	Pickaxe	lungral	लुङ्राल
गैर वि. (adj.)	gāir	Stranger	mikhual	मिखुआल
गैर-कानूनी वि. (adj.)	gāir-kānūnī	Unlawful	dan lo ang	दान लो अङ
गैर-हाज़िर वि. (adj.)	gāirhāzir	absent	awmlo, tello	ओम लो, तेल लो
गोंद सं.पु. (n.m.)	gõd	gun	thil, charna, gawm	थिल चारना, गोम
गोटी सं.स्त्री (n.f.)	goṭī	Piece	them, chhumbung	थेम, छुमबुङ
गोता सं.पु. (n.m.)	gotā	dive	liluh, bir lut	लिलुह्, बिर लूत

गोद सं.स्त्री (n.f.)	god	lap	malchung	मलचुङ
गोपनीय वि. (adj.)	gopnīya	confidential	thuruk thil	थुरुक थिल
गोपनीयता वि. (adj.)	gopnīyatā	Secrecy	thuruk	थुरुक
गोबर सं.पु. (n.m.)	gobar	dung	ek, bawk ek leitha	एक, बोङ एक लेइठा
गोभी सं.स्त्री (n.f.)	gobhī	Cauli-flower	parbawr	पारबोर
गोरखधंधा सं.पु. (n.m.)	gorakh-dhandhā	complication	buai leh hnawkna, khirhkhana	बुआइ लेह ह्नोकना खिरह्खान्ना
गोल[1] वि. (adj.)	gol	a round spherical	mum bial, mum	मूम बियाल, मूम
गोल[2] वि. (adj.)	gol	goal	tum, tiam	तुम, तियाम
गोलमटोल वि. (adj.)	gol.matol	fat, corpulent	thau, chawm	थाउ, चोम
गोलमाल सं.पु. (n.m.)	golmāl	bungling	mumal lo taka thiltih tih khawloh	मुमल् लौ तका थिलतिह् तिह् खोलोह्
गोला सं.पु. (n.m.)	golā	ball	thil mum, silaimu	थिल मूम, सिलाइमू
गोलाबारी सं.पु. (n.m.)	golābārī	bombardment	laipuia inkahna	लाइपुइआ इनकाहना
गोली सं.स्त्री (n.f.)	golī	bullet, pill	silaimu, damdawi mum	सिलाइमू, दमदोइ मूम
गोष्ठी सं.स्त्री (n.f.)	goṣṭhī	Seminar	thiamna sang engemaw zir tura kal khawmte.	थियामना साङ एङएमो जिर तूरा कल खोमते
गौ सं.स्त्री (n.f.)	gau	Cow	bawngpui	बोङपुइ
गौण वि. (adj.)	gauṇ	Secondary minor	Pawimawh lo zawk, hniam zawk	पोइमोह लौ जोक, ह्नियम जोक
गौर वि. (adj.)	gaur	white, fair	Var, ngo	वार ङोउ
गौरव सं.पु. (n.m.)	gaurav	honour, glory	hming mawina, ropuina	ह्मीङ, मोइना, रौउपुइना
गौरवशाली वि. (adj.)	gaurav.shālī	glorious	ropui	रोउपुइ
गौशाला सं.पु. (n.m.)	gaushālā	dairy	bawnghnute, hmunpui, hnute a tána bawng vulhna	बोङह्नुते, म्हुनपुइ, ह्नुते अ ताना बोङ वुलह्ना
ग्यारह वि. (adj.)	gyārah	eleven	sawmpakhat	सोमपखत
ग्रंथ सं.पु. (n.m.)	granth	book	lehkhabu	लेह्खबू

ग्रस्त वि. (adj.)	grast	Stricken	hliam, tuar	ह्लीयम, तुआर
ग्रह सं.पु. (n.m.)	grah	Planet	ni heltu arsi	नि हेलतू अरसी
ग्रहण[1] सं.पु. (n.m.)	grahaṇ	eclipse	awk lem	ओक लेम
ग्रहण[2] सं.पु. (n.m.)	grahaṇ	assumption taking acceptance	ngaihruatna	ङइह्रुअत्ना
ग्राम सं. पु. (n.m.)	grām	Village	thingtlang khua	थिङत्लाङ खुआ
ग्राम सं. (n.)	grām	unit of weight	rit zawng tehna	रित जोङ तेह्ना
ग्रास सं.पु. (n.m.)	grās	morsel	bar khat, themte	बार खत, थेमते
ग्राह सं.पु. (n.m.)	grāh	alligator	awle chi khat	ओले चि खत
ग्राहक सं.पु. (n.m.)	grāhak	Customer	dawrtu, leitu	दोरतू, लेइतू
ग्राह्य वि. (adj.)	grāhya	acceptable, tenable	pawmtlak hum theih	पोमत्लाक, हुम थेइह्
ग्रीष्म सं.स्त्री (n.f.)	grīṣma	Summer	nipui	निपुइ
ग्लानि सं.स्त्री (n.f.)	glāni	depression	tlak hniamna phai, khuar	त्लाक ह्नियामना फाइ खुआर
ग्वाला सं.पु. (n.m.)	gvālā	Cowherd milk man	bawngpu, bawnghnute pu	बोङपू, बोङहनुते पू

घ

घंटा सं.पु. (n.m.)	ghaṅṭā	hour, bell, period	darkar, dar hun chhung.	दारकार, दार हुन छूङ
घंटाघर सं.पु. (n.m.)	ghaṅṭāghar	clock, tower	sana lian in sang	सना लियान इन साङ
घंटी सं.स्त्री (n.f.)	ghaṅṭī	bell	dar	दार
घटना[1] क्रि.स. (vi)	ghaṭ.nā	to become less	tlem zawk, tla hniam, inti te	त्लेम जोक, त्ला ह्नियम इनति ते
घटना[2] क्रि.अ. (vi)	ghaṭ.nā	occurrence	thil lo thlengawm	थिल लौ त्लेङ/ओम
घटना-बढ़ना सं.स्त्री (n.f.)	ghaṭ.nā. baṛh.nā	fluctuate	ngai awh lo, a changa sanga a changa hniam	ङाइ ओह् लौ, अ चाङा साङा अ चाङा ह्नियाम
घटना-स्थल सं.पु. (n.m.)	ghaṭ.nā sthal	site/scene of incident	thil lo awm/thlenna hmun.	थिल लौ ओम/त्लेनूना म्हुन
घटाना क्रि.अ. (vi)	ghaṭānā	to reduce	ti tlem, tite	ति त्लेम तिते

घटित वि. (adj.)	ghaṭit	to occur	lo awm, rilrua lo lut.	लौ ओम, रिलरुआ लौ लूत
घटिया वि. (adj.)	ghatiyā	inferior	hunaihnung, nep zawk.	ह्नुआइह्नुङ नेप जोक
घड़ना क्रि.स. (vt)	ghaṛ.nā	to make	siam	सियाम
घड़ा सं.पु. (n.m.)	ghaṛā	pitcher, water pot	bel ring rek, no tung, tui bel.	बेल रिङ रेक, नोउ तुङ, तुइ बेल
घड़ियाल सं.पु. (n.m.)	ghaṛiyāl	alligator	awle chi khat	ओले चि खत
घड़ियाल सं.पु. (n.m.)	ghaṛiyāl	gong	dar phek chi	दार फ़ेक ची
घड़ी सं.स्त्री (n.f.)	ghaṛī	watch	sana	सना
घड़ीसाज सं.पु. (n.m.)	ghaṛīsāz	watch maker	sana siamtu	सना सियामतू
घन[1] सं.पु. (n.m.)	ghan	cloud	chhum.	छूम
घन[2] सं.पु. (n.m.)	ghan	Sledge-hma-mer	tuboh lian	तुबोउह लियान्
घन[3] सं.पु. (n.m.)	ghan	Cube	thil hlawm hmai intia chaih paruk nei thingrem anga pianhmang nei	थिल ह्लोम म्हाइ इनतिया चियाह परुक नेइ, थिङरेम अङा पियान म्हाङ नेइ
घनघोर सं.पु. (n.m.)	ghan.ghor	thick	Chhah, nghet	छाह्, ङ्हेत
घन चक्कर सं.पु. (n.m.)	ghan. chakkar	block-head	mi Chhaw, mi phut khat	मी छो, मी फुत खत
घना वि. (adj.)	ghanā	thick	chhah, bit	छाह, बित
घनिष्ठ वि. (adj.)	ghaniṣṭa	intimate	inhnaih, in nel.	इनह्आइह्, इन नेल
घपला सं.पु. (n.m.)	ghap.lā	Confusion	buai, hnawk	बुअइ ह्नोक
घबड़ाहट सं.स्त्री (n.f.)	ghabṛāhaṭ	bewil-derment	Chiaina, hamhaih	चिआइना, हमहइह्
घमंड सं.पु. (n.m.)	ghamaṅḍ	pride, Vanity	Chapona Chhuanna	चपोउना, छुआन्ना
घमंडी वि. (adj.)	ghamaṅḍī	Proud	in chhuang.	इन छुआङ
घमासान सं.पु. (n.m.)	ghamāsān	ferocity a fierce.	nun rawnna	नुन रोन्ना
घर सं.पु. (n.m.)	ghar	house	in	इन
घर-गृहस्थी सं.पु. (n.m.)	ghar-gri-hasthī	house-hold	Chhungkua	छूङकुआ
घरबारी सं.पु. (n.m.)	ghar.bārī	house holder	Chhung pui pa/nu	छुङपुइ पा/नू
घरवाला सं.पु. (n.m.)	ghar.vālā	husband	Pasal	पसल
घरवाली सं.स्त्री (n.f.)	ghar.vālī	Wife	nupui	नुपुइ

घराना सं.पु. (n.m.)	gharānā	dynasty	lal Chhung kaw in thlah, rorel hun chhung	लल छूङ्को इन त्लाह, रोउरेल हुन छुङ
घरेलू वि. (adj.)	gharelū	domestic	in Chhung Khawsak lam thil	इन छूङ खोसक लम थिल
घसियारा सं.पु. (n.m.)	ghasiyārā	grass cutter.	hnim attu	ह्निम आततू
घसीटना क्रि.स. (vt)	ghasiṭ.nā	to drag.	hnuk. pawt	ह्नूक, पोत
घाघ सं.पु. (n.m.)	ghāgh	clever and cunning	remhria leh vervek.	रेमह्रीय लेह वेरवेक्
घाघरा सं.पु. (n.m.)	ghāgh.arā	a vriety of Petti Coat.	Pawnfen chi khat	पोनफेन चि खत
घाट सं.पु. (n.m.)	ghāt	landing or bathing place an the bank of river.	Kai	काइ
घाटा सं.पु. (n.m.)	ghāṭā	deficit	tlak chhamna, tlin lohna	त्लाक छमना, त्लिन लोहना
घाटी सं.पु. (n.m.)	ghāṭī	Valley	Phaikuam, ruam.	फाइकुआम, रुअम
घाट[1] सं.पु. (n.m.)	ghāṭ	ambuscade	lambun	लमबुन
घाट[2] सं.पु. (n.m.)	ghāṭ	hurt	tina	तिना
घातक सं.पु. (n.m.)	ghātak	fatal	thihna thlen chi	थिह्ना त्लेन ची
घाम सं.स्त्री (n.f.)	ghām	Sun shine	ni eng	नि एङ
घायल वि. (adj.)	ghāyal	wounded	hliam,	ह्लीयम
घाव सं.पु. (n.m.)	ghāv	injury, wound	hliam, na	ह्लीयम, ना
घास सं.स्त्री (n.f.)	ghās	grass	hnim, hlobet	ह्नीम, ह्लोउबेत
घास-पात सं.स्त्री (n.f.)	ghās-pāt	weed	hnim	ह्नीम
घिग्घी सं.स्त्री (n.f.)	ghigghī	hiccup	irhfiak	इरह्फीयक
घिचपिच सं.स्त्री (n.f.)	ghich.pich	Clumsy	Zeilo	जेइलौ
घिन सं.स्त्री (n.f.)	ghin	Odium	tlang huat thil	त्लाङ हुअत् थिल
घिराव सं.पु. (n.m.)	ghirāv	blockade	lo danna, daltu, indo lawng nena lo hual	लौ दनूना, दालतू, इनदोउ लोङ नेना लौ हुआल
घिसना क्रि.स. (vt)	ghis.nā	to be rubbed	nawt. tuai	नोत्, तुआई
घिसा-पिटा वि. (adj.)	ghisā-piṭā	hack neyed	Chhawr rim	छोर रिम

घी सं.पु (n.m.)	ghī	ghee	giu, bawnghnute hriak	घीउ बोङन्हुते हीयक
घीया सं.पु. (n.m.)	ghīyā	gourd.	um chi reng reng	ऊम ची रेङ रेङ
घुँघराला वि. (adj.)	ghũngh.rālā	Curly hair.	samkir	समकिर
घुँघरू सं.स्त्री (n.f.)	ghũgh.rū	bell-bell	te ngeng	ते ङेङ
घुंडी सं.स्त्री (n.m.)	ghuṅḍī	Cloth, button	Kawrkilh	कोरकिलह्
घुटन सं.पु. (n.m.)	ghuṭan	Sufffocation	thawpik thlak, thaw chham	थोपिक त्लाक, थो छम
घुटना[1] सं.पु. (n.m.)	ghuṭ.nā	to be suffocated	thaw hleithei lova Siam, thaw chhamtir	थो ह्लेइथेइ लोवा सियाम, थोक छमं तीर
घुटना[2] क्रि.अ. (vi.)	ghuṭ.nā	to be grounded	leia tum	लेइआ टुम
घुटना[3] सं.पु. (n.m.)	ghuṭ.nā	knee	khup	खूप

च

चंग सं.स्त्री (n.f.)	chaṅg	small timbrel, big paper-kite	lehkha chai lain	लेखा चइह, लियान
चंगा वि. (adj.)	chaṅgā	healthy	hrisel	ह्रिसेल
चंगुल सं.पु. (n.m.)	chaṅgul	grasp, claw	man, chelh, ham	मन, चेल्ह, हम
चंचल वि. (adj.)	chañchal	flekle, playful	fiam thuduh	फियम थुदुह
चंट वि. (adj.)	chaṅṭ	clever, cunning	fing, vervek	फिङ वेरवक्
चंडाल वि. (adj.)	chaṅḍāl	low born	hmusitawm	म्हूसितऑम
चंदन सं.पु. (n.m.)	chandan	sandal	thingrai	थिङराइ
चंदा सं.पु. (n.m.)	chandā	subscription	pawisa thawh	पोइसा थोह
चंद्र सं.पु. (n.m.)	chandra	moon	thla	त्ला
चन्द्रोदय सं.पु. (n.m.)	chandroday	moon-rise	kawla thla chhuak	कोला त्ला छुआक
चंपत सं.पु. (n.m.)	champat	disappeared	hmuh theih lohva awm, be, bibo	म्हुह् थेइह लोवा ऑम बे, बिबाउ
चंपा सं.पु. (n.m.)	champā	the tree michelia campak and its fragrant yellow flower.	jasmine pangpar ang.	जसमीन पङपार अङ
चक सं.पु. (n.m.)	chak	land-plot	ram, ram bial zim, te.	रम, रम बियाल जीम, ते
चकचका वि. (adj.)	chakchakā	shining	eng, tle	एङ त्ले
चकत्ता सं.पु. (n.m.)	chakattā	scar	ser, hmel hemna	सेर, म्हेल हेमना

चकनाचूर वि. (adj.)	chak. nāchūr	broken to bits.	tikeh darh, keh sawm	तिकेह डरह्, केह सोम
चकमक सं.पु. (n.m.)	chak.mak	flint	mei talh lung, thil sak.	मेइ तल्ह लुङ, थिल सक
चकमा सं.पु. (n.m.)	chak.mā	deception	inbumna	इनबुमना
चकराना क्रि.अ. (vi)	chak.rānā	to be confused or astounded	ṭawng hlei thei lo khawpa mak ti, hamhaih.	टोङ ह्लेइ थेइ लौ खोपा मक ती, हमहइह्
चकला सं.पु. (n.m.)	chak.lā	brothel	nawhchi zawrhna hmun/ni	नोहची जोरहना म्हुन/नी
चकाचौंध सं.स्त्री (n.f.)	chakā-chaũdh	eye-dazzling	mitvai khawpa en	मित्वाइ खोपा एन
चकित वि. (adj.)	chakit	surprised	phut zawkna, makti êm êm	फूत जोकना, मकती एम एम
चकोटना क्रि.स. (vt)	chakoṭ.nā	to pinch	piai khat, tlem te	पिआइ खत, त्लेम त
चकोतरा सं.पु. (n.m.)	chakotrā	a fruit of the citras family	ser, serthlum etc. chi	सेर, सेरत्लुम ची
चक्कर सं.पु. (n.m.)	chakkar	Circle	rin bial	रीन बियाल
चक्का सं.पु. (n.m.)	chakkā	wheel	tawlailir ke	तोलाइलीर के
चक्की सं.स्त्री (n.f.)	chakkī	grinding mill	thil herna khawl	थिल हेरना खोल
चक्कू सं.पु. (n.m.)	chakkū	knife	chemte	चेमते
चक्र सं.पु. (n.m.)	chakra	wheel, whirl,	tawlailir ke, chak taka vir thil	तोलाइलीर के, चक तका विर थिल
चक्राकार वि. (adj.)	chakrākār	circular	bial, kual, tlang than	बियाल, कुआल्, त्लाङ थन
चखना क्रि.अ. (vi)	chakh.nā	to taste	tem	तेम
चखाना क्रि.अ. (vi.)	chakhānā	to feed	chaw pe, chawm	चो पे, चोम
चचा सं.पु. (n.m.)	chachā	paternal uncle (fathers brothers.)	pate unau (mipa), pa-mi	पाते उनाउ (मीपा) पा-मी
चची, चचिया सं.स्त्री	chachī	paternal aunt (fathers brothers wife)	pa-mi tu nupui	पा-मी ते नुपुइ

चचेरा वि. (adj.)	chacherā	paternal uncles's	pate unau.	पाते उनाउ
चट क्रि.वि. (adv.)	chaṭ	quickly, at once	rang, vat, thuai nghal.	रङ, वत्, थुआइ ह्ङाल
चटकदार वि. (adj.)	chaṭakdār	bright	êng	एङ
चटकनी सं.स्त्री (n.f.)	chaṭak.nī	bolt, latch	kawng kalhna	कोङ कल्हना
चटकमटक सं.पु. (n.m.)	chaṭak. maṭak	gaudiness	a langsar zawnga in chei	अ लङसार जोङा इन चेइ
चटकाना क्रि.स. (vt)	chaṭ.kānā	to snap fingers	kutzung tang piai ri	कुतजुङ टङ पिआइ री
चटकीला वि. (adj.)	chaṭ.kīlā	gaudy, shining	a hnamchawm zawnga lar, pawng lar tuk	अ ह्नमचोम जोङा लार, पोङ लार तुक
चटनी सं.स्त्री (n.f.)	chaṭ.nī	sauce	ei tura thil sawh.	एइ तूरा थिल सोह
चटपट क्रि.वि. (adj.)	chaṭ.paṭ	at once	chawp leh chilh, vat, nghal	चोप लेह चिल्ह, वत, ङाल
चटपटा वि (adj)	chaṭ.paṭā	saucy, tasty	tui	तुइ
चटवाना क्रि. स. (vt.)	chaṭ.vānā	tasted, to get licked	liak	लियक
चटाई सं.स्त्री (n.f.)	chaṭāī	mat.	chhuatphah	छुअत्फाह
चटोरा वि./सं.पु. (adj./n.m.)	chaṭorā	greedy	duham	दुह्आम
चट्ट वि. (adj.)	chaṭṭa	eaten up, finished	eizawh, zo	एइजोह, जोउ
चट्टान सं.स्त्री (n.f.)	chaṭṭān	rock	lungpui, leilung.	लुङपुइ, लेइलुङ
चट्टी सं.स्त्री (n.f.)	chaṭṭī	slipper	vawthlep	वोथ्लेप
चड्डी सं.स्त्री (n.f.)	chaḍḍī	scanty under wear (esp. for children)	kawr hnuai	कोर न्हुआइ
चढ़ती सं.स्त्री (n.f.)	charhtī	Price-increase or rise	man pung leh hniam	मन पुङ लेह् न्हीयाम
चढ़ना क्रि.अ. (vi)	charhnā	to climb	lawn	लोन
चढ़ाई स.स्त्री (n.f.)	Charhāī	ascent, attack	chholam, beih, do	छोउलम, बेइह्, दोउ
चतुर वि. (adj.)D	chatur	Clever, skilful	fing, them thiam	फिङ, थेम थियाम
चतुरता, चतुराई सं.स्त्री (n.f.)	chatur.tā chaturāī	skilfulness cleverness	themthiamna, thaimna	थेम थियामना, थियामना

चतुर्थ वि. (adj.)	chaturtha	fourth	a palina	अ पलीना
चतुर्थांश सं.पु. (n.m.)	chaturthāns	quarter, forth part	hmun li ṭhena hmun khat	म्हुन ली ठेना म्हुन खत
चतुर्भुज सं.पु. (n.m.)	chaturbhuj	quadri-lateral	sir li nei, killi nei.	सीर ली नेइ, किलूली नेइ
चतुष्कोण वि. (adj.)	chatuṣkoṇ	quadriangular	thil lem killi leh sir li nei	थिल लेम् किल्ली लेह सीर ली नेइ
चद्दर सं.स्त्री (n.f.)	chaddar	bed-sheet	khum khuhna puan	खुम खुह्ना पुआन
चना सं.पु. (n.m.)	chanā	gram	chana	चाना
चपटा वि. (adj.)	chap.ṭā	flat	per, phek	पेर, फेक
चपत सं.पु. (n.m.)	chapat	slap	beng	बेङ
चपरास सं.स्त्री (n.f.)	chap.rās	buckle, servant's badge.	chhiahhlawh chhin chhiahna	छियह् ह्लोह् छिन छियह्ना
चपरासी सं.पु. (n.m.)	chap.rāsi̅	peon	tirh chhian	तिरह् छियाह
चपल वि. (adj.)	chapal	quick, swift	rang, hmanhmawh vat.	रङ, म्हन्ह्मोह वत
चपला वि./सं.स्त्री	chap.lā	brisk, lingteing	zamṭha, rang, zawk	जमठा, रङ, जोक
चपाती सं.स्त्री (n.f.)	chapāti̅	thin wheat bread or cake	chhang	छङ
चपेट[1] सं.स्त्री (n.f.)	chapeṭ	involvement, striking range	kaihhnawih, vuak phak	कइह्न्होइह् वुआक फाक
चपेट[2] सं.पु. (n.m.)	chapeṭ	slap, blow	bêng, hnek	बेङ न्हेक
चप्पल सं.स्त्री (n.f.)	chappal	slippers, sandal	vawthelp	वोत्लेप
चप्पू सं.पु. (n.m.)	chappu	oar, paddle	karfung	करफुङ
चबाना क्रि.स. (vt)	chabānā	to chew, to munch	ṭhial, thei	ठियाल, थेइ
चबूतरा सं.पु. (n.m.)	chabut.ra	platform, stage	ennawm chhuahna hmun dawh sang	एन्नोम छुआह्ना म्हुन दोह साङ
चमक सं.स्त्री (n.f.)	chamak	lustre, flash.	êng, êng zawk.	एङ, एङ जोक
चमकना क्रि.अ. (vi)	chamk.nā	to shine, to twin kle	êng, êng zeuh zeuh	एङ एङ जेउह जेउह

चमकाना क्रि.स. (vt)	cham.kānā	to polish, to make shining	nawt tle	नोत त्ले
चमकीला वि. (adj.)	cham.kīlā	bright, shing	êng, lang chiang	एङ, लङ चियाङ
चमचम सं.पु./वि. (n.m./adj.)	cham.cham	Bengali sweet meat	Bengoli chhnag thlum.	बेङगोली छङ त्लुम
चमचमाना क्रि.अ. (vi)	cham. chamānā	to shine	tien, ti tle, eng	तिएङ, ति त्ले, एङ
चमचा, चम्मच सं.पु. (n.m.)	cham.chā. chammach	spoon	thir fian	थीर फीयान
चमची सं.स्त्री (n.f.)	cham.chī	Small spoon	thir fiante	थीर फीयानूते
चमत्कार सं.पु. (n.m.)	chamat.kār	miracle, marvel	thil mak	थिल मक
चमत्कारी वि. (adj.)	chamat.kārī	Marvellous	mak	मक
चमत्कृत वि. (adj.)	chamatkrit	Surprised	tiphu zawk, makti	तिफू जोक, मकती
चमन सं.पु. (n.m.)	chaman	small garden	huan te	हुआन ते
चमाचम वि. (adj.)	cham-ācham	brilliant	eng, tak, fing tak, thaim tak.	एङ तक, फिङ तक थियाम तक
चमार सं.पु. (n.m.)	chamār	Shoe maker	pheikhawk ṭhui mi, pheikhawk saim	फेइखोक ठुइ मी, फेइखोक सियाम्
चमेली सं.स्त्री (n.f.)	chamelī	jasmine	hnim buk chi khat par rimtui tak.	ह्नीम बुक ची खत पार रिमतुइ तक
चयन सं.पु. (n.m.)	chayan	Selection, picking up.	thlanna, ruat.	थ्लनूना, रुआत्
चरखा सं.पु. (n.m.)	char.khā	Spining wheel	la kaihna khawl	ल कइह्ना खोल
चरखी सं.स्त्री (n.f.)	char.khī	reel, pulley	thil hlumna	थिल ह्लुमना
चरचा, चर्चा सं.स्त्री (n.f.)	char.chā	talk, mention	thu sawi, ti ti sawi	थु सोइ, ती ती सोइ
चरण[1] सं.पु. (n.m.)	charaṇ	foot	kephah, ke bawr.	केफाह, के बोर
चरण[2] सं.पु. (n.m.)	charaṇ	poem's line	hla thu	ह्ला थू
चरना क्रि.स. (vt)	char.nā	to graze	hnim pet, tla	न्हिम पेत् त्ला
चरनी सं.स्त्री (n.m.)	char.nī	manager	ran chaw pekna thleng	रन चौ पेक्ना त्लेङ
चरबी सं.स्त्री (n.f.)	char.bī	fat, grease	thau, hriak	थाउ, ह्रियाक
चरम वि. (adj.)	charam	highest	sang ber, chung ber	साङ बेर, चुङ बेर

चरमराना क्रि.अ. (vi)	char.marānā	to creak	innawt ri rawt	इननोत् री रोत्
चरवाहा सं.पु. (n.m.)	char.vāhā	shepherd	beram pu	बेराम पू
चरवाहे वि. (adj.)	char.vāhe	pastoral	beram puhna	बेराम पूह्ना
चरागाह सं.पु. (n.m.)	charāgāh	Pasture, meadow	ran tlatna mual, phul	रन त्लत्ना, मुआल, फूल
चराना क्रि.स. (vt)	charānā	to graze	tlattir, tla, tlan.	त्लात्तीर, त्ला, त्लान
चरित सं.पु. (n.m.)	charit	biography	mi mal dam chhung chanchin ziakna bu	मी मल दम छूङ चनचिन जियाकना बू
चरितार्थ वि. (adj.)	charitārth	successful	hlawh tling.	ह्लोह त्लीङ
चरित्र सं.पु. (n.m.)	charitra	Character	nung chang.	नुङ चङ
चरी सं.स्त्री (n.f.)	charī	green fodder plant.	ran chawhring	रन चोह्रिङ
चर्मकार सं.पु. (n.m.)	charamkār	Shoe maker, Cobbler	pheikhawk ṭhui mi pheikhawk siam	फेइखोक ठुइ मी फेइखोक सियाम
चल वि. (adj.)	chal	movable, un-steady.	tawh chet theih, nghet lo.	तोह् चेत थेइह्, ङेत लौ
चलता वि. (adj.)	chal.tā	Current, Prevalent.	kal lai, thilawm mek.	कल लाइ, थिलऑम मक
चलती सं.स्त्री (n.f.)	chal.tī	Sway, power	then, sawi, che, thuneihna	थेन, सोइ चे, थुनेइह्ना
चलन सं.स्त्री (n.f.)	chalan	Custom, Conduct	hnam dan, chet hmang	ह्नम दान, चेत म्हाङ
चलाचली सं.स्त्री (n.f.)	chālā-chalī	Starting, departure	chhuahna	छुअह्ना
चलान सं.स्त्री (n.f.)	chalān	invoice, Crimi-nals' charge-sheet.	bungraw thawn lehkha, hekna lehkha	बुङरो थोन लेह्खा, हेकना लेह्खा
चलाना क्रि. स. (vt)	chalānā	drive.	khalh, chettir.	खल्ह, चेत्तीर
चलायमान वि. (adj.)	chalāymān	unsteady	nghet lo, rin tlak lo	ङेत लौ, रिन त्लाक लौ
चश्म सं.स्त्री (n.f.)	chashm	eye	mit	मित
चश्मा सं.पु. (n.m.)	chashmā	Spectacles	tarmit	तर्रमित
चषक सं.पु. (n.m.)	chasak	wine-glass or cup.	wine-no	वाइन्-नोउ

चहकना क्रि.अ. (v.i.)	chahak.nā	to warble, to talaek marrily	(sava) hram, chiar	(सवा) ह्राम, चियर
चहचहाना क्रि.अ. (v.i.)	chah. chahānā	to chirp	(sava) hram	(सवा) ह्राम
चहलकदमी सं.स्त्री (n.f.)	chahal. kadmī	stroll, slow walk	zawitea kal, kal vel mai mai	जोइतेअ कल, कल वेल मइ मइ
चहल-पहल सं.स्त्री (n.f.)	chahal. pahal	merriment, jollity	hlimna, hlimhlawp.	ह्लीमना, ह्लीमह्लोप
चहारदीवारी सं.स्त्री (n.f.)	chahār-divārī	four walls, boundary	ramri, richin	रमरी, रीचिन
चहेता-चहेती वि.सं.पु. स्त्री (adj./nm./nf.)	chahetā-chahetī	dear, beloved	hmangaih, duhtak.	म्हाङाइह, दुह तक
चाँटा सं.पु. (n.m.)	chā̃tā	slap	ben	बेन
चाँद सं.पु. (n.m.)	chā̃d	moon	thla	त्ला
चाँदी सं.स्त्री (n.f.)	chā̃dī	Silver	tangkarua	तङकरुआ
चाँपना क्रि.स. (vt)	chā̃pnā	to press	hmet sawr.	म्हेत् सोर
चाउर सं.पु. (n.m.)	chāur	rice	buhfai, buh	बुहफाइ, बुह
चाकर सं.पु. (n.m.)	chākar	servant	chhiahhlawh	छियह्ह्लोह
चाकरी सं.स्त्री (n.f.)	chāk.ri	service	rawg bawlna thawhsak.	रोङ बोलना, थोह्सक
चाकू सं.स्त्री (n.f.)	chākū	knife	chemte	चेमते
चाचा सं.पु. (n.m.)	chāchā	Paternal uncle father's brother	pate unau (mipa), pa-mi	पाते उनाव (मीपा), पा-मी
चाची सं.स्त्री (n.f.)	chāchī	Paternal aunt, father's bro-ther's wife.	pa (pa-mi) te nupui	पा (पा-मी) ते नुपुइ
चाट सं.स्त्री (n.f.)	chāṭ	Spicy Vegetable or fruit dish.	chawhmeh, thei ilo eitur siam	चोम्हेह्, थेइ इलो एइ तुर सीयम
चाटना क्रि.स. (vt)	chāṭ.nā	to lick	liak hrep	लियक ह्रेप
चाटुकार सं.पु. (n.m.)	chāṭukār	flatterer.	fakder hmang, fakdertu.	फकदेर म्हाङ, फकदेरतू
चादर, चादरा सं.स्त्री (n.f.)	chādar, chādrā	Sheet, Coverlet	puan, khuhna puan	पुआन, खुह्ना पुआन
चापलूस वि./सं.पु. (adj./n.m.)	chāp.lūs	flattering, servite	bawih ang.	बोइह अङ
चापलूसी सं.स्त्री (n.f.)	chāp.lūsī	flattery	infakderna	इनफकदेरना

चाबुक सं.स्त्री (n.f.)	chābuk	whip, lash	talh fiak	तल्ह फीयक
चाभी सं.स्त्री (n.f.)	chābhī	Key	Chabi	चाबी
चाय सं.स्त्री (n.f.)	chāy	tea	thingpui	थिङपुइ
चारपाई सं.स्त्री (n.f.)	chār.pāī	Cot	khumte	खुमते
चारा सं.पु. (n.m.)	chārā	fodder	ran chaw	रन चौ
चाल सं.स्त्री (n.f.)	chāl	move, gait	chetna, kaldan.	चेतना कलदान
चालक सं.पु. (n.m.)	chālak	driver, conductor.	khalhtu	खलहतू
चाल-चलन सं.पु. (n.m.)	chāl-chalan	Character, Conduct.	nung chang, awmdan.	नुङचङ ऑमदान
चालढाल सं.स्त्री (n.f.)	chal-ḍhāl	bearing, behaviour.	hawiher, chet hmang	होइहेर, चेत म्हाङ
चालबाज़ वि. (adj.)	chāl.bāz	deceitful	bum hmang	बुम म्हाङ
चालबाज़ी सं.स्त्री (n.f.)	chāl.bāzī	trick	inbumna	इनबुमना
चालाक वि. (adj.)	chālāk	Clever, cunning	fing, vervek	फिङ, वेरवेक
चालाकी सं.स्त्री (n.f.)	chālākī	Cleverness cunningness	finna, vervekna	फिनना, वेरवेकना
चालान सं.पु. (n.m.)	chālān	invoice, prosecution	bungraw thawn, kalpuitu lehkha, hlen chhuah	बुङरो थोन, कलपुइतु लेह्खा, ह्लेन छुआह्
चालू वि. (adj.)	chālū	Current	kal lai, awm mek	कल लाइ, ऑम मेक
चाव सं.स्त्री (n.f.)	chāv	love, desire	hmangaihna, chakna	म्हाङइह्ना, चकना
चावल सं.पु. (n.m.)	chāval	rice	buhfai, buh.	बुह्फाइ, बुह
चाह सं.स्त्री (n.f.)	chāh	wish	duh, chak.	दुह, चक
चाहिये क्रि. सहायक (aux.v.)	chāhiye	should, must.	ngei ngei	ङेइ ङेइ
चाहे अ. (ind.)	chāhe	whether or either	a eng zawk zawk emaw	अ एङ जोक जोक एमो
चिउंटा सं.पु. (n.m.)	chiūṭā	big black ant.	tai-vang.	तइ वाङ
चिउंटी सं.स्त्री (n.f.)	chiūṭī	ant.	fanghmir	फङम्हीर
चिंघाड़ सं.स्त्री (n.f.)	chinghāṛ	elephant's roar, scream.	ring taka ṭe. sai khek	रिङ तका टे, साइ खेक
चिंघाड़ना क्रि.अ. (vi)	chingh-āṛh.nā	to trumpet, to roar.	rum, huk.	रुम हूक
चिंता सं.स्त्री (n.f.)	chintā	care, worry	ngaihsakna,	ङइह्सक्ना,

			ngaihvenna.	ङइहूवेनूना
चिंतित वि. (adj.)	chintit	worried	manganag, pawiti.	मङअङ पोइती
चिकना वि. (adj.)	chik.nā	glossy, smooth	mam leh tle.	माम लेहू त्ले
चिकित्सक सं.पु. (n.m.)	chikitsak	doctor	daktawr	दाकतोर
चिकित्सा सं.स्त्री (n.f.)	chikitsā	treatment	enkawldan, hman dan.	एनूकोलदान, म्हान दान
चिकोटी सं.स्त्री (n.f.)	chikoṭī	pinch	sik, piai, tlemte.	सिक, पियाइ, त्लेमते
चिट्ठा सं.पु. (n.m.)	chiṭṭhā	account book	pawisa vawnna, bu	पोइसा, वोनूना बू
चिट्ठी सं.स्त्री (n.f.)	chiṭṭhī	letter	lehkhathawn.	लेहूखथोन
चिड़चिड़ा वि. (adj.)	chir-chiṛā	irritable	thinur hma, phunchiar.	थिनउरम्हा फुनचियार
चिड़िया सं.स्त्री (n.f.)	chiṛiyā	bird	sava chi reng reng.	सवा ची रेङ रेङ
चिड़ीमार सं.पु. (n.m.)	chiṛīmār	fowler	sava vehtu	सवा वेहतू
चिढ़ सं.स्त्री (n.f.)	chiṛh	vexation, irritation	tibuai, rilrubuaina.	तिबुआइ, रिलरुबुआइना
चिढ़ना क्रि.अ. (vi)	chiṛh.nā	vaxed	tithinur, thinur	तिथिनउर, थिनउर
चिढ़ाना क्रि.स. (vt)	chiṛhānā	to provoke	nghawr chhuak, tithinur.	ङूङोर छुआक, तिथिरउर
चित सं.पु. (n.m.)	chit	mind	rilru	रिलरु
चितकबरा वि. (adj.)	chit.kabrā	spotted	ṭial phoh phoh	टीयल फोउ फोउ
चितचोर सं.पु. (n.m.)	chit.chor	beloved	hmangaih, duhlai.	म्हाङाइहू, दुहलाइ
चितवन सं.स्त्री (n.f.)	chitvan	look, glance	mitmei, melh zawr.	मितमेइ, मेल्ह जोर
चिता सं.स्त्री (n.f.)	chitā	pyre, funeral pile.	ruang halna tur thing alh chheh	रुआङ हालना तूर थिङ अल्ह छेह
चित्त सं.पु. (n.m.)	chitta	mind	rilru	रिलरु
चित्ती सं.स्त्री (n.f.)	chittī	spot, scar	bal kai, ser.	बाल काइ, सेर
चित्र सं.पु. (n.m.)	chitra	picture, painting	milem, lemziak	मिलेम, लेमजियाक
चित्रित वि. (adj.)	chitrit	portrayed	lemziak.	लेमजियाक
चिनगारी सं.स्त्री (n.f.)	chin.gārī	spark	mei ṭek, mei si	मेइ टेक, मेइ सी
चिनाई सं.स्त्री (n.f.)	chiñaī	brick-laying.	leirawh chan hmanga in sa.	लेइरोह चन म्हाङा इन सा
चिनिया वि. (adj.)	chiniyā	chinese	chinese	चइनीस
चिपकना क्रि.अ. (vi)	chipak.nā	to stick	bel, char	बेल, चार

चिपकाना क्रि.स. (vi)	chipkānā	to embrace to paste	pawm, kuah, char	पोम, कुआह, चार
चिपचिपा वि. (adj.)	chipchipā	sticky	ban	बन
चिप्पी सं.स्त्री (n.f.)	chippī	label	thil chhinchianhna	थिल छिनछियाह्ना
चिमटा-चिमटी सं.पु. स्त्री (n.m. n.f.)	chimṭā-chimṭī	tongs, forceps.	chiacheh	चइचेह
चिरंजीव वि. (adj.)	chiranjīv	long-living	dam rei, daih rei	दम रेइ, दइह् रेइ
चिर वि. (adj.)	chir	long-lasting	kumkhaw thil, tlo daih rei	कुमखो थिल, त्लोउ दइह् रेइ
चिरस्थायी वि. (adj.)	chirsthāyī	live long, ever lasting.	chatuan awh, hun rei tak.	चतुआन ओह्, हुन रेइ तक
चिरस्मरणीय वि. (adj.)	chira-smarṇīy	memorable, remarkable.	hriat reng tlak hriat reng thil	ह्रीयत रेङ त्लाक, ह्रीयत रेङ थिल
चिराग सं.पु. (n.m.)	chirāg	lamp	khawnvar	खोनवार
चिराना क्रि.स. (vt)	chirānā	sawn	thingzai, zai	थिङजइ, जइ
चिरायु वि. (adj.)	chirāyu	long-lived	dam rei	दम रेइ
चिलमची सं.स्त्री (n.f.)	chilam.chī	hand washing metal-basin	chawhtawlh	चोह्तोल्ह
चिल्लपों सं.स्त्री (n.f.)	chillapõ	noise, scream	beng chheng, autial, ṭe vak.	बेङ छेङ, आउटियाल, टे वक
चिल्लाना क्रि.अ. (v.i.)	chillānā	to cry out	ring taka au.	रिङ तका आउ
चिल्लाहट सं.स्त्री (n.f.)	chillāhaṭ	scream out, cry.	khek, ring taka ṭe	खेक्, रिङ तका टे
चिन्ह सं.पु. (n.m.)	chihna	mark, spot, symptom, sign.	entirna, chhin chhiahna.	एनतीरना छिन छियहना
चिन्हित वि. (adj.)	chihnit	marked	chhinchhiah	छिनछियह
चिहुँकना क्रि.स. (v.t.)	chihũk.nā	to startle.	tiphu zawk, barakhaih.	तिफू जोक, बराखइह्
चींचीं सं.स्त्री (n.f.)	chī̃-chī̃	warbling of birds	sava chiar, sava hram.	सवा चीयर, सवा ह्राम
चीख सं.स्त्री (n.f.)	chīkh	scream, shriek.	khek, au ṭial vak.	खेक, आउ टीयल वक
चीखना क्रि.अ. (v.i.)	chīkh.nā	to scream	ring taka ṭe.	रिङ तका टे
चीज़ सं.स्त्री (n.f.)	chīz	thing, object	thil	थिल
चीड़ सं.पु. (n.m.)	chīṛ	pine tree	far thing	फार थिङ
चीता सं.पु. (n.m.)	chītā	leopard	keite, chikhat	केइते चिखत
चीत्कार सं.पु. (n.m.)	chītkār	uproar	buai, beng	बुअइ बेङ

			chheng,	छेङ
			buai nuai.	बुअइ नुआइ
चीथना क्रि.स. (v.t.)	chīth.nā	to tear	pawtthler, thler.	पोत्त्लेर, त्लेर
चीनी सं.स्त्री (n.f.)	chīnī	sugar	chithlum.	चित्लुम
चीन्हना क्रि.स. (v.t.)	chīnh.nā	to recognise	hre chhuak leh.	हे छुआक लेह्
चीरना क्रि.स. (v.t.)	chīrnā	to cut	tan, zai	तन, जइ
चीरफाड़ सं.पु. (n.m.)	chīr.phār	disection, surgery.	endikna, enchianna	एनदिक्ना, एनचियन्ना
चीरा सं.पु. (n.m.)	chīrā	cut	zai, tan	जइ, तन
चीलर सं.पु. (n.m.)	chīlar	louse, nit	krikhrah, hrik, hrikhru.	ह्रिक-ह्राक, ह्रिक ह्रिक्हू
चुंबक सं.पु. (n.m.)	chumbak	magnet	thirhipthei.	थीरहीपथेइ
चुंबन सं.पु. (n.m.)	chumban	kiss	fawp.	फोप
चुअना क्रि.अ. (v.i.)	chuanā	to trickle, to drip.	tifar, ti dir	तिफर, ति दीर
चुआना क्रि.स. (v.t.)	chuānā	to cause,to drip,	tifar, ti dir, thil	तिफर, तिदीर, थिल
चुकता-चुकती वि. (adj.)	chuktā-chuktī	paid up.	rul tla, pe tla	रुल त्ला, पे त्ला
चुकाना क्रि.स. (v.t.)	chukānā	to pay	hlawh pe, pe.	ह्लोह पे, पे
चुगना क्रि.अ. (v.i.)	chug.nā	to pick up food with beak	chuk	चुक
चुग़लखोर सं.पु. (n.m.)	chuGal-khor	back biter.	mi rel hmang mi sawichhait hmang	मी रेलम्हूआङ मी सोइछियात म्हआङ
चुग़ली सं.स्त्री (n.f.)	chuGlī	backbiting	tenawm, a ruk a rala tih.	तेनऑम, अ रुक अ राला तिह
चुगाई सं.स्त्री (n.f.)	chugāī	pecking	chuk	चुक
चुटकुला सं.पु. (n.m.)	chuṭ.kulā	joke	fiamthu	फियामथू
चुटीला वि. (adj.)	chuṭīlā	wounded, hurt	na, hliam	ना, ह्लीयम
चुड़िहारा सं.पु. (n.m.)	churi.hārā	glass bangle-seller	darthlalang, ngun zuartu	दारत्लालङ, ङून जुआरतू
चुडैल सं.स्त्री (n.f.)	churāil	hobgoblin	ramhuai chi khat	रमहुआइ चि खत
चुनना क्रि.स. (v.t.)	chun.nā	to pick up, select.	thlang, ruat.	त्लाङ, रुआत्
चुना हुआ वि. (adj.)	chunā-huā	selected	thlan tawh, thlan	त्लान तोह, त्लान
चुननेवाला सं.पु. (n.m.)	chunnevālā	elector	thlangtu.	त्लाङतू
चुननेयोग्य वि. (adj.)	chunne-	eligible	thlan tlak.	त्लान त्लाक

	yogyā			
चुनाव सं.पु. (n.m.)	chunāv	election	inthlanna	इनत्लान्ना
चुनिंदा वि. (adj.)	chunindā			
चुनौती सं.स्त्री (n.f.)	chunāuti	challenge	chona	चोउना
चुप वि. (adj.)	chup	silent	ngawi, reh	ङोइ, रेह
चुप्पी सं.स्त्री (n.f.)	chuppi	silence	rehna	रेहना
चुभना क्रि.अ. (v.i.)	chubh.nā	pinched	piai, chhun.	पिआइ, छुन
चुभाना-चुभोना क्रि.सं. (v.t.)	chubhānā-chubhonā	prick	vit, chhun	वित् छुन
चुम्बन सं.पु. (n.m.)	chumban	kissing	fawp, hne	फोप, ह्ने
चुराना क्रि.स. (v.t.)	churānā	rob.	ru, suam.	रु, सुआम
चुरुट सं.पु. (n.m.)	churut	cheroot, cigar	vaihlozial, hrawl tak.	वइह्लोउजियाल्, ह्रोल तक
चुलबुला वि. (adj.)	chul.bulā	sportine	fiam thu duh.	फियाम थू दुह
चुल्ली वि. (adj.)	chulli	naughty	chim awm.	चिमओम
चुल्लू सं.पु. (n.m.)	chullū	handful	vei, khat, tlem te.	वेइ खत, त्लेम ते
चुसाना क्रि.स. (v.t.)	chusānā	to get sucked.	zu, fawp.	जू फोम
चुस्त वि. (adj.)	chust	tight, active	tawt, tha tho	तोत, थ थोउ
चुस्ती सं.स्त्री (n.f.)	chusti	tightness, agility	nghet, tawt, inthazo.	ङेत, तोत, इनथजोउ
चुहल सं.स्त्री (n.f.)	chuhal	merriment	hlimna, hlimhlawp.	ह्लीमना, ह्लीमह्लोप
चूँकि क्रि.वि. (adv.)	chū̃ki	since, because	chu mi chinah, avangin.	चुमी चिन्अह अवाङइन
चूक सं.स्त्री (n.f.)	chūk	error	dik lohna, tihsual palh.	दिक लोह्ना, तिह्सुआल पल्ह्
चूकना क्रि.अ. (v.i.)	chūk.nā	to fail, to miss	pamṭul, ṭhelh	पामटूल, टेल्ह
चूडांत वि. क्रि. वि. (adj. & adv.)	chūḍānt	extreme	lutuk, tawpkhawk.	लुतुक, तोपखोक
चूड़ा सं.स्त्री (n.f.)	chūṛā	top, tower	chip, in sang.	चिप, इनसाङ
चूड़ी सं.स्त्री (n.f.)	chūri	glass-bangle	darthlalang ngun.	दारत्लालङ ङून
चूना सं.पु. (n.m.)	chūnā	lime	chinai.	चिनइ
चूल सं.स्त्री (n.f.)	chūl	hinge, tenon	kawngkhar in vuahna thingzai inzawmna	कोङखार इनवुअह्ना थिङजइ इनजोमना

			laia a verh kuaka lut chin.	लाइआ अ वेरह् कुआका लूत चिन
चूरन सं.पु. (n.m.)	chūran	powder	thil nawi dip.	थिल नोइ दिप
चूल्हा सं.पु. (n.m.)	chūlhā	oven, hearth.	thuk	थूक
चूसना क्रि.स. (v.t.)	chusnā	to suck	fawp, hip	फोप, हीप
चूहा सं.पु. (n.m.)	chuhā	rat	sazu	सजू
चेचक सं.स्त्री (n.f.)	chechak	small pox	zawnghri.	जोङ्ह्री
चेतन वि. सं.पु. (adj.& n.m.)	chetan	living	nunna nei.	नुनूना नेइ
चेतना सं. स्त्री क्रि.अ. (v.i.)	chet.nā	consciousness	rilru harhna.	रिलूरु हूरहूना
चेताना क्रि.स.(v.t.)	chetānā	to warn	hlauhawm lo thleng tur hrilh lawk, vau lawk.	ह्लाउऑम लो थ्लेङ तूर ह्रीलू लोक, वाउ लोक
चेंतावनी सं.स्त्री (n.f.)	chetāv.nī	warning	vau lawkna.	वाउ लोकना
चेष्टा सं.स्त्री (n.f.)	cheṣṭā	effort	tharum chhuah, beihna	थरुम छुअह्, बेइह्ना
चेहरा सं.पु. (n.m.)	cheh.rā	face	hmai	म्हाइ
चैतन्य वि. (adj.)	chāitanya	conscious	harh	ह्रह्
चैन सं.पु. (n.m.)	chāin	rest, comfort	chawl, nuam tia awm	चोल, नुआम्तीअ ऑम
चोंच सं.स्त्री (n.f.)	chõch	beak.	sava hmui.	सवा म्हुइ
चोंचला सं.पु. (n.m.)	chõch.lā	blandishment	fakderna, awmdana tihlawmna.	फक्देरना, ऑमदाना तिह्लॉमना
चोकर सं.पु. (n.m.)	chokar	bran, husk	favai.	फवाइ
चोख वि. (adj.)	chokh	sharp	hriam, zum	ह्रियाम, जुम
चोगा सं.पु. (n.m.)	chogā	gown.	kawrchung fual.	कोरचुङ फुआल
चोट सं.स्त्री (n.m.)	choṭ	blow, stroke.	chhem, nem	छेम, नेम
चोटी सं.स्त्री (n.f.)	choṭī	peak	tlang chhip.	त्लाङ छीप
चोट्टा सं.पु. (n.m.)	choṭṭā	thief	rukru.	रुकरु
चोबदार सं.पु. (n.m.)	chob-dār	mace-bea-rer.	indo talhtum hling tak tak nei,	इनदोउ तलूहतुम ह्लीङ तक तक नेइ

			kengtu.	केङ्तू
चोर सं.पु. (n.m.)	chor	thief	rukru.	रुकरु
चोरा-चोरी क्रि.वि. (adv.)	chorā-chorī	secretly	a rukin, tu hriat lovin	अरुक्इन, तू ह्रियात् लोवइन
चोरी सं.स्त्री (n.f.)	chorī	theft	rukruk	रुक्रुक्
चोला सं.पु. (n.m.)	cholā	body, gown.	taksa, kawrchung fual	तकसा, कोरचुङ फुआल
चोली सं.स्त्री (n.f.)	cholī	bodice, corset	hmeichhe kawrhnuai.	म्हेइछे कोरह्नुआइ
चौंक सं.स्त्री (n.f.)	chā̃uk	sudden start.	ṭanthut.	टनथुत्
चौंकानेवाला वि. (adj.)	chā̃ukāne-vālā	startling	phut zawkna thil	फूत् जोक्ना थिल्
चौंतीस वि. (adj.)	chā̃utīs	thirty four	sawm thum leh pali	सोमथुम लेह् पली
चौंसठ वि. (adj.)	chā̃usaṭh	sixty four	sawmruk leh pali	सोमरुक लेह् पली
चौक सं.पु. (n.m.)	Chāuk	square	thil thil nei sir inchen leh kil intiat tlang chiah	थल किल्ली नेइ सीर इनूचे किल इनूतियात् त्लाङ चिउ
चौकड़ी सं.स्त्री (n.f.)	chāukaṛī	bound, leap.	zuang, sawt	जुआङ, सोत्
चौकन्ना वि. (adj.)	chāukannā	alert, cautions	inring, fimkhur.	इनरिङ, फीमखुर
चौकसी सं.स्त्री (n.f.)	chāukasī	uatch, guard.	ral veng, vengtu	राल वेङ, वेङ्तू
चौकी सं.स्त्री (n.f.)	chāukī	check post.	endikna hmun.	एनदिक्ना म्हुन्
चौकोना वि. (adj.)	chāukonā	four-sided	killi nei.	किल्ली नेइ
चौकोर वि. (adj.)	chāukor	quadrangular	thil lem killi leh sir li nei.	थिल लेम, किल्ली लेह् सीर ली नेइ
चौखट सं.स्त्री (n.f.)	chāukhāṭ	door-frame	kawngkhar biang.	कोङखार बियाङ
चौखटा सं.पु. (n.m.)	chāukhṭā	frame	ruangam.	रुआङआम
चौगुना वि. (adj.)	chuāgunā	four-times.	tum li, a hmunli	टुम ली, अ म्हुनूली
चौड़ा वि. (adj.)	chāuṛā	wide, broad	zau.	जाउ
चौथा वि. (adj.)	chāuthā	fourth	apalina.	अपलीना
चौदह वि. (adj.)	chāudah	fourteen	sawm leh pali	सोम लेह् पली
चौधरी सं.पु. (n.m.)	chāudh.rī	cheiftain	chi khat lal	ची खत लल
चौपट वि. (adj.)	chāupaṭ	ruined	chhesawp	छेसोप
चौपड़ सं.स्त्री (n.f.)	chāupaṛ	dece-game	ṭhumvawr lung infiamna.	टुमवोर लुङ इनूफियामना

चौपहल वि. (adj.)	chāupahal	four-sided	kil li nei	किलूली नेइ
चौपहिया वि. (adj.)	chāupahiyā	four wheeled	tawlailir ke pali nei.	तोलाइलीर के पली. नेइ
चौबीस वि. (adj.)	chāubi̅s	tweenty-four	sawmhnih leh pali	सोह्नीअ लेह् पली
चौमंजिला वि. (adj.)	chāum-anzila	four-storeyed.	in chhawng li	इन छोङ ली
चौरास्ता सं.पु. (n.m.)	chāurāstā	cross-roads	kawng ṭhuam.	कोङ ठुआम्
चौरस वि. (adj.)	chāuras	plane, even	hmun rem, rual rem, zawl	म्हुन रेम, रुआल रेम जोल
चौरानवे वि. (adj.)	chāurān.ve	ninetyfour.	sawmkua leh pali	सोमकुआ लेह पली
चौवन वि. (adj.)	chāuvan	fifity-four	sawmnga leh pali	सोमङा लेह् पली
चौहत्तर वि. (adj.)	chāuhatter	seventy-four	sawmsarih leh pali	सोमूसरीह् लेह् पली
चौहद्दी सं.स्त्री (n.f.)	chāuhaddi	boundary	ramri	रमरी
चौहरा वि. (adj.)	chāuh.rā	fourfolded	a let li, thlep li.	अ लेत् ली, त्लेप ली

छ

छँटना क्रि.अ. (vi)	chhãṭ.nā	trimmed or reduced	suat, hlawi	सुआत, ल्होइ
छँटनी सं.स्त्री (n.f.)	chhãṭ.ni̅	reduction	kiamna, tlemna	कियाम्ना, त्लेम्ना
छँटवाना क्रि.स. (vt)	chhãṭ.vānā	retrenched.	hlawi, tikiam	ल्होइ, तिकियाम्
छँटा हुआ वि. (adj.)	chhãṭā huā	selected	thlan	त्लान
छंद सं.पु. (n.m.)	chhand	poem	hla thu	ल्हा थू
छकड़ा सं.पु. (n.m.)	chhakaṛā	cart, truck.	tawlailir pahnih nei bungraw phurhna motor.	तोलाइलीर पन्हीअ नेइ, बुङरो फुरह्ना मोटोर
छकाना क्रि.स. (vt)	chhakānā	tease, to cheat	chhiah,	छियाह्,
छज्जा सं.पु. (n.m.)	chhajjā	eaves	di thli far fem.	दी त्ली फर फेम्
छटकना क्रि.अ. (vi)	chhataḳ.nā	to slip off	tawlh bo, bibo	तोल्ह बोउ, बिबोउ
छटकाना क्रि.स. (vt.)	chhaṭ.kānā	to separate	ti hrang	ति. ह्रङ
छटपटी सं.स्त्री (n.f.)	chhaṭ.paṭi̅	uneasiness restlessness	awm nawm lohna, buaina	ऑमनोम लोह्ना, बुआइना
छटा सं.स्त्री (n.f.)	chhaṭā	beauty	mawina	मोइना
छठा वि. (adj.)	chhaṭhā	sixth	parukna	परुक्ना
छठे छमासे क्रि.वि.	chhaṭhe	occarionally	a chang chang ni	अ चाङ चाङइन

(adv.)	chhamase̅			
छड़ सं.स्त्री (n.f.)	chhaṛ	rod, bar	tiang, thirtiang	तिआङ थिरतियाङ
छड़ी सं.स्त्री (n.f.)	chhaṛī	stick cane	tiang tairaw tiang	तियाङ तइरो तियाङ
छत सं.स्त्री (n.f.)	chhat	roof, ceilling	inchung, siling	इनचुङ, सिलीङ
छतरी सं.स्त्री (n.f.)	chhatrī	umbrella	nihliap	निल्हीयूप
छत्ता सं.पु. (n.m.)	chhattā	bee-hive	khawi thlar, khawibu	खोइ त्लार खोइबू
छत्तीस वि. (adj.)	chhattīs	thrity six	sawmthum leh paruk	सोमथुम लेह् परुक
छत्र सं.पु. (n.m.)	chhatra	umberlla	nihliap	निह्लीयूप
छत्रपति सं.पु. (n.m.)	chhatrapati	aking, ruler.	lalber, roreltu	ललबेर, रोउरेलतू
छत्रधारी सं.पु. (n.m.)	chhatradhārī	Prince, king	lalber, lalfapa	ललबेर, ललफपा
छदाम सं.पु. (n.m.)	chhadām	one fourth of a piece	hmun lia thena hmun khat.	म्हुन लीअ ठेना म्हुन खत
छद्म वि. (adj.)	chhadmā	deceit, fraud.	inbumna, intih derna	इनबुमना, इनतिह् देरना
छद्मवेश सं.पु. (n.m.)	chhadma. vesh	desquise	inthupna kawr	इनथुपना कोर
छन्ना सं.पु. (n.m.)	chhannā	filter	thlawrna	त्लोरना
छपका सं.पु. (n.m.)	chhap.kā	splash of water	tui si per	तुइ सी पेर
छपकाना क्रि.अ. (vi)	chhap.kānā	to splash	tui theh, tui ti per.	तुइ थेह्, तुइ ति पेर
छपवाना क्रि.स. (vt)	chhap.vānā	to get printed	nem kai	नेम काइ
छपाई सं.स्त्री (n.f.)	chhapāī	printing	lehkha chhut	लेह्ख छुत्
छपाक क्रि.वि. (adv.)	chhapāk	at once, instanly.	chawpleh chilhin	चोप लेह् चिल्हइन्
छपाना क्रि.स. (vt)	chhapānā	to get, printed	nemkai	नेमकाइ
छप्पन वि. (adj.)	chhappan	fifty six	sawmnga leh paruk	सोमङा लेह् परुक
छप्पर सं.पु. (n.m.)	chhappar	a roof	di leh thil thek ilova chung khuh/chih	दी लेह् थिल थेक इलोवा चुङ खुह्/चिल्ह
छबीला वि. (adj.)	chhabīlā	beautiful	hmelṭha, mawi	म्हेलठा मोइ
छब्बीस वि. (adj.)	chhabbīs	twenty-six	sawmhnih leh paruk	सोमन्हीह् लेह् परुक
छमाही वि. (adj.)	chhamāhī	six-monthly	thla ruk dan.	त्ला रुक दन
छरहरा वि. (adj.)	chhar.harā	slim	ria	रीय

छर्रा सं.पु. (n.m.)	chharrā	shot	silai kah	सिलाइ कअह्
छल सं.पु. (n.m.)	chhal	trick, deception	inbumna intihdern	इनबुमना इनतिह्देरना
छलकना क्रि.अ. (vi)	chhalak.nā	overflow, to spill	lugang liam, tibua.	लुआङ लियाम, तिबुआ
छलकपट सं.पु. (n.m.)	chhal.kapaṭ	deceit	inbumna	इनूबुमना
छलछलाना क्रि.वि. (vi)	chhal-chhalānā	to be on the verge of flowing out.	luang liam, khat em em	लुआङ लियाम, खत एम एम
छलना क्रि.स. (vt)	chhal.nā	to cheat, to deceive	bum, tihder	बुम, तिह्देर
छलनी सं.स्त्री (n.f.)	chhal.nī	sieve, strainer	chhihri, thil thlitna	छिह्री, थिल थ्लीत्ना
छलाँग सं.पु. (n.m.)	chhalā̃g	leap, skipping	zuang, in hruizuan.	जुआङ, इन ह्रुइजुआन्
छलावा सं.पु. (n.m.)	chhalāvā	apparition, an illusion	thla hmuh sualna	त्ला म्हुह् सुआलना
छलिया/छली वि./सं.पु. (adj./n.m.)	chhalī/ chhaliyā	treacherous, cheat	fing vervek bum.	फिङ वेरवेक्, बुम
छल्ला सं.पु. (n.m.)	chhallā	ring loop	thil kual	थिल कुआल
छवि सं.स्त्री (n.f.)	chhavi	beauty, winsome	hmelṭhatna, ngaihnobeina	म्हेल ठत्ना, ङइह्नोउबेइना
छह वि. (adj.d)	chhah	six	paruk	परुक
छाँटना क्रि.स. (vt)	chhā̃t.nā	to select, to trim	chei, suat	चेइ, सुआत्
छाँह सं.स्त्री (n.f.)	chhā̃h	shade, shadow	hlim	ह्लीम्
छाक सं.स्त्री (n.f.)	chhāk	midday meals (for outdoor workers), intoxication.	chhun, chaw ruihna.	छुन, चो, रुइह्ना
छाछ सं.स्त्री (n.f.)	chhāchh	butter milk	bawnghnute hraik	बोङन्हुते ह्रीयक
छाजन सं.स्त्री (n.f.)	chhājan	that ching	di leh thilthek ilova chih	दी लेह् थिलथेक इलोवा चिल्ह्
छाता सं.पु. (n.m.)	chhātā	umbrella	nihliap	निह्लीयूप
छाताधारी सं.पु. (n.m.)	chhātā-dhārī	parachute	tlawhna aṭanga zuan.	त्लोह्ना अटंङा जुआन्

छाती सं.स्त्री (n.m.)	chhātī	breast, chest bosom.	awm (bawr)	ऑम (बोर)
छात्र सं.पु. (n.m.)	chhātra	Student,	zirlai	जिरलाइ
छात्रनायक सं.पु. (n.m.)	chhātranāyak	Student, leader	zirlai hruaitu	जिरलाइ ह्रुआइतू
छात्रवृत्ति सं.स्त्री. (n.f.)	chhātra-vritti	Scholarship.	lehkha thiamna, zirlaite tanpuina pawisa	लेह्खा थियामना, जिरलाइते टनपुइना पोइसा
छात्रालय सं.पु. (n.m.)	chhātrālay	hostel	zir laiho riahna in	जिर लाइ होउ रियाह्ना इन
छात्रावास सं.पु. (n.m.)	chhātrāvās	hostel	zirlaiho riahna in	जिरलाइ होउ रियाह्ना इन
छानना क्रि.स. (vt)	chhān.nā	to filter, to sieve	thlawr, thlifim fartir	थ्लोर, थ्लीफीम फरतीर
छानबीन स.स्त्री (n.f.)	chhān.bīn	probe, scruting	enthli thlaina	एन त्ली त्लाइना
छाप सं.स्त्री (n.f.)	chhāp	impression, print	hmuh dan, thil nem kai.	म्हुह् दान, थिल नेम काइ
छापना क्रि.स. (vt)	chhāp.nā	to print, to publish	lehkha chhut, chhuah.	लेह्खा छुत छुआह्
छापा सं.पु. (n.m.)	chhāpā	raid, imprint	thil nem kai	थिल नेम काइ
छापाखाना सं.पु. (n.m.)	chhāpā-khānā	Printing Press	lehkha chhutna khawl.	लेह्खा छुत्ना खोल
छापामार वि.पु. (adj.m.)	chhāpāmār	querilla, raider	runtu	रुनतू
छापा सं.स्त्री (n.f.)	chhāpā	shadow, shade	hlim, hliap.	ल्हीम, ल्हीयप
छायाचित्र सं.पु. (n.m.)	chhāyā-chitra	photo	thla lak	त्लालाक्
छायालोक सं.पु. (n.m.)	chhāyā.lok	unreal world	khawvel tak-tak nilo suangtuah thil	खोवेल् तक-तक निलोउ, सुआङतुअह् थिल
छायावाद सं.पु. (n.m.)	chhāyāvād	a romantic movement in hindi poetry.	Hindi hlathu danglamna.	हिन्दी ह्ला दङलमना
छाल सं.स्त्री (n.f.)	chhāl	bark	thing hawng.	थिङ होङ
छाला सं.पु. (n.m.)	chhālā	blister burn	pan durh, kang durh.	पान दुरह्, काङ दुरह्
छावनी सं.स्त्री (n.f.)	chhāvnī	cantonment.	sipai chenkhawmna	सिपइ चेनखोमना

			hmun.	म्हुन
छिछला वि. (adj.)	chhichhlā	shallow	thuk lo.	थूक लो
छिछोरपन, छिछोरापन सं.पु. (n.m.)	chichhor. pan, chhi-chhorāpan	meanness, childisness	naupang chhe thil rilru te.	नउपङ छे थिल, रिलरु ते
छिछोरा वि. (adj.)	chhichhorā	mean	humusitawn.	म्हुसित्ऑम
छिटकना क्रि.अ. (vi)	chhiṭak.nā	diffuse	a vela theh darh.	अ वेला थेह् दरह्
छिटकाना क्रि.स. (vt)	chhiṭa.kānā	to scatter	tidarh	तिदरह्
छिड़कना क्रि.अ. (vi)	chhiṛk.nā	to sprinkle	theh.	थेह्
छिड़कवाना क्रि.स. (vt)	chhiṛak. vānā.	to get sprinkled	phul tir.	फुल तीग
छिड़काव सं.पु. (n.m.)	chhiṛkāv	spray	tui phuh, phuh	तुइ फूह्, फूह्
छिड़ना क्रि.अ. (vi)	chhiṛ.nā	to bigin, to start	ṭan, ti ṭan.	टन, ति टन
छितरना क्रि.अ. (vi)	chhitrnā	to be scattred.	theh darh, ti darh	थेह् दरह्, ति दरह्
छितराना क्रि.स. (vt)	chhitrānā	to scatter	theh darh	थेह् दरह्
छिद्र सं.पु. (n.m.)	chhidra	hole	kua	कुअ
छिद्रदर्शी सं.पु. (n.m.)	chhidra-darsī	fault finder.	dik lohna zawng chhuaktu.	दिक लोह्ना जोङ-छुआक्तू
छिद्रान्वेषण सं.पु. (n.m.)	chhidrān. veṣan	fault finding.	dik lohna hmu, dik lo hmu thei mi.	दिक लोह्ना म्हु, दिक् लो म्हु थेइ मी
छिन्न वि. (adj.)	chhinna	separated away, severed.	tichhum, ṭhen, dahlhrang.	तिछुम, ठेन, दाह्हङ
छिन्न-भिन्न वि. (adj.)	chhinna-bhinna	broken.up, dispersed.	hnawt darh.	न्होत् दरह्
छिपकली सं.स्त्री (n.f.)	chhipkalī	lizard	laiking chi reng reng.	लाइकीङ ची रेङ रेङ
छिपना क्रि.अ. (vi)	chhi.nā	to hide	biru, thukru.	बिरु, थुकरु
छिपाना क्रि.स. (vt)	chhipānā	to hide	thukru	थुकरु
छियानवे वि. (adj.)	chhiyānave	ninety six	sawmkua leh paruk	सोमकुअ लेह् परुक
छियालिस वि. (adj.)	chhiyālis	forty six	sawmli leh paruk.	सोमली लेह् परुक
छियासठ वि. (adj.)	chhiyāsaṭh	sixty six	sawm ruk leh paruk	सोमरुक लेह् परुक
छियासी वि. (adj.)	chhiyāsī	eighty six	sawm riat leh paruk	सोमरियात् लेह परुक

छिलका सं.पु. (n.m.)	chhil.kā	peel, husk	kawr, vai, hawng.	कोर, वाइ, ह्ओङ
छिलना सं.पु. (n.m.)	chhil.nā	to be bruised	hiat, ziat.	हियात्, जियात्
छिहत्तर वि. (adj.)	chhihattar	seventy six	sawm sarih leh paruk	सोम सरिह् लेह् परुक
छींक सं.स्त्री (n.f.)	chhı̃nk	sneeze	hah chhiau	ह्अह् छिआव्
छींकना क्रि.अ. (vi)	chhı̃nk.nā	to sneeze	hah chhiau	ह्अह् छिआव्
छींट सं.स्त्री (n.f.)	chhı̃nṭ	printed cloth	puan dum tial, dum par.	पुआन् दुम टियाल, दुम पार
छींटना क्रि.स. (vt)	chhı̃nt.nā	to scatter	tidarh	तिदरह्
छींटा सं.पु. (n.m.)	chhı̃ntā	splash, irony	tui tiper	तुइ तिपेर
छीछालेदर सं.पु. (n.m.)	chhīchhā-ledār	ruin, disgrace.	thil sawprawp, hming chhiatna.	थिल सोपरोप, म्हीङ छियातना
छीजन[1] सं.स्त्री (n.f.)	chhījan	state or process of decay	nget, tawih, awngrawp	ङेत, टोइह्, ओङरोप
छीजन[2] सं.स्त्री (n.f.)	chhījan	leakage, wastage	hnam, put, riral	न्हाम्, पूत, रिरल
छीजना क्रि.अ. (vi)	chhījan.nā	to decrease, to decay	tlem lam pan, chhiat lam pan.	त्लेम लम पन, छियात् लम पन
छीनना क्रि.स. (vt)	chhīn.nā	to snach	chhuh thut, banthlak sak.	छुह् थुत्, बन त्लाक् सक
छीपी सं.पु. (n.m.)	chhīpī	cloth-printer	khawla puan chhutu	खोल्ला पुआन छुतू
छीमियाँ स.स्त्री (n.f.)	chhīmiyā̃	pods of peas	be kawm	बे कोम
छीलना क्रि.स. (vt)	chhīl.nā	to peel	kheh, vel	खेह्, वेल
छुआछूत सं.स्त्री (n.f.)	chhuā-chhūt	untouch-ability	khawih thian loh	खोइह् थियान् लोह्
छुटकारा सं.पु. (n.m.)	chhuṭ.kārā	release	chhuah, zalentir.	छुअह्, जलेनतीर
छुटपन सं.पु. (n.m.)	chhuṭ.pan	infancy childhood	naupan lai nausen lai	नउपन लाइ, नउसेन लाइ
छुट्टा वि. (adj.)	chhuṭṭā	free, unbound	zalen	जलेन
छुट्टी सं.स्त्री (n.f.)	chhuṭṭī	leave	phalna	फलना
छुड़ाना क्रि.स. (vt)	chhuṛānā	to get released	chhuah, thlah.	छुअह्, थ्लाह्
छुरा सं.पु. (n.m.)	chhurā	dagger, razor.	chemte lu zum, chemte hriam.	चेमते लु जुम, चेमते ह्रियाम्
छुरी सं.स्त्री (n.f.)	chhurī	knife	chemte	चेमते
छूंछा वि. (adj.)	chhū̃chhā	empty, vacant.	ruak	रुआक्

छूट सं.स्त्री (n.f.)	chhūṭ	remission	ngaihdamna	ङाइह्दमना
छूटना क्रि.अ. (vi)	chhūṭ.nā	dismissed	chawlhfir	चोल्ह्फीर
छूत सं.स्त्री (n.f.)	chhūt	infection, contamination.	natna leh thil ṭha lo kaihhnawih.	नत्ना लेह् थिल ठा लो कइह्न्हॅइह
छूना क्रि.स. (vt)	chhūnā	to touch	khawih	खोइह्
छेकना क्रि.स. (vt)	chhek.nā	to prevent	dang dai	दङदाइ
छेड़खानी, छेड़खाना सं.स्त्री (n.f.)	chheṛ-khānī, chheṛ-khānā	Provocating acts.	chona thiltih.	चोउना थिल तिह्
छेड़ना क्रि.स. (vt)	chheṛ.nā	to tease, to provoke	tithinur, chhiah	तिथिनूउर, छिआह्
छेद सं.पु. (n.m.)	chhed	hole	kua	कुअ
छेना सं.पु. (n.m.)	chhenā	cheese	sap saum	साप सउम्
छेनी सं.स्त्री (n.f.)	chhenī	chisel	thirkhen	थिरखेन्
छैल छबीला वि. (adj.)	chhail-chhabīlā	foppish	inchei at chilh mi, a hluara awm mawi tum mi.	इनचेइ आत् चिल्ह् मी, अ ह्लुआरा ऑम मोइ तुम मी
छैला सं.पु. (n.m.)	chhāilā	dany	inchei at chilh mi	इनचेइ आत चिल्ह् मी
छोकरा सं.पु. (n.m.)	chhok.rā	boy lad	mipa naupangte	मीपा नउपङ्ते
छोकरी/छोकड़ी सं.स्त्री	chhok.rī	girl	hmeichhe naupangte	म्हेइछे नउपङ्ते
छोटा वि. (adj.)	chhotā	little, small	te, tlem tham	ते, त्लेम थम्
छोड़ना क्रि.स. (vt)	chhoṛ-nā	to leave, abandon	chhuahsan, tiram	छुआह्सम, तिरम
छोर सं.पु. (n.m.)	chhor	end, edge	a tawp, hmawr.	अ तोप, म्होर
छोलदारी सं.स्त्री (n.f.0	chhol-dārī	tent	puanin	पुआनइन
छोह सं.पु. (n.m.)	chhoh	love, affection	hmangaihna, ngainatnȧ	म्हाङइह्ना, ङइनत्ना
छोहाना क्रि.अ. (vi)	chhohānā	to fondle	chul heuh heuh.	चूल हेउ हेउ
छौना सं.पु. (n.m.)	chhāunā	young one	note sen.	नोउते, सेन

ज

जंग[1] सं.स्त्री (n.f.)	jaṅg	war	indona	इनदोउना
जंग[2] सं.स्त्री (n.f.)	jaṅg	rust.	tuiek.	तुइएक्

जंगल सं.पु. (n.m.)	jaṅgal	forest.	ngaw	ङो
जंगला सं.पु. (n.m.)	jaṅglā	railing	vawnban, rel kawng.	वोनूबान, रेल कोङ
जंगली वि. (adj.)	jaṅglī	wild, savage	kawlh, khawihgam loh.	कोल्ह्, खोइहूङम लोह्
जंगी वि. (adj.)	jaṅgī	martial	indona thil.	इनदोउना थिल
जंघा सं.पु. (n.m.)	jaṅghā	thigh	malpui	मलपुइ
जंचा वि. (adj.)	jãchā	tested	finfiah	फिनूफियाह्
जंजाल सं.पु. (n.m.)	jãnjāl	trouble	manganna buaina	मङअनूना बुअइना
जंजीर सं.स्त्री (n.f.)	zãnjīr	chain	khaidiat	खाइदियात्
जंतर सं.पु. (n.m.)	jantar	amulet, tool	dawi laka inven nana thil hmanrua.	दोइ लका इनवेन नाना थिल म्हनरुआ
जंतु सं.पु. (n.m.)	jantu	animal	thil nung (hnim lam pang chi tiam lovin)	थिल नुङ (न्हीम् लम पङ ची तीयम् लोउइन)
जंत्री सं.स्त्री (n.f.)	jantrī	almanac	kum khat chhunga hrang hrang awmze chhutna bu.	कुम खत छुङा हङ हङ ऑमजे छूत्ना बू
जँभाई सं. स्त्री (n.f.)	Jãbhāī	yawn.	ham, zimar	हम्, जिमर
जँभाना क्रि.अ. (vi)	jãbhānā	to yawn.	ham, zimar	हम्, जिमर
जई सं.स्त्री (n.f.)	ja.ī	oat.	chhangphut buh chi khat.	छङफुत् बुह् चि खत
जईफ़ वि. (adj.)	jaīf	old, weak	upa, hlui, chau, chaklo.	उपा हूलुइ, चाउ चकलो
जईफी सं.स्त्री (n.f.)	ja.īfī	old age	kum upa.	कुम उपा
जकड़ना क्रि.स. (v.t.)	jakaṛ.nā	to tighten, to bind.	timar, tawn.	तिमर, टोन
ज़ख्म सं.पु. (n.m.)	zakhm	wound, injury	hliamna natna.	हूलीयमूना, नतना
जख्मी वि. (adj.)	zakhmī	wounded, injured	tihliam, tina	तिहूयीम, तिना
जग सं.पु. (n.m.)	jag	world, universe.	khawvel, khawvel pumpui.	खोवेल, खोवेल पुमपुइ
जन्म सं.पु. (n.m.)	janma	birth	pianna	पियनूना

जनरव सं.पु. (n.m.)	janrav	noise, clamour.	beng chheng, ri hulh hulh	बेङ छेङ, रि हुल्ह् हुल्ह्
जनवाद सं.पु. (n.m.)	janvād	rumour.	thuthang	थुथङ
जनश्रुति सं.स्त्री (n.f.)	janshrutī	hearsay.	khual thu thang.	खुआल थुथङ
जनसंख्या सं.स्त्री (n.f.)	jansaṅkhyā	population, census.	cheng zat, rama cheng zat, mihring chhiarna.	चेङ जात, रमा चेङ जात, मिह्रिङ छियरना
जनहित सं.पु. (n.m.)	janhit	public welfare	mipui hmakhua.	मिपुइ म्हाखुआ
ज़नानखाना सं.पु. (n.m.)	zanān. khānā	harem	mosolman nupui rual dah hranna (hmun)	मुसलमान नुपुइ रुअल दाह ह्रनूना (म्हुन)
ज़नाना सं.स्त्री (n.f.)	zanānā	female	hmeichhia, a nu	म्हेइछिया, अ नू
जनाना क्रि.स. (v.t.)	janānā	to inform	hriattir.	ह्रियात्तीर
जनेऊ सं.पु. (n.m.)	janeū	sacred thread.	lazai Pathian hnena hlan, lazai serh.	लजाइ पथियन् न्हेना ह्लान्, लजाइ सेरह्
जन्तु सं.पु. (n.m.)	jantu	animal, creature	thil nung (hnim lampang chi tiam lovin)	थिल नुङ (न्हीम् लमपङ ची तियम् लोवीन
जन्म सं.पु. (n.m.)	janm	birth	pianna	पियान्ना
जन्मान्ध वि. (adj.)	janmāndh	born-blind	pian tirh aṭanga mitdel.	पियान् तिरह् अटंङा मित्देल
जन्मोत्सव सं.पु. (n.m.)	Janmotsav	birth-day ceremony, anniversary	kum tin pian champha, kum veina	कुम तिन पियान् चमफा, कुम वेइना
जब क्रिं.वि. (adv.)	jab	when	engtikah.	एङतिक्अह्
जबड़ा सं.पु. (n.m.)	jab.ṛā	jaw	khabe	खबे
जबर वि. (adj.)	jabar	strong.	chak	चक
जबरदस्त वि. (adj.)	jabar.dast	stron'g vigorous	chak hrisel.	चक ह्रिसेल
ज़बान सं.स्त्री (n.f.)	zabān	tongue.	lei	लेइ
ज़बानी वि. (adj.)	zabānī	oral, verbal	ka a sawi	क अ सोइ
ज़ब्त वि. (adj.)	zabt	confiscated, forfeited.	hren, chan	ह्रेन, चान
ज़ब्ती सं.स्त्री (n.f.)	zabtī	confiscated, forfeiture.	chhuksakna, hrensakna.	छुह्सकना, ह्रेन्सकना
जमघट सं.पु. (n.m.)	jam.ghaṭ	crowd.	mipui awm	मिपुइ ऑम

			khawm.	खोम्
जमना क्रि.अ. (v.i.)	jam.nā	to curdle, to freeze.	vawta hmet khawng.	वोता म्हेत खोङ
जमहाई सं.स्त्री (n.f.)	jam.hā.ī	yawning	ham ang.	हाम अङ
जमा सं.पु. (n.m.)	jamā	collected	fawm khawm.	फोम खोम
जमाई सं.पु. (n.m.)	jamāī	son-in-law	fanu pasal	फनू पसल
ज़मात सं.स्त्री (n.f.)	jamāt	crowd	mipui pung khawm.	मिपुइ पुङ खोम
जमादार सं.पु. (n.m.)	jamādār	head constable	police hotu	पुलिस होउतू
जमादार सं.पु. (n.m.)	jamādār	sweeper	hmunphiat	म्हुन्फियत्
जमानत सं.स्त्री (n.f.)	zamānat	bail	thubuai sawi laia in tlan chhuah lailawk.	थुबुअइ सोइ लाइअ इन त्लान् छुअह् लइलोक
जमाना क्रि.स. (v.t.)	jamānā	to freeze.	vawta hmet khawng, vurtling.	वोता म्हेत खोङ, वूरत्लीङ
ज़माना सं.पु. (n.m.)	zamānā	time, period	hun, darkar	हुन, दारकार
जनप्रिय वि. (adj.)	jan.priya	popular	tlangtla, lar	त्लाङत्ला, लार
जगमगाना क्रि.अ. (v.i.)	jag.magānā	to shine	eng, de	एङ, दे
जगमगाहट सं.स्त्री (n.f.)	jag.magā. hat.	glimmer	de set set	दे सेत् सेत्
जगवाना क्रि.स. (v.t.)	jagvānā	to awake	muhil kai tho, tho	मुहील काइ थोउ, थोउ
जगह सं.स्त्री (n.f.)	jagah	place, space.	hmun, hmun ruak.	म्हुन, म्हुन रुआक
जगाना क्रि.अ. (v.i.)	jagānā	to awaken	kai tho, tho	काइ थोउ, थोउ
जटा सं.स्त्री (n.f.)	jatā	matted hair	sam hnawk.	सम ह्नोक
जड़ सं.स्त्री (n.f.)	jaṛ	root.	zung, bul.	जुङ, बुल
जड़ना क्रि.स. (v.t.)	jaṛ.nā	to fix	tinghet.	तिङेत्
जड़ाई सं.स्त्री (n.f.)	jaṛāī	wages.	hlawh.	ल्होह्
जड़ीबूटी सं.स्त्री (n.f.)	jaṛī-būṭī	medicinal herbs	hnim atanga siam damdawi	न्हीम अटङा सियम दमदोइ
जतन सं.पु. (n.m.)	jatan	remedy, means	damdawi, tangkaina.	दमदोइ, टङकाइना
जताना क्रि.स. (v.t.)	jatānā	to inform, to tell.	hrilh, hraittir	ह्लिह, ह्रिआत्तीर

जत्था सं.पु. (n.m.)	jatthā	band, gang	a ruala mihring chetla, misual rual.	अ रुअला मिह्रिङ चेत्ला, मिसुअल रुअल
जन सं.पु. (n.m.)	jan	man	mihring, mipa.	मिह्रिङ, मीपा
जनक सं.पु. (n.m.)	janak	father.	thlahtu, pa.	त्लाह्तू, पा
जनचर्चा सं.स्त्री (n.f.)	jan.charchā	rumour.	thuthang, thu veiva	थुथङ, थू वेइवा
जनता सं.स्त्री (n.f.)	janta	public	van tlang mipui	वान त्लाङ मिपुइ
जनन क्रि.अ. (v.i.)	janan	birth	pian leh murna.	पियन लेह् मूरना
जनना क्रि.अ. (v.i.)	jananā	to bear, to breed.	phur, thlåh	फुर, त्लाह्
जननी सं.स्त्री (n.f.)	janānī	mother	hringtu, nu.	ह्रिङ्तु, नू
जनपद सं.पु. (n.m.)	jan.pad	district	ram bail khat.	रम बियाल खत
ज़मीन सं.स्त्री (n.f.)	zamīn	land	lei, ram	लेइ रम
ज़मीदार सं.पु. (n.m.)	zamī.dār	land-lord	ramneitu, khualbuk	रमनेइतू, खुआलबूक
जय सं.स्त्री (n.f.)	jay	victory	hnehna	न्हेना
जयंती सं.स्त्री (n.f.)	jayāntī	anniversary	champha.	चम्फा
जयमाल सं.स्त्री (n.t.)	jaymāl	bridal garland	inneihna pangpar	इन्नेइह्ना पङ्पार
जयी वि. (adj.)	jayī	victorious	hnehtua awm	न्हेह्तुअ ऑम
जरन स.स्त्री (n.f.)	jaran	burning	kang, alh.	काङ, अल्ह
ज़रा वि. (adj.)	zarā	a little	tlem, te nau.	त्लेम ते नाउ
जरिया सं.पु. (n.m.)	jariyā	means	awmzia	ऑमजिया
जरी सं.स्त्री (n.f.)	jarī	gold lace	rangkachak lace	रङ्कचक लेस
ज़रूर क्रि.वि. (adv.)	zarūr	certainly	ngei ngei	ङेइ ङेइ
ज़रूरत सं.स्त्री (n.f.)	zarūrat	need	mamawh, ṭul	ममोह्, टूल
जर्द वि. (adj.)	zard	yellow, pale	eng, dal.	एङ, टेल
ज़र्रा सं.पु. (n.m.)	zarrā	particle	thil them te tak te.	थिल थेम ते तक ते
ज़र्राह सं.पु. (n.m.)	zarrāh	surgeon.	mi zai thiam daktawr	मी जइ थियाम दाक्तोर
ज़र्राही सं.स्त्री (n.f.)	zarrāhī	surgery.	damdawia inzaina, zai lam hna.	दमदोइअ इनजइना, जइ लम न्हआ
जल सं.पु. (n.m.)	jal	water.	tui.	तुइ
जलज सं.पु. (n.m.)	jalaj	lotus	tui lili	तुइ लीली
जलद सं.पु. (n.m.)	jalad	cloud	chhum.	छूम

जलन सं.स्त्री (n.f.)	jalan	burning	alh	अल्ह
जलना क्रि.अ. (v.i.)	jal.nā	to burn	hal, rawh	हाल, रोह्
जलाना क्रि.स. (v.t.)	jalānā	to burn	hal, rawh	हाल, रोह्
जलाशय सं.पु. (n.m.)	jalāshay	tank, pool	tuizem, dil te.	तुइजेम, दील ते
जलूस सं.पु. (n.m.)	jalūs	procession	kawngzawh.	कोङजोह्
जल्द क्रि.वि. (adv.)	jald	soon	thuai	थुआइ
जल्दी सं.स्त्री (n.f.)	jaldī	hurry	tur, hmanhmawh	तूर, म्हन्म्होह्
जल्लाद सं.पु. (n.m.)	jallād	executioner, cruel person	thi tura ruatte tihlumtu, mi nunrawng.	थी तूरा रुआतते तिह्लुमतू, मि नुनरोङ
जवाँमर्द वि. (adj.)	javā̃mard	brave, heroic	huaisen.	हुआइसेन
जवाँमर्दी सं.स्त्री (n.f.)	javā̃mardī	bravery.	huaisenna.	हुआइसेनूना
जवान सं.पु. (n.m.)	javān	young, youth	naupang tuai.	नउपङ तुअइ
जवानी सं.स्त्री (n.f.)	javānī	youth	rawlthar, tleirawl.	रोलथर, त्लेइरोल
जवाब सं.पु. (n.m.)	javāb	answer.	chhanna	छानूना
जवाबी कार्ड सं.पु. (n.m.)	javābī cārḍ	reply card	chhanna lehkha	छानूना लेह्खा
जवाहर सं.पु. (n.m.)	javāhar	jewel, gem.	lunghlu.	लुङह्लु
जवाहिरात सं.पु. (n.m.)	javāhirāt	jewellery	lunghlu ilova chei mawi thil.	लुङह्लु इलोवा चेइ मोइ थिल्
जहन्नुम सं.पु. (n.m.)	jahnnum	hell	hremhmun.	ह्रेम म्हुन
जहमत सं.स्त्री (n.f.)	jahmat	trouble	manganna	मङअनूना
ज़हर सं.पु. (n.m.)	zahar	poison	tur	तूर
ज़हरीला वि. (adj.)	zahrīlā	poisonous	tur nei.	तूर नेइ
जहाँ क्रि.वि. (adv.)	jahā̃	where	khawiah	खोइअह
जाँघ सं.स्त्री (n.f.)	jā̃gh	thigh	malpui, mal	मलपुइ, मल
जाँघिया सं.स्त्री (n.f.)	jā̃ghiyā	under wear	kawrhnuai	कोर न्हुइ
जाँच सं.स्त्री (n.f.)	jā̃ch	test	enchhinna	एनछिनूना
जाँचना क्रि.स. (v.t.)	jā̃ch.na	examine	enchhin, endik.	एनछिन, एनदिक
जाकड़ सं.पु. (n.m.)	jākaṛ	credit	hming thatna	म्हीङ ठत्ना
जागता हुआ वि. (adj.)	jāgtāhuā	vigillant	harhvang.	ह्रहवङ
जागना क्रि.अ. (v.i.)	jāgnā	to rise	tho, nungleh	थोउ, नुङलेह्
जागरण सं.पु. (n.m.)	jāg.raṇ	awakening	harhna	ह्रह्ना
जागृति स.स्त्री (n.f.)	jārgriti	awakening	harhna, titho	ह्रहना तिथोउ
जाड़ा सं.पु. (n.m.)	jāṛā	winter	thlasik	त्लासिक
जाति सं.स्त्री (n.f.)	jāti	race, tribe	hnam, chi	ह्नम्, ची

जातीय वि. (adj.)	jātīya	personal	mahni pual, mimal thil	म्हाह्नी पुआल, मिमल थिल
जादू सं.पु. (n.m.)	jādū	magic	mitdawivaih.	मिदोइवइह्
जान सं.स्त्री (n.f.)	jān	life, spirit	nunna, thlarau.	नुन्ना त्लाराउ
जानना क्रि.स. (v.t.)	jānnā	to know	hria	हीय
जानवर सं.पु. (n.m.)	jān.var	animal	thil nung (thlai lam ni lo.)	थिल नुङ (थ्लाइ लम नी लो)
जाना क्रि.अ. (v.i.)	jānā	to go	kal.	कल
जानी वि. (adj.)	jānī	dear, beloved	hmangih, duhlai.	म्हाङइह्, दुहलाइ
जामा सं.पु. (n.m.)	jāmā	dress	thuam, in cheina	थुआम, इन चेइना
जामाता सं.पु. (n.m.)	jāmātā	son-in-low	fanu pasal	फनु पसल
जामुन सं.पु. (n.m.)	jāmun	black plum	thei te dum.	थेइ ते दुम
ज़ायका सं.पु. (n.m.)	zāy.kā	taste.	tem	तेम
ज़ायकेदार वि. (adj.)	zāy.kedār	tasteful	tui	तुइ
जायदाद सं.स्त्री (n.f.)	jāydād	property	neihsum.	नेइह्सुम
जाया सं.स्त्री (n.f.)	jāyā	wife	nupui.	नुपुइ
जाया वि. (adj.)	jāyā	wasted, ruined.	riral, tichhia.	रीरल, तिछिया
जारन स.पु. (n.m.)	jaran	firewood, fuel	meituah	मेइतुअह
जारी वि. (adj.)	jārī	current	kal lai	कल लाइ
जाल सं.पु. (n.m.)	jāl	net	len	लेन
जालसाज़ सं.पु. (n.m.)	jālsāz	forget	theihnghilh.	थेइह्ङिल्ह
जालसाज़ी सं.स्त्री (n.f.)	jālsāzī	forgery	a lem, mi bum nana a lam siamna.	अ लेम, मी बुम नान अ लेम सियाम
जासूस सं.पु. (n.m.)	jāsūs	spy.	enthlatu	एनत्लातू
ज़िन्दगी सं.स्त्री (n.f.)	zīnd.gī	life	nunna.	नुनूना
ज़िन्दा वि. (adj.)	zīndā	living	nunna nei, nung.	नुनूना नेइ, नुङ
जिन्स सं.स्त्री (n.f.)	jins	commodity	zawrhsum, chanvo ta.	जोरहसुम, चनवोउ ता
जिगर सं.पु. (n.m.)	jigar	liver.	thin.	थिन
जिगरी वि. (adj.)	jig.rī	intimate	lairila, inhanaih.	लाइरिल्ला इनन्हाइह्
जिज्ञासु वि. (adj.)	jighyāsu	curious	dilchhut.	दीलछूत
जितना क्रि.वि. (adv.)	jit.nā	as much as	tam thei ang, chutianga tam.	तम थेइ अङ, चुतियाङा तम

जिताना क्रि.स. (v.t.)	jitānā	to win	hneh.	न्हेह्
जिधर क्रि.वि. (adv.)	jidhar	whenever	khawiah pawh.	खोइअह पोह
ज़िला सं.पु. (n.m.)	zilā	district	ram bial khat	रम बियाल खत
ज़िल्लत सं.स्त्री (n.f.)	zillat	disgrace	hmingchhiatna, thangchhiatna.	म्हीङछीयत्ना, थङछीयत्ना
जिसका सं.पु. (n.m.)	jiskā	whose.	tu ta.	तू ता
जिस्ता सं.पु. (n.m.)	jistā	quire	phek 24	फेक 24
जिस्म सं.पु. (n.m.)	jism	body	taksa	तकसा
जीजी सं.स्त्री (n.f.)	jījī	elder sister	laizawn upa zawk.	लइजोन उपा जोक
जीत सं.स्त्री (n.f.)	jīt	victory	hnehna.	न्हेह्ना
जीता वि. (adj.)	jītā	living	nunna nei	नुन्ना नेइ
जीन सं.स्त्री (n.f.)	jīn	saddle	sakawr zin	सकोर जीन
जीभ सं.स्त्री (nf.)	jībh	tongue	lei	लेइ
जीभी सं.स्त्री (n.f.)	jībhī	nib	thil hmawr zum.	थिल म्होर जुम
जीर्ण वि. (adj.)	jīrna	old	upa, tar.	उपा, तर
जीर्णोद्धार सं.पु. (n.m.)	jīrṇoddhār	repair	siam tha	सियाम ठा
जीव सं.पु. (n.m.)	jīv	life	nunna	नुन्ना
जीवन सं.पु. (n.m.)	jīvan	life, existence	nunna, awmna	नुन्ना ऑमना
जीवनी-लेखक सं.पु. (n.m.)	jīvnī-lekhak	bio graphar	mi chanchin ziaktu.	मी चन्चिन् जियकतू
जीवाणु सं.पु. (n.m.)	jīvāṇu	microbe	natna hrik enlenna nena hmuh theih chi, thil nung te take te.	नत्ना ह्रिक एनलेन्ना नेना म्हुह थेइह ची, थिल नुङ ते तक ते
जीविका सं.स्त्री (n.f.)	jīvikā	liveli hood, profession	hna thawh, eizawnna hna.	न्हआ थोह एइजोन्ना न्हआ
जुआ सं.पु. (n.m.)	juā	gambling	pawisa inkhelna.	पोइसा इनखेल्हना
जुआर सं.पु. (n.m.)	juār	millet	buhtun.	बुह्तुन
जुआरी सं.पु. (n.m.)	juārī	gambler	pawisa inkhel mi.	पोइसा इनखेल मी
जुकाम सं.पु. (n.m.)	zukām	cold	hritlang.	ह्रीत्लाङ
जुगनू सं.पु. (n.m.)	jug.nū	glow-worm.	dumde	दुमदे
जुगाली सं.स्त्री (n.f.)	jugālī	chweing the cud, rumination	beng sika ngaihtuah lem hnu irh	बेङ सिका ङइहतुआह लेम न्हु इरह्

			chhuaka	छुआका
			ṭhial nawn leh.	ठियाल नोन् लेह्
जुटना क्रि.अ. (v.i.)	juṭ.nā	to unite, to meet	kal khawm, inzawm	कल खोम्, इनजोम
जुटाना क्रि.स. (v.t.)	juṭā.nā	to collect	fawm khawm.	फोम खोम
जुड़ना क्रि.अ. (v.i.)	juṛ.nā	to be joined	zawm	जोम
जुड़वाँ वि. (adj.)	juṛvā̃	twin	phir	फीर
जुताई सं.स्त्री (n.f.)	jutāī	ploughing	leilet.	लेइलेत्
जुदा वि. (adj.)	judā	separate, apart	tihrang	तिह्रङ
जुमला सं.पु. (n.m.)	jum.lā	sentence	ṭawngkam khat	तोङ्कम खत
जुर्म सं.पु. (n.m.)	jurm	crime, sin.	tihsual, sualna	तिह्सुआल, सुआलना
जुर्माना सं.पु. (n.m.)	jurmānā	fine	lei chawi	लेइ चोइ
जुलाब सं.पु. (n.m.)	julāb	purgative	kawthuahna.	कोठुअहना
जुलाहा सं.पु. (n.m.)	julāhā	weaver	puan tahtu.	पुआन तह्तू
जुहार सं.पु. (n.m.)	juhār	salutation	inchibaina.	इनचिबइना
जूँ सं.पु. (n.m.)	jū̃	a louse	hrikhrah, hrik	ह्रिकह्रअह्, ह्रिक
जूआ सं.पु. (n.m.)	jūā	yoke, gambling	nghawngkawl, pawisa inkhelna.	ङोङ्कोल, पोइसा इनखेलना
जूझना क्रि.अ. (v.i.)	jujh.ṅā	to fight	sual, bei	सुआल बेइ
जूठा वि. (adj.)	juṭhā	defiled by eating	ei thiang lo eia bawlhhlawh, ei hnu	एइ थियाङ लो एइअ बोल्ह्ल्होअ, एइ न्हु
जूता सं.पु. (n.m.)	jūtā	shoe	pheikhawk rawng bul	फेइखोक् रोङ बूल
जूस सं.पु. (n.m.)	jūs	soup	satui, antui.	सुतइ, अनतुइ
जेठरा वि. (adj.)	jeṭhrā	elder	upa zawk.	उपा जोक्
जेब सं.स्त्री (n.f.)	jeb	pocket	ipte	इपते
जेबी वि. (adj.)	jebī	tiny, small	te, zim	ते जीम
जेवनार सं.स्त्री (n.f.)	jevnār	feast	ruai.	रुअइ
जेवर सं.पु. (n.m.)	jevar	ornament	incheina tle reuh.	इनचेइना त्ले रेउह
जेवरा सं.पु. (n.m.)	jevrā	rope	hruizen.	ह्रुइजेन
जैसा क्रि.वि. (adv.)	jāisā	similar to, like	inang, ang.	इनअङ, अङ
जैसे क्रि.वि. (adv.)	jāise	as	ang, chutiang.	अङ, चुतीयङ
जोंक सं.स्त्री (n.f.)	jõk	leech	vangvat, hlit	वङवत्, ल्हीत्
जोगी सं.पु. (n.m.)	jogī	ascetic, saint	mi thianghlim, mi	मी थियाङ्ल्हीम, मी

			inserh hrang.	इनूसेरह ह्रङ
जोड़ सं.पु. (n.m.)	joṛ	joint, total	inzawmna, a	इनजोमना, अ
			vai pum	वइ, पुम
जोड़ा सं.पु. (n.m.)	joṛā	pair	kawp khat, tuak.	कोप खत, तुअक्
जोबन सं.पु. (n.m.)	joban	puberty, youth	tleirawl chhuah.	त्लेइरोल छुअह
ज़ोर सं.पु. (n.m.)	zor	stress, emphasis	uarna.	उअरना
जोश सं.पु. (n.m.)	josh	zeal	thathona.	थथोउना
जोशीला वि. (adj.)	joshīlā	zealous	thahnemngai.	ठन्हेमङाइ
जोहार सं.पु. (n.m.)	johār	salutation	inchibaina.	इनचिबइना
जोहरी सं.पु. (n.m.)	joh.rī	jeweller.	lunghlua	लुङह्लुअ
			cheimawi	चेइमोइ
			ilo siamtu leh	इलो सियमतू लेह्
			zuartu	जुअरतू
ज्यों क्रि.वि. (adv.)	jyõ	as	chuan, sela	चुअन, सेला
ज्योति सं.स्त्री (n.f.)	jyoti	light	eng, khawnvar	एङ, खोनवार
ज्योतिष सं.पु. (n.m.)	jyotiṣ	astrology	arsi inher dan	अरसी इनूहेर दान
			atanga	अटंङा
			mihring ai en	मिह्रिङ आइ एन
			theihna	थेइह्ना
ज्वर सं.पु. (n.m.)	jvar	fever	khawsik	खोसिक
ज्वलंत वि. (adj.)	jvalant	shining, bright.	eng lang chiang.	एङ लङ चियाङ
ज्वार सं.पु. (n.m.)	jvār	millet, tide	buhtun.	बुहतुन
ज्वाला सं.स्त्री (n.f.)	jvālā	flame	mei alh.	मेइ अल्ह

झ

झंकार सं.स्त्री (n.f.)	jhaṅkār	tinkling	ri chheng chheng	री छेङ छेङ
झंझट सं.स्त्री (n.f.)	jhañjhaṭ	botheration	timangang.	तिमङअङ
झंडा सं.पु. (n.m.)	jhaṇḍā	flag	puanzar	पुअनजार
झंडी सं.स्त्री (n.f.)	jhanḍī	small flag.	puanzar te	पुअनजार ते
झक सं.स्त्री (n.f.)	jhak	whim, craze	rilru duh thu	रिलरु दुह् थू
			mai mai	मइ मइ
झकमक सं.स्त्री (n.f.)	jhak.mak	wrangling,	inhialna,	इनन्हीयलना,
		dispute.	intihbuaina	इनतिह्बुअइना
झकोर सं.पु. (n.m.)	jhakor	blast, jerk.	tleh thut, thin	त्लेह थुत, थिन
			sawk.	सोक
झक्कड़ वि. (adj.)	jhakkaṛ	crazy	a mak	अ मक

झगड़ना क्रि.अ. (vi)	jhagaṛ.nā	to quarrel	inhau, inhnial	इनहाउ इनन्हीयल्
झगड़ा सं.पु. (n.m.)	jhag.ṛā	quarrel	inhauna	इनहाउहना
झट क्रि.वि. (adv.)	jhaṭ	at once	chawpleh-chilh	चोपलेह-चिल्ह्
झटकना क्रि.स. (vt)	jhaṭak.nā	to snatch	chhuhthut	छुहथुत
झटक क्रि.वि. (adv.)	jhaṭak	Violently	rapthlak tak, nasa tak	रापत्लाक तक, नसा तक
झटका सं.पु. (n.m.)	jhaṭa.kā	Violently	rap thlak, na, nasa	राप त्लाक ना, नसा
झटपट क्रि.वि. (adv.)	jhaṭ.paṭ	promptly	nghal, tivat	ङाल, तिवत
झड़प सं.स्त्री (n.f.)	jhaṛap	skirmish	intihbuaina, thinrimna	इनतिह्बुअइना थिनरिमना
झपकी सं.स्त्री (n.f.)	jhap.kī	nap, doze.	chhing sek, muthlu	छिङ सेक, मुत्लु
झमेला सं.पु. (n.m.)	jhamelā	botheration	tibuai	तिबुअइ
झरना सं.पु. (n.m.)	jhara.nā	waterfall	tui khawhthla	तुइ खोह्त्ला
झरी सं.स्त्री (n.f.)	jharī	toll tax.	chhiah	छिअह
झरोखा सं.पु. (n.m.)	jharokhā	skylight, small window.	eng luhnana siam tukverh emaw.	एङ लुह्नाना सियाम् तुकवेरह एमो
झलक सं.स्त्री (n.f.)	jhalak	glimpse	thil lang zawr, hmuh zawr.	थिल लङ जोर, म्हुह् जोर
झलाई सं.स्त्री (n.f.)	jhalāī	soldering	thir ilo char, zawm	थीर इलो चार, जोम
झाँकना क्रि.अ. (vi)	jhā̃k.nā	to peep	bihthla	बिहत्ला
झाँझ सं.स्त्री (n.f.)	jhā̃ijh	cymbal	darbenthek	दारबेनथेक
झाँसना क्रि.स. (vt.)	jhā̃s.nā	to cheat	bum	बुम
झाग सं.पु. (n.m.)	jhāg	foam, lather	phuan, sahbawn phuan	फुअन, सह्बोन फुअन
झाड़ सं.पु. (n.m.)	jhār	bush	hnim buk.	न्हीम बुक
झाड़न सं.स्त्री (n.f.)	jhāṛan	duster	vaivut hruk faina	वइवुत हुक फाइना
झाड़ना क्रि.अ. (vi)	jhāṛ.nā	Sweep	phiat, hrut	फियात्, हुक
झाड़ी सं.स्त्री (n.f.)	jhāṛī	bush, thicket	hnim buk, pik	न्हीम बुक, पिक
झापड़ सं.पु. (n.m.)	jhāpaṛ	slap	beng	बेङ
झाबा सं.पु. (n.m.)	jhābā	basket	fawng, kho	फोङ, खोउ
झार सं.पु. (n.m.)	jhār	jeabusy	it sikna	इत सीकना
झारना क्रि.स. (vt)	jhār.nā	to comb	khuih	खुइह
झालना क्रि.स. (vt)	jhāl.nā	to solder	char nghet	चार ङेहत्
झाला सं.पु. (n.m.)	jhālā	spider's web.	maimawm ril sak	माइमोम रील सक

झिझक सं.स्त्री (n.f.)	jhijhak	hitch, hesitation	khaw tanna, rilru hmin zan lohna, timna.	खो तान्ना, रिलरु म्हीन् जान लोउना तिमना
झिड़कना क्रि.अ. (vi)	jhiṛak.nā	to scold, rebuke.	sawisel, hau	सोइसेल हाउ
झिड़की सं.स्त्री (n.f.)	jhiṛkī	rebuke	inhauhna.	इनहउह्ना
झिलमिलाना क्रि.अ. (vi)	jhil.milānā	to twinkle, to shimmer,	eng zeuh zeuh, de zeuh zeuh.	एङ जेउह जेउह, दे जेउह जेउह
झिलमिली सं.स्त्री (n.f.)	jihl.milī	shutter.	tuk verh kharna	तुक वेरह् खारना
झिल्ली सं.स्त्री (n.f.)	jhillī	membrane	rang hamda	राङ हम्दा
झींगुर सं.पु. (n.m.)	jhĩgur	cricket	cricket	क्रिकेट
झीना वि. (adj.)	jhīnā	thin gauzy	cher, pan	चेर, पन,
झील सं.स्त्री (n.f.)	jhīl	lake	dil	दील
झुँझलाना क्रि.अ. (vi)	jhũjh.lānā	annoyance	thinurna, lawm lohna	थिनउरना, लोम लोह्ना
झुंड सं.पु. (n.m.)	jhũnḍ	group, crowd	rual, pawl.	रुअल, पोल
झुकना क्रि.अ. (vi)	jhuk.nā	stoop	kun, inphah hnuai	कून, इनफअ हन्हुआइ
झुकाना क्रि.स. (vt)	jhukānā	to bend	ti tlawm, tlawm, ti thlep	ति त्लोम, त्लोम, ति थ्लेप
झुकाव सं.स्त्री (n.f.)	jhukāv	bent	thlek lam, awn lam, thlep.	थ्लेक लम, ऑन लम, थ्लेप
झुटपुटा सं.पु. (n.m.)	jhuṭ.puṭā	dusk	thim, dum, thim thut thut	थिम, दुम, थिम थुत थुत
झुठलाना क्रि.स. (vi)	jhuṭh.lānā	falsify	dik lohna lai lang.	दिक लोह्ना लाइ लङ
झुनझुनी सं.स्त्री (n.f.)	jhun.jhunī	thrilling feeling in the legs.	ke mu	के मू
झुमका सं.पु. (n.m.)	jhum.kā	ear-ring	bengbeh	बेङबेह्
झुरझुरी सं.पु. (n.m.)	jhur.jhurī	shivering	khur	खूर
झुरमुट सं.पु. (n.m.)	jhur.muṭ	grove	thing hmun	थिङ म्हुन
झुराना क्रि.अ. (vi)	jhurānā	to dry.	pho ro, rep ro, tiro	फोउ रोउ, रेप रोउ, तिरोउ
झुरी सं.स्त्री (n.f.)	jhurī	wrinkle.	chuar, zur	चुआर, जूर
झुलसा हुआ वि. (adj.)	jhul.sā huā	scorched	hemut, emut	हेमऊत, एमऊत
झुलाना क्रि.स. (vt)	jhulānā	to swing	pipu uai, inthen	पीपू उअइ, इनथेन

झूठ वि. (adj.)	jhūṭh	lie	dawt	दोत
झूठा वि. (adj.)	jhūṭhā	false, untrue	dik lo, dawt	दिक लोउ, दोत
झूठी वि. (adj.)	jhūṭhī	false, bogus	dik lo, a suak.	दिक लोउ, अ सुआक्
झूमना क्रि.अ. (vi)	jhūm.nā	to nod head in a gay mood or in intoxication	hlim emaw ruih vang emawa bu nghat nghat.	त्लीम एमो रुइह वङा एमोअ बू ङ्हत् ङ्हत्
झूला सं.पु. (n.m.)	jhūlā	swing	in then	इन थेन
झेंप सं.स्त्री (n.f.)	jhẽp	shame	mualphona, zahna.	मुआल़फोउना, जहना
झेंपू वि. (adj.)	jhẽpū	blushing	zaka sen awm awm.	जका सेन ऑम ऑम
झेलना क्रि.स. (vt)	jhelnā	to bear	phur	फुर
झोंका सं.पु. (n.m.)	jhõkā	gust, blast	thli tleh thut.	थ्ली त्लेह थुत
झोंपड़ा सं.पु. (n.m.)	jhõp.ṛā	hut, cottage	buk, bawkte.	बूक, बोकते
झोर सं.पु. (n.m.)	jhor	broth, soup.	sa leh anhnah chhum pawlh tuihang.	सा लेह अनन्हआ छुम पोल्ह (तुइहाङ)
झोरना क्रि.अ. (vi)	jhor.nā	to shake	thing sawı	थिङ सोइ
झोल सं.पु. (n.m.)	jhol	broth, soup	sa leh anhanh chhum pawlh tuihang.	सा लेह अनन्हआ छुम पोल्ह तुइहाङ
झोला सं.पु. (n.m.)	jholā	bag.	ip	इप
झोली सं.पु. (n.m.)	jholī	a small bag.	ip te.	इप ते

ट

टंकार सं.स्त्री (n.f.)	ṭan.kār	twang of a bow, tinkling sound, shirll cry.	aw sin sang, ri tleng, tleng thal kah ri fua.	ओ सीन साङ, री त्लेङ त्लेङ थल कह री फुआ
टंकी सं.स्त्री (n.f.)	ṭaṅkī	cistern, tank.	tuizem	तुइजेम
टंगना क्रि.अ. (vi)	ṭaṅg.nā	to be hang, to hang	khai, inkhai	खाइ, इनखाइ
टकटकी सं.स्त्री (n.f.)	ṭakṭakī	gazer, store.	mit khap lova en, melh reng.	मित खप लोवा एन, मेल्ह रेङ
टकराना क्रि.अ. (v.i.)	ṭak.rānā	to knock, to strike, to dash	su tauh	सू तउह्

टकराव सं.पु. (n.m.)	ṭakrāv	clash	dodalna, hnialkalhna.	दोउदालना, न्हीयलकल्हना
टकसाल सं.पु. (n.m.)	ṭaksāl	mint	pawisa chherna hmun.	पोइसा छेरना म्हुन
टका सं.पु. (n.m.)	ṭakā	one thirty second of a rupee	cheng khat hmun sawm thum pahniha ṭhenna hmun khat.	चेङ खत म्हनु सोमथुम पहृनीहूअ ठेनूना म्हुन खत
टक्कर सं.स्त्री (n.f.)	ṭakkar	collision, clash, knock, match.	insu, intauh.	इनसू, इनतउह
टखना सं.पु. (n.m.)	ṭakh.nā	(human) ankle	kheimit	खेइमित्
टटोलना क्रि.स. (v.t.)	ṭatolnā	to grope	dap vel.	दप वेल
टट्टी सं.स्त्री (n.f.)	ṭaṭṭī	latrine, privy.	vantlang zunram thiarna in ekin.	वानत्लाङ जुनरम थिअरना इन एकइन
टटपूंजिया वि. (adj.)	ṭatpūnjiyā	(a man) of petty resources	intundinna hnar chhete nei.	इनतुनदिनूना न्हआर छेते नेइ
टट्टू सं.पु. (n.m.)	ṭaṭṭū	pony.	sakawr te	सकोर ते
टपकना क्रि.अ. (v.i.)	ṭapaknā	water or juice trikclesdrops	far, tla	फर, त्ला
टपाटप क्रि.वि. (adv.)	ṭapāṭap	in succession.	indawtna, inzuina.	इनदोतूना, इनजुइना
टब सं.पु. (n.m.)	ṭab	tub	chawhtawlh	चोहूतोल्ह
टहनी सं.स्त्री (n.f.)	ṭahnī	twig, spring	thingzar ṭang, thingṭang.	थिङजार टङ, थिङटङ
टहल सं.स्त्री (n.f.)	ṭahal	service (minial)	rawngbawlna, thawhna.	रोङबोलना, थोहना
टहलना क्रि.अ. (v.i.)	ṭahalnā	to walk, to stroll	ke a kal.	के अ कल
टालना क्रि.अ. (v.i.)	ṭāl.nā	to postpone	sut, sut let	सूत, सूत लेत
टाँका सं.पु. (n.m.)	ṭā̃kā	stitch	thui	थुइ
टाँग सं.स्त्री (n.f.)	ṭā̃g	leg.	ke.	के
टाँगना क्रि.स. (v.t.)	ṭā̃gnā	to hang, to suspend.	vai, inkhai chawlhtir rih	वइ, इनखाइ चोल्हतीर रिह
टाँगा सं.पु. (n.m.)	ṭā̃gā	a horse-carriage.	thil phurhna sakawr tawlailir	थिल फुरहना सकोर तोलाइलीर
टापू सं.पु. (n.m.)	ṭapū	island	thliarkar	थ्लीयरकार

टिकना क्रि.अ. (v.i.)	ṭik.nā	to stay, to putup	ding, cham.	दिङ, चाम
टिकली सं.स्त्री (n.f.)	ṭik.lī	an auspicious small round object gummed on the fore head of a Hin-du married woman.	Hindu hmeichhe pasalnei chal bel sen.	हिन्दू म्हेइछे पसलनेइ चल बेल सेन
टिकाऊ वि. (adj.)	ṭikāu	lasting, durable	daih rei.	दइह रेइ
टिकिया सं.स्त्री (n.f.)	ṭikiyā	tablet	damdawi tlangmum, tlang.	दमदोइ त्लाङ/मुम, त्लाङ
टिड्डी सं.स्त्री (n.f.)	ṭiḍḍī	locust	khaukhaup chi reng reng.	खाउखुअप ची रेङ रेङ
टिनबंद वि. (adj.)	ṭinband	tinned	tina khung, tina siam	टीना खुङ, टीना सियम
टिप्पणी सं.स्त्री (n.f.)	ṭippaṇī	comment remark	sawi, thil chung changa ngaih dan sawi	सोइ, थिल चुङ चङा ङइह् दान सोइ
टीका सं.पु. (n.m.)	ṭīkā	inoculation, mark on fore-head.	natna ven nana in chiuna, hindu hemichhe chal bel sen.	नत्ना वेन नानूअ इन चिउना, हिन्दू म्हेइछे चल बेल सेन
टीकाकार सं.पु. (n.m.)	ṭīkākār	commentator	sawitu, thil chung changa ngaih dan sawitu	सोइतू, थिल चुङ चङा ङइह दान सोइतू
टीका-टिप्पणी सं.स्त्री (n.f.)	ṭīkā-ṭippaṇī	comment, remark	sawi.	सोइ
टीप सं.स्त्री (n.f.)	ṭīp	pointing	kawk, kawh	कोक, कोह
टीला सं.पु. (n.m.)	ṭīlā	mound, hillock	tlang pawng	त्लाङ पोङ
टीस सं.स्त्री (n.f.)	ṭīs	smarting pain.	na, hreawm.	ना, ह्रेऑम
टुकड़ा सं.पु. (n.m.)	ṭuk.ṛā	piece	them	थेम
टुकड़ी सं.स्त्री (n.f.)	ṭukṛī	band (ofwen) datachment.	a ruala mihring. chetla, sipai pawl dah hran.	अ रुआला मीह्रिङ चेत्ला, सिपइ पोल दह ह्रन

टुकुर-टुकुर क्रि.वि.	ṭukur-ṭukur	to stare longingly	mit khap lova en, melh reng.	मिल खप लोवा एन, मेल्ह रेङ
टूक पु. (m.)	ṭūk	to give a pert reply.	thiam leh hneh taka chhang let.	थियाम लेह न्हेअह् तका छाङ लेत
टूट-फूट सं.स्त्री (n.f.)	ṭūt-phūṭ	breakage, wear and tear	keh.	केअह्
टूटा-फूटा वि. (adj.)	ṭūṭā-phūṭā	damaged	thil tih chhiat	थिल तिह् छियात्
टेकना क्रि.अ. (v.i.)	ṭek.nā	to lean, to rest.	ngheng, thle.	ङेहङ, थ्ले
टेढ़ा वि. (adj.)	ṭeṛhā	skew, curved	thil kawi kawm, kual, khawkham	थिल कोइ, कोम कुआल, खोखम
टेंक-तोड़ वि. (adj.)	ṭẽnk.toṛ	anit-tank	tank kah chhiatna.	तेङ कह छियातना

ठ

ठंड सं.स्त्री (n.f.)	ṭhanḍ	cold	vawt	वोत
ठंडा वि. (adj.)	ṭhanḍā	cold, cool	vawt, dai	वोत, दाइ
ठकठक सं.स्त्री (n.f.)	ṭhak-ṭhak	repeated taping sound breze	chhut ri, thlifim.	छु री, थ्लीफीम्
ठकुराई सं.स्त्री (n.f.)	ṭhakurāī	act or state of being asway, eminence	mual pawng	मुआल पोङ
ठग सं.पु. (n.m.)	ṭhag	cheat, swindler	bum	बुम
ठगना क्रि.अ. (v.i.)	ṭhag.nā	to cheat	bum.	बुम
ठठेरा सं.पु. (n.m.)	ṭhaṭherā	tinker, brazier	ṭin leh rangva bungbel chhe siamtu	टीन लेह् राङवा बुङबेल छे सियामतू
ठप वि. (adj.)	ṭhap	stopped, paralysed.	chawl.	चोल
ठप्पा सं.पु. (n.m.)	ṭhappā	mould, die	thil chhun.	थिल छुन
ठसाठस वि. (adj.)	ṭhasāṭhas	stuffed, packed	hnawh khat	न्होह् खत
ठहरना क्रि.अ. (v.i.)	ṭhahr.nā	to halt, to stop	chawl, cham	चोल, चाम
ठहाका सं.पु. (n.m.)	ṭhahākā	loud laugh	ring taka nui	रिङ तका नुइ
ठाट सं.पु. (n.m.)	ṭhāt	pomp	incheina, langsar chi	इन्चेइना, लङसार ची
ठाट-बाट सं.स्त्री (n.f.)	ṭhāt.bāt	pomp and show luxury	langsar zawnga inchei	लङसार जोङा इनचेइ

ठानना क्रि.अ. (v.t.)	ṭhan.nā	to resorve	tum ruhna	तुम रुहना
ठिंगना वि. (adj.)	ṭhiṅg.nā	short-statured	khan hniam.	खान न्हीयम
ठिकाना सं.पु. (n.m.)	ṭhikānā	proper place, fixed abode.	awmna hmun, chenna hmun.	ऑमना म्हुन, चेनूना म्हुन
ठिठकना क्रि.अ. (v.i.)	ṭhiṭhak.nā	to stop short, to stand amazed	makti.	मकती
ठीक वि. (adj.)	ṭhīk	right (person) place, pathway conduct.	dik, ngil, ṭha	दिक, ङील, ठा
ठीक-ठाक सं.पु. (n.m.)	ṭhīk.ṭhāk	right, O.K. well	tha, dam.	ठा, दम
ठीकरा सं. (n.)	ṭhīk.rā	broken piece of earthen-ware	hlum bel keh them.	ह्उम बेल केह थेम
ठुकराना क्रि.अ. (v.t.)	ṭhukrānā	to kick away.	pêt, chhuih.	पेत्, छुइह्
ठुड्डी सं.स्त्री (n.f.)	ṭhuḍḍī	chin	khabe	खबे
ठूंठ सं.पु. (n.m.)	ṭhūnṭh	stump	hnah nei lo thingzar	न्हअह् नेइ लो थिङ्जार
ठूँसना क्रि.स. (v.t.)	ṭhū̃s.nā	to cram, to stuff	hanwh, barh lut.	न्होह्, बर्ह लूत
ठेका सं.पु. (n.m.)	ṭhekā	contract	intiamna leh inremna avanga thawk.	इनतियामना लेह् इन्रेमना अवङा थोक
ठेकेदार सं.पु. (n.m)	ṭhekedār	contractor	intiamtu, thuthlungtu.	इनतियामतू, थुत्लुङ्तू
ठेठ सं.स्त्री (n.f.)	ṭheṭh	typical (panjabi brahmin) spe-echdialect, lan-guage.	zethuhmun.	जेथूम्हुन
ठेला सं.पु. (n.m.)	ṭhelā	trolley, gocart, push	tawlailir nawr lirh.	तोलाइली नोर लिरह्
ठेस सं.स्त्री (n.f.)	ṭhes	hurt, blow, shock.	tina, phut zawkna.	तिना, फूत जोक्ना
ठोंकना क्रि.स. (v.t.)	ṭhoṅk.nā	to hammer	kilh, kheng	किल्ह, खेङ
ठोकर सं.स्त्री (n.f.)	ṭhokar	kick	pet, chhuih	पेत, छुइह्
ठोड़ी सं.स्त्री (n.f.)	ṭhoṛī	chin	khabe	खबे
ठोस वि. (adj.)	ṭhos	solid, concrete.	sakhat, muk, ruh.	सखत, मुक, रुह्
ठौर सं.पु. (n.m.)	ṭhāur	place	hmun, chenna hmun.	म्हुन, चेन्ना म्हुन

ड

डंका सं.पु. (n.m.)	ḍaṅkā	Kettledrum	Khuang te mawng zum chi (hmai khat chuah nei)	खुआङ ते मोङ जुम ची (म्हाइ खत चउह् नेइ)
डंडा सं.पु. (n.m.)	ḍaṇḍā	baton, stick	tiang, hmawlh	तियाङ, म्होल्ह्
डंडी सं.स्त्री (n.f.)	ḍaṇḍī	beam of a scale	bukna ngul	बूकना ङुल
डँसना क्रि.अ. (v.t.)	ḍãs.nā	to bite	seh, (rul) chuk	सेह (रुल) चुक
डकार सं.पु. (n.m.)	ḍakār	belching, eru-ctation	irh	इरह्
डकारना क्रि.अ. (v.i.)	ḍakār.nā	to belch, to eructate	irh chhuak	इरह् छुआक्
डकैत सं.पु. (n.m.)	ḍakāit	dacoit, bandit	suamhmang a ruala chetla	सुआमम्हाङ अ रुअला चेत्ला
डगमग क्रि.अ. (v.i.)	ḍag.mag	faltering, stag-gering	zam, tim, pai	जाम, तीम, पाइ
डगर सं.पु. (n.m.)	ḍagar	way, path	kalkawng, hma lam	कलकोङ, म्हालम
डफली सं.स्त्री (n.f.)	ḍapha.lī	tobor, a small drum	khuang te	खुआङ ते
डब्बा सं.पु. (n.m.)	ḍabbā	box (of sweets) compartment (railway)	bawm, thingrem, rel pindan	बोम, थिङरेम, रेल पिनदन
डर सं.पु. (n.m.)	ḍar	fear, dread	hlauhna, tihna	ह्लाउना, तिह्ना
डरपोक वि. (adj.)	ḍarpok	a timid, weak-hearted	dawih, ṭi	दोइह, टी
डरावना वि. (adj.)	ḍarāv.nā	dreadful, frightening	rapna, hlauhna	रापना, ह्लाउना
डला सं.पु. (n.m.)	ḍalā	lump	hlawm, tlang	ह्लोम, त्लाङ
डसना क्रि.अ. (v.t.)	ḍas.nā	to sting, to bite	seh, (rul) chuk	सेह् (रुल) चुक
डहर सं.स्त्री (n.f.)	ḍahar	pathway	kawng	कोङ
डाँट सं.स्त्री (n.f.)	ḍāṭ	rebuke, reprim-and	inhauhna	इनह्राउह्ना
डाँवाडोल वि. (adj.)	ḍā̃vāḍol	fluctuating,	derdep, nghet lo	देरदेप, ङेत् लो

डाइन सं.स्त्री (n.f.)	ḍāin	witch, sorceress	dawi thiam hmeichhia	दोइ थियाम म्हेइछिया
डाका सं.पु. (n.m.)	ḍākā	dacoity, robbery	rukruk, insuamna	रुक्रुक् इनुसुआमना
डाकगाड़ी सं.स्त्री (n.f.)	ḍākgāṛī	mail train	dak rel	दाक रेल
डाकिया सं.पु. (n.m.)	ḍākiyā	postman	dak semtu	दाक सेमतू
डाकू सं.पु. (n.m.)	ḍākū	dacoit, bandit, robber	suamhmang a ruala chetla	सुआमम्हाङ अ रुआला चेत्ला
डाढ़ सं.स्त्री (n.f.)	ḍāṛh	molar, grinding tooth	hapui	हपुइ
डाल सं.स्त्री (n.f.)	ḍāl	branch, bough	thingtang, thingzar	थिङटङ, थिङजार
डाह सं.स्त्री (n.f.)	ḍāh	jealousy, grudge	itsikna nei, ngaimawh.	ईत्सीक्ना नेइ, ङइमोह्
डिठोना सं. (n.)	ḍiṭhonā	a black spot on the face to guard against the malignant eye.	hmaia chhunhan dum awm (mittichhevenna)	म्हाइ अ छुनूहन् दुम ऑम (मिततिछेवेनूना)
डिगरीदार सं. (n.)	ḍigrīdār	degree holder	thupek	थुपेक
डींग सं.स्त्री (n.f.)	ḍīg	boast, brag, vaunt	uang, in chhuang	उअङ, इनछुआङ
डीजल सं.पु. (n.m.)	ḍīzal	diesel	motor tui (petrol) chikhat	मोटोर तुइ (पेतरोल) चिखत
डुबकी सं.स्त्री (n.f.)	ḍub.kī	dive	pila lo lang leh	पिल्ला लो लङ लेह्
डूबना क्रि.अ. (v.i.)	ḍūb.nā	to sink	tuia pil	तुइअ पिल
डेढ़ वि. (adj.)	ḍeṛh	one and a half	pakhat leh a chanve	पखत लेह् अ चनेव
डेरा सं.पु. (n.m.)	ḍerā	dwelling, temporary abode.	chenna hmun, in.	चेनूना म्हुन, इन
डोरा सं.पु. (n.m.)	ḍorā	thread	lazai	लजाइ
डोरी सं.स्त्री (n.f.)	ḍorī	cord, rope	hruizem, hrui	हुइजेम, हुइ
डोल सं.पु. (n.m.)	ḍol	pail, bucket	balṭin, hmeichhe chuanna bawm zawm chi.	बालटीन, म्हेइछे चुअनूना बोम जोन ची
डोला सं.पु. (n m.)	ḍolā	liter, a kind of	khum veivak,	खुम वेइवाक्,

		sedan (for woman)	khum sawn sawn chi (hmeichhe chuanna)	खुम सोन् सोन् ची (म्हेइछे चुअन्ना)
ड्योढ़ा वि. (adj.)	ḍyoṛhā	one and a half time, fifty percent more.	vawi hmun khat leh a chanve, za zela sawmnga dang leh.	वोइ/म्हुन खत लेह् अ चनूवे, जा जेला सोमङा दंग लेह

ढ

ढंग सं.पु. (n.m.)	ḍhaṅg	way, method	tih, dan. danhmang	तिह् दान दानम्हाङ
ढकना क्रि.अ. (v.t.)	ḍhak.nā	to cover	khuh	खुह
ढकेलना क्रि.अ. (v.t.)	ḍhakel.nā	to pushthrust roughly.	nam, nawr, nem	नम, नोर, नेम
ढकोसला सं.पु. (n.m.)	ḍhakos.lā	humbug	inbumna, thuvavuk.	इनूबुमना, थुवावूक
ढक्कन सं.पु. (n.m.)	ḍhakkan	cover, lid	chhin, mit vun.	छीन, मित्, वुन
ढब सं.पु. (n.m.)	ḍhab	way, manner mode	danhmang, chet dan, suk thlek dan.	दानम्हाङ चेत दान, सूक त्लेक दान
ढलान सं.स्त्री (n.f.)	ḍhalān	slope	awihtlan, awn	ओइह्त्लान, ओन
ढहना क्रि.अ. (v.i.)	ḍhah.nā	to falldown	tlu, tlukna	त्लू, त्लूकना
ढहाना क्रि.स. (v.t.)	ḍhahānā	to demolish	chim, tichim	चिम्, तिचिम्
ढाँचा सं.पु. (n.m.)	ḍhā̃chā	Pattern, frame	riruat, duang, ziarang	रीरुआत, दुआङ, जियाराङ
ढाक सं.पु. (n.m.)	ḍhāk	buteafrondosa	ram lum (tropical) chi khat, (lord butea hming chawia sak)	रम लुम (ट्रोपिकल) चि खत, (लॉड बुतेअ म्हीङ चोइअ सक)
ढाई वि. (adj.)	ḍhaī	two and a half	pahnih leh a chanve	पह्नीह् लेह् अ चनवे
ढाढ़स सं.पु. (n.m.)	ḍhāṛhas	fortifude	pachanna, tuar chhelna	पचनूना, तुआर छेलना
ढाली वि. (adj.)	ḍhālī	unoccupied,	tihlai leh veilai neilo,	तिह्लाइ लेह् वेइलाइ नेइलौ

		at leisure	hman leh awllen lai	म्हान् लेह् ओललेन लाइ
ढिबरी सं.स्त्री (n.f.)	ḍhibrī	nut (for a bolt)	Kawng Kalhna thir (bawltu)	कोङ कल्हना थीर (बोलटू)
ढिलाई सं.स्त्री (n.f.)	ḍhilāī	slackness, laxity	inthlahdulna	इनत्लाह्दुलना
ढ़ील सं.स्त्री (n.f.)	ḍhīl	slackness	dul	दुल
ढीला वि. (adj.)	ḍhīlā	loose	dul, mar lo	दुल, मर लो
ढुलकना क्रि.अ. (v.t.)	ḍhulak.nā	to rolldown	lum lum vir tawp tawp.	लुम, लुम विर तोप तोप
ढूँढ़ना क्रि.अ. (v.t.)	ḍhū̃ṛh.nā	to search, to look for.	zawng, chhui	जोङ, छुइ
ढेकली सं.स्त्री (n.f.)	ḍhek.lī	appliance for pounding corn, appliance for drawing water.	buhden khawl tui khai chhuahna khawl	बुहदेन खोल, तुइ खाइ छुअह्ना खोल
ढेर सं.पु. (n.m.)	ḍher	heap, pile	thil vum, thil intiang.	थिल वूम, थिल इन्तियाङ
ढोंग सं.पु. (n.m.)	ḍhõg	trick, fraud, hypocricy.	inbumna, dankhan	इनबुम्ना, दानखान
ढोना क्रि.अ. (v.t.)	ḍhonā	to carry, load (goods, lug- gage)	phur, pu, keng.	फुर, पू, केङ
ढोल सं.पु. (n.m.)	ḍhol	drum	khuang	खुआङ
ढोला सं.पु. (n.m.)	ḍholā	centring	ruhrel	रुह्रेल

त

तंग क्रि.वि. (adv.)	taṅg	tight	tawt, mar,phili	तोत्, मर, फीली
तंडुल सं.पु. (n.m.)	taṇḍul	rice	buhfai, buh	बुह्फाइ, बुह्
तंत्री सं.पु. (n.m.)	tantrī	one who plays on a stringed instrument.	rimawi hmanrua hrui nei chi (ṭingṭang angte) tuartu.	रीमोइ म्हनूरुआ हुइ नेइ ची (टिङटङ अङते) तुआरतू
तंदुरुस्त वि. (adj.)	tandurst	healthy	hrisel	ह्रीसेल
तक (परसर्ग postposition)	tak	to,. upto	thlengin	त्लेङइन

तकलीफ संस्त्री (n.f.)	taklīf	trouble	manganna	मङअनूना
तक़ावी संस्त्री (n.f.)	taqāvī	advance of money of cultivators.	lo neitute hnena pawisa pek tawk.	लो नेइतूते न्हेना पोइसा पेक तोक
तक़ाज़ा सं.पु. (n.m.)	taqāzā	demand of payment, duning	hlawh ngen, hlawh phut.	ह्लोअह् ङेन, ह्लोअह् फूत
तकिया सं.पु. (n.m.)	takiyā	Pillow	lukham, nghahchhan	लुखम, ङ्हअछन्
तकुआ सं.पु. (n.m.)	takuā	spindle, distaff	hmuithal, hmui thlur	म्हुइथल, म्हुइथ्लुर
तगार सं.पु. (n.m.)	tagār	reservoir for mixing lime and mortar.	chinailung nawi, tui leh ṭiauvaivut chawh pawlhna zem.	चिनइलुङ नोइ, तुइ लेह टीअउवइवुत् चोह् पोल्ह्ना जेम
तटिनी संस्त्री (n.f.)	taṭinī	a river	lui, luipui	लुइ, लुइपुइ
तड़पना क्रि.अ. (v.i.)	taṛapanā	to toss about to writhe	rilru na em em rum	रिलरु न एंम एंम, रुम
तड़ातड़ क्रि.वि. (adv.)	taṛātaṛ	in quick succession	hlawhtling zui ẓel.	ह्लोह्त्लीङ जुइ जेल
तत्सम सं.पु. (n.m.)	tatsam	same as that, a word borrowed from another language without any alteration as from sanskrit.	chu ang chu, tawng dang a ngai ngaia lak chhawn.	चु अङ चु, टोङ दङ अ ङाइ ङाइअ लाक् छोन
तथाकथित वि. (adj.)	tathākathit	so-called	(an) tih mai, vuah chawp.	(अन) तिह् मइ, वुअह् चोप
तद्भव वि. (adj.)	tadbhav	born of that, word of some other language accepted in a modified from.	englo aṭanga chher chhuah, ṭawng dang ami chher danglam	एङलो अटंङा छेर छुआह्, टोङ दङ अमी छेर दङलम्

			deuhva mahni	देउहवा म्हानी
			ṭawnga hman.	टोङा म्हान
तथा संयो. (conj.)	taṭhā	and	leh	लेह्
तथ्य सं.पु. (n.m.)	taṭhya	fact, reality	a tak tak, a	अ तक तक, अ
			dik,	दिक्,
			thu dik	थु दिक्
तनाव सं.पु. (n.m.)	tanāv	tension	ṭan ṭeuhna marna	टन टेउहना, मरना
तनिक क्रि. वि. (adv.)	tanik	little, slightly	tlem tenau, te	त्लेम तेनाउ, ते
तनुजा सं.स्त्री (n.f.)	tanujā	a female issue,	fanu	फनू
		daughter		
तर्क वितर्क सं.पु.	tark-vitark	argumentation	ṭanlam nei chuang	टनलम नेइ चुआङ
(n.m.)		for and against	lova thil sawi	लोवा थिल सोइ
			chian hona.	चियन होउना
तर्पण सं.पु. (n.m.)	tarpaṇ	offering	pathian biak	पथियान बियक
		libation	nana	नाना
			eṅg tui emaw	एङ तुइ एमो
			leihbuak.	लेइहबुअक
तपश्चर्या सं.स्त्री (n.f.)	tapash-	practice of aus-	bawrhbang lo leh	बोरहबाङ लो लेह
	charyā	terity, asce-	khun khan	खून खान
		ticism.	taka nun.	तका नून
तपाक सं.पु. (n.m.)	tapāk	with enthusi-	phurna leh	फूरना लेह्
			thathona	थथोउना
		esm and prom-	nenin.	नेनूइन
		ptitude.		
तपाना क्रि.स. (v.t.)	tapānā	to heat.	tilum, tisa	तिलुम, तिसा
तपोवन सं.पु. (n.m.)	tapovān	forest sanctified .	nawmsakna leh	नोमसकना लेह्
		by austerities.	zelthelna a	जेलथेलना अ
			tihchhiat	तिह्छियात्
			loh	लोह
			ramhnuaingaw.	रमन्हुअइ/ङो
तपोबल सं.पु. (n.m.)	tapobal	prowess attained	bawrh bang lo leh	बोरह बाङ लो लेह्
		by austerity	khun khan	खून खान
		power	taka nun	तका नुन
			azara thil	अजारा थिल
			tih theihna	तिह् थेइहना
			emaw chakna	एमो चकना

			emaw	एमो
			neih.	नेइह्
तब क्रि.वि. (adv.)	tab	at that time	chutih lai chuan.	चुतिअ् लाइ चुआन
तबियत सं.स्त्री (n.f.)	tabiyat	disposition,	remruat	रेमरुआत
		health.	dan, riulru	दान, रिलरु
			thlek lam, hiselna	थ्लेक लम, हिसेल्ना
तमाशा सं.पु. (n.m.)	tamāshā	show	ennawm	एन्नोम
तरंग सं.स्त्री (n.f.)	tarang	wave	thil fawn reng	थिल फोन रेङ
			reng	रेङ
			(radio leh	(रेडियो लेह्
			eng zung	एङ जुङ
			tiamin)	तियामइन)
तरकारी सं.स्त्री (n.f.)	tarkārī	vagetable	thlai	त्लाइ
तरना क्रि.अ. (v.i.)	tarna	to swim across	ral kai,	राल काइ,
		to attain sal-	chhanchhuhna	छन्छुआहना
		vation.	chang.	चङ
तरफ सं.स्त्री (n.f.)	taraf	direction	awmna lam,	ऑमना लम,
			panlam.	पनलम
तरसना क्रि.अ. (v.i.)	tarasnā	to pine, to long	thil hmuh	थिल म्हुह
			beisei leh	बेइसेइ लेह
			hmangaih te	म्हाङइह्ते
			hmuh	म्हुह्
			chaka rilru na	चाका रिलरु ना
तल सं.पु. (n.m.)	tal	bottom	mawng, chhuat.	मोङ, छुआत्
तलना क्रि.स. (v.t.)	tal.nā	to fry	kanro	कन रोउ
तलवार सं.स्त्री (n.f.)	talwār	shord	ngunhnam	ङूनन्हाम्
तलाक़ सं.पु. (n.m.)	talāq	divorce	nupa inṭhenna	नूपा इनठेन्ना
तलाशी सं.स्त्री (n.f.)	talāshī	search	zawng, chhui	जोङ, छुइ
तश्तरी सं.पु. (n.m.)	tashtarī	saucer, plate	thleng dar, no	त्लेङ दार, नोउ
			hunna	हूनना
			thlengte	त्लेङ्ते
तसल्ली सं.स्त्री (n.f.)	tasallī	consolation	thlamuanna,	त्लामुआनूना,
			hnemna	न्हेमूना
तसवीर/तस्वीर सं.स्त्री (n.f.)	tasvīr	picture	milem	मीलेम्
तस्कर सं.पु. (n.m.)	taskar	smuggler	ramri kal pela a	रमरी कल पेला अ

			ruka sumdawng.	रुका सुमदोङ
तह सं.स्त्री (n.f.)	tah	fold, bottom,	mawng, thuah	मोङ, थुआह
तहक़ीक़ात सं.स्त्री (n.f.)	tahqīqāt	enquiry, investigation	en thlithlai endik, chik.	एन त्ली त्लाइ एनदिक, चीक
तहस-नहस वि. (adj.)	tahas-nahas	ruined devastated	thil sawprawp, in rawp.	थिल सोपरोप, इन रोप
ताँता सं.पु. (n.m.)	tā̃nta	successive flow line	in zawm ze!, tlar	इन जोम जेल, त्लार
ताँबा सं.पु. (n.m.)	tā̃bā	copper	darsen	दारसेन
ताई सं.स्त्री (n.f.)	tāī	aunt, wife of fathera's elder brother.	nu (nute laizawn) leh ni (pate farnu) pateu nupui.	नू (नूते लइजोन) लेह नी (पाते फरनू) पाते उ नुपुइ
ताक[1] सं.स्त्री (n.f.)	tāk	Watch, lookout	venna, thlirtu, rel veng.	वेनूना, त्लीरतू, राल वेङ
ताक[2] सं.पु. (n.m.)	tāk	niche	milim dahna kawkel.	मिलिम दाहना कोकेल
ताकत सं.स्त्री (n.f.)	tāqat	Power, strength	chakna, thu neitu.	चकना, थु नेइतू
ताकना क्रि.स. (v.t.)	tāknā	to stare at, to watch intent	thlir, vilna	त्लीर विलूना
ताकि संयो. (conj.)	tāki	so that, in order that	tichuan.	तिचुआन
तागा सं.पु. (n.m.)	tāgā	thread	lazai	लजाइ
ताज सं.पु. (n.m.)	tāj	crown	lallukhum, lalna	ललुखुम, ललना
ताजगी सं.स्त्री (n.f.)	tāzgī	freshness	tharlamna, harhna	थरलामना, हरह्ना
ताज़ा वि. (adj.)	taza	fresh	thar, harh.	थर, ह्रह्
तादाद सं.स्त्री (n.f.)	tādād	number	zat, namber.	जात, नम्बर
तान सं.स्त्री (n.f.)	tān	warp	herh sawi	हेरह्सोइ
ताना सं.पु. (n.m.)	tānā	taunb	la kaihna ala zam darh	ला काइह्ना अला जम दरह्
ताप सं.पु. (n.m.)	tāp	fever, Heat	satna, lumna	सत्ना, लुमना
तापक सं.पु. (n.m.)	tāpak	producyheat	lum thlen satna chhuah.	लुम थ्लेन, सत्ना छुअह्
तापना क्रि.स. (v.t.)	tāpnā	to warm, oesclf	mei lum emawa taksa tilum.	मेइ लुम एमोअ तकसा तिलुम
तापमान सं.पु. (n.m.)	tāpmān	temperature	lumleh vawh dan,	लुम लेह वोह दान,

			lumleh vawt tehna.	लुम लेह वोत तेह्ना
तार सं.पु. (n.m.)	tār	telegram wire	thirhrui.	थीरह्रुइ
तारा सं.पु. (n.m.)	tārā	star	arsi	अरसी
तारीख़ सं.स्त्री (n.f.)	tarīkh	date	ni, tarik	नी, तारिक
तारीफ सं.स्त्री (n.f.)	tarīf	praise	fak	फक
ताल[1] सं.पु. (n.m.)	tāl	rhythmic measure tune.	hla vuak kah dan, hun bi neia inher chhuak.	ह्ला वुअक कह् दान, हुन बी नेइअ इनहेर छुआक
ताल[2] सं.पु. (n.m.)	tāl	pond, tank	tuikhuah	तुइखुअह
ताला सं.पु. (n.m.)	tālā	lock	tala	ताला
तालाब सं.पु. (n.m.)	tālāb	tank, pool	tuikhuah	तुइखुअह
तालिका सं.स्त्री (n.f.)	tālikā	inventary	ro sum ziah chhuahna.	रोउ सुम जियह छुअहना
ताली सं.स्त्री (n.f.)	tālī	clapping of hand	kut beng	कुत बेङ
ताली सं.स्त्री (n.f.)	tālī	key.	chabi	चाबी
तालू सं.पु. (n.m.)	tālū	palate	dang chung, kaa thil hriatna	दंग चुङ का अ थिल ह्रियात्ना
तिकोना वि. (adj.)	tikonā	three-covered triangular	kil thum nei	किल थुम नेइ
तिगुना वि. (adj.) क्रि,वि, (adv.)	tigunā	threetimes	let thum	लेत् थुम
तिजोरी सं.स्त्री (n.f.)	tijorī	safe, chest	pawisa dahna thir bawm.	पोइसा दह्ना थिर बोम
तितर-बितर क्रि.वि. (adv.)	titar-bitar	scatterred	theh darh, tidarh	थेह् दरह्, तिदरह्
तितली सं.स्त्री (n.f.)	titlī	butterfly	pheng phehlep	फेङफे-ह्लेप
तिथि सं.स्त्री (n.f.)	tithi	date	tarik, ni	तरिक, नी
तिनका सं.पु. (n.m.)	tinkā	straw	buhphawl, buh kuang.	बुह्पोल, बुह् कुआङ
तिमंजिला वि. (adj.)	timanzilā	three storeyed.	in chhawng thum	इन छोङ थुम
तिरंगा वि. (adj.)	tiraṅgā	tricoloured	rawng chi thuma chei puanzar	रोङ ची थुमा चेइ पुआन् जार
तिरछा वि. (adj.)	tirchhā	slanting,	awn, a thawi	ओन, अ थोइ

		oblique	zawng	जोङ
तिरपन वि. (adj.)	tirpan	fifty three	sawmnga pathum	सोमङ पथुम
तिरसठ वि. (adj.)	tirsaṭh	sixty-three	sawmruk pathum	सोमरुक पथुम
तिरस्कार सं.पु. (n.m.)	tiraskār	disregard	pawisa lo, ngaih sak lo	पोइसा लो, ङ्इह सक लो
तिलक सं.पु. (n.m.)	tilak	an auspicious mark (on fore-head)	chala chhin chhiahna	चला छिनछियाह्ना
तिहत्तर वि. (adj.)	tihaṭṭar	seventy-three	sawmsarih pathum.	सोमसरिह् पथुम
तिहरा वि. (adj.)	tih.rā	three fold	a let thum a thuah	अ लेत् थुम अ थुअह
तिहाई सं.स्त्री (n.f.)	tihāī	one third, third part.	hmun thum ṭhena hmun khat.	म्हुन थुम ठेना म्हुन खत
तीक्ष्ण वि. (adj.)	tīkṣṇa	pungent (tarte) sharp.	kaa thak ṭhak, rim na	का अ थक ठक, रिम ना
तीखा वि. (adj.)	tīkhā	puragent	kha	खा
तीता वि. (adj.)	tītā	purgent, bitter acrid	thak, kha	थक, खा
तीन वि. (adj.)	tīn	three	pathum	पथुम
तीर सं.पु. (n.m.)	tīr	arrow	thal	थल
तीर्थ यात्रा सं.स्त्री (n.f.)	tīrṭh.yātrā	pilgrimage.	ram thianghlim tlawhna	रम थियाङ्ग्लीम त्लोह्ना
तीव्र वि. (adj.)	tīvra	intense, fast, quick	nasa tak, urhsun tak.	नसा तक उरहसून तक
तीस वि. (adj.)	tīs	thirty	sawm thum	सोम थुम
तीसरा वि. (adj.)	tīsrā	third	pathumna	पथुमना
तुक सं.स्त्री (n.f.)	tuk	rhyme	hla vuak kah dan	ह्ला वुआक् कह् दान
तुच्छ वि. (adj.)	tuchha	insignificant	te, engtham ni lo	ते, एङ्थम नी लो
तुतलाना क्रि.अ. (v.i.)	tut.lānā	to lisp, to stutter	dang awk	दंङ ओक्
तुरंत क्रि.वि. (adv.)	turānt	immediately, instantly	thuai, rang	थुआइ, रंङ
तुलना[1] क्रि.अ. (v.i.)	tul.nā	to be weight	buk.	बूक
तुलना[2] सं.स्त्री (n.f.)	tulnā	comparison	khai khin	खाइ खिन

तूफान सं.स्त्री (n.f.)	tūfān	storm, tempest	thlipui, thil nasa tak.	त्लीपुइ, त्ली नसा तक
तूलिका सं.स्त्री (n.f.)	tūlikā	painters brush	rawng chulhna brush	रोङ चुल्ह्ना ब्रुश
तृतीय वि. (adj.)	tritīya	third	pathumna	पथुमना
तृप्त वि. (adj.)	tripta	contented, gratified.	lungawina	लुङओइना
तेईस वि. (adj.)	teīs	twenty-three	sawmhnih pathum	सोमन्हीह् पथुम
तेज सं.पु. (n.m.)	tej	glor	phur, eng, chak	फूर, एङ, चक
तेज वि. (adj.)	tez	sharp	hriam, zum, thin khei	ह्रीयम्, जुम, थिन खेइ
तेज क्रि.वि. (adv.)	tez	fast, speedily	chak takin	चक तकइन
तेरह वि. (adj.)	terah	thirteen	sawmphathum	सोमपथुम
तेल सं.पु. (n.m.)	tel	oil	hriak, tel	ह्रीयक, तेल
तैंतालीस वि. (adj.)	tãitālīs	forty-three	sawmli pathum	सोमली पथुम
तैंतीस वि. (adj.)	tãitīs	thirty three	sawm thum pathum	सोमथुम पथुम
तैयार वि. (adj.)	tāiyār	ready	inpeih, inring	इनपेइह, इनरिङ
तैयारी सं.स्त्री (n.f.)	tāiyarī	preparation	in puahchahna, thil buat saih.	इन पुअहचह्ना थिल बुअत् सइह्
तैरना क्रि.अक (v.i.)	tāirnā	to swim	tui hleuh	तुइ ह्लेव
तैराकी सं.स्त्री (n.f.)	tāirākī	swimming.	tui chenna	तुइ चेन्ना
तोंद सं.स्त्री (n.f.)	tõd	Pot-belly	dul kiar	दुल कियार्
तोड़ना क्रि.स. (v.t.)	toṛ.nā	to break	tikeh, tichat, thliar hrang.	तिकेह, तिचत्, त्लीयर ह्रङ
तोड़-फोड़ सं.स्त्री (n.f.)	toṛ-phoṛ	sabotage	tichhia, hre reng chuga pawi khawih	तिछिया, ह्रे रेङ चुङा पोइ खोइह्
तोड़-मरोड़ सं.पु. (n.m.)	toṛ-maroṛ	distribution	theh darh, thliar hrang.	थेह् दरह्, त्लीयर ह्रङ
तोता सं.पु. (n.m.)	totā	parrot	vaki	वकी
तोप सं.स्त्री (n.f.)	top	cannon, gun	laipui, silai	लाइपुइ, सिलाइ
तौर सं.पु. (n.m.)	tāur	way, manner	zia, dan, danhmang chet dan	जिया, दान, दानम्हङ चेत् दान

तौल/तोल सं.स्त्री (n.f.)	tāul/tol	weight	rihlam bukna	रिह्लम बूक्ना
तौलना क्रि.स. (v.t.)	tāul.nā	to weight	buk khaikhin	बूक, खाइखिन
तौलिया सं.पु. (n.m.)	tāuliyā	towel	hruk puan	ह्रूक पुआन्
त्याग सं.पु. (n.m.)	tyāg	sacrifice	tawrhna, mahni inphatna	तोरह्ना, म्ह्नी इनफत्ना
त्यागना क्रि.स. (v.t.)	tyāg.nā	to abandan, to revounce	chhuahsan, kaisan, phatsan	छुअह्सन, काइसान, फत्सन
त्यागपत्र सं.पु. (n.m.)	tyāg.patra	resignation	banna, ngawi renga tuar ngawt ngawtna	बान्ना, ङोइ रेङा तुआर ङोत् ङोत्ना
त्यौहार सं.पु. (n.m.)	tyāuhār	festival	kut, hlimhlawp.	कूत्, ह्लीमह्लोप्
तले क्रि.वि. (adv.)	talē	below	hnuaiah, hnuaihnung	न्हुआइऽःह, न्हुआइन्हुङ
तपाक सं.पु. (n.m.)	tapāk	producing, heat, fever	khawsik, philina	खोसिक, फीलीना
तामसिक वि. (adj.)	tāmsik	pertaining to	kaihhnawih, khawih	कइह्न्होइह्, खोइह्
तारागण सं.पु. (n.m.)	tārāgaṇ	path of a star	arsi kawng	अरसी कोङ
तीज सं.स्त्री (n.f.)	tīj	a festival held on the third day of the lunar fortnight of the month savan.	hmeichhe pasal neite inserhna nibik. savan thla kut	म्हेइछे पसल नेइते इनसेरह्ना निबीक् सावन त्ला कूत
तुझे सर्व. (pron.)	tujhe	accus and dative ob form of.	inphuna, hekna.	इनपूहना, हेकना
तृण कुटी सं.स्त्री (n.f.)	triṇ-kuṭī	thatched hamlet.	thilthek di leh eng ilova chung khuh.	थिलथेक दी लेह् एङ इलोवा चुङ खुह्
तृष्णा सं.स्त्री (n.f.)	triṣṇā	thirst, ambition desire, avarice.	tuihalna, chakna.	तुइहालना चाकना
त्राहि-त्राहि (ind.)	trāhi-trāhi	save me, protect me	mīn humhin rawh.¯	"मिन हुमहिम रोह"
त्रिपुर सं.पु. (n.m.)	tripur	the three worlds the name of a demon.	khawvel pathumte, ramhuai hming.	खोवेल पथुमते, रमहुअइ म्हीङ

त्रिविध वि. (adj.)	trividh	threefold, of three sorts of kinds, tiro.	hmun thum, chi thum, pathumho.	म्हुन् थुम्, ची थुम्, पथुमहोउ
त्रिवेणी सं.स्त्री (n.f.)	triveṇī	the confluence of the three rivers the ganga, yamuna and saraswati at prayag.	Ganga, yamuna leh saras-wati lui pathumte in finna.	गंगा, यमुना लेह् सरस्वती लुइ पथुमते इन फिन्ना

थ

थकना क्रि.अ. (v.i.)	thak.nā	to tire out, get tired.	hah kham.	ह्अह्, खम
थकान सं.स्त्री (n.f.)	thakān	tiredness, fatigue.	chauhna, kulchona	चउह्ना, कुलचोउना
थकामाँदा वि. (adj.)	thakā.mā̃dā	worn and vearied, jaded	chau, rawp	चाउ, रोप
थकावट सं.स्त्री (n.f.)	thakāvaṭ	weariness, fatigue.	khamna, hahna	खमृना, ह्अह्ना
थ्रकित (p.p.)	thakit	fatigued, tired.	hah	ह्अह्
थन सं.पु. (n.m.)	than	teat	hnute hmur.	न्हुते ह्मुर
थपकना क्रि.स. (v.t.)	thapak.nā	to pat	beng thek thek, chul	बेङ थेक् थेक्, चूल
थपकी सं.स्त्री (n.f.)	thap.kī	pat	ben thek thek	बेङ थेक् थेक्
थपथपाना क्रि.स. (v.t.)	thap. thapānā	to pat, to tap	chul, beng thek thek.	चूल, बेङ थेक् थेक्
थप्पड़ सं.पु. (n.m.)	thappaṛ	slap, spank	ben.	बेन
थपेड़ा सं.पु. (n.m.)	thapeṛā	blow given with the hand, buffet	beng, hnek	बेङ, न्हेक्
थमना क्रि.अ. (v.i.)	tham.nā	to stop, to cease	ti tawp, dang	ति तोप, दंङ
थमाना क्रि.वि. (adv.)	thamānā	to help to lift	ring taka hlan.	रिङ तका ह्लान्
थर्मामीटर सं.पु. (n.m.)	tharmā-mīṭar	thermomaeter.	khawsik enna, lum leh vawt tehna.	खोसिक एन्ना, लुम लेह् वोत तेह्ना
थरथराना क्रि.अ. (v.i.)	thar. tharānā	to tremble, to shudder	khur,	खूर

थरथराहट सं.स्त्री (n.f.)	thar. thrāhaṭ	tremour, shuddering.	khurhna, nghawr.	खूरह्ना, ङोर
थरथर क्रि.वि. (adv.)	tharthar	trembling	khur	खूर
थर्राना क्रि.अ. (v.i.)	tharrānā	to remble shudder	khur	खूर
थल सं.पु. (n.m.)	thal	land	khawmual	खोमुआल
थलचर सं.पु. (n.m.)	thal.char	land animal	lei hnuai-leng, ransa	लेइ न्हुआइ-लेङ, रनसा
थलसेना सं.पु. (n.m.)	thal.senā	land army	khawmual sipai	खोमुआल सिपइ,
थाती सं.स्त्री (n.f.)	thātī	anything given in trust, charge.	rinna, inrin vanga thil in kawltir.	रिन्ना, इनरिन वङा थिल इन कोलतीर
थान सं.पु. (n.m.)	thān	stall (for horse) piecelength (of cloth)	ran in, sakawrin, than (puanthan)	रन इन, सकोरइन, थान (पुआलथान)
थाना सं.पु. (n.m.)	thānā	police station	police station, police chawlhhmun.	पुलिस स्टेशन, पुलिस चोल्हम्हुन
थानेदार सं.पु. (n.m.)	thānedār	officer in charge of police station, police sub-inspector.	police sub-inspector	पुलिस सब-इन्स्पेकतोर
थाप सं.स्त्री (n.f.)	thāp	pat	ben thek thek	बेन थेक थेक
थापी सं.स्त्री (n.f.)	thapī	mallet	thing tuboh te chi	थिङ तुबोजह् ते ची
थामना क्रि.स. (v.t.)	thām.nā	to hold, take up	vuan, chelh	वान, चेल्ह
थाल सं.पु. (n.m.)	thāl	(metallic) platter	thleng hlai (thir)	थ्लेङ ह्लाइ (थीर)
थाली सं.स्त्री (n.f.)	thālī	(metallic) platter	thleng, thir phek phaw hlai tak.	थ्लेङ, थीर फेक फो ह्लाइ तक
थाह सं.स्त्री (n.f.)	thāh	depth. depth of water, bottom	thuk lam, thukzia tui thuk zawng mawng chhuat.	थूक लम, थूकजिया तुइ थूक जोङ, मोङ छुआत्
थियेटर सं.पु. (n.m.)	thiyeṭar	theatre	ennawm chhuahna hmun.	एननोम छुआह्ना म्हुन
थिरकना क्रि.अ. (v.i.)	thirak.nā	to dance lightly, to glide.	tleng, dam taka	त्लेङ, दम तका
थू थू सं.पु. (n.m.)	thū-thū	fie on the thee	tak che chuan	तक चे चुआन

			।। vei taka che ।।	वेइ तका चे
थूक सं.पु. (n.m.)	thūk	sputum, spittle	chil, khak	चिल, खाक
थूकना क्रि.अ. (v.i.)	thūk.nā	to spit	chil chhak	चिल छाक
थूनी सं.स्त्री (n.f.)	thūnī	prop, support	dotu, rinchhan.	दोउतू, रिनछन
थूथनी सं.स्त्री (n.f.)	thūth.nī	nozzle	hmur, dawt	म्हूर, दोत,
			hmawr	म्होर
			te tak te.	ते तक ते
थेगली सं.स्त्री (n.f.)	theglī	a patch which is used for mending holes in cloth.	puan ṭet belna.	पुआन टेत बेलना
थैला सं.पु. (n.m.)	thāilā	wallet, bag.	ip khai, ip pawisa	इप खाइ, इप पोइसा
			dahna ip.	दह्ना इप
थैली सं.स्त्री (n.f.)	thāilī	wallet, bag	pawisa ip, ip	पोइसा इप, इप
थोक सं.पु. (n.m.)	thok	whole sale	a hlawma hralhna.	अ ह्लोमा ह्रल्ना
थोकभाव सं.पु. (n.m.)	thok.bhāv	whole sale price	a hlawpa hralhna	अ ह्लोपा ह्रल्ना
			man	मन
थोक बाजार सं.पु. (n.m.)	thok.bāzār	whole sale	a hlawp	अ ह्लोप
			hlawpa thil	ह्लोपा थिल
		market	in leina hmun.	इन लेइना म्हुन
थोथा वि. (adj.)	thōthā	hallow, worth-	khuar, chiam,	खुआर, चियाम,
			tlak	त्लाक
		less.	tlai lo	त्लाइ लो
थोड़ा वि. (adj.)	thoṛā	some, slight	ṭhenkhat, te tham	ठेनूखत, ते थम
थोपना क्रि.स. (v.t.)	thop.nā	to impose,	tuartir, chunga	तुआरतीर, चुङा
		to thrust.	nghat.	ङहृत
थोबड़ा सं.पु. (n.m.)	thobṛā	snout	ramsa hmui	रमसा म्हुइ
			hmawr.	म्होर

द

दंग वि. (adj.)	daṅg	astonished,	makti makti	मकती मकती
			lutuk	लुतुक्
		wonder struck		
दंगल सं.पु. (n.m.)	daṅgal	wrestling- bout tournament wrestling arena.	in tih sikana, in fiamna.	इनतिह् सियूकना इनफियामना

दंगा सं.पु. (n.m.)	daṅgā	riot	in tihbuaina, intual nuaina.	इन तिह्बुअइना, इनतुअल नुअइना
दंड सं.पु. (n.m.)	daṇḍ	Punishment, penalty.	hremna, sawi sakna	ह्रेमना, सोइ सकना
दंडवत सं.पु. (n.m.)	daṇḍvat	Prostration bowing	bawk khup, kun.	बोक खुप, कून
दंडनीय वि. (n.m.)	daṇḍ.nīy	punishable	hrem theih	ह्रेम थेइह्
दंडाधिकारी सं.पु. (n.m.)	daṇḍ-ādhikārī	magistrate	bawrhsap, roreltu.	बोरह् सॉप, रोउरेलतू
दंतकथा सं.स्त्री (n.f.)	dant.kathā	legend	hnam thawnthu hmasang thawnthu	न्हम थोन् थू म्हासाङ थोन्थू
दंपति सं.पु. (n.m.)	dampati	couple, husband and wife.	tuak khat, nupa	तुआक खत्, नूपा
दंभ सं.पु. (n.m.)	dambh	vanity, vaingl-ory	chapona	चपोउना
दंभी वि.पु. (adj.m.)	dambhī	concieted	mahni thu duh, inngaihlu, intivei	म्हनी थु दुह्, इनङइ ह्लु इन्तिवेइ
दंशन सं.पु. (n.m.)	dansan	stinging, biting	seh, chuk	सेह् चुक
दक़ियानूसी सं.पु. (n.m.)	daqiyānūsī	obscurantist,	thil thar hrim hrim	थिल थर ह्रिम ह्रिम
		old fashioned	(nundante) duh lo mi thilhlui lam duh tlut mi	(नुनूदानते) दुह लो मी थिल ह्लुइ लम दुह त्लुत मी
दक्ष वि. (adj.)	dakṣa	efficient	tling taka ti thei	त्लीङ तका ती थेइ
दक्षता वि. (adj.)	dakṣa.tā	efficiency	tlinna, ṭangkaina	त्लीनूना, टंङकाइना
दक्षिण सं.पु. (n.m.)	dakṣiṇ	South, the Dec-can, Southern India.	chhim, India chhim ram.	छिम, इण्डीया छिम रम
दक्षिणा सं.स्त्री (n.f.)	dakṣiṇā	honorarium paid to a prece-tor or priest.	kut hah man puithiam hnena hlan.	कुत् ह्अह् मन पुइथियाम न्हेनूना ह्लन
दखल सं.पु. (n.m.)	dakhal	1. possession,	1. neih, ram luah	नेइह, रम लुअह्

		2. authority	2. thu neihna	थू नेइहना
दग्ध (pp)	dagdha	burnt, Scorched	hem ut, tikang	हेम उत, तिकाङ
दग़ा सं.पु. (n.m.)	daGā	treachery, perfidy.	mi phat sanna rinawm lohna, tenawmna	मी फत सन्ना रिनूऑम लोहना तेनऑमना
दग़ाबाज़ वि. (adj.)	daGābāz	treacherous, perfidious	rinawm lo, mi phat san ching mi.	रिनऑम लोउ मी फत् सन चीङ मी
दग़ाबाज़ी सं.स्त्री (n.f.)	daGābāzī	perfidiousness treachery	rinawm lohna, phatsanna	रिनऑम लोह्ना फत्सन्ना
दत्तक वि. (adj.)	dattak	adopted	mi fa chawm	मी फा चोम्
दत्तचित वि. (adj.)	datta.chitta	fully attentive	ngaihsak, duat	ङइह्सक, दुआत
दधि मंथन सं.पु. (n.m.)	dadhi. manthan	churing of curd.	bawnghnute khal chawh vak	बोङन्हुते खल चोह वक
दफा सं.स्त्री (n.f.)	dafā	1. (unchanged) time 2. to remove section (of a act)	1. hun, thih hun. 2. dan thaibo	हुन, थिह हुन, दान थाइबोउ
दफ्तर सं.पु. (n.m.)	daftar	office	pisa	पीसा
दफ्तरी वि. (adj.)	daftarī	office employees	pisa hnathawkho	पीसा न्हाथोकहोउ
दफ्नाना सं.पु. (n.m.)	daf.nānā	burial, entombment.	phum, thlana phum	फूम, त्लानूना फूम
दबंग वि. (adj.)	dabaṅg	bold, dauntless	huaisen, hlau lo, diau lo.	हुआइसेन, ह्लाउ लो, दीउ लो
दबदबा सं.पु. (n.m.)	dab.dābā	1. Sway 2. Commanding influence	1. phena, 2. thuneihna, thuhnuai.	फेना, थुनेइह्ना थुन्हुइ
दबना क्रि.अ. (vi)	dab.nā	1. to be pressed (down) 1. to be buried.	1. nem hniam, hmet sawr. 2. phum, chilhbo.	नेह न्हीयम्, म्हेत् सोर, फूम चिल्हबोउ
दबाना क्रि.स. (vt)	dabānā	to press (down) to bury	beng hniam, phum, thukru.	बेङ न्हीयम्, फूम, थुकरु
दबाव सं.पु. (n.m.)	dabāv	Pressure	turna, nawr	तुरना, नोर

			tawtna	तोत्ना
दबोचना क्रि.स. (vt)	daboch.nā	to pounce upon to swoop, down upon.	lak sak, chhuh	लाक सक, छुअह्
दम सं.पु. (n.m.)	dam	breath, puff pull	thaw, thawk, nunna	थो, थोक्, नुन्ना
दमक सं.स्त्री (n.f.)	damak	glimmer, flash	de set set, eng zawk.	दे सेत् सेत्, एङ जोक्
दमकना क्रि.अ. (vi)	damak.nā	to glitter to flash.	tle noh, noh, phe zawr.	त्ले नोउह् नोउह्, फे जोर
दमकल सं.स्त्री (n.f.)	dam.kal	fire engine	kang ṭhelhna motor.	काङ ठेल्ह्ना मोटोर
दमन सं.पु. (n.m.)	daman	suppression,	khapan, tukdawlna,	खप्ना, तुकदोल्ना
		repression	thupna	थुप्ना
दमनचक्र वि. (adj.)	daman. chakra	repressive policy	khuah khirna dan	खुअह् खिरह्ना दान
दमा सं.पु. (n.m.)	damā	astham	thaw chham natan	थो छम नत्ना
दयनीय वि. (adj.)	day.nīy	pitiable, misereable	khawngaih thlak, hrehawm.	खोङइह् त्लाक् ह्रेऑम
दया सं.स्त्री (n.f.)	dayā	1. pity 2, mercy	1. lainatna, khawngaihna 2. zahngaihna.	लइनत्ना, खोङइह्ना जह्ङ्ह्ना
दयाशील वि. (adj.)	dayāshīl	compassionate	nglinei, nundan, khawngaihna ngah.	ङिल्नेइ, नुनदान् खोङइह्ना ङाह्
दर सं.स्त्री (n.f.)	dar	rate, door	man, chak, lam, kawngka	मन, चक, लम, कोङ्का
दरकार सं.स्त्री (n.f.)	darkār	need, necessity	mamawh, ṭul.	ममोह्, टूल
दरख़ास्त सं.स्त्री (n.f.)	dar.khāst	application, request.	dilna, ngenna.	दिलना, ङेन्ना
दरख़्त सं.पु. (n.m.)	darakht	tree	thing	थिङ
दरगाह सं.स्त्री (n.f.)	dar.gāh	1. doorsill 2. court 3. tomb	1. kawngka biang 2. tual hung bik. 3. thlan	कोङ्का बियङ तुआल् हुङ बीक्, त्लान
दरबान सं.पु. (n.m.)	dar.bān	gate-keeper,	kawngkhar	कोङखार

		gateman	enkawltu	एनूकोलतू
दरबार सं.पु. (n.m.)	dar.bār	royal court, hall of audience	lal rorelnain, lalin	लल रोउरेलनाइन्, ललइन
दरबारी वि. (adj.)	dar.bārī	pertaing to a court	tual rorelna (kawt) thil	तुआल रोउरेनूना (कोत) थिल
दरवाज़ा सं.पु. (n.m.)	dar.vāzā	door	kawng khar, kawngka	कोङ्खार कोङ्का
दराँती सं.स्त्री (n.f.)	darā̃tī	sickle	favah	फवाह
दराबी सं.स्त्री (n.f.)	darābī	pulley-block	thil khai chhuahna khawl.	थिल् खाइ छुअह्ना खोल
दराज़ सं.स्त्री (n.f.)	darāz	drawer	(bawm) pawh dawh.	(बोम) पोह् दोह्
दरार सं.स्त्री (n.f.)	darār	crack, rift	khi, kak, khi, chat	खी, कक, खी चत्
दरिद्र वि. (adj.)	daridra	poor, pauper	rethei, in leh lo nei lo	रेथेइ, इन लेह् लो नेइ लो
दरिद्रता सं.स्त्री (n.f.)	daridratā	miserable poverty	retheihna, hrehawmna	रेथेइह्ना, ह्रेह्ऑमना
दरिया सं.पु. (n.m.)	dariyā	1. a large river 2. generous	1. luilian 2. thilphalna	लुइलियन् थिलफलना
दरी सं.स्त्री (n.f.)	darī	Carpet	chhuat phah	छुआत् फह्
दर्ज वि. (adj.)	darj	entered, recorded	ziak lut, ziaka chhin chiah	जियक् लूत, जियका छिन् छियह्
दर्जन सं.पु. (n.m.)	darjan	dozen	dawr zawn khat sawmpahnih (12)	दोर जोन खत, सोमपन्हीह् (12)
दर्जा सं.पु. (n.m.)	darjā	grade, class rank	san dan, ṭhat dan a thua tehna	सान दान, ठत् दान अ थू अ तेह्ना
दर्जी सं.पु. (n.m.)	darzī	tailor	puanṭhuitu	पुअनूठुइतू
दर्द सं.पु. (n.m.)	dard	pain, ache	na hrehawm	ना ह्रेऑम
दर्दनाक वि. (adj.)	dard.nāk	painful, piteous	hrehawm, na, khawngaih thlak	ह्रेऑम, ना, खोङइह् त्लाक्
दर्प सं.पु. (n.m.)	darpa	hauteur, arrogance	induhna chapona, 'kei ka ni inti'	इनदुह्ना, चपोउना, 'केइ क नी इनति
दर्पण सं.पु. (n.m.)	darpaṇ	mirror, looking glass	darthlalang inenna	दारत्लालङ इनएनूना

दर्रा सं.पु. (n.m.)	darrā	(mountain) pass, Coarse powder (as of cereals)	1. tlang sang kar kawng, 2. buh rawt sawmna.	त्लाङ साङ कार कोङ, बुह् रोत् सोम्ना
दर्शक सं.पु. (n.m.)	darshak	spectator, on looker, visitor	entu, thlirtu.	एन्तू, थ्लीरतू
दर्शन सं.पु. (n.m.)	darshan	sight, philosophy	thil bul chhuina, thil hmuh.	थिल बुल छुइना, थिल म्हुह्
दर्शनीय वि. (adj.)	darshnīy	worth seeing	en tlak, ṭha tawk.	एन त्लाक्, ठा तोक्
दल सं.पु. (n.m.)	dal	group, party	rual pawl.	रुआल पोल
दलदल सं.स्त्री (n.f.)	dal.dal	guagmire, bog, swamp.	dum, tui tichip-chiap	दुम, तुइ तिचिप्-चियाप्
दलना क्रि.स. (vt)	dal.nā	to crush, to mill	ti sawm, rawt sawm	ति सोम, रोत् सोम
दलबंदी सं.स्त्री (n.f.)	dal.bandī	Party-politics, factionalisim.	pawl inrem lohna	पोल इन्रेम् लोह्ना
दलनेता सं.पु. (n.m.)	dal.netā	Party leader	pawl hruaitu	पोल ह्रुआइतू
दलाल सं.पु. (n.m.)	dalāl	broker, middle-man, agent	sumdawng, palai, aiawh.	सुमदोङ, पलाइ, आइओह्
दलाली सं.स्त्री (n.f.)	dalālī	brokerage, Commission	sumdawnna, mi-zawrh sum lei or hralh saka	सुमदोन्ना, मीजोरह् सुम् लेइ ऑर ह्रल्ह् सका
दलित वि. (adj.)	dalit	1. depressed 2. downtroden	1. rilru hnuai 2. rahbeh, hneh chhiah	रिलरु न्हुअइ, रह्बेह्, न्हेह् छियह्
दलितवर्ग वि. (adj.)	dalit.varga	depressed class	rehbeh hnam, hneh chhiah ho	रेह्बेह् न्हम्, न्हेह् छियह् होउ
दलिया सं.पु. (n.m.)	daliyā	mash, porridge	chiar, chhangphut buhhawp tihdiak	चियार, छङ्फुत् बुह्होप् तिह्दियाक्
दलील सं.स्त्री (n.f.)	dalīl	argument	inhnialna, a dik tia ṭang.	इन्न्हीयलना, अ दिक् तिअ टंङ
दवा (दवाइ) सं.स्त्री (n.f.)	davā	medicine	damdawi	दमदोइ
दवाख़ाना सं.पु. (n.m.)	davākhānā	dispensary	damdawi sem	दमदोइ सेम

			chhuahna hmun	छुअह्ना म्हुन
दवात सं.स्त्री (n.f.)	davāt	inkpot	lehkhatui bur	लेह्खातुइ बूर
दशक सं.पु. (n.m.)	dashak	decade	kum sawm or 15, ṭhangkhat lain	कुम सोम ऑर 15, ठङखत लीयन्
दशकंधर सं.पु. (n.m.)	dash. kandhar	the demon Ravana	remhuai Ravana	रमूहुअइ रावणा
दशहरा सं.पु. (n.m.)	dashharā	dusserah, a Hindu festival in celebration of Rama's victory over Ravana.	Hindu kut	हिन्दू कूत्
दशा सं.स्त्री (n.f.)	dashā	condition, state	dinhmun, nih dan nihphung.	दिनम्हुन, निह् दान निह्फुङ
दशानन सं.पु. (n.m.)	dashānan	the demon	ramhuai Ravana	रमहुअइ रावणा
दुंदुभि सं. स्त्री (n.f.)	dundubhi	Kettledrum	khuang te mawng zum chi (hmai khat chauah nei)	खुआङ ते मोङ जुम ची (म्हाइ खत चउह् नेइ)
दर्शाना क्रि.स. (vt)	darshānā	to show exhibit	entir, hmuh, hmuhtir	एनतीर, म्हुह्, म्हुह्तीर
दस वि. (adj.)	das	ten	sawm.	सोम
दस्त सं.पु. (n.m.)	dast	loose stools, hand (Ist element in compounds like)	ek tui/nem	एक तुइ/नेम
दस्तकार सं.पु. (n.f.)	dastakār	Craftman.	thil mawi ilo siam mi.	थिल मोइ इलो सियम् मी
दस्तकारी सं.स्त्री (n.f.)	dastkārī	handi-craft.	kuta siam thil	कुत्ता सियम् थिल
दस्तख़त सं.पु. (n.m.)	dasta<u>kh</u>at	Signature	mahni hming ziak	म्ह्नी म्हीङ जियक
दस्ता सं.पु. (n.m.)	dastā	squad, quire,	sipai ho khat, phek	सिपइ होउ खत, फेक्
		handle	24, vawn fung.	24, वोन् फुङ
दस्तावार वि. (adj.)	dastāvār	prugative, cathartic	tifai thei, kaw ṭhuah thei.	तिफाइ थेइ, को ठुअह् थेइ

दस्ताना सं.पु. (n.m.)	dastānā	(hand) glove	kutkawr.	कुत्कोर
दस्तावेज़ सं.पु. (n.m.)	dastāvez	deed, document	thiltih ziaka thu thlung, lehkha pawimawh.	थिल् तिह् जियका थु त्लुङ, लेह्खा पोइमोह्
दस्ती वि. (adj.)	dastī	hand.	kut	कुत्
दस्तूर सं.पु. (n.m.)	dastūr	custom, practice	hnam tih dan hmang	न्हम तिह् दान म्हङ
दस्यु सं.पु. (n.m.)	dasyu	bandit, robber	suam hmang.	सुअम् म्हङ
दहन सं.पु. (n.m.)	dahan	combustion, buming	kanna, alh, kang.	कन्ना, अल्ह्, काङ
दहशत सं.स्त्री (n.f.)	dah.shat	aw, dread	mak tihna	मक् तिह्ना
दहकना क्रि.अ. (vi)	dahak.nā	to blaze, to burn with a red rot flame.	eng taka alh, alh sen zuai	एङ तका अल्ह्, अल्ह् सेन जुआइ
दहलना क्रि.अ. (vi)	dahal.nā	to be terrified terror striken	hlau, rap	ह्लाउ, राप
दहलीज़ सं.स्त्री (n.f.)	dal.līz	thresold	kawngka luh ṭanna, inchhung.	कोङ्का लुअह् टन्ना, इनछूङ
दहाड़ सं.स्त्री (n.f.)	dahāṛ	roar	rum, ngur	रुम, ङुर
दहाड़ना क्रि.अ. (vi)	dahar.na	to roar	rum, ngur	रुम, ङुर
दहाई सं.स्त्री (n.f.)	dahāī	ten	sawm	सोम
दही सं.पु. (n.m.)	dahī	curd, coagulated milk	bawnghnute thur khal, dawi	बोङ्न्हुते थूर खल, दोइ
दहेज सं.पु. (n.m.)	dahej	dowry	hmeichhe thuam leh ro chhawm (in neihnaah)	म्हेइछे थुआम लेह् रोउ छोम् (इन नेइह्नाअह)
दाँत सं.पु. (n.m.)	dā̃t	tooth	ha	हा
दाँता सं.पु. (n.m.)	dā̃tā	cog.tooth	tawlailir ke beh dinna, ha	तोलाइतीर के बेअह् दिन्ना, हा
दांव सं.पु. (n.m.)	dā̃v	chance	hun, hun remchang	हुन, हुन रेमचाङ
दांवपेच सं.पु. (n.m.)	dā̃v pech	to be a victim of trick	tihdera awm, bum nih.	तिह्देरा ऑम, बुम निह्
दाख़िल वि. (adj.)	dā<u>kh</u>il	admitted,	luhtir, la lut.	लुहतीर, ला लूत

		entered.		
दाख़िल ख़ारिज सं.पु. (n.m.)	dā<u>kh</u>il <u>kh</u>arij	mutation, change of name of owner	danglamna, pian dang lamna, neitu hming thlak	दङलमूना, पियन दङलमूना, नेइतू म्हीङ थ्लाक्
दाख़िला सं.पु. (n.m.)	dā<u>kh</u>ilā	admission	lak luhna, pawmna.	लाक् लुहना, पोमूना
दाग़ सं.पु. (n.m.)	dāG	stain, cremation burn.	rawng kai, bawlhhlawh kai	रोङ काइ, बोल्ह्लोअ काइ
दागना क्रि.स. (vt)	dāG.nā	to burn, to brand.	Kang, hal, chhin chhiah nana thir linga deh.	काङ, हाल, छिन् छियाह् नाना थिर लिङा देह
दाग़ी वि. (adj.)	dāGī	stained, damage (as fruit)	bawlhhlawh kai, rawng kai, ṭawih, chhia.	बोल्ह्लोअ काइ, रोङ काइ, टोइह्, छिया
दाडिम सं.पु. (n.m.)	dāḍim	pomegrante	theibuhfai, darziling	थेइबुह्फाइ, दारजिलिंग
दाढ़ सं.स्त्री (n.f.)	dāṛh	jaw-tooth grinder.	hapui	हापुइ
दाढ़ी सं.स्त्री (n.m.)	dāṛhī	bread.	khabe hmul	खबे म्हुल
दाता सं.पु. (n.m.)	dātā	giver, doner	hlantu, petu.	ह्लानतू, पेतू
दातुन सं.स्त्री (n.f.)	dātun	twig-brush	thingṭang ha nawhna	थिङटंङ हा नोह्ना
दातून सं.स्त्री (n.f.)	dātūn	fibous twing used as a tooth & brush	hruí (kaiha hrui ang) he nawh nana hman chi	हुइ (काइहूअ हुइ अङ) हा नोह्नाना म्हन ची
दाद सं.स्त्री (n.f.)	dād	1. ringworm. 2. complaint	1. phaithak, vun thak, 2. sawisel	फाइथक, वुन थक, सोइसेल्
दादरा सं.पु. (n.m.)	dādrā	a vareity of Indian music	India ram rimawi chi hrangte.	इण्डीय रम रिमोइ ची हङते
दादा सं.पु. (n.m.)	dādā	1. paternal grand father. 2. leader of a gang.	1. pu (pate pa) 2. misual pawl hotu	पू (पाते पा) मिसुआल पोल होउतू

दादी सं.स्त्री (n.f.)	dādī	grand mother	pi	पी
दादुर सं.पु. (n.m.)	dādur	frog	chungu	चुङऊ
दान सं.पु. (n.m.)	dān	donation charity	thil thlawn pek, ṭanpui ngaite ṭanpuina.	थिल् त्लोन पेक्, टनपुइ ङाइते टनपुइना
दानव सं.पु. (n.m.)	dānav	1. demon, 2. giant	1. ramhuai 2. milian	रमहुआइ, मिलियान्
दाना सं.पु. (n.m.)	dānā	grain, seed	fang, mu, thil te tak te.	फङ, मू, थिल ते तक ते
दानापानी सं.पु. (n.m.)	dānā pānī	food and drink	ei leh in	एइ लेह् इन
दानेदार वि. (adj.)	dānedār	granular	thil them, fang, them nawi.	थिल थेम्, फङ, थेम नोइ
दाबना क्रि.स. (vt)	dāb.nā	to press	beng, nem	बेङ नेम
दाम सं.पु. (n.m.)	dām	price	man.	मन
दामाद सं.पु. (n.m.)	dāmād	son-in-law	farnu te pasal	फरनू ते पसल
दामन सं.पु. (n.m.)	dāman	the skirt of a garment	pawnfen, thawm-hnaw fuallam.	पोनफेन्, थोमन्हो फूअललम्
दायर वि. (adj.)	dāyar	filed	ziah luh.	जियह लुह्
दायरा सं.पु. (n.m.)	dāyrā	circle	rin bial, rin kual, mipui rual khat.	रीन बियाल, रीन कुआल, मिपुइ रुआल खत
दायाँ वि. (adj.)	dāyā̃	right	ding lam.	दिङ लम
दायित्व सं.पु. (n.m.)	dāyitva	responsibility	mawh phurhan	मोह् फुरह्ना
दारु सं.स्त्री (n.f.)	dāru	1. wine, 2. medicine, 3. gun-powder	1. grep tui zu, wain 2. damdawi 3. silai hlo, zen	ग्रेप तुइ जू, वइन, दमदोइ, सिलाइ ह्लोउ, जेन
दारुण वि. (adj.)	dāruṇ	severe, dreadful	nasa tak, khirh rapthlak	नसा तक, खिरह रापत्लाक्
दरोगा सं.पु. (n.m.)	dāroGā	sub-inspector	sun-inspector, hotu, endiktu, thana hotu.	सब-इन्सपेक्टोर, होउतू एनदिक्तू, थाना होउतू
दार्शनिक वि.पु. (adj.m.)	dārshanik	philosophical, philosopher.	fing, ril, awm dan thiam.	फिङ, रिल्, ऑमदान थियाम
दाल सं.स्त्री (n.f.)	dāl	pulse, vetches	dailuah lam chi	दइलुआह् लम ची

दालचीनी सं.स्त्री (n.f.)	dāl chīnī	a kind of spices	thak thing.	थक थिङ
दालमोंठ सं.स्त्री (n.f.)	dāl.moṭh	mixture of fried pulses (a kind of snacks)	be chi hrang hrang kanro chawh pawlh	बे चि ह्रङ ह्रङ कनरोउ चोह् पोल्ह
दालान सं.पु. (n.m.)	dālān	covered inner terrace (usally facing a court yard)	kawtkai hawi chhawr-dawh.	कोत्काइ होइ छोर-दोह्
दावत सं.स्त्री (n.f.)	dāvat	feast, banquet.	ruai, kut ni	रुअइ, कूत नी
दावात सं.स्त्री (n.f.)	dāvāt	inkpot	lehkhatui bur.	लेह्खतुइ बूर
दावा सं.पु. (n.m.)	dāvā	1. Claim 2. law suit	1. chuh, hauh 2. dan anga relna	चुह्, हउह् दान अङा रेलूना
दावाग्नि सं.स्त्री (n.f.)	dāvāgni	forest confla- gration, fire in jungle.	ngaw/ramhnuai kang.	ङो/रमह्नुइ काङ
दावेदार सं.स्त्री (n.f.)	dāvedār	claimant	chutu, hauhtu	चुह्तू, हउह्तू
दास सं.पु. (n.m.)	dās	slave, servant	bawih, chhiahhlawh.	बोइह्, छियह्ह्लोह्
दासता सं.स्त्री (n.f.)	dās.tā	slavery, bondage	bawia awmna, inbawihna, phuarna	बोइहअ ऑमना, इन्बोइना, फुअरना
दासी सं.स्त्री (n.f.)	dāsī	slave, servant	bawihnu	बोइह्नू,
दासा सं.पु. (n.m.)	dāsā	projecting, pro. terrace round a court yard.	kawtlai chhawrdawh.	कोत्लाइ छोरदोह्
दासानुदास सं.पु. (n.m.)	dāsānudās	very humble servant	chhiah hlawh inngai- tlawm.	छियह त्लोह् इनङाइ-त्लोम्
दास्तान सं.स्त्री (n.f.)	dāstān	story, narrative	thawnthu anga sawi chi.	थोनथू अङा सोइ ची
दाह सं.पु. (n.m.)	dāh	Cremation, burning	ruang hal	रुअङ हाल्
दाह-संस्कार सं.पु. (n.m.)	dāh- sanskār	Cremation	(mi) ruang halna.	(मी) रुअङ हाल्ना
दाहक वि. (adj.)	dāhak	caustic, in flam- matory	kang thei, thip eichhe thei	काङ थेइ, थीप् एइछे थेइ
दिक् वि. (adj.)	dik	teased, vexed	chhiah,	छियह्,

			tihrehawm, tihrilh hai	तिह्रेऑम, तिह्रिल्ह् हइ
दिक् सूचक सं.स्त्री (n.f.)	dik sūchak	direction compass	awmna lam kawk, lam zawng hriatna	ऑमना लम कोक्, लम जोङ ह्रियत्ना
दिक्कत सं.स्त्री (n.f.)	diqqat	difficulty, trouble	tawh khirh, harsanta, buaina.	तोह् खिरह्, हरसत्ना बुअइना
दिखाना क्रि.स. (vt)	dikhānā	to show, to point out.	entir, hmuh, hmuhtir	एनतीर, म्हुह्, म्हुह्तीर
दिखावा सं.पु. (n.m.)	dikhāvā	show, osten tation	ennawm mit hmuha ropuina.	एन्नोम, मित म्हुह्अ रोउपुइना
दिखावटी वि. (adj.)	dikhāv.tī	showy, artificial	hmuh nawm, mit la tak tak lo.	म्हुह् नोम्, मित् ल तक तक लो
दिग्दर्शन सं.पु. (n.m.)	dig.darshan	direction, guidance.	kaihhruainan	कइह्हुआइनान्
दिग्विजय सं.पु. (n.m.)	dig-vijay	Conquest of the world	henhna, khawvel henhna.	न्हेह्ना, खोवेल न्हेह्ना
दिन सं.पु. (n.m.)	dın	day, time	chhun, ni, hun.	छुन, नी, हुन
दिनकर सं.पु. (n.m.)	din.kar	sun.	ni	नी
दिनचर्या सं.स्त्री (n.f.)	din.charyā	daily routine	ni tin hna kalhmang pang ngai	नी तिन न्हा कलम्हङ पाङ ङाइ
दिनांक सं.पु. (n.m.)	dinānk	date.	ni, tarik	नी तरिक्
दिनेश सं.पु. (n.m.)	dinesh	sun.	ni.	नी
दिमाग सं.पु. (n.m.)	dimaG	1. brain 2. conceit	1. thluak, finna 2. in tihveina	त्लुआक् फिन्ना इन तिह्वेइना
दिया[1] क्रि.स. (vt)	diyā	gave, give	pe, hlan	पे ह्लान
दिया[2] सं.पु. (n.m.)	diyā	(earthern) lamp	1. pe, 2. khawnvar	पे, खोन्वार
दियासलाई सं.स्त्री (n.f.)	diyā-salaī	match stick	nawalh fawng.	नोअल्ह् फोङ
दिल सं.पु. (n.m.)	dil	heart.	lung lairil, thinlung	लुङ लाइरिल्, थिन्लुङ
दिलचस्प वि. (adj.)	dil.chasp	interesting	ngaihnawm, hmuhawm, bengverh zawng.	ङइह्नोम्, म्हुह्नोम् बेङवेरह् जोङ

दिलचस्पी सं.स्त्री (n.f.)	dil.chaspī	interest	beng khawnna ngaih sak zawng.	बेङ खोनूना ङइह् सक जोङ
दिलासा सं.पु. (n.m.)	dilāsā	solace, consolation	inhnemna, inthla muanna	इनून्हेमना, इनत्ला मुआनूना
दिलाना क्रि.स. (vt)	dilānā	to cause to be given, to give	hlan, pektir	ह्लान, पेक्तीर
दिलेर वि. (adj.)	diler	bold, daring	huaisen, hunag- tau	हुआइसेन, हुआङ ताव
दिलेरी सं.स्त्री (n.f.)	dilerī	boldness daring	huai, hlau lo	हुआइ, ह्लाव लो
दिल्लगी सं.स्त्री (n.f.)	dillagī	jest, fun	fiamthu nuihza, hlim hlawp thil	फियमूथू, नुइह्जा ह्लीम ह्लोप थिल
दिल्ली सं. (n.)	dillī	Delhi	Delhi	देलही
दिवंगत वि. (adj.)	divangat	late (dead), deceased.	thi tawh	थी तोह्
दिवस सं.पु. (n.m.)	divas	day.	hun, ni	हुन, नी
दिवाला सं.पु. (n.m.)	divālā	bankruptcy	pawisa nei lo, sumhnar chhiat buaina	पोइसा नेइ लो, सुमन्हार छियात् बुअइना
दिवालिया सं.पु. (n.m.)	divāliyā	bankrupt, in-solvent.	Sumdawnna kawnga tla chhia.	सुमदोनूना कोङा त्ला छिया
दिवाकर सं.पु. (n.m.)	divākar	Sun.	ni	नी
दिव्य वि. (adj.)	divya	divine beautiful	thianghlim, Pathian ang, mawi	थियाङत्लीम, पथियान् अङ, मोइ
दिव्यचक्षु सं.पु. (n.m.)	divya chakshu	supernatural knowledge, a blind man, spe-ctacles (for the eyes)	hriatna dangdai (tisa hriatna nilo) mitdel, tarmit	हीयूना, दंङदाइ (तीसा हीयना निलो) मितदेल्, तरमित्
दिशा सं.स्त्री (n.f.)	dishā	direction	awmna lam, pan lam	ऑमना लम, पन लम
दिशाशूल सं.पु. (n.m.)	dishāshūl	inauspicious time for starting on a journey in a particular	khawi lam zawng bika zin kal chhuah hun ṭha bik.	खोइ लम जोङ बीका जिन कल छुअह् हुन् ठा बीक

		direction.		
दिसम्बर सं.पु. (n.m.)	disambar	December.	December, pawl tlak thla	दिसम्बर, पोल त्लाक त्ला
दिसावर सं.पु. (n.m.)	disāvar	foreign country place from which goods are ordered for.	1. ram pawn, 2. bungraw chahtur/ chah awmna.	रम पोन, बुङरुओ चह्तूर/ चह् ऑमना
दीखना क्रि.स. (vt)	dīkh.nā	to be seen	hmuha awm.	म्हुह्अ ऑम
दीर्घ वि. (adj.)	dīrgh	long, large	sei, lian	सेइ लियन
दीर्घजीवी वि. (adj.)	dīrgh.jīvī	long-lived	dam rei.	दम रेइ
दीर्घा सं.स्त्री (n.f.)	dīrghā	gallery	dawh sang ṭhutna	दोह साङ ठुत्ना
दीर्घायु वि. (adj.)	dīrghāyu	long-lived	dam rei	दम रेइ,
दीदी सं.स्त्री (n.f.)	dīdī	elder sister	lai zawn/ farnu upa	लइ जोन/ फरनु उपा
दीन वि. (adj.)	dīn	humble, poor	inngaitlawm, rethei tlawm.	इनङइह्त्लोम, रेथेइ त्लोम
दीनता सं.स्त्री (n.f.)	dīn.tā	humbleness poverty	retheihna, tlawmna.	रेथेइह्ना, त्लोमना
दीनबंधु सं.पु. (n.m.)	dīn. bandhu	1. friend of the poor 2. God	1. miretheite ṭhian 2. pathian	मिरेथेइते ठियन, पथियन्
दीप (दीपक) सं.पु. (n.m.)	dīp (dīpak)	(earthern) lamp	Khawn var (leia bungbel)	खोनूवार (लेइअ बुङबेल)
दीपशिखा सं.स्त्री (n.f.)	dīp.shīkhā	flame of a lamp	mei alh, mei chher/bati alh	मेइ अल्ह्, मेइ छेर/बती अल्ह
दीप-स्तंभ सं.पु. (n.m.)	dīp.stambh	lamp post	Khawn var ban	खोनूवार बन
दीपावली सं.स्त्री (n.f.)	dīpāvalī	row of lights, the hindu festival of light.	hindu eng kut, eng chhit tlar	हिन्दू एङ कूत, एङ छित् त्लर
दीप्ति सं.स्त्री (n.f.)	dīpti	lustre, luminosity	enna, tletna	एनूना, त्लेत्ना
दीमक सं.स्त्री (n.f.)	dīmak	white ant, termite	tlumpi	त्लुमपी
दीया सं.पु. (n.m.)	dīyā	(earthen) lamp	khawn var (hlum a siam)	खोनूवार (ह्लुम अ सियम)
दीवान सं.पु. (n.m.)	dīvān	1. royal assembly 2. minister	1. milian ṭhukhawm	मिलियन ठुखोम

		of a state. 3. prime minister, 4. collect work of a poet.	2. ram rorel tu lian.	रम रोउरेलतु लियन
दीवार संस्त्री (n.f.)	dīvār	wall.	bang	बङ
दीवाना वि. (adj.)	dīvānā	crazy, mad	a mak	अ मक
दीवानी वि. (adj.)	dīvānī	civil court	khaw tlang (thu buai rorelna)	खो त्लाङ (थू बुअइ रोउरेन्ना
दीवाली संस्त्री (n.f.)	dīvālī	Diwali (festival of lamp/lights)	hindu kut eng, kut eng kut	हिन्दू कूत् एङ, कूत, एङ कूत
दीक्षा संस्त्री (n.f.)	dīkṣā	initiation, cermonial introduction in to some cult	pawl chhunga la lut, nihna bik atana inbuat saihna.	पोल छुङा ल लूत, निह्ना बीक् अताना इनबुअत् सइह्ना
दुंदुभि संस्त्री (n.f.)	dundubhi	kettleddrum	khuang te mawng zum chi (hmai khat chauah nei)	खुआङ ते मोङ जुम ची (म्हाइ खत चउह् नेइ)
दुआ संस्त्री (n.f.)	duā	prayer, blessing	malsawmna, ṭawngṭaina.	मलसोमना, टोङटइना
दुकान संस्त्री (n.f.)	dukān	shop	dawr	दोर
दुकानदार सं.पु. (n.m.)	dukāndār	Shop-keeper	dawrkai	दोरकाइ
दुकानदारी संस्त्री (n.f.)	dukāndārī	shopkeeping, business	sum dawnna	सुम दोन्ना
दुकूल सं.पु. (n.m.)	dukūl	cloth, fine cloth	puan, puantha	पुअन्, पुअन्ठा
दुख सं.पु. (n.m.)	dukh	suffering, sorrow	lungngaihna.	लुङङअइह्ना
दुखद वि. (adj.)	dukhad	painful, tragic	pawi, runthlak	पोइ रुनत्लाक्
दुखना क्रि.अ. (vi)	dukh.nā	to pain to ache	hrehawm, na	ह्रेहॉम, ना
दुखदायी वि. (adj.)	dukh.dāyī	unfortunate, painful.	vanduai, pawi, tuar.	वन्दुआइ, पोइ, तुअर
दुखाना क्रि.स. (vt)	dukhānā	to inflict, suffering.	ti mangang, ti buai	ति मङअङ, ति बुअइ
दुखी वि. (adj.)	dukhī	distressed, afflicted	mangang, tuar	मङअङ, तुअर
दुग्ध सं.पु. (n.m.)	dugdh	milk (in compounds)	bawnghnute.	बोङन्हुते

दुग्धमापी सं.पु. (n.m.)	dugdh. māpī	lactometer	bawnghnute tak leh tak loh tehna (enna)	बोङन्हुते तक लेह् तक लोह् तेह्ना (एन्ना)
दुगुना (दूना) वि. (adj.)	dugunā (dunā)	twice as much double.	a let hnih	अ लेत न्हीह्
दुतकारना क्रि.स. (vt)	dutkār.nā	to snub, to drive away	bung taka chhang dang, dai dang hnawt bo.	बुङ तका छाङ दङ, दाइ दङ न्होत्बोउ
दुधमुंहा वि. (adj.)	dudh.mũhā	suckling	hnute hne lai	न्हुते न्हे लाइ
दुधारू वि. (adj.)	dudhārū	milch	hnute tui nei	न्हुते तुइ नेइ
दुनिया सं.स्त्री (n.f.)	duniyā	world	khawvel	खोवेल
दुनियादार वि. (adj.)	duniyādār	worldly	khawvel thil, tisa thil	खोवेले थिल, तिसा थिल
दुपट्टा सं.पु. (n.m.)	dupaṭṭā	scarf.	nghawng leh koki rawmawl bah chi	ङोङ् लेह् कोकी रोमोल बह् ची
दुबला वि. (adj.)	dub.lā	lean	cher, tak ngah lo.	चेर, तक ङह् लो
दुबकना क्रि.अ. (vi)	dubak.nā	to lurk, to shrink with fear	vel, hlauva biru	वेल. ह्लावअ बिरू
दुबारा क्रि.वि. (adv.)	dubārā	once again, twice	vawi hnih, leh pek	वोइ न्हीह्, लेह् पेक्
दुभाषिया सं.पु. (n.m.)	dubhāṣiyā	bilinguist, interpreter.	ṭawng hrang chihnih thiam, ṭawng lettu.	टोङ ह्रङ चिन्हीह् थियाम्, टोङ लेत् तू
दुमंजिला वि. (adj.)	dumā.jilā	double stroyed	in chhawng hnih	इन छोङ न्हीह्
दुम सं.स्त्री (n.f.)	dum	tail	mei (ran mei ang)	मेइ (रन मेइ अङ)
दुमदार वि. (adj.)	dum.dār	having a tail, tailed	mei nei	मेइ नेइ
दुरंगा वि. (adj.)	durangā	two coloured	rawng chihnih	रोग चिन्हीह् कोङ
दुरमुट स.पु. (n.m.)	dur.muṭ	an implement for pounding pavements, rammer.	kawng siam chhu/delh mam/muktu, chhutu	कोङ सियम् छू/ देल्ह माम/मुकतू, छुतू
दुराव सं.पु. (n.m.)	durāv	concelament	hliah khu, thup	ह्लीयह् खू, थुप
दुराचार सं.पु. (n.m.)	durāchār	wickedness, misdemeanour	chimawmna	चिम्ऑमना
दुराचारी वि.पु. (adj.m.)	durā.chārī	depraved/	sual,	सुअल

		wicked		
दुरूपयोग सं.पु. (n.m.)	durūp.yog	perversion, abuse	a dik lo zawnga hmanna, hman dik lohna	अ दिक लो जोङा म्हानूना, म्हान दिक् लोह्ना
दुरुस्त वि. (adj.)	durust	right, correct	dik, ngil	दिक्, ङील
दुरुह वि. (adj.)	duruh	1. difficult to understand. 2. hidden	1. hriat thiam harsa 2. hliah khuh, thuhruk.	ह्रीयत् थियम् हरसा ह्लीय खुह्, थुह्रूक्
दुर्गंध सं.स्त्री (n.f.)	durgandh	foul/bad smell stench	Uih, rim chhia	उइह्, रिम् छिया
दुर्ग सं.पु. (n.m.)	durg	fort, citadel	kulh, hmun khur.	कुल्ह्, म्हुन, खुर्
दुर्गति सं.स्त्री (n.f.)	durgati	miserable, condition predicament.	dinhmun khirh, harsatna.	दिनम्हुन् खिरह्, हरसत्ना
दुर्गम वि. (adj.)	durgam	in accessible	ban phak loh, pawh theih loh.	बन फाक् लोह्, पोह् थेइह लोह्
दुर्गा सं.स्त्री (n..f.)	durgā	Durga, goddes of prowess.	Durga, Pathian nu.	दुर्गा पथियन नू
दुर्गुण सं.पु. (n.m.)	dur.guṇ	vice, defect.	kim lohna, ṭhat lohna	किम लोह्ना, ठत् लोह्ना
दुर्घटना सं.स्त्री (n.f.)	durghaṭnā	mishap, accident.	chetsual palhna	चेत्सुआल पल्ह्ना
दुर्जन सं.पु. (n.m.)	durjan	Villian, rascal	misual, mi duk dak lo	मिसुअल, मी दुक् दक् लो
दुर्दशा[1] सं.स्त्री (n.f.)	durdashā	sad plight, predicament.	harsatna, dinhmun khirh, tui lai rap.	हरसत्ना, दिनम्हुन खिरह्, तुइ लाइ रप
दुर्दशा[2] सं.स्त्री (n.f.)	durdashā	adversity, sorry plight	lungngaihna, buaina	लुङङइह्ना, बुअइना
दुर्दिन सं.पु. (n.m.)	durdin	bad days, cloudy day	ni hun ṭha lo, khaw hnim	नी हुन् ठा लो, खो न्हीम्
दुर्निवार वि. (adj.)	dur.nivār	difficult to be stopped	hneh theih loh.	न्हेह् थेइह् लोह्
दुर्बल वि. (adj.)	durbal	weak, feeble	chak lo, chau.	चक् लो, चाउ
दुर्बलता सं.स्त्री (n.f.)	durbaltā	weakness	chak lohna	चक् लोह्ना
दुर्भाव सं.पु. (n.m.)	dur.bhāv	ill will, malice	mi engtona rilru	मी एङतोउना रिलूरु

			chhia	छिया
दुर्भावना सं.स्त्री (n.f.)	dur.bhāvnā	ill will, malice	mi elrelna, rilur chhia	मी एलरेलना, रिलरु छिया
दुर्भाग्य सं.पु. (n.m.)	durbhāgyā	misfortune, ill luck	Van duaina.	वनूदुअइना
दुर्भिक्ष सं.पु. (n.m.)	durbhikṣā	famine, drought	tam, ruah tui tlakchhamna nasa	ताम, रुअह्तुइ त्लाकछम्ना नसा
दुर्वचन सं.पु. (n.m.)	durvachan	abuse, scurrilous language	an hla, ṭawng chhia	आन् ह्ला, टोङ छिया
दुर्व्यवस्था सं.स्त्री (n.f.)	dur.vyavasthā	mis management.	fel lo taka enkawlna.	फेल लो तका एनकोलना
दुर्व्यवहार सं.पु. (n.m.)	dur.vyavhār	misbehaviour, maltreatment.	awm dan sual, chet dan dik lo	ऑम दान सुअल, चेत दान दिक् लो
दुर्लभ वि. (adj.)	dur.labh	rare, scarce	vang	वाङ
दुलकी सं.स्त्री (n.f.)	dulkī	trot.	tlan auh auh.	त्लान अउ अउ
दुलहन सं.स्त्री (n.f.)	dul.han	bride	mo, mo tur.	मोउ मोउ तूर
दुलत्ती सं.स्त्री (n.f.)	dulattī	(guadruped) kick with the two hindlegs.	(sa ke pali nei) ke hnug lam pahnih a ṭum/kheng.	(सा के पली नेइ) के न्हुङ लम पह्नीह् अ टुम/खेङ
दुल्हा सं.पु. (n.m.)	dul.hā	bridge groom	mo neitu, mo neitu tur, mopa	मोउ नेइतू, मोउ नेइतू तुर, मोउपा
दुलारना क्रि.स. (vt)	dulār.nā	to fondle/ carcess	lawm, chul	लोम्, चूल
दुलारा वि. (adj.)	dulārā	darling, dear	duh tak, ngaih zawng	दुह तक, ङइह जोङ
दुलार वि. (adj.)	dulār	cosseting, fondling	hmangaihna tihhliauna	म्हाङइह्ना तिह्ह्लीवना
दुविधा सं.स्त्री (n.f.)	duvi.dhā	dilemma, fix	duh thlan tur ṭha miah awm lohna ṭan/awhna, tal chhuahna awm lo khawp a chan chhe chang	दुह् थ्लान तूर ठा मियह् ऑम लोह्ना टन/ओह्ना, ताल छुअह्ना ऑम लो खोप अ चन् छे चङ
दुशवार वि. (adj.)	dush.vār	arduous,	harsa, tawh khirh	हरसा, तोह् खिरह्

		difficult.		
दुशाला सं.पु. (n.m.)	dushālā	(double) shawl	puanbah, shawl	पुअनबह्, सोल
दुश्चरित्र वि. (adj.)	dush-charitra	of bad/loose character.	sual, hur, pawlawh.	सुअल, हुर, पोलोह्
दुश्मन सं.पु. (n.m.)	dush.man	foe, enemy	hmelma.	म्हेल्मा,
दुश्मनी सं.स्त्री (n.f.)	dush.manī	enmity, hostility	in hmel makna, inngeihlohna	इनम्हेल माकना, इनङेइहलोह्ना
दुष्कर्म सं.पु. (n.m.)	dushkarm	evil deed	sual thiltih	सुअल थिल्तिह्,
दुष्ट वि. (adj.)	dusṭa	vicious, wicked	sual, chimawm	सुअल्, चिमऑम
दुष्टता सं.स्त्री (n.f.)	dusṭaṭā	wickedness, mischieveus-ness	suah sualna, awmhleina	सुअह् सुअलन., ऑम ह्लेइना
दुष्टात्मा वि. (adj.)	dusṭatmā	malicious, wicked.	sual, chimawm	सुअल, चिमूऑम
दुस्सह वि. (adj.)	dussah	unbearable, intolerable.	tuar rual loh, tuar theih loh.	तुअर रुअल लोह् तुअर थेइह लोह
दुस्साहस सं.पु. (n.m.)	dussāhas	impudence, rasjmess.	huangtau, luhlul, inluling.	हुअङताउ, लुह्लुल् इनलुलिङ
दुहरा वि. (adj.)	duhrā	two fold, double	a let hnih	अ लेत् न्हीह्
दुहना क्रि.स. (vt.)	duh.nā	to milk, to squeezeout	hmet, sawr, sawr	म्हेत सोर, सोर
दुहराना क्रि.स. (vt.)	duhrānā	to revise, to repeat	ennawn, endikna	एन्नोन् एनदिक्ना
दुहाई सं.स्त्री (n.f.)	duhāī	cry for help	ko, ṭanpuitu ko	कोउ, टनपुंईतू को
दुहागिन सं.स्त्री (n.f.)	duhāgin	widow	pasal sun.	पसल सून
दुहिता सं.स्त्री (n.f.)	duhitā	daughter	fanu.	फनू
दूत सं.पु. (n.m.)	dūt	emissary	a ruka palai	अ रूका पलाइ
दूतावास सं.पु. (n.m.)	dūtāvās	embassy	mi rama palia awmna hmun pui	मी रमा पलाइ ऑमना म्हुन पुइ
दूध सं.पु. (n.m.)	dūdh	milk	hnute, hnute tui	न्हुते, न्हुते तुइ
दूधिया वि. (adj.)	dūdhiyā	milky, milk-white	hnute tui ang, paw	न्हुते तुइ अङ पो
दूब सं.स्त्री (n.f.)	dūb	a kind of grass	hnim, phaitual hnim	ह्नीम्, फाइतुअल् ह्नीम

दूभर वि. (adj.)	dūbhar	difficult, arduous.	harsa, tawh khirh	हरसा, तोह् खिरह्
दूर वि. क्रि. वि.	dūr	far, away, off	hla, hla takah	ह्ला, ह्ला तकअह्
दूरस्थ वि. (adj.)	dūrasth	distant, remote	inhlat, hla, kilkhawr	इनह्लत, हला, किल्खोर
दूरदर्शी वि. (adj.)	dūr.darshī	far sighted.	hla tak thlir.	ह्ला तक थ्लीर
दूरदेशी सं.स्त्री (n.f.)	dūr.deshī	far sight, far sightedness	fing, hmalan thlir thiam	फिङ, म्हालम् थ्लीर थियम
दूरबीन सं.स्त्री (n.f.)	dūr.bīn	telescope	entlang.	एनत्लाङ
दूरभाष सं.पु. (n.m.)	dūr.bhāṣ	telephone	thirhrui hmanga ralkhata inbiak theihna	थिर हुइ म्हाङा राल्खता इनबियक थेइहना
दूरगामी वि. (adj.)	dūr.gāmī	far reaching	thlen thui, kawngro su hle.	थ्लेन थुइ, कोङरोउ सु ह्ले
दूरदर्शन सं.पु. (n.m.)	dūr. darshan	television	boruaka radio-a-thla inthawn theihna	बोउरूअका रेडियो-अ-त्ला इनथोन् थेइहना
दूरदर्शिता सं.स्त्री (n.f.)	dūr-darshitā	far sightedness	thlir thui thiamna hmalam thlir thiamna	थ्लीर थुइ थियमना म्हालम् थ्लीर थियमना
दूरदेश वि. (adj.)	dūrdesh	far-sighted, sagicious	fing, remhria, hmalam thlir thiam	फिङ, रेमह्रिया, म्हालम् थ्लीर थियम
दूरी सं.स्त्री (n.f.)	dūrī	distance	inhlat dan, hlat lam.	इनह्लत दान्, ह्लत लम
दूषण सं.पु. (n.m.)	dūṣaṇ	fault, contamination, pollution.	dik lohna tih sualna pawlh khawloh.	दिक् लोह्ना, तिह् सुआलना पोलह् खोलोह्
दूषित वि. (adj.)	dūṣit	Contaminated, defiled.	ti bawlhhlawh, pawlh khawlo.	ती बोल्ह्ह्लोह, पोल्ह् खोलो
दूसरा वि. (adj.)	dūs.rā	second, other	a dawt, dawttu.	अ दोत्, दोत्तू
दृग सं.पु. (n.m.)	drig	eye, power of vision	mit, hmuh theihna.	मित, म्हुह् थेइह्ना
दृढ़ संकल्प वि. (adj.)	driṛh	firm determi-	tum ruh.	तुम रूह्

	sankalpa	nation.		
दृढ़ वि. (adj.)	driṛh	firm, strong.	nghet, ruh, chak	ङेहत्, रूह चक
दृढ़ता सं.स्त्री (adj.)	driṛh.tā	firmness, resoluteness	nghehna, luhlulna	ङेह्ना, लुह्लुल्ना
दृश्य सं.पु. (n.m.)	drishya	sight, scene, view.	mit khaw hmuhna lang.	मित खो म्हुह्ना लङ
दृष्टांत सं.पु. (n.m.)	driṣṭānt	instance	tehkhinna, entirna.	तेह्खिन्ना, एन्तीरना
दृष्टि सं.स्त्री (n.f.)	driṣṭi	vision, (eye) sight, glance point of view.	mit khaw hmuhna.	मित खो म्हुह्ना
दृष्टिकोण सं.पु. (n.m.)	driṣṭikoṇ	point of view, angle of vision	hmuh dan, ngaih dan.	म्हुह् दान, ङइह् दान
दृष्टिगत (pp)	driṣṭigat	viewed, seen	khawhmuh, langthei chin zawng.	खोम्हुह्, लङ्थेइ चिन जोङ
दृष्टिगोचर वि. (adj.)	driṣṭi-gochar	perceptible, vision	hmuh, theih, lang thei, hriat theih.	म्हुह् थेइह्, लङ थेइ, ह्रीयत थेइह्
देखना क्रि.स. (vt)	dekh.nā	to see, to look, to glance.	hmu, hria	म्हु ह्रिया
देखरेख सं.स्त्री (n.f.)	dekh.rekh	care, supervision vision	pawi sakna, ngaih sakna.	पोइ सकना, ङइह् सकना
देखभाल सं.स्त्री (n.f.)	dekh.bhāl	care, supervision	ngaih sakna	ङइह् सकना
देखादेखी क्रि.वि. (adv.)	dekhā-dekhī	in imitation	entawn, a aga tive	एनतोन, अ अङा तिवे
देग सं.स्त्री (n.f.)	deG	cauldren, big cooking pot	bel lian.	बेल लियन
देगची सं.स्त्री (n.f.)	deG.chī	small cauldron, small kettle.	thil chhuan sona ketli te, bel te.	थिल् छुअन सोउना केत्ली ते, बेल ते
देदीप्यमान वि. (adj.)	dedīpya-mān	refulgent, bril-liang.	eng tak, fing tak, ṭhe hle.	ऐङ तक, फिङ तक, ठा ह्ले
देन सं.स्त्री (n.f.)	den	gift, contri-bution	thil pek, thawh lawm	थिल पेक, थोह् लोम
देना क्रि.स. (v.t.)	denā	to give, to pay	pe, petla	पे, पेत्ला
देनदार सं. (n.)	den.dār	debtor.	leibatu.	लेइबातू
देर सं.स्त्री (n.f.)	der	delay	tikhawtlai,	तिखोत्लाइ,

			khawtlaina	खोत्लाइना
देरी सं.स्त्री (n.f.)	derī	delay	tlaina, khaw tlaina.	त्लाइना, खो त्लाइना
देव सं.पु. (n.m.)	dev	deity, god	Pathian	पथियन्
देवभूमि सं.पु. (n.m.)	dev.bhūmi	residence/abode of gods, temple	biak in, chenna, In.	बियक इन, चेन्ना, इन
देवर सं.पु. (n.m.)	devar	husband's younger brother, brother-in-law	pasalte unaupa naupang zawk.	पसलते उनावपा नउपङ जोक
देवता सं.पु. (n.m.)	dev.tā	deity, God	Pathian	पथियन
देवरानी सं.स्त्री (n.f.)	dev.rānī	sister-in-law	pasalte farnu	पसलते फरनु
देवदार सं.पु. (n.m.)	dev.dār	a pine tree	far thing.	फार थिङ
देवनागरी सं.स्त्री (n.f.)	dev.nāgrī	original name of nagri alphabet.	Hindi hawrawp hming, Hindi A, AW, B.	हिन्दी होरोप् म्हीङ, हिन्दी अ, ओ, बी
देवांगना सं.स्त्री (n.f.)	devangnā	wife of a deity or celestial damsel.	Pathian nupui, van mi nula.	पथियन नुपुइ, वान मी नुला
देवी सं.स्त्री (n.f.)	devī	goddess, lady	Pathiannu, hmei chhe/nu zahawm.	पथियननू, म्हेइछे/नू जहऑम
देश सं.पु. (n.m.)	desh	Country, land	ram.	रम
देश निकाला सं.पु. (n.m.)	desh.nikālā	deportation	hnawt chhuak hnawt bo, dah chhuak.	ह्नोहत् छुआक ह्नोहत् बोउ, दह छुआक्
देशज वि. (adj.)	deshaj	indigenous, native	pian pui thil , ram chhunga mi	पियन पुइ थिल, रम छुङा मी
देशद्रोही सं.पु. (n.m.)	desh.drohī	traiter to the country	mahni ram phat santu.	म्ह्नी रम फत सनूतू
देशभक्ति सं.स्त्री (n.f.)	desh.bhakti	nationalism, public spirit patriotism.	ram tana ṭhahnem ngaihna.	रम ताना ठह्नेम ङइह्ना
देशभक्त सं.पु. (n.m.)	desh.bhakta	patriot	mahni ram hmangaihtu.	म्ह्नी रम म्हाङइह्तू
देशाटन सं.पु. (n.m.)	deshāṭan	travel/wandering round the	zin vahna, zin veivahna.	जिन वह्ना, जिन वेइवह्ना

		country.		
देशांतर सं.पु. (n.m.)	deshāntar	longitude, fore-ign/ other country.	khawchhak lam	खोछक लम
			emaw, khawth	एमो, खोत
			lang lam emaw a	लङ लम एमो अ
			lei lung	लेइ लुङ
			tehna, ram	तेह्ना, रम
			pawn lam	पोन लम
देसी वि. (adj.)	desī	native, inland	pian pui thil,	पियनपुइ थिल,
			rama cheng	रमा चेङ
			hmasa.	म्हसा
देह सं.स्त्री (n.f.)	deh	body	taksa	तकसा
देहात सं.पु. (n.m.)	dehāt	village	thingtlang khua.	थिङत्लाङ खुअ
देहावसान सं.पु. (n.m.)	dehāvsān	demise, death.	thihna.	थिह्ना
देहाती वि. (adj.)	dehātī	rural	thing-tlang	थिङ-त्लाङ
देहांत सं.पु. (n.m.)	dehānt	death.	thihna	थिह्ना
दैत्य सं.पु. (n.m.)	daitya	demon, giant	ramhuai, milian.	रमहुअइ, मिलियन्
दैत्याकार वि. (adj.)	daityākār	demonlike,	hrawlpui, lianpui	ह्रोल्पुइ, लियन्पुइ
दैन्य सं.पु. (n.m.)	dainya	poverty,	retheihna, tlak	रेथेइह्ना, त्लाक
		pauperism	chhamna,	छम्ना
		humility	tlawmna	त्लोमना
दैनिक वि. (adj.)	dainik	daily	nitin	नितिन
दैनिकी सं.स्त्री (n.f.)	dainikī	diary	nitin thiltih	नितिन थिल्तिह्
			chhinchhiahna bu.	छिनछियाह्ना बू
दैवयोग सं.पु. (n.m.)	daivayog	accidental hap-pening	thil awm palh	थिल ऑम पल्ह्
दैवी वि. (adj.)	daivī	pertaining to gods, divine.	Pathian thil	पथियन थिल
दोगला वि. (adj.)	doglā	crossbred,	chi hrang inthlah	ची ह्रङ इनत्लह्
		hybrid	pawlh, ṭawng	पोल्ह्, टोङ
			hrang	ह्रङ
			inchawh pawlh	इनचोह् पोल्ह्
			aṭanga thu	अटंङा थु
			mal chher	मल छेर
दोगाना सं.पु. (n.m.)	dogānā	duet	mi pahnih zai	मी पह्नीह जाइ
दोतल्ला वि. (adj.)	dotallā	double storied or storeyed	inchhawng hnih	इनछोङ ह्नीह्

		doubled storeyed		
दो क्रि.सं.वि (vt. adj.)	do	give, two	pe, hlan pahnih	पे, त्लान्, पह्नीह्
दोना सं.पु. (n.m.)	donā	leaf-cup, leaf bow.	hnah no.	न्हाह् नोउ
दोनों वि. (adj.)	donõ	both, the two.	a pahnihin, a kawp.	अ पह्नीह्इन, अ कोप
दोपहर सं.स्त्री (n.f.)	dop.har	midday, noon.	chhun lai	छून लाइ
दोष सं.पु. (n.m.)	doṣ.	fault, blame	demna, mawhpuhna	देम्ना, मोह्पुह्ना
दोषारोपण सं.पु. (n.m.)	doṣāropaṇ	accusation, in-crimination	inpuhna, hekna	इनपुह्ना, हेक्ना
दोषी वि. (adj.)	doṣī	quality	dik lo, thiam lo	दिक् लो, थियम लो
दोस्त सं.पु. (n.m.)	dost	friend	ṭhian	ठियन्
दोसा सं. (n.)	dosā	a large fried thin cake pre-pared from rice and horse bean paste.	buh leh be chikhat rawt chawhpawlh rawt chawhpawlh aṭanga siam chhang phek kan ro.	बुह् लेह् बे चिखत रोत् चोह्पोल्ह् रोत् चोह्पोल्ह् अटंङा सियम छङ फेक कन रोउ
दोस्ती सं.स्त्री (n.f.)	dostī	friendship	inṭhianna	इनठियन्ना
दोहा सं.पु. (n.m.)	dohā	Couplet	hlathu tlar hnih zel rikdan inzui.	ह्लाथू त्लर ह्नीह् जेल रीकदान इनजुइ
दौड़ सं.स्त्री (n.f.)	dāuṛ	race	intlansiakna	इनत्लानसियक्ना
दौड़ना क्रि.अ. (vi)	dāuṛ.nā	to run.	tlan, tlan chhia	त्लान, त्लान छिया
दौड़ धूप सं.स्त्री (n.f.)	dāru.dhūp	toil and bustle, hard struggle.	harsa ti taka beihna.	हरसा ती तका बेइह्ना
दौड़ना क्रि. स. (vt)	dāuṛa.nā	to cause to run	tlantir	त्लानतीर
दौर सं.पु. (n.m.)	dāur	age, period	hun chhung, hun.	हुन् छुङ, हुन
दौरा सं.पु. (n.m.)	dāurā	tour.	zin vahna.	जिन वह्ना
दौरान क्रि.वि. (adv.)	dāurān	during in the course of.	chu mi hun chhungin chutih laiin.	चु मी हुन छुङइन चुतिह्लाइइन्
दौलत सं.स्त्री (n.f.)	dāulat	wealth, riches.	sum leh pai, hausakna.	सुम लेह् पाइ, हउसकना

द्युति सं.स्त्री (n.f.)	dyuti	light, glow, lustre	eng, tle de.	एङ, त्ले दे
द्युतिमान वि. (adj.)	dyutimān	radiant, lustrous	eng, tle, engnung.	एङ, त्ले, एङनुङ
द्यूत सं.पु. (n.m.)	dyūt	gambling	pawisa inkhalhna, pawisa khelh.	पोइसा इनुखेल्हना, पोइसा खेल्ह्
द्योतक वि. (adj.)	dyotak	indicative, illustrative	kawktu, tichinagtu.	कोक्तू, तिचियङ्तू
द्रव वि.पु. (n.m.)	drav	liquid	tui, tuiril	तुइ, तुइरील
द्रवित वि. (adj.)	dravit	metted, moved (by emotion)	tinem, tuiral, rilru khawih.	तिनेम, तुइरल्, रिलरु खोइह्
द्रव्य सं.पु. (n.m.)	dravya	matter, money, wealth	ro, hausakna.	रोउ, हउसकना
द्रोह सं.पु. (n.m.)	droh	malice, spite	mi engtona, rilru chhia	मी एङ्तोउना, रिलरु छिया
द्वंद्व सं.पु. (n.m.)	dvandva	duel fight, conflict	inrem lohna, indona	इनूरेम लोउना, इनूदोउना
द्वंद्व युद्ध सं.पु. (n.m.)	dvandva. yuddha	duel fight, struggle	harsa ti taka beihna, hreawm tawrhna	हरसा ती तका बेइह्ना, हेऑम तोरह्ना
द्वयर्थ वि. (adj.)	dvyarth	tow, couple pair	kawp khat	कोप खत
द्वार सं.पु. (n.m.)	dvār	door, gate, way	kawng khar, kawng.	कोङखार, कोङ
द्वारपाल सं.पु. (n.m.)	dvārpāl	door-keeper, gateman.	kawng khar vengtu	कोङखार वेङ्तू
द्वारा क्रि.वि. (adv.)	dvārā	by (means of), by, through.	tlangin, hmangin.	त्लङइन्, म्हङइन्
द्विज वि. (adj.)	dvij	twice-born, bird one belonging to the Brahman Kshatriya or Vaishya caste.	piang nawn, sava brahmin emaw, kshatriya emaw vaishya emaw chi (mi)	पियङ नोन्, सवा ब्रह्मिन एमो, क्षत्रिय एमो वैश्य एमो ची (मी)
द्वितीय वि. (adj.)	dvitīy	second	pahnihna	पह्नीह्ना
द्वीप सं.पु. (n.m.)	dvīp	Island	thliarkar	त्थीरकार
द्वेष सं.पु. (n.m.)	dveṣ	ill will, malice	mi elrelna, rilru chhia.	मी एलरेलना, रिलरु छिया
द्वैत सं.पु. (n.m.)	dvāit	duality	nihdan phir neih.	निह्दान फीर नेइह्

द्वैध सं.पु. (n.m.)	dvāidh	distinction between two things, double dealing.	thil (chi) pahnih thliar hranna, inbumna.	थिल (ची) पह्नीह् त्लीयर ह्रन्ना, इनूबुमना
द्वैवार्षिक वि. (adj.)	davāivarṣik	biennial	kum hnih awh.	कुम ह्नीह् ओह

ध

धंधा सं.पु. (n.m.)	dhandhā	occupation, vocation	hnathawh ber	न्हाथोह् बेर
धँसना क्रि.अ. (v.i.)	dhās.nā	to get stuck into, to sink	pil, tla, tang	पिल, त्ला, ताङ
धकधक सं.स्त्री (n.f.)	dhak.dhak	to get startled wonder struck	mak tilutuk, mak tih vanga awm ngaihna hre lo.	मक तिलुतुक, मक तिह् वङा ऑम ङइह्ना ह्रे लो
धकापेल सं.स्त्री (n.f.)	dhakā.pel	shoving and pushing, jostle	nek sawk sawk.	नेक सोक् सोक्
धकेलना क्रि.स. (v.t.)	dhakel.nā	to push, to shove	nem, nawr	नेम, नोर
धक्का सं.पु. (n.m.)	dhakkā	push, jostle, shock	nam, nem, nawr.	नम, नेम, नोर
धक्का-मुक्की सं.स्त्री	dhakkā-mukkī	pushing and elbowing	nek tawl tawl	नेक तोल तोल
धज्जी सं.स्त्री (n.f.)	dhajjī	shred, strip	them, thler sin.	थेम, थ्लेर सीन
धड़ सं.पु. (n.m.)	dhaṛ	body	taksa, taksa lu ke tel lo, pumrua.	तकसा, तकसा, लूके तेल लो पुमरुआ
धड़कन सं.स्त्री (n.f.)	dhaṛ.kan	palpitation	phu, lungphu chak	फू, लुङफू चक
धड़कना क्रि.अ. (v.i.)	dhaṛak.nā	palpitate to beat	phu, phu dawt dawt.	फू, फू दोत् दोत्
धड़ाका सं.पु. (n.m.)	dhaṛākā	crash, explosion	thil keh ri rawp, kehchhiatna chhiat rupna, puak darh.	थिल केह् री रोप्, केह्छियात्ना छियत् रुपना, पुअक् दरह्
धड़ाधड़ क्रि.वि. (adv.)	dhaṛādhāṛ	in quick succession, with a crash	nawr sek; tichiam	नोर सेक, तिचीयम्
धड़ाम सं.पु. (n.m.)	dharām	with a thud,	chwplehchilh,	चोपलेह्चिल्ह,

		instantly	nghal	ङाल
धढ़ा सं.पु. (n.m.)	dharhā	tare, counter balance.	hlo har chi khat	ह्लोउ हर ची खत्
धतूरा सं.पु. (n.m.)	dhatūrā	thorn apple (plant)	bulbal nei chi thlai tur nei.	बुलबाल नेइ ची थ्लाइ तूर नेइ
धधकना क्रि.अ. (v.i.)	dhadhak.nā	to flare up	thin so phut, alh	थिन सोउ फुत्, अल्ह
धन सं.पु. (n.m.)	dhan	wealth, riches money	sum leh pai	सुम लेह् पाइ
धन-दौलत सं.स्त्री (n.f.)	dhan-dāulat	wealth, riches, money	sum leh, pai, ro	सुम लेह् पाइ, रोउ
धन-धान्य सं.पु. (n.m.)	dhan-dhānya	affluence, all round, pros-perity	kawng tinrenga mi neinung, hausa tawntaw.	कोङ तिन्रेङ मी नेइनुङ, हउसा तोनूतो
धनवान वि. (adj.)	dhan.vān	rich, wealthy	hausa	हउसा
धनादेश सं.पु. (n.m.)	dhanādesh	money order	daka pawisa thawna.	दाक़ा पोइसा थोनूना
धनाढ्य वि. (adj.)	dhanarhya	moneyed, rich	hausa	हउसा
धनिक वि. (adj.)	dhanik	rich, wealthy	hausa, neinung.	हउसा, नेइनुङ
धनिया सं.पु. (n.m.)	dhaniyā	coriander	pardi	पारदी
धनुर्विद्या सं.स्त्री (n.f.)	dhanur-vidyā	archery	thal kah thiamna, thla kah.	थल कह थियमना, थल कह
धनुष सं.पु. (n.m.)	dhanuṣ	bow	thal ngul, thal kahna.	थल ङुल, थल कह्ना
धन्य वि. (adj.)	dhanya	blessed	mi malsawmna dawng.	मी मलसोमना दोङ
धन्यवाद सं.पु. (n.m.)	dhanyavād	thanks	lawmthu	लोमथू
धब्बा सं.पु. (n.m.)	dhabbā	blot, spot, blemish	rawng kai, bal kai	रोङ काइ, बाल काइ
धमकाना क्रि.स. (v.t.)	dham.kānā	to intimidate, to threaten	vau.	वाउ
धमकी सं.स्त्री (n.f.)	dhamkī	threat	vauna, hlauhawm.	वाउना, ह्लाऑम
धमनी सं.स्त्री (n.f.)	dham.nī	artery	lung aṭanga thisen chhuahna dawt.	लुङ अटंङा थिसेन छुअहना दोत्
धमाका सं.पु. (n.m.)	dhamākā	crash, explosion	kehchhiatna thil	केह्छियत्ना थिल

			keh ri rawp.	केह् री रोप
धमाचौकड़ी सं.स्त्री (n.f.)	dhamā-chāuk.ṛī	gambol, turmoil, hustle and bustle.	harsatna buai nuai nuai	हरसत्ना बुअइ नुअइ नुअइ
धमार सं.पु. (n.m.)	dhamār	a form of classical music	rimawi khun khan leh tluan tling chi	रिमोइ खून खान लेह् त्लुअन त्लीङ ची
धरणी सं.स्त्री (n.f.)	dhar.ṇī	earth	lei pum, lei chunglang.	लेइ पुम, लेइ चुङलाङ
धरती सं.स्त्री (n.f.)	dhar.tī	soil, earth	leilung, lei.	लेइलुङ लेइ
धरना सं.पु. (n.m.)	dhar.nā	picketing	nawrh laia ṭhiante nuar ve lo hnathawk tur lo dan	नोरह् लाइअ ठियन्ते नुअर वे लो न्हाथोक तूर लो दान
धरा सं.स्त्री (n.f.)	dharā	earth	khawmual, lei pum.	खोमुआल, लेइ पुम
धरातल सं.पु. (n.m.)	dharātal	level, ground	zawl, lei, rual.	जोल, लेइ रुअल
धराशायी वि. (adj.)	dharāshāyī	floored, fallen flat	zal der, tlawmchau der.	जाल देर, त्लोम/चाउ देर
धरोहर सं.स्त्री (n.f.)	dharohor	trust	rinna, inrin vanga thil inkawltir	रीन्ना, इन्रिन वङा थिल् इन्कोलतीर
धर्म सं.पु. (n.m.)	dharma	faith, religion, virtue	sakhua, felna.	साखुआ, फेल्ना
धर्मशाला सं.स्त्री (n.f.)	dharma-shālā	hospice, public inn.	khualbuk	खुआलबूक
धर्मशास्त्र सं.पु. (n.m.)	dharma-shāstra	theological jurisprudence	pathian leh mihring inkungkaih dan-chhuina	पथियन् लेह् मिह्रिङ इनकूङककइह् दान छुइना
धर्मात्मा वि. (adj.)	dharmātmā	piousman, saintly person	mi thianghlim.	मी थियाङह्लीम
धर्मार्थ वि. (adj.)	dharmārthā	pious, in charity	sakhaw mi thianghlim.	सखो मी थियाङह्लीम्
धवल वि. (adj.)	dhaval	white, jair	var, ngo	वार, ङोउ
धसकना क्रि.अ. (v.i.)	dhasak.nā	to subside, to feel depressed	a mawnga tla khawm, kam, nguai	अ मोङा त्ला खोम्, कम्, ङुअइ

धाँधली सं.स्त्री (n.f.)	dhā̃dh.lī	highhandedness	lal hrawt.	ललह्रोत
धाक सं.स्त्री (n.f.)	dhāk	awe, over whelming influence	hlauhna, mak tihna, rilru hneh em em thil	ह्लाउना मक तिह्ना, रिलरु न्हेह् एम एम थिल
धाकड़ वि. (adj.)	dhākaṛ	dashing, dauntless	huai, phur	हुअइ, फूर
धागा सं.पु. (n.m.)	dhāgā	thread	lazai	लजाइ
धातु सं.स्त्री (n.f.)	dhātu	metal	thir lam chi reng reng.	थीर लम ची रेङ रेङ
धात्री सं.स्त्री (n.f.)	dhātrī	wet nurse, midwife	nau chhartu hmeichhia mi nau hnute pea awmtu.	नाउ छरतू म्हेइछिया मी नाउ न्हुते पेअ ऑमतू
धान सं.पु. (n.m.)	dhān	poddy	buh, buh kung buhhum.	बुह्, बुह् कूङ, बुह्हूम्
धाम सं.पु. (n.m.)	dhām	abode, seat of a delhy	chamna hmun, chenna hmun pathian awmna	चामना म्हुन, चेन्ना म्हुन, पथियन् ऑमना
धाय सं.स्त्री (n.f.)	dhāy	wet nurse	nau awmtu (mahni hnute hnektirin)	नाउ ऑमतू (म्हनी न्हूते न्हेकतीर इन्)
धार सं.स्त्री (n.f.)	dhār	current, edge	electric tha kal lai, tui luang kokam.	एलेक्ट्रिक था कल लाइ, तुइ लुआङ कोउकम्
धारण सं.स्त्री (n.f.)	dhāraṇ	to hold, supporfing, as stick in hard	vuan, chelh	वान्, चेल्ह्
धारणा सं.स्त्री (n.f.)	dhār.ṇā	determination, resolve	tum ruhna.	तुम रुह्ना
धारा सं.स्त्री (n.f.)	dhārā	current, section of law	luang, electric tha kal lai, dan peng khat.	लुआङ, एलेक्ट्रिक था कल लाइ, दान पेङ खत
धारी सं.स्त्री (n.f.)	dhārī	strip, line	rin, tlar, sei zet.	रिन, त्लर, सेइ जेत
धार्मिक वि. (adj.)	dhārmik	religious, religious minded	sakhaw mi	साखो मी
धावक सं.पु. (n.m.)	dhāvak	runner	tirhkah, dak la	तिरह्कह्, दाक ला

धावा सं.पु. (n.m.)	dhāvā	sortie, raid	hualtu hmelmate nawr letna, insuamna	हुअलतू म्हेलमाते नोर लेत्ना, इनसुअमना
धिक्काराना क्रि.स. (v.t.)	dhikkār.nā	to condemn, to censure	thiam lova chhal, hnawl.	थियम् लोवा छाल, न्होल
धींगा मुश्ती सं.स्त्री (n.f.)	dhīga mustī	scuffle	tal buai	ताल बुअइ
धीमा वि. (adj.)	dhīmā	slow, dull	zawi, muang.	जोइ, मुअङ
धीमी वि. (adj.)	dhīmī	slow, dim	zawi, muang.	जोइ, मुअङ
धीर वि. (adj.)	dhīr	parient, steady	nghet, tlo, tluang dawhthei.	ह्ङेत, त्लोउ, तुअङ दोहथेइ
धीरज सं.पु. (n.m.)	dhīraj	patience, forbearance	dawhtheihna	दोह्थेइह्ना
धीरता सं.स्त्री (n.f.)	dhīr.tā	patience, steadiness	dawhtheihna, ngelnghehna.	दोह्थेइह्ना, ङेलङेह्ना
धीवर सं. स्त्री (n.f.)	dhīvar	fisherman	sangha man mi	सङह् मन मी
धीरे क्रि.वि. (adv.)	dhīre	slowly, mildly	nem takin, dam diamin zawi takin	नेम तकइन्, दम दियम्इन् जोइ तकइन्
धुंध सं.स्त्री (n.f.)	dhundh	haze, dimsight-endness	chiang lo ruai, fiah lo	चियङ लो रुअइ, फियह् लो
धुँधलका सं.पु. (n.m.)	dhũdhal.kā	twilight, haziness	thim thut thut, eng riai ruai	थिम् थूत थूत एङ रियाइ रुआइ
धुंधुला वि. (adj.)	dhũdhulā	hazy, dim	chiang lo, fiah lo.	चियाङ लो, फियह् लो
धुंआ सं.पु. (n.m.)	dhũā	smoke	meikhu, khu.	मेइखू, खू
धुआँधार वि. (adj.)	dhũādhār	fiery, violent	mei ang, na tak, tharum thawh.	मेइ अङ, न तक, थरुम थोह्
धुकधुकी सं.स्त्री (adj.)	dhuk. dhukī	pit a pat, palpitation, suspence	thin ṭhawng.	थिन ठोङ
धुन सं.स्त्री (n.f.)	dhun	craze, mood, tune	thlak thil, at chilh lai, a hunlai zela boruak.	त्लाक् थिल, आत् चिल्ह् लाइ, अ हुन लाइ जेला बोउरुअक्

धुनकी सं.स्त्री (n.f.)	dhun.kī	cotton carder's bow	la saina thal ngul	ला साइना थल ङुल
धुनना क्रि.स. (v.t.)	dhun.nā	to beat hard, to comb wool	hem vak; ul (sahmul lạ) khuih	हेम् वक्, ऊलु, (सम्हुल ला) खुइह्
धुनिया सं.पु. (n.m.)	dhuniyā	carder	la sai tu.	ला साइ तू
धुरंधर वि. (adj.)	dhurandhar	pre-eminent	chungchuang	चुङ्चुअङ
धुरा (धुरी) सं.पु. (n.m.)	dhruā	axle, shaff	thil virna fung vuahna fung.	थिल विरना फुङ वअह्ना फुङ
धुलना क्रि.अ. (v.i.)	dhul.nā	to be washed\ cleaned.	tifai	तिफाइ
धुलाई सं.स्त्री (n.f.)	dhulāī	washing, washing charge	tihfai, tihfai man	तिहफाइ, तिहफाइ मन
धुलाना क्रि.स. (v.t.)	dhulā.nā	to get washed\ cleaned	tihfai tir	तिह्फाइ तीर
धूनी सं.स्त्री (n.f.)	dhūnī	burning of incense, jumigation	rimtui hal.	रिमतुइ हाल्
धूप सं.स्त्री (n.f.)	dhūp	sun (shine)	ni eng.	नि एङ
धूपदान सं.पु. (n.m.)	dhūp.dān	censer, incensory	thil rimtui halna bel	थिल रिमतुइ, हालना बेल
धूपबत्ती सं.स्त्री (n.f.)	dhūp.battī	insense-stick	rimtui hal chi	रिमतुइ हाल ची
धूम सं.स्त्री (n.f.)	dhūm	boom, pomp	a lang a pauva ropui	अ लङ अ पावा रोउपुइ
धूमकेतु सं.पु. (n.m.)	dhūm.ketu	comet	simeikhu	सिमेइखू
धूमधाम सं.स्त्री (n.f.)	dhūm.-dhām	boom, bomp	ropuina lantirna, ropui bung bung	रोउपुइना लनूतीरना, रोउपुइ बूङ बूङ
धूमिल वि. (adj.)	dhūmil	smoke-coloured, dim	eng lo, chiang lo	एङ लो, चियङ लो
धूम्र सं.पु. (n.m.)	dhūmra	smoke, fume	meikhu, khu.	मेइखु खू
धूम्रपान सं.पु. (n.m.)	dhūmrapān	smoking (tobacco, cigaretled)	mei zu.	मेइ जू
धूर्त वि. पु. (adj.m.)	dhūrta	crooked cunning, knave	awm herh, sual	ऑम हेरह्, सुअल
धूर्तता सं.स्त्री (n.f.)	dhūrtatā	cunningness,	fin vervekna	फिन् वेरवेकूना
धूल सं.स्त्री (n.f.)	dhūl	dust	vai vut, paw	वइ वुत, पो

धूलि सं.स्त्री (n.f.)	dhūlī	dust	vaivut, paw	वइ वुत, पो
धूलिधूसर वि. (adj.)	dhūli-dhūsar	steeped in dust, filled with dust	paw vek; vaivut bawhkhah.	पो वेक् वेइवुत् बोह्खाह्
धूसर वि. (adj.)	dhūsar	grey	paw, vut buak	पो, वुत् बुअक्
ध्रुपद सं.पु. (n.m.)	dhrūpad	a form of classical music	rimawi khun khan chi rimawi tluantling chi.	रिमोइ खून खान ची रिमोइ त्लुअनत्लीङ ची
धृष्ट वि. (adj.)	dhrișța	impudent, arrogant	invaivung	इनवइवुङ
धृष्टता सं.स्त्री (n.f.)	dhrișțatā	insolence, arrogance	induhna, chapona	इनदुह्ना, चपोउना
धेनु सं.स्त्री (n.f.)	dhenu	(milch) cow	bawngpui, bawngnu	बोङपुइ, बोङनू
धैर्य सं.पु. (n.m.)	dhāirya	patience, forbearance	dawhtheihna.	दोह्थेइह्ना
धोखा सं.पु. (n.m.)	dhokhā	fraud, cheating	inbumna	इन्बुमना
धोखाधड़ी सं.स्त्री (n.f.)	dhokhā-dhaṛī	deceit, fraud	inbumna	इन्बुमना
धोखेबाज़ वि.स. (adj.n.)	dhokhebāz	deceitful, cheat	bum hmang.	बुम म्हङ
धोती वि. (adj.)	dhotī	maxiloin, cloth dhoti	puan ven chi	पुअन वेन ची
धोना क्रि.स. (v.t.)	dhonā	to wash, to cleanse	sil, su.	सिल, सू
धोबी सं.पु. (n.m.)	dhobī	washerman, launderer	puan sutu (mipa)	पुअन सुतू (मिपा)
धौंकना क्रि.स. (v.t.)	dhāũk.nā	to blow with bellow	pum hmanga chhem	पूम म्हङा छेम्
धौंकनी सं.स्त्री (n.f.)	dhāũk.nī	bellows	pum zah chi.	पुम जह् ची
धौंस सं.स्त्री (n.f.)	dhāũs	threat, bluster	vauna, hlauhawm, tawrawt.	वउना, ह्उह्ऑम, तोरोत्
धौसा सं.पु. (n.m.)	dhāũsā	kettledrum	khuang te mawng zum chi.	खुअङ्ते मोङ जुम ची
ध्यान सं.पु. (n.m.)	dhyān	attention, concentration	ngaihsakna, begnkhawnna.	ङइह्सक्ना, बेङखोन्ना

ध्यानमग्न वि. (adj.)	dhyān. magna	absorded eng-rossed lost in meditation	rilru zawng zawng pe	रिल्रु जोङ जोङ पे
ध्येय सं.पु. (n.m.)	dhyey	goal, aim	thil tum, tum tinzawm	थिल तुम, तुम तिन्जोन
ध्रुव सं.पु. (n.m.)	dhruv	pole, star, pole-star	chhim tawp, hmar tawp, arsi, hmararasi.	छिम् तोप, म्हार तोप, अरसी, म्हारअरसी
ध्वंस सं.पु. (n.m.)	dhvans	destruction, devastation	tihchhiatna, chhutchhiatna chhiatnanasa	तिह्छियत्ना, छुत-छियत्ना छियत्ना नसा
ध्वंसक वि. (adj.)	dhvansak	destructive	tichhe thei, nghal.	तिछे थेइ, ङाल्
ध्वज सं.स्त्री (n.f.)	dhvaj	flag, banner	puanzar, sipai pawl puanzar.	पुअन्जार, सिपइ पोल् पुअन्जार
ध्वजा सं.स्त्री (n.f.)	dhvajā	flag, banner	puanzar, sipai pawl puanzar.	पुअन्जार, सिपइ पोल् पुअन्जार
ध्वजारोहण सं.पु. (n.m.)	dhvajā-rohaṇ	flag-hoisting,	puanzar khai.	पुअन्जार खाइ
ध्वनि सं.स्त्री (n.m.)	dhvani	sound	ri, thawm.	री, थोम्
ध्वस्त वि. (adj.)	dhvasta	wrecked	kehchhia	केह्छिया

न

नंग-धड़ंग वि. (adj.)	naṅg. ḍharaṅg	strak naked	saruak ngalngat.	सरुअक् ङल्ङत्
नंगा वि. (adj.)	naṅga	naked, bare, nude	ruak, sa ruak.	रुअक्, सरुअक्
नंदन सं.पु. (n.m.)	nandan	sun, mythical garden of Lord Indra	fapa, lalpa Indra huan.	फमा, लल्पा इंद्रा हुअन्
नंदनवन सं.पु. (n.m.)	nandanvan	bower of lord Indra.	lalpa Indra huan chhunga hahchawlhna buk.	लल्पा इंद्रा हुअन् छुङा ह्अह्चोल्ह्ना बूक्
नक़द पु.वि. (m.adj.)	naqad	cash ready money	pawisa fai	पोइसा फाइ
नक़ब सं. (n.)	naqab	burglary	inrawkna.	इन्रोक्ना
नकटा वि.पु. (adj.m.)	nak.ṭā	1. noseless/	1. hnar bawng	ह्नार बोङ,

		snubnosed 2. shameless	2. zak theilo	जक थेइलो
नक़ल सं.स्त्री (n.f.)	naqal	copy	entawn	एन्तोन
नक़लची वि. (adj.)	naqal.chī	who copies by unfair methods	entawn ching	एन्तोन चीङ
नक़ली वि. (adj.)	naq.lī	artificial, false	lem, dik lo	लेम, दिक् लो
नक़्शा सं.पु. (n.m.)	naqshā	map, chart	ram, lem a lema entir	रम लेम, अ लेमा एनतीर
नकसीर सं.स्त्री (n.f.)	nak.sīr	Bleeding at the nose, epistaxis	hnar aṭanga thisen chhuak hnar thi	ह्नार अटंङा थिसेन छुआक्, ह्नार थी
नक़ाब सं.पु. (n.m.)	naqāb	mask, veil	hmai thing hawng, hlaihtu inthupna	म्हाइ थिङ होङ, ह्लीयत्तू इनथुपना
नक्काशी सं.स्त्री (n.f.)	naqqāshī	1. engraving 2. designing.	1. ker mawi 2. thil duangtu, a lem lo rel lawktu	केर मोइ, थिल दुअङ्तू, अ लेम लो रेल लोकतू
नक़ेल सं.स्त्री (n.f.)	naqel	nose-string of camel or ox	sanghawng sei/ bawngpa hnara hrui thil	सङोङसेइ/ बोङपा ह्नारअ हुइ थिल
नख़रा सं.पु. (n.m.)	na<u>kh</u>.rā	Coquetry, womanish airs	leplema, hmeichhe chet hmang	लेपूलेरना, म्हेइछे चेत् म्हङ
नखशिख सं.पु. (n.m.)	nakh.shikh	from top to toe	chhip aṭanga ke zung ṭang thleng, a pumpui	छिप अटंङा के जुङ टंङ थ्लेङ, अ पुमपुइ
नग सं.पु. (n.m.)	nag	1. gem, item, piece	1. lunghlu 2. bung khat, hlawm khat, ṭhen khat	लुङह्लु, बुङ खत, ह्लोम खत ठेन खत्
नगर सं.पु. (n.m.)	nagar	city, town	khawpui	खोपुइ
नगद सं.पु. (n.m.)	nagad	cash	pawisa fai	पोइसा फाइ
नग्न वि. (adj.)	nagna	naked, bare	ruak, sa ruak, kawng, kawlh	रुअक, स रुअक, कोङ, कोल्ह
नगपति सं.पु. (n.m.)	nag.pati	Himalayas	Himalay tlang	हिमालय त्लाङ
नग़मा सं.पु. (n.m.)	naGmā	song	hla	ह्ला

नगर प्रमुख सं.पु. (n.m.)	nagar. pramukh	mayor	khawpui bawrh-sap	खोपुइ बोरह-साप
नगर पालिका सं.स्त्री (n.f.)	nagar. palika	municipality	khawpui inawpna	खोपुइ इनूऑपना
नगरी सं.स्त्री (n.f.)	nag.rī	City, town	khawpui	खोपुइ
नगरवासी सं.पु. (n.m.)	nagar.vāsī	citizen	khua leh tui, ram pakhata cheng	खुआ लेह् तुइ, रम पखता चेङ
नगाड़ा सं.पु. (n.m.)	nagā.ṛā	kettledrum, tymbal	khuang te mawng zum chi	खुअङ ते मोङ जुम ची
नगीना सं.पु. (n.m.)	nagīnā	precious stone	hlu, lunghlu	ह्लू, लुङह्लू
नज़दीक क्रि.वि. (adv.)	naz.dīk	near, close	hawi, hnaih	होइ, न्हूआइह्
नज़र सं.स्त्री (n.f.)	nazar	glance, look	melh zawr, en.	मेल्ह जोर, एन
नज़रबंद वि. (adj.)	nazar.band	in terned, under watch.	huang chhunga khuah khirh	हुआङ छूङा खुअह् खिरह्
नज़ारा सं.पु. (n.m.)	nazārā	spectcle, scene	hmuhnawm, lem channa hmun.	म्हुह्नोम, लेम चनूना म्हुन
नज़राना सं.पु. (n.m.)	naz.rānā	present, gift	thil pek	थिल् पेक्
नज़ला सं.पु. (n.m.)	nazlā	cold, catarrh	vawhna, hritlang hnaptui, vawt.	वोह्ना, ह्लिल्लाङ ह्नपतुइ, वोत्
नट सं.पु. (n.m.)	naṭ	acrobat, actor dancer.	circus bei thiam, lem chan thiam, lam thiam	सरकस बेइ थियाम्, लेम चन थियम, लाम थियम
नटखट वि. (adj.)	naṭ.khaṭ	naughty, mis-chievious	chimawm, kawh mawh.	चिमऑम, कोह मोह्
नटवर सं.पु. (n.m.)	naṭvar	Lord Krishna	lal krishna	लल कृष्णा
नत वि. (adj.)	nat	inclined, titlted, bert	awn, kawm, awih	ओन, कोम, ओइह्
नतमस्तक वि. (adj.)	nat.mastak	having head bowed down (in-reverence)	lu kûn (zah entirna)	ल कून (जह् एनूतीरना)
नतीजा सं.पु. (n.m.)	natījā	result, con-clusion	hnu leh, a rah.	ह्नु लेह्, अ रह्
नत्थी सं.स्त्री (n.f.)	natthī	linking, attached.	zaw, vuah.	जो, वुअह
नथ सं.स्त्री (n.f.)	nath	nose ring,	hnar beh	न्हार बेह्

		nose-rope		
नथना सं.पु. (n.m.)	nath.nā	nostril	hnar kua	ह्नार कुआ
नद सं.पु. (n.m.)	nad .	big river	lui lain, luipui	लुइ लियन्, लुइपुइ
नदारद वि. (adj.d)	nadārad	disappeared, missing	bo, kim lo	बोउ, किम लो
नदी सं.स्त्री (n.f.)	nadī	river	lui	लुइ
नदीकूल सं.पु. (n.m.)	nadī.kūl	bank of river	lui kam.	लुइ कम
नफ़रत सं.स्त्री (n.f.)	naf.rat	hatred, abhorr-ence	huatthu, huatna	हुअत्थू, हुअत्ना
नफ़ा सं.पु. (n.m.)	nafā	profit, gain	hlep, hlawkna.	ह्लेप, ह्लोक्ना
नफ़ीरी सं.स्त्री (n.f.)	nafīrī	clarient	hla sakna hamrik	ह्ला सकना हम्रीक्
नफ़ीस सं.पु. (n.m.)	nafīs	excellent, tine	ṭhat lawrna, ṭha	ठत् लोरना, ठा
नब्ज़ सं.स्त्री (n.f.)	nabza	pulse	mar, phu	मर, फू
नब्बे वि. (adj.)	nabbe	ninety	sawmkua	सोमकुआ
नंबर सं.पु. (n.m.)	nambar	number	nambar	नम्बर
नंबरदार क्रि.वि. (adv.)	nambar.dār	serially, one by one	inzui, in dawt.	इन्‌हुइ, इनदोत्
नभ सं.पु. (n.m.)	nabh	sky, firmament	van, van boruak	वान्, वान् बोउरुअक्
नम वि. (adj.)	nam	moist, damp	hnawng, huh	ह्नोङ, हुह्
नमक सं.पु. (n.m.)	namak	salt	chi	ची
नमक हराम वि. (adj.)	namak. harām	unfaithful, disloyal	rinawm lo	रिनूऑम लो
नमकहलाल वि. (adj.)	namak. halāl	faithful, loyal	rianwm, ringtu.	रिनऑम, रिङ्तू
नमकीन वि. (adj.)	namkīn	saltish, saline	al	अल्
नमदा सं.पु. (n.m.)	nam.dā	a kind of wollen blanket, felt.	sahmul paun, puan hmul chhah	सम्हुल पुअन्, पुअन् म्हुल् छह्
नमूना सं.पु. (n.m.)	namūnā	sample, model, pattern.	enchhinna thil, ze kalhmang.	एनछिन्ना थिल्, जे कलम्हङ
नम्र, वि. (adj.)	namra	humble, meek.	inngaitlawm, thuhnuairawlh.	इनूङाइत्लोम, थुन्हुइरोल्ह्
नम्रता सं.स्त्री (n.f.)	namratā	humility, meekness	inngaihtlawmna, thuhnuairawlh na	इनूङइत्लोमना थुन्हुइारोल्ह् ना
नमस्कार (नमस्ते)	namas.kār	greetings,	in chi baina	इनचिबइना

सं.पु. (n.m.)	namaste	salutation		
नमाज़ सं.स्त्री (n.f.)	namāz	prayer (Offered by muslims)	ṭawng ṭaina (muslims)	टोङटइना (मुसलिम)
नमी सं.स्त्री (n.f.)	namī	moisture, humidity.	hnawn dan.	ह्नोन् दान
नर्म वि. (adj.)	narm	Soft, leninet.	nem, hnip, ngaizam	नेम, ह्निप, ङाइजम्
नर्मी सं.स्त्री (n.f.)	narmī	softness, leniency	zahngai thei, dam, ngaizam.	जह्ङाइ थेइ, दम, ङाइजम
नय सं.पु. (n.m.)	nay	policy	rorel dan, ram awp dan.	रोउरेल् दान, रम ओप दान
नयन सं.पु. (n.m.)	nayan	eye	mit	मित्
नयनाभिराम वि. (adj.)	nayanā-bhirām	beautiful, charming	hmelṭha, mawi, mi lem.	म्हेल्ठा, मोइ, मी लेम
नया वि. (adj.)	nayā	new	thar, tharlam	थर, थरलाम्
नर सं.पु. (n.m.)	nar	man	mipa puitling	मिपा पुइत्लीङ
नरक सं.पु. (n.m.)	narak	hell	hrem hmun.	ह्रेम म्हुन्
नरकगामी वि. (adj.)	narak.gāmī	one who goes to hell after death.	thihuna hrem hmun a kal (mihring)	थिहुन्हुअ ह्रेम म्हनु अ कल (मिह्रिङ)
नफ़रत सं.पु. (n.m.)	nafrat	hatred.	hua	हुअ
नरकुल सं.पु. (n.m.)	narkul	reed	phairuang	फाइरुअङ
नरमा सं.स्त्री (n.f.)	narmā	kind of cotton	la, la kung, la par laa siam puan	ला, ल कुङ, ल पार लाअ सियम पुअन्
नरेश सं.पु. (n.m.)	naresh	king	lal ber, lal	ललबेर, लल
नर्तकी सं.स्त्री (n.f.)	nartakī	dancing girl	hmeichhe lam mi	म्हेदछे लाम मी
नर्तन सं.पु. (n.m.)	nartan	dancing	lam	लाम्
नश्तर सं.पु. (n.m.)	nashtar	lancet, knife, surgical operation.	thazam leh khawihli hmanrua chemte.	थजाम् लेह् खोइह्ली म्ह्नरुअ चेमते
नज़ाकत सं.स्त्री (n.f.)	nazākat	delicacy, tenderness	derthawn, dimdawi ngai	देरथोङ, दिम्दोइ ङाइ
नज़ीर सं.स्त्री (n.f.)	nazīr	precedence, instance, example.	hmasak zawkna, entirna, teh khinna	म्हासक जोक्ना, एन्तीरना, तेह्खिन्ना
नजूमी सं.पु. (n.m.)	nazumī	Astronomer	arsi chanchin hria	अरसी चन्चिन हीय

नक्षत्र सं.पु. (n.m.)	nakṣatra	star	arsi	अरसी
ननद सं.स्त्री (n.f.)	nanad	husband's sister sister-in-law.	pasalte farnu.	पसल्ते फरनू
ननदोई सं.पु. (n.m.)	nan.doī	husband's brother-in-law	pasalte unaupa	पसल्ते उनावपा
नन्हा वि. (adj.)	nanhā	small, tiny	te tak te	ते तक ते
नन्हे-मुन्हे सं.पु. (n.m.)	nanhe-munne	little ones, young ones.	note, sen.	नोउते, सेन
ननिहाल सं.पु. (n.m.)	nanihāl	house of maternal grand father mothers paternal home.	pute (nutepa) inpui	पूते (नुतेपा) इनूपुइ
नपुंसक वि.पु. (adj. m)	napuṁsak	impotent, coward	dawih zep, tlin lo.	दोइह्जेप, त्लीन लो
नल सं.पु. (n.m.)	nal	conduct pipe, pump	tui siakna	तुइ सियक्ना
नलकूप सं.पु. (n.m.)	nal.kūp	tube-well	tui chhun chhuah	तुइ छुन्छुअह्
नलिका सं.स्त्री (n.f.)	nalikā	thin tube, tuiver	thal bawm.	थल बोम्
नलिनी सं.स्त्री (n.f.)	nalinī	lotus, lily, river	lili pangpar, tui lili, lui.	लीली पङ्पार, तुइ लीली लुइ
नली सं.स्त्री (n.m.)	nalī	tube	dawt.	दोत्
नव वि. (adj.)	**nav**	new, nine	thar, pakua	थर, पकुअ
नवनीत स.पु. (n.m.)	nav.nīt	butter	butter, sap suam	बटर, साप सउम्
नवंबर सं.पु. (n.m.)	navambar	November.	November, sahmul-phah thla.	नोवेम्बार, सम्हुल्-फअह त्ला
नवयुवक सं.पु. (n.m.)	nav.yuvak	youth, young-man	ṭhalai, mi valai	ठलाइ, मी वलाइ
नवाता सं.पु. (n.m.)	navātā	daughter's son, grandson.	tupa, fanute fapa	तुपा, फनुते फपा
नवाती सं.स्त्री (n.f.)	navātī	daughter's daughter, grand daughter.	tunu, fanute, fanu	तुनु, फनुते, फनु
नवाब सं.पु. (n.m.)	navāb	Nawb, title of muslim noble men and	mosalmna lal, India ram reng (lal)	मोसल्मान लल. इण्डिया रम रेङ (लल)

		rulers.		
नवीन वि. (adj.)	navīn	new.	thar, tharlam.	थर, थरलम
नवीनता सं.स्त्री (n.f.)	navīn.tā	newness, novelty	thil chin thar	थिल चिन् थर
नश्वर वि. (adj.)	nashvar	perishable	ṭawih thei, chhe	टोइह् थेइ, छे
नशा सं.पु. (n.m.)	nashā	intoxication-drug.	thei ruihna, ruih	थेइ रुइह्ना, रुइह
नशाबंदी सं.स्त्री (n.f.)	nashā bandī	prohibition	ruih khap	रुइह् खप
नशीला वि. (adj.)	nashīlā	in toxicating	ruih theih thil	रुइह् थेइह् थिल
नशेबाज़ सं.पु. (n.m.)	nashebāz	drunkard, inobriate	zurui, rui.	जुरुइ, रुइ
नस सं.स्त्री (n.f.)	nas	nerve, vein	thazam, thisen zam	थजाम्, थिसेन जाम
नसीब सं.स्त्री (n.f.)	nasīb	fortune, luck	vanneihna, chan loh a awm	वान्नेइह्ना, चान लोउ अ ऑम
नसीहत सं.स्त्री (n.f.)	nasīhat	advice, precept.	zilhna, finchhuahna	जिल्हना, फिनछुअहना
नसेनी (निसैनी) सं.स्त्री (n.f.)	nasenī	ladder, staircase	leilawn, kailawn.	लेइलोन्, कोइलोन
नर्स सं.पु. (n.m.)	nars	nurse	hnute tuia naute chawmtu, nau awmtu dam lo enkawltu	न्हुते तुइअ नउते चोमतू, नाउ ऑमतू दम लो एन्कोलतू
नस्ल सं.स्त्री (n.f.)	nasla	breed, race	thlah, hnam, chi	त्लाह, न्हम्, ची
नहर सं.स्त्री (n.f.)	nahar	canal	tui kawng.	तुइ कोङ
नहरनी (नहन्नी) सं.स्त्री (n.f.)	nahar.nı	an Indian type of nail cutter	tin hlehna (Indian)	तिन् ह्लेह्ना (इण्डियन)
नहीं क्रि.वि. (adv.)	nahī̃	no, not	lo	लो
नहाना क्रि.अ. (vi)	nahānā	to bathe, to take bath	inbual	इनबुअल
नाइन सं.स्त्री (n.f.)	nāin	barbar's wife, woman of the barber caste.	lu-met (tu) nupui	लू-मेत् (तू) नुपुइ
नाई सं.पु. (n.m.)	nāī	barber, hair dresser	lu-met (tu)	लू-मेत् (तू)

ना उम्मीद वि. (adj.)	nā.ummīd	hopeless, dis-appointed	beisei bo, beisei awm lo.	बेइसेइ बोउ, बेइसेइ ऑम लो
ना उम्मीदी सं.स्त्री (n.f.)	nā.ummīdī	hopelessness, disappointment	ti beidawng, beisei bo.	ति बेइदोङ, बेइसेइ बोउ
नाक सं.स्त्री (n.f.)	nāk	nose	hnar	ह्नार
नाका सं.पु. (n.m.)	nākā	outpost, eye (of a needle)	ral ven buk, hriau beng.	राल बेन् बूक, ह्रीउ बेङ
नाकाबंदी सं.स्त्री (n.f.)	nākā bandī	blockade, stop-page of entry	indo lawng rualina hmelma kal tlangna an dan chah, luhna dan chah.	इन्दोउ लोङ रुअलइना म्हेलमा कल त्लङना अन दन चह्, लुह्ना दन चह्
नाजिर सं.पु. (n.m.)	nāzir	chief copyist/ writer, a court official.	ziaktu, thu phuahtu.	जियक्तू, थु फुअह्तु
नाजायज वि. (adj.)	nājāyaz	improper, ill-egitimate	awmlo, chawih lo, dan lo.	ऑम लो, चोइह् लो दान लो
नाज सं.पु. (n.m)	nāj	corn, grain	buh, buhtun, chi hlo	बुह् बुह्तुन्, ची ह्लोउ
नाचीज वि. (adj.)	nāchīz	insignificant, trifling	te tham, neu, nep.	ते थम, नेउ, नेप
नाचना क्रि.अ. (vi)	nāch.nā	dance	lam	लम
नाच सं.पु. (n.m.)	nāch	dance	lam	लम
नाग सं.पु. (n.m.)	nāg	Cobra	chawng kawr	चोङकोर
नागा सं.पु. (n.m.)	nāGā	respite, absence	chawlh lawk, thawk lak hun chhung.	चोल्ह लोक, थोक लाक हुन् छुङ
नागिन सं.स्त्री (n.f.)	nāgin	she-cobra,ter magant	chawngkawr nu	चोङकोर नू
नागरिकता सं.स्त्री (n.f.)	nāgrik.tā	citizenship	khua leh tui nihna	खुआ लेह् तुइ निह्ना
नागरिक वि. (adj.)	nāgarik	Civil, Civic	khawtlang	खोत्लाङ
नाखून सं.पु. (n.m.)	nākhūn	nails	tin	तिन्
नाखुश वि. (adj.)	nākhush	displeased	lawm lo	लोम लो
नाकारा वि. (adj.)	nākārā	useless, worth-	ṭang kailo, hman	टङ कोइलो, म्हन्

		less	tlak lo	त्लाक लो
नाज़ी वि. (adj.)	nāzī	very cruel.	nun rawng nasa.	नुन् रोङ नसा
नाजुक वि. (adj.)	nāzuk	delicate	derthawng, hlauh thawnawm.	देरथोङ, हुउह् थोनऑम
नाटक सं.पु. (n.m.)	nāṭak	play, drama	lem chan	लेम चन्
नाटकीय वि. (adj.)	nāṭakīya	dramatic	drama thil ennawm thil	ड्रामा थिल्, एन्नोम थिल
नाटा वि. (adj.)	nāṭā	dwarfish	sangha te.	सङह ते
नाड़ा सं.पु. (n.m.)	nāṛā	trouser-string	kekawr tlawn hrui	केकोर त्लोन हुइ
नाड़ी सं.स्त्री (n.f.)	nāṛī	pulse, artery.	mar leh lung phu. thisen dawt.	मर लेह् लुङ फु, थिसेन् दोत्
नाता सं.पु. (n.m.)	nātā	relationship	inliachina, inpawhna	इनलइचिन्ना, इनपोह्ना
नाती सं.पु. (n.m.)	nātī	grandson	tupa	तुपा
नातेदार सं.पु. (n.m.)	nātedār	relative, kins-man	lai chin, chhung khat-laina.	लइचिन्, छूङ खत-लइना
नाथा सं.पु. (n.m.)	nāthā	master nose-string	neitupa, hotu	नेइतुपा, होउतू
नांद सं.स्त्री (n.f.)	nānd	trough (for-fodder)	ran chaw pekna thleng.	रन चो पेक्ना त्लेङ
नाद सं.पु. (n.m.)	nād	sound, noise	thawm, ri	थोम्, री
नादान वि. (adj.)	nādān	unwise, foolish	fing lo, atthlak	फिङ लो, अत्त्लाक्
नादानी सं.स्त्री (n.f.)	nādānī	foolishness ignorance.	mawlna, atân	मोल्ना, आत्ना
नादिरशाही वि. (adj.)	nādir.shāhı	tyrannous, high-handed	lal rawng kawlhrawng	लल रोङ कोलहोङ
नानखताई सं.स्त्री (n.f.)	nān.khātāī	a kind of sweet.	chithlum	चित्लुम
नाना सं.पु./वि. (n.m./adj.)	nānā	1. maternal grandfather 2. various	1. pu 2 chi hrang hrang.	पू, ची हङ हङ
नाना विध सं.पु. (n.m.)	nāna.vidh	of various sorts	chi hrang hrang, chi tinreng.	ची हङ हङ, ची तिन्रेङ
नानी सं.स्त्री (n.f.)	nānī	maternal grand-mother	pi nute, nu	पी, नुते, नु
नाप सं.स्त्री (n.f.)	nāp	measurement, measure.	tehna, len lam, tam lam, teh khawng.	तेह्ना, लेन लम, तम, लम तेह् खोङ

नापतोल सं. स्त्री (n.f.)	nāptol	measurement assessment	tehna, teh khawng a hlut dan chhutna	तेहना, तेह खोङ अ ह्लुत दान छूतना
नापना क्रि.स. (vt.)	nāp.nā	to measure	teh.	तेह्
नापसंद वि. (adj.)	nā pasand	not liked	duh lo, hnual suat.	दुह लो, न्हुअल सुअत
नाबदान सं.पु. (n.m.)	nāb.dān	gutter, drain	tui dawn, tuihawk luan kawr.	तुइ दोन, तुइ होक् लुअन कोर
नाबालिग़ वि.पु. (adj. and m.)	nābāliG	minor, under-age	te zawk, nau . zawk	ते जोक्, नाउ जोक
नाभि सं.स्त्री (n.f.)	nābhi	navel	lai	लाइ
नाम सं.पु. (n.m.)	nām	name, fame	hming, hming thanna	म्हीङ, म्हीङ थन्ना
नामक वि. (adj.)	nāmak	bearing/having the name, called	lam hawi, inlai chinna	लम होइ, इनलइ चीन्ना
नामकरण सं.पु. (n.m.)	nām.karaṇ	naming	hming sak	म्हीङ सक्
नामजद वि. (adj.)	nāmjad	nominated	hming pe	म्हीङ पे
नामंजूर वि. (adj.)	nāmanjūr	rejected	hnawl, hnial	न्होल्, न्हीयल्
नाममात्र सं.पु. (n.m.)	nām.mātra	nominal	a hming lek	अ म्हीङ लेक्
नामर्द वि. (adj.)	nāmard	impotent, emasculated	a nua siam mipatna tihbo sak, engmah ti thei lo	अ नुअ सियम्, मिपत्ना तिह्बोउ सक, एङमह् ती थेइ लो
नामवर वि. (adj.)	nāmvar	famous, renowned	hming thang.	म्हीङ थङ
नामी वि. (adj.)	nāmī	named, well known	challang, lar	चललङ, लार
नामी गिरामी वि. (adj.)	nāmī girāmī	renowned, reputed.	hming thang, hming ṭha, thang ṭha.	म्हीङ थङ, म्हीङ ठा थङ ठा
नामुमकिन वि. (adj.)	nāmum.kin	impossible	theih loh tawp	थेइह् लोह तोप
नामो निशान सं.पु. (n.m.)	nāmo. nishān	trace, mark	sulhnu them, chhin chhiahna	सूलन्हु थेम, छिन् छियह्ना
नायक सं.पु. (n.m.)	nāyak	leader, hero	hruaitu, a kul ataia ṭang.	हुअइतू, अ कूल अताइअ टङ
नायब वि. (adj.)	nāyab	deputy	pui bawmtu	पुइ बोमूतू

नायाब वि. (adj.)	nāyāb	easily available excellent.	danglam bik, neih theih mai mai loh	दङलम बीक्, नेइह थेइह् मइ मइ लोह्
नायिका सं.स्त्री (n.f.)	nāyikā	heroine	changtunu, a kul ataia ṭangtu.	चङ्तुनू, अ कूल अताइअ टङ्तू
नारंगी सं.स्त्री (n.f.)	nārangī	small orange	serthlum te.	सेरत्लुमते
नारा सं.पु. (n.m.)	nārā	slogan	thupui au hla	थुपुइ आउ त्ला
नाराज़ वि. (adj.)	nārāz	displeased	lawm lo	लोम लो
नारियल सं.पु. (n.m.)	nāriyal	coconut	coconut, narial	कोकोनट्, नारियल
नारी सं.स्त्री (n.f.)	nārī	woman	hmeichhe puitling	म्हेइछे पुइत्लीङ
नाल सं.स्त्री (n.f.)	nāl	blow pipe, horse-shoe	chhemthei, sakawr kea thir khen.	छेमथेइ, सकोर के अ थीर खेन
नाला सं.पु. (n.m)	nālā	stream, gutter drain	tuihawk, luankawr luite	तुइहोक्, लुअनूकोर लुइते
नालायक वि. (adj.)	nālāyak	unworthy	tling lo, tlak lo	त्लीङ लो, त्लाक लो
नालिश सं.स्त्री (n.f.)	nālish	law, suit	dan anga relna	दान अङा रेलूना
नाली सं.स्त्री (n.f.)	nālī	drain	tui hawk luankawr	तुइहोक् लुअनूकोर
नाव सं.स्त्री (n.f.)	nāv	boat	lawng leng, lawng	लोङ लेङ, लोङ
नाविक सं.पु. (n.m.)	nāvik	sailor, boatman	lawng mi, lawngpu	लोङ मी, लोङ पू
नाश सं.पु. (n.m.)	nāsh	destruction, waste	tih chhiatna khawhral.	तिह् छियातनह् खोह्रल्
नाश्ता सं.पु. (n.m.)	nāshtā	light repast, refreshment	intihharhna chi ei leh bar, kamram.	इनूतिह्हरह्न ची एइ लेह् बार कमरम
नासमझ वि. (adj.)	nāsamajh	innocent, unwise	pawi sawi lo, mawi	पोइ सोइ लो, मोल
नासमझी सं.स्त्री (n.f.)	nāsam.jhī	lack of inte-lligence	fing lo	फिङ लो
नासिका सं.स्त्री (n.f.)	nāsikā	nose	hnar	न्हार
नासूर सं.पु. (n.m.)	nāsūr	sinus, fistula	khuar, chim.	खुअर, चिम
नास्तिक वि.पु. (adj. & m.)	nāstik	heretic, atheist	rinna kawnga peng, pathian thu awi lo, pathian awm ring lo	रिनूना कोङा पेङ, पथियन् थू ओइ लो पथियन् ऑम रिङ लो
नाहक क्रि.वि. (adv.)	nāhak	in vain, to no	sawt lo,	सोत लो,

		purpose	thu fun lo	थु फून् लो
निंदक सं.पु. (n.m.)	nindak	back biter, slanderer	mi rel chhiat hmang	मी रेल् छियत् म्हाङ
निंदनीय वि. (adj.)	nind.nīya	condemnable, reprehensible	demawm	देमूऑम
निंदा सं.स्त्री (n.f.)	nindā	condemnation, censure.	hman tlak lova chhal	म्हन त्लाक् लोवा छाल
निकट वि.क्रि.वि.	nikaṭ	near, close	hnai, hnaih	न्हाइ, न्हाइह्
निकटतम वि. (adj.)	nikaṭ.tam	nearest, imm-ediate	chawpleh chlilh, nghal	चोप् लेह् चिल्ह्, ङाल्
निकटवर्ती वि. (adj.)	nikaṭ.vartī	situated, near, close-at-hand adjacent	hnai, in ṭhenawm	न्हाइ, इन ठेनूऑम
निकटस्थ वि. (adj.)	nikaṭashtha	immediate, adjacent	chawp leh chilh, hnai	चोप लेह् चिल्ह्, न्हाइ
निकलना क्रि.अ. (vi)	nikal.nā	to be/come out go out, to get out, to issue, to escape	lo chhuak	लो छुअक्
निकम्मा वि. (adj.)	nikammā	idle	tlak tlai lo, that chhia	त्लाक त्लाइ लो, थ्त्छिया
निक्कर सं.पु. (n.m.)	nikkar	half-pants, shorts	kekawr bul	केकोर बूल
निकालना क्रि.स. (vt)	nikāl.nā	to take out, ex-tract	la chhuak, phawrh	ला छुअक्, फोरह्
निकास सं.पु. (n.m.)	nikās	outlet	chhuahna	छुअह्ना
निकासी सं.स्त्री (n.f.)	nikāsī	out-turn, withdrawal, output	siam chhuah zat, siam zat	सियम् छुअह् जात्, सियम जात्
निक़ाह सं.स्त्री (n.f.)	niqāh	(muslim) marriage	inneihna (mosolman)	इन्नेइह्ना (मोसोलमान)
निकृष्ट वि. (adj.)	nikriṣṭā	base, low	bawlhhlawh, sual, demawm	बोल्ह्ह्लोह्, सुआल, देमऑम
निकेतन सं.पु. (n.m.)	niketān	residence abode	chenna in, chenna hmun	चेनूना इन, चेनूना म्हुन
निखट्टू वि.पु. (adj.m.)	nikhaṭṭū	indolent/idle, drone	that chhia, mi zara khawsa	थ्त्छिया, मी जारा खोसा
निखरना क्रि.अ. (vi)	nikharnā	to become	fai, fiah	फाइ, फियह्

		bright/clear		
निखार सं.पु. (n.m.)	nikhār	entire, brightening up.	eng-nung sar, enna	एङ-नुङ सार, एनूना
निखारना क्रि.स. (vt)	nikhār.nā	to clean/cleanse	ti fiah, tithiang	ति फीयह्, तिथियाङ
निखिल वि. (adj.)	nikhil	entire, whole, all	zawng, zawng, avai apum.	जोङ, जोङ, अवाइ अपुम्
निगम सं.पु. (n.m.)	nigam	corporation, incorporation	khaw tlang aiawha pawl ding.	खोत्लाङ आइओहअ पोल दिङ
निगरानी सं.स्त्री (n.f.)	nig.rānī	surveillance, watch	venna, thlirtu.	वेनूना, त्लीरतू
निगलना क्रि.स. (vt)	nigal.nā	to swallow, to gulp	lem, dawlh, pum hmawm	लेम, दोल्ह, पुम म्होम्
निगाह सं.स्त्री (n.f.)	nigāh	look, watch, guard.	mitmei, veng.	मितमेइ, वेङ
निगोड़ा वि. (adj.)	nigoṛā	wretched, abusive	mi hnai sai lo	मी न्हाइ साइ लो
निचला वि. (adj.)	nich.lā	lower	hniam zawk.	न्हीयम् जोक्
निचोड़ सं.पु. (n.m.)	nichoṛ	extract, essence	thil lak chhuah, awmzia	थिल लाक छुअह्, ऑमजिय्
निचोड़ना क्रि.स. (vt)	nichoṛ.nā	to press, to wring, to squeeze	hmet sawr, nawr.	म्हेत् सोर, नोर
निछावार सं.स्त्री (n.f.)	nichāvār	to sacrifice	mahni inphatna, tawrhna.	म्हाह्नी इनफत्ना, तोरह्ना
निज वि. (adj.)	nij	own.	ta, neih.	ता नेइह्
निजी वि. (adj.)	nijī	personal, private	mahni pual bik.	म्हाह्नी पुअल बीक
निठल्ला वि. (adj.)	niṭhallā	idle, without any employment.	awlthawng, tlawngawl	ओलथोङ, त्लोङओल
निडर वि. (adj.)	nidār	fearless, daring.	huaisen, hlaulo	हुअइसेन्, ह्लावलो
निढाल वि. (adj.)	niḍhāl	wearied, languid, slow.	zawi, muang.	जोइ, मुअङ
निभना क्रि.अ. (vi)	nibh.nā	to be carried out, to pull on.	kenkawh zel, ti tlang zel.	केनूकोह् जेल, ति त्लाङ जेल
नित क्रि.वि. (adv.)	nit	daily, everyday	ni tin.	नी तिन
नित्य वि. (adj.)	nitya	eternal, cons-	chatuan, fo,	चतुअन्, फोउ,

		tant, daily	nitin	नीतिन
नितांत क्रि.वि. (adv.)	nitānt	absolutely.	tawp, khawk, chin nei lo	तोप्, खोक्, चिन नेइ लो
निदान सं.पु. (n.m.)	nidān	1. diagnosis 2. (adv.) at last, in the end	1. a hnathawh dan aṭanga natna awmze hriat theihna 2. a tawp a tawphah.	अ ह्नाथोह् दान अटंङा नत्ना ऑमजे ह्रियत् थेइह्ना, अ तोप अ तोपअह
निद्रा सं.स्त्री (n.f.)	nidrā	sleep, slumber	mu, thin thi lova mut	मु, थिन थी लोवा मुत्
निदेशक सं.पु. (n.m.)	nideshak	director	kaihruaitu, hotu	काइह्रुअइतू, होउतू
निधन सं.पु. (n.m.)	nidhan	death, demise	thihna	थिह्ना
निधि सं.स्त्री (n.f.)	nidhi	fund, treasure	pawisa thawh lawm, pawisa tling/dah khawm.	पोइसा थोह् लोम, पोइसा त्लीङ/दह् खोम
निनाद सं.पु. (n.m.)	ninād	sound, humming sound.	ri, thawm, ri mam mam	री, थोम्, री मम् मम्
निन्यानवे वि.पु. (adj. and m.)	ninyān.ve	ninety-nine, aa.	sawm kua pakua	सोमकुअ पकुअ
निपटना क्रि.अ. (vi.)	nipaṭ.nā	to be finished, to be relieved.	ṭanpui, chhawk.	टनपुइ, छोक्
निपटाना क्रि.स. (vt)	nip.ṭānā	to dispose of	tifel, rem, rul tla	तिफेल्, रेम रुल त्ला
निबटारा सं.पु. (n.m.)	nib.ṭārā	disposal, settlement.	ram luah thar, inrem felna.	रम लुअह् थर, इनरेम फेलना
निपुण वि. (adj.)	nipuṇ	skillful, expert.	thiam, hmang chang hria	थियम्, म्हाङ चाङ ह्रीय
निपुणता सं.स्त्री (n.f.)	nipuṇ.tā	skill	thiamna	थियम्ना
निपूती सं.पु. (n.m.)	nipūtī	barren, childless (woman)	chi thlah thei lo, hmeichhe ching	चि त्लाह् थेइ लो म्हेइछे चिङ
निबंध सं.पु. (n.m.)	nibandh	essay	tui ziakna thil chanchin sawina, thil chanchin ziah.	तुइ जियक्ना थिल चन्चिन सोइना, थिल चन्चिन् जियह्
निबटना क्रि.अ. (vi)	nibaṭ.nā	to be finished	titawp awmhmun	तितोप्, ऑमम्हुन

		to be settled	khuar.	खुअर
निबटाना क्रि.स. (vt.)	nib.ṭānā	to dispose of, to settle	ti fel, rel/remfel	ति फेल्, रेल/रेमफेल्
निबाह सं.पु. (n.m.)	nibāh	subsistence, maintenance	khawsakna, enkawlna	खोसक्ना, एनकोल्ना
निभाना क्रि.स. (vt)	nibhānā	to discharge, fulfil	hlen, puitlin	ह्लेन्, पुइत्लीन्
निमंत्रण सं.पु. (n.m.)	nimantraṇ	invitation	sawmna	सोम्ना
निमंत्रित वि. (adj.)	nimantrit	invited	sawm	सोम्
निमग्न वि. (adj.)	nimagna	submerged	chiah pil, pil.	चियह् पिल, पिल
निमज्जन सं.पु. (n.m.)	nimajjan	dipping bath	tui chhunga lut, in chiah.	तुइ छूङा लूत्, इन चियह्
निमित्त सं.पु. (n.m.)	nimitta	purpose	chhan vang, tumna.	छन्, वाङ, तुमना
निमोनिया सं.पु. (n.m.)	nimoniyā	pnuemonia	awmna-khawsikpui	ऑमना-खोसिक्पुइ
निम्न वि. (adj.)	nimna	low	hniam, bawlhhlawh.	ह्नीयम्, बोल्ह्ह्लोह्
निम्नतर वि. (adj.)	nimn.tar	lower (comparative of निम्न) minimum.	a tlem, thei ang ber.	अ त्लेम थेइ अङ बेर
निम्नलिखित वि. (adj.)	nimna. likhit	written below, following.	zui, zawm, chhawm.	जुइ, जोम, छोम
निम्नांकित वि. (adj.)	nimnankit	under mentioned	a hnuaia sawiang.	अ न्हुइअ सोइअङ
नियंत्रण सं.पु. (n.m.)	niyantraṇ	controlled	khuahkhirh, thunun	खुअह्खिरह् थुनुन्
नियत वि. (adj.)	niyat	Prescribed, fixed	ruat, tuk, siam rem.	रुअत्, तुक्, सियम रेम्
नियति सं.स्त्री (n.f.)	niyati	destiny, fate	ruat chhan, chant-awka khua rel.	रुअत् छन्, चन्तोका खुअ रेल
नियम सं.पु. (n.m.)	niyam	rule, principle	thupek, dan	थुपेक्, दान
नियमपूर्वक क्रि.वि. (adv.)	niyam pūrvak	as per rules	dan ang.	दान अङ
नियमबद्ध वि. (adj.)	niyam. baddha	systematized, regulated	khuah khirh, dana siam,	खुअह् खिरह्, दाना सियम्,

			kawngro neia zam/siam.	कोङरोउ नेइअ जम/सियम्
नियमावली सं.स्त्री (n.f.)	niyamāvalī	mannual (of rules)	entawn lawk theih atana thu zau zawk kaih tawina lehkha-bu	एनतोन् लोक् थेइह् अताना थू जाउ जोक् कइह्तोइना लेह्खा-बू
नियमित क्रि.वि. (adv.)	niyamit	as per rules	dan ang.	दान अङ
नियुक्त वि. (adj.)	niyukta	appointed, employed.	hna pe, ruai	न्हा पे, रुअइ
नियुक्ति सं.स्त्री (n.f.)	niyukti	appointment	hun nei tura in tiamna, hna ruatfel.	हुन् नेइ तूरा इन तियम्ना, न्हा रुअतफेल्
नियोजित वि. (adj.)	niyojit	employed, planned	ruai, thil duan chhin	रुअइ, थिल् दुअन् छिन्
निरकुंश वि. (adj.)	nirankush	auto cratic, despotic	mahni thu chauh ringa roreltu	म्ह्नी थू चउह् रिङा रोउरेलतू
निरंजन वि. (adj.)	niranjan	without colly-nium, untainted	mithlo hnawih loh, engdang pawlhloh.	मित् ह्लोउ ह्नोइह् लोह् एङदङ पोल्ह्लोह
निरक्षर वि.पु. (adj. m.)	nirakṣar	illiterate/unlet-tered.	lehkha thiam lo.	लेह्खा थियम लो
निरन्तर वि. (adj.)	nirantar	1. Continuous 2. incessantly, Continuously	1. in zawm, 2. chhum lo chat lo	इन जोम्, छुम् लो चत् लो
निरपराध वि. (adj.)	niraprādh	non-guilty, in-nocent.	pawi sawi lo, sual lo.	पोइ सोइ लो, सुअल लो
निरपेक्ष वि. (adj.)	nirapeksa	absolute	ni chiah, famkim	नि चियह्, फमकिम्
निरर्थक वि. (adj.)	nirarthak	meaningless, insignificant.	awmze nei lo, beitham	ऑमजे नेइ लो, बेइथम
निरस्त्र वि. (adj.)	nirastra	unarmed, dis-armed.	hriam hrei nei lo	ह्रियम् ह्रेइ नेइ लो
निरा वि. (adj.)	nirā	utter, only	tawp khawk, lettawp chauh.	तोप् खोक्, लेत्तोप चउह्
निराई सं.स्त्री (n.f.)	nirāī	act of weeding out, or charges	hlo thlo, rul zo.	ह्लोउ त्लोउ, रुल जोउ

		paid therefor.		
निराकरण सं.पु. (n.m.)	nirākaraṇ	reoudiation, contradication	mil lo, hnialna.	मिल लो, ह्नीयना
निराकार वि.पु. (adj.m.)	nirākār	formless (God)	pianhmang awmze nei lo, tisa pulo	पियनूम्हङ ऑमजे नेइ लो, तिसा पुलो
निरादर सं.पु. (n.m.)	nirādar	disrespect	zahpah lohna, chet dan chal tlai	जह्पाह् लोह्ना, चेत दान चलत्लाइ
निराना क्रि.स. (vt)	nirānā	to weed out	hlo thlo pawt	ह्लोउ त्लोउ पोत
निराधार वि. (adj.)	nirādhār	groundless, without support.	chhan nei lo fai	छन नेइ लो फाइ
निरामय वि. (adj.)	nirāmay	sound, healthy	hrisel, him, rinawm.	ह्रीसेल हिम, रिनूऑम
निरामिष वि. (adj.)	nirāmiṣ	non-meat vegetarian	sa ei lo mi/chi	स एइ लो मी/ची
निराला वि. (adj.)	nirālā	strange, queer	mak, danglam	मक, दङलम
निराश वि. (adj.)	nirāsh	disappointed	beisei bo, lunghnur.	बेइसेइ बोउ, लुङन्हुर
निराशा सं.स्त्री (n.f.)	nirāshā	disappointment	tibeng thlep, tibahlah	तिबेङ थ्लेपु, तिबह्लाअ
निराहार वि. (adj.)	nirāhār	abstaining from food.	inserh, chawnghei	इनसेरह्, चोङेइ
निरीक्षक सं.पु. (n.m.)	nirīkṣak	inspector	en diktu	एनूदिकतू
निरीक्षण सं.पु. (n.m.)	nirīkhṣaṇ	inspection	endik	एनूदिक्
निरीह वि. (adj.)	nirīh	innocent, harmless	pawi sawi lo, sual lo	पोइ सोइ लो, सुअल लो
निरुत्साहित (pp)	nirutsāhit	discouraged, disheartened.	ti lung hnual.	ति लुङ ह्नुअल
निरुद्देश्य वि. (adj.)	nirud-deshya	without aim/ purpose, aimless.	tum mumal nei lo	तुम मुमल् नेइ लो
निरोग वि. (adj.)	nirog	free from disease, healthy	hrisel.	ह्रिसेल्
निर्ख सं.पु. (n.m.)	nirkh	rate	man, chak lam.	मन, चक लम
निर्गुण वि. (adj.)	nir.guṇ	without attribute, without (good or bad)	nihna awm lo	निह्ना ऑम लो

		qualities.		
निर्जन वि. (adj.)	nir.jan	uninhabited, deserted.	thlaler, tuma awm lohna	त्लालेर, तूमा ऑम लोह्ना
निर्जल वि. (adj.)	nir.jal	waterless, dry	ro hul.	रोउ हुल
निर्जीव वि. (adj.)	nir.jīv	lifeless, inanimate.	nunna nei lo, nguai	नुनूना नेइ लो, ङूअइ
निर्झर सं.पु. (n.m.)	nirjhar	fall, water fall	tla, tuikhawh tla.	त्ला, तुइखोह् त्ला
निर्णय सं.पु. (n.m.)	nir.ṇay	judgement, conclusion, decision.	thu keuh thlu, ngaih dan siam, thu tihhlukna.	थु केउह् थ्लु, ङइह् दान सियम, थु तिह्त्लुकना
निर्णायक वि. (adj.)	nir.ṇāyak	decisive, deciding	roreltu, endiktu.	रोउरेल्तू, एन्दिक्तू
निर्णीत वि. (adj.)	nir.ṇīt	decided, judged	tum, tifel.	तुम, तिफेल
निर्दय वि. (adj.)	nirday	merciless, ruthless	nunrawng, rawva.	नुनरोङ, रोवा
निर्दयता सं.स्त्री (n.f.)	nirdaytā	mercilessness, ruthlessness	nun rawnna, nun chhiatna	नुन् रोनूना नुनछियात्ना
निर्दयी वि. (adj.)	nirdayī	pitiless, merci less.	nunrawng, zah ngai lo	नुनूरोङ, जह् ङाइ लो
निर्दलीय वि. (adj.)	nirdalīya	not belonging to any party, independent.	zalen, tla hrang	जलेनू, त्ला हृङ
निर्दिष्ट (pp)	nirdiṣṭa	assigned, determind	tuĸ sak	तुक् सक्
निर्देश सं.पु. (n.m.)	nirdesh	instruction, reference	inzirtirna	इनजिरतिरना
निर्देशक सं.पु. (n.m.)	nirdeshak	director, instructor.	kaihruaitu.	काइह्रुअइतू
निर्दोष वि. (adj.)	nirdoṣ	innocent, not-guilty	pawi sawi lo, sual lo.	पोइ सोइ लो, सुअल लो
निर्धन वि. (adj.)	nirdhan	penniless, poor.	rethei, chanhai	रेथेइ, चनूहइ
निर्धनता सं.स्त्री (n.f.)	nirdhan.tā	poverty	retheihna	रेथेइह्ना
निर्धारित वि. (adj.)	nirdhārit	fixed, prescribed.	tuk, ruat.	तुक, रुअत्
निर्बल वि. (adj.)	nirbal	powerless,	der thawng, chak	देर थोङ, चक

		weak, feeble	lo	लो
निर्बलता सं.स्त्री (n.f.)	nirbal.tā	weakness, debility	chak lohna	चक लोह्ना
निर्भय वि. (adj.)	nirbhay	fearless, dauntless	huaisen, duailo	हुअइसेन, दुअइलो
निर्भीक वि. (adj.)	nirbhīk	fearless, bold, frank.	huaisen, phungthlu lo	हुअइसेन, फुङ्त्लु लो
निर्भीकता स.स्त्री (n.f.)	nirbhīktā	fearlessness, boldness	hlauhna nei lo	ह्लउना नेइ लो
निर्मल वि. (adj.)	nirmal	clean	fai, thiang hlim	फाइ, थियङ ह्लिम्
निर्माण सं.पु. (n.m.)	nirmāṇ	making	thil siam	थिल सियम्
निर्माता सं.पु. (n.m.)	nirmātā	builder, producer	siamtu, chhuahtu	सियम्तू, छुअह्तू
निर्मित वि. (adj.)	nirmit	built.	siam	सियम्
निर्मूल वि. (adj.)	nirmūl	rootless, baseless	nghah chhan nei lo, bulbal nei lo	ङ्ह्छन् नेइ लो, बुलबाल नेइ लो
निर्मोही वि. (adj.)	nir.mohī	responsive to love, passionless	hma ngaihnain a chawh thawh theih loh, hmagnaihna neilo	म्हा-ङइह्नइन् अ चोह् थोह् थेइह् लोउ, म्हाङइह्न नेइ लो
निर्यात सं.पु. (n.m.)	niryāt	export	thawn chhuak	थोन् छुआक्
निर्लज्ज वि. (adj.)	nirlajja	shameless, barefaced	zak thei lo	जक् थेइ लो
निर्वाचन सं.पु. (n.m.)	nirvāchan	election	in thlanna	इन् त्लन्ना
निर्वाह सं.पु. (n.m.)	nirvāh	subsistence, maintenance	nun theihna, khaw sak theihna	नुन् थेइह्ना, खो सक थेइह्ना
निर्विकार वि. (adj.)	nir.vikār	changeless, unmoved	thinlung khawih loh, khawih chet loh	थिन्लुङ खोइह् लोउ, खोइह् चेत लोउ
निर्विघ्न वि. (adj.)	nir.vighan	uninterrupted, unobsturcted.	dâl loh	दाल लोउ
निर्विरोध वि. (adj.)	ni.virodh	unopposed, uncontested.	khing loh, chuh loh.	खिङ लोउ, चुह् लोउ
निलंबित वि. (adj.)	nilambit	suspended	ban lai lawk, chawl rih tir, khai kang.	बान लइ लांक्, चोल् रिह् तीर, खाइ काङ

निलय सं.पु. (n.m.)	nilay	suspension	1. chawlh rihna	चोल्ह रिह्ना
			2. khai kan.	खाइ कान
निवार सं.स्त्री (n.f.)	nevār	thick cotton	khum phanna	खुम फनूना
		tape used in weaving a bad stead.	puar thlur	पुअर त्लूर
निवारण सं.पु. (n.m.)	nivāraṇ	clearance or removal prevention	then faina	थेन् फाइना
निवाला सं.पु. (n.m.)	nivālā	morsel	bark khat, te tham	बार खत, ते थम
निवास सं.पु. (n.m.)	nivās	residence	chenna in	चेन्ना इन
निवासी सं.पु. (n.m.)	nivāsī	inhabitant	luahtu, cheng	लुअहतू, चेङ
निवृत्त वि. (adj.)	nivritta	retired	chawl tawh.	चोल तोह्
निवृत्ति सं.स्त्री (n.f.)	nivritti	retirement	chawlhna	चोल्ह्ना
निवेदन सं.स्त्री (n.f.)	nivedan	request	ngenna.	ङेन्ना
निशाचर सं.पु. (n.m.)	nishāchar	nightwander, goblin.	phung, ramhuai.	फुङ, रमुहुअइ
निष्क्रिय वि. (adj.)	nis.kriy	inactive, passive	che lo, chawl, che	चे लो, चोल, चे
			chang lo.	चाङ लो
निष्ठा सं.स्त्री (n.f.)	niṣṭha	faith, loyalty	rinna, rinawmna.	रिनूना, रिनूऑमना
निस्संदेह क्रि.वि. (adv.)	nis.sandeh	undoubetedly,	ngei, ngei, hre	ङेइ, ङेइ, हे
		surely	chiang.	चियङ
निस्सीम वि. (adj.)	nis.sīm	limitless,	chin nei lo, tawp	चिन नेइ लो, तोप
		boundless	nei lo.	नेइ लो
निहत्था वि. (adj.)	nihatthā	Unarmed	hriamhrei tel lo.	ह्रियम ह्रेइ तेल लो
निहाई सं.स्त्री (n.f.)	nihāī	anvil	thirdeng tu	थिरदेङ तू,
			dolung.	दोउलुङ
निहायत क्रि.वि. (adv.)	nihāyat	extremely.	tawpkhawk, lutuk	तोपखोक्, लुतुक
निहारना क्रि.स. (vt)	nihār.nā	to look intent-	en, hmu, chiang	एन, म्हु, चियङ
		ly, to behold.	taka en.	तका एन
निहाल वि. (adj.)	nihāl	perfectly, sati-	famkim, sawi	फमकिम्, सोइ
		sfied	sel bo,	सेल बोउ,
			lungawi thlak.	लुङओइ त्लाक
निहित वि. (adj.)	nihit	vested, inherent	beinghet, inphum.	बेइङेहत, इनफुम
निशा सं.स्त्री (n.f.)	nishā	night	zan.	जान
निशान सं.पु. (n.m.)	nishān	mark	chhin chhiahna.	छिनूछियहूना
निशाना सं.पु. (n.m.)	nishānā	target, aim	thil tum, inthem	थिल् तुम, इनथेम्

			thiamna atana thi tar	थियम्ना अताना थिल् तार
निशानी सं.स्त्री (n.f.)	nishānī	keepsake, sign.	chhin chhiahna, hriatrengna thil kawl	छिन छियह्ना, ह्रियत्रेङ्ना थिल् कोल
निशिदिन अ. (ind.)	nish.din	day and night	chhun leh zan	छून् लेह् जान
निश्चय सं.पु. (n.m.)	nishchay	Certainly, decision	hnial rual loh, thu tih tluk	न्हीयल् रुअल लोह्, थु तिह् त्लुक
निश्चल वि. (adj.)	nishchal	immovable steady	tawh chet thieh lo nghet.	तोह् चेत् थेइह् लो ङेत्
निश्चित वि. (adj.)	nishchit	definite, fixed	chiang, dik chiah	चियङ, दिक् चियह्
निश्चिंत वि. (adj.)	nish.chinta	Carefree	engthawl engto neilo	एङ्थोल् एङ्तोउ नेइलो
निश्चिंतता सं.स्त्री (n.f.)	nish.chin-tatā	freedom from care/worry.	manganna/buaina neilo	मङअन्ना/बुअइना नेइलो
निःशुल्क वि. (adj.)	nih.shulka	free	zalen, khuah, khirh loh.	जलेन, खुअह्, खिरह् लोह्
निःशेष वि. (adj.)	ni.sheṣ.	without any remaindes whole.	pumpuhlum	पुमपुह्लुम
निषाद सं.पु. (n.m.)	niṣād	1. a primitive nonaryan tribe of India. 2. the seventh note in Indian music.	1. Aryan thlah ni lo hman lai India mite 2. India music a ri sarihan	आर्यन त्लाह् नि लो म्हान् लाइ इण्डिया मीते, इण्डिया म्युजिक अ री सरिह्ना
निषेध सं.पु. (n.m.)	niṣedh	Prohibition, ne-gation, ban	banna khapna, a 'lo' lam sawina.	बान्ना, खप्ना, अ 'लो' लम सोइना
नष्ट वि. (adj.)	naṣṭa	destroyed, wasted	tichia, ṭhiat khawhral	तिछिया, ठियत् खोह्रल
निष्कंटक वि. (adj.)	niṣ.kanṭak	free from thorns, troubles or dangers.	hlauhawmna aṭanga zalen, ngaingamna.	ह्लाउऑमना अटंङा जलेन, ङाइङम्ना
निष्कपट वि. (adj.)	niṣ.kapat	guildles, unvoily	nun tlang ngil.	नुन त्लङ ङील्
निष्कर्ष सं.पु. (n.m.)	niṣ.karṣa	Conclusion, result.	tawpna, ngaihdan siam, nghawng.	तोप्ना, ङइह्दान सियम्, ङ्होङ

निष्काम वि. (adj.)	niṣkām	unattached, done without any desire	kaihhnawih awm lo chakna nei lem lova thil ti.	कइहह्नोइह्, ऑमलो चक्ना नेइ लेम लोवा थिल ती
निष्कासित (PP)	niṣ.kāsit	expelled, ejected	hnawt chhuak, paih chhuak.	ह्नोत् छुआक्, पइह् छुआक्
निष्ठावान वि. (adj.)	niṣ.ṭhāvān	loyal faithful, devoted.	rinawm, lal leh ram tana rin awm.	रिन्ऑम, लल लेह रम ताना रिन्ऑम
निष्ठुर वि. (adj.)	niṣ.ṭhur	merciless, ruthless.	nunrawng, zahngai lo.	नुनरोङ, जह्ङाइ लो
निष्ठुरता सं.स्त्री (n.f.)	nisṭhur.tā	mercilessness, ruthlessness	rawng.	रोङ
निष्पक्ष वि. (adj.)	niṣ.pakṣa	impartail, neutral	tual dawih, tan lam bik neilo.	तुअल दोइह्, टन लम् बीक नेइलो
निष्पाप वि. (adj.)	niṣ.pāp	Sinless (Person or act) innocent	pawi sawi lo	पोइ सोइ लो
निष्प्राण वि. (adj.)	niṣ.prāṇ	lifeless, soulless.	nunna nei lo, thlarau nei lo	नुन्ना नेइ लो त्लाराव नेइ लो
निष्फल वि. (adj.)	niṣ.phal	abortive, ineffective.	sawt lo, ṭangkai lo.	सोत लो, टङकाइ लो
निस्तब्धता सं.स्त्री (n.f.)	nistab. dhatā	quietude, noise lessness	reh, ngawi.	रेह ङोइ
निस्तेज वि. (adj.)	nis.tej	lifeless, insipid	nunna nei lo, phur lo, nung lo.	नुन्ना नेइ लो, फूर लो, नुङ लो
निस्स्वार्थ वि. (adj.)	nis.swārtha	selfless, unselfish	mahni hmasial lo.	म्ह्नी म्हासियल लो
निस्संकोच क्रि.वि. (adv.)	nis.sankoch	without hesitation, unhesitatingly	hreh lo, tim lo.	ह्रेइ लो, तीम लो
निस्संतान वि. (adj.)	nis.santān	issueless, childless	fa nei lo.	फा मेइ लो
नींद सं.स्त्री (n.f.)	nind	sleep	mu, muhil	मू, मुहील्
नींबू सं.पु. (n.m.)	nibū	lime	ser te ber chi	सेर ते बेर ची
नींव सं.स्त्री (n.f.)	niv	foundation	nghahchhan, lungphum.	ङह्छन्, लुङफूम
नीच वि. (adj.)	nich	mean, low	hniam,	न्हीयम

			hmusitawm, rilru zim.	म्हुसित्ऑम रिलूरू जीम
नीचता सं.स्त्री (n.f.)	nīch.tā	meaness, ne-fariousness	rilru te, rilru kawi, sualna hniam	रिलूरु ते, रिलूरु कोइ, सुअलूना न्हीयम्
नीचा वि. (adj.)	nīchā	low	hniam	न्हीयम्
नीचे क्रि.वि. (adv.)	nīche	below, under.	hnuaiah	न्हुइअह्
नीड़ सं.पु. (n.m.)	nīṛ	nest	bu, in nuam.	बू, इन नुआम्
नीति सं.स्त्री (n.f.)	nīti	policy, morality	rorel dan, ram awp dan.	रोउरेल् दान, रम ओप दान
नीतिशास्त्र सं.पु. (n.m)	nīti. shaŝhtra	ethics	mihring nunphung leh mawhphurhna chhuina	मिहिङ नुनफुङ लेह मोह्फुरह्ना छुइना
नीतिज्ञ वि. पु.	nītigya	politic, states-man, diplomat	mi dawr vel thiam	मी दोर वेल् थियाम्
नीम सं.स्त्री (n.f.)	nīm	margosa or neem tree.	neem thing	नीम थिङ
नीयत सं.स्त्री (n.f.)	nīyat	intention	tumna	तुमना
नीर सं.पु. (n.m.)	nīr	water	tui	तुइ
नीरव वि. (adj.)	nīrav	Still, quiet, silent.	reh, ngawi	रेह, ङोइ
नीरस वि. (adj.)	nīras	juiceless, dry	ro hul	रोउ हुल्
नीरोग वि. (adj.)	nīrog	healthy	hrisel	ह्रिसेल
नील सं.पु. (n.m.)	nīl	indigo	ṭing (dum)	टिङ (टुम)
नीलकंठ सं. पु. (n.m.)	nīl.kanṭha	blue jay	america-a choâk chi	अमेरिका—अ चोउआक् ची
नीलगाय सं.स्त्री (n.f.)	nīl.gay	antepoe, yak.	ramsa (bawngpui leh sakhi a ang ber)	रम्सा (बोङपुइ लेह सखी अ अङ बेर
नीलम सं.पु. (n.m.)	nīlam	blue sapphire	lunghlu dúmpawl	लुङ्हलु दुमपोल्
नीला वि. (adj.)	nīlā	blue	dumpawl, pawl	दुमपोल्, पोल
नीलाम सं.पु. (n.m.)	nīlām	auction	lilam	लिलाम्
नुकसान सं.पु. (n.m.)	nuk.sān	loss	hekna, thil hloh	हेक्ना, थिल ह्लोउ
नुकीला वि. (adj.)	nukīlā	(Sharp) pointed	zum.	जुम
नुक्कड़ सं.पु. (n.m.)	nukkaṛ	corner	kilkhawr, kil	किलूखोर, किल्
नुक्त सं.पु. (n.m.)	nuqt	defect, flaw	kim lohna	किम् लोह्ना

नुक्ता सं.पु. (n.m.)	nuqtā	defect, point	kim lohna, chhun han.	किम् लोह्ना, छुन हन्
नुक्ताचीनी सं.स्त्री (n.f.)	nuqtā. chīnī	fault finding, unnecessary critism.	dik loha zawn, tullo sawiselna.	दिक् लोह्अ जोन टूल लो सोइसेलूना
नुमाइंदा सं.पु. (n.m.)	numāindā	representative	aiawh, palai	ओइओह्, पलाइ
नुमाइश सं.स्त्री (n.f.)	numāish	exhibition	entirsiakna, pholanna	एनतिरसियक्ना, फोउलनून
नूपुर सं.पु. (n.m.)	nūpur	anklet, an ornament for the ankles.	ke rek cheimawina.	के रेक् चेइमोइना
नृत्य सं.पु. (n.m.)	nirtya	dance	lam.	लाम्
नृत्यशाला सं.स्त्री (n.f.)	nrityashālā	dancing hall	lamna pindan	लामूना पिनदन्
नृप सं.पु. (n.m.)	nrip	king, monarch	lal	लल
नृपति सं.पु. (n.m.)	nri.pati	a king	lal	लल
ने	ne	nagentive termination used with a subject governed by a transitive verb in past tense.	thu kal tawh sawia atitu (subject) nena (hnua) thu telh.	थू कल् तोह सोइअ अतित् (साबजेक्) नेभा (न्हूअ) थू तेल्ह्
नृशंस वि. (adj.)	nirsans	atrocious, cruel	nunrawng.	नुनरोङ
नेक वि. (adj.)	nek	good, well	ṭha, dam	ठा, दम
नेकनामी प्र. (suff.)	neknāmī	well, good.	ṭha	ठा
नेकी सं.स्त्री (n.f.)	nekī	goodness, virtue	ṭhatna, felna.	ठत्ना, फेलूना
नेजा सं.पु. (n.m.)	nejā	spear, lance	fei	फेइ
नेता सं.पु. (n.m.)	netā	leader	hruaitu	हुइतू
नेतृत्व सं.पु. (n.m.)	netritwa	leadership	hotu nihna, hruaitu nihna	होउतू निह्ना, हुइतू निह्ना
नेत्र सं.पु. (n.m.)	netra	eye	mit	मित्
नेत्रहीन सं.पु. (n.m.)	netra.hīn	blind	mitdel	मितूदेल
नेत्री सं.स्त्री (n.f.)	netrī	woman leader	hruaitu hmei-chhia	हुइतू म्हेइछिया
नेपथ्य सं.पु. (n.m.)	nepathya	1. attire, ornament 2. the part behind	1. thawm hnaw, inchei mawina 2. ennawm	थोमन्हो, इनूचेइ मोइना, एनूनोम्

		the scenes in a theatre.	chhuahna hmuna puan zar phen.	छुअह्ना म्हुना पुअन् जार फेन
नेफा सं.पु. (n.m.)	nefā	part in top of trousers etc. in which a tape is inserted for binding it round the waist.	kekawr kawng.	केकोर कोङ
नेवला सं.पु. (n.f.)	nevlā	mongoose, weasel	chepa lam chi	चेपा लम ची
नेह सं.पु. (n.m.)	neh	affection, oil, grease.	ngainatna, hriak, thua.	ङइनत्ना, ह्रियक्, थाउ
नैतिक वि. (adj.)	nāitik	moral	nungchang, chhia leh ṭha hman ṭhat ṭhu.	नुङचुङ, छिया लेह् ठा, म्हन् ठत् थू
नैतिकता सं.स्त्री (n.f.)	nāitik.tā	morality, ethics.	nung chang lam, ṭha hman bik thu.	नुङ चङ लम, ठ म्हन बीक थू
नैहर सं.पु. (n.m.)	nāihar	(married woman's) parental house.	hmeichhe pasal nei nu leh pate in	म्हेइछे पसल नेइ नू लेह् पाते इन
नैया सं.स्त्री (n.f.)	nāiyā	a beat	lawng, lawng leng.	लोङ, लोङ लेङ
नोक सं.स्त्री (n.f.)	nok	1. point 2. tip	1. chhun han, hmun 2. hmawr	छुन हन्, म्हुन्, म्होर
नोक-झोंक सं.स्त्री (n.f.)	nok.jhonk	altercation	inhauh chiamna, insual hialna.	इनूहउह् चियमूना, इनसुअल् हियल्ना
नोच-खसोट सं.स्त्री (n.f.)	noch-khasot	snatching, plucking	ban thuta chhuh sak, lo, bal	बन थुता छुह् सक, लो, बल्
नोचना क्रि.स. (vt)	noch.nā	to pluck, to scratch.	pawt, hiat.	पोत्, हियत्
नोट सं.पु. (n.m.)	noṭ	note	chhinchhiahna, thu them ziak	छिन्छियह्ना, थु थेम जियक्
नोटिस सं.पु. (n.m.)	noṭis	notice	hriat tirna	ह्रियत तीरना
नौ वि. (adj.)	nāu	nine.	pakua (a)	पकुअ (अ)
नौकर सं.पु. (n.m.)	nāukar	servant	chhiahhlawh	छियह्ह्लोह्
नौकर-चाकर सं.पु. (n.m.)	nāukar-chākar	domestics, servants.	in chhung khawsak	इन छूङ खोसक्

			lam thila chhiah-hlawh, chhiahhlawh	लम थिला छियह्-ह्लोह्, छियह्ह्लोह्
नौकरी सं.स्त्री (n.f.)	nāuk.rī	service	thawhna, hna	थोह्ना, न्हा
नौका सं.स्त्री (n.f.)	nāukā	boat	lawng leng.	लोङ लेङ
नौबत सं.स्त्री (n.f.)	nāubat	1. Situation, 2. small drum.	1. dinhmun awmna 2. khuang te.	दिनम्हुन ऑमना खुअङते
नौजवान वि.पु. (adj.m.)	nāu javān	young	naupang tuai	नउपङ, तुअइ
नौटंकी सं.स्त्री (n.f.)	nāu.ṭankī	folk-dance, Village drama	hnam lam, khaw te lemchan.	न्हाम लाम्, खोते लेमचन्
नौनिहाल वि. (adj.)	nāunihāl	Promising (boy)	beiseisawm, chhenfakawm.	बेइसेइऑम, छेन्फाकऑम
नौसिखिया वि.पु. (adj. and m.)	nāu.sikhiyā	novice, not well trained.	zir ṭantu	जिर टनतू
नौसेना सं.स्त्री (n.f.)	nāusenā	Navy	lawng sipai pawl	लोङ सिपइ पोला
न्यायमत/नियामत सं.स्त्री (n.f.)	nyāmat/ niyāmat	boon, blessing, affluence	thil thlawn pek, mal sawmna	थिन थ्लोन् पेक्, मल सोमूना
न्याय सं.पु. (n.m.)	nyāy	justice	rorel dik	रोउरेल् दिक
न्यायाधीश सं.पु. (n.m.)	nyāyādhīsh	judge, justice	roreltu	रोउरेलतू
न्यायालय सं.पु. (n.m.)	nyāyālay	Court (of law)	rorelna in	रोउरेलना इन
न्यारा वि. (adj.)	nyārā	distinct	thliar hran, lang sar	थ्लीयर ह्रन, लङ सार
न्यास सं.पु. (n.m.)	nyās	trust, deposit	vawn ṭhatna inrin vanga thil inkawl tir.	वोन ठत्ना इनरिन वङा थिल इन्कोलतीर
न्यून वि. (adj.)	nyūn	1. less 2. insufficient.	1. tlem zawk, te zawk 2. tawk lo	त्लेम जोक्, ते जोक् तोक लो
न्यूनतम वि.पु. (adj. and m.)	nyūn.tam	minimum	a tlem thei ang ber.	अ त्लेम थेइ अङ बेर
न्योछावर सं.पु. (n.m.)	nyochhāvar	offernings, propitiatory presents, sacrifice of something.	mal sawmna atana thil hlan/pek	मल् सोमूना अताना थिल ह्लन/पेक
न्योता सं.पु. (n.m.)	nyotā	invitation (to	sawmna	सोमना

		feast)		
न्यौतना/न्योतक क्रि.स. (vt)	nyāut.nā/ nyotak	to invite	sawm	सोम

प

पंक सं.पु. (n.m.)	paṅk	slime, mud	chirh	चिरह्
पंकज वि. (adj.)	paṅkaj	Lotus, born in slime.	tui lili	तुइ लीली
पंख सं.पु. (n.m.)	paṅkha	wing, feather	thla, sava hmul.	त्ला, सवा म्हुल
पंखा सं.पु. (n.m.)	paṅkha	fan.	hmaizah	म्हाइजह्
पंखुड़ी सं.स्त्री (n.f.)	paṅkhuṛi	petal.	pangpar parh lai, pangpar parh hnah	पङपार परह् लाइ, पङपार परह् न्हाह्
पंगु वि. (adj.)	paṅgu	crippled	kuttual lei chham, ramtui lei lo.	कुत्तुअल लेइ छम, रमतुइ लेइ लो
पंच वि. (prep) (adj.)	pañch	five, juror	panga, rorelna a thubuai neite thiam leh thiam lo ngaih tuahtu pawl ho zinga tel.	पङा रोउरेल्ना अ थुबुअइ नेइते थियम् लेह् थियम लो ङइह तुअह्तू पोल होउ जिङा तेल
पंचनद सं.पु. (n.m.)	pañch-nad	the five rivers which flow in the punjab	punjab a lui pangate	पंजाब अ लुइ पङाते
पंचनामा सं.पु. (n.m.)	pañchnāmā	written a ward, declaration given by five (prominent) person.	lawmnan thu ziak.	लोमनान् थु जियक्
पंचम वि. (adj.)	pañcham	fifth	pangana	पङाना
पंचमेल वि. (adj.)	pañchmel	having five in gredients, medley, mixed	thil inpawlhsawp thil panga inchawh pawlh.	थिल इनूपोलह्सोप् थिल पङा इनचोह् पोलह्
पंचरंगी वि. (adj.)	pañchraṅgī	five coloured, multi coloured	rawng chingaa chei rawng chi hrang	रोङ चिङा अ चेइ रोङ चि हृङ

			hrang chi	ह्रङ चि
पंचशील सं.पु. (n.m.)	pañchshil̄	five conducts (according to budhists) Punchsheel (in politics since bandung confereing)	tihdan pangate (bhudhist hotan)	तिह्दान पङाते (बुद्धिष्ट होउतान)
पचांग सं.पु. (n.m.)	pañchāṅg	hindu calendar, almanac.	kumkhat chhunga ni hrang hrang awmze chhutna bu.	कुमूखत छुङा नी ह्रङ ह्रङ ऑमजे छूत्ना बू
पंचानवे वि.पु. (adj.m.)	pañchānave	ninetyfive, 95	sawmkua leh panga	सोमकुअ लेह् पङा
पंचायत सं.स्त्री (n.f.)	pañchāyat	panchayat, village assembly.	khaw tlang rorelna.	खोत्लाङ रोउरेलना
पंचायती वि. (adj.)	pañchāyatī	public, common	mipui thil, vantlang thil	मिपुइ थिल्, वानत्लाङ थिल
पंजर सं.पु. (n.m.)	pañjar	skeleton.	ruhrel.	रूह्रेल
पंजा सं.पु. (n.m.)	pañja	paw, claw, toe.	tin nei ke bawr, tin	तिन नेइ के बोर, तिन
पंजी सं.स्त्री (n.f.)	pañjī	register, the five of playing card	chhinchhiahna bu, lehkhadenna zanga phek	छिन्छियाह्ना बू, लेह्खदेन्ना जङा फेक्
पंडाल सं.पु. (n.m.)	paṇḍāl	pavilion, marquee	zarhliap, khelmuala buk zar.	जारह्लियप्, खेलमुअला बूकजार
पंडित सं.पु. (n.m.)	paṇḍit	scholar, brahmin	mi lehkha thiam tak, hindu puithiam chi	मी लेह्खा थियम तक, हिन्दू पुइथियम् ची
पंडिताइन सं.स्त्री (n.f.)	paṇḍitāin	wife of Brahmin, earned woman	brahmin nupui, hmeichhe lehkha thiam.	ब्रह्मीण नुपुइ, म्हेइछे लेह्ख थियम
पंथ सं.पु. (n.m.)	panth	sect order, path, way	sakhaw peng, kalkawng, kawng.	साखो पेङ, कलकोङ, कोङ
पंथी सं.पु. (n.m.)	panthī	traveller, follower of a sect/	zinmi, sakhaw bik zuitu	जिनमी, साखो बीक् जुइतू

		cult.		
पंद्रह वि. (adj.)	pandrah	fifteen	sawmpanga	सोमपङा
पंप सं.पु. (n.m.)	pamp	pump	tui siakna	तुइ सियक्ना
पंसारी सं.पु. (n.m.)	pansārī	grocer	ni thin ei tur mamawh zuartu.	नी तिन एइ तूर ममोह् जुअरतू
पंसेरी सं.स्त्री (n.f.)	panserī	(a unit of) five seers (10.3 lbs)	sernga	सेरङा
पंक्ति सं.स्त्री (n.f.)	paṇkti	line,	tlar, intlar	त्लर, इनूत्लर
पंडा सं.पु. (n.m.)	paṇḍā	panda, a priest at sacred river book.	panda, lui serh kama puithiam.	पंडा, लुइ सेरह् कमा पुइथियम्
पंडिताऊ वि. (adj.)	paṇḍitāū	pedantic	thiamna lam thil inzirna lam thil.	थियमूना लमथिल्, इनजिरना लमथिल्
पकड़ सं.स्त्री (n.f.)	pakaṛ	hold, grasp	vuan, chelh	वुअन्, चेलह्
पकड़ना क्रि.स. (v.t.)	pakaṛ.nā	to catch, to capture, to hold	man, vuan.	मन, वुअन्
पकना क्रि.अ. (v.i.)	pak.nā	to ripen, to be cooked, to su-purate, to be burnt.	tihmin, hmin mek.	तिम्हीन्, म्हीन मेक्
पकवान सं.पु. (n.m.)	pak.vān	dressed food, fried delicacy	eng eng emaw pawlha chaw siam, thil kanro, tuihnai tak.	एङ एङ एमो पोल्हअ चो सियम्, थिल् कनरोउ, तुइह्नाइ तक
पकाना क्रि.स. (v.t.)	pakānā	to cook, to ripen	chhum, hmin mek.	छुम्, म्हीन मेक्
पकौड़ा सं.पु. (n.m.)	pakaūṛā	patty of gram flour.	chhangphut aṭanga siam chhang (hlawm)	छङफुत् अटंङा सियम् छङ (ह्लोम)
पक्का वि. (adj.)	pakkā	strong, firm, permanent.	chak, nghet, hlun.	चक, ङेहत्, ह्लुन
पक्व वि. (adj.)	pakva	cooked, mature, confirmed.	puitling, hmin, tihngheh	पुइत्लीङ, म्हीन तिह्ङेइत्
पक्ष सं.पु. (n.m.)	pakṣa	side, aspect, favour,	lampang, lan dan duhsakna.	लमपङ, लनदान दुहसकना

		fortnight		
पक्षपात सं.पु. (n.m.)	pakṣpāt	prejudice, partiality	enga mah hma a ṭan zawng neih	एङा मह् म्हा अ टन जोङ नेइह्
पक्षी सं.पु. (n.m.)	pakṣī	bird	sava.	सवा
पखाना सं.पु. (n.m.)	pakhānā	latrine, human excrement faeces.	zunram thiarnain, zun leh êk, êk.	जुनरम थियरनइन, जुन लेह् एक, एक
पखवाड़ा सं.पु. (n.m.)	pakhvāṛā	fortnight	chawlhkarhnih.	चोल्ह्कारन्हीह्
पखारना क्रि.स. (v.t.)	pakhār.nā	to wash/clean	su, sil	सू, सिल्
पखावज सं.स्त्री (n.f.)	pakhāvaj	drum, timbrel	khuang.	खुअङ
पखोरु सं.पु. (n.m.)	pakhorū	Bird	sava	सवा
पग सं.पु. (n.m.)	pag	foot, step	ke, pen	के, पेन
पगडंडी सं.स्त्री (n.f.)	pagḍaṇḍī	track, foot-path	kalkawng, ke a kalna kawng.	कलकोङ, के अ कलना कोङ
पगड़ी सं.स्त्री (n.f.)	pagṛī	turban	diar.	डीयर
पगला वि. (adj.)	pag.lā	mad, insane.	mi a	मी आ
पगार सं.पु. (n.m.)	pagār	boundary, wage rivulet.	ri chin, hlawh, luite.	री चिन, ह्लोह्, लुइते
पगुराना क्रि.अ. (v.i.)	pagurānā	to chew the cud ruminate	ṭhial nawn.	ठियल नॉन
पचड़ा सं.पु. (n.m.)	pach.ṛā	muddle, trouble	khawlohna, buaina	खोलोह्ना, बुअइना
पचना क्रि.अ. (v.i.)	pachnā	to be digested, to be swallowed and enjoyed.	pumpuia ṭhial sawm, eitui, pai ṭawih	पुम्पुइआ ठियल सोम्, एइतुइ, पाइ टोइह्
पचाना क्रि.स. (v.t.)	pachā.nā	to be digested	pai ṭawih	पाइ टोइह्
पचपन वि. (adj.)	pach.pan	fifty-five 55	sawmnaga leh panga	सोमङा लेह पङा
पचास वि. (adj.)	pachās	fifty, 50	sawmnga.	सोमङा
पचासी वि. (adj.)	pachāsī	eighty five, 85	sawmriat leh panga	सोमरियत् लेह् पङा
पच्चर सं.पु. (n.m.)	pachchar	wedge.	hem	हेम
पच्चीकारी सं.स्त्री (n.f.)	pachchīkārī	inlaying work	thir leh saingho ilo ker mawi.	थिर लेह् सोइङहोउ इलो केर मोइ

पच्चीस वि. (adj.)	pachchīs	twentyfive 25	sawmhnih leh panga	सोमह्नीह् लेह् पङा
पछताना क्रि.अ. (v.i.)	pachch. tānā	to repent, to regret.	inchhir, sim	इनछीर, सिम्
पछत्तर वि. (adj.)	pachhattar	seventy five, 75	sawmsarih leh panga	सोमसरिह् लेह् पङा
पछतावा सं.पु. (n.m.)	pachh.tāvā	repentence, regret.	inchhirna, simna	इनछिरना, सिम्ना
पछाड़ना क्रि.स. (v.t.)	Pachhāṛ.nā	to throw, knock down.	hneh, keuh thlu, hnek thlu	न्हेह्, केउह् त्लु, न्हेक त्लु
पछुआ वि. (adj.)	pachūā	westerly wind	khawthlang lam	खोत्लङलम्
पजामा सं.पु. (n.m.)	pajāmā	pyjamas	thil kekawr tlawn.	थिल केकोर त्लोन्
पट सं.पु. (n.m.)	paṭ	door	kawngkhar, kawngka	कोङ्खार, कोङ्का
पटकन सं.स्त्री (n.f.)	paṭkan	the act of beating a slop, a dudgel.	talhtum.	तलह्तुम
पटना क्रि.अ. (v.i.)	paṭ.nā	to be filled	tikhat	तिखत्
पटरानी सं.स्त्री (n.f.)	paṭrānī	queen, consort	lalnu, kawppui	ललनु, कोपपुइ
पटरी सं.स्त्री (n.f.)	paṭ.rī	rail, pavement footpath	relkawng, ke a kalna	रेलकोङ, के अ कल्ना
पटवारी सं.पु. (n.m.)	paṭ.vārī	patwari, village official who maintains land record.	ṭhingtlang khua a ram chin chhinchhiahna vawngtu.	थिङत्लाङ खुआ अ रम चिन छिन्छियह्ना वोङ्तू
पटसन सं.पु. (n.m.)	paṭ.san	jute	buara hrui kung, ziza kung.	बुअरा ह्रुइ कूङ, जीजा कूङ
पटाखा सं.पु. (n.m.)	paṭākhā	cracker	halpuah tlep	हालपुअह् त्लेप
पटाना क्रि.स. (v.t.)	paṭānā	to get smth covered up, to settle.	tifel, tlak	तिफेल्, त्लाक्
पटाव सं.पु. (n.m.)	paṭāv	act or state of, rubbish, covering.	bawlhhlawh, chungkhuhna, inchung hmanrua.	बोल्ह्ह्लोह्, चुङखुह्ना, इनचुङ म्हनूरुआ
पटिया सं.स्त्री (n.f.)	paṭiyā	state, tile board.	lunglehkha phek, thing phek	लुङलेह्खा फेक्, थिङ फेक्
पटु वि. (adj.)	paṭu	clever, skillful, adept.	fing, themthiam, zei	फिङ, थेमथियम्, जेइ

पटुआ सं.पु. (n.m.)	paṭuā	jule	ziza kung, buara hrui kung.	जिजा कूङ, बुअरा हुइ कूङ
पट्टा सं.पु. (n.m.)	paṭṭā	(dogs) collar title deed, lease	ui nghawng awrh, neih thil (ram emaw) tihnghehna	उइ ङोङ ओरह् नेइह् थिल (रम एमो) तिह्ङेह्ना
पट्ठा सं.पु. (n.m.)	paṭṭhā	sinew sinewy, robust, youth	ṭhahrui, thanei, ṭhalai emaw thatlai	थहुइ, थनेइ, ठलाइ एमो ठत्लाइ
पट्टी सं.स्त्री (n.f.)	paṭṭī	bandage, stripe.	pan tuamna	पान तुअमूना
पट्टेदार सं.पु. (n.m.)	paṭṭedār	lease, cosharer coparceny.	hawhtu.	होह्तू
पठार सं.पु. (n.m.)	Paṭhār	plateau, tableland	tlang chung zawl.	त्लाङ चुङ जोल्
पड़ना क्रि.अ. (v.i.)	paṛ.nā	to lie, to fall	mu, tla	मू, त्ला
पड़ाव सं.पु. (n.m.)	paṛāv	halt, encamp-ment.	puan in kaih, inkulh	पुअन् इन कइह्, इनकुलह्
पड़ोसी सं.पु. (n.m.)	paṛosī	neighbour	ṭhenawm	ठेनूऑम
पड़ौस सं.पु. (n.m.)	paṛōs	neighbourhood, vicinity	inṭhenawmna, ṭhenawm, hnaivai	इनठेनआमना, ठेनूऑम, न्हाइवाइ
पढ़ाई सं.स्त्री (n.f.)	paṛhāī	Education, study	inzirtirna, zirna	इनूजिरतिरना, जिरना
पढ़ाना क्रि.स. (v.t.)	paṛhānā	to teach, to educate, to make onread.	zirtir, chhiar zirtir	जिरतीर, छियर जिरतीर
पतंग सं.स्त्री (n.f.)	patang	kite.	lehkhachaih	लेहूखचइह्
पतन सं.पु. (n.m.)	patan	down-fall, decline.	tlu, sawp, tla hniam	त्लू, सोप, त्ला ह्नीयम
पतला वि. (adj.)	pat.lā	thin fine, slender	pan, ria	पन, रीय
पतलून सं.स्त्री (n.f.)	pat.lūn	pantaloon	kekawr puk	केकोर पुक्
पतवार सं.स्त्री (n.f.)	pat.vār	helm, rudder	lawng karfung.	लोङ, करफुङ
पताका सं.स्त्री (n.f.)	patākā	flag, banner	puanzar	पुअनजार
पत्तल सं.स्त्री (n.f.)	pattal	leaf, plate	hnahthel, hanhthelthleng.	न्हाथेल्, न्हाथेलथ्लेङ
पता सं.पु. (n.m.)	patā	address, trace,	hmun hming,	म्हुन म्हीङ,

		knowledge	hnuhma, hriatna	न्हुह्मा, ह्रियत्ना
पति सं.पु. (n.m.)	pati	husband, master, lord.	pasal, pu, lalpa	पसल, पू, ललपा
पतित वि. (adj.)	patit	fallen, degraded	tihniam, tlawm, thangchhia, endawng	तिन्हीयम्, त्लोम्, थङछिया, एन्दोङ
पतित पावन वि.पु. (adj. and m.)	patit-pāvan	one who uplifts the down trod-den.	mi hnuaihnung zawk te ti chang kangtu	मी न्हुअइन्हुङ जोक ते ति चङकाङ तू
पतिव्रता वि.स्त्री (adj. and p.f.)	pativartā	faithful wife.	nupui rinawm	नुपुइ रिनऑम्
पतीली सं.स्त्री (n.f.)	patīlī	kettle, cooking vessel.	bel, bel-chhuan	बेल, बेलछुअन्
पत्ता सं.पु. (n.m.)	pattā	leaf, playing card.	hnah, lehkhaden.	न्हाह्, लेह्खदेन्
पत्ती सं.स्त्री (n.f.)	pattī	dim, share, metal strip	chanvo, thir phek them.	चनवोउ, थीर फेक थेम
पत्नी सं.स्त्री (n.f.)	patnī	wife	nupui	नुपुइ
पत्र सं.पु. (n.m.)	patra	letter, paper	lehkhathawn, lehkha	लेह्खथोन, लेह्खा
पत्रवाहक सं.पु. (n.m.)	patra.vāhak	letter-bearer	kehkha kengtu	लेह्खा केङ्तू
पत्रकार सं.पु. (n.m.)	patra.kār	journalist	chanchinbu hna, chanchinthar la khawmtu	चनूचिनबू न्हा, चनचिनथर ला खोमृतू
पत्रव्यवहार सं.पु. (n.m.)	patra. vyavahār	correspondence	thua in dawrna, lehkha in-thawn	थुआ इन दोरना, लेह्खा इन-थोन्
पत्रिका सं.स्त्री (n.f.)	patrikā	magazine, journal	chanchinbu, chanchin ziah	चनूचिनूबू चनूचिन् जियह्
पत्थर सं.पु. (n.m.)	patthar	stone	lung.	लुङ
पथ सं.पु. (n.m.)	path	path, way	kalkawng, kawng.	कलकोङ, कोङ
पथ-प्रदर्शन सं.पु. (n.m.)	path-pradarshan	guidance	inkaihhruai-na	इनूकइह्हुइना
पथभ्रष्ट वि. (adj.)	path-bhraṣṭ	deviated from the right path	dan lo anga khawsa, kal sual	दान लो अङा खोसा, कल सुअल्
पथराना क्रि.अ. (v.i.)	path.rānā	to be petrified, to be paralysed stunned	hlauh vanga thauva man	ह्लाउ यांङा थाउव मन

पथरी सं.स्त्री (n.f.)	pathrī	stone, ESP, Gallstone, calculus.	lungte (mit ang te a awm)	लुङते (मीत् अङते अ ऑम)
पथरीला वि. (adj.)	path.rīlā	stony, rocky	lunghmun, lung khawkrawk.	लुङम्हुन्, लुङ खोक्रोक्
पथिक सं.पु. (n.m.)	pathik	way, traveller	khual-zin mi	खुआल जिन मी
पद सं.पु. (n.m.)	pad	post, office	hmun, hna thawhna tangka-	म्हुन, न्हा थोह्ना तङक
पदक सं.पु. (n.m.)	padak	medal	-pui lawmman	पुइ लॉममन्
पदचाप सं.पु. (n.m.)	pad-chāp	foot fall	pen ri	पेन री
पदचिन्ह सं.पु. (n.m.)	padchinh	foot print, foot mark, trail	hniak hnuhma	न्हीयक्, न्हूम्हा
पदच्युत वि. (adj.)	pad-chyut	dismissed, degraded	chawlh tir, tihtlak hniam	चोल्हतीर, तिह्त्लाक न्हीयम्
पदवी सं.स्त्री (n.f.)	padvī	title, rank	sanna lama nihna, hming	सानूना लमा निह्ना म्हीङ
पदाघात सं.पु. (n.m.)	padāghāt	blow with the feet, kick	pet, chhuih	पेत्, छुइह्
पदाधिकारी सं.पु. (n.m.)	pada-dhikārī	office holder, official	vangtlang tanahnathawk tu.	वानूत्लाङ तानान्हाथोक् तू
पदार्थ सं.पु. (n.m.)	padārth	object, article	thil, rilru pawn lam thil.	थिल्, रिलूरु पोन लम थिल्
पदार्पण सं.पु. (n.m.)	padārpaṇ	stepping in of a hallowed foot, advent.	kephah hnuai khuar lai	केफह् न्हुइ खुअर लाइ
पेंदी सं.स्त्री (n.f.)	Pendī	bottom, base,	mawng, chhuat.	मोङ छुअत्
पद्धति सं.स्त्री (n.f.)	paddhati	system, method	tih dan, hmang chang, kalphung	तिह् दान, म्हाङ चाङ, कलफुङ
पद्म सं.पु. (n.m.)	padam	lotus	tui lili	तुइ लीली
पद्म-भूषण सं.पु. (n.m.)	padam. bhūṣaṇ.	a title	nihna hming, sanna lama nihna	निह्ना म्हीङ, सानूना लमा निह्ना
पद्मश्री सं.पु. (n.m.)	padma.shrī	a title	nihna hming	निह्ना म्हीङ
पधारना क्रि.अ. (v.i.)	padhār.nā	to come, to be seated	lo kal, thu	लो कल, ठू
पनघट सं.पु. (n.m.)	pan.ghat	curb (of a well)	tuikhur,	तुइखुर,

		where from people draw water.	tuichhunchhuah	तुइछुनूछुअह्
पनचक्की सं.स्त्री (n.f.)	pan.chakkī	water mill	tui khawhvir khawl.	तुइ खोह्विर खोल
पनडुब्बी सं.स्त्री (n.f.)	pan.dubbī	sub marine	tui huai lawng.	तुइ न्हुइ लोङ
पनपना क्रि.अ. (v.i.)	panap.nā	to take root (of a plant) to grow to flourish	ṭhang, chawr, zungkai	ठङ, चोर, जुङ्काइ
पनवाड़ी सं.पु. (n.m.)	pan.vāṛī	betel-vendor.	kuhvakhawr zuartu.	कुह्वखोर जुअरतू
पनाह सं.स्त्री (n.f.)	panāh	shelter, refuge.	inhumna, buk	इनहुमूना, बूक
पजावा सं.पु. (n.m.)	pajāvā	brick-kiln	lei rawh channa thuk.	लेइरोह्चनूना थुक
पन्ना सं.पु. (n.m.)	pannā	leaf (of a book)	lehkhabu phek	लेह्खबू फेक्
पन-बिजली सं.स्त्री (n.f.)	pan-bijlī	hydro electricity	kawlphethil tih theihna (tui chakna hmanga tichhuah)	कोलफेथिल तिह् थेइह्ना (तुइ चकना म्हाङा तिह्छुअह्)
पनीर सं.पु. (n.m.)	panīr	cheese.	bawnghnute khal	बोङन्हुते खल
पपड़ी सं.स्त्री (n.f.)	papṛī	crust	kawr, pil	कोर पिल
पपीता सं.पु. (n.m.)	papītā	papaya tree and its fruit	thingfanghma	थिङफङम्हा
पपीहा सं.पु. (n.m.)	papīhā	cuckoo	sava chi khat kukku,kukku tia hram chi	सवा ची खत कुकू, कुकू तीअ ह्राम् ची
पपोता सं.पु. (n.m.)	papotā	eyelid	mit vun	मित् वुन
पब्लिक सं.स्त्री (n.f.)	pablik	public	vantlang mipui	वानत्लाङ मिपुइ
परन्तु (conj.)	Parantu	But	mahse, nimahsela, ni mahse.	म्ह्से, निम्ह्सेला नी म्ह्से
परंपरा सं.स्त्री (n.f.)	paramparā	tradition	tihdan inhlan chhawng.	तिह्दान इनूह्लान् छोङ
पय सं.पु. (n.m.)	pay	milk	hnute tui	न्हुते तुइ
पयोनिधि सं.पु. (n.m.)	payonidhi	the ocean	tuifinriat	तुइफिनूरियत्
पर (pref)	par	other (conj.), But (postp.), At, on in, from, about, off, over	a dang mahse, hmun sawina.	अ दंङ म्हाह् से, म्हुन सोइना

परकारा सं.पु. (n.m.)	par.kārā	pair of comp-usses\callipers.	thil bial zau zawng tehna hmanrua.	थिल् बियल ज़ाउ जोङ तेह्ना म्हनरुआ
परकोटा सं.पु. (n.m.)	parkoṭā	rampart.	indona phen tu lei chhun pawn, lung tian pawn.	इनदोउना फेन तू लेइ छून पोन्, लुङ तियान पोन
परख सं.स्त्री (n.f.)	parakh	test	enchhinna, finfiahna	एनछिन्ना, फिन्फियह्ना
परखना क्रि.स. (v.t.)	parakh.nā	to test	enchhin, finfiah	एनछिन्न, फिन्फियह्
परगना सं.पु. (n.m.)	parganā	unit of several village	khawte bawr khat	खोते बोर खत
परचून सं.पु. (n.m.)	par.chūn	retail	tlem tlema	त्लेम त्लेमा
परछाई सं.स्त्री (n.f.)	parchāī	shadow, reflection	hralhna hlim thla.	ह्रल्ह्ना, ह्लिम्, त्ला
परजीवी वि. (adj.)	parjīvī	parasitic	ring ngawt.	रिङ ङोत्
परतंत्र वि. (adj.)	partantra	dependent, slave.	bawih, kaihhruai.	बोइह्, कइह्हुअइ
परत सं.स्त्री (n.f.)	parat	layer	thuahthip, inthuah.	थुअह्थीप, इनथुअह्
परती सं.स्त्री (n.f.)	paratī	fallow	thlawhhma a siam loh ram, khek tui, sakhi rawng.	त्लोह् म्हा अ सियम लोह् रम खेक् तुइ, सखी रोङ
परदा सं.पु. (n.m.)	pardā	curtain, screen	puanzar, thil daidanna.	पुअन्जार, थिल् दाइदन्ना
परदादा सं.पु. (n.m.)	pardādā	(paternal) great grand father.	pute pa (pa te lam)	पूते पा (पा ते लम्)
परदेश सं.पु. (n.m.)	pardesh	foreign-country	ram pawn (mahni awmna ram pawna ram)	रम् पोन् (म्हनी ऑमना रम् पोन्ना रम)
परदेशी सं.पु. (n.m.)	pardeshī	Foreigner, stranger.	ram dang mi, mikhual.	रम दंङ मी, मिखुअल्
परम क्रि.वि. (adv.)	param	extremely supreme	lutuk, tawpkhawk, sang ber.	लुतुक, तोप्खोक्, साङ बेर

परमाणु सं.पु. (n.m.)	par.māṇụ	Atom	thil te bera an lo ngaih thin.	थिल ते बेरा अन लो ङइह् ठिन
परनाना सं.पु. (n.m.)	parnānā	(maternal) great grand father.	pi te pa (nu lamah)	पी ते पा (नु लमूअह)
परमात्मा सं.पु. (n.m.)	paramātmā	God, supreme	Pathian.	पथियान्
परमार्थ सं.पु. (n.m.)	parmārth	ultimate good, summun, bonum.	chhandamna, tha vawr tawp.	छनदमूना, ठा वोर तोप
परमिट सं.पु. (n.m.)	parmit	permit	phālna	फलूना
परलोक सं.पु. (n.m.)	parlok	the other (next) world	vanram, khawvel lo la awm leh tur.	वानूरम, खोवेल् लो ल ऑम लेह् तूर
परवाना सं.पु. (n.m.)	parvānā	Written comm-and\order, Warrant, moth, ardent, lover.	thuneihna lehkha, kawt kohna, lungphur thlahtu, ngai-zawng en emtu	थुनेइह्ना लेह्खा, कोत् कोह्ना, लुङफूर थ्लाह्तू, ङइह्जोङ एन एमतू
परवरिश सं.स्त्री (n.f.)	parvarish	maintenance, nurture.	enkawlna, chawmna.	एन्कोलना, चोमूना
परवल सं.पु. (n.m.)	parval	parval, a kind of vegetable.	thlai chi khat (berul chi angte)	थ्लाइ ची खत (बेरुल ची अङते)
परवाह सं.स्त्री (n.f.)	parvāh	heed	ngaih sakna, pawisakna.	ङइह् सकना, पोइसक्ना
परसना क्रि.स. (v.t.)	paras.nā	to serve (food)	chaw pe vil (chaw ei ang te)	चो पे विल् (चो एइ अङ ते)
परसाल क्रि.वि. (adv.)	par.sāl	last year, next year.	kum hlui, kum leh.	कुम ह्लुइ, कुम लेह्
परसों क्रि.वि. (adv.)	parsõ	day before yes-ter day, day after tomorrow.	nimin piah, naktip	निमिन् पियह्, नकतिप
परस्पर वि. (adj.)	paraspar	mutual, reci-procal	indawr tawn, inlet, inlawm tawn.	इनूदोर तोन, इनूलेत्, इनूलोम तोन
परस्पर क्रि.वि. (adv.)	paraspar	mutually	intitawnin, inhrethiam tawnin, rilru inhmuin.	इनूतितोनूइन, इनह्रेथियम् तोनइन्, रिलरु इनूम्हुइन

परहेज सं.पु. (n.m.)	parhej	abstinence	insumna, ngheina.	इनसूमना, ङ्हेइना
पराक्रम सं.पु. (n.m.)	parākram	valour	huaisenna	हुअइसेनूना
पराक्रमी वि. (adj.)	parākramī	valourous galarit	huaisen.	हुअइसेन
पराकाष्ठा सं.स्त्री (n.f.)	parākāṣṭhā	extreme, culminating point	tawp ret, a ber, vawr tawp.	तोप रेत्, अ बेर, वोर तोप्
पराग सं.पु. (n.m.)	parāg	pollen	pangpar hlo	पङपार ह्लोउ
पराजय सं.स्त्री (n.f.)	parājay	defeat	tlawmna, hneh lohna	त्लोमना, ह्नेह लोह्ना
पराठा सं.पु. (n.m.)	parāṭhā	paratha, doubled metal vessel.	ata chhang, bel bang thir thuah chi	आटा छङ, बेल बङ थीर थुअह् ची
परात सं.स्त्री (n.f.)	parāt	parat, a large shallow metal vessel.	dar bel, dar.	दार बेल, दार
पराधीन वि. (adj.)	parādhīn	dependent	mi zara khawsa, chawmhlawm.	मी जारा खोसा, चोम्ह्लोम
पराधीनता सं.स्त्री (n.f.)	parādhīn.tā	dependence.	mahni in to delhna, mahni kea dinna	म्ह्नी इन तोउ देलह्ना म्ह्नी के अ दिन्ना
पराया वि. (adj.)	parāyā	other's alien	mi dang, ram pawn lam mi ram dang khua leh tui.	मी दंङ, रम पोन् लम मी रम दंङ खुआ लेह् तुइ
पराजित वि. (adj.)	parājit	defeated, over-overpowered	hneh, tukzal	न्हेह्, तुकजल
परामर्श सं.पु. (n.m.)	parāmarsh	advice, consultation, advisory	zilhna, finchhuahna thu rawn, fin chhuahtu.	जिलह्ना, फिनछुअह्ना थु रोन, फिन छुअह्तू
परास्त (p.p)	parāst	defeated, vanquished	tlawmna	त्लोमना
परिक्रमा सं.स्त्री (n.f.)	parikramā	round, circumambience	vawi khat kual chuah	वोइ खत कुआल छुअह
परिगणित (p.p.)	pariganịt	calculated, scheduled	chhut, ruatsa, chhut lawk.	छूत, रुअत्सा छूत् लोक

परिचय सं.पु. (n.m.)	parichay	acquaintance,	hmelhriat, inhmelhriat tirna.	म्हेलह्रियत्, इनम्हेलह्रियत तीरना
परिचय-पत्र सं.पु. (n.m.)	parichya-patra	letter of introduction	inhmelhriattirna lehkha.	इनम्हेलह्रियत्तीरना लेह्खा
परिचायक वि. (adj.)	parichāyak	indicative, illustrative.	kawh, entir, tihlan.	कोह, एनतीर, तिह्लन
परिचारिक वि. (adj.)	parichārik	familial, family	chhungkua, fanu.	छूङ्कुआ, फनु
परिचालक सं.पु. (n.m.)	parichālak	conductor	hruaitu, motor ilo chhunga tiket endiktu.	ह्रुइतू, मोटोर इलो छुङा टिकेट एनदिकतू
परिचित वि. (adj.)	parichit	acquiainted, to introduce, familiar.	hmelhriat, lak khawm.	म्हेलह्रियत्, लाक खोम्
परिच्छेद सं.पु. (n.m.)	parich-chhed	chapter, section	thuziaka a bung.	थुजियका अ बुङ
परिणत (p.p.)	pariṇat	transformed, culminated	tidanglam, thlak tlangkawm.	तिदंङलम्, त्लाक् त्लाङकोम
परिधान सं.पु. (n.m.)	pariḍhān	clothes, garment.	thawmhnaw, silhfen, inthuamna.	थोमह्नो, सिलह्फेन इन्थुअमना
परिधि सं.स्त्री. (n.f.)	paridhi	circumference, periphery	thil bial tlang, vettu	थिल बियल प्लङ, वेत्तू
परिपक्व वि. (adj.)	paripakva	ripe, mature, well cooked.	hmin, puitling, chhum ṭhat	म्हीन्, पुइत्लीङ, छुम ठत्
परिपत्र सं.पु. (n.m.)	paripatra	circular, circular letter	mi tam tak hnena hriattirna thawn darh	मी तम तक ह्नेना ह्रियत्तीरना थोन दरह्
परिभ्रमण सं.पु. (n.m.)	pribhramaṇ	rotation, touring	vir dan, inthlak dan.	विरदान्, इनत्लाक दान्
परिभाषा सं.स्त्री (n.f.)	paribhāṣā	definition	sawifiahna	सोइफियह्ना
परिमाण सं.पु. (n.m.)	parimāṇ	quantity	zat, tamlam.	जात्, तमलम्
परिवर्तन सं.पु. (n.m.)	parivartan	change	tidanglam, thlak	तिदङलम्, त्लाक्
परिवर्तित (part)	parivartit	changed, alered.	thlakthleng, tidanglam.	त्लाक्थ्लेङ, तिदंङलम्
परिवहन सं.पु. (n.m.)	parivahan	transport	phurhna hmanrua, thil emaw	फुरह्ना म्हन्रुआ, थिल एमो

			mi phurtu,	मी फुरतू,
			thiartu.	थ्लीयरतू
परिवार सं.पु. (n.m.)	parivār	family	chhungkua.	छूङ्कुआ
परिशिष्ट सं.पु. (n.m.)	parishiṣta	appendix	lehkhabu tawp	लेह्खबू तोप
			lama	लमा
			thu belh.	थु बेल्ह्
परिश्रम सं.पु. (n.m.)	parishram	hard work,	thawh rimna, hna	थोह् रिम्ना, न्हा
		labour.	thawh.	थोह्
परिश्रमपूर्वक सं.पु.	parishram.	warmwork	taima taka	तइमा तका
(n.m.)	pūr̄vak.		hnathawh.	न्हाथोह्
परिश्रमी वि. (adj.)	parishramī	hard-working industrious	taima	तइमा
परिषद सं.स्त्री (n.f.)	pariṣad	council, board.	rorel tura in	रोउरेल् तूरा इन
			khawmte,	खोमते,
			rorel ṭhu khawm	रोउरेल ठु खोम
परिष्कार सं.पु. (n.m.)	pariṣkār	refinement	tihthianghlimna,	तिह्थियङ्ह्लीमना,
			thlit fimna.	थ्लीत् फीम्ना
परिहास सं.पु. (n.m.)	parihās	joke, jest	fiamthu, nuihza	फियम्थू, नुइह्जा
			thil ho.	थिल् होउ
परिचारिका सं.स्त्री (n.f.)	parichārikā	female atten-	hmeichhe	म्हेइछे
		dant, nurse.	kaihhruai, nau	कइह्हुअइ, नाउ
			awmtu, damlo	ऑमतू, दम लो
			enkawltu.	एन्कोलतू
परिणाम सं.पु. (n.m.)	pariṇām	result, con-	a rah, nghawng.	अ रह् ङोङ
		sequences.		
परित्याग सं.पु. (n.m.)	parityag	abandonment	kalsan, phatsan.	कलसन्, फत्सन्
परिरक्षण सं.पु. (n.m.)	parirakṣan	preservation,	thil vawn	थिल वोन्
		custody.	ṭhat, sava	ठत्, सवा
			leh ramsa	लेह् रम्सा
			humhalhna	हुमह्लना
			hmun, venhimna,	म्हुन, वेन्हिमना
			thlahnuai	त्लान्हुअइ
परिवर्धन सं.पु. (n.m.)	parivar-	enlargement,	zauhna,	जउह्ना,
	dhan	extension	belhchhahna	बेल्ह्छह्ना
परिस्थिति सं.स्त्री (n.f.)	paristhiti	circumstance (s)	thil nihna,	थिल् निह्ना,
			nihchhan,	निह्छन्,
			kalhmang.	कलम्हङ

परिंदा सं.पु. (n.m.)	parindā	bird	sava.	सवा
परी सं.स्त्री (n.f.)	parī	fairy	lasi, khuavang.	लसी, खुवाङ
परीक्षा सं.स्त्री (n.f.)	parīkṣā	examination, test.	endikna, fiahna.	एनदिक्ना, फियह्ना
परीक्षक सं.पु. (n.m.)	parīkṣak	examiner	indiktu, enfiahtu.	एनदिकतू, एनफियहतू
परीक्षण सं.पु. (n.m.)	parīkṣaṇ	test, examination	fiahna, endina.	फियह्ना, एनदिकना
परीक्षार्थी सं.पु.स्त्री (n.m.f.)	parīksh-ārthī	examinee	exam beitu.	एक्जम् बेइतू
परे क्रि.वि. (adv.)	pare	away (postp.) beyond	hma lam panin, piah lamah, phak bakah	म्हालम पनइन्, पियह लमह्, फाक बाक्अह्
परेड सं.स्त्री (n.f.)	pared	parade	sipai lam, ennawm.	सिपइ लम, एनूनोम
परेशान वि. (adj.)	pareshān	troubled, harassed	timangang, tihhrehawm.	तिमङअङ, तिह्र्हेऑम्
परेशानी सं.स्त्री (n.f.)	pareshānī	trouble, harassment.	manganna, buaina, mi tihduh dahna.	मङअनूना, बुइना, मी तिह्दुह् दह्ना
परोक्ष वि. (adj.)	parokṣa	indirect	pehhel, thawi	पेह्हेल, थोइ
परोपकार सं.पु. (n.m.)	paropkār	benevolence	thil ṭha tih chakna.	थिल ठा तिह् चाक्ना
पर्ण सं.पु. (n.m.)	parṇa	leaf.	hnah, thil phek pan tak.	न्हूअह्, थिल फेक् पन तक
पर्णकुटी सं.स्त्री (n.f.)	parṇ.kūṭī	hut made of leaves, bower.	huan chhunga hah chawlhna buk, daihlim zar.	हुआन छुङा हअह् चोल्ह्ना बूक, दइह्लीम जार
पर्दा सं.पु. (n.m.)	pardā	curtain, screen.	puanzar, daidanna	पुअनूजार, दाइदनूना
पर्यटन सं.पु. (n.m.)	paryaṭan	tourism, tour	zinvahna	जिनवह्ना
पर्यन्त (i) क्रि.वि. (adv.)	paryant	till, upto, until unto.	thlengin, chenin	त्लेङइनू, चेनइन्
पर्याप्त वि. (adj.)	paryāpt	sufficient, adequate	tawk, daih	तोक, दइह्
पर्चा सं.पु. (n.m.)	parchā	leaflet, slip of paper	lehkha thema thu chahna, lehkha	लेह्खा थेमा थु चह्ना, लेह्खा

			thema thu	थेमा थू
			tlang zarh	त्लाङ जरह्
पर्चा सं.स्त्री (n.f.)	parchā	slip	lehkha them	लेह्खा थेम्
पलास सं.पु. (n.m.)	palās	pliers	thirhrui ilo cheh chhumna chaicheh.	थिरहुइ इलो चेह् छुमना चइचेह्
पल्टे क्रि.वि. (adv.)	palṭe	in exchange for instead of, in return for	thlak thleng, in thlengna.	त्लाक त्लेङ, इन त्लेङ्ना
पर्व सं.पु. (n.m.)	parva	festival	kut	कूत्
पर्वत सं.पु. (n.m.)	parvat	mountain	tlang sang	त्लाङ साङ
पर्वतारोही सं.पु. (n.m.)	parvatārohī	mountaineer	tlang lawn mi.	त्लाङ लोन मी
पर्वतीय वि. (adj.)	parvatīy	mountainous,hilly	tlang ram.	त्लाङ रम
पवित्र वि. (adj.)	pavitra	holy, sacred.	thianghlim, serh.	थ्लीयङह्लीम् सेरह
पवित्रता सं.स्त्री (n.f.)	pavitratā	sanctity, holi-ness	thianghlimna.	थ्लीयङह्लीम्ना
पल सं.पु. (n.m.)	pal	moment (act-ually a meausre of time equal to 24 seconds)	hun tawi te, mit khap kar	हुन् तोइ ते, मित् खप कार
पलक सं.स्त्री (n.f.)	palak	eyelid	mit vun.	मित् वुन
पलंग सं.पु. (n.m.)	palaṅg	bedstead	khum.	खुम
पलटन सं.स्त्री (n.f.)	palṭan	platoon, troops	sipai ho khat.	सिपइ होउ खत
पलटना क्रि.अ. (v.t.)	palaṭ.nā	to turn back, to over turn, to turn over.	hawi kir, kir leh, ling let, inlet.	होइ कीर, कीर लेह्, लिङ लेत्, इनलेत्
पलटा सं.पु. (n.m.)	palṭā	turn.	inherna.	इन्हेरना
पलटाना क्रि. (v)	palṭānā	to send back, to return.	kir, thleng leh.	कीर, थ्लेङ लेह
पलड़ा सं.पु. (n.m.)	pal.ṛā	scale, balance-pan	tehna, bukna.	तेह्ना, बूकना
पलना क्रि.अ. (v.i.)	pal.nā	to be brought\ reared up, to be well nourished.	chakna pe	चक्ना पे
पलस्तर सं.पु. (n.m.)	palastar	plaster	pangti pem tuamna puan ban.	पङति पेम तुअम्ना पुआन बन
पलीता सं.पु. (n.m.)	palītā	fuse, igniter,	halpuah halna	हालपुअह्, हालना

		wick	dawt	दोत्
पल्लेदार सं.पु. (n.m.)	palledār	labourer, porter	hlawhfa, hna thawktu, puak phur.	ह्लोहफा, न्हा थोक्तू, पुआक् फुर
पल्लव सं.पु. (n.m.)	pallav	sprout, shoot	zik no, ṭiak, chawrno	जिक नोउ, टियक्, चोरनोउ
पल्ला सं.पु. (n.m.)	pallā	hem, extremity, scale.	puan tlang, hmawr, tehna.	पुअन त्लाङ, ह्मोर, तेह्ना
पवन सं.पु. (n.m.)	pavan	air, wind in, breeze.	boruak thlifim.	बोउरुअक, थ्लीफीम्
पशमीना सं.पु. (n.m.)	pashmīnā	cloth made of soft fine wool	sahmul nema puan siam.	सम्हुन नेमा पुअन सियम
पशु सं.पु. (n.m.)	pashu	animal, cattle	thil nung (hnim lampang chi tiam lovin), ran rual (bawng ang te hi)	थिल नुङ (न्हीम् लमपङ ची तियम लोउइन), रन रुअल (बोङ अङ ते ही)
पश्चात् क्रि.वि. (adv.)	pashchāt	after wards	a hnuah.	अ न्हुअह
पश्चात्ताप सं.पु. (n.m.)	pashchā-ttāp	repentance, penitence	inchhirna, simna	इन्छिरना, सिमना
पश्चिम सं.पु. (n.m.)	paschim	west (adj.) western.	khawthlang, khawthlang lam.	खोत्लङ खोत्लङलम
पसंद वि. (adj.)	pasand	likable, liking	duhawm, ngainatawm.	दुहऑम, ङइनत्ऑम
पसरना क्रि.अ. (v.i.)	pasar.nā	to squat, lie stretched.	ṭhu sawp, ṭhu tung, mu tlawn.	ठु सोप, ठु तुङ मु त्लोन
पसली सं.स्त्री (n.m.)	pas.lī	rib	nak ruh	नाक रुह्
पसारना क्रि.सं. (v.t.)	pasār.nā	(in idioms) to stretch.	pharh, timar	फरह्, तिमर
पसीना सं.पु. (n.m.)	pasīnā	sweat, perspiration	thlan.	त्लन्
पसीजना क्रि.अ. (v.i.)	pasīj.nā	to melt with pity	khawngaih avanga thin tinem.	खोङइह् अवङा थिन् तिनेम्
पसेरी सं.स्त्री (n.f.)	paserī	five-seer weight.	ser nga buk.	सेर ङा बूक्
पसोपेश सं.पु. (n.m.)	pasopesh	perplexity,	inbahna,	इन्बह्ना,

		hitch, fix	insuihna	इनुसुइह्ना
			mutanna.	मुतानूना
पहचान सं.स्त्री (n.f.)	pahchān	acquintance,	imhmel hriat	इनुम्हेल् ह्रियत
		identity,	tirna	तीरना
		identify mark	nihna, hran	निह्ना, ह्रन्
		discrimination	bikna,	बीकना,
			chhinchhiahna,	छिनूछियह्ना,
			hleihneihna	ह्लेइह्नेइह्ना
पहचानना क्रि.स. (v.t.)	pahchānnā	to recognize, to	hre chhuak leh,	हे छुआक् लेह्,
		distinguish.	thlei hrang.	थ्लेइ ह्रङ
पहनना क्रि.स. (v.t.)	pahannā	to wear	sin, ha	सिन, हा
पहनाना क्रि.सं. (v.t.)	pahnānā	to cause, to wear, to dress	thuam, chei	थुअम्, चेइ
पहनावा सं.पु. (n.m.)	pahnāvā	dress	silhfen,	सिलह्फेन,
			incheina.	इनुचेइना
पहर सं.पु. (n.m.)	pahar	a measure of	hun tehna bi (bi	हुन तेह्ना बी (बी
		time equal to	khat darkar	खत दारकार
		three hours.	3 hu)	थुम हू)
पहरा सं.पु. (n.m.)	pahrā	watch, guard	khawthlirna,	खोथ्लीरना,
			venna, vengtu,	वेनूना, वेङ्तू,
			enkhawltu	एनूकोलतू
प्रबल वि. (adj.)	prabal	strong	chak, hrisel.	चक, ह्रिसेल
प्रबंध सं.पु. (n.m.)	prabandh	management	enkawlna,	एनूकोलूना,
		arrangement.	kaihhruai	कइह्रुअइ
			dan, buatsaihna,	दान, बुअत्सइह्ना,
			siamfelna.	सियमूफेलना
प्रबंधक सं.पु. (n.m.)	praban-dhak	manager.	hnathawktu pawl	न्हाथोक्तू पोल
			kil kawitu	कील कोइतू/
			kaihruaitu.	काइह्रुअइतू
प्रहरी सं.पु. (n.m.)	praharī	watch man	vengtu.	वेङ्तू
पहरेदार सं.पु. (n.m.)	pahredār	watch man, guard.	vengtu.	वेङ्तू
पहल सं.स्त्री (n.f.)	pahal	initiative	a sulsutu nihna,	अ सूलसुतू निह्ना,
			sulsut.	सूलसुत्
पहलवान सं.पु. (n.m.)	pahalvān	wrestler,	inchai mi,	इनचइ मी,
		strong man.	mi chak.	मी चक
पहला वि. (adj.)	pahlā	first, previous,	hmasa ber,	म्हासा बेर,

		former	pakhatna, a hma a mi, a hmasa.	पखतना, अ म्हा अ मी, अ म्हासा
पहलू सं.पु. (n.m.)	pahlū	side, aspect	sir, lam, hmelhmang, landan.	सीर, लम, म्हेल्म्ङ, लनदान
पहले वि. (adj.)	pahle	(at) first, before, ago.	a hmasain, a hmaah, tun hma, hmanah	अ म्हासाइन, अ म्हाअह्, तून म्हा, म्हान्अह्
पहलौठा वि. (adj.)	pahlaūṭhā	first-born	fa hmasa ber (mipa)	फा म्हासा बेर (मीपा)
पहाड़ सं.पु. (n.m.)	pahāṛ	mountain, heavy task	tlang sang, thil hrawl tak.	त्लाङ साङ, थिल होल तक
पहाड़ा सं.पु. (n.m.)	pahāṛā	(multiplication) table	puntirna.	पुन्तीरना
पहाड़ी सं.स्त्री (n.f.)	pahāṛī	hill, (adj.) hilly, mountainous	tlang, tlang ram.	त्लङ, त्लङ रम
पहिया सं.पु. (n.m.)	pahiyā	wheel	tawlailir ke.	तोलाइलीर के
पहुंच सं.स्त्री (n.f.)	pahuñch	reach, appro- ach, receipt	phak chin, thlen chin	फाक् चिन, त्लेन चिन
पहुंचा सं.पु. (n.m.)	pahuñchā	wrist	ban rêk.	बन रेक्
पहुंचना क्रि.अ. (v.i.)	pahuñchnā	to reach, to arrive, to recei- ve, to get.	ban, thleng, la, hmu	बन, त्लेङ, ला, म्हु
पहुंचाना क्रि.स. (v.t.)	pahuñchā.nā	to convey, to carry	phar, thawn, keng.	फर, थोन, केङ
पहुंची सं.स्त्री (n.f.)	pahuñchī	bracelet, wrist ornament.	ngun, banrek cheimawina	ङून, बनरेक चेइमोइना
पहेली सं.स्त्री (n.f.)	pahelī	riddle	thu khirh, thu hriathiam mai theih loh.	थु खिरह्, थु ह्रियत्थियम् मइ थेइह लोह्
पाइप सं.पु. (n.m.)	pāip	pipe	pipe	पइप्
पाई सं.स्त्री (n.f.)	pāī	pie (an old coin of british time), hagari ful stop	hmanlai british tangka, tawpna chhunhan.	म्हान्लाइ ब्रिटिश तङ्का, तोपना छुनूहन्
पाउडर सं.पु. (n.m.)	pāuḍar	powder	thil nawi dip derh	थिल नोइ दिम देरह्

पाक वि. (adj.)	pāk	pure, sacred, holy	thianghlim, serh.	थियङत्लीम सेरह्
पाकशाला सं.स्त्री (n.f.)	pākshālā	kitchen	choka, chawchhumin	चोउका, चोछुमइन
पाकेट सं.पु. (n.m.)	pākeṭ	pocket	ipte	इपूते
पांच वि. (adj.)	pāñch	five	panga	पंङा
पाकेटमार सं.पु. (n.m.)	pākeṭmār	pick pocket	mi ipte zena ruk ruk hmang, ruk hmang	मी इपूते जेना रुक रुक म्हाङ, रुक म्हाङ
पाक्षिक वि. (adj.)	pākṣik	fort nightly	chawlhkar hnih zelah	चोल्हकार न्हीह् जेलूअह्
पाखंड सं.पु. (n.m.)	pākhāṇḍ	hypocricy, dissimulation	ṭhat derna, nihna tak ang lova lan	ठत्देरना, निह्ना तक अङ लोवालन
पागल वि. (adj.)	pāgal	mad, in sane, foolish.	rilru kim lo, a	रिलरु किम लो,अ
पाचक वि. (adj.)	pāchak	digestive	pai tawih	पाइ टोइह्
पाचन सं.पु. (n.m.)	pāchan	digestion	pai tawih theihna, ei leh in pai tawihna lam.	पाइ टोइह् थेइहना, एइ लेह् इन पाइ टोइह्ना लम
पाजी वि.पु. (adj. & m.)	pājī	rascal	misual, mi duk dak lo, pawisak nei lo	मिसुअल्, मी दुक् दक् लो, पोइसक नेइ लो
पाजेब सं.स्त्री (n.f.)	pājeb	an ornament worn on the ankles, anklet.	ke rek chei mawina, ke rek bun.	के रेक् चेइ मोइना, के रेक् बुन
पाट सं.पु. (n.m.)	pāṭ	width, throne	vang lam, zau lam, lalṭhut thleng.	वाङ लम, जाउ लम्, ललठुत् त्लेङ
पाटना क्रि.स. (v.t.)	pāṭnā	to cover up, to roof.	khuh, chungkhuh	खुह्, चुङखुह
पाटा सं.पु. (n.m.)	pāṭā	wooden plank.	thing phek	थिङ फेक्
पाठ सं.पु. (n.m.)	pāṭh	lesson, reading, text	zirtur, zir lai	जिरतूर, जिर लाइ
पाठक सं.पु. (n.m.)	pāṭhak	reader	chhiartu, zirlai	छियरतू, जिरलाइ
पाठशाला सं.स्त्री (n.f.)	pāṭhshālā	school	sikul	सिकुल
पाठ्यक्रम सं.पु. (n.m.)	pāṭhya-kram	syllabus, course of study	zir tur ri ruat, zir tur bituk.	जिर तूर री रुअत् जिर तूर बीतुक्

पाड़ सं.पु. (n.m.)	pāṛ	border of a length of cloth scaffolding.	puan tlang, dawhsan siam chawp.	पुअन त्लाङ, दोहसन सियम् चोप
पातक सं.पु. (n.m.)	pātak	sin, offence	sual, mi pawi tawh.	सुअल्, मी पोइ तोह्
पाताल सं.पु. (n.m.)	pātāl	nether region (of the world)	hmun hniamhuai zawk.	म्हुन ह्नियम/ह्नुअइ जोक
पात्र सं.पु. (n.m.)	pātra	utensil, sorthy person, charac-ter.	bungbel, mi ṭha nunphung	बुङबेल, मी ठा नुन्फुङ
पाथना क्रि.स. (v.t.)	pāth.nā	to daub/beat in to shape	rawng hnawih, chulh, eng lem emaw a siam.	रोङ ह्नोइह, चुल्ह्, एङ लेम् एमो अ सियम्
पाद सं.पु. (n.m.)	pād	foot, line or fourth part of a stance, quad-rant.	kephah bawr, hla chang thlar lina	केफह् बोर, ह्ला चाङ त्लार लीना
पादरी सं.पु. (n.m.)	pād.rī	padre, christian priest.	pastor, puithiam.	पासतोर, पुइथियम्
पादुका सं.स्त्री (n.f.)	pādukā	foot wear, sandal	vawthlep, pheikhawk	वोथ्लेप, फेइखोक
पान सं.पु. (n.m.)	pān	betel-leaf drinking	pan hnah/ panruang, in, zuin.	पान न्हआ/ पानरुआङ इन, जुइन
पानदान सं.पु. (n.m.)	pān.dān	receptacle for betel leaves.	panruang bawm	पानरुआङ बोम
पाना क्रि.स. (v.t.)	pānā	to bet, to obta-in, to gain, to secure, to find, to attain	nei, la, hmu, nei, hlep, tinghet hmu, thleng pha	नेइ, ला, म्हु, नेइ ह्लेप, तिह्ङेत म्हु, त्लेङ फा
पानी सं.पु. (n.m.)	pānī	water	tui	तुइ
पाँत सं.स्त्री (n.f.)	pāt	row, line	tlar	त्लर
पाप सं.पु. (n.m.)	pāp	sin	sualna, sual	सुअल्ना, सुअल्
पापलीन सं.पु. (n.m.)	pāplīn	poplin (a kind of cloth)	la leh silk tah pawlh puan	ला लेह् सिल्क तह् पोल्ह पुअन
पाबंदी सं.स्त्री (n.f.)	pābandī	restriction,	khuahkhirhna,	खुअह्खिरह्ना,

		adherence, punctuality	khapna, thlawpna, hun vawn dik.	खपना, त्लोपना, हुन् वोन दिक
पापड़ सं.पु. (n.m.)	pāpaṛ	paped, salted thin crisp cake made of ground pulses etc.	papar (chhang phekal)	पापड़ (छङ फेक् अल)
पापी वि.पु. (adj. & m.)	pāpī	sinful, sinner	sual, thil tisualtu.	सुअल्, थिल तिसुअलतू
पायल सं.स्त्री (n.f.)	pāyal	an ornament worn on the ankles, anklet.	ke rek bun, ke rek cheina	के रेक् बुन, के रेक् चेइना
पायदान सं.पु. (n.m.)	pāy.dān	foot-board	ke nghah chhan	के ह्ङह् छन
पाया सं.पु. (n.m.)	pāyā	foot of an animal, leg of a table or chair, let pillar of a varandah	ran ke, ṭhutthleng ke, bathlar ban.	रन के, ठुतत्लेङ के, बत्लार बन
पार क्रि.वि. (adv.)	pār	across, other side	piahah, hmun khat atanga hmun lehlamah, lehlam.	पियह्, म्हुन खत अटंङा म्हुन लेह्लमअह् लेह्लम
पारखी सं.पु. (n.m.)	pārkhī	connoisseur, judge	endiktu, dik leh dik lo hretu.	एनदिकतु, दिक लेह् दिक लो ह्रेतू
पारद सं.पु. (n.m.)	pārad	mercury, quick silver	mercury, thir chi khat a tui chi	मरक्युरी, थीर ची खत अ तुइ ची
पारदर्शक वि. (adj.)	pār.darshak	transparent	lang tlang thei, fim.	लङ त्लङ थेइ, फीम
पारपत्र सं.पु. (n.m.)	pār.patra	pass-port	kal tlang phalna lehkha.	कल त्लाङ फलना लेहखा
पारभासिक वि. (adj.)	pār.bhāsik	translucent	fiah, eng chhun tlang theih, fim tak lang tlang thei vuai.	फियह्, एङ छुन त्लङ थेइह, फीम तक लङ त्लङ थेइ वुअइ
पारस्परिक वि. (adj.)	pārasparik	reciprocal, mutual	intitlawm, rilru inhmu.	इनतित्लोम, रिलरु इनम्हु
पारा सं.पु. (n.m.)	pārā	quick silver mercury.	mercury (thir chi khat a tui chi)	मरक्युरी (थीर ची खत अ तुइ ची)
पारावार सं.पु. (n.m.)	pārāvār	limit, ocean.	chintawk,	चिनतोक,

			tuifinriat	तुइफिनरियात्
पारित (p.p.)	pārit	passed	kal tlang, hlan chhawng, pel	कल त्लङ, ह्लान छोङ, पेल
पारिभाषिक वि. (adj.)	pāribhāṣik	technical	khawl thiamna lam	खोल थियमना लम
पारिश्रमिक सं.पु. (n.m.)	pāriṣh-ramik	remuneration	lawmman, hlawh.	लोम्मन, ह्लोह
पारितोषिक सं.पु.(n.m.)	pāritoṣik	reward, prize	lawmman	लोम्मन
पारी सं.स्त्री (n.f.)	pārī	shift	awm sawnna, in sawn	ऑम सोन्ना, इन सोन
पार्क सं.पु. (n.f.)	pārk	park	vantlang len vahna huang, ramsa humhalhna huang, motor ilo din tirna hmun.	वानत्लाङ लेन वह्ना हुअङ, रमसा हुमह्लह्ना हुअङ, मोटोर इलो दिन तीरना म्हुन
पार्टी सं.स्त्री (n.f.)	pārtī	party	party, inkhawm hona, in	पारती, इन खोम होउना, इन
पार्सल सं.पु. (n.m.)	pārsal	parcel	kawmho. thil fun	कोमहोउ थिल फून
पाल सं.पु. (n.m.)	pāl	sail (suff), keeper	lawng puanzar, enkawltu, vawngtu	लोङ पुअन्जार, एनकोलतू, वोङ्तू
पालक सं.पु. (n.m.)	pālak	spinach, keeper	thlai hnah ei chi (iron awm tamna), vawngtu, enkawltu.	थ्लाइ न्हअह् एइ ची (अइरोन ऑम तम्ना), वोङ्तू, एनकोलतू
पालकी सं.स्त्री (n.f.)	pāl.kī	palanquin	mihring zawnna bawm.	मिह्रिङ जोन्ना बोम
पालतू वि. (adj.)	pāltū	tame, domestic	ngam, khawi ngam.	ङम्, खोइ ङम्
पालन-पोषण सं.पु. (n.m.)	pālan-poṣaṇ	upbringing	chawi lenna, ṭhan lenna	चोइ लेन्ना, ठन लेन्ना
पालन सं.पु. (n.m.)	pālan	bringing up, observance,	inchawmna, inkaihhruaina	इनचोमना, इनकइह्हुअइना

		fulfilment,	zawm, tihp-uitlin, invawnna	जोम, तिह्पुइत्लीन, इनवोनूना
पालना[1] क्रि.स. (v.t.)	pāl.nā	to bring up, to rear	khawi, chawm.	खोइ, चोम
पालना[2] सं.पु. (n.m.)	pāl.nā	cradle	naute bawm pipu anga then chi	नउते बोम पीपू अङा थेन ची
पाला सं.पु. (n.m.)	pālā	frost, dealing	dai khal (vur), deh dan, tih dan.	दाइ खल (वूर), देह दान, तिह् दान
पालिश सं.स्त्री (n.f.)	pālish	polish, shine	tletna, hnumna	त्लेत्ना, न्हूमना
पालिसी सं.स्त्री (n.f.)	pālisī	policy	rorel dan, ram awp dan.	रोउरेल दान, रम ओप दान
पाव सं.पु. (n.m.)	pāv	quarter, one-fourth	hmun lia ṭhena hmun khat.	म्हुन ली अ ठेना। म्हुन खत
पाव सं.स्त्री (n.f.)	pāv	bread	chhang, chaw reng reng.	छङ, चो रेङ रेङ
पावक सं.पु. (n.m.)	pāvak	fire	mei, kang mei.	मेइ, काङ मेइ
पावती सं.स्त्री (n.f.)	pāvtī	receipt	dawnna, thil dawh.	दोनूना, थिल दोह्
पावन वि. (adj.)	pāvan	holy, sacred	thinghlim, sakhaw thil serh.	थियाङह्लीम, साखो थिल सेरह्
पावस सं.पु. (n.m.)	pāvas	monsoon	khawfur	खोफूर
पार्लियामेंट सं.स्त्री (n.f.)	pārliyā-ment	parliament	inkhawmna, rorelna, ram rorelna hmun in, rorel inkhawmna.	इन्खोमना, रोउरेनूना रम रोउरेलना म्हुन इन, रोउरेल् इन्खोमना
पाषाण सं.पु. (n.m.)	pāṣān	stone	lung, lunghlu.	लुङ, लुङह्लु
पास वि. (adj. Pred.)	pās	passed	tling, kal pel	त्लीङ, कल पेल
पास क्रि.वि. (adv.)	pās	near, close, at hand.	hnai, hnaih, tunah leh hetah.	न्हाइ, न्हाइह्, तुनअह् लेह् हेतह्
पास (post p)	pās	by the side of beside, by near close to.	kiangah, sirah	कियङअह्, सिरअह्
पासपोर्ट सं.पु. (n.m.)	pāsporṭ	passport	zin vel phalna lehkha, luh	जिन वेल फलना लेह्खा, लुह्

			phalna lehkha.	फलना लेहखा
पासा सं.पु. (n.m.)	pāsā	dice	ṭhum vawrna tlang.	ठुम वोरना त्लङ
पाँचवां वि. (adj.)	pañchāvā	fifth	pangana	पङाना
पाँव सं. पु. (n.m.)	pā̃nv	foot	ke phah, ke phah bawr	के फह्, के फह् बोर
पाश्चात्य वि. (adj.)	pāshchātya	western,	khawthlang, sapram	खोत्लङ, सापरम
पार्श्व सं.पु. (n.m.)	pārshva	side, siding, vicinity, aspect, facet.	sir, pang, hmun, huam chhung, hmel hmang hmai khat.	सिर, पङ, म्हुन, हुअम् छूङ, म्हेल म्हङ म्हाइ खत
पासंग सं.पु. (n.m.)	pāsaṅg	difference between the weights of the two pans of a balance, weight attached to counter balance the above differences.	thil buk inrih hleihna, a in rih hleihna tirual tura rihna (thilrit)	थिल् बूक इन्रिह् ह्लेइह्ना, अ इन रिह् ह्लेइना तिरुआल तूरा रिह्ना (थिलरित)
पाहन सं.पु. (n.m.)	pāhan	stone	lung, lunghlu.	लुङ, लुङह्लु
पाहुना सं.पु. (n.m.)	pāhunā	guest	khual, inleng.	खुअल, इनलेङ
पिंजर सं.पु. (n.m.)	pinjar	skeleton	ruhrel.	रुह्रेल
पिंजरा सं.पु. (n.m.)	pinjara	cage	sa leh sava khungna, sa khawina bawm	सा लेह् सवा खुङ्ना, सा खोइना बोम
पिंड सं.पु. (n.m.)	pinḍ	body, lump	taksa, tlang, hlawm.	तकसा, त्लाङ, ह्लोम
पिंडली सं.स्त्री (n.f.)	pinḍlī	calf (of the leg)	chawn, chawn bawr.	चोन्, चोन् (बोर)
पिक सं.पु. (n.m.)	pik	cub of an elephant	sai no (te)	साइ नोउ (ते)
पिकनिक सं.स्त्री (n.f.)	pik.nik	picnic	ei tur nena ramhnuai emawa intihhlimna	एइ तूर नेना रमन्हुइ एमोअ इनतिह्ह्लीमना

पिचकाना सं.स्त्री (n.f.)	pich.kānā	to shrivel, to pinch.	sawng, zur	सोङ, जूर
पिचकारी सं.स्त्री (n.f.)	pichkārī	syringe, flit gun	kahchik, damdawi chiuna hmanrua.	कहचिक्, दमदोइ चीउना म्हनरुआ
पिछड़ना क्रि.अ. (v.i.)	pichaṛ.nā	to lag behind	hnufual, mi pawl zo lo.	न्हुफुअल, मी पोल जोउ लो
पिछलग्गू सं.पु. (n.m.)	pich.laggū	hanger on, follower	zuitu, hnungzui	जुइतू, न्हुङ्जुइ
पिछला वि. (adj.)	pich.lā	previous, last, hind, former	hmasa, hnung lam hmana mi.	म्हसा, ह्नुङ लम, म्हाना अमी
पिछवाड़ा सं.पु. (n.m.)	pich.vāṛā	back rear, back region yard	hung chhung, tual, kawmchar lam.	हुङ छूङ, तुअल्, कोमचार लम
पिछाड़ी सं.स्त्री (n.f.)	pichā.ṛī	rear back, tether for a horses hind legs.	hnung, mawng, sakawr, ke hnung thlunna	न्हुङ, मोङ, सकोर, के न्हुङ त्लुनूना
पिटना क्रि.अ. (v.i.)	piṭnā	to be beaten	vua, vel	वा, वेल
पिटाई सं.स्त्री (n.f.)	piṭaī	beating, thrashing	vua, vel, sawisa	वा, वेल, सोइसा
पिटारा सं.पु. (n.m.)	piṭārā	basket, portmanteau.	fawng, em, bawm, puanthuah telna ip, kawr ilo banna	फोङ, एम, बोम, पुअनूथुअह् तेलना इप, कोर इलो बानूना
पिट्ठू सं.पु. (n.m.)	piṭṭhū	stooge, blind,	tirhkah, hnungzui	तिरह्कह्, न्हुङ्जुइ
पिता सं.पु. (n.m.)	pitā	father	pa	पा
पितामह सं.पु. (n.m.)	pitāmah	paternal grand father	pate pa (pu)	पाते पा (पू)
पित्त सं.पु. (n.m.)	pitta	bile, gall	mit, mit tui	मित, मित तुइ
पितृभक्त वि. (adj.)	pitribhakta	devoted to the father	pa thu zawm.	पा थु जोम
पित्ती सं.स्त्री (n.f.)	pittī	prickly heat.	khaw lum vanga bawlna	खो लुम वङा बोलना
पिन सं.पु. (n.m.)	pin	pin	pin	पिन
पिनपिनाना क्रि.अ. (v.i.)	pin.pinānā	to go on\a menting like a sickly child	lung ngaia tap tawp thei lo.	लुङ ङाइअ टप तोप थेइ लो
पिरोना क्रि.स. (v.t.)	pironā	to thread	thil thui	थिल, उइ
पिलना क्रि.अ. (v.i.)	pil.nā	to be crashed in a crusher etc.	rawt sawm.	रोत सोम

पिलपिला वि. (adj.)	pil.pilā	flaccid, soft	nem, chak lo, .	नेम, चक लो,
पिलाना क्रि.स. (v.t.)	pilānā	to cause to drink, to suckle, to pour.	vuai hnek tir.	वुअइ न्हेक तीर
पिल्ला सं.पु. (n.m.)	pillā	pup, puppy	uite	उइते
पिशाच सं.पु. (n.m.)	pishāch	devil, demon	ramhuai.	रमहुअइ
पिस्ता सं.पु. (n.m.)	pistā	pistachionut, kernal.	laimu, chhungmu.	लइमू, छूङ्मू
पिसाई सं.स्त्री (n.f.)	pisāī	grinding, grinding charges.	rawt, nawt.	रोत्, नोत्
पिस्तौल सं.स्त्री (n.f.)	pistāul	pistol	puakruk chi	पुअक्रुक ची
पिस्सू सं.पु. (n.m.)	pissū	flea	uihil	उइहूली
पीक सं.स्त्री (n.f.)	pīk	splittle	chil	चिल
पीकदान सं.पु. (n.m.)	pīk.dān	spittoom	chil bawm.	चिलबोम
पीछा सं.पु. (n.m.)	pīchhā	pursuit, rear	zui, um, hnu dawl, hnung dawl.	जुइ, ऊम, न्हुदोल, न्हुङ्दोल
पीछे (post p.)	pīchhe	behind, after	hnungah, hnuah	न्हुङअह्, न्हुअह्
पीछे क्रि.वि. (adv.)	pīchhe	behind	hnungah, hnunglamah.	न्हुङअह्, न्हुङ्लमअह्
पीटना क्रि.स. (v.t.)	pīt.nā	to beat, to belabour.	vua, vel, vaw nek	वाह, वेल वो नेक
पीठ सं.स्त्री (n.f.)	pīṭh	back	hnung	न्हुङ
पीड़ा सं.स्त्री (n.f.)	pīṛā	pain	na, hrewam.	ना, ह्रेऑम
पीढ़ा सं.स्त्री (n.m.)	pīṛhā	low stool.	thuthleng hniam nghenchhan nei lo	ठुतल्लेङ ह्नीयम ङेह्नूछन नेइ लो
पीढ़ी सं.स्त्री (n.f.)	pīṛhī	generation	inthlah chhawmnna, in thlah chhawng.	इनत्लाह् छोनूना, इन त्लाह् छोङ
पीतल वि. (adj.)	pītal	brazen of the colour of brass, yellow.	dar lam thil, dar rawng, eng.	दार लम थिल्, दार रोङ एङ
पीतांबर सं.पु. (n.m.)	pītāmbar	yellow cloth	puan eng.	पुअन् एङ
पीना क्रि.स. (v.t.)	pīnā	to drink	in, hip	इन, हीप
पीप सं.स्त्री (n.f.)	pīp	pus	pân hnai, hnai	पान न्हाइ, न्हाइ
पीपल सं.पु. (n.m.)	pīpal	peepal tree	peepal thing (hmawng kung ang)	पीपल थिङ (म्होङ कूङ अङ)

पीपा सं.पु. (n.m.)	pīpā	oan, pontoon	bur, bawm	बूर, बोम
पीयूष सं.पु. (n.m.)	pīyūṣ	nectar, ambrosia	nunnatui (pangpar zu angte)	नुनूना तुइ (पङपार जू अङते)
पीला वि. (adj.)	pīlā	yellow, pale	eng, da, dal	एङ, दा, दल
पीलिया सं.पु. (n.m.)	pīliyā	jaundice	mit bua	मीत् बुआ
पीहर क्रि.सं.पु. (v.t.m.)	pīhar	married woma-n's parental house or family	pasal nei hmeichhe nu leh pate in.	पसल नेइ म्हेइछे नू लेह् पाते इन
पुआल सं.पु. (n.m.)	puāl	paddy straw	buh, buh, pawl	बुह्, बुह्, पोल
पुकार सं.स्त्री (n.f.)	pukār	1. call, 2. cry, 3. roll call	kohna, auhna, hming lam.	कोह्ना, अउह्ना म्हीङ लम
पुकारना क्रि.स. (vt.)	pukār.nā	1. to call, 2. to cry.	kohna, ṭahna	कोह्ना, टह्ना
पुखराज सं.पु. (n.m.)	pukhrāj	topaz	lunghlu chi khat	लुङह्लू ची खत
पुख्ता वि. (adj.)	pukhtā	firm, strong	nghet, ruh, chak.	ङेह्त, रुह्, चक
पुचकारना क्रि.स. (vt)	puchkār.nā	to caress, to fondle.	chul duat taka chul	चूल दुअत् तका चूल
पुछल्ला सं.पु. (n.m.)	puchallā	1. a big tail 2. stooge 3. tag.	mi ṭhuihruai	मी ठुइह्रुअइ
पुजापा सं.पु. (n.m.)	pujāpā	articles used in a worship offering.	sakhaw biak nana behbawm thilte	साखो बियक् नाना बेह्बोम् थिलूते
पुजारी सं.पु. (n.m.)	pujārī	1. worshipper 2. hindu priest	1. Pathian biaka betu, 2. hindu puthiam	पथियान् बियका बेतू, हिन्दू पुइथियम
पुट्ठा सं.फ (nu)	puṭṭhā	rump	ran leh ram sa kawng bawr, ngum bawr.	रन् लेह् रम सा कोङ बोर, ङूम बोर
पुड़िया सं.स्त्री (n.f.)	purīyā	1. small packet, 2. contents of a packet	tum te tak te.	तुम ते तक ते
पुण्य सं.पु. (n.m.)	puṇyā	righteous action, virtue.	hlutna, dikna leh felna.	ह्लुतना, दिक्ना लेह् फेलना
पुण्यधाम सं.पु. (n.m.)	puṇyadhām	holy place	hmun thiang-hlim	म्हुन थियाङ-ह्लीम्
पुण्यात्मा वि.पु. (adj.m.)	puṇyātmā	virtuous, righteous (soul)	thiang hlim, fel dik.	थियाङ ह्लीम, फेल दिक

पुतना क्रि.अ. (vi)	put.nā	to be daubed smeared	chulh, hnawih	चुल्ह्, न्होइह्
पुतला सं.पु. (n.m.)	put.lā	1. effigy 2. dummy	mihring lim, mighring ang awma siam.	मिह्रिङ लिम, मिह्रिङ अङ ऑम सियम
पुतली सं.स्त्री (n.f.)	put.lī	1. puppet	milem pawh chet chi	मिलेम् पोह चेत् ची
पुताई सं.स्त्री (n.f.)	putāī	1. daubing 2. wages for white-wash.	rawng hnawih, rawng hnawih hlawh.	रोङ न्होइह्, रोङ न्होइह् ह्लोह्
पुत्र सं.पु. (n.m.)	putra	son	fapa	फपा
पुत्री सं.स्त्री (n.f.)	putrī	daughter	fanu.	फनु
पुदीना सं.पु. (n.m.)	pudīnā	(garden) mint	hnim rim na tak (Pudina)	न्हीम रिमूना तक (पुदीना)
पुनरावृत्ति सं.स्त्री (n.f.)	punarāvritti	repetition.	nawnna, tinawn	नोन्ना, तिनोन
पुनर्जीवित वि. (adj.)	punar.jīvit	revived, reanimated	tinung leh, chawk phur thar leh.	तिनुङ लेह्, चोक फूर, थर लेह्
पुनर्वास सं.पु. (n.m.)	punarvās	rehabitation	ngai awhtir leh, mahni kea ding leh thei tura din hmun siam sak.	ङाइ ओह्तीर लेह्, म्ह्नी केअ दिङ लेह् थेइ तूरा दिन म्हनु सियम सक
पुनश्च (phr.)	punash.cha	post script	lehkha thawn ziah zawh hnua thu belh, lehkhabua thu belh chhah.	लेह्खा थोन् जियह् जोह् न्हुअ थु बेल्ह्, लेह्खबू थु बेल्ह् छह्
पुनीत वि. (adj.)	punīt	sacred.	thianghlim, serh	थियङ्ह्लीम्, सेरह्
पुनः क्रि.वि. (adv.)	punah	again, once more	vawi khat dang leh	वोइ खत दंङ लेह्
पुर सं.पु. (n.m.)	pur	town, city	khua, khawpui	खुअ, खोपुइ
पुरखे सं.पु. (n.m.)	purkhe	ancestors, forefathers.	thlahtute bul.	त्लाह्तूते बुल्
पुरख्त सं.पु. (n.m.)	purakht	ancestors, forefathers.	thlahtute	त्लाहतू ते

पुरजा सं.पु. (n.m.)	purjā	piece	them.	थम्
पुर्जा सं.पु. (n.m.)	purjā	piece	them hlek	थेम् ह्लेक
पुरवाई सं.स्त्री (n.f.)	purvāī	wind blowing from the east.	khaw chhak lam atanga thil	खो छक् लम अटंङा थिल्
पुरस्कार सं.पु. (n.m.)	puraskār	prize, reward	lawmmman.	लोम् मन
पुरस्कृत (P.P.)	puraskrit	rewarded.	lawm man.	लोम् मन
पुरातन वि. (adj.)	purātan	ancient, archaic	thil hlui, hmanlai thil	थिल ह्लुइ, म्हानलाइ थिल
पुराना वि. (adj.)	purānā	1. old 2. ancient 3. of long standing	1. hlui, thil hlui. 2. hmasang thil 3. ni/awm reng tawh	ह्लुइ, थिल ह्लुइ म्हासाङ थिल, नी/ऑम रेङ तोह्
पुराण वि. (adj.)	purāṇ	ancient (m.) Hindu mythology, scriptures so named.	thil hlui, hmasang thil, Hindu thu hlui an lehkhabu serh	थिल ह्लुइ, म्हासाङ थिल, हिन्दू थु ह्लुइ, अन लेह्खबू सेरह्
पुरुष सं.पु. (n.m.)	puruṣ	1. person 2. man-male	1. mi, mi mal 2. mipa putling	मी, मी मल, मीपा पुइत्लीङ
पुरुषार्थी वि.पु. (adj. & m.)	puruṣarthī	manly or industrious person	1. mipa putling pangngai tak, 2. mi, taima.	मीपा पुइत्लीङ पाङ्ङाइ तक, मी, तइमा
पुरोहित सं.पु. (n.m.)	purohit	hindu priest	hindu puithiam	हिन्दू पुइथियम्
पुल सं.पु. (n.m.)	pul	bridge	lei, leilawn.	लेइ, लेइलोन
पुलक सं.पु. (n.m.)	pulak	thirll (of joy or teror)	nawmna, zatna	नोमना, जत्ना
पुलकित वि. (adj.)	pulakit	horripilated, thrilled	hmul thi ding, rilru khawih, zau thau tiril fan.	म्हुल थी दिङ, रिलरु खोइह्, जाउ थाउ तिरिल फन
पुलटिस सं.स्त्री (n.f.)	pulṭis	poultice	pan hnai fawh chhuahna hlo, pan tuam hnanna	पान न्हाइ फोह् छुअह्ना ह्लोउ, पानतुअम न्हान्ना
पुलिंदा सं.पु. (n.m.)	pulindā	1. bundle, 2. sheaf	tel, tumtel, tuam hlawm.	तेल, तुमतेल, तुअम् ह्लोम
पुलाव सं.पु. (n.m.)	pulāv	spiced-rice (Preparation)	chaw kan hmui	चो कन म्हुइ

पुलिया सं.स्त्री (n.f.)	puliyā	culvert	kawng hnuaia	कोङ न्हुअइ
			kawr	कोर
			tui paihna	तुइ पाइह्ना
			lungrem	लुङ्रेम
			emaw, dawt emaw	एमो, दोत् एमो
पुलिस सं.स्त्री (n.f.)	pulis	police	tualchhung veng	तुअलछूङ वेङ
			thatu.	ठतु
पुश्त सं.स्त्री (n.f.)	pusht	back,	hnung, inthlah	न्हुङ, इनत्लाह्
		generation	chhawnna	छोन्ना
पुश्तैनी वि. (adj.)	pushtāinī	hereditary,	pianken,	पियन्केन,
		ancestral.	inchhunna,	इनछुनना,
			thlahtu bul.	त्लाह्तु बुल
पुष्ट वि. (adj.)	pusṭa	1. Strong, 2. Confirmed	1. Chak 2. nghet	चक ह्ङेत्
पुष्टि सं.स्त्री (n.f.)	pusṭi	1. Confirma-	1. nemngheh	नेमह्ङेह्
		tion, 2. Nouri-shment.	2. chawm that	चोम ठत
पुस्तक सं.स्त्री (n.f.)	pustak	book.	lehkhabu.	लेह्खबू
पुस्तकालय सं.पु. (n.m.)	pustākaly	library	chhiar	छियर
			atana lehkha-	अताना लेह्खबू
			bu chi hrang hrang	ची ह्रङ ह्रङ
			dah khawmna	दाह् खोम्ना
			hmun	म्हुन
पुस्तिका सं.स्त्री (n.f.)	pustikā	booklet,	lehkhabu te,	लेह्खबू ते,
		handbook	lehkhabu	लेह्खबू
			theu neu.	थेउ नेउ
पुष्टिकारक वि. (adj.)	pusṭikārak	Nourishing	vawng tha,	वोङ ठा,
			chakna pe	चकना पे
पुष्प सं.पु. (n.m.)	pus.pa	flower	pangpar	पङपार
पूआ सं.पु. (n.m.)	pūā	a sweet cake like a bun.	chhang thlum	छङ्त्लुम्
पूंछ सं.स्त्री (n.f.)	puñchh	tail	mei	मेइ
पूंजी सं.स्त्री (n.f.)	pūnjī	Capital	pui ber, khawpui	पुइ बेर, खोपुइ
पूंजीपति सं.पु. (n.m.)	pūnjīpatī	capitalist	sumdawn nana	सुमदोन् नान
			pawisa hmang,	पोइसा म्हाङ,
			mahni pual leh	म्हानि पुअल लेह्

			duhdana	दुह्दाना
			inlei pung	इनलेइ पुङ
पूंजीवाद सं.पु. (n.m.)	pūnjīvād	capitalism	mimal sum	मिमल सुम
			dawnna,	दोनूना,
			mimal din	मिमल दिन
			chhuahna.	छुअह्ना
पूछताछ सं.स्त्री. (n.f.)	pūchha.tāchh	inquiry	zawh chianna	जोह् चियनूना
पूछना क्रि.स. (vt)	pūchh.nā	1. to ask 2. to	1. zawt 2. finfiah	जोत्, फिनूफियह्
		inquire, 3. to	3. enkawl	एनकोल
		care	ngaih sak	ङइह् सक
पूजना क्रि.सं. (vt)	pūj.nā	1. to worship,	1. pathian	पथियन
			biaka bia	बियका बिया,
		2. to honour	2. chawi mawi	चोइमोइ
पूजनीय वि. (adj.)	pūjnīyā	revered, venerable.	zah tlak.	जह् त्लाक
पूजा सं.स्त्री. (n.f.)	pūjā	1. worship	pathian biakna,	पथियन बियकूना,
		2. (Jocularly) beating	rawngbawlna.	रोङबोलना
पूजाघर सं.स्त्री. (n.f.)	pujaghar	place of worship	puanin, maicham	पुअनूइन, माइचाम्
पूज्य वि. (adj.)	pūjya	venerable.	zahawm.	जह्ऑम
पूज्यपाद वि. (adj.)	pūjapād	venerable,	zahawm, zahtlak	जह्ऑम, जहत्लाक
पूड़ी सं.स्त्री. (n.f.)	puṛī	fried Indian	chhangkan	छङकन
		bread.	(Indian)	(इण्डियन)
पूत सं.पु. (n.m.)	pūt	son	fapa	फपा
पूनी सं.स्त्री. (n.f.)	pūnī	cotton roll prepared for spinning.	lachawn	लचोन्
पूरक वि. (adj.)	pūrak	supplementary	belhchhah,	बेल्ह्छह्,
			phuhrukna.	फुहुकूना
पूरा वि. (adj.)	pūrā	full, complete,	khat, ṭhahnem	खत, ठन्हेम्
		whole	tawk,	तोक,
			pumhlum, pum.	पुमूह्लुम, पुम
पूरी सं.स्त्री. (n.f.)	pūrī	kind of bread fried in ghee	chhang kan.	छङ कन
पूर्ण वि. (adj.)	pūṛna	1. full, 2. complete, 3. whole	1.khat, ṭhahnem	खत, ठह्नेम
			tawk, 2. pumhlum	तोक, पुमह्लुम
			3. pum.	पुम

पूर्णतया सं.स्त्री. (n.f.)	pūrṇatayā	perfection.	famkim, sawisel bo	फमकिम्, सोइसेल बोउ
पूर्णमासी सं.स्त्री. (n.f.)	pūrṇamāsī	day of full moon.	thla bial zan.	त्ला बियल जान
पूर्ण-रूपेण वि. (adj.)	pūrṇa. rūpeṇ	perfectly	famkim, sawisel bo.	फम्किम्, सोइसेल बोउ
पूर्ण विराम वि. (adj.)	pūrṇavirām	full-stop	tawp	तोप
पूर्णाहुति सं.स्त्री. (n.f.)	pūrṇāhutī	1. finishing, touch of a yagya or project, 2. holocaust.	1. mihring hal rala inthawina 2. inthahna nasa	मिह्रिङ हाल रलूला इनथोइना, इनथह्ना नसा
पूर्णिमा सं.स्त्री. (n.f.)	pūrṇimā	full-moon day	thla bial ni	त्ला बियल् नी
पूर्ति सं.स्त्री. (n.f.)	pūrti	1. fulfilment, 2. supply	1. hlen mamawh thil pek	ह्लेन ममोह् थिल पेक्
पूर्व[1] सं.पु. (n.m.)	pūrva	east, eastern	khawchhak, khaw chhak lam.	खोछक्, खो छक लम
पूर्व[2] क्रि.वि. (adv.)	pūrva	before, ago. (Prstp.) before.	a hmain	अ म्हाइन्
पूर्व[3] (pre.)	pūrva	preacquainted as in.	hmasa, hmasa zawka awm angin.	म्हासा, म्हासा जोका ऑम अङइन
पूर्वज सं.पु. (n.m.)	pūrvaj	ancestors, forefathers.	thlahtute	त्लाहूतु ते
पूर्वानुमान सं.पु. (n.m.)	pūrvā-numān	forecast, pre-estimate	sawi, lawk, hrilh lawk, ruahman	सोइ लोक्, ह्रिल्ह् लोम, रुआम्हन्
पूर्वी वि. (adj.)	pūrvī	eastern, easterly	khawchhak lam, khawchhak lam aṭangin	खोछक् लम्, खोछक् लम् अटंङइन्
पूर्वी दिशा सं.पु. (n.m.)	pūrvī.dishā	eastern direction	khaw chhak lam	खोछक् लम
पूस सं.पु. (n.m.)	pūs	the tenth month of Indian Calender paush.	December thla (Indian)	दिसम्बर त्ला (इण्डियन)
पृष्ठ[1] सं.पु. (n.m.)	prisṭha	Page	phek	फेक
पृष्ठ[2] सं.स्त्री. (n.f.)	prisṭha	back	hnung	न्हुङ
पृष्ठभूमि सं.स्त्री. (n.f.)	prisṭh. bhūmi	back ground	seilenna	सेइलेन्ना
पृथक[1] वि. (adj.)	prithak	separate	hrang, then	ह्रङ, ठेन
पृथक[2] क्रि.वि. (adv.)	prithak	separately	a hrangin	अ ह्रङइन्

पृथ्वी सं.स्त्री. (n.f.)	prithvī	earth	lei pum	लेइ पुम
पेंच सं.पु. (n.m.)	pench	1. screw 2. intricacy	1. Kilhna ṭial nei, 2. te tham te chena fel leh ṭha.	किल्ह्ना टियल नेइ, ते थम ते चेना फेल लेह् ठा
पेंट सं.पु. (n.m.)	penṭ	paint	rawng.	रोङ
पेंट सं.पु.स्त्री. (n.m.f.)	pẽṭ	pants	kekawr	केकोर
पेंटर सं.पु. (n.m.)	penṭar	painter	rawng chulhtu rawnga chei thiam mi.	रोङ चुल्ह्तू रोङा चेइ थियम् मी
पेंसिल सं.स्त्री. (n.f.)	pensil	pencil	pensil	पेन्सिल
पेचकस सं.पु. (n.m.)	pẽch.kas	screw-driver	ṭial nei kilna herh nghehna	टियल नेइ किल्ह्ना हेरह् ङ्हेह्ना
पेचिश सं.स्त्री. (n.f.)	pēchiṣ	dysentery	santen.	सन्तेन
पेचीदा सं.स्त्री. (n.f.)	pēchīuā	intricate	chip chiar hnawk si lo.	चिप चियर न्होक् सी लो
पेट सं.पु. (n.m.)	pēṭ	1. belly, stomach, 2. womb	1. pum 2. chul	पुम, छूल
पेटी सं.स्त्री. (n.f.)	pēṭī	belt, box	kawnghren, bawm	कोङ ह्रेन्, बोम्
पेटीकोट सं.पु. (n.m.)	pēṭīkot	petticoat	fen hnuai	फेन न्हुइ
पेटू वि.पु. (adj. and m.)	peṭū	glutton	mi vir, thil heh mi.	मी विर, थिल हेह् मी
पेटेंट वि.पु. (adj. and m.)	peṭenṭ	patent	lang sa, hriat sa.	लङ सा, ह्रियत सा
पेट्रोल सं.पु. (n.m.)	peṭrol	petrol	khawn vartui thlawr fim, petrol.	खोन्वार तुइ त्लोर फिम, पेट्रोल
पेठा सं.पु. (n.m.)	peṭhā	a kind of gourd sweet/canfit	um aṭanga siam chithlum	ऊम अटंङा सियम चित्लुम्
पेड़ सं.पु. (n.m.)	peṛ	tree	thing	थिङ
पेडल सं.पु. (n.m.)	pedal	pedal	rah bukna	रह् बूक्ना
पेड़ा सं.पु. (n.m.)	peṛā	pera, globular, sweatmeat.	chhang thlum.	छङ त्लुम
पेन सं.पु. (n.m.)	pen	pen	kawlawm, pen	कोलॉम, पेन
पेरना क्रि.स. (vt.)	per.nā	to crush	tikeh ti sawm.	ती केह्, ती सोम

		to torment		
पेलना क्रि.स. (vt)	pel.nā	to crush, to press	ti sawm, saiwsa, tihreawm.	ती सोम, सोइसा, तिह्रेऑम
पेश करना	pēsh.kar.nā	to treat	pe, hlan, enkawl, hmelhriattir.	पे, ह्लान्, एन्कोल, म्हेलह्रियत्तीर
पेशकार सं.पु. (n.m.)	peshkār	reader a cleark of court.	rorelna ina ziaktu	रोउरेलना इना जियक्तू
पेशगी सं.स्त्री. (n.f.)	peshgī	advance	hmasawn, hmalam pan.	म्हासोन्, म्हालम पन
पेशवा सं.पु. (n.m.)	peshvā	1. leader, 2. title of the prime minister's of the Maratha king.	hruaitu 2. Mratha lalaupa hming	ह्रुअइतू, मराठा ललउपा म्हीङ
पेशा सं.पु. (n.m.)	peshā	profession, occupation.	hnathawh	न्हाथोह्
पेशाब सं.पु. (n.m.)	peshāb	urine	zun.	जुन
पेशाबघर सं.पु. (n.m.)	peshāb.ghar	urinal	zun in.	जुन इन
पेशी सं.स्त्री. (n.f.)	peshī	1. hearing (at a law-court) 2. muscle	1. thu ngaihthlakna (kawtah) 2. tihrawl	थू, ङइहृत्लाक्ना (कोतह्), तिह्रोल
पेशेवर वि. (adj.)	peshevar	professional	kawng zawhlam	कोङ जोह्लम्
पैंठ सं.स्त्री. (n.f.)	painṭh	(temporary) market.	thil zawrhna hmun	थिल् जोरह्ना म्हुन
पैंतालीस वि. (adj.)	paintālīs	forty five.	sawmli panga	सोमली पङा
पैंतीस वि. (adj.)	paintīs	thirty five	sawmthum leh panga	सोमथुम् लेह् पङा
पैंसठ वि. (adj.)	pãisaṭh	sixty five	sawmruk leh panga	सोमरुक लेह् पङा
पैकेट सं.पु. (n.m.)	pāckeṭ	packet	fun te tak te.	फून ते तक ते
पैग सं.स्त्री. (n.f.)	paig	swing	pipu	पी पू
पैगम्बर सं.पु. (n.m.)	paigambar	prophet, divine, messenger.	zawlnei	जोलनेइ
पैगाम सं.पु. (n.m.)	paigām	message	thu thawn, thupuan	थु थोन्, थु पुअन्
पैड़ी सं.स्त्री. (n.f.)	pairi	stair, step	kailawn, rahka.	काइलोन् रह्का
पैतृक वि. (adj.)	paitrik	hereditary,	inchhunna, pa	इन्छून्ना, पा

		paternal	te lam thil	ते लम थिल्
पैदल वि.क्रि.वि. (adj. & adv.)	paida!	on foot, pedestrains	kea kal	के अ कल
पैदा करना वि. (adj.)	paidā.kar. nā	1. born. 2. produced. 3. earned 4. arisen.	1. piang 2. Siam chhuak 3. hlawh, 4. lo chhuak	पीयङ, सियम् छुआक्, ह्लोह् लो छुआक
पैदाइश सं.स्त्री. (n.f.)	paidāish	1. birth 2. earning income	1. nau hrinna, pianna 2. hlawh chhuak	नाउ ह्रिन्ना, पियन्ना ह्लोह् छुआक्
पैदावार सं.स्त्री. (n.f.)	paidāvār	yield, produce.	thawh chhuah, thar chhuah	थोह् छुआह्, थार छुआह्
पैना वि. (adj.)	pāinā	sharp	hriam, zum.	ह्रियम, जुम
पैबंद सं.पु. (n.m.)	pāiband	patch	pawp thawmna	पोप थोम्ना
पैमाना सं.पु. (n.m.)	paimānā	paimana scale, measure	tehna, bukna	तेह्ना, बुक्ना
पैमाइश सं.स्त्री. (n.f.)	pāimāish	measurement	tehna	तेह्ना
पैर सं.पु. (n.m.)	pāir	foot	kephah	केफह्
पैरवी सं.स्त्री. (n.f.)	pāirvī	following	lam ṭang, ngen sakna.	लमा टंङ, ङेन सकना
पैराशूट सं.पु. (n.m.)	pāirāshūṭ	Parachute	thlawhna aṭanga zuan thlakna hmanrua.	त्लोह्ना अटंङा जुअन् त्लॉक्ना म्हन्रुआ
पैरोकार सं.पु. (n.m.)	pāriokār	one who looks after a law suit follower supporter.	kawt thubuai enfeltu, zuitu	कोत थुबुआइ एनफेल्तू, जुइतू
पैसा सं.पु. (n.m.)	pāisā	1. pice, paise, 2. Money	pawisa	पोइसा
पोखर सं.पु. (n.m.)	pokhar	pond, tank	tuikhuah, dilte.	तुइखुअह्, दील्ते
पोटली सं.स्त्री. (n.f.)	poṭalī	bundle	tumtel, hlawm.	तुम्तेल, ह्लोम्
पोटाश सं.पु. (n.m.)	poṭāsh	potash	chingal ten khang kangal	चिङअल तेङखङ, काङअल्
पोत सं.पु. (n.m.)	pot	1. ship 2. texture.	1. lawng lian 2. thil intah, thil ti mur awm dan.	लोङ लियन्, थिल इनतह्, थिल तिमूर ऑम दान
पोतना क्रि.स. (vt)	pot.nā	todoup, to	rawng emaw	रोङ एमो

		smear	hnawih	न्होइह्
पोता सं.पु. (n.m.)	potā	Grandson	tupa (fapa fa)	तुपा (फपा फा)
पोती सं.स्त्री. (n.f.)	potī	Grand-daughter	tunu	तुनु
पोथी सं.स्त्री. (n.f.)	poṭhī	book, specially a religous book	lehkhabu, bu, sakhaw bu.	लेह्खबू, बू, साखो बू
पोदीना सं.पु. (n.m.)	podīnā	mint, (plant and its leavea)	hnim rim na-tak (ei chi) pudina	न्हीम रिम न तक (एइ ची) पुदिना
पोपला वि. (adj.)	poplā	toothless	ha nei lo, ha bal.	हा नेइ लो, हाबल
पोर सं.पु. (n.m.)	pōr	joint, part of limb between two joint, digit of finger.	inzawmna, ruh chuktuah kut-zungtang chang	इनजोमना, रुह् चुकतुअह् कुत-जुङटंङ चाङ
पोला वि. (adj.)	polā	hollow	khuar, kawrawng	खुअर, कोरोङ
पोशाक सं.स्त्री. (n.f.)	poṣhāk	dress, uniform.	silhfen, intuamna bik.	सिल्ह्फेन्, इन्थुअमन बीक
पोशीदा वि. (adj.)	poshīdā	1. secret 2. hidden	1. ruk, biru 2. thuhruk.	रुक्, बिरु थुह्रुक
पोषक वि. (adj.)	poṣak	nourishing	chakna pai	चकना पाइ
पोषक तत्व वि. (adj.)	poṣak.tatva	nutritive	chakna pai	चकना पाइ
पोस्टमैन सं.पु. (n.m.)	post.mān	post man	dak semtu.	दाक् सेमतू
पोस्टर सं.पु. (n.m.)	posṭar	poster	lehkha tar	लेह्ख तार
पोस्त सं.पु. (n.m.)	post	poppy flower from which opium is extr-acted.	poppy par.	पोपी पार
पोंगा वि. (adj.)	poṅgā	stupid, fooolish	a, chut	अ, चुत्
पोंछना क्रि. स. (vt)	poṅchh.nā	to wipe	hru	हु
पौद सं.स्त्री. (n.f.)	pāud	seedlings	kui ṭiah	कुइ टियह
पौधा सं.पु. (n.m.)	pāudhā	plant	thil ṭo chi reng reng, thlai leh hnim	थिल टोउ ची रेङ रेङ, त्लाइ लेह् न्हीम
पौना वि. (adj.)	pāunā	three-fourth	hmun li-a ṭhena hmun thum.	म्हुन ली-अ ठेना म्हुन थुम
पौने वि. (adj.)	pāune	three-fourth, three quarters.	hmun li ṭhena hmun thum.	म्हुन ली ठेना म्हुन थुम
पौर वि. (adj.)	pāur	aged, old	tar, upa,	तर, उपा,

		muslim saint	mosolman mi thianghlim	मोसलमान मी थीयङह्लीम्
पौर सदन सं.पु. (n.m.)	pāur sadan	townhall	vantlang in khawm na in lian	वानत्लाङ इन्खोमना इन लियन
पौराणिक वि. (adj.)	pāuraṇik	mythological	hma sang thawn-thu lam thil.	म्हा सङ थोन-थू लम थिल्
पौरुष वि. (adj.)	pāuruṣ	partaining to man, man-hood	patling nihna, patling thil	पत्लीङ निह्ना, पत्लीङ थिल
पौंड सं.पु. (n.m.)	pāonḍ	pound	English bûkna, bûk lung, pawisa	इंग्लीश बूकना, बूक लुङ, पोइसा
प्रकट वि. (adj.)	prakaṭ	manifest, evident.	Chiang fiah, puanchhuah	चियङ फियह्, पुअन्छुअह्
प्रकार सं.पु. (n.m.)	prakār	variety, kind, way, manner	chi hrang hrang, nihna	ची ह्रङ ह्रङ, निह्ना
प्रकंपन सं.पु. (n.m.)	prakampan	shivering, trembling.	khurh (na), tlun.	खुरह् (ना), त्लुन्
प्रकांड वि. (adj.)	prakāṇḍ	1. profound. 2. outstanding	1. thuk, kulmuk, urh sun. 2. ṭha filawr	थूक, कुलमूक, उरह् ठा फिलोर
प्रकाश सं.पु. (n.m.)	prakash	light	eng, khawn var	एङ, खोन वार
प्रकाशक सं.पु. (n.m.)	prakāshak	publisher	lehkhabu chhuatu	लेह्खाबू छुअह्तू
प्रकाशन सं.पु. (n.m.)	prakāshan	publication	lehkhabu leh chanchin ilo chhuahtu.	लेह्खबू लेह् चनचिन छुअह्तू
प्रकाशित वि. (adj.)	prakāshit	published	lehkhabu chhut	लेह्खबू छूत
प्रकृति सं.स्त्री. (n.f.)	prakriti	nature	leilung dan kalhmang zia.	लेइलुङ दान कलम्हाङ जिया
प्रकोप सं.पु. (n.m.)	prakop	fury	nasa taka thinurna	नसा तका थिनउरना
प्रक्रिया सं.स्त्री. (n.f.)	prakriyā	procedure, process	dan hmang, hmasawn a tahtawhla tihdan.	दान म्हाङ, म्हासोन अ तह्तोला तिह्दान
प्रक्षालन सं.पु. (n.m.)	prakṣālan	washing, bleaching	insil tihfai	इन्सिल तिह्फाइ

प्रखर वि. (adj.)	prakhar	1. fierece, 2. keen, sharp	1. kawlh, rawng 2. rilru hriam, thil hre hma	कोल्ह, रोङ रिलरु ह्रियम, थिल ह्रे म्हा
प्रख्यात वि. (adj.)	prakhyāt	eminent, famous	challang hming thang	चलूलङ म्हीङ थङ
प्रगति सं.स्त्री. (n.f.)	pragati	progress	hmasawmnna	म्हासोन्ना
प्रगतिशील वि. (adj.)	pragatishīl	progressive	hmasawn	म्हासोन
प्रचलन सं.पु. (n.m.)	prachlan	1. currency 2. vogue	1. ram khata pawisa hman lai. 2. ahuna chin zawng.	रम खता पोइसा म्हान लाइ, अ हुना चीन जोङ
प्रचलित वि. (adj.)	prachalit	1. current 2. inforce	kal lai, awm lai	कल लाइ, ऑम लाइ
प्रचंड वि. (adj.)	prachand	1. violent 2. fierce	1. tharum 2. râpthlak tak, hlauh awm tak.	थरुम, रापथ्लाक् तक, ह्लाउ ऑम तक
प्रचार सं.पु. (n.m.)	prachār	1. propaganda 2. publicity	1. ngaih dan theh larna 2. puan zarna	ङइह दान थेह् लारना, पुअन जारना
प्रचुरता सं.स्त्री. (n.f.)	prachurtā	plenty, abun-dance.	tamtak, hniang hnar	तम तक, ह्नीयङ ह्आर
प्रजनन सं.पु. (n.m.)	prajanan	procreation, reproduction	hrin, chi thlah, inthlah punna	ह्रिन, ची त्लाह, इन्त्लाह पुन्ना
प्रजनन सं.पु. (n.m.)	prajanan	procrreation, reproduction	hrin, inthlah punna.	ह्रिन, इन्त्लाह् पुन्ना
प्रजा सं.स्त्री. (n.f.)	prajā	1. people 2. subject	1. mipui 2. khua leh tui.	मीपुइ, खुआ लेह् तुइ
प्रजातंत्र सं.पु. (n.m.)	prajātantra	democracy	mipui rorelna	मीपुइ रोउरेन्ना
प्रजापति सं.पु. (n.m.)	prajāpati	maintainer of subjects, king	lalber	ललबेर
प्रज्वलित (PP)	prajwalit	1. ignited 2. burnt, blazed	1. tialh, hal 2.alh	तिअल्ह, हाल, अल्ह
प्रण सं.पु. (n.m.)	praṇ	vow, pledge	thutiam	थुतियम्
प्रणय सं.पु. (n.m.)	praṇay	love	hmangaihna, thil ngaihzawng.	म्हाङइहना, थिल ङइहजोङ

प्रणाम सं.पु. (n.m.)	praṇām	salutation (to elders)	inchibaina, chibai bukna	इनृचिबइना, चिबइबूकना
प्रणाली सं.स्त्री. (n.f.)	praṇāli̅	system	tih dan, kalhmang.	तिह् दान, कलम्हाङ
प्रताप सं.पु. (n.m.)	pratāp	1. glory 2. influence.	1. ropuina, 2. thununna huhang.	रोउपुइना, थुनुनृना हुहाङ
प्रतापी वि. (adj.)	pratāpi̅	glorious, having bene-edictory influ-ence.	ropui (a ṭha lam zelin)	रोउपुइ (अ ठा लम जेलृइन)
प्रतिकार सं.पु. (n.m.)	partikār	revenge, retaliation	phuba beihletna	फुबा, बेइहृलेतृना
प्रति[1] सं.स्त्री. (n.f.)	prati	copy	thil lak chhawn, entawn.	थिल लाकृ छोनृ एनृतोन
प्रति[2] (pref.)	prati[2]	1. per 2. anti	1. pakhat zelah 2. kalh, do	पखत जेलृअह कल्ह, दोउ
प्रति[3] (postp)	prati[3]	to wards	lam hawiin, lamah.	लम ह़ोइइनृ, लमहृ
प्रतिकूल वि. (adj.)	pratikūl	1. adverse 2. opposite	a kalh zawng awm, remti lo.	अ कल्ह जोङ ऑम, रेमती लो
प्रतिकूल (post)	partikūl	against	kalh, dodal	कल्हृ दोउदालृ
प्रतिक्रिया सं.स्त्री. (n.f.)	pratikriyā	reaction	sawhkhawk.	सोहृखोकृ
प्रतिघाती सं.पु. (n.m.)	pratighāti̅	one who gives a counter blow	do lettu, vaw lettu	दोउ लेतृतू वो लेतृतू
प्रतिच्छाया सं.स्त्री. (n.f.)	prati-chchāyā	reflection, image	thla, enkhalhna, hlim thla.	त्ला एनखल्हना, हृलीम त्ला
प्रतिज्ञा सं.स्त्री. (n.f.)	pratigyā	vow	thutiam	थुतियमृ
प्रतिदिन क्रि.वि. (adv.)	pratidin	daily, day by day	ni tinin	नीतिनइनृ
प्रतिध्वनि सं.स्त्री. (n.f.)	prati dhvani	echo	thangkhawk	थङखोकृ
प्रतिनिधि सं.पु. (n.m.)	prati nidhi	representative	palai, aiawh	पलाइ, आइओहृ
प्रतिफल सं.पु. (n.m.)	pratiphal	requital, reward	pek kirna, rulhna, lawm man	पेक, कीरना, रुल्हृना, लोममन
प्रतिबंध सं.पु. (n.m.)	pratibandh	restriction, ban	khuahkhirhna,	खुअहृखिरहृना,

			khapna	खपना
प्रतिभा सं.स्त्री. (n.f.)	pratibhā	talent	thiamna bik.	थियमना बीक
प्रतिभावान वि. (adj.)	pratibhā-vān	talented	thil thiam bik nei	थिल थियम बीक नेइ
प्रतिभू सं.पु. (n.m.)	prati bhū	surety (person)	tiamkam, mi tana tiam kamtu	तियमकम, मी ताना तियम कमतू
प्रतिभूति सं.स्त्री. (n.f.)	prati bhūti	bail, security	thu buai sawi hmaa intlan chhuhna, dahkham.	थु बुअइ सोइ म्हाअ इनत्लन छुअह्ना, दह्खम
प्रतिमा सं.स्त्री. (n.f.)	pratimā	idol, statue, icon.	milim, milem biak pathian biaka biak milem.	मीलिम, मीलेम बियक, पथियन बियका बियक मिलेम
प्रतिद्वंद्वी सं.पु. (n.m.)	prati. dwandwī	contestant, rival	chuhtu, khingtu	चुह्तू, खिङ्तू
प्रतिबिंब सं.पु. (n.m.)	pratibimb	reflection	thla, enkhalhna	त्ला, एनखल्ह्ना
प्रतिरोध सं.पु. (n.m.)	prati rodh	resistance, obstruction	do dalna, daltu	दोउ दालना, दालतू
प्रतियोगिता सं.स्त्री. (n.f.)	prati yogitā	competition,	inelna, intih siakna	इनूएलना, इनतिह्सकना
प्रतिलिपि सं.स्त्री. (n.f.)	pratilipi	copy, facsimile.	ziah chhawn, entawnna	जियह् छोन्, एनतोन्ना
प्रतिवादी सं.पु. (n.m.)	prativādī	defendant, respondent.	misuala puh.	मिसुअला पुह्
प्रतिवेदन सं.पु. (n.m.)	prativedan	report, repre-sentation	chung chang sawi, hek.	चुङ चाङ सोइ, हेक्
प्रतिशत क्रि.वि. (adv.)	pratishat	percent (m) percentage.	za zelah	जा जेलूअह्
प्रतिशोध सं.पु. (n.m.)	prati shodh	revenge.	phuba	फुबा
प्रतिष्ठा सं.स्त्री. (n.f.)	pratiṣṭhā	prestige, reputation	hming mawina, hming ṭhatna	म्हीङ मोइना, म्हीङ ठत्ना
प्रतिष्ठित वि. (adj.)	pratiṣṭhit	esteemed	zahawm, ngaihsan- awm.	जह्ऑम, ङइह्सानऑम
प्रतिस्पर्धा सं.स्त्री. (n.f.)	prati-spardhā	rivalry, contest	inelna, intih siakna	इनूएलना, इनतिह्सियकूना

प्रतिहारी सं.पु. (n.m.)	pratihārī	chamberlain, watchman	lalber leh miliante mutna pindan enkawltu officer,vengtu.	ललबेर लेह् मिलियनूते मुत्ना पिनदन एनकोलतू ऑफिसर वेङ्तू
प्रतिहिंसा सं.स्त्री. (n.f.)	pratihinsā	counter viol-ence, reprisal	phuba lakna, do let vena	फूबा लाक्ना, दोउ लेत् वेना
प्रतीक सं.पु. (n.m.)	pratīk	symbol, token	entirna, chhin chhiahna	एनतीरना छिन छियह्ना
प्रतीक्षा सं.स्त्री. (n.f.)	pratīkṣā	waiting	nghak	ह्ङाक्
प्रतीक्षालय सं.पु. (n.m.)	pratīkṣālay	waiting room	nghahna pindan	ह्ङाह्ना पिनूदन्
प्रतीत वि. (adj.)	pratīt	appeared	lang	लङ
प्रत्यक्ष वि. (adj.)	pratyakṣa	1. direct 2. apparent.	1. ngil nghal 2. hmuh theih, chiang sa.	ङील् ह्ङाल, म्हुह् थेइह्, चियङ सा
प्रत्युत सं.पु. (n.m.)	pratyut	however, but, on the other hand.	engpawh nise, amah erawh chu, a nih loh leh.	एङ्पोह् नीसे, अमह् एरोह् चु, अ निह् लोह् लेह
प्रत्येक वि. (adj.)	pratyek	each (one), each and every	pakhat zel	पखत जेल
प्रथम वि. (adj.)	pratham	first	hmasa ber, pakhatna	म्हासा बेर, पखतना
प्रथा सं.स्त्री. (n.f.)	prathā	custom	hnam tih dan	ह्नम तिह् दान
प्रदर्शन सं.पु. (n.m.)	pradarshan	1. show 2. demon stration	entir, hmuh	एनतीर, म्हुह्
प्रदर्शनी सं.स्त्री. (n.f.)	pradarshanī	exhibition	entirsiakna, pho lanna	एनतीरसियक्ना, फोउ लनूना
प्रदर्शित वि. (adj.)	pradarshit	exhibited	tar chhuak, tar lang	तार छुअक्, तार लङ
प्रदान सं.पु. (n.m.)	pradān	granting, be-stowing	thil pek	थिल पेक्
प्रदीप्त वि. (adj.)	pradīpt	1. lighted 2. toned up (digestion)	eng, khawn ver	एङ खोनूवार

प्रदेश सं.पु. (n.m.)	pradesh	1. region 2. province	ram bial khat	रम बियल खत
प्रधान[1] वि. (adj.)	pradhān	1. head 2. main	1. hotu 2. pui ber	होउतू, पुइ बेर
प्रधान[2] सं.पु. (n.m.)	pradhān	chairman, president	pawl hotu, inkhawmna hotu	पोल होउतू, इनखोमना होउतू
प्रधानाध्यापक सं.पु. (n.m.)	pradhān-ādhyāpak	headmaster, principal	sikul hotu, ber.	सिकुल होउतू, बेर
प्रधानाचार्य सं.पु. (n.m.)	pradhānā-chārya	headmaster, principal	sikul hotu ber	सिकुल होउतू, बेर
प्रधानता क्रि.वि. (adv.)	pradhān.tā	mainly chiefly	a pui berah chuan	अ पुइ बेरह् चुअन्
प्रधानमंत्री सं. (n.)	pradhān-mantrī	president, prime-minister	pawl hotu	पोल होउतू
प्रपंच सं.पु. (n.m.)	prapañch	1. wordly affairs detailed cere- monials.	1. khawvel thil 2. serh leh sang thil	खोवेल थिल सेरह् लेह् साङ थिल
प्रपत्र सं.पु. (n.m.)	prapatra	form (of appl- cation etc.)	thu chheh sa, thu ziah dan hmang	थु छेह् सा, थु जियह् दान म्हङ
प्रपात सं.पु. (n.m.)	prapāt	water fall, cataract.	tui khawh thla, tuiluang chhawrdawh.	तुइ खोह् त्ला, तुइलुअङ छोरदोह्
प्रफुल्ल वि. (adj.)	praphulla	delighted, jojful	lawm awm, hlim thlak	लोम ऑम, ह्लीम त्लाक
प्रफुल्लित वि. (adj.)	praphullit	delighted	hlim, lawm.	ह्लीम, लोम
प्रभात सं.पु. (n.m.)	prabhāt	dawn.	vartian	वारटियन
प्रभाव सं.पु. (n.m.)	prabhāv	1. influence 2. effect	1. mi hruai theihna, mi hmin theihna 2. a hnu leh	मी ह्रुअइ थेइह्ना, मी ह्मिन थेइह्ना अ न्हु लेह्
प्रभावशाली वि. (adj.)	prabhāv shālī	influential.	mi thununa, hmin thei.	मी थुनुनूना, म्हीन थेइ
प्रभावित वि. (adj.)	prabhāvit	influenced, impressed	rilru hneh, hmin	रिलूरु न्हेह्, म्हीन
प्रभावी वि. (adj.)	prabhāvī	1. influential, 2. impressive	1. hungah 2. rilru dek tak.	हुङअह्, रिलरु देक् तक
प्रभु सं.पु. (n.m.)	prabhu	master, Lord, God	Pathian	पथियन्
प्रभुता सं.स्त्री. (n.f.)	prabhutā	sway, glory	rorelna,	रोउरेलना,

			thuneihna,ropuina.	थुनेह्ना, रोउपुइना
प्रभृति अव्य (ind)	prabhriti	etcetera	chutiang zelin	चुतियाङ जेलइन्
प्रमत्त वि. (adj.)	pramatta	intoxicated	tirui, chiah-hneh	तिरुइ, चियह्-न्हेह्
प्रमाण-पत्र सं.पु. (n.m.)	pramāṇ patra	certificate	thil dik tak chhalna lehkha.	थिल दिक् तक छालना लेह्खा
प्रमाणित वि. (adj.)	pramāṇit	certified.	nem nghet.	नेम ङेह्त्
प्रमाद सं.पु. (n.m.)	pramād	intoxication, neglience.	ruihna, ngaihthahana	रुइह्ना, ङइह्थह्ना
प्रमाण सं.पु. (n.m.)	paramāṇ	proof.	finfiahna	फिनफियह्ना
प्रमुख वि. (adj.)	pramukh	chief, main	lal, lu ber, bulpui	लल, लू बेर, बुलपुइ
प्रमुखतः वि. (adj.)	pramu-khatah	Chiefly, mainly	a pawimawh berah chuan	अ पोइमोह् बेरह् चुअन्
प्रयत्न सं.पु. (n.m.)	prayatna	effort, endea-vour.	tumna, beih hram hramna	तुमना, बेइह् ह्राम ह्रामना
प्रयास सं.पु. (n.m.)	prayās	effort, endea-vour	tha thawh, beih hramna	था थोह्, बेइह् ह्रामना
प्रयोग सं.पु. (n.m.)	prayog	use	hmang chhawr.	म्हङ, छोर
प्रयोगशाला सं.स्त्री. (n.f.)	prayogshālā	laboratory,	khawl ilo hmanga thil enfiahna	खोल इलो म्हङा थिल एन्फियह्ना
प्रयोजन सं.पु. (n.m.)	prayojan	purpose	vang, chhan	वाङ, छन्
प्रलय सं.पु. (n.m.)	pralay	annihilation, deluge	nuai bo, nuai chimit tuilian	नुअइ बोउ, नुअइ चिमित् तुइलियन
प्रलाप सं.पु. (n.m.)	pralāp	inchoherent, talk	thu sawi awmze nei mang lo	थु सोइ ऑमजे नेइ मङ लो
प्रलेख सं.पु. (n.m.)	pralekh	document, deed.	lehkha pawimawh, ziaka thuthlung	लेह्खा पोइमोह्, जियका थुत्लुङ
प्रलोभन सं.पु. (n.m.)	pralobhan	temptation, all-urement.	thlemna	त्लेमना
प्रवक्ता सं.पु. (n.m.)	pravaktā	spokesman	aiawha thu sawitu	आइओह्अ थु सोइतू
प्रवचन सं.पु. (n.m.)	pravachan	discourse	thu sawi, thu ngaihtuahhona	थु सोइ, थु ङइह्तुअह्होउना
प्रवर्तक सं.पु. (n.m.)	pravartak	1. promoter 2. founder	1. ṭanpuitu 2. dintu	टनपुइतू, दिनतू
प्रवास सं.पु. (n.m.)	pravās	emigration	pem, pemna	पेम, पेमना

प्रवासी वि. (adj.)	pravāsī	migratory	pema vak vak	पेमा वाक् वाक्
प्रवाह सं.पु. (n.m.)	pravāh	flow	thil luang, luanglai	थिल लुआङ, लुअङलाइ
प्रवाहित वि. (adj.)	pravāhit	set in flow	luang, kal vel.	लुअङ, कल वेल
प्रविष्ट वि. (adj.)	pravișta	entered, admitted	lut, telve.	लूत्, तेल्वे
प्रवीण वि. (adj.)	pravīṇ	Proficient, expert.	thiam, nal, zei	थियम, नाल, जेइ
प्रवृत्त वि. (adj.)	pravritta	inclined, engaged	awn, thlek, rilru pe, thu thlung.	ओन, त्लेक्, रिलरु पे, थु त्लुङ
प्रवृत्ति सं.स्त्री. (n.f.)	pravritti	tendency	awn lam	ऑन लम
प्रवेश सं.पु. (n.m.)	pravesh	admission, entrance	lak luhna, pawmna	लाक् लुह्ना, पोमूना
प्रवेश-पत्र सं.पु. (n.m.)	pravesh patra	pass, addmis-sion card/ticket	lehkha, phalna	लेह्खा, फलना
प्रशंसा सं.स्त्री. (n.f.)	prashansā	praise, admira-tion	fakna, ngaihsanna	फक्ना, ङइह्सानूना
प्रशासन सं.पु. (n.m.)	prashāsan	administration	inenkawlna, rorelna	इनएनकोलना, रोउरेलूना
प्रशासक सं.पु. (n.m.)	prashāsak	administrator	roreltu	रोउरेलतू
प्रशस्त वि. (adj.)	prashasta	broad, expan-sive.	zau, rilru zau.	जाउ, रिलरु जाउ
प्रशिक्षण सं.पु. (n.m.)	prashik-shaṇ	training	inzirna	इनजिरना
प्रश्न सं.पु. (n.m.)	prashan	question, sum	zawhna, chhut chhuak tur.	जोह्ना, छूत छुआक् तूर
प्रश्नवाचक सं.पु. (n.m.)	prashan-avāchak	interrogative	zawhna, zawhna chhinchhiah na	जोह्ना, जोह्ना छिनछियह्ना
प्रश्नावली सं.स्त्री. (n.f.)	prashnāvalī	questionaire	zawhna buatsaih	जोह्ना बुअत्सइह्
प्रसंग सं.पु. (n.m.)	prasang	context, topic	thu kalhmang, thu tlangpui	थु कलम्हङ, थु त्लाङपुइ
प्रसन्न वि. (adj.)	prasanna	pleased, happy	hlimawm, hlim thei	ह्लीमूऑम, ह्लीम थेइ
प्रसन्नता सं.स्त्री. (n.f.)	prasannatā	pleasure, delight.	nawmna, hlimna	नोमूना, ह्लीमूना
प्रसाद सं.पु. (n.m.)	prasād	1. gift 2. bless-ling	1. thilthlawn pek, 2. malsawmna	थिलथ्लोन पेक, मलसोमूना

प्रसार सं.पु. (n.m.)	prasār	Expansion,	zauhna, zuah lam	जउह्ना, जउह् लम
प्रसारण सं.पु. (n.m.)	prasāraṇ	1. broadcasting 2. dispersing	radio-a puang, theh darh.	रेडियो अ पुआङ, थेह् दरह्
प्रसिद्ध वि. (adj.)	prasiddha	renowned, famous.	hming thang	म्हीङ थङ
प्रसिद्धि सं.स्त्री. (n.f.)	prasiddhi	fame, renown	hming thanna, tlang thanna	म्हीङ थन्ना, त्लाङ थन्ना
प्रस्ताव सं.पु. (n.m.)	prastāv	1. resolution, 2. offer	1. inkhawmnaa thu rawt 2. thil hlan, rawt	इन्खोमनाअ थू रोत, थिल् ह्लान रोत
प्रस्तावना सं.स्त्री. (n.f.)	prastāvanā	preamble, preface	thuhmahruai	थुम्हाहुअइ
प्रस्तावित (PP)	prastāvit	proposed, moved, offered	rawt, tum	रोत, तुम
प्रस्तुत वि. (adj.)	prastut	1. present, submitted, produced.	1. awm, tunah 2. thehlut siam	ऑम, तुनअह थेह्लूत सियम
प्रस्थान सं.पु. (n.m.)	prasthān	departure, setting out.	kalsanna, chhuahna pensan.	कलसन्ना, छुअह्ना पेनसन
प्रस्थापना सं.पु. (n.m.)	prasthāpnā	installation	hman atana dah/ruat	म्हन अताना दह/रुअत्
प्रस्फुटित (PP)	prasphuṭit	1. blossomed 2. manifested.	1. vul lai 2. par chhuak	वुल लाइ, पार छुअक्
प्रहार सं.पु. (n.m.)	prahār	assault	vel, bei, do	वेल, बेइ, दोउ
प्याज सं.पु. (n.m.)	pyāj	onion	purun sen.	पुरुन सेन
प्यादा सं.पु. (n.m.)	pyādā	1. footman, 2. pawn.	1. dahkhma 2. sipai keakal pawl	दह्खम सिपइ के अ कल पोल
प्यार सं.पु. (n.m.)	pyār	love	hmangaihna	म्हाङइह्ना
प्यारा वि. (adj.)	pyārā	1. dear, darling 2. lovely	1. hmangaihawm 2. lang mawi	म्हाङइहऑम लङ मोइ
प्याला सं.पु. (n.m.)	pyālā	cup.	no	नोउ
प्यास सं.स्त्री. (n.f.)	pyās	thirst	tuihal, tuihalna	तुइहाल्, तुइहाल्ना
प्यासा वि. (adj.)	pyāsā	thirsty	tuihal, chak	तुइहाल्, चाक्
प्रांगण सं.पु. (n.m.)	prā̃gaṇ	atrium	ṭhut khawmna pindan in luhna	ठुत खोमना पिनदन इन लुह्ना

			tawntirh ami	तोनतिरह् अमी
प्राइमरी वि. (adj.)	prāimarī	primary	hmasa ber,	म्हासा बेर,
			hmasang	म्हासाङ
			thil, a bul.	थिल, अ बुल
प्राइवेट वि. (adj.)	privet	private	mi mal thil	मी मल थिल
प्राकृतिक वि. (adj.)	prākritik	natural	leilung dan ang,	लेइलुङ दान अङ
			mihring kutkawih	मिह्रिङ कुतकोईह्
			ni lo	नी लो
प्राची सं.स्त्री. (n.f.)	prāchī	east, orient	khawchhak,	खोछक,
			khawchhak ram.	खोछक रम
प्राचीन वि. (adj.)	prāchīn	ancient	thil hlui upa,	थिल ह्लुइ उपा,
			hmanlai thil	म्हानलाइ थिल
प्राचीर वि. (adj.)	prāchīr	rampart, boun-	indona a	इन्दोउना अ
		dary wall	phen tur	फेन तूर
			lei chhun pawn,	लेइ छून पोन,
			ramri bang	रमरी बङ
प्राण सं.पु. (n.m.)	prāṇ	life (breath)	nunna, nun	नुनूना, नुन
			chhung	छूङ
प्राणी सं.पु. (n.m.)	prāṇī	1. person	1 mi, mi mal	मी, मी मल,
		2. living being	2. thil nung.	थिल नुङ
प्राथमिक[1] वि. (adj.)	prāthamik	primary	hmasa ber,	म्हासबेर,
			hmasang	म्हासाङ
			thil bulpui	थिल बुलपुइ
प्राथमिक[2] उपचार	prāthmik	first aid	daktawr thlen hma	दाक्तोर त्लेन म्हा
वि. (adj.)	upchar		a damlo leh	अ दम लो लेह्
			hliam enkawl	ह्लीयम् एनकोल
			dan.	दान
प्राथमिकता[3] सं.स्त्री	prāth.miktā	priority,	pawi mawh	पोइमोह
		precedence	hmasa,	म्हासा,
			hmasak zawkna.	म्हासक जोक्ना
प्रादेशिक वि. (adj.)	prādeṣik	1. region	ram bial, ram	रम बियल, रम
		2. territorial	khat thil,	खत थिल,
			ram awp	रम ऑप
			chin chung chang	चिन चुङचाङ
प्राध्यापक सं.पु. (n.m.)	prādhyāpak	teacher	zirtirtu	जिर तीर तू
प्राप्त वि. (adj.)	prāpt	received,	dawng hmu, nei	दोङ म्हु, नेइ

		obtained		
प्राप्ति सं.स्त्री. (adj.)	prāpti	1. acquisition	1. pian pui finna	पियन् पुइ फिन्ना
		2. receipt, gain	avang ni	अवाङ नी
			lova thil	लोवा थिल
			thiamna 2. dawn	थियमना, दोन
			thu nemnghehna	थू नेमङेह्ना
प्राप्य वि. (adj.)	prāpya	1. due 2. obtainable	1. bat, hmabak	बत्, म्हाबाक्,
			2. neih theih, lak theih	नेइह् थेइह्, लाक थेइह्
प्रामाणिक वि. (adj.)	prāmāṇik	authentic,	atak tak, a	अ तक तक, अ
			dik tak,	दिक् तक,
		autheritative	thu a ngam/huai	थू अ ङम/हुअइ
प्रारब्ध सं.स्त्री. (n.f.)	prārabdha	fate, luck	vanneihna,	वाननेइह्ना,
			chantawk chanai	चनतोक चनआइ
प्रारम्भ सं.पु. (n.m.)	prārambh	beginning	ṭan, awm ṭan,	टन, ऑम टन,
			atir, abul.	अतीर अबुल
प्रार्थना सं.स्त्री. (n.f.)	prarth.nā	1. prayer,	1. ṭawngṭaina	टोङटाइना,
		2. request	2. dilna, ngenna	दीलना, ङेन्ना
प्रार्थनापत्र सं.पु. (n.m.)	prārth. nāpatra	application	dilna lehkha	दीलना लेह्खा
प्रार्थी सं.पु. (n.m.)	prārthī	applicant	diltu	दीलतू
प्रावधान सं.पु. (n.m.)	prāvadhān	provision	chhek khawlna,	छेक खोलना,
			ruahman lawkna	रुअम्हन् लोकना
प्रासाद सं.पु. (n.m.)	prāsād	mansion, palace	in ropui tak, lal	इन रोउपुइ तक, लल्
			upa in, lal in	उपा इन, ललइन
प्रिंसिपल सं.पु. (n.m.)	prinsipal	principal	sikul hotu ber,	सिकुल होउतू बेर,
			hruatitu lu.	हुअइतू लू
प्रीति सं.स्त्री. (n.f.)	prīti	love	hmangaihna,	म्हाङइह्ना,
			ngaihzawnna	ङइह्जोनना
प्रूफ सं.पु. (n.m.)	prūph	proof	finfiahna,	फिन्फियह्ना,
			chianna	चियन्ना
प्रेम सं.पु. (n.m.)	prem	love	hmangaihna	म्हाङइह्ना
प्रेरणा सं.स्त्री. (n.f.)	prer.ṇā	inspiration	phurna, ṭhatlohna	फूरना, ठत्लोह्ना
प्रेरित वि. (adj.)	prerit	inspired, motivated	fuih, phur, thatho	फुइह्, फूर, थथोउ
प्रेषक सं.पु. (n.m.)	preṣak	sender,	thil thawntu	थिल थोनूतू
प्रेस सं.पु. (n.m.)	pres	1. press	1. lehkha chhutna	लेह्खा छूतना

		2. to iron	khawl, nem	खोल, नेम,
			2. nawt mam	नोत् माम
प्रेसिडेंट सं.पु. (n.m.)	presiḍenṭ	president	pawl hotu, inkhawmna hotu	पोल होउतू, इनूखोमना होउतू
प्रैक्टिस सं.स्त्री. (n.f.)	prekṭis	practice	thil tih, tih fo ṭhin	थिल तिह्, तिह् फोउ ठिन
प्रोफेसर सं.पु.स्त्री. (n.m.f.)	prophesar	professor	sikul sanga zirtirtu	सिकुल साङा जिरतीरतू
प्रोग्राम सं.पु. (n.m.)	progrām	programme	rel lawkna, inkhaw-na thu rel tur inkhawm emaw kalphung.	रेल लोक्ना, इनूखोमना थु रेल तूर इनखोम एमो कलफुङ
प्लाट सं.पु. (n.m.)	plāt	plot, plot of land.	ram bial zim te	रम बियल जीम ते
प्लावन सं.पु. (n.m.)	plāvan	submersion, plunging	pil, hnim luh	पिल, ह्नीम लुह्
प्लास्टर सं.पु. (n.m.)	plāsṭer	plaster	pangti pem tuamna, puan ban.	पङती पेम तुअमना, पुअनबन
प्लास्टिक सं.पु. (n.m.)	plās.tik	plasticine	chhinchhiahna	छिनछियह्ना
प्लेग सं.पु. (n.m.)	pleg	plague	pulh hri leng, hri chhe leng.	पुलह् ही लेङ, ही छे लेङ
प्लेट सं.स्त्री. (n.f.)	pleṭ	plate	thleng	त्लेङ
प्लेटफार्म सं.पु. (n.m.)	plaṭ phārm	platform (chiefly at rail-way station)	rel chawlh hmuna lung dawh	रेल चोल्ह म्हुना लुङ दोह्
प्रौढ़ वि. (adj.)	praūṛha	1. mature 2. adult	1. puitling, hmin 2. ṭhan kin	पुइत्लीङ, म्हीन, ठन्किन
प्रौढ़ावस्था वि. (adj.)	prāuṛhā-vasthā	mature age.	ṭhankin	ठन्किन
पौष्टिक वि. (adj.)	pāuṣṭik	nutritive	chakna pai	चकना प़ाइ

फ

फंड सं.पु. (n.m.)	phanḍ	fund	pawisa thawh lawm, sum	पोइसा थोह् लोम सुम
फंदा सं.पु. (n.m)	phandā	trap, noose	thang, suih valh	थङ, सुइह् वलह्
फँसना क्रि.अ. (v.i.)	fāsnā	to be entang-	awk, kaihhnawih	ओक्, कइह्न्होइह्

		led, to be entrapped, to be involved.		
फँसाना क्रि.स. (v.t.)	fãsānā	to entrap, to involve	awk, kaihhnawih	ओक, कइह्न्होइह्
फक सं.स्त्री. (n.f.)	phak	suddenly	thil thleng thut, thawklehkhat	थिल त्लेङ थुत, थोक लेह्खत
फ़कीर सं.पु. (n.m.)	faqīr	mendicant, faqir	puithiam kutdawh	पुइथियम कुतदोह
फक्कड़ वि. (adj.)	phakkaṛ	happy go lucky, carefree	Engthawl, engto neilo	एङ्थोल, एङ्तोउ नेइलो
फ़जीता सं.पु. (n.m.)	fajītā	feeling of being harried and maltreated	miten min hnuai-chhiah bika inhriatna	मीतेन मिन न्हुइ-छियह् बीका इन ह्रियत्ना
फ़जीहत सं.स्त्री. (n.f.)	fazīhat	feeling of being harried and maltreated	miten min tiduhdaha inhriatna	मीतेन मिन तिदुह्दहअ इनह्रियत्ना
फ़जूल वि. (adj.)	fazūl	worthless	tlaktlailo.	त्लाक त्लाइ लो
फ़जूल खर्च वि. (adj.)	fazūl. kharch	prodigal, extra-vagent	neih ren lo, che tlaran.	नेइह् रेन लो, चे त्लारन
फटकना क्रि.वि. (adv.)	phaṭak.nā	to come up	lo chhuak	लोउ छुआक्
फटकना क्रि.स. (v.t.)	phaṭak.nā	to winnow	thap, thlei, zap	ठाप, त्लेइ जाप
फटकार सं.स्त्री. (n.f.)	Phaṭ.kār	rubuke, repri-mand	inhauhna, na taka hauhna	इनूहउह्ना, ना तका हउह्ना
फटकारना क्रि.स. (v.t.)	Phaṭ.kar.na	to rubuke, to give a jerk	hau, phih thut	हाउ, फिह् शुत्
फटना क्रि.अ. (v.i.)	Phaṭ.nā	to burst, to explode	puak keh, puak	पुआक् केह्, पुआक्
फड़कना क्रि.अ. (v.i.)	Phaṛak.nā	to be flutler	thla zap	त्ला जाप
फड़फड़ाना क्रि.अ. (v.t.)	Pharphaṛānā	to flutter	thla zap	त्ला जाप
फण सं.पु. (n.m.)	phaṇ	hood (of a snake)	rul awrpheng	रुल ऑरफेङ
फणधर सं.पु. (n.m.)	phaṇ.dhar	cobra	chawngkawr	चोङ्कोर
फणिक सं.पु. (n.m.)	phaṇik	a snake, a cobra	rul, chawngkawr	रुल चोङ्कोर
फ़तह सं.स्त्री. (n.f.)	fatah	conquest,victory	hnehna	न्हेह्ना
फन सं.पु. (n.m.)	phan	hood	puan lukhum, khuhna	पुअन लुखुम, खुह्ना
फफूंदी सं.स्त्री. (n.f.)	phaphū̃dī	fungus mould	thil to zinga a mawl	थिल टोउ जीङा अ मोल

			ber pawl, pa reng reng.	बेर पोल, पा रेङ रेङ
फबती सं.स्त्री. (n.f.)	phabtī	banter, raillery	miindem fiamna	मिइनदेम फियम्ना
फबना क्रि.अ. (v.i.)	phabnā	to fit, to suit	siam rem, tuah rem	सियम रेम, तुअह् रेम
फ़रक (फर्क) सं.पु. (n.m.)	farak	difference	inan lohna	इनअन् लोह्ना
फ़रमा सं.पु. (n.m.)	far.mā	format, forme (printing)	lehkhabu len lam, (khawl chhuta ziakna)	लेह्खबू लेन लम, (खोल छुता जियकना)
फ़रमाइश सं.स्त्री. (n.f.)	far.māish	request	ngen	ङेन
फ़रमाइशी वि. (adj.)	farmā.ishī	on request	angenna ngen	अङेना ङेन
फ़रमान सं.पु. (n.m.)	far.mān	edict, command	dan zam, thu pek	दान जम, थु पेक
फ़रवरी सं.स्त्री. (n.f.)	phar.varī	February	Kum Khata thla hnihna, ram tuk thla	कुम् खता त्ला ह्निह्ना, रम तुक त्ला
फरसा सं.पु. (n.m.)	phar.sā	pick-axe, spade	lungral, suahdur.	लुङराल, सुअह्दूर
फ़रियाद सं.स्त्री. (n.f.)	fariyād	supplication, petition	ṭawngṭaia bia, dilna	टोङटाइअ बिया, दीलना
फ़रियादी सं.पु. (n.m.)	fariyādī	complainant, accuser	sawiseltu, hektu.	सोइसेलतू, हेक्तू
फ़रिश्ता सं.पु. (n.m.)	farishtā	angel	vartirhkoh	वानतिरह्कोह्
फ़रीकैन सं.पु. (n.m.)	farīkāin	two parties in a law-suit	pawl pahnih thubuai nei	पोल पह्नीह् थुबुअइ नेइ
फ़रेब सं.पु. (n.m.)	ferēb	fraud, deception	inbumna,	इन्बुमना
फ़र्क सं.पु. (n.m.)	fark	diferena	inanlohna, inthlauhna	इन्अनलोह्ना, इन्त्लाउह्ना
फ़र्ज सं.पु. (n.m.)	farz	duty	hma, hmaa tihtur	म्हा, म्हाअ तिह्तूर
फ़र्जी[1] वि. (adj.)	farzī	fictitious	phuahchawp, ngaihruat	फुअह्चोप, ङइह्रुअत्
फ़र्जी[2] सं.पु. (n.m.)	farzī	queen (in chess	lalnu (chess ah)	ललनू (चेस अह)
फ़र्नीचर सं.पु. (n.m.)	farnīchar	furniture.	bungrua, inchhung bungrua, ṭhutthleng ilo	बुङरुआ, इनछुङ बुङरुअ, ठुतत्लेङ इलो
फ़र्राश सं.पु. (n.m.)	farrāsh	sweeper, serrent for doing menial work	hmunphiat tu, hna chekhnawk thawktu	म्हुनफियत् तू, न्हा चेकन्ह्ओक थोकतू

फ़र्लांग सं.पु. (n.m.)	farlāng	furlong	fing khat	फिङ खत
फ़र्श सं.पु. (n.m.)	farsh	floor	chhuat	छुअत्
फल सं.पु. (n.m.)	phal	fruit, result, outcome	thei, a rah, lo chhuak	थेइ, अ रह्, लो छुआक्
फलतः अ. (ind.)	phalatah	consequently	nghawng	ह्ङोङ
फलक सं.पु. (n.m.)	phalak	sheet, board	thil phek, thingzai phek	थिल फेक्, थिङ्जइ फेक्
फलदायक वि. (adj.)	phal.dāyak	fruitful	rah ṭha	रह ठा
फलस्वरूप क्रि.वि. (adv.)	phal.swaṙ.ōp	as a result (of)	a rah chhuah chu, nghawng chu	अ रह छुअह् चु, ह्ङोङ चु
फलना क्रि.अ. (v.i.)	phal.nā	to bear fruit	thei rah, rah chhuah	थेइ रह, रह छुअह्
फ़लाँ वि. (adj.)	falā̃	that (specified)	kha kha, chu chu	खा खा, चु चु
फलाहारी वि.पु. (adj. and m.)	phalāhārī	furitarian	thei ring a nung	थेइ रिङा नुङ
फली सं.स्त्री. (n.f.)	phalī	pod	be kawm.	बे कोम्
फव्वारा सं.पु. (n.m.)	phavvārā	fountain	tui chikchuak,	तुइ चिक्छुआक्
फ़रार वि. पु. (adj. & m.)	farār	absconding (person)	biru, bibo, tlanbona (mi)	बिरु, बिबोउ, त्लान बोउना (मी)
फ़सल सं.स्त्री. (n.f.)	fasal	crop, harvest	thlai, seng, buh-thlai seng.	त्लाइ, सेङ, बुह् त्लाइ सेङ
फ़सली वि. (adj.)	faslī	agricultural	thlawhhma lak thiamna	त्लोह्म्हा लाक् थियमना
फहराना 1 क्रि.स. (v.t.)	phahrānā	to hoist	Khawichhuak	खोइछुआक्
फहराना 2 क्रि.अ. (v.i.)	phahrānā	to wave	tuifawn vel, ban/kut vai khum	तुइफोन् वेल, बन/कुत् वइ खुम
फाँक सं.स्त्री. (n.f.)	phā̃k	slice	them	थेम
फाँकना क्रि.स. (v.t.)	phā̃knā	to chuckin	buhtang ang hmui silova ka	बुहटङ अङ म्हुइ सिलोवा क अ
		adha (kutin)	दह् (कुतीन्)	
फाँदना क्रि.स. (v.t.)	phā̃dnā	leapskip over	zuang, zuan khum	जुअङ, जुअन् खुम
फाँस सं.स्त्री. (n.f.)	phā̃s	noose, splinter	suih valh, thing ther hrui valh, them	सुइह् वल्ह्, थिङ थेर हुइ वल्ह्, थेम

फाँसना क्रि.स. (v.t.)	phā̃snā	to ensnare, to involre	awk, kaihhnawih	ऑक्, कइह्ह्नोइह्
फाँसी सं.स्त्री. (n.f.)	phā̃sī	gallows, execution, hanging	mihring khai hlumna thingdawh, intihhlumna in khai hlumna	मिह्रिङ खाइह्लुमना थिङदोह्, इनतिह्ह्लुमना, इन्खाइ ह्लुमना
फाइल सं.स्त्री. (n.f.)	fāil	file, file cover	Lehkha thil khawmna	लेह्खा थिलखोम्ना
फ़ाक़ा सं.पु. (n.m.)	fāqā	fast, starvation	chawnghei, riltama awmna	चोङेइह्, रिलटामा ऑमना
फ़ाक़ामस्त सं.स्त्री. (n.f.)	fāqāmast	cheerfulness even in starvation	chaw nghei lai pawh a lawm reng na	चो ङेइह् लाइ पोह अ लोम रेङना
फ़ाग सं.पु. (n.m.)	phāg	Holi festival, a song sung during the Holi festival.	Sakhaw Kut, Sakhaw Kut laia sak ṭhin.	साखो कूत, साखो कूत लाइअ सक ठिन्
फागुन सं.पु. (n.m.)	phāgun	last month of the Hindu calendar.	Hindu hun lehni chhiarna thla tawp ber.	हिन्दू हुन लेह् नी छियरना त्ला तोप बेर
फाटक सं.पु. (n.m.)	phāṭak	gate	Kawng Khar	कोङ खार
फाड़ना क्रि.स. (v.t.)	phāṛ.nā	to tear, to split	pawtthler, tiphel	पोत्त्लेर, तिफेल
फ़ायदा सं.पु. (n.m.)	fāydā	advantage, gain	hlep, hlawh	ह्लेप, ह्लोह्
फ़ायदेमंद वि. (adj.)	fāydemand	profitable,useful	hlawk, ṭangkai	ह्लोक्, टंङकाइ
फ़ारखती सं.स्त्री. (n.f.)	fārkhatī	deed of release or discharge deed of dissolution of marriage, written acquitlance.	chhuahtirna thu, inneih tawpna thu	छुअह्तीरना थू, इन्नेइह् तोपना थू
फ़ार्म सं.पु. (n.m.)	fārm	form,	pianhmang, ruangam, pumrua	पियनम्हङ, रुअङआम पुमरुआ
फाल सं.पु. (n.m.)	phāl	ploughshare	Leilehna a chanpual	लेइलेह्ना अ चनपुआल
फालतू वि. (adj.)	fāl.tū	spare, extra	zuah, chuang.	जुअह्, चुआङ
फावड़ा सं.पु. (n.m.)	phāv.ṛā	matlock, spade	suahdur	सुअह्दूर

फ़ासला सं.पु. (n.m.)	fāslā	distacne	hlat lam, hlat zawng	ह्लत् लम, ह्लत् जोङ
फाहा सं.पु. (n.m.)	phāhā	fluffy piece of cotton, a piece of list for a wound	La-zai ang maia puan them, Puan them pân ilo tuamna tûr lapua	ला-लजाइ अङ मइअ पुअन् थेम, पुअन् थेम पान इलो तुअमना तूर लपुआ
फ़िक्र सं.पु. (n.m.)	fikra	anxiety	thlahlel, thlakhlelhna	त्लाह्लेल्, त्लाक्ह्लेल्ना
फ़ितरती वि. (adj.)	fitar.tī	mischievous, wily	fing vervik chimawm	फिङ वेरविक् चिमऑम
फिटकरी सं.स्त्री. (n.f.)	phiṭ.kārī	alum	chi, chi khat	ची, ची खत
फ़िटर सं.पु. (n.m.)	phiṭar	fitter	puan ṭhui ṭhatu, khawl rem ṭhatu	पुअन् ठुइ ठतु, खाल रेम ठतु
फ़ितूर सं.पु. (n.m.)	fitūr	defect	ṭhat lohna, kimchan lohna	ठत् लोह्ना, किमचन लोह्ना
फ़िनाइल सं.स्त्री. (n.f.)	fināil	phenyl	Boruak chhia tih bona damdawi, hmun ṭawp tih thianghimna	बोउरुअक् छिया तिह् बोउना दमदोइ, म्हुन टोप तिह् थियङ्ह्लीमना
फिर क्रि.वि. (adv.)	phir	again, then	Nawn leh, chutichuan.	नोन् लेह्, चुतिचुआन्
फिरकी सं.स्त्री. (n.f.)	phirkī	spool	la hlumna	ला ह्लुम्ना
फिरना क्रि.अ. (v.i.)	phir.nā	to turn, to move about	inher, kal kual vel.	इनहेर, कल कुआल वेल्
फिरंगी सं.पु. (n.m.)	phiraṅgī	European	sap ram thil leh mihring.	साप रम थिल लेह् मिह्रिङ
फिलहाल क्रि.वि. (adv.)	fil.hāl	for the present	tun a tan	तून अतान
फ़िल्म सं.स्त्री. (n.f.)	film	film	vun pan tak, hamda ang pan tak, thlalakna a lem kaina phek	वुन् पन तक, हमदा अङ पन तक, त्लालाक्ना अ लेम् काइना फेक्
फिसड्डी वि. (adj.)	phisaḍḍī	sluggish, always lagging behind	muang, hnufual reng	मुअङ, न्हुफुअल रेङ

फिसलन सं.स्त्री. (n.f.)	phis.lan	slipperiness	nal	नाल
फिसलना क्रि.अ. (v.i.)	phisa.lnā	to slip, to skid	tlu, tlan zawnga a sir zawnga tlukna, tlu, tawlh	त्लु, त्लान जोङ अ सीर जोङा त्लुकना, त्लु, तोल्ह्
फीका वि. (adj.)	phīkā	testless, dull	enchhin tlak loh, ngui	एनूछिन त्लाक लोह्, ङुइ
फीता सं.पु. (n.m.)	fītā	tape, lace	pawnthem sei, la mawi	पोनथेम सेइ, ला मोइ
फ़ीस सं.स्त्री. (n.f.)	fīs	fee	man	मन
फीसदी क्रि.वि.,सं. (adv. and n.)	fīsadī	percent	za zelah	जा जेलअह
फुंकार सं.स्त्री. (n.f.)	phũkār	hissing	dirian entir nana si khun, rul su ri ang	दिरियन एनतीर नानूना सी खून, रुल सु री अङ
फुंसी सं.स्त्री. (n.f.)	phũsī	pustule, pimple	bawl, hnai la, arngeng.	बोल, न्हाइ ला, अरङेङ
फुट सं.पु. (n.m.)	fuṭ	foot (measure)	fit (seilam tehna)	फित् (सेइलम् तेह्ना)
फुटकर वि. (adj.)	phuṭkar	miscellaneous, retail	in chawhpawlh, tlem tlem a hralh	इन चोह्पोल्ह्, त्लेम त्लेम अ ह्रल्ह्
फुटकर सं.पु. (n.m.)	phu.ṭkar	small change	chhete a inang lo, pawisa hawi.	छेते अ इन अङ लो, पोइसा होइ
फुटबाल सं.पु. (n.m.)	fuṭbāl	football	ball pet chi	बॉल पेत ची
फुंदना सं.पु, (n.m.)	phùnd.nā	fassel	maimaw puan zai tawn buk.	माइमो पुअन जाइ टोन बुक्
फुदकना क्रि.अ. (v.i.)	phudakna	to hop	zuang, sawt	जुआङ, सोत
फुनगी सं.स्त्री. (n.f.)	phun.gī	top, cockade, sprout	ler, lukhum cheimawina, zik no.	लेर, लुखुम चेइमोइना, जिक नोउ
फुफकार सं.स्त्री. (n.f.)	phuphkār	hiss, hissing	nuihzabura hmang, nuihzatburna, rul su ri	नुइह्जबूरा म्हङ, नुइह्जबूरना, रुल सु री
फुफेरा सं.पु. (n.m.)	phupherā	cousin, father's sister's son	pa farnua fapa	पा फरनुअ फपा
फुरती सं.स्त्री. (n.f.)	phurtī	agility, smart-	inthazawhna nalhna,	इनथजोह्ना, नल्ह्ना,

		ness	zeizia	जेइजिया
फुरतीला वि. (adj.)	phurtīlā	agile, smart	zamṭha, nalh, zei	जमठा, नल्ह, जेइ
फुरसत सं.स्त्री. (n.f.)	fursat	leisure, spare time	hun awl, hun chuang tlai, hahdam hun.	हुन ओल, हुन् चुअङ त्लाइ, ह्अह्दम हुन्
फुरहरी सं.स्त्री. (n.f.)	phurharī	fluttering, trembling	chetzawk zawkna khurhna	चेत जोक् जोक्ना, खुरह्ना
फुलझड़ी सं.स्त्री. (n.f.)	phul.jhaṛī	phuljhari, a spankling, firework.	meialh lawn.	मेइअलह् लोन
फुलवारी सं.स्त्री. (n.f.)	phulvārī	flower-garden	pangpar huan	पङपार हुअन्
फुलाना क्रि.स. (v.t.)	phulānā	to inflate	ham puar. phun	हाम पुअर फुन
फुसफुसाना क्रि.अ.स. (v.i. and v.t.)	phus. phusānā	to whisper	ru, inhrith ru.	रु, इनह्रिल्ह् रु
फुसफसाहट सं.स्त्री. (n.f.)	phus. phusāhaṭ	whispering (sound)	phunru (ri)	फुनरु (री)
फुसलाना क्रि.स. (v.t.)	phus.lānā	to allure, to entice	thlem, hruai sual.	त्लेम् ह्रुअइसुअल्
फुहार सं.स्त्री. (n.f.)	phuhār	drizzle, spray	ruah si sing seng, phuh, ruah phingph-isiau.	रुअह् सी सिङ सेङ, फुह्, रुअह् फिङफि सिआव्
फूंक सं.स्त्री. (n.f.)	phũk	puff (of breath)	thaw hlawp hlawp	थो ह्लोप ह्लोप
फूंकना क्रि.अ. (v.i.)	phũk.nā	to puff	(meizial) pak, thaw ham ham	(मेइजियाल) पक, थो हम् हम्
फूंकना क्रि.स. (v.t.)	phũk.nā	to whisper	phur ru, inhrilh ru anga ṭawng.	फुन रु, इनह्रिल्ह रु अङा टोङ
फूट सं.स्त्री. (n.f.)	phūṭ	split, rift	keh, khi chat	केह्, खी चत्
फूटना क्रि.अ. (v.i.)	phūṭ.nā	to crack, to be shattered	auh ṭhawt, tihkhaw loh vekna	अउह् ठोत्, तिह्खो लोह्वेकना
फूफा सं.पु. (n.m.)	phūphā	uncle, father's sisters' husband	pa te unaupa, pa te farnu pasal	पा ते उनाउपा, पा ते फरनु पसल
फूफी सं.स्त्री. (n.f.)	phūphī	anut, fathers's sister.	ni, pa te farnu	नी, पा ते फरनु
फूल सं.पु. (n.m.)	phūl	flower, ashes	pangpaer, vul	पङपार, वुल
फूलदान सं.पु. (n.m.)	phūl.dān	flower-vase	pangpar khawina bur	पङपार खोइना बूर

फूलना क्रि.अ. (v.i.)	phūl.nā	to swell, to blossom, to prosper, to be puffed.	vung, vullai, hlawh tling.	वूङ, वुललाइ, ह्लोह् त्लीङ
फूस सं.पु. (n.m.)	phūs	straw	buh kuang, puhpawl	बुह् कुआङ, बुह् पोल
फूहड़ वि. (adj.)	phūhaṛ	slovenly, un-mannerly	mi dawngdah, mawilo takin	मी दोङदह्, माइ लो तकइन
फेंकना क्रि.स. (v.t.)	phẽk.nā	to throw	paih	पाइह्
फेंटना क्रि.स. (v.t.)	phẽṭ.nā	to beat, to shuffle	vua, pawhpawlh	वुअ पोहपोल्ह्
फेन सं.पु. (n.m.)	phen	froth, foam	phuan, phuah	फुअन, फुअन
फेफड़ा सं.पु. (n.m.)	pheph.aṛā	lung	chuap	चुअप्
फेर सं.पु. (n.m.)	pher	turning, maze	inher, rilrumumal lo, kual kawi, kawi nek nuk.	इनहेर, रिलरुमुमल लो, कुअल कोइ, कोइ नेक् नुक्
फेरना क्रि.स. (v.t.)	pher.nā	to turn, to return.	in her, lo kir	इनहेर, लो कीर
फेरफार सं.पु. (n.m.)	pher.phār	shuffling, al-teration	pawhpawlhna, tidanglam.	पोह्पोल्ह्ना, तिदङलम्
फेरा सं.पु. (n.m.)	pherā	round, trip	kualchhuah, zin vahna.	कुअलछुअह्, जिन वह्ना
फेरी सं.स्त्री (n.f.)	pherī	round, hawking	Bial, kual, thil hralha vakvel	बियल, कुअल, थिल ह्लह् वाक्वेल
फेरीवाला सं.पु. (n.m.)	pherīvālā	hawker, pedlar	thil zuara vak vel mi	थिल जुअरा वाक् वेल मी
फ़ेल वि. (adj.)	fel	failed, to brak down	hlawhchham, tla chhia.	ह्लोह्छम, त्ला छिया
फ़ेहरिस्त सं.स्त्री. (n.f.)	fehrist	list, inventory	mihring leh thil hming ziah tlar, ngaihtuah chhuah chawp	मिह्रिङ लेह् थिल म्हीङ जियह् त्लर, ङइह्तुअह् छुअह् चोप
फ़्रेम सं.पु. (n.m.)	frem	frame	duang, ruangam.	दुआङ रुआङआम
फैक्टरी सं.स्त्री. (n.f.)	fēktarī	factory	thilsiamna, hmunpui	थिल सियम्ना म्हुनपुइ
फैलना क्रि.अ. (v.i.)	phāil.nā	to spred, to	thehdarh, tizau,	थेह्दरह्, तिजाउ,

		expand, to extend.	tilian	तिलियन्
फैलाना क्रि.स. (v.t.)	phāil.ānā	to spread, to stetch	thehdarh, pharh	थेह्दरह्, फरह्
फैलाव सं.पु. (n.m.)	phāilāv	stretch, expanse	pharh, zau lam.	फरह्, जाउलम
फैशन सं.पु. (n.m.)	fāishan	fashion	inchei dan thar, hun zela thil chin zawng.	इन्चेइ दान थर, हुन् जेलाथिल चीन् जोङ
फैसला सं.पु. (n.m.)	fāis.lā	decision, judgement, settlement	thutlukna, rorelna, inrembelna.	थुत्लुक्ना, रोउरेलना, इनरेमबेलना
फ़ोटो सं.पु. (n.m.)	foto	photo, photograph.	thlalak	त्लालाक्
फोटोग्राफर सं.पु. (n.m.)	fotogrāpar	photographer	thlalatu	त्लालतू
फोड़ना क्रि.स. (v.t.)	phoṛ.nā	to crack, to break	auh ṭhawt, tichhia, tichat.	अउह् ठोत्, तिछिया, तिचत्
फोड़ा सं.पु. (n.m.)	phoṛā	abscess	hnai la	न्हाइ ला
फ़ोरमैन सं.पु. (n.m.)	for.mēn	foreman	hnathawk-ho viltu, pawlkhat hotu	न्हाथोक्-होउ विल्तू, पोलखत् होउतू
फ़ौज़ सं.स्त्री. (n.f.)	fāuz	army	sipai, pawl	सिपइ, पोलल
फ़ौज़दारी सं.स्त्री. (n.f.)	fāuzdārī	criminal, offence	dan lo anga thiltihsual	दान लो अङा थिल्तिह्सुअल
फ़ौज़ी वि. (adj.)	fāuzī	military	sipai pawl	सिपइ पोल
फ़ौरन क्रि.वि. (adv.)	fāuran	at once	vawileh khatah, vat, thuai	वोइलेह् खत्अह्, वत्, थुअइ
फ़ौलाद सं.पु. (n.m.)	fāulād	steel	kahpa thir	कह्प थीर
फ़ौलादी वि. (adj.)	fāulādī	steel, strong sturdy	kahpathir, chak, santha	कह्पथीर, चक, सनठा
फ़ौव्वारा सं.पु. (n.m.)	fāuvvārā	fountain, shower	tuichikchhuak, ruah baw hawk, ibualna tui khawh phingphisiau.	तुइचिक छुआक्, रुअह बो होक्, इनबुअल्ना तुइ खोह् फिङफिसिअव
फ़्राक सं.स्त्री. (n.f.)	frāk	frock	hmeichhe, kawrfual	म्हेइछे कोरफुअल

ब

बंगला वि. (adj.)	baṅg.lā	Bengali	Bengal mi	बंगाल मी
बंगला सं.पु. (n.m.)	bãglā	bungalow	bangla	बंगला
बंजर वि. (adj.)	bãnjar	falow, waste	ram lei chhia	रम लेइ छिया
बंज़ारा सं.पु. (n.m.)	bãnjārā	nomed	sumdawng (ram tina kal kual)	सुमूदोङ (रम तिना कल कुआल्)
बंटना क्रि.अ. (vi)	banṭ.nā	distribute divide, partition	pe chhuak, sem	पे छुआक्, सेम
बंटवारा सं.पु. (n.m.)	banṭ.vārā	distribution, division, partition	pek chhuah, sem sawm	पेक् छुआह्, सेम सोम
बंटाना क्रि.स. (vt.)	banṭānā	share, helping	chanvo, chanpual	चनूवोउ, चनपुअल्
बंद वि. (adj.)	band	1. closed 2. shut 3. blocked	khar, dang.	खार, दङ
बंदगी सं.स्त्री. (n.f.)	bandagī	salutation, expression of respect	chibai, zah entirna	चिबइ, जह् एनूतीरना
बंदगोभी सं.स्त्री. (n.f.)	band.gobhī	cabbage	zikhlum	जीक् ह्लुम
बंदनवार सं.स्त्री. (n.f.)	bandanvâr	arch, festoon of flowers	(hun lawm awma an khai thin) kawngka chunga khai pangpar emaw hnah thil	(हुन् लोमऑमा अन खाइ ठिन्) कोङकचुङा खाइ पङपार एमो न्हा थिल
बंदर सं.पु. (n.m.)	bandar	monkey	zawng (a te chi)	जोङ (अ ते ची)
बंदरगाह सं.पु. (n.m.)	bandar.gāh	sea-port, harnour	lawng chawlhna	लोङ चोल्ह्ना
बंदिश सं.स्त्री. (n.f.)	bandish	restriction	hrekna, bituk	ह्रेक्ना, बितुक
बंदी प्र. (suff.)	bandī	binding shuting (asir)	phuar, hreng	फुअर, ह्रेङ
बंदी सं.पु. (n.m.)	bandī	prisoner, captire	lungin tang, mi man	लुङइन ताङ, मी मन
बंदीगृह सं.पु. (n.m.)	bandī.grih	prison	lunging, hreng	लुङइन, ह्रेङ
बंदोबस्त सं.पु. (n.m.)	bandobast	managment	enkawlna, kaihhruaina.	एनूकोलना, कइह्हुअइना
बंदूक़ सं.स्त्री. (n.f.)	bandūq	gun, rifle	silai, raiful	सिलाइ, राइफुल्
बंदूकची सं.पु. (n.m.)	bandūq.chī	gunner, rifleman	silai pu,	सिलाइ पू,

			raiful pu	राइफुल् पू
बंधक सं.पु. (n.m.)	bandhak	mortgage, pledge	dahkham, tiamkamna	दह्खम, तियम्कमना
बंधन सं.पु. (n.m.)	bandhan	1. tie 2. bond 3. obligation	inzawmna, tihmakmawh	इनजोमना, तिह्माक्मोह्
बंधना क्रि.अ. (vi)	bandhnā	1. to be tied, 2. to be bound	intulut, indelhtir	इन्तुलूत, इन्देल्ह्तीर
बंधु सं.पु. (n.m.)	bandhu	kinsman, relative	laichin, vuavang	लइचीन, वउवाङ
बंधुत्व सं.स्त्री. (n.f.)	bandhutva	brother hood, fraternity	inunauna, inngeihna	इनुउनाउना, इन्ङेइह्ना
बंडल सं.पु. (n.m.)	baṇḍal	bundle	tel, tawn khawm.	तेल, टोन खोम्
बंबा सं.पु. (n.m.)	bambā	1. water-tap 2. letter box	1. tui herh hawn 2. lehkhathawn bawm.	तुइ हेरह् होन्, लेह्खथोन् बोम्
बंसी सं.स्त्री. (n.f.)	bansī	1. flute 2. fishing tackle	1. phenglawng 2. nghakuai chiahna	फेङलोङ, ङ्ह्कुअइ चियह्ना
बकझक सं.स्त्री. (n.f.)	bak.jhak	gabee, jabber	mi ṭawng cheh, chiar chiar mi	मी टोङ चेह्, चियर चियर मी
बकना क्रि.अ. (vi)	baknā	jabber, to chater	ṭawng barh barh	टोङ बरह् बरह्
बकरा सं.पु. (n.m.)	bakrā	He goat	kelpa	केलपा
बकरी सं.स्त्री. (n.f.)	bakrī	she-goat	kelnu	केलनू
बकवास सं.स्त्री. (n.f.)	bak-vās	gabble, chatter	ṭawng nak nak	टोङ नक् नक्
बकसुआ सं.पु. (n.m.)	bak-suā	buckle	zawmna, ṭawn marna	जोमना, टौन् मरना
बक़ाया[1] सं.पु. (n.m.)	baqāyā	1. arrears, 2. balance	1. hmuh tur tling khawm, bat 2. in mil lohna (pawisa fai lamah)	म्हुह् तूर त्लीङ खोम, बत्, इनमिल लोह्ना (पोइसा फ़ाइ लमूह्)
बकाया[2] वि. (adj.)	baqāyā	remaining, out standing	la bat, la tlak loh	ला बत्, ल त्लाक लोह्
बक्कल सं.पु. (n.m.)	bakkal	skin, bark	vun, hawng	वुन, होङ
बक्स सं.पु. (n.m.)	baks	box	thingrem	थिङरेम
बक्सा सं.पु. (n.m.)	baksā	box	thingrem	थिङरेम
बखशिश सं.स्त्री. (n.f.)	bakh-shish	tip, present	thilpek	थिल् पेक्

बखान सं.पु. (n.m.)	bakhān	1. description 2. praise, culogy	1. sawichiana 2. fakna	सोइचियन्ना फक्ना
बखार सं.पु. (n.m.)	bakhār	barn, grain-store	buhin, chhekin	बुह्इन, छेकइन
बखेड़ा सं.पु. (n.m.)	bakheṛā	trouble, browl, dispute	buaina, in sual buaina, in hnialna	बुअइना,इनसुआल बुअइना, इन न्हीयलना
बख़्तर सं.पु. (n.m.)	bakhtar	armour	thirkawr	थीरकोर
बगल सं.स्त्री. (n.f.)	bagal	1. armpit 2. nearness	1. zakhunai 2. hnaihna	जक्न्हुआइ, न्हाइह्ना
बग़ावत सं.स्त्री. (n.f.)	baGāvat	revolt	hel	हेल
बगीचा सं.पु. (n.m.)	baGīchā	small garden	huan te	हुअन् ते
बगुला सं.पु. (n.m.)	bagulā	heron	sava	सवा
बग़ैर अ. (ind)	baGāir	without	tel lovin, lovin	तेल लोउइन, लोउइन
बघार सं.पु. (n.m.)	baghār	seasoning (of vegetables, lentils in the process of cooking	chawhmeh ṭihtuina (chhum emaw, kan emaw)	चोम्हेह् तिह्तुइना (छुम एमो, कन एमो)
बघारना क्रि.स. (vt.)	baghār.nā	1. to talk big tall. 2. to season in the process of cooking	tawng chapo, sawi uar	टोङ चपोउ, सोइ उअर
बचकाना वि. (adj.)	bachkānā	childish	naupan thlak	नउपन् त्लाक
बचत सं.स्त्री. (n.f.)	bachat	saving	humhimna	हुमहिम्ना
बचना क्रि.स. (vi)	bachnā	1. to be saved, 2. to escape 3. to survive, 4. to avoid 5. to remain	1. inhumhim 2. pumpelh 3. tuar chhuak 4. ngai awh	इनहुम्हिम् पुम्पेलह् तुअर छुआक् ङाइ ओह
बचपन सं.पु. (n.m.)	bach.pan	childhood	naupan lai	नउपन लाइ
बचाखुचा वि. (adj.)	bachā. khuchā	remaining, leftout	chuang tlai, thlim	चुअङ त्लाइ, थ्लीम्
बचाव सं.पु. (n.m.)	bachāv	safety, defence protection	himna, invenna, hualhimna	हिम्ना, इन्वेन्ना, हुआल्हिमना
बचाना क्रि.स. (vt)	bachānā	1. to save 2. to protect	1. chhanhim 2. venghim	छनहिम वेङहिम

		3. defend	3. veng, chhan	वेङ छन
		4. to shelten	4. hliah khuh dah	ह्लीयह् खुह् दह्
		5. to put aside	kiang	कियाङ
बच्चा सं.पु. (n.m.)	bachchā	child	naupang	नउपङ
बछड़ा सं.पु. (n.m.)	bachhṛā	calf	bawng no	बोङ नोउ
बछिया सं.स्त्री. (n.f.)	bachhiyā	she-calf	bawng no (anu)	बोङ नोउ (अनू)
बजट सं.पु. (n.m.)	bajaṭ	budget	pawisa hmandan hmang-chang	पोइसा म्हन्दान, म्हङ-चाङ
बजरा सं.पु. (n.m.)	bajrā	double deck boat	lawng chhawng hnih nei	लोङ छोङ न्हीह् नेइ
बजरी सं. स्त्री (n.f.)	baj.arī	gravel	lung nawi mum awm khawn	लुङ नोई, मुम ऑम खोम
बछेड़ा सं.पु. (n.m.)	bachheṛā	colt	sakawr no	सकोर नोउ
बजना क्रि.स. (vt.)	baj.nā	1. to ring 2. to strike, 3. to be played upon	1. tum ri 2. vua 3. in sawisak rit	तुम री, वाउ, इन सोइसक तीर
बजरंग सं.पु. (n.m.)	baj.raṅg	Hanuman	Hindu Zawng pathian mei sei tak nei	हिन्दू ज़ोङ पथियन् मेइ सेइ तक नेइ
बज़ाज सं.पु. (n.m.)	bazāz	cloth marchant, draper	puan zuartu	पुअन् जुअरतू
बजाना क्रि.स. (vt)	bajānā	1. to ring,	1. vaw ri,	वो री,
		2. to blow	2. vua	वाउ,
		3. to strike	3. Vua	वाउ
		4. to play	4. tiri	तिरी
		5. to beat	5. Vua	वाउ
दजाय (postp.)	bajāy	instead/place/ lieu of	aiah, hmunah	आइअह, म्हुनअह्
बजे क्रि.वि. (adv.)	baje	oclock	sana, dar	सना, दार
बजे क्रि.अ. (vi)	baje	yet	rih, la	रिह्, ला
बटन सं.पु. (n.m.)	baṭan	button	kawrkilh	कोरकिल्ह्
बटना सं.पु. (n.m.)	baṭnā	a cosmetic paste for cleansing the body throu-gh massaging	taksa tihnalh nana hnawih chi damdawi diak	तकसा तिह्नल्ह् नाना न्होइह् ची दमदोइ दियक्
बटना क्रि.अ. (vi)	baṭnā	to be twisted	herh a awm,	हेरह् अ ऑम,

		as a cord rope etc.	herh nih	हेरह् न्हीह्
बटमार सं.पु. (n.m.)	baṭmār	robber	suamhmang	सुअम्म्हाङ
बटलोई सं.स्त्री. (n.f.)	baṭ.loī	a round vessel used for cooking	eitur chhumna bel bial	एइतूर छुमना बेल बियल्
बटवारा सं.पु. (n.m.)	baṭvārā	1. division 2. partition	sem, ṭhen, phel	सेम, ठेन, फेल
बटाई सं.स्त्री. (n.f.)	baṭaī	sharing of corn	buh leh thlai ilo inpek leh inṭawm	बुह् लेह् त्लाइ इलो इनपेक् लेह् इनूटोम
बटाई पत्र सं.पु. (n.m.)	baṭaī patra	agreement for sharing harvest	a rah emaw a hmin emaw insem chungchanga inremna	अ रह् एमो अ महीन् एमो इनसेम चुङचङा इनूरेमना
बटुआ सं.पु. (n.m.)	baṭuā	purse, money-bag	pawisa ip	पोइसा इप
बटेर सं.पु. (n.m.)	baṭer	he-quail	vahmim pa	वम्हीम् पा
बटोरना क्रि.स. (vt.)	baṭor.nā	to collect	la khawm, ti khamw	ला खोम्, ती खोम्
बटोही क्रि.स. (n.m.)	baṭohī	traveller, way-farer	zin vak mi	जिन वाक् मी
बट्टा सं.पु. (n.m.)	baṭṭā	1. stone pestle, 2. blemish 3. discount brokerage	1. lung rawt fung 2. hmelhem 3. hnaim	लुङ रोत् फुङ, म्हेल हेम, न्हीयम्
बट्टाखाता सं.पु. (n.m.)	baṭṭākhātā	loss account, bad debts-account.	leibat ziakna bu	लेइबत् जियकन बू
बड़¹ सं.पु. (n.m.)	baṛ	1. banyan tree 2. aliomorph of बड़ा	bung, hmawng	बूङ, म्होङ
बड़² सं.स्त्री. (n.f.)	baṛ	brag	uanpuina, chapopuina	उअनूपुइना, चपोउपुइना
बड़प्पन सं.पु. (n.m.)	bṛappan	greatness	ropuina	रोउपुइना
बड़बड़ाना क्रि.अ. (vi)	baṛ.baṛānā	to mutter, to jabber	phun-chiar	फुन-चियर
बड़ा¹ क्रि.वि. (adv.)	baṛā	very, greatly	êm êm, nasa	एम एम, नसा

			takin	तकइन
बड़ा² वि. (adj.)	baṛā	1. big 2 large 3. great 4. major, main	lian, zau, hlai, ropui, tam, lian, tampui	लियन, जाउ ह्लाइ रोउपुइ, तम, लियन् तमपुइ
बड़ाई सं.स्त्री. (n.f.)	baṛāī	1. greatness 2. praise	1. ropuina 2 fak, chawimawi	रोउपुइना, फक, चोइमोइ
बड़ी सं.स्त्री. (n.f.)	baṛī	a preparation of ground pluse	dailuah rawtsawm hmanga ei siam	दइलुअह् रोत्सोम म्हाङा एइ सियम
बढ़ई सं.पु. (n.m.)	baṛhaī	carpenter	thil siamtu	थिल सियमतू
बढ़ती वि. (adj.)	baṛhtī	increasing, mounting	pung zel, nasa mek zel	पुङ जेल, नसा मेक जेल
बढ़ना क्रि.अ. (vi)	baṛh.ānā	1. to grow 2. to increase 3. to advance 4. to proceed 5. to develop	1. thang 2 pung 3. hmasawm 4. kalzel 5. changkang	ठङ पुङ म्हासोन कलजेल चङकाङ
बढ़ाना क्रि.स. (vt)	baṛhānā	1. to increase, 2. to extend	1. tipung 2. tizau	तिपुङ तिजाउ
बढ़ावा सं.पु. (n.m.)	baṛhāvā	encouragement fillip	fuihna, phurna	फुइह्ना, फुरह्ना
बढ़िया वि. (adj.)	baṛhiyā	1. nice, fine 2. excellent	1. tha, mawihnai 2. entawn tlak	ठा, मोहन्हाइ, एनूतोन त्लाक
बढ़ोत्तरी सं.स्त्री. (n.f.)	baṛhottrī	1. increase 2. progress	1. pung 2. hmasawn	पुङ, म्हासोन
बतख सं.स्त्री. (n.f.)	batakh	duck	varak	वरक
बताना क्रि.स. (vt.)	batānā	1. to tell 2. to show	1. hrilh, entir, hriattir	ह्रिल्ह्, एनतीर, ह्रियत्तीर
बतासा सं.पु. (n.m.)	batāsā	a roundish sugarcake	chhang urthlum (cake) mum.	छङ उर थ्लुम (केक) मुम
बत्ती सं.स्त्री. (n.f.)	battī	1. lamp 2. light	khawnvar, eng, bati	खोन्वार एङ, बती
बत्तीस वि. (adj.)	battīs	thirty two	samwthum pahnih	सोमथुम पह्नीह्
बत्तीसी सं.स्त्री. (n.f.)	battīsī	set of thirty two teeth	ha sawmthum pahnih hlawm.	हा सोमथुम पह्नीह् ह्लोम
बथुआ सं.पु. (n.m.)	bathuā	a leafy vegetable (indan) the chenapodium	thlai hnah nei chi (zam-zo lam pawl)	त्लाइ न्हाह् नेइ ची (जाम-जोउ लम पोल)

		album		
बदकारी सं.स्त्री. (n.f.)	bad.kārī	misdeed, dissoluteness	tihsual, tihchingpen	तिह्सुअल्, तिह्चिङपेन
बदक़िस्मत वि. (adj.)	bad. qismat	ill-fated, unfortunate	vanduai takin, vannei lo takin	वानुदुअइ तकइन, वाननेइ लोउ तकइन
बदकिस्मती सं. स्त्री. (n.f.)	bad.qismatī	mis fortune ill luck	vanduaina	वानदुअइना
बदचलन वि. (adj.)	bad.chalan	depraved, of bad character	nungchang ṭha lo, awm ṭha duh lo	नुङचङ ठा लो, ऑम ठा दुह लो
बदज़ात वि. (adj.)	bad.zāt	vile, wicked	mi sual, nunchhia	मी सुअल्, नुन्छिया
बदजुबान वि. (adj.)	bad.zubān	evil-tongued, foul mouthed	mi tawng chhia, bawlhhlawh taka tawng hmang	मी टोङ छिया, बोल्ह्लोह् तका टोङ म्हङ
बदतमीज़ वि. (adj.)	bad.tamīz	ill mannered	nungchang tha lo	नुङचङ ठा लो
बददिमाग़ वि. (adj.)	bad.dimāG	arrogant, conceited	mi ti thawng induh inchhuang, in ti veị	मी ति थोङ इनदुह् इनछुआङ, इनतिवेइ
बददुआ सं.स्त्री. (n.f.)	bad.duā	curse	anchhia, anchhe lawh	आन्छिया, आन्छे लोह्
बदन सं.पु. (n.m.)	badan	body	taksa	तकसा
बदनसीब वि. (adj.)	bad.nasīb	unfortunate	vanduai takin	वानदुअइ तकइन
बदनाम वि. (adj.)	bad.nām	ill-famed	thang chhia, hming chhia	थङ छिया, म्हीङ छिया
बदनामी सं.स्त्री. (n.f.)	bad.nāmī	in facny, notoriety	hming chhiatna, thang chhaitna	म्हीङ छियत्ना, थङ छियत्ना
बदनीयत वि. (adj.)	bad.nīyat	ill intentioned	vervek takin, verther takin, tum tha lo	वेरवेक तकइन, वेरथेर तकइन, टुम ठा लो
बदबू सं.स्त्री. (n.f.)	bad.bū	bad/foul smell	rim chhia	रिम छिया सुअल
बदमाश वि.पु. (adj.m.)	bad.māsh	wicked, mischievous	Sual, Chimawm.	चिमऑम
बदमाशी सं.स्त्री. (n.f.)	bad.māshī	wickedness, mischievous-ness.	sualna, chimawmna	सुअल्ना, चिमऑमना
बदमिजाज वि. (adj.)	bad.mizaj	short/ill	thinchhia	थिनछिया

		tempered		
बदरंग वि. (adj.)	bad.rang	1. of a faded colour 2. of a grotesque colour 3. of a different colour	rawng da tawh	रोङ द तोह्
बदलना[1] क्रि.अ. (vi)	badalnā	to change	ti danglam	ति दङलम्
बदलना[2] क्रि.स. (vt.)	badalnā	to change, to transfer	tidang, tisawn	तिदङ, तिसोन्
बदलवाना क्रि.स. (vt)	badal.vānā	to get smth charged/trans-ferred	thlakthleng, thlak danglam, sawn.	त्लाक्त्लेङ, त्लाक दङलम, सोन
बदला सं.पु. (n.m.)	bad.lā	revenge, return	phuba, let	फूबा, लेत्
बदले क्रि.वि. (adv.)	bad.le	inlieu of	aiah, chutih aiah	अइअह्, चुतिह् अइअह्
बदसूरत वि. (adj.)	bad.sūrat	ugly	hmelchhia, hmelhmang mawi lo	म्हेलछिया, म्हेलम्हङ मोइ लो
बदहजमी सं.स्त्री. (n.f.)	bad.hazmī	indigestion	chaw pai ṭawih that lohna	चो पाइ टोइह् ठत लोह्ना
बदहवास वि. (adj.)	bad.havās	out of one's wits, bewildered	ngaihna hre lo, ṭawng tur chham, dang	ङइह्ना हे लो, टोङ तूर छम, दंङ
बदी सं.स्त्री. (n.f.)	badī	dark fortnight of the lunar month, evil	thla thim lai	त्ला थिम लाइ
बदौलत (ind.)	badāulat	by the grace of, through the kindness of	ṭhatna leh ngilneihna zar.	ठत्ना लेह् ङिलनेइह्ना जार
बधाई सं.पु. (n.m.)	badhāī	congratula-tion.	lawmpuinate	लोमपुइनते
बधिक सं.पु. (n.m.)	badhik	1. executioner, 2. flowler, hunter	thattu tihlumtu, sa emaw sava emaw peltu, ram vak mi	थत्तू, तिह्लुमतू, साएमो सवा एमो पेलत्तू, रम वाक मी
बधिया वि. (adj.)	badhiyā	castrated bull/ bullock	bawng emaw sial emaw til lak.	बोङ एमो सियल एमो तिल लाक
बधिर वि. (adj.)	badhir	deaf	bengngawng	बेङ्ङोङ
बन सं.पु. (n.m.)	ban	forest, jungle	ngaw, thinghmun	ङो, थिङम्हुन

बनजारा सं.पु. (n.m.)	banjārā	gran dealer, a grocer	buh ilo leh ei leh in zuartu	बुह इलो लेह् एइ लेह् इन जुअरतू
बनना क्रि.अ. (vi)	ban.nā	to be made, to be built, to be come, to feign	siam, sa, lo nih, ti-der awm der	सियम्, सा, लो निह्, ति देर ऑम देर
बनवास सं.पु. (n.m.)	ban.vās	dwelling in the forest	chhawlbuk, thlam	छोलूबूक, त्लाम्
बनाना क्रि.स. (vt.)	banānā	to get made	siam zo, ti zovek	सियम् जो, ति जोउवेक्
बनाम (ind)	banām	versus	do, khin	दोउ, खिन
बनारसी वि. (adj.)	banārasī	resident of varanasi	Banaras-a chengte	बनारस अ चेङ्ते
बनाव सं.पु. (n.m.)	banāv	make up	buatsaih dan, duan dan.	बुअत्सइह् दान, दुअन् दान
बनावट सं.स्त्री. (n.f.)	banāvaṭ	1. composition, structure	phuah khawm, rem, sa 1. tak lo,	फ़ुअह् खोम, रेम सा तक लो,
बनावटी वि. (adj.)	banāvaṭī	artificial, subthetic	lem 2. thil tak anga thil danga siam, tak lo.	लेम, थिल तक अङा थिल दङा सियम्, तक लो
बनाव-सिंगार सं.स्त्री. (n.f.)	banāv-singār	make-up	hmai hnawih	म्हाइ न्होइह्
बनिया सं.पु. (n.m.)	baniyā	grocer	ei-bar thil zaurtu	एइ-बार थिल जुअरतू
बनियाइन सं.स्त्री. (n.f.)	baniyāyin	under garment, vest.	kawrhnuai, tawnzau	कोरन्हुअइ, तोनूजाउ
बनैला वि. (adv.)	banāila	wild, belonging to or living in the forest	ramhnuaia ṭo emaw cheng chi ve reng	रमन्हुअइअ टोउ एमो चेङ ची वे रेङ
बपतिस्मा सं.पु. (n.m.)	baptismā	baptism, christening	baptisma, nemnghet	बपूतिसमा, नेमह्ङेत्
बपौती सं.स्त्री. (n.f.)	bapāutī	inheritance, heritage	roluah, pipu atanga chhawm.	रोउलुअह्, पीपू अटंङा छोम
बबूल सं.पु. (n.m.)	babūl	acacia tree, babul	thing chi khat per eng.	थिङ ची खत पार एङ
बम सं.पु. (n.m.)	bam	bomb, shell	bom, thil puak	बोम, थिल पुआक्

			nasa thei	नसा थेइ
बममार सं.पु. (n.m.)	bammār	bomber	bom thlak tu	बोम त्लाक तू
			thlawhtheihna	त्लोह्‌थेइह्‌ना
बमवर्षक सं.पु. (n.m.)	bam.varṣak	bomber	bomb thlaktu	बोम त्लाक तू
			thlawh theihṇa	त्लोह थेइह्‌ना
बय सं.स्त्री. (n.f.)	bay	sale	hralh	ह्रल्ह
बया सं.पु. (n.m.)	bayā	weaver-bird	1. sava chal	सवा चल
			eng leh tle chi	एङ लेह्‌ त्ले ची,
			2. thlai bukna	त्लाइ बूकना
बयान सं.पु. (n.m)	bayān	statement,	thusawi,	थुसोइ,
		description	hrilhfiahna	ह्रिल्ह्‌फियह्‌ना
			sawichianna	सोइचियन्‌ना
बयाना सं.पु. (n.m.)	bayānā	earnest money	intiamna,	इनतियम्‌ना,
			kamna ṭangka	कमना तङ्का
बयार सं.स्त्री. (n.f.)	bayār	breeze	thlifim, thli	थ्लीफीम, त्ली
			thengthaw	थेङ्थो
बयालीस वि. (adj.)	bayālīs	forty two	sawmli pahnih	सोमली पह्‌नीह्
बयासी वि. (adj.)	bayāsī	eighty two	sawmriat pahnih	सोमरियत पह्‌नीह्
बरकत सं.स्त्री. (n.f.)	ba.rkat	1. grace	hausakna,	हउसक्‌ना,
		2. affluence	neihnunna	नेइह्‌नुन्‌ना
बरख़ास्त वि. (adj.)	bar.khāst	dismissed	ti tawp	ति तोप
बरगद सं.पु. (n.m.)	bar.gad	banyan tree	bung, hmawng	बूङ, म्होङ
बरछा	bar.chhā	lance, spear	fei, hmawlh zum	फेइ, ह्मोल जुम
बरतन सं.पु. (n.m.)	ba.rtan	pot, utensil	bel, ei bungbel	बेल, एइ बुङबेल
बरतना क्रि.स. (vt.)	bart.nā	to use, to deal,	hmang,	म्हाङ,
		to behave	sawmgbawl,	सोङबोल,
			awmtha	ऑमठा
बरताव सं.पु. (n.m.)	ba.rtāv	behaviour	awm phung,	ऑम फूङ,
			nungchang	नुङचङ
बरदाश्त सं.स्त्री. (n.f.)	bar.dāṣht	tolerance,	dawhtheihna, tuar	दोहथेइह्‌ना, तुअर
		forebearance	theihna	थेइह्‌ना
बरबस क्रि.वि. (adv.)	bar.bas	1. forcibly,	1. tihluih 2. tivel	तिह्‌लुइह्, तिवेल
		2. willy-nilly	mai mai	मइ मइ
बरबाद वि. (adj.)	bar.bād	ruined, wasted	chhia, hman	छिया, म्हन
			tlak lo	त्लाक लो
बरबादी सं.स्त्री. (n.m.)	bar.bādī	ruin, waste	chhia, hman	छिया, म्हन

			tlak lo	त्लाक लोह
बरमा सं.पु. (n.m.)	bar.mā	1. drill (for making holes) 2. burma (name of a country in Asia)	1. kaw ker, kaw verh 2. Burma (ramhm-ing)	को केर, को वेरह् बरमा (रमम्हीङ)
बरस सं.पु. (n.m.)	baras	year	kum (hun chhiarna)	कुम (हुन छियारना)
बरसना क्रि.अ. (vi)	baras.nā	to rain falling	ruah sur, ruah tla	रुअह् सूर, रुअह त्ला
बरसात सं.स्त्री. (n.f.)	bar.sāt	rains, rainy season.	ruah sur, fur	रुअह् सूर, फूर
बरसाती वि. (adj.)	bar.sātī	rainy, rain	khawchhia	खोछिया
बरसाती सं.स्त्री. (n.f.)	bar.sātī	rain-coat	thelret kawr	ठेल्रेत् कोर
बरसाना क्रि.स. (vt.)	bar.sānā	to pour rain, to shower	ruah sur	रुअह् सूर
बरसी सं.स्त्री. (n.f.)	bar.sī	death anniversary	thih champha	थिह् चमफा
बरात सं.स्त्री. (n.f.)	barāt	bridegrooms party	mopa lam mite	मोउपा लम मीते
बराती सं.पु. (n.m.)	barātī	member of bridegrooms party	mopa lam mite	मोउपा लम मीते
बराबर वि. (adj.)	barābar	equal, match-ing, level	intlukin, inhnehin, inrualin	इनत्लुकइन्, इन्न्हेह्इन, इनरुअलइन
बराबर क्रि.वि. (adv.)	barābar	evenly, regularly	rualrem takin, fel takin	रुअलरेम तकइन, फेल तकइन
बराबरी सं.स्त्री. (n.f.)	barābarī	equality, parity	inkhung rual	इनखुङ रुअल
बरामद वि. (adj.)	barāmad	recovered	a ngai hmu chhuak, dam ṭha leh, ngai awh leh.	अ ङाइ म्हु छुअक्, दम ठा लेह्, ङाइ ओह् लेह्
बरामदा सं.पु. (n.m.)	barām.dā	verandah	bathlar, bahzar	बत्लार, बह्जार
बरी वि. (adj.)	barī	acquitted	chhuah, thiam chantir	छुअह्, थियम चनतीर
बर्तन सं.पु. (n.m.)	bartan	pot, utensil	bel, ei bungbel	बेल, एइ बुङबेल
बर्ताव सं.पु. (n.m.)	bartāv	behaviour, use	chetzia,	चेत्जिया,

			hmangchang	म्हङ्चाङ
बर्फ सं.स्त्री. (n.f.)	barf	snow, ice	vur, tuikhal	वूर, तुइखल
बर्फी सं.स्त्री. (n.f.)	barfī	sweet meat made of thick milk	bawnghnute aṭanga siam chithlum	बोङन्हुते अटंङा सियम चित्लुम
बर्फ़ीला वि. (adj.)	barfīlā	icy	vurting, vawt lutuk	वूरत्लीङ, वोत् लुतुक
बर्बर वि. (adj.)	barbar	barbarian, savage	hnam a, hnam mawl, hnam hnufual	न्हम आ, न्हम मोल, न्हम न्हुफुअल
बल सं.पु. (n.m.)	bal	1. strength, emphasis 2. kink, twist	1. chakna, bulpui maksak, herhkawih	चकना, बुलपुइ, मकसक, हेरह्कोइह्
बलगम सं.पु. (n.m.)	bal.gam	phlegm	khak	खाक्
बलशाली वि. (adj.)	bal.shalī	powerful	chak, thilti thei	चक, थिलति थेइ
बलहीन वि. (adj.)	bal.hīn	powerless	chak lo, thiehna nei lo	चक लो, थेइह्ना नेइ लो
बला सं.स्त्री. (n.f.)	balā	evil spirit	thlarau sual, hamhuai	त्लाराउ सुअल, रमहुअइ
बल्कि (ind)	balki	but, rather, on the contray	mahse, ni mahse, nimahsela, chutiang ni lovin	म्हूसे, नी म्हूसे, नीम्हूसेला, चुतियङ नी लोइन
बल्ब सं.पु. (n.m.)	balb	bulb	hnah hringkung bulbawk nei	न्हाह् ह्रिङकूङ बुलबोक् नेइ
बल्लम सं.पु. (n.m.)	ballam	lance	Fei	फेइ
बल्ला सं.पु. (n.m.)	ballā	bat, racket	khel tiang, inkhelha vuakna	खेल तियङ, इनूखेल्हअ वुक्ना
बल्ली सं.स्त्री. (n.f.)	ballī	long, wooden staff	thing, tiang	थिङ, तियङ
बलात (ind)	balāt	by force, forcibly	tihluihna, tharum hmang	तिह्लुइना, थरुम म्हङ
बलात्कार सं.पु. (n.m.)	balāt.kār	outrage	1. thinrimna 2. pawngsual	थिनरिमूना, पोङसुअल
बलवा सं.पु. (n.m.)	bal.vā	riot	helna, buaina	हेलूना, बुअइना
बलवान वि. (adj.)	bal.vān	strong, power-ful	chak, tithei	चक, तिथेइ
बलि सं.स्त्री. (n.f.)	bali	sacrifice	inhlanna,	इनह्लनूना,

			inthawina	इनथोइना
बलिदान सं.पु. (n.m.)	balidān	offering as a sacrifice	inthawinaa hlan	इनथोइना अ ह्लान
बलिष्ठ वि. (adj.)	baliṣṭh	very strong	chak tak, chak em em	चक तक, चक एम एम
बलिहारी वि. (adj.)	balihārī	to bestwo affectionate blessings	malsawm sak	मल्सोम सक
बली वि. (adj.)	balī	powerful, strong	thil tithei, chak	थिल तिथेइ, चक
बवंडर सं.पु. (n.m.)	bavanḍar	cyclone	thlipui	त्लीपुइ
बवासीर सं.स्त्री. (n.f.)	bavāsīr	piles	tai na	तइना
बसंत सं.पु. (n.m.)	basant	spring	nipui	निपुइ
बस (ind)	bas	that's all, enough	chu zawng chu, a tawk	चु जोङ चु, अ तोक
बसना क्रि.अ. (vi)	bas.nā	to dwell live, to settle	cheng, hmun khuar	चेङ, म्हुन खुअर
बसूला सं.पु. (n.m.)	basūlā	adze	hachhek	हछेक
बसूली सं.स्त्री. (n.f.)	basūlī	small adze	hachhek te	हछेक् ते
बसेरा सं.पु. (n.m.)	baserā	short stay, dwelling	cham, cheng lai lawk	चाम, चेङ लइ लोक
बस्ता सं.पु. (n.m.)	bastā	bag, portman-tau	ip khailian, zin ip	इप खाइलियन, जिन इप
बस्ती सं.स्त्री. (n.f.)	bastī	habitation	chenna	चेन्ना
बहंगी सं.स्त्री. (n.f.)	bahaṅgī	load carrying device in the shape of a scale pan	thil thiarna emaw lakna emaw thleng emaw kho emaw	थिल थियरना एमो लाक्ना एमो थ्लेङ एमो खोउ एमो
बहकना क्रि.अ. (vi)	bah.akanā	to rave, to go astray	tawng a, peng bo, kal sual	टोङ आ, पेङ बोउ, कल सुअल
बहकाना क्रि.स. (vt)	bah.kānā	to inveigle, to lead astray	ngam thlem kal sual tir	ङम थ्लेम् कल सुअल तीर
बहत्तर वि.पु. (adj.m.)	bahattar	seventy two	sawmsarih pahnih	सोमूसरिह्, पह्नीह्
बहन सं.स्त्री. (n.f.)	bahan	sister	farnu, laizawn	फरनु, लइजोन
बहना क्रि.अ. (vi)	bah.nā	to flow, to be swept by the current	len, tuikhauh len	लेन, तुइखुअह् लेन

बहनाई सं.पु. (n.m.)	bah.noī	sister's husband, brother-in-low	mak pa	माक पा
बहरा वि. (adj.)	bah.rā	deaf	bengngawng	बेङङोङ
बहलना क्रि.अ. (vi)	bahal.nā	to be agreeably, diverted/amused	thlem thluka awm	थ्लेम थ्लुका ऑम
बहलाना क्रि.स. (vt.)	bah.lānā	to amuse	ti hlim	ति ह्लीम
बहलावा सं.पु. (n.m.)	bah.lāvā	inveiglement	ngamthlemna, zematna	ङमत्लेमना, जेमूआतना
बहस सं.स्त्री. (n.f.)	bahas	discussion, argument.	sawihona, chinfelna	सोइहोउना, चिनफेल्ना
बहादुर वि. (adj.)	bahādur	bravery, bold	huaisen, huaisenzia	हुअइसेन, हुअइसेनजिया
बहादुरी सं.स्त्री. (n.f.)	bahādurī	bravery, boldness	huaisenna	हुअइसेन्ना
बहाना सं.पु. (n.m.)	bahānā	pretext, pretence	ti der, awmlem	ती देर ऑमलेम
बहार सं.स्त्री. (n.f.)	bahār	spring, season of delight	nipui thengthaw	निपुइ, थेङथो
बहाल वि. (adj.)	bahāl	reinstated, maintained	ngai awh, awm pangngaia awm	ङाइ औह्, ऑम पाङङाइआ ऑम
बहाव सं.पु. (n.m.)	bahāv	drift, flow	lang, len	लङ, लेन
बहिर्गमन सं.पु. (n.m.)	bahir gaman	going out, walk out	chhuah tauh san	छुअह् तउह् सन
बहिष्कार सं.पु. (n.m.)	bahiṣkār	boycott	hnawl, ban	न्होल, बान
बहिष्कृत (PP)	bahiṣkrit	boycotted	hnawl, ban	न्होल, बान
बही सं.स्त्री. (n.f.)	bahī	a register of the old type	lehkhapuan bu pan	लेह्खपुअन बु पन
बहीखाता सं.पु. (n.m.)	bahīkhātā	account book	pawisa vawn felna bu	पोइसा वोन फेलना बू
बहु वि. (adj.)	bahu	many	tam, tam tak	तम, तम तक
बहुत वि. (adj.)	bahut	much, many, quite often	tam, fo, nawn fo	तक, फोउ, नोन् फोउ
बहुतायत सं.स्त्री. (n.f.)	bahutāyat	abundance, plenty	tam tawk, kham khawp	तक तोक, खम खोप
बहुतेरा वि. (adj.)	bahuterā	much, many	tam, chhah	तम, छह्
बहुधा क्रि.वि. (adv.)	bahudhā	mostly, daily,	dan naranin,	दान नरानइन,

		often, usually	nitin	नीतिन
			tih dan tlang pui	तिह्‌दान त्लाङ्‌पुइ
बहुभाषज्ञ सं.पु. (n.f.)	bahubh-āsagña	ployglot, multiliguist	tawng chi hrang tam tak thiam	टोङ ची ह्रङ तक तक थियम्
बहुमत सं.पु. (n.m.)	baumat	majority	a tam lam	अ तम लम
बहुमुखी वि. (adj.)	bahumukhi	1. multiface, 2. all-round	1. awmphung hrang hranga awm thei mi 2. engkim tlin zel mai mi	ऑम फुङ ह्रङ ह्रङा ऑम थेइ मी, एङकिम त्लीन जेल मइ मी
बहुमूल्य वि. (adj.)	bahumūlya	precious, costly	hlu, man to	ह्‌लु, मन तोउ
बहुल वि. (adj.)	bahul	abundant, plentiful	hnianghnar, tam tawk, kham	न्हीयङह्‌नार, तम तोक, खम
बहुरुपिया सं.पु. (n.m.)	bahurupiyā	an expert in many different forms of dis-guise, imposter	mi dang lema chang thiam, mi dang nia inchhal a mi bum hmang	मी दंङ लेमा चङ थियम, मी दंङ नीअ इनछाल अ मी बुम म्हङ
बहुलता सं.स्त्री. (n.f.)	bahul.tā	abundance, plenty	tam zo, tam tawk.	तम जोउ, तम तोक्
बहुवचन सं.पु. (n.m.)	bahu. vachan	plural	pakhat aia tam sawina	पखत आइअ तम सोइना
बहू सं.स्त्री. (n.f.)	bahū	1.daughter-in-low 2. wife 3. mistress	1. famo 2. nupui 3. hmei	फा मोउ, नुपुइ म्हेइ
बहेलिया सं.पु. (n.m.)	baheliyā	fowler	ramar veh mi, sava zuartu	रम आर वेइ मी, सवा जुअरतू
बाँका वि. (adj.)	bā̃kā	foppish	awmdan leh in cheidan a intivei dangdai	ऑमदान लेह्‌ इन चेइदान अ इनतिवेइ दङदाइ
बाग सं.स्त्री. (n.f.)	bāg	1. croving of a cock 2. prayer call (by the chief of a mosque)	1. ar khung 2. tawngtai kohna	आर खुआङ टोङटाइ कोउना
बाँट सं.स्त्री. (n.f.)	bā̃nṭ	division,	inthenna, darhna	इनठेनूना, दरह्‌ना

		partition		
बाँटना क्रि.स. (vt.)	bā̃nt.nā	to distribute, to divide, to share out	sem chhuak, pe chhuak	सेम छुआक्, पे छुआक्
बाँड सं.पु. (n.m.)	bō̃nd	bond	tawnna, phuarna	टोन्ना, फुअरना
बाँदी सं.स्त्री. (n.f.)	bā̃ndī	odalisque	harem-a chhiahhlawh hmeichhia	हरेम-अ छियह्ह्लोह् म्हेइछिया
बाँध सं.पु. (n.m.)	bā̃ndh	dam, embank-ment.	tuikhuah, tuikhuahna	तुइखुअह्, तुइखुअह्ना
बाँधना क्रि.स. (vt)	bā̃ndh.nā	1. to bind/tie 2. to warp around	tawn, hling, kuah hlawm, tawn hlawm	टोन, ह्लीङ, कुअह् ह्लोम, टोन ह्लोम
बाँबी सं.स्त्री. (n.f.)	bām̐bī	ant-hill	bu (fanghirin leia an siam ang)	बू (फङ्म्हीर लेइअ अन सियम् अङ)
बाँस सं.पु. (n.m.)	bā̃ns	bamboo	Mau, Chal, rua	माउ-चल, रुआ
बाँसुरी सं.स्त्री. (n.f.)	bā̃nsurī	flute	phenglawng	फेङलॉङ
बाँह सं.स्त्री. (n.f.)	bā̃h	arm, sleeve	ban, kawr ban	बन, कोर बन
बाईस वि. (adj.)	bāīs	twenty two	sawmhnih pahnih	सोमह्नीह् पह्नीह्
बाएँ (ind)	bāẽ	on left-hand side, to the left	vei lam, vei lamah	वेइ लम, वेइ लमह्
बाक़ी सं.स्त्री (n.f.)	bāqī	1. substraction 2. remainder 3. balance 4. arrears	1. paih 2. bang, 3. inmil lohna 4. bat khawm	पइह्, बाङ इनमिल लोहना बत् खोम
बाग सं.स्त्री. (n.f.)	bāg	rein (s)	sakawr hmui phuarna hrui	सकोर म्हुइ फुअरना हुइ
बाग़ सं.पु. (n.m.)	bāG	garden	huan	हुअन्
बाग़डोर सं.स्त्री. (n.f.)	bāg-dor	hatter, rein	ran thluna hrui, sakawr hmui hlinna hrui	रन् त्लुना हुइ, सकोर म्हुइ ह्लीन हुइ
बाग़वानी सं.स्त्री. (n.f.)	bāGvānī	gardening	huan hna, huan hnathawh	हुअना न्हा, हुअन न्हाथोह्
बाग़ी वि.पु. (adj.m.)	bāGī	rebel, insurgent	hel	हेल
बाघ सं.पु. (n.m.)	bāgh	tiger	Sakei	सकेइ

बाज़ सं.पु. (n.m.)	bāz	hawk, falcon	mute, muvanlai	मुते, मुवनलाइ
बाजरा सं.पु. (n.m.)	bājrā	millet	buhtun	बुह्तुन
बाजा सं.पु. (n.m.)	bājā	musical instrument.	rimawi tumrik	रिमोइ, तुमरीक्
बाजागाजा सं.पु. (n.m.)	bājāgājā	fanfare, band	intihhlimna,	इनतिह्ह्लीमना,
बाज़ार सं.पु. (n.m.)	bāzār	market	tihpui bazar	तिह्पुइ बजार
बाज़ी सं.स्त्री. (n.f.)	bāzī	1. bet, stake 2. turn	1. inṭawngkhalh, dahkham 2. ni, hun (tihni, tih hun.)	इनटोङखल्ह, दह्खम, नी, हुन तिह्नी, तिह् हुन)
बाज़ीगर सं.पु. (n.m.)	bāzīgar	juggler	thil vawr vel thiam mi	थिल वोर वेल थियम मी
बाजू सं.पु. (n.m.)	bājū	arm	ban	बान
बाड़ सं.स्त्री. (n.f.)	bāṛ	hedge, fance	pal hnim, pal hungna, pal	पल न्हीम्, पल हुङना, पल
बाड़ा सं.पु. (n.m.)	bāṛā	enclosure, pen corral	huang chhung, huang hung, hung chhung	हुअङ छूङ, हुअङ हुङ, हुअङ छूङ
बाढ़ सं.स्त्री. (n.f.)	bāṛh	1. growth 2. flood	1. ṭhanzia 2. tui lian, tui let	ठन्ज़िया तुइ लियन, तुइ लेत्
बाण सं.पु. (n.m.)	bāṇ	arrow	thal	थल,
बाप सं.पु. (n.m.)	bāp	father	pa (hring tu)	पा (ह्रिङ तू)
बापू सं.पु. (n.m.)	bāpū	father	pa, pu, hotu	पा, पू, होउतू
बाबत अ. (ind)	bābat	in respect of, pertaining to.	chung chang, chu lam.	चुङ चाङ, चु लम
बाबा सं.पु. (n.m.)	bābā	grand father, old man	pu,putar	पू, पुतर
बाबुल सं.पु. (n.m.)	bābul	father	pa	पा
बांबू सं.पु. (n.m.)	bābū	educated man, clerk	lehkha thiam, ziaktu	लेह्ख थियम्, जियकतू
बात सं.स्त्री. (n.f.)	bāt	1. talk 2. matter 3. thing	tawng thil, thil sawi	टोङ थिल, थिल सोइ
बातचीत सं.स्त्री. (n.f.)	bāt.chīt	conversation	inbiakna	इन्बियकना
बातूनी वि. (adj.)	bātūnī	talkative	tawng cheh, tawng thei	टोङ चेह्, टोङ थेइ
बाद अ. (ind)	bād	after, later	hnuah, hnu lamah	न्हुअह, न्हुलमअह्

बादल सं.पु. (n.m.)	bādal	cloud	chhum	छूम
बादशाह सं.पु. (n.m.)	bād.shāh	king, ruler	lal, roreltu	लल, रोउरेलतू
बादाम सं.पु. (n.m.)	bādām	almound	thing rah lai mu ei chi	थिङ रह् लइ मु एइ ची
बादामी वि. (adj.)	bādāmī	of the colour of almound	almond rawng (uk lam deuh)	अलमोन्द रोङ (उक लम देउह्)
बाधक वि. (adj.)	bādhak	obstructive	daltu, titawptu	दालतू, तितोपतू
बाधा सं.स्त्री. (n.f.)	bādhā	obstruction, interruption,	dalna, tihbuaina	दालना, तिह्बुअइना
बाध्य वि. (adj.)	bādhya	compelled, forced	tilui, tirlui	तिलुइ, तीरलुइ
बान	bān	cord of twisted grass, habit	hrui hnimhnaha siam, chin than	हुइ ह्नीमह्अह्अ सियम्, चीन ठन
बानगी सं.स्त्री. (n.f.)	bānagī	sample	entirna, enchhinna	एनतीरना, एनछिन्ना
बानर सं.पु. (n.m.)	bānar	monkey	zawng (lian deuh chi)	जोङ (लीयन देउह् ची)
बानवे वि.पु. (adj.m.)	bānave	ninety two	sawmkua pahnih	सोमकुअ पह्नीह्
बाना क्रि.स. (vt)	bānā	to open out	phawrh	फोरह्
बाना सं.पु. (n.m.)	bānā	woof, dress guide	la phei, in cheina, inthuamna	ला फेइ, इन चेइना, इनथुअमना
बायकाट सं.पु. (n.m.)	bāy-kāt	boy cott	hnawl, thuamna	न्होल
बायाँ वि. (adj.)	bāyā̃	left	vei, vei lam	वेइ, वेइ लग
बार सं.स्त्री. (n.f.)	bār	times	hun, hun bi	हुन, हुन बी
बारंबार क्रि.वि. (adv.)	bārambār	again and again, repeat-edly	nawn fo, tinawn lehpek	नोन् फोउ तिनोन् लेह्पेक्
बारह वि. (adj.)	bārah	twelve	sawm pahnih	सोम पह्नीह्
बारहदरी सं.स्त्री. (n.f.)	bārahdarī	a structure having twelve entrance (usu-sally on the uper storey of a house)	inchung hungchhung luhna sawmpahnih nei.	इनचुङ, हुङ्छूङ लूह्ना सोमपह्नीह् नेइ
बारहमासा सं.पु. (n.m.)	bārahmāsā	a particular type of hindi poetry	hindi hla-thu chi khat.	हिन्दी ह्ला-थू ची खत्
बारहसिंगा सं.पु. (n.m.)	bārahsingā	stag	sazuk ki hreunei	सजुक की ह्रेउ नेइ

बारात सं.स्त्री. (n.f.)	bārāt	marriage procession	inneih kawng zawh	इन नेइह् कोङ जोह्
बाराती वि. (adj.)	bārātī	belonging to a marriage party	inneihna thil, inheiho pawl.	इन्नेइह्ना थिल, इन्नेइ होउ पोल
ब्रारिश सं.स्त्री. (n.f.)	bārish	rain, rainfall	ruah, ruah sur.	रुअह्, रुअह् सूर
बारी सं.स्त्री. (n.f.)	bārī	1. turn, 2. inning 3. grove.	tih ni, tih hun, te tak te, sin tak	तिह् नी, तिह् हुन, ते तक ते, सीन तक
बारीक् वि. (adj)	bārīq	think, minute	huan, chenna	हुअन् चेन्ना
बारीकी सं.स्त्री. (n.f.)	bārīqī	thiness, minuteness	panna, tet êm êm na	पन्ना, तेत् एम एम ना
बारे अ. (ind.)	bāre	about, in respect of, relating to.	chung chang, hawi zawng, chu lam.	चुङ चाङ, होइ जोङ, चु लम
बाल[1] वि. (adj.)	bāl	young	la naupang, la no	ल नउपङ, ल नोउ
बाल[2] सं.पु. (n.m.)	bāl	hair	sam.	सम
बाल[3] सं.पु. (n.m.)	bāl	ball	thelret mum bial	ठेल्रेत् मुम बियल
बालक सं.पु. (n.m.)	bālak	boy	mipa naupang	मीपा नउपङ
बालकाल सं.पु. (n.m.)	bāl kāl	boyhood	naupan lai (mipa)	नउपन लाइ (मीपा)
बालवर सं.पु. (n.m.)	bālvar	boyscout	mipa naupang pawl chi khat	मीपा नउपङ पोल ची खत
बाला सं.स्त्री (n.f.)	bālā	adolescent girl (within teens)	tleirawl	त्लेइरोल
बाल बच्चे सं.पु. (n.m.)	bāl.bachche	off spring	thlah, thlah chhawng	त्लाह, त्लाह छोङ
बालम सं.पु. (n.m.)	bālam	1. darling 2. sweet lover	ngaihzawng, duh tak	ङइह्जोङ, दुह् तक
बालिका सं.स्त्री. (n.f.)	bālikā	girl	hmeichhe	म्हेइछे
बालिग वि. (adj.)	bāliG	adult	naupang puitling	नउपङ पुइत्लीङ
बालिश्त सं.पु. (n.m.)	bālisht	hand-span	kut chhuak, tual chhuak	कुत् छुआक्, तुअल छुआक्
बालू सं.पु. (n.m.)	bālū	sandy	tiau vaivut, balu	टिअउ वइवुत, बालू
बालूशाही सं.स्त्री. (n.f.)	bālūshāhī	a kind of sweet	chithlum chi khat	चित्लुम चि खत
बाल्टी सं.स्त्री. (n.f.)	bālṭī	bucket	baltin	बालटीन्
बाल्यावस्था सं.स्त्री. (n.f.)	bālyāvasthā	chilhood, infancy	naupan lai, nautet lai	नउपन लाइ, नउतेत् लाइ
बांवजूद अ. (ind.)	bāvajūd	inspite of	chuti chungin	चुति चुङइन
बावड़ी सं.स्त्री. (n.f.)	bāvṛī	broad well with	tuikhuah thuk vak	तुइखुअह् थूक वक्

		a low surface of water provided with flight of stairs.	lo var deuh.	लो वार देउह्
बावन वि. (adj.)	bāvan	fifty two	sawmnga pahnih	सोमङा पह्नीह्
बावरची सं.पु. (n.m.)	bāvarchī	cook	chaw chhumtu (mipa)	चो छूमतू (मीपा)
बावला वि. (adj.)	bāvlā	insance, mad, crazy	a, a phuang	अ, अ फुअङ
बावी सं.स्त्री. (n.f.)	bāvī	flatuence	kaw puar	को पुअर
बावेला सं.पु. (n.m.)	bāvelā	furore, uproar	thil at chilh, buai bengchheng	थिल आत् चिल्ह्, बुअइ बेङछेङ
बाशिंदा वि. (adj.)	bāshindā	dweller	chengtu, luahtu hlun	चेङतू, लुअह्तू ह्लुन
बासद सं.पु. (n.m.)	bāsad	gunpowder	silai zen.	सिलाइ जेन
बास सं.स्त्री. (n.f.)	bās	smell	rim	रिम
बासठ वि. (adj.)	bāsaṭh	sixty two	sawmruk pahnih	सोमरुक पह्नीह्
बासी वि. (adj.)	bāsī	having lost freshness, stale	chaw emaw chaw-meh thing.	चो एमो, चोम्हेह् ठिङ
बाहर (ind.)	bāhar	out, out side	pawn, pawn lam.	पोन, पोन लम
बाहरी वि. (adj.)	bāhrī	outward, external	pawn lam lan dan, pawn.	पोन लम लन दान, पोन
बाहुबल सं.पु. (n.m.)	bāhubal	1. physical force 2. valour.	1. tak chakna 2. huaina	तक चकना हुअइना
बाहुल्य सं.पु. (n.m.)	bāhulya	exuberance, plenty	phur em em na, tam, nasa	फूर एम एम ना, तम, नसा
बाहु सं.स्त्री. (n.f.)	bāhu	arm	ban	बान
बाह्य वि. (adj.)	bāhya	outward, external.	pawnlam	पोनलम
बाट सं.पु. (n.m.)	bāṭ	1. way path 2. weights	1. kawng, lamhawi tehna lung.	कोङ, लमहोइ तेहना लुङ
बाझ वि. (adj.)	bañjh	barren (woman)	ching	चिङ
बिंदी सं.स्त्री. (n.f.)	bindī	dot, vermillon mark on the forehead	vainu chal hnawih bial	वाइनू चल ह्नोइह् बियल
बिन्दु सं.पु. (n.m.)	bindu	dot, oypher	Ziak	जियक्
बिकना क्रि.अ. (vi)	bik.nā	to be sold	hralh	ह्लह्

बिकाऊ वि. (adj.)	bikāū	for sale	hralh tur	हल्ह् तूर
बिक्री सं.स्त्री. (n.f.)	bikrī	sale	hralh lai, zawrh lai	हल्ह लाइ, जोरह्लाइ
बिखरना क्रि.अ. (vi)	bikhar.nā	to be scattered/ diffused	tidarh, tiriral	तिदरह्, तिरीरल्
बिखेरना क्रि.स. (vt)	bikher.nā	to scatter/ diffuse	tidarh, tiriral	तिदरह, तिरीरल्
बिगड़ना क्रि.अ. (vi)	bigaṛ.nā	to be angry, to deteriorate.	inthlah thlam	इनत्लाह् त्लम्
बिगाड़ सं.पु. (n.m.)	bigāṛ	rift discord	in ngeih lohna, inrem lohna, inghir nghona	इन ङेइह् लोह्ना, इनरेम लोह्ना, इनह्डीर ह्डोउना
बिगाड़ना क्रि.स. (vt)	bigāṛ.nā	to spoil, to ruin	tichhia	तिछ़िया
बिगुल सं.पु. (n.m.)	bigul	buigle	tawtaw rawt.	तोतोरोत्
बिचकाना क्रि.स. (vt.)	bich.kānā	to sneer	deusawh.	देउसोह्
बिचौलिया सं.पु. (n.m.)	bichāuliyā	middle man	palai, thawk palai	पलाइ, थोक पलाइ
बिछना क्रि.अ. (vi)	bichh.nā	to be spread out	inzar pharh, thil zar chhuak	इन्जार फरह्, थिल जार छुआक्
बिछाना क्रि.स. (vt.)	bichhānā	to spread out	zar pharh	जार फरह्
बिछावना सं.स्त्री. (n.f.)	bichhāv.nā	bed-sheet, bed-ing.	mut puan, mut bu	मुत पुअन्, मुत बू
बिछुआ सं.पु. (n.m.)	bichhuā	an ornament worn on the toe	ke zungbun	के जुङबुन
बिछुड़ना क्रि.अ. (vi.)	bichuṛ.nā	to part, to be separated	then, thentir	ठेन्, ठेन्तीर
बिछोह सं.पु. (n.m.)	bichhoh	painful separa-tion.	lunghnura inthen	लुङह्नुरा इनठेन्
बिछौना सं.पु. (n.m.)	bichhōnā	bedding	mut bu.	मुत बू
बिच्छू सं.पु. (n.m.)	bichchhū	scorpion	khawmual kaikuang	खोमुअल काइकुअङ
बिजली सं.स्त्री. (n.f.)	bijlī	lightning, electricity	kawlphe, kawlphe tha, elektric	कोलफे, कोलफे था, इलेक्ट्रिक
बिजलीघर सं.पु. (n.m.)	bijlī-ghar	power house.	electrik in	इलेक्ट्रिक इन
बिठाना क्रि.स. (vt)	biṭhānā	to set	ṭhuttir	ठुत्तीर
बिताना क्रि.स. (vt)	bitānā	to spend (time)	cham, hun hmang	चाम, हुन् म्हङ
बित्ता सं.पु. (n.m.)	bittā	hand span	tual chher, kut chhuak	तुअल छेर, कुत छुआक्
बिदकना क्रि.अ. (vi)	bidak.nā	to shy, to be	phawk, hrilhhai	फोक, ह्लिह्हइ

		alarmed		
बिनती सं.स्त्री (n.f.)	binti	act of bowing, entreaty.	chibai buka kun, ngen, tawng taina	चिबइ बूका कून, ङेन, टोङ टाइना
बिना (ind.)	binā	without	lovin, tel lovin	लोउइन, तेल लोउइन
बिनौला सं.पु. (n.m.)	bināulā	cotton-seed	la chi, la mu	ल ची, ल मु
बियाबान सं.पु. (n.m.)	biyābān	wilderness, deserted spot	hmun khawhar, hmun fian rial, thlaler.	ह्मुन खोहर, ह्मुन फियन रीयल, त्लालेर
बिरता सं.पु. (n.m.)	birtā	strength, backing	tha chakna	था चकना
बिरला वि. (adj.)	birlā	rare	vang	वाङ
बिरादर सं.पु. (n.m.)	birādar	brother	unaupa	उनाउपा
बिरादरी सं.स्त्री. (n.f.)	birādari	community	huam khat, pawl khat	हुअम खत, पोल खत
बिल सं.पु. (n.m.)	bil	bill, hole	man, kua (sazu kua angte)	मन, कुअ (सजु कुअ अङते)
बिलकुल (ind)	bilkul	to tally, ab- solutely	tak zet, chiang takin,	तक जेत, चियङ तकइन,
बिलखना क्रि.अ. (vi)	bilakh.nā	to wail/lament	tapa sun.	टपा सून
बिलबिलाना क्रि.अ. (vi)	bil.bilānā	to whine, to wringgle	tap tal	टप ताल
बिलोना क्रि.स. (vt.)	bilonā	to churn (milk, curd etc.)	chawk.	चोक
बिल्टी सं.स्त्री. (n.f.)	bilti	reception presentation of which goods are delivered.	hmulhna lehkha	म्हुना लेह्खा
बिल्ला सं.पु. (n.m.)	billā	tomcat, badge	zawhte pa	जोह्ते पा
बिल्ली सं.स्त्री. (n.f.)	billi	cat	zawhte	जोहते
बिल्लौर सं.पु. (n.m.)	billūr	crystal, quartz.	lunghlu	लुङह्लु
बिवाई सं.स्त्री. (n.f.)	bivāi	chilblain (s)	vur-seh, hit	वूर-सेह्, हित्
बिसात सं.स्त्री. (n.f.)	bisat	capacity	theihna	थेइह्ना
बिसाती सं.पु. (n.m.)	bisāti	general merchant, haberdasher	eng ilo zuartu	एङ इलो जुअरतू
बिस्कुट सं.पु. (n.m.)	biskuṭ	biscuit	chhang ur, biskut	छङ उर, बिसकुत्
बिस्तर सं.पु. (n.m.)	bistar	bedding	mutbu	मुत्बू
बिस्तर बंद सं.पु. (n.m.)	bistar band	holdall	zin ip, hawldawl	जिन इप, होलदोल्

बीघा सं.पु. (n.m.)	bīghā	a measure of land five-eight of an acre.	bigha	बीघा
बीच (ind)	bīch	in between	kar zeh, kar thla	कार जेह, कार त्ला
बीच सं.पु. (n.m.)	bīch	centre, middle part.	lai, laili	लाइ, लाइली
बीच बचाव सं.पु. (n.m.)	bīch-bachāv	mediation	palaina, palai hna	पलाइना, पलाइ न्हा
बीजक सं.पु. (n.m.)	bījak	invoice	thil hralh leh thawnna lehkha	थिल हल्ह् लेह् थोनना लेह्खा
बीज सं.पु. (n.m.)	bīj	seed	chi, thlai chi	ची, त्लाइ ची
बीजगणित सं.पु. (n.m.)	bīj-gaṇit	algebra	entirna hmanga thil tam lam chawh chhuah dan.	एनतीरना म्हाङ्ग थिल तम लम चोह् छुअह् दान
बीड़ा सं.पु. (n.m.)	bīṛā	folded bete of leaf, prepared for being taken	panhnah eitur	पान न्हाह् एइ तूर
बीड़ी सं.स्त्री. (n.m.)	bīṛī	Indian substitu-tefor cigarette with tobacco rolled in spl., kinds of leaves.	mei zuk (India Siam)	मेइ जूक (इण्डिया सियम)
बीतना क्रि.अ. (vi)	bītnā	to pass, to be spent, to elapse	her liam, kal bo, liam	हेर लियम, कल बोउ, लियम
बीन सं.स्त्री. (n.f.)	bīn	1. classical Ind-ian stringed instrument 2. Snakechar-mer's flute	1. tumrik hrui nei (India) 2. rul khaw-itute phenglawng	तुम रीक् हुइ नेइ (इण्डिया), रुल खोइतू फेङ्लॉङ
बीनना क्रि.स. (vt)	bīnnā	to pick up	chhar	छर
बीभत्स वि. (adj.)	bībhatsa	horrid, loath-some	rap thlak tenawm	राप त्लाक, तेनूऑम
बीमा सं.पु. (n.m.)	bīmā	insurance	bo leh chhiat tawh a chan lova in siamna dan.	बोउ लेह् छियत् तोह् अ चन लोवा इन सियमना दान
बीमार वि. (adj.)	bīmār	sick, ill	na, dam lo.	ना, दम लो
बीमारी सं.स्त्री. (n.f.)	bīmārī	disease, illness	natna damlohna	नत्ना दमूलोउना
बीरबहूटी सं.स्त्री (n.f.)	bīr.bahūṭī	velvety insect,	rannung hmul nem	रनुङ म्हुल नेम

		landy-cow, lady fly	chi	ची
बीवी सं.स्त्री (n.f.)	bīvī	wife	nupui	नुपुइ
बीस वि. (adj.)	bīs	twenty	sawmhnih	सोमह्नीह्
बीहड़ वि. (adj.)	bīhaṛ	rough and rugged, difficult to do	rothap, tih harsa	रोउथप, तिह् हरसा
बुंदा सं.पु. (n.m.)	bundā	ear top	bengbeh	बेङ्बेह्
बुज़दिल वि. (adj.)	buzdil	cowardly	dawizep	दोइजेप
बुज़ुर्ग वि. (adj.)	buzurg	an elderly, venerable	upa, upa zahawm	उपा, उपा जह्ऑम
बुझना क्रि.अ. (vi)	bujh.nā	to be extinguised, to be quenched/slaked	tireh, tuihalna tireh	तिरेह, तुइहालना तिरेह
बुझाना क्रि.स. (vt)	bujhānā	1. to put out, 2. to slake	tireh, tidai	तिरेह्, तिदाइ
बुख़ार सं.पु. (n.m.)	bukhār	fever	khawsik	खोसिक
बुढ़ापा सं.पु. (n.m.)	buṛhāpā	old age	upatna, upa lam	उपत्ना, उपा लम
बुढ़िया सं.स्त्री. (n.f.)	buṛhiyā	old woman	pitar	पितर
बुत वि. (adj.)	but	dumb and motionless	tawng thei lo, che chang lo	टोङ थेइ लो, चे चाङ ला
बुतपरस्त सं.पु. (n.m.)	but.parast	idolator	milem betu	मिलेम बेतू
बुदबुदाना क्रि.अ. (vi)	bud.budānā	1. to effervesce/bubble 2. jobber	1. phul hlut 2. chiar (tawng)	फूल ह्लुत् चिगर (टोङ)
बुद्ध वि. (adj.)	buddha	awakened, enlightened	fing var, harh chhuak	फिङ वार, हरह् छुआक्
बुद्धि सं.स्त्री. (n.f.)	buddhi	intelligence, wisdom, sense	hriatna, finna thil hriatthiamna	ह्रियत्ना, फिन्ना, थिल ह्रियत्थियमना
बुद्धिकौशल सं.पु. (n.m.)	budhi-kāushal	feat of wisdom	finna thilthih	फिन्ना थिल्तिह्
बुद्धिजीवी सं.पु. (n.m.)	buddhijīvī	intellectual	mi thiam, mi fing var	मी थियम, मी फिङ वार
बुद्धिमत्ता सं.पु. (n.m.)	buddhi-mattā	wisdom	finna	फिन्ना
बुद्धिमान वि. (adj.)	buddhimān	wise	fing	फिङ
बुद्धिमानी सं.स्त्री (n.f.)	buddhi-mānī	1. wisdom 2. an act of wisdom	finna, finna thil tih	फिन्ना, फिन्ना थिल तिह्

बुद्धू वि. (adj.)	buddhū	simpleton, dullard	mawl chhaw, a	मोल छो, आ
बुधवार सं.पु. (n.m.)	budhvār	Wednessday	nilaini	निलाइनी
बुनना क्रि.स. (vt)	buna.nā	to knit, to weave	phiar, tah	फियर, तह्
बुनकर सं.पु. (n.m.)	bunkar	weave	puan tahtu	पुअन तह्तू
बुनाई सं.स्त्री. (n.f.)	bunāī	1. texture 2. charge paid for knitting/ weaving.	1. intah dan hmang, 2. phiar emaw tah man	इन्तह् दान म्हङ, फियर एमो तह् मन
बुनावट सं.स्त्री. (n.f.)	bunāvāṭ	texture	intah emaw inphiar dan hmel hmang	इनतह् एमो इनफियर दान म्हेल म्हङ
बुनियाद सं.स्त्री. (n.f.)	buniyād	foundation	lungphum, bulpui	लुङ्फूम, बुलपुइ
बुनियादी वि. (adj.)	buniyādī	basic, serving as a foundation	bulpui, bul tumtu	बुलपुइ, बुल तुमतू
बुर्का सं.पु. (n.m.)	burqā	veil worn by muslim ladies.	muslim hmeichhiate inkhuhna	मुसलिम म्हेइछियाते इनखुह्ना
बुर्ज़ सं.पु. (n.m.)	burz	turret, tower, inchhawng	sang bik lai	साङ बीक लाइ
बुलंद वि. (adj.)	buland	1. lofly 2. loud	1. chung chuang 2. ring, langsar	चुङ चुआङ रिङ लङ्सार
बुलबुल सं.स्त्री. (n.f.)	bul.bul	nightingale	sava chi khat	सवा ची खत
बुलबुला सं.पु. (n.m.)	bul.bulā	1. bubble, 2. transitory thing	1. puarpawleng 2. daih rei lo, tlo lo	पुअर पोलेङ दइह् रेइ लो, त्लोउ लो
बुलवाना सं.पु. (n.m.)	bul.vānā	to call	koh, kohna	कोह्, कोह्ना
बुलाना सं.पु. (n.m.)	bulānā	to call, to invite to convene	ko, sawm, hawr	कोउ, सोम, होर
बुलावा सं.पु. (n.m.)	bulāvā	to call, invitation	kohna, sawmna	कोह्ना, सोम्ना
बुलेटिन सं.पु. (n.m.)	bulaṭin	bulletin	thu puanzar	थु पुअन्जार
बुहारना क्रि.स. (vt)	buhār.nā	to sweep	phiat, thian	फियत्, थियन्
बूँद सं.पु. (n.m.)	bũnd	drop	thlauh, far	त्लाउह्, फर
बूँदाबादी सं.स्त्री (n.f.)	bũndā-bāndī	rain dropping	ruah far.	रुअह फर
बूझना क्रि.स. (vt)	būjh.nā	1. to infer/guess	1. ring dik 2. thil	रिङ दिक्, थिल

		correctly 2. to pose a riddle for solution	dik inrintir siak	दिक् इनरिनतीर सियक्
बूट सं.पु. (n.m.)	būṭ	boot	pheikhawk pum rawng nei	फेइखोक् पुम रोङ नेइ
बूटी सं.स्त्री (n.f.)	būṭī	1. herb, design, pip	1. thlai, hnim 2. cheimawina 3. nu (serthlum mu ang)	त्लाइ, ह्नीम चेइमोइना, नू (सेरत्लुम मु अङ)
बूढ़ा वि. (adj.)	būṛhā	aged, old	tar, upa	तर, उपा
बूता सं.स्त्री. (n.f.)	būtā	capacity	theihna, tlinna	थेइह्ना, त्लीनूना
बृहत वि. (adj.)	brihat	great, greater	ropui, ropui zawk	रोउपुइ, रोउपुइ जोक्
बेंच सं.पु. (n.m.)	beñch	bench	thutthleng sei	ठुत्थ्लेङ सेइ
बेअदब वि. (adj.)	be adab	lacking in proper respect impertinent	pawng ngam, pawng nel, zah lo	पोङ, ङम, पोङ नेल, जह् लो
बेइंसाफी सं.स्त्री. (n.f.)	be insāfī	injustice	fel lohna, dik lohna	फेल लोह्ना, दिक् लोह्ना
बेइज्ज़त वि. (adj.)	be izzat	dishonoured	zahawm lo, ti zahawm lo	जह्ऑम लो, ति जह्ऑम लो
बेइज्ज़ती सं.स्त्री (n.f.)	beizzatī	dishonour	zahawm lohna, zahawm lo	जह्ऑम लोह्ना जह्ऑम लो
बेईमान वि. (adj.)	be īmān	dishonest	dik lo, rinawm lo	दिक् लो,रिनऑम लो
बेईमानी सं.स्त्री. (n.f.)	be īmānī	dishonesty	dik lohna, rinawm lohna	दिक् लोह्ना, रिनऑम लोह्ना
बेक़सूर वि. (adj.)	beqasūr	guiltess, innocent	thianghlim, (nungchan lamah)	थियङत्लीम, (नुङचङ लम्ह्)
बेक़ायदा वि. (adj.)	beqāidā	irregular, improper	rualremlo, dik thlap lọ, intu lo	रुअलरेम लो, दिक् त्लप लो, इनतु लो
बेकार वि. (adj.)	bekār	good fornothing, useless, unemployed	tlaktlai lo, hman tlak lo	त्लाक त्लाइ लो, म्हन त्लाक लो
बेकारी सं.स्त्री. (n.f.)	bekārī	unemployment	thawhtur hmuh lohna	थोह्तूर म्हुह् लोउना
बेखबर वि. (adj.)	bekhabar	oblivious, uninformed	hrechang lo, hriattir loh	ह्रे चङ लो, ह्रियततीर लोह्
बेगम सं.स्त्री. (n.f.)	begam	queen	lalnu	ललनू

बेगाना वि. (adj.)	begānā	not belonging to oneself, outsider.	mahni huanga mi ni lo	म्हनी हुअङा मी नी लो
बेगार सं.स्त्री. (n.f.)	begār	forced or in voluntary labour	tirhluih hna	तिरह्लुइह् न्हा
बेगुनाह वि. (adj.)	begunāh	quietless, innocent	thianghlim, fai (nundan lamah)	थियङ्ल्लीम, फाइ (नुनूदान लमह्)
बेचना क्रि.स. (vt)	bechnā	to sell	hralh	ह्लह्
बेचारा वि. (adj.)	bechārā	helpless, poor	engmah tithei lo, rethei, chanchhia	एङ्मह् तिथेइ लो, रेथेइ, चनूछिया
बेचैन वि. (adj.)	bechāin	having lost (one's) tranquillty/quietude, restless.	chawl hle hle thei lo, za chung.	चोल हे हे थेइ लो, ज चुङ
बेचैनी सं.स्त्री. (n.f.)	bechāinī	disquietude, restlessness	zat chungna, awm hle hle theih lohna	जत् चुङ्ना, ऑम ह्ले ह्ले थेइह् लोउना
बेजा वि. (adj.)	bejā	improper, unfair	fel lo, dik zan lo, felhlel	फेल लो, दिक् जान लो, फेलह्लेह्
बेजान वि. (adj.)	bejān	having no life, lifeless	nunna nei lo, nung lo, ngui, harh lo.	नुनूना नेइ लो, नुङ लो, ङुइ, ह्रह लो
बेजोड़ वि. (adj.)	bejoṛ	without joints, matchless unique	chhumbung, thluk loh, dik tak.	छुमबुङ, त्लुक लोह्, दिक तक्
बेटा सं.पु. (n.m.)	beṭā	son	fapa	फपा
बेटी सं.स्त्री. (n.f.)	beṭī	daughter	fanu	फनु
बेड़ा सं.पु. (n.m.)	beṛā	1. fleet 2. raft	1. lawng rual 2. pum	लोङ रुअल्, पूम
बेड़ी सं.स्त्री. (n.f.)	beṛī	boat, fetters, shackless	lawng leng, kawl	लोङ लेङ, कोल
बेडौल वि. (adj.)	beḍāul	disproportionate, unsymmetrical	intulo, in chawih lo	इनतूलो, इन चोइह् लो
बेढंगा वि. (adj.)	beḍhaṅgā	unsystematic, unmethodical	kawng kal nei lo	कोङ्कल नेइ लो
बेढब वि. (adj.)	beḍhab	odd, sort	mak dang dai	मक् दंङ दाइ
बेंत सं.पु. (n.m.)	bent	cane	tiang	तियाङ
बेतकल्लुफी सं.स्त्री. (n.f.)	betaquallufī	absense of all formality,	tla chawp a tih mai mai	त्ला चोप अ तिह् मइ मइ

		informality		
बेतार वि. (adj.)	betār	wireless	inbiak hlatna	इन्‌बियक ह्‌लत्‌ना
बेताल वि. (adj.)	betāl	out of tune	khuang rual lo, in chawih lo	खुआङ रुअल लो, इन चोइह्‌ लो
बेतुका वि. (adj.)	betukā	unrhymed absurd	intulo, tha lo dangdai	इनतू लो, ठा लो, दङ्दाइ
बेदख़ली सं.स्त्री. (n.f.)	bedakhlī	ejectment, dispossession	paih chhuah, thlauthlakna	पइह्‌ छुअह्‌, त्लाउ त्लाकना
बेदर्द वि. (adj.)	bedard	hard hearted	rilru sak, luhlul	रिलरु सक, लुह्‌लुल्‌
बेधड़क वि. (adj.)	bedharak	dauntless, bold, (adj.) fearlessly, dauntlessly	(adj.) zamlo, huaisen (adv.) hlaulovin, zamlovin	जामलो, हुअइसेन ह्‌लाउ लोव्‌इन, जामलोव्‌इन
बेपरवाह वि. (adj.)	beparvāh	careless, indifferent.	fimkhur lo, ngaih sak lo	फिमूखुर लो, ङइह्‌ सक लो
बेफ़ायदा वि. (adj.)	befāydā	without any gain, uselessly	hlep awm lovin, a thlawnin.	ह्‌लेप ऑम लोवइन, अ त्लोन्‌इन
बेफ़िक्र वि. (adj.)	befikra	careless, carefree	fimkhur lo, ngaihsam	फिमूखुर लो, ङइह्‌सम
बेबस वि. (adj.)	bebas	helpless	engmah tithei lo, tlaktlai lo	एङ्‌मह्‌ तिथेइ लो, त्लाक त्लाइ लो
बेबसी सं.स्त्री. (n.f.)	bebasī	helplessnss	engmah tihtheih lohna	एङ्‌मह तिह्‌थेइह्‌ लोह्‌ना
बेबाक़ वि. (adj.)	bebāq	fully paid up, cleared off.	tlak zo, rulzo	त्लअक जोउ, रुल जोउ
बेबुनियाद वि. (adj.)	bebuniyād	unfounded, baseless	rin tlak lo, chhui dawl lo	रिन त्लाक्‌ लो, छुइ दोल्‌ लो
बेमजा वि. (adj.)	bemazā	tasteless, insipid	hang lo, da	हाङ लो, दा
बेमेल वि. (adj.)	bemel	incongruous, odd, mismatched	mak dangdai intu lo.	मक दङ्दाइ इनतू लो
बेमौक़ा वि. (adj.)	bemāuqā	inopportune	hun lo	हुन्‌ लो
बेरोज़गार वि. (adj.)	berozgār	unemployed	hna vawn nei lo	न्हा वोन्‌ नेइ लो
बेरोज़गारी सं.स्त्री. (n.f.)	berozgārī	unemployment	hna vawn neih lohna	न्हा वोन्‌ नेइह्‌ लोउना
बेल-बूटा सं.पु. (n.m.)	bel.būtā	embroidery	thuimawi, tah	ठुइमोइ, तह्‌

			mawi	मोइ
बेला सं.पु. (n.m.)	belā	1. a kind of jasmine 2. time 3. wave 4. sea shore	1. jasmine chi 2. hun 3. tuifawn 4. vaukam, tuipui kam	जसमीन् ची हुन, तुइफोन् वाउकम, तुइपुइ कम
बेल सं.पु. (n.m.)	bel	wood-apple	thei chi khat	थेइ ची खत
बेलदार सं.पु. (n.m.)	bel.dār	manual, labourer	kut hnathawktu	कुत् न्हाथोक् तू
बेलन सं.पु. (n.m.)	belan	1. rolling pin 2. cylinder	1. chhang nuaina mum, herhna mum, 2. burtung mum sei	छङ नुअइना मुम, हेरह्ना मुम, बुरतुङ मुम सेइ
बेलना क्रि.स. (vt.)	bel.nā	to roll	lum, hrual	लुम, ह्रुअल्
बेलवा सं.पु. (n.m.)	belvā	shovel	suah-dur	सुअह्-दूर
बेवकूफ वि. (adj.)	bevaqūf	foolish, stupid	a, mawl em em, chhawih	अ, मोल एम एम, छोइह्
बेवकूफी सं.स्त्री. (n.f.)	bevaqūfī	foolishness	atna	आत्ना
बेवफ़ा वि. (adj.)	bevafā	disloyal, faith-less	rintlak lo, rinawmlo	रिनूत्लाक लो, रिनऑम लो
बेवफ़ाई सं.स्त्री. (n.f.)	bevafāī	disloyalty, faithlessness	rinawm lohna	रिनऑम लोह्ना
बेवा सं.स्त्री. (n.f.)	bevā	widow	hmei-thai	म्हेइ-थाइ
बेशऊर वि. (adj.)	beshūr	unmannerly	nung chang mawi lo	नुङ चङ मोइ लो
बेशरम वि. (adj.)	besharam	shameless	zakthei lo	जक्थेइ लो
बेशरमी सं.स्त्री. (n.f.)	besharmī	shamelessness	zahtheih lohna	जाह्थेइह् लोउना
बेशक क्रि.वि. (adv.)	beshak	of course, indeed	niin, ni chiahin	नीइन, नी चियह्इन
बेशुमार वि. (adj.)	beshumār	countless numberless	chhiar sen loh	छियर सेन लोउ
ब्रेक सं.पु. (n.m.)	brek	brake	dalna, tawp tirna	दालना, तोप तीरना
बैंक सं.पु. (n.m.)	baĩnk	bank	pawisa/tangka dahna in	पोइसा/तङका दह्ना इन
बैंगन वि. (adj.)	baĩngan	brinjal	bawkbawn	बोक्बोन
बैंगनी वि. (adj.)	baĩngnī	violet, purple	violet, sen-pawl	वइलेट, सेन-पोल्
बैंड सं.पु. (n.m.)	baĩnd	band	pawlho, ho khat	पोल होउ, होउ खत
बैकुंठ सं.पु. (n.m.)	baĩkunṭh	paradise	pialral, vanram	पियल्राल, वानरम्

बैज सं.पु. (n.m.)	baij	badge	tar mawi, chhin-chhiahna bel	तार मोइ छिन-छियह्ना बेल
बैटरी सं.स्त्री. (n.f.)	baiṭri	battery	battery	बेटरी
बैठक सं.स्त्री. (n.f.)	baiṭhak	sitting, meeting, drawing room	thu khwm, inhmu khawm, ṭhutna pindan	ठु खोम, इनम्हु खोम, ठुत्ना पिनदन
बैठना क्रि.अ. (vt)	baiṭhanā	to seat, to set	ṭhu, ṭhutthlenga ṭhu	ठु, ठुत्थ्लेङा ठु
बैठाना क्रि.अ. (vi)	baiṭhānā	to sit, to take a seat.	ṭhu, thuchawl	ठु ठुचोल्
बैन सं.पु. (n.m.)	bain	sent to friends and relations on marriage and other occasions	thu tiam, thu	थु तियम्, थु
बैरंग वि. (adj.)	bairang	bearing (letter)	keng, lehkhathawn khul ngai	केङ, लेह्खथोन् खुल ङाइ
बैर सं.पु. (n.m.)	bair	enmity	inhuatna, inngeih-lohna	इनहुअत्ना, इनङेइह्लोउना
बैरा सं.पु. (n.m.)	bairā	bearer (in a hotel)	hotel ang te a tirh chhiah	होतेल अङ ते अ तिरह छियह्
बैरिस्टर सं.पु. (n.m.)	bairisṭar	barrister	dan hre mi	दान हे मी
बैरी सं.पु. (n.m.)	bairi	enemy	hmelma	म्हेल्मा
बैल सं.पु. (n.m.)	bail	ox, bullock	bawngpa, se pa, lawi pa	बोङपा, से पा, लोइ पा
बैलगाड़ी सं.स्त्री. (n.f.)	bail.gāṛi	bullock cart	bawng tawlailir	बोङ तोलाइतीर
बैसाख सं.पु. (n.m.)	baisākh	second month of the Indian calendar	india calendara a thla hnihna	इण्डिय कलेन्दरा अ त्ला ह्निह्ना
बैसाखी सं.स्त्री. (n.f.)	baisākhi	a festival falling on the last of month of Baisakh	baisakh (April thla) thla tawpa kut	बइशाक (अप्रैल त्ला) तोपा कूत
बोखया सं.पु. (n.m.)	bokhyā	back stitching	letling lamathui	लेत्लिङ लमाठुइ
बोझ सं.पु. (n.m.)	bojh	burden, load	phur, phur rit,	फुर, फुर रित,
बोझा	bojhā		delh rittu	देल्ह् रित्तू
बोझिल वि. (adj.)	bojhil	heavy, burden	rit, thaw tipik	रित् थो तिपिक्

		some.		
बोटी सं.स्त्री. (n.f.)	boṭī	chop, piece of flesh or meat	sahrang, sa chan khat.	सह्ङ, स चन खत
बोतल सं.स्त्री. (n.f.)	botal	bottle	saidawium	साइदोइऊम
बोदा सं.पु. (n.m.)	bodā	cowardly	dawizep	दोइजेप्
बोध सं.पु. (n.m.)	bodh	perception, sense, enlighte- ment.	hmuh thiam theihna, hriat thiam theihna	म्हुह् थियम् थेइह्ना, ह्रियत् थियम् थेइह्ना
बोधक वि. (adj.)	bodhak	indicator sig- nifying	kawh zawntu, entirtu, hriattirtu	कोह् जोनतू, एनतिरतू, ह्रियत्तिरतू
बोनस सं.पु. (n.m.)	bonas	bonus	a chuanga hmuh	अ चुअङा म्हुह्
बोना क्रि.स. (vt.)	bonā	to sow, to sow seeds.	thlai ching	त्लाइ चीङ
बोरा सं.पु. (n.m.)	borā	sack, gunny bag	ip, buara ip, ṭhelret puan ip	इप, बुअरा इप, ठेलरेत् पुअन् इप
बोरिया सं.पु. (n.m.)	boriyā	belongings	bungrua, thuamhnaw	बुङरुअ, थुअम्ह्नो
बोरी सं.स्त्री. (n.f.)	borī	sack, gunny bag	ip, thelret puanip, buara ip	इप, ठेलरेत् पुअन्इप, बुअरा इप
बोर्ड सं.पु. (n.m.)	bord	board	thil zihna phek, thil tarna phek	थिल जियह्ना फेक, थिल तारना फेक्
बोल सं.पु. (n.m.)	bol	speech, opening words of a song	thu sawi, hla thu hmahruai	थु सोइ, ह्ला थु म्हाह्रुअइ
बोलचाल सं.स्त्री. (n.f.)	bol.chāl	colloquial pariance	ti ti	ती ती
बोलना क्रि.अ. (vi)	bol.nā	to speak	ṭawng, sawi, hrilh	टोङ, सोइ, ह्रिल्ह्
बोलबाला सं.पु. (n.m.)	bol.bālā	influences, way	hneh theihna, thlem thluk theihna	न्हेह् थेइह्ना, थ्लेम् त्लुक थेइह्ना
बोली सं.स्त्री. (n.f.)	bolī	dialect, mode of speaking bid (in auction)	ṭawng peng te nau, ṭawng dan phung, lilam thil chhang	टोङ पेङ ते नाउ, टोङ दान फुङ, लिलाम् थिल् छाङ
बोहनी सं.स्त्री. (n.f.)	boh.nī	first sale of the day, bargain	nikhat chhunga hralhhmasak, dawn	निख़त छूङा ह्रल्ह्म्हासक, दोन

बौखलाना क्रि.अ. (vi)	bāukhalānā	to lose one's self control in anger.	thin tibutut, thinrim luat vanga engmah hre chang lo	थिन् तिबुतुत्, थिनरिम लुआत् वङा ऐङ्मह् ह्रे चङ लो
बौखलाहट सं.स्त्री. (n.f.)	bāukha-lāhaṭ	to lose one's self control in anger.	thinrim insum zo lo, thin butut	थिनुरिम इन्सूम जोउ लो, थिन बुतुत्
बौछार सं.स्त्री. (n.f.)	bāuchhār	shower, drift of rain	ruah sur, ruahpui vanawn	रुअह् सूर, रुअह्पुइ वानुओन्
बौर सं.पु. (n.m.)	bāur	flowers of mango or neem etc.	theihai par, neem par.	थेइहाइ पार, नीम पार
बौराना क्रि.अ. (vi)	bāurānā	to go off one's head, to become crazy	a, rilru chiang lo	अ रिलरु चियङ लो
बौद्धिक वि. (adj.)	bāuddhik	intellectual	mi thiam	मी थियम
बौना सं.पु. (n.m.)	bāunā	dawrf, pigmy	mite, pianphung renga mi te.	मीते, पियनफुङ रेङा मीते
ब्याज सं.पु. (n.m.)	byaj	interest (on money)	pung (tangka)	पुङ (तङ्का)
ब्याना क्रि.अ. (vi)	byānā	to give birth to (said tean animal)	no hring	नोउ ह्रिङ
ब्याह सं.पु. (n.m.)	byāh	marriage, wedding	inneihna	इन्नेइह्ना
ब्याहना क्रि.अ. (vi)	byāhnā	to marry	in nei	इन्नेइ
ब्यौरा सं.पु. (n.m.)	byōrā	details	nihna te te	निह्ना ते ते
ब्रज सं.पु. (n.m.)	braj	the land in the vicinity of the Mathura where lord Krishna passed his childhood days	Krishna-in a naupan lai hun a hmanna tura Mathura ram vel khu	कृष्णा-इन अ नउपन लाइ हुन अ म्हन्ना (तूरा) मथुरा रम वेल खू
ब्रह्म सं.पु. (n.m.)	brahm	the eternal spirit, the voice of conscience	chautuan thlarau, lairil aw	चतुअन त्लाराउ, लाइरिल् ओ
ब्रह्मऋषि सं.पु. (n.m.)	brahma riṣi	seer of the spiritual reality	thlarau lam hmu thiam mi	त्लारउ लम म्हु थियम मी

ब्रह्मचर्य सं.पु. (n.m.)	bramha charya	celibacy	nupui-pasal nei lova awm (nei lo tura intiam avangin)	नुपुइ-पसल नेइ लोवा ऑम (नेइ लो तूरा इनतियम् अवङइन्)
ब्रह्मचारी वि. (adj.)	brahma chārī	celibate	nupui-pasal nei lo	नुपुइ-पसल नेइ लो
ब्रह्म ज्ञान सं.पु. (n.m.)	brahma gyān	knowledge of the supreme	thu tak hriatna	थु तक ह्रियत्ना
ब्रह्ममुहूर्त सं.पु. (n.m.)	brahma muhūrta	the time which is about three hours prior to sun rise.	khuan hmasa, khuan tevik	खुअन म्हासा, खुअन् तेवीक्
ब्रह्मा सं.पु. (n.m.)	brahmā	lord brahma, the creator	siamtu lalpa Brahma	सियमृतू ललपा ब्रह्मा
ब्रह्मांड सं.पु. (n.m.)	brahmāṇḍ	universe, cosmos	khawvel, lei leh van.	खोवेल, लेइ लेह् वान
ब्राह्मण सं.पु. (n.m.)	brāhmāṇ	Brahmin, the first caste among the hindus	hindu-ho hnam tha mi brahmin	हिन्दू-होउ न्हूम ठा मी ब्रह्ममिण
ब्राह्मणी सं.स्त्री. (n.f.)	brāhmaṇī	Wife of a brahman Woman of the brahman caste	brahmin nupui	ब्रह्ममिण नुपुइ
ब्रैकेट सं.पु. (n.m.)	brāiket	bracket	1. hung khat 2. banga khaina	हुङ खत, बङा खाइना
ब्लाउज सं.पु. (n.m.)	blāuz	blouse	hmeichhe kawr chhing.	म्हेइछे कोर छिङ
ब्लाक सं.पु. (n.m.)	blak	block	1. lung emaw thing tlang 2. hung dal	लुङ एमो, थिङ त्लाङ हुङ, दाल
ब्लेड सं.पु. (n.m.)	bled	blade	thil hriam, tlah thi	थिल् ह्रियम्, त्लह् थी
ब्लैक-बोर्ड सं.पु. (n.m.)	blāck-bord	black board	black board, thil ziahna hlai	ब्लेक बोर्ड, थिल जियह्ना ह्लाइ

भ

भंग सं.पु. (n.m.)	bhaṅg	dissolution, breach, dis-bandment.	in khawm, ṭiak darh, keh darhna	इन्‌खोम्, टियक् दरह्, केह् दरह्‌ना
भंगी सं.पु. (n.m.)	bhaṅgī	Sweeper, Scavenger	hmunphiat	म्हुनफियात्
भंगुर वि. (adj.)	bhaṅgur	brettle, frial, fragile	ram, keh awlsam, no	रम, केह्, ओल्‌सम, नोउ
भंडार सं.पु. (n.m.)	bhaṇḍār	store, stock	thil, chhek khawl, zem.	थिल छेक खोल, जेम
भंडाफोड़ सं.पु. (n.m.)	bhandā-phoḍ	disclosure (of some one's secrets)	pho chhuahna, laih lanna	फोउ छुअह्‌ना, लइह् लन्‌ना
भंवर सं.पु. (n.m.)	bhãvar	whirlpool	livir	लिविर
भंवरा सं.पु. (n.m.)	bhãvrā	Black bee beetle	sephung ang chi reng reng, nungcha thla kawr khauh tak nei chi tawh phawt.	सेफूङ अङ ची रेङ रेङ, नुङ्चा त्ला कोर खउह् तक नेइ ची तोह् फोत्
भक्त सं.पु. (n.m.)	bhakta	devotee	sakhaw lama inpe mi, ngaisang tu.	सखो लमा इनपे मी, ङाइसाङ तू
भक्ति सं.स्त्री. (n.f.)	bhaktī	devotion	Pathian biakna, inpumpekna	पथियन् बियकना इनपुम पेक्‌ना
भगदड़ सं.स्त्री. (n.f.)	bhag.daṛ	stampede, panic	hlauh vanga ran rual emaw mite tlan chhiatna, hlauh vanga buaina	ह्लाउ वाङा रन रुअल एमो मीते त्लान छियत्‌ना, ह्लाउ वाङा बुअइना
भगवान सं.पु. (n.m.)	bhag.vān	God	Pathian	पथियन
भगाना क्रि.स. (v.t.)	bhagānā	to cause to run away, to drive off	hnawt bo, um darh	न्होत् बोउ, ऊम दरह्
भगोड़ा सं.पु. (n.m.)	bhagoṛā	absconder, fugitive	thlan chhia, ralthlan, tih tur ti lova kalbo	त्लान छिया, रालत्लान, तिह् तू[illegible] ति लोवा कल बो[illegible]
भजन सं.पु. (n.m.)	bhajan	hymn, devo-	fakna hla, Pathian	फक्‌ना ह्ला, पथिय[illegible]

		tional	chawi mawina hla	चोइ-मोइना ह्ला
भटकना सं.पु. (n.m.)	bhaṭak.nā	to go away, to wander about	kal peng, kawng bo	कल पेङ, कोङ बोउ
भट्ठी सं.स्त्री. (n.f.)	bhaṭṭhī	big oven, fire place	chhang urna thuk, meichhemna thuk, zu emaw thlawrna	छङ उरना थुक, मेइछेमना थुक, जू एमो थ्लोरना
भड़कना क्रि.अ. (vi)	bhaṛak.nā	to flare up, to get provoked.	thinur, nghawr chhuak, thin thawk, cho thinur	थिनउर, ङ्होर छुअक्, थिन् थोक्, चोउ थिनूउर
भड़कीला वि. (adj.)	bhaṛ.kīlā	ostentational, gaudy	a hnam chawmzia zawnga lar, intivei leha langsar zawnga inchei	अ ह्नम् चोमूजिया जोङा लार, इनूति वेइ लेह् अ लङसार जोङा इनचेइ
भतीजा सं.पु. (n.m.)	bhatījā	brother's son.	unaupa fapa	उनाउपा फपा
भत्ता सं.पु. (n.m.)	bhattā	allowance	hun bi neia pawisa hmuh, eng emaw vanga pawisa emaw in pek belh	हुन बी नेइअ पोइसा म्हु, एङ एमो वाङा पोइसा एमो इन पेक् बेल्ह्
भर्ती सं.स्त्री. (n.f.)	bhartī	admission, recruitment	rawng rut lakna (mi) teltir vena, tihtur pual titura mi lakluh	रोङ रुत् लाकना (मी) तेलतीर वेना, तिह्तूर पुअल तितूरा मी लाकलुह
भद्दा वि. (adj.)	bhaddā	awkward, dirty, clumsy	mawi lo, zei lo bawlhhlawh	मोइ लो, जेइ लो, बोल्ह्लोह्
भद्र वि. (adj.)	bhadra	Courteaus, affable.	hawih hawm, phung thlu	होइह् होम्, फुङ त्लु
भनक सं.स्त्री. (n.f.)	bhanak	low or faint ringsound	bu, ri tham ruai ruai	बू, रि थाम रुअइ रुअइ
भन्नाना क्रि.अ. (vi)	bhannānā	to be enraged, to be irritated	thin rim, lawm\ lungawi lo	थिन रिम, लोम/ लुङओइ लो
भभका सं.पु. (n.m.)	bhabh.kā	still, distellation foul smell	zu-thlawrna, tui hu thlawrna	जू-थ्लोरना, तुइ हू थ्लोरना
भयंकर वि. (adj.)	bhayankar	terrible, dreadful	râp tham, tihbaiawm.	राप थम, टिह्बाइऑम

भय सं.पु. (n.m.)	bhay	fear, dread, scare	hlauhna, tihna	ह्लाउना, टिह्ना
भयभीत वि. (adj.)	bhy.bhīt	afrai, frighten-ded.	hlau, ngam lo	ह्लाउ, ङम लो
भयानक वि. (adj.)	bhayānak	terrible, dread-ful.	rap thlak	राप त्लाक
भरना क्रि.स. (vt)	bhar.nā	to fell in, to be filled	ti-khat, awh khat	ति खत, ओह् खत
भरमार वि. (adj.)	bhar.mār	abundant, plenetous	tam, hluar, hnianghnar.	तम ह्लुअर, न्हीयङह्नार
भरपूर वि. (adj.)	bhar.pūr	Completely, full, plantiful	tam tawk, khat tlat	तम तोक, खत त्लात्
भरापूरा वि. (adj.)	bharā.pūrā	Prosperous, of large size (as a family)	hausa, hlawhtling, hmui ngil, rual, tam tham	हउसा, ह्लोह्त्लीङ, ह्मुइ ङील, रुअल, तम थम
भरोसा सं.पु. (n.m.)	bharosā	reliance, trust	inrinna, rinna	इनरिन्ना, रिन्ना
भर्त्सना सं.स्त्री. (n.f.)	bharts.nā	reproach, up brading	hauhna, sawiselna, khakna	ह्उह्ना, सोइसेलना, खाक्ना
भला वि. (adj.)	bhalā	good, pleasing	tha, lawmawm	ठा, लोमऑम
भला-चंगा वि. (adj.)	bhalā-changā	hale and hearty	hrisel leh chak	ह्रिसेल लेह् चक
भलाई सं.स्त्री. (n.f.)	bhalāī	goodness, welfare	thatna, hmakhua	ठत्तना, म्हाखुआ
भला-मानुष सं.पु. (n.m.)	bhalā mānuṣ	good man/ person	pa awm dan mawi, patling	पा ऑम दान मोइ, पत्लिङ
भव सं.पु. (n.m.)	bhav	entitu, exist-ence, world	thil awm, takna nei, leilunga thil siam reng reng	थिल ऑम, तकना नेइ, लेइलुङा थिल सियम रेङ रेङ
भवदीय (Pron.)	bhavdīy	yours, yours faithfully	i ta, i tana rinawm	इ ता, इ ताना रिनऑम
भवन सं.पु. (n.m.)	bhavan	building, pala-ce, mansion	in, in ro pui tak, lalin	इन, इन रोउ पुइ तक, ललइन्
भवविलास सं.पु. (n.m.)	bhav.vilās	an illusion	manghmuh, a nih ang lova hriat/hmuh	मङम्हुह्, अ निह् अङ लोवा ह्रियत्/म्हुह्
भवसागर सं.पु. (n.m.)	bhav.sāgar	the world viewed as an	tuifinriat anga khawvel thlirna	तुइफिन्रियत् अङा खोवेल थ्लीरना

		ocean.		
भवानी सं.स्त्री. (n.f.)	bhavānī	Durga, goddess prowers.	Durga Pathian, nu	दुर्गा पथियन, नू
भविष्य सं.पु. (n.m.)	bhaviṣya	future, future tense	hun lo thleng tur tun hnu lam.	हुन लो थ्लेङ तूर तून न्हू लम
भविष्यवाणी सं.स्त्री. (n.f.)	bhaviṣya-vāṇī	Prediction, prophecy	sawi lawkna	सोइ लोकना
भविष्यकाल सं.पु. (n.m.)	bhaviṣyakāl	future tense (gram)	tun hnu lam sawina	तून न्हू लम सोइना
भव्य वि. (adj.)	bhavya	splendid, magni-ficiant	ropui, ṭha ropui	रोउपुइ, ठा रोउपुइ
भव्यता सं.स्त्री. (n.f.)	bhavyatā	splendour, magnifience	ropuina	रोउपुइना
भस्म वि. (adj.)	bhasm	Which has been Comple-tely burnt to ashes.	kang ro, vut, vap	काङ रोउ, वुत, वाप
भांग सं.स्त्री. (n.f.)	bhang	indian in-toxicating leafy drug.	India ram thinghnah atanga siam ruih theih	इण्डिया रम थिङन्हआ अटंङा सियम रुइह् थेइह्
भांड सं.पु. (n.m.)	bhāṇḍ	pot, vessel	bel, bur	बेल, बूर
भांति-भांति सं.स्त्री. (n.f.)	bhā̃ti-bhā̃ti	of many types, varigated	chi hrang hrang nei, chi dang dang awm.	ची ह्रङ ह्रङ नेइ, ची दंङ दंङ ऑम
भांति सं.स्त्री. (n.f.)	bhā̃ti	type, design	chhinchhiahna, thil ruahman chhinna	छिनछियह्ना, थिल रुआ म्ह्न् छिन्ना
भांपना क्रि.स. (vt.)	bhā̃mp.nā	to guess, to see through	ring, en Chiang vek.	रिङ, एन चियङ वेक्
भांवर सं.स्त्री. (n.f.)	bhā̃var	Cir cumambu-lation of a mat-rimonial fire	Hindu inneihnaa meialh kal hual.	हिन्दू इन्नेइह्ना अ मेइअल्ह् कलहुआल
भाई सं.पु. (n.m.)	bhāī	brothers.	unaupa, nuṭa	उनाउपा, नुटा
भाईचारा सं.पु. (n.m.)	bhāī.chārā	brotherhood, fraternity	inunauna	इनुउनाउना
भाई बंद सं.पु. (n.m.)	bhāī band	kith and kin, near relation	laina laichin, chhung leh khat.	लइना, लइचीन, छूङ लेह् खत
भाग सं.पु. (n.m.)	bhāg	part, division,	bung, ṭhenhrang,	बुङ, ठेनह्रङ,

		luck	vanneihna	वान्नेइह्ना
भागना क्रि.अ. (vi)	bhāg.nā	to run	tlan.	त्लान
भागवत सं.पु. (n.m.)	bhāg.vat	one of the eighteen pur-anas, a dvotee of God.	puran sawmpariat zinga pakhat Krishna chanchin ziakna	पुराण सोमपरियत् जीङा पखत कृष्णा चनचिन जियकना
भागी सं.पु. (n.m.)	bhāgī	a sharer, a partner	tiḣ puitu, tawm puitu khing pui	तिह् पुइतू, टोम पुइतू खिङ पुइ
भागीदार सं.पु. (n.m.)	bhāgīdār	co-partnership	in ṭawmnaa telve, neitu, nihna chanve	इन टोमनाअ तेलवे, नेइतू, निह्ना चनवे
भागीरथी सं.स्त्री. (n.f.)	bhāgīraṭhī	gangage.	lian/rit	लियन/रित
भाजक सं.पु. (n.m.)	bhājak	divisor	semtu	सेमतू
भाज्य वि. (adj.)	bhājya	dursible dividend	sem theiḥ, semtuin a sem (namber)	सेम थेइह्, सेमतूइन अ सेम (नम्बर)
भाग्य सं.पु. (n.m.)	bhāgya	fate, luck, destiny	khuanu rel, chan tawk.	खुआनु रेल, चन तोक
भाग्यवान वि. (adj.)	bhāgya.vān	lucky, fortunate	vannei, chan tha chang	वाननेइ, चनठा चङ
भाग्य विधाता सं.पु. (n.m.)	bhāgya. vidhātā	Controller of destin/fate	khuanu rel, chan-tawk khuarel	खुआनु रेल, चनतोक खुआ रेल
भाग्यवती सं.स्त्री. (n.f.)	bhāgyavatī	lucky woman	hmeichhe vannei	म्हेइछे वाननेइ
भाग्यशाली वि. (adj.)	bhāgyashālī	lucky, fortunate	vannei	वाननेइ
भाड़ सं.पु. (n.m.)	bhāṛ	parcher's oven	hem rona thuk.	हेम रोउना थुक
भाड़ा सं.पु. (n.m.)	bhāṛā	fare, rent	luah man, chuan man, phurh man	लुअह् मन, चुअन् मन, फुरह् मन
भ्राता सं.पु. (n.m.)	bhrātā	brother	unaupa, nuta	उनाउपा, नुटा
भात सं.पु. (n.m.)	bhāt	boiled rice	buh chhum	बुह छुम
भ्रातृ सं.पु. (n.m.)	bhrātri	brother	uanupa, nuta	उनाउपा, नुटा
भ्रातृप्रेम सं.पु. (n.m.)	bhrātri-prem	brother, affection	unau (mipa) inlainatna	उनाउ (मीपा) इनलइनत्ना
भादों सं.पु. (n.m.)	bhādõ	sixth month of Hindu cal-lender	Hindu thla chhiarna a thlarukna.	हिन्दू त्ला छियरना अ त्लारुकना
भानजा सं.पु. (n.m.)	bhānjā	sisters's son	unaunu fapa	उनाउनू फपा

भाना क्रि.अ. (vi)	bhānā	to be appealing\ pleasing	ngen, ṭanchhan	ङेन, टनछन
भानु सं.पु. (n.m.)	bhānu	Sun	ni	नी
भाप सं.स्त्री. (n.f.)	bhāp	steam, vapour	thihu	तुइहू
भाभी सं.स्त्री. (n.f.)	bhābhī	brother's wife	unaupa nupui	उनाउपा नुपुइ
भामिनी सं.स्त्री. (n.f.)	bhāminī	prettey and attractive lady, purish woman	hmeichhe nalh leh hmelṭha, hmei rilru ṭha lo kawi	म्हेइछे नल्ह् लेह म्हेल ठा म्हेइ रिलूरु ठा लो कोइ
भार सं.पु. (n.m.)	bhār	load, burden responsibility	phur, phurrit, mawh phurhna	फुर, फुररित्, मोह् फुरह्ना
भारत सं.पु. (n.m.)	bhārat	India	India (ram.)	इण्डिया (रम)
भारतवासी सं.पु. (n.m.)	bhāratvāsī	an Indian	India-a micheng.	इण्डिया-अ मिचेङ
भारती सं.स्त्री. (n.f.)	bhār.tī	goddess of learning, mother India	zirna lam pathiannu, India nu	जिरना लम पथियन नू, इण्डिया नू
भारतीय वि. (adj.)	bhār.tīy	Indian	India mi	इण्डिया मी
भारी वि. (adj.)	bhārī	heavy	rit, khin	रित, खिन्
भारीपन सं.पु. (n.m.)	bhārīpan	heaviness, weightness	rihna, khinna	रिह्ना, खिनूना
भारी भरकम वि. (adj.)	bhārī bharkam	massive, voluminous and heavy	lian leh rit	लियन लेह् रित
भार्या सं.स्त्री. (n.f.)	bhāryā	wife	nupui	नुपुइ
भाल सं.पु. (n.m.)	bhāl	forhead	chal, chal dar	चल, चल दार
भाला सं.पु. (n.m.)	bhālā	spear, lance	fei	फेइ
भालू सं.पु. (n.m.)	bhālū	bear	savawm	सवोम्
भाव सं.पु. (n.m.)	bhāv	idia, emotion	awmna leh nihna ngaihdan, rilru phurna	ऑमना लेह् निह्ना ङइह्दान, रिलरु फूरना
भावज सं.स्त्री. (n.f.)	bhāvaj	brother's wife	unaupa nupui	उनाउपा नुपुइ
भावना सं.स्त्री. (n.f.)	bhāv.nā	sentiment	lung kuai zawnga ngaihtuah na, ngaihdan, mahni rilru sawichhuah	लुङ कुअइ जोङा ङइह्तुअह्, ना, ङइहदान, म्हनी रिलूरु सोइछुअह्
भावहीन वि. (adj.)	bhāv.hīn	devoid of emotion, unemotional	rilru chawhthawh thieh loh	रिलूरु चोअह्थोह् थेइह् लोह
भावार्थ सं.पु. (n.m.)	bhāvārth	Substance,	landan leh nihdan	लनदान लेह् निह्दान

		purport	tlangpui, thupui	त्लाङ्पुइ, थुपुइ
भावी वि. (adj.)	bhāvī	coming, pertaining to future	thil lo la thlengtur	थिल लोउल थ्लेङ्तूर
भावुक वि. (adj.)	bhāvuk	sentimental, emotional	lungkuai zawng thil, rilru tiphur thil	लुङ्कुअइ जोङ थिल, रिलूरु तिफूर थिल
भावुकता सं.स्त्री. (n.f.)	bhāvuk.tā	sentimentalism, emotionalism	rilru leh lung kuai lam zawng	रिलरु लेह् लुङ कुअइ लम जोङ
भाषण सं.पु. (n.m.)	bhāṣan	speech, lecture	thusawi	थुसोइ
भाषा सं.स्त्री. (n.f.)	bhāṣā	language	tawng	टोङ
भाष्य सं.पु. (n.m.)	bhāṣya	Commentary	hrilh fiah zauna thu ziah (lehkhabu emaw)	ह्रिल्ह् फियह् जाउना थू जियह् (लेह्खबू एमो)
भिंडी सं.स्त्री. (n.f.)	bhiṇḍī	Okra, ladyfinger	bawrh-saiabe.	बोरह्-साइअबे
भिक्षा सं.स्त्री. (n.f.)	bhikṣā	alons	thilpek	थिलपेक्
भिक्षावृत्ति सं.स्त्री. (n.f.)	bhikṣā vritti	mendicancy	kutdawh (nihna)	कुतदोह् (निह्ना)
भिक्षु सं.पु. (n.m.)	bhikṣu	beggar, mendicant, monk	kutdawh, sakhuana avanga cheng hrang ho	कुत्दोह्, साखुउअना अवाङा चेङ ह्रङ होउ
भिक्षुक सं.पु. (n.f.)	bhīkṣuk	mendicat, beggar	kutdawh	कुत्दोह्
भीख सं.स्त्री. (n.f.)	bhīkh	alms, begging	katdawhna	कुत्दोह्ना
भिखारी सं.पु. (n.m.)	bhīkhārī	beggar	kutdawh	कुत्दोह
भिगोना क्रि.स. (vt)	bhigonā	to wet, to make wet.	tihuh, tihnawm	तिहुह्, तिह्नोम
भिजवाना क्रि.स. (vt)	bhij.vānā	to come wet, to cause to send.	tihhuhtir, thawntir	तिह्हुह्तीर, थोनूतीर
भिड़ सं.स्त्री. (n.f.)	bhiṛ	Wasp	rannung-maimawm ching-chip angte hi	रनुनुङमाइमोम् चिङ-चिप् अङ्ते ही
भिड़ना क्रि.अ. (vi)	bhiṛ.nā	to collide, to grapple	su, nawr	सू, नोर
भित्ति सं.स्त्री. (n.f.)	bhitti	Wall	bang	बङ
भित्तिपत्र सं.स्त्री. (n.f.)	bhitti patra	wall painting	bang chi par/tial	बङ ची पार/टियल्

भिन्न वि. (adj.)	bhinna	defferent	danglam, inanglo	दङलम्, इनअङ
भिनभिनाना क्रि.अ. (vi)	bhin. bhinānā	to buzz	rang taka che, ri mam mam	रङ तका चे, रि मम् मम्
भिश्ती सं.पु. (n.m.)	bhishtī	water-carrier	tui chawitu	तुइ चोइ तू
भीगना क्रि.अ. (vi)	bhīg.nā	to get a wetl-ing, to get wet	intihuh.	इन ति हुह्
भींचना क्रि.स. (vt)	bhīch.nā	to clench, to squeeze	nghet taka chelh, siam, hmet sawr, zep	ङेह्त् तका चेल्ह, सियम, म्हेत् सोर, जेप
भीड़ सं.स्त्री. (n.f.)	bhīṛ	Crowd, Concousse.	mipui, pungkhawm.	मीपुइ, पुङखोम
भीड़भाड़ सं.स्त्री. (n.f.)	bhīṛ.bhāṛ	thick of crowd.	mipui tawtna	मीपुइ तोत्ना
भीतर अ. (ind.)	bhītar	in, within, inside	chhungah, chhung-lamah	छूङअह्, छूङलमअह्
भीतरी वि. (adj.)	bhītrī	internal, inner, secret.	chhunglam, rillam, thuruk	छूङलम, रिल्लम, थुरुक
भीति सं.स्त्री. (n.f.)	bhīti	phobia, scare	hḷauhna	ह्लाउना
भी अ. (ind)	bhī	too, also	tho, bawk, ve	थोउ, बोक, वे
भीरु वि. (adj.)	bhīru	fearful, timid	dawi zek zek, zam ngam palo	दोइ जेक् जेक्, जा ङम् प लो
भीरुता सं.स्त्री. (n.f.)	bhīrutā	timedity	tia awmna, tlangnel lohna	टी आ ऑमना, त्लाङनेल लोहना
भील सं.पु. (n.m.)	bhīl	a junlge tribe of Central India.	India laili-a hnammawl chi khat	इण्डिया लाइली-ऽ न्हआम्मोल ची खत्
भीषण वि. (adj.)	bhīṣaṇ	terrible, awful	râpthlak	रापत्लाक्
भुखमरी सं.स्त्री. (n.f.)	bhukh.marī	famine	ṭamtla	टामत्ला
भुक्खड़ वि. (adj.)	bhukkhaṛ	tamished glutton	ṭam tuar, chaw heh mi	टाम तुआर, चो हेह् मी
भुगतना क्रि.स. (vt)	bhugat.nā	to suffer, to undergo	tuar	तुआर
भुगतान सं.पु. (n.m.)	bhug.tān	payment	hlawh	ह्लोह्
भुज सं.पु. (n.m.)	bhuj	arm	ban	बान
भुजंग सं.पु. (n.m.)	bhujang	snake	rul	रुल
भुजा सं.स्त्री. (n.f.)	bhujā	arm, side	ban, sir	बन, सीर
भुट्टा सं.पु. (n.m.)	bhuṭṭā	las of corn	buh vui	बुह् वुइ
भुनगा सं.पु. (n.m.)	bhun.gā	a kind of tiny	rannung te tak	रन्नुङ ते तक

		flying, insect.	thlawk thei	त्लोक् थेइ
भुनाना क्रि.स. (vt)	bhunānā	to get or cause (someting) to be parched, to get changed in-to smaller coins	tiro, tiṭang, tangka/pawisa thleng nawi	तिरोउ, तिटङ, तङका/पोइसा त्लेङ नोइ
भुरभुरा वि. (adj.)	bhur.bhurā	friable, crisp	ro- ram, ram	रोउ-रम रम
भुरता सं.पु. (n.m.)	bhur.tā	made of boiled or fried vege-table	thlai chhum/kan chawh-pawlh	त्लाइ छुम/कन चोह्-पोल्ह
भुलक्कड़ वि. (adj.)	bhulakkaṛ	foregetful	haihawt	हइहोत्
भुलाना क्रि.स. (vt)	bhulānā	to forget	theihnghilh	थेइह्ङिलूह्
भुलावा सं.पु. (n.m.)	bhlāvā	dodge	vervek taka thi, nih anglo puia inlan	वेरवेक् तका थी, निह् अङलो पुइआ इनूलन्
भूंकना क्रि.स. (vt)	bhūk.nā	to bark	bauh	बउह्
भूकंप सं.पु. (n.m.)	bhū.kamp	earth quake	lirnghing	लिरङिह्ङ
भूख सं.स्त्री. (n.f.)	bhūkh	appetite, hunger	chaw chakna, ril tamna	चो चकना, रिल टामना
भूखहड़ताल सं.स्त्री. (n.f.)	bhūkh. haṛtāl	hunger strike	chawngheia nuar	चोङइह्अ नुआर
भूखा वि. (adj.)	bhūkhā	hungry	riltam	रिलटाम
भूगर्भ सं.पु. (n.m.)	bhū.garbh	interrior, bowels of the earth.	lei chhungril lei laimu	लेइ छुङरिल लेइ लइमू
भूगोल सं.पु. (n.m.)	bhū.gol	Geography	leilung chanchin zirna	लेइलुङ चन्चिन जिरना
भूचाल सं.पु. (n.m.)	bhū.chāl	earh-quake	lirnghing	लिर ङिहूङ
भूत सं.पु. (n.m.)	bhūt	past, ghost	thil kal tawh sawina thlahrang, thlarau	थिल कल तोह् सोइना, त्लाह्राङ, त्लाराउ
भूतपूर्व वि. (adj.)	bhūt.pūrva	ex-former	(ni) hlui, (ni) hnu	(नी) ह्लुइ, (नी) न्हु
भूतकाल वि. (adj.)	bhūt.kāl	Past tense	thil kal tawh lam sawina	थिल कल तोह्लम् सोइना
भूतकालीन वि. (adj.)	bhūt.kālīn	pertaining to the past.	thil kal tawh lama mi	थिल कल तोह् लमा मी
भूदान सं.पु. (n.m.)	bhūdān	gift of land	ram thilpek	रम थिल् पेक्
भूधर सं.पु. (n.m.)	bhūdhar	mountain	tlang	त्लाङ

भूनना क्रि.स. (vt)	bhūn.nā	to fry, to parch, to roast.	kangro, ti tang	कङरोउ, तिटाङ
भूप सं.पु. (n.m.)	bhūp	king, monarch	lalber, lal	ललबेर, लल
भू सं.स्त्री. (n.f.)	bhū	earth	field lei, mual zawl	फिल्ड लेइ, मुआल् जोल्
भू-भाग सं.पु. (n.m.)	bhūbhāg	territory	ram chhung, hual chhung	रम छूङ, हुआल् छूङ
भूमंडल सं.पु. (n.m.)	bhūmaṇḍal	globe	thil bial, khawvel lem bial	थिल बियाल, खोवेल लेम बियाल
भूमि सं.स्त्री. (n.f.)	bhūmi	land, soil	ram, leilung.	रम, लेइलुङ
भूमिका सं.स्त्री. (n.f.)	bhūmikā	introduction, role, part	inhmelhri attrina, chanvo, pawi mawhna	इन् म्हेलहि यात्तीरना, चनवोउ, पोइ मोह्ना
भूमिगत वि. (adj.)	bhūmigat	under-ground (mines, way/ path railway)	leihnuai (kawng rel kawng ilo)	लेइन्हुअइ (कोङ रेल कोङ इलो)
भूमिहीन वि. (adj.)	bhūmihīn	landless	ram neilo	रम नेइलोउ
भूरा वि. (adj.)	bhūrā	brown	buang, uk.	बुंआङ, उक
भूल सं.स्त्री. (n.f.)	bhūl	mistake, error slip	tihpalh, tihsual palh, hmaih palh, tih palh	तिह्पल्ह्, तिह्सुअल पल्ह्, म्हइह् पल्ह्, तिह् पल्ह्
भूलचूक सं.स्त्री. (n.f.)	bhūl.chūk	error and om-missions.	tihsual palh leh hmaih palh	तिह्सुआल पल्ह् लेह् म्हइह् पल्ह्
भूल-भूलैया सं.स्त्री. (n.f.)	bhūl. bhūlāiyā	labyrinth, maze	kawng kawi nasa chhui dik thiehloh	कोङ कोइ नसा छुइ दिक् थेइह् लोह्
भूलना क्रि.स. (vt)	bhūl.nā	to forget	theihnghilh	थेइह्ङ्इल्ह्
भूलोक सं.पु. (n.m.)	bhūlok	earth, region mundance	lei (khawvel), lei hmun	लेइ (खोवेल), लेइ म्हुन्
भूषण सं.पु. (n.m.)	bhūṣaṇ	ornament decoration	cheimawina	चेइमोइना
भूसा सं.पु. (n.m.)	bhūsā	husk, hay	hawng, vai, puhpawl	होङ, वाइ, बुह्पोल्
भृकुटी सं.स्त्री. (n.f.)	bhrikuṭī	eyebrow	mithmul (mit kova mi)	मित्म्हुल् (मित् कोवा मी)
भृत्य सं.पु. (n.m.)	bhritya	servant	tir chhiah,	तिर छियाह्,

			chhiahhlawh	छियाह् ह्लोह्
भ्रूण सं.पु. (n.m.)	bhrūṇ	foetus.fetus	puma naute	पुमा नउते
			insiam	इनसियम्
भेंट सं.पु. (n.m.)	bhenṭ	gift, meeting	thilpek, inhmuhna,	थिल पेक्, इनम्हुह्ना,
			intawhna	इनतोह्ना
भेजना क्रि.स. (vt)	bhej.nā	to send, to despatch	tir, thawn	तिर, थोन्
भेजा सं.पु. (n.m.)	bhejā	brain	thluak,	त्लुआक्,
			hriatheihna	ह्रियात् थेइह्ना
भेड़ सं.स्त्री. (n.f.)	bheṛ	sheep	beram.	बेराम्
भेड़िया सं.पु. (n.m.)	bheṛiyā	wolf	chinghnia	चिङन्हीय
भेड़ियाधसान सं.स्त्री. (n.f.)	bheṛiyā-dhasān	propensity to follow others blindly	mitam zawk thlek lama thlek ve zel.	मितम् जोक् त्लेक् लमा त्लेक् वे जेल्
भेद सं.पु. (n.m.)	bhed	secret, mystery	thuruk inthup	थुरुक इन्थुप
			enhrang	एन्ह्रङ
भेदभाव सं.पु. (n.m.)	bhed.bhāv	discremination	inenhranna,	इन्एनह्रन्ना,
			inthlauhthlakna	इनत्लवत्लाक्ना
भेदिया सं.पु. (n.m.)	bhediyā	one who knows the secret of others, spy	enthlatu	एनत्लातू
भेरी सं.स्त्री. (n.f.)	bherī	siren, drum	ralkhel dar,	रालखेल दार,
			khunag	खुआङ
भेली सं.स्त्री. (n.f.)	bhelī	lump	hlawm.	ह्लोम्
भैंस सं.स्त्री. (n.f.)	bhāins	buffalo	lawi	लोइ
भैंसा सं.पु. (n.m.)	bhāinsā	male-bullafo	lawipa	लोइपा
भैया सं.पु. (n.m.)	bhāiyā	brother	unaupa, nuṭa	उनाउपा नुटा
भोंड़ा वि. (adj.)	bhonḍā	clumsy	khawr, zeilo	खोर, जेइलो
भोंडू वि. (adj.)	bhondū	booby, dullard	(mi) chhawih (mi)	(मी) छोइह्, (मी)
			tlaw	त्लो
भोंपू सं.पु. (n.m.)	bhompū	siren, horn	ralkhel dar, taw	रालखेल दार, तो
			tawrawt, hamrik	तोरोत्, हमरीक्
भोक्ता सं.पु. (n.m.)	bhoktā	Consumer, one who uses	hmangtu, titu	म्हाङ्तू, तितू
भोग सं.पु. (n.m.)	bhog	enjoyment, sufferings, offering	hlimhlawp,	त्लिम्ह्लोप्,
			tawrhna, thilhlan.	तोरह्ना, थिल् ह्लन्
भोगना क्रि.स. (vt)	bhog.nā	to suffer, to	tuar, nuamti	तुआर, नुअम्ती

		enjoy		
भोजन सं.पु. (n.m.)	bhojan	food, meal, diet.	chaw, eitur	चो, एइतूर
भोज सं.पु. (n.m.)	bhoj	feast, community dinner	ruai, tlang chawei khawm	रुअइ, त्लाङ चोएइ खोम
भोजनालय सं.पु. (n.m.)	bhojnālay	restaurant, eating-house mess	chaw zawrhna dawr, man chawia chaweina	चो जोरह्ना दोर, मन चोइआ चोएइना
भोज्य वि. (adj.)	bhojya	eatbale, edible	(thil) ei theih	(थिल्) एइ थेइह्
भोर सं.पु. (n.m.)	bhor	morning, early morning	zing, zingṭian	जीङ, जीङटियन्
भोलापन सं.पु. (n.m.)	bholāpan	simplicity and artlessness	mawlna, nih ang anga awm.	मोल्ना, निह् अङ अङा ऑम
भोलाभाला वि. (adj.)	bholā-bhālā	very simple, unginious	nih ang ang ni, nih anga awm.	निह् अङ अङ नी, निह् अङा ऑम
भौंकना क्रि.अ. (vi)	bhāunk.nā	to bark, to howl	bauh	बउह्
भौं (भौंह) सं.स्त्री. (n.f.)	bhā̃u (bhā̃uh)	eyebrow	(mit kova) mithmul	(मित् कोवा) मित्म्हुल्
भौंरा सं.पु. (n.m.)	bhā̃ura	blackbee, bettle	sephung lam chi ang hi	सेफूङ लम् ची अङ ही
भौचक्का वि. (adj.)	bhāu-chakkā	Ubber-gasted aghest	phawk, mak ti em em	फोक्, मक ती एम एम
भौतिक वि. (adj.)	bhāutik	material Physical, Wordly	thi (tak nei) khawvel lam thil	थिल (तक नेइ) खोवेल लम् थिल्
भौतिक विज्ञान वि. (adj.)	bhāutik vigyān	Physical Science	Physics zirna lam	फिज़िक्स जिरना लम
भ्रम सं.पु. (n.m.)	bhram	illusion misunderstanding	mang hriat ruai, hriat thiam lohna	मङ ह्रियत् रुअइ, ह्रियत् थियम् लोह्ना
भ्रमर सं.पु. (n.m.)	bhramar	Black bee	Khawimu	खोइमू
भ्रमण सं.पु. (n.m.)	bhramaṇ	roving travelling/widely	hla taka zinvak mi	ह्ला तका जिनवाक् मी
भ्रष्ट वि. (adj.)	bhraṣṭa	Corrupt, immoral	nih ang tur nilo, thil sual, tih chhiat	निह् अङ तूर निलो, थिल् सुअल, तिह् छियत्
भ्रष्टाचार सं.पु. (n.m.)	bhraṣṭā-chār	Corrutption	in thamna, tih chhiatna	इन थमना, तिह् छियत्ना

भ्रष्टाचारी वि. (adj.)	bhraṣṭā-chārī	Corrupt	in tham thil, chhia	इन थम् थिल्, छिय
भ्रांत (PP)	bhrānt	misled, mistaken	hruaibo, ngaihai	ह्रुअइ बोउ, ङाइहइ
भ्रांति सं.स्त्री. (n.f.)	bhrānti	illusion, confusion	manghmuh, buar chuar, buai	मङम्हुह्, बुअर चुअर, बुअइ
भ्रामक वि. (adj.)	bhrāmak	confussing, illusion	fello, buai, mang hmuh nih lohanga lang	फेल्लोउ, बुअइ, मङ म्हुह्, निह् लोउ अङा लङ

म

मंगनी सं.स्त्री. (n.f.)	mang.nī	1. betrothal, 2. loan	1. nupui pasala inhual 2. thil hawh, thil puk	1. नुपुइ पसला इनुहुअल 2. थिल होह्, थिल पूक्
मंगल वि. (adj.)	mangal	1. auspicious, 2. mars, 3. wel-fare	1. hunṭha, vanneih thlak 2. sikeisen 3. chungchang	1. हुनूठा, वनूनेइह् त्लाक 2. सिकेइसेन् 3. चुङचाङ
मंगलवार सं.पु. (n.m.)	maṅgal.vār	tuesday	thawhlehni	थोह्लेह्नी
मंगलाचरण सं.पु. (n.m.)	maṅgāla-charaṇ	1. in vocatory, 2. benedictory-prologue.	malsawmna, ṭawngṭaina	मल्सोम्ना टोङटाइना
मंगवाना क्रि.स. (vt)	mang.vānā	to cause to be sent for	mi thil chah	मी थिल् चअह्
मंगाना क्रि.स. (vt)	mangānā	to send for	chah	चअह्
मंगेतर सं. (n.)	maṅgetar	1. fiance (f.) fiancee	pasalhual, nupuihual	पसल्हुअल्, नुपुइहुअल
मंजन सं.पु. (n.m.)	manjan	tooth-powder	ha nawhna hlo dip	हा नोह्ना ह्लोउ दिप
मंजीरा सं.पु. (n.m.)	manjīrā	cymbal	dar ben thek	दार बेन् थेक्
मंजिल सं.स्त्री. (n.f.)	manzil	storey, desti-nation	in Chhawng, tum lam, ruat chhan	इन छोङ, तुम लम, रुअत् छन्
मंजुल वि. (adj.)	manjul	beautiful, pretty	hmelṭha, nalh, duhawm	म्हेलठा, नल्ह्, दुह्ऑम
मंजूर वि. (adj.)	manzūr	approved, granted, accepted	remtih pawmsak, phalsak.	रेमतिह्, पोमसक्, फलसक्
मंजूरी सं.स्त्री. (n.f.)	manzūrī	acceptance,	pawmna, remtihna	पोमूना, रेमतिह्ना

		sanction		
मंजूषा सं.स्त्री. (n.f.)	manjūṣā	casket	zu dahna	जु दह्ना
			zemte tak te,	जेमूते तक ते
			lunghlu ilo dahna	लुङ्ह्लु इलो दह्ना
			bawm te tak te	बोम ते तक ते
मंझदार सं.स्त्री. (n.f.)	majhadār	midstream	lui lai	लुइ लाइ
मंझला वि. (adj.)	manjh.lā	middle, of the middle	lai, laihawl	लाइ, लइह्ओल्
मंडप सं.पु. (n.m.)	mandap	Pavillion	Zarhlipa, buk	जारह्लीयप्, बूक
मँडराना क्रि.अ. (vi)	mād.rānā	to hover	dir, awmna ngai	दीर, ऑमना ङइ
			boruak a kang	बोउरुअक् अ काङ
मंडल सं.पु. (n.m.)	maṇḍal	1. Circle, hab	bial, kawng	बियल्, कोङ
		ring, zone	puithiamho awm	पुइथियम्होउ ऑम
		2. monastory	khawmnain	खोम्नइन्
मंडली सं.स्त्री. (n.f.)	maṇḍalī	party, team	a ruala tangho,	अ रुआला टङ्होउ,
			pawlho	पोलहोउ
मंडित (PP)	maṇḍit	1. adorned	chei mawi	चेइमोइ
		2. embellished		
मंडी सं.स्त्री. (n.f.)	maṇḍī	1. market place	thil zawrhna hmun	थिल् जोरह्ना म्हुन
		2. whole sale market		
मंडूक सं.पु. (n.m.)	maṇḍūk	frog	Chung-u	चुङ-उ
मंत्र सं.पु. (n.m.)	mantra	Vedic hymn,	Pathian chawima-	पथियन् चोइमोइना
		any sacred ver-	wina hla, Pathian	ह्ला, पथियन्
		se, incantation	biakna thu chham,	बियक्ना थू छम,
		esotaric formula	tih dan hmang	तिह् दान म्हङ
			mitin hriat zen	मितिन् ह्रियत् जेन्
			zen loh	जेन् लोह्
मंत्र मुग्ध वि. (adj.)	mantrā. mugdh	Spell-bound	zelanga awm,	जेल अङा ऑम,
			dawi at	दोइ आत्
मंत्रालय सं.पु. (n.m.)	mantrālay	ministry	Sawrkara roreltu	सोरकॉरा रोउरेलूतु
			pawl, roreltu	पोल्, रोउरेलतु
			pawl, sawrkar	पोल, सोरकॉर
मंत्रिमंडल सं.पु. (n.m.)	mantri-maṇḍal	Cabinet of ministers	lalber upa biak	ललबेर उपा बियक
			rawnte, ram	रोनूते, रम
			roreltu	रोउरेलूतू
			hotute, sawrkarna	होउतूते, सोरकॉरना

			chelhtu hotute	चेल्हतू होउतूते
मंत्री सं.पु. (n.m.)	mantrī	minister	sawrkara hotu	सोरकॉरा होउतू
मंद वि. (adj.)	mand	Slow, dim, low	zawi, muang	जोइ, मुआङ
मंदा वि. (adj.)	mandā	slow, dull	rilru chak lo, harhvang lo	रिलूरु चक् लो, ह्रह्वाङ लो
मंदाग्नि सं.स्त्री. (n.f.)	mandāgni	dyspepsia	pum pai nuam lo	पुम् पाइ नुआम् लो
मंदिर सं.पु. (n.m.)	mandir	temple, house	biak in, in	बियक् इन्, इन
मंदी सं.स्त्री. (n.f.)	mandī	Slump	tlu, tuia tlu	त्लू, तुइअ त्लू
मंशा सं.स्त्री. (n.f.)	manshā	intent, intention	tumna, thiltum	तुम्ना, थिलतुम
मंसूख वि. (adj.)	man.sūkh	annulled, revoked	sut, ṭhiat	सूत, ठियत्
मई सं.स्त्री. (n.f.)	maī	(month of) May	may thla, ṭo mir thla	मइ त्ला, टोउ मिर त्ला
मछली सं.स्त्री. (n.f.)	machhlī	fish	sangha	सङाह्
मछेरा सं.पु. (n.m.)	machherā	fisherman	sangha man mi	सङाह् मन मी
मच्छर सं.पु. (n.m.)	machehar	mosquito	thosi	थोउसी
मजदूर सं.पु. (n.m.)	maj.dūr	labourer	hlawh fa, thawktu	ह्लोह् फा, थोक्तू
मजदूरी सं.स्त्री. (n.m.)	majdūrī	wages, labour charges	hlawh, thawh man, tha man	ह्लोह्, थोह् मन, थ मन्
मज़बूत वि. (adj.)	maz.būt	strong, stont	chak, nghet	चक, ङेह्त्
मज़बूती सं.स्त्री. (n.f.)	mazbūtī	strength, firmness	chakna, nghehna	चकना, ङेह्ना
मजबूर वि. (adj.)	maj-būr	helpless, compelled	mangang, loh theih lohva awm/ti	मङअङ, लोह् थेइह् लोह्वा ऑम/ती
मजबूरी सं.स्त्री. (n.f.)	maj.burī	helplessness, compulsion	engmah titheilo ngei ngei thil	एङमह् तिथेइलो ङेइ ङेइ थिल्
मजमा सं.पु. (n.m.)	maj.mā	gathering	kal khawmna	कल खोंम्ना
मजमून सं.पु. (n.m.)	maj.mūn	subject, essay-article	1. a thupui 2. thu ziaka thil chanchin sawina thu changziah	1. अ थुपुइ 2. थु जियका थिल चन्चिन् सोइना थू चाङजिअह्
मजलिस सं.स्त्री. (n.f.)	maj.lis	assembly	mihring kal khawm	मिह्रिङ कल खोम्
मजहब सं.पु. (n.m.)	maz.hab	religion	sakhua	साखुअ
मजा सं.पु. (n.m.)	mazā	pleasure	nawmna,	नोम्ना,

			lawmawm	लोमूऑम
मजाक़िया वि. (adj.)	mazāqiyā	witty, humorous	nuihzat thlak, fiamthu thiam	नुइह्जत् थ्लाक्, फियम् थु थियम्
मज़ार सं.पु. (n.m.)	mazār	grave, tomb	thlan, thlan in	त्लान्, त्लान इन
मजाल सं.स्त्री. (n.f.)	majāl	Courage, guts	huaisenna, tumruhna	हुअइसेन्ना, तुमरुह्ना
मजिस्ट्रेट सं.पु. (n.m.)	majistret	magistrate	roreltu	रोउरेलूतू
मजेदार वि. (adj.)	mazedār	delicious, enjoy-able, full of relish	tui, nuam	तुइ, नुआम्
मझदार सं.स्त्री. (n.f.)	majh.dār	mid-current, mid stream	lui lai	लुइ लाइ
मझौला वि. (adj.)	majhāulā	of medium size or dimchsion	len lam, zaulam, sei lam, chhah lam	लेन लम्, जाउलम्, सेइ लम, छअह् लम
मटकना क्रि.अ. (vi)	maṭak.nā	to sturt, to sow off by gestures.	mahni rilru lantir lantir nana zaizir, cheziaa intivei	मह्नी रिलरु लनूतीरनानाजइजिर, चेजियाअ इनतिवेइ
मटका सं.पु. (n.m.)	maṭ.kā	1. large earthen 2. pitcher	hluma siam bel, hlumbel lian	ह्लुमा सियम् बेल, ह्लुम बेल लियन्
मटमैला वि. (adj.)	maṭmāilā	of the colour of earth, dust-coloured	rawng uk	रोङ उक्
मटर सं.पु. (n.m.)	maṭar	pea	be, bete	बे, बेते
मटरगश्ती सं.स्त्री. (n.f.)	maṭar. gashtī	roaming, wandering	leng vak, vak vel	लेङ वक्, वक् वेल्
मटियामेट वि. (adj.)	maṭiyāmet	1. completely ruined 2. devas-tated	tiram, tichhia, chhe vek	तिरम्, तिछिया, छे वेक्
मटियाला वि. (adj.)	maṭiyālā	dusty	vaivut kai, paw	वइवुत् काइ पो
मट्ठा सं.पु. (n.m.)	maṭhā	butter milk	Bawnghnute khal lakna hnua atui	बोङह्नुते खल लाक्ना ह्नुअ अतुइ
मठ सं.पु. (n.m.)	maṭh	monastery	pui thiamho awm khawmnain	पुइ थियम् होउ ऑम खोमना इन
मठरी सं.स्त्री. (n.f.)	maṭhrī	a small, fried cake	chhang thlum thil kan ro.	छङ त्लुम थिल कन रोउ
मढ़ना क्रि.स. (vt)	maṛh.nā	to fram/mount	riruat, duang.	रिरुअत्, दुआङ
मत सं.पु. (n.m.)	mat	1. Opinion	ngaih dan, thu	ङइह् दान, थु

		2. vote 3. theory	zam	जम
मतगणना सं.स्त्री. (n.f.)	mat.gaṇnā	Counting of Votes	Vote Chhiar	वोत् छियार
मतदाता सं.पु. (n.m.)	mat.dātā	Voter	thlangtu	त्लङ्तू
मतदान सं.पु. (n.m.)	mat.dān	1. Voting 2. Polling	inthlanna	इन्त्लन्ना
मतभेद सं.पु. (n.m.)	mat.bhed	difference of opinion	mil lo, rempui leh, ngaihdan hran	मिल लो, रेम्पुइ लेह्, ङइह्दान ह्रन्
मतलब सं.पु. (n.m.)	mat.lab	meaning, purport.	awmzia, tum	ऑमजिया, तुम
मतलबी वि. (adj.)	mat.labī	selfish	mahni hmasial	म्ह्नी म्हासियल्
मतलाना क्रि.स. (vt)	mat.lānā	to nausecate,	luak chhuak	लुअक् छुआक्
मतवाला वि. (adj.)	mat.vālā	1. drunk, intoxicated 2. (one) who is off his head	1. rui (zu leh thildangete) 2. ngaihtuahna fim lo	1. रुइ (जू लेह् थिल् दङ्ते) 2. ङइह्तुअह्ना फीम् लो
मतली सं.स्त्री. (n.f.)	mat.lī	nausea	luhaina, ngeina, luak chhuahna	लुहइना, ङेइना, लुआक् छुअह्ना
मताधिकार सं.पु. (n.m.)	matādhikār	franchise, suffrage	chanvo neihtheihna	चन्वोउ नेइह् थेइह्ना
मताधिकारी सं.पु. (n.m.)	matādh-ikārī	(eligible) Voter	thlang theitu	त्लङ थेइतू
मतावलंबी वि. (adj.)	matāval-ambī	adherent (of a Creed, etc.), follower of a creed.	pawmtu, zuitu (pawl emaw thurin emaw)	पोम्तू जुइतू (पोल एमो थुरिन् एमो)
मति सं.स्त्री. (n.f.)	mati	intellect, opinion view	ngaih dan, hmuh dan.	ङइह् दान, म्हुह् दान
मतैक्य सं.पु. (n.m.)	matāikya	Unanimity, Unision	inremna, pumkhatna	इनरेम्ना, पुमखतना
मथानी सं.स्त्री. (n.f.)	mathānī	dolly, churniney gadgest	naute lem, thil nuaina khawl	नउते लेम्, थिल नुआइना खोल
मद सं.पु. (n.m.)	mad	intoxication, pride	ruihna ruih, chapona	रुइह्ना रुइह्, चपोउना
मदद सं.स्त्री. (n.f.)	madad	help, aid	tanpuina	टनपुइना
मदमाता वि. (adj.)	mad.mātā	intoxicated, power drunk	tirui, vui thuneih nuam tibik	तिरुइ, वुइ थुनेइह् नुअम् तिबीक्
मददगार सं.पु. (n.m.)	madad.gār	helper	tanpuitu	टनपुइतू

मदरसा सं.पु. (n.m.)	madar.sā	school	sikul	सिकुल
मदांध वि. (adj.)	madāndh	heavily intoxicated, power-blind.	rui nasa, thuneih chin tawk hre lo	रुइ नसा, थुनेइह् चिन् तोक् हे लो
मदारी सं.पु. (n.m.)	madārī	juggler, trickster	mit dawivaih, chhuahtu, bum hmang	मित दोइवइह्, छुअह्तू, बुम म्हङ
मदिरा सं.स्त्री. (n.f.)	madirā	wine, liquor	zu	जू
मदोन्मत्त वि. (adj.)	madon-matta	drunk, arrogant	(zu) rui, invaivung, inti thawng thawng	(जू) रुइ, इनूवइवुङ, इनति थोङ थोङ
मद्धिम वि. (adj.)	maddhim	moderate	lutuk lo, a vantlnag	लुतुक लो, अ वानूत्लङ
मद्य सं.पु. (n.m.)	madya	wine, liquor	zu	जू
मद्यपान सं.पु. (n.m.)	madya.pān	alcoholism	zuin	जूइन्
मधु सं.पु. (n.m.)	madhu	honey	khawi zu	खोइ जू
मधुकर सं.पु. (n.m.)	madhu.kar	black bee, black beetle	khawimu	खोइ मू
मधुमक्खी सं.स्त्री. (n.f.)	madhu-makhī	honey-bee	khawi zu nei mi	खुअइ जू नेइ मी
मधुर वि. (adj.)	madhur	Sweet	thlum, mawi	त्लुम, मोइ
मधुरभाषी वि. (adj.)	madhur. bhāṣī	honey-tongued	ṭawng kam thlum, ṭawngkam thiam	टोङ कम त्लुम टोङकम थियम्
मध्य वि. (adj.)	madhya	middle, mid	lai, lai hawl	लाइ, लाइ ल्होल्
मध्यम वि. (adj.)	madhyam	medium, intermediate	laihawl, vantlang	लाइ ल्होल्, वानत्लाङ
मध्यमान सं.पु. (n.m.)	madhya-mān	mean, average	vantlang, alaihawl	वानूत्लाङ अलाइहोल्
मध्यरात्रि सं.स्त्री. (n.f.)	madhya. rātri	midnight	zan lai	जन लाइ
मध्यवर्ग सं.पु. (n.m.)	madhya. warg	middle class	mi lian leh mi vantlang inkara leng, mi van tlang ai neih nun lama chungnung deuh	मी लियन् लेह् मि वानूत्लाङ इनकारा लेङ, मी वानत्लाङ आइ नेइह नुन लमा चुङनुङ देउह्

मध्यस्थ वि. (adj.)	madhya-stha	situated in the middle, inter-mediate	a laihawl, kara tla	अ लाइहोल्, कारा त्ला
मध्यस्थता सं.स्त्री. (n.f.)	madhya-sthatā	State or quality of being med-iator, mediation	remna siam tum palai, buaina kara palai inrawlhna	रेमूना सियम तुम पलाइ, बुअइना कारा पलाइ इनूरोल्हूना
मध्यांतर सं.पु. (n.m.)	madhyā-ntar	interval (of time)	chawlh lawk	चोल्हू लोक
मध्याह्न सं.पु. (n.m.)	madhyā-hna	mid-day	chhunlai	छून लाइ
मन सं.पु. (n.m.)	man	mind, India wieght equal of forty seers, maund	rilru, ser sawmli, mawn khat	रिलरु, सेर सॉमली, मोन खत
मनगढ़न्त वि. (adj.)	man. garhant	fictitious, con-cocted	a tak tak ni lo, phuah chawp	अ तक तक नी लो, फुअह् चॉप
मनचला वि. (adj.)	man.chalā	flirtions	chhaih, dervel.	छइह्, देरवेल्
मनचाहा वि. (adj.)	man.chāhā	wished for	duh em em	दुह् एम एम
मननशील वि. (adj.)	manan.shil̄	of reflective/ medtativc	kulmut taka inngaihtuah mi	कुलमूत् तका इनङइह्-तुअह् मी
मनबहलाव सं.पु. (n.m.)	man.bah. lāv	amusement, diversion	hlimna, intihhlimna	ह्लीमना, इनतिह्ह्लीमना
मनमाना वि. (adj.)	man.mānā	arbirary	dan mumal nei lo	दान मुमल् नेइ लो
मनमानी स.स्त्री. (n.f.)	man.manī	arbitrary conduct	mahni thua lum	म्हनी थुअ लुम्
मनमुटाव सं.पु. (n.m.)	man.muṭāv	estrangement, strained relation	in remlohna,	इन् रेमूलोह्ना,
मनमौजी वि. (adj.)	man.māuzī	Temperamental carpricious	thinlung puthmang, mumal lo mi	थिन्लुङ पुत्म्हङ, मुमल् लो मी
मन्सूब सं.पु. (n.m.)	man.sūb	plan, design	thil ruahmanna, thil duan chhin	थिल् रुअम्हनूना, थिल् दुअन् छिन्
मनहूस वि. (adj.)	man.hūs	Ominous, gloomy	mal sawm lo vanduaina tawk	मल् सोम् लो, वनुदुअइना तोक्
मना वि. (adj.)	manā	forbidden	phal loh, khap.	फल लोह्, खप्
मनाही सं.स्त्री. (n.f.)	manāhī	forbiddance	khapna	खपूना
मनीआर्डर सं.पु. (n.m.)	manī. ārdar	money order	daka pawisa thawnna	दाका पोइसा थोनूना

मनिहार सं.पु. (n.m.)	manihār	bangle-seller	ngun zuartu	ङूर ज़ुअरतू
मनीषी सं.पु. (n.m.)	manīshī	a profound thinker, wise-man.	mi fing, ngaih tuah thuk mi.	मी फ़िङ, ङइह् तुअह् थूक मी
मनुज सं.पु. (n.m.)	manuj	man, offspring manu	mihring, mipa puitling (manu thlahte)	मिह्रिङ, मिपा पुइत्लिङ (मनु त्लह्ते)
मनुष्य सं.पु. (n.m.)	manuṣhya	man	mipa (puitling)	मीपा (पुइत्लिङ)
मनुहार सं.स्त्री. (n.f.)	manuhār	appeasemet	in tlawn lungawina	इन् त्लोन् लुङओइना
मनोकामना सं.स्त्री. (n.f.)	mano.kāmnā	longing	châkna, lunglenna	चाक्ना, लुङलेन्ना
मनोबल सं.पु. (n.m.)	manobal	morale, tempo	rilru zangkhaina, engthawlna, phurna	रिलरु जाङखइना, एङथोल्ना, फूरना
मनोयोग सं.पु. (n.m.)	mano.yog	single minded-ness	rilru pek zawhna, tum ruhna	रिलरु पेक् जोह्ना, तुम रुह्ना
मनोरंजक वि. (adj.)	manoran-jak	recreative, amusing	tihlim thei, intihharhna thil	तिह्लीम् थेइ, इनतिह्हर्ना थिल
मनोरथ सं.पु. (n.m.)	manorath	cherished, desire	thinglunga vei, chakna	थिन्लुङा वेइ, चाक्ना
मनोरंजन सं.पु. (n.m.)	mano-ranjan	entertainment amusement	intihhlimna, ruai, hmuhnawm	इन्तिह्लिम्ना, रुअइ, म्हुह्नोम्
मनोवांछित (P.P.)	mano-vānchhit	longed for aspired after	ngai, chakzawng, enghelh zawng	ङाइ, चाक्जोङ, एङहेल्ह् जोङ
मनोविकार सं.पु. (n.m.)	manovikār	emotion, psychopathy	thinlunga vei dan, rilru buaina	थिन्लुङा वेइ दान, बुअइना
मनोविज्ञान सं.पु. (n.m.)	mano. vigyān	psychology	rilru awm dan chhuina	रिलरु ऑमदान छुइना
मनोरम वि. (adj.)	manoram	charming, lovely	mawi hawih, duhawm	मोइ होइह् दुहऑम
मनोविनोद सं.पु. (n.m.)	manovinod	amusement	intihhlimna	इन्तिह् ह्लीमना
मनोवृत्ति सं.स्त्री. (n.f.)	manovritti	mentality, disposition	hawiher, rilru puthmang	होइहेर, रिलरु पुत्म्हङ
मनोहर वि. (adj.)	manohar	attractive,	itawm, duhawm.	इतऑम, दुहऑम
मनोहारी वि. (adj.)	manohārī	attractive, alluring	duhawmna, itawm.	दुहऑमना, इतऑम

मनौती सं.स्त्री. (n.f.)	manāutī	vow of offering (to a deity)	thu tiam, Pathian hnena thutiam	थु तियम्, पथियन् न्हेनूना थुतियम्
ममता सं.स्त्री. (n.f.)	mam.tā	parental/filial affection	pianphung hmangaih na, nu emaw/paem-aw hmangaihna.	पियन् फुङ म्हाङइह्ना, नु एमो/प एमो म्हाङइह्ना
ममत्व सं.पु. (n.m.)	mamatva	parental/tilial affection	pian leh murna, fa thil, ngai-natna, hringtu inhmangaih	पियन् लेह् मूरना, फा थिल, ङइनत्ना, ह्रिङतू इनम्हाङइह्ना
ममेरा वि. (adj.)	mamerā	of, or pertain-ing to the mat-ernal uncle	nute nuṭa lam	नूते नुटा लम
मरज़ (मर्ज) सं.पु. (n.m.)	maraz (marz)	ailment, disease	natna	नत्ना
मरण सं.पु. (n.m.)	maraṇ	death	thihna	थिह्ना
मरणोपरांत वि. (adj.)	maraṇo-parānt	posthumous	thih hnu thil	थिह् न्हु थिल
मरतबा सं.पु. (n.m.)	mar.tabā	post, rank, time	hmun, dinhmun san ḷam, hun	म्हुन्, दिन्म्हुन सान लम, हुन
मरना क्रि.अ. (vi)	mar.nā	to die, to sacrifice, to long keenly	thi, in thawi nana hlan, thil ṭha zawk beiseia inphat/tuar, chak/lungleng em em	थी, इन् थोइ नाना ह्लन्, थिल ठा जोक् बेइसेइआ इन्फत्/तुअर, चक/लुङलेङ एम एम
मरम्मत सं.स्त्री. (n.f.)	marammat	repairs, thrashing	siam ṭhat lehna, sawi sak hrep	सियम् ठत् लेह्ना, सोइ सक ह्रेप
मरहम सं.पु. (n.m.)	mar.ham	ointment	hriak hnawih chi, damdawi hnawih chi	ह्रियक् ह्नोइह् ची, दमदोइ ह्नोइह् ची
मरघट सं.पु. (n.m.)	mar.ghaṭ	Cremation ground, a place for buring the dead	ruang halna hmun, mitthi halna hmun	रुअङ हाल्ना म्हुन्, मित्थी हालना म्हुन
मरहम पट्टी सं.पु. (n.m.)	marham. paṭṭī	dressing, bandaging	hliam cheibawl, tuam	ह्लीयम् चेइबोल् तुअम्
मरियल वि. (adj.)	mariyal	rickety, sickly	derthawng,	देर थोङ,

			sawngbawl, bawrhsawm	सोङबोल्, बोरह्सोम
मरीचिका सं.स्त्री. (n.f.)	marīchikā	mirage, illusion	mitvai, hmuh sual	मित्वाइ, म्हुह् सुअल्
मरीज़ सं.पुं. (n.m.)	marīz	patient	damlo enkawl lai	दम्लो एनकोल लाइ
मरु सं.पुं. (n.m.)	maru	desert	thla-ler	त्लालेर
मरुभूमि सं.स्त्री. (n.f.)	maru. bhūmi	desert land	thlaler ram	त्लालेर रम्
मरूद्यान सं.पु. (n.m.)	marudyān	oasis	thlalera thing leh tui awmna chawlhna hmun	त्लोलरा थिङ लेह् तुइ ऑमना चोल्ह्न् म्हुन्
मरोड़ सं.पु. (n.m.)	maroṛ	twist, contortion	herh sawih, nih ang lova lantir	हेरह् सोइह्, निह् अङ लावा लन्तीर
मरोड़ना क्रि.स. (vt)	maroṛ.nā	to twist/controt	herh, vial	हेरह्, वियल्
मर्ज़ सं.पु. (n.m.)	marz	ailment, disease	natan	नत्ना
मर्जी सं.स्त्री. (n.f.)	marzī	wish, desire	duhna, châkna	दुह्ना, चाक्ना
मर्तबान सं.पु. (n.m.)	mart.bān	Jar	hlum leh darthlalang ilova siam burtung rawng zau	ह्लुम लेह् दारत्लालङ इलोवा सियम् बूर-तूङ रोङजाव
मर्द सं.पु. (n.m.)	mard	man	mipa (puitling)	मीपा (पुइत्लिङ)
मर्दाना वि. (adj.)	mardānā	relating to man, brave	huaisen, ngeng	हुअइसेन् ङेङ
मर्दुमशुमारी सं.स्त्री. (n.f.)	mardum. shumārī	census	rama cheng zat mihring chhiarna	रमा चेङ जात मिह्रिङ छियरना
मर्म सं.पु. (n.m.)	marm	quintessence, essential meaning	pawimawh ber lai, thil nihna lairil	पोइमोह् बेर लाइ, थिल निह्ना लाइरिल्
मर्यादा सं.स्त्री. (n.f.)	mar.yādā	rank, dignity, decorum	dinhmun san lam	दिन्म्हुन् सान्लम्
मल सं.पु. (n.m.)	mal	filth, waste matter, excrement	bawlhhawlh, zun leh em	बोल्ह्हलोह्, जुन् लेह् एक्
मलखंभ सं.पु. (n.m.)	mal. khambh	an upright post which is used in gymnastics	in sawizawi nana ban ding	इन् सोइजोइ नाना बन दिङ
मलबा सं.पु. (n.m.)	mal.bā	debris, wrecka-	thil keh sawm, thil	थिल् केह् सोम्, थिल

		age	chhe darh nuai	छे दरह् नुअइ
मलना क्रि.स. (v.t.)	mal.nā	to rub	nawt, tuai	नोत्, तुअइ
मलय[1] सं.पु. (n.m.)	malay	region is south India famous for sandal-wood trees.	India chhim lam ram bial sandal-wood thing tamna	इण्डिया छिम् लम् रम् बियल् सन्दल्-वुड थिङ तम्ना
मलय[2] वि. (adj.)	malay	pertaining to the (above) South region	a chunga mi zawm zelin chhim lam ram	अ चुङा मी जोम जेलुइन छिम् लम् रम्
मलयगिरि सं.पु. (n.m.)	malay.giri	the mountain malaya in southern India, sandal wood produced in malaya	malaya tlang India chhim lama mi, Malaya atangathing-an tih chhuah	मलाया त्लाङ इण्डिया छिम् लमा मी, मलाया त्लाङ अटंङा थिङ अन् तिह् छुअह्
मलयानिल सं.पु. (n.m.)	malayānil	the breeze coming from, malaya mountain, fragrant wind, the breeze flowing in the spring season	Malaya tlang aṭanga thli lo kal, thlifim	मलाया त्लाङ अटंङा थ्ली लो कल्, थ्ली फीम्
मलाई सं.स्त्री. (n.f.)	malāī	Cream	bawnghnute dak emaw a khar emaw	बोङ्न्हुते दक् एमो अ खार एमो
मल्लयुद्ध सं.पु. (n.m.)	malla. yuddh	wrestling bout	inbuanna	इनबुअन्ना
मल्लाह सं.पु. (n.m.)	mallāh	boatman	lawng pu, lawng kartu	लोङ पू, लोङ करतू
मलिन वि. (adj.)	malin	unclean, dirty, sad	bawlhhlawh, lungngai	बोल्ह्ह्लोह्, लुङ्ङाइ
मलेरिया सं.पु. (n.m.)	maleriyā	malaria	sek-serh	सिक्-सेरह्
मलंग सं.पु. (n.m.)	malang	carefree person	mi engthawl	मी एङ्थोल्
मल्हार सं.पु. (n.m.)	malhār	an Indian melody sung during the rainy season	fur hun hla bik (India)	फूर हुन् ह्ला बीक् (इण्डिया)

मंगता सं.पु. (n.m.)	mangtā	beggar	kut dawh	कुत् दोह्
मयूर सं.पु. (n.m.)	mayūr	peacock	arawn	आरऑन
मवाद सं.पु. (n.m.)	mavād	pus	pan hnai	पान न्हाइ
मवेशी सं.पु. (n.m.)	maveshī	cattle	ranrual (dan naranin bawng lam chi)	रनूरुआल् (दान नरानूइन् बोङ लम् ची)
मशक[1] सं.स्त्री. (n.f.)	mashak	big leathern water bag.	tui dahna savun ip	तुइ दहूना सवुन इप्
मशक[2] सं.पु. (n.m.)	mashak	mosquito	thosi	थोउसी
मशक्कत सं.स्त्री. (n.f.)	mashaqqat	toil, hard labour	hna thawh, rim taka thawh	न्हा थोह्, रिम् तका थोह्
मशगूल वि. (adj.)	mash.gūl	busy, engaged	buai	बुअइ
मशविरा सं.पु. (n.m.)	mash.virā	Councel, advice	inrawnna, thu ngaih-tuahna	इन्रोनूना, थु ङइह्-तुअहूना
मशहूर वि. (adj.)	mash.hūr	famous	hmingthang, challang	म्हीङ्थंङ, चलूलङ
मशान सं.पु. (n.m.)	mashān	Cremation ground	mitthi halna hmun	मित्थी हालूना म्हुन्
मशाल सं.पु. (n.m.)	mashāl	torch	meichher	मेइछेर
मशीन सं.स्त्री. (n.f.)	mashīn	machine	khawl	खोल्
मशीनगन सं.पु. (n.m.)	mashīn.gan	machine-gun	machine-gun	मशीन-गन
मसला सं.स्त्री. (n.f.)	maslā	maxim, proverb	thupui, inkaih hruaina thufing	थुपुइ, इन्कइह् ह्रुअइना थुफिङ
मसखरा वि. (adj.)	mas.kharā	given to jesting jester	nuihza siamtu	नुइह्जा सियम्तू
मसजिद सं.पु. (n.m.)	mas.jid	mosque	Mosolman biak in	मोसोल्मान् बियक् इन
मसनद सं.स्त्री. (n.f.)	mas.nad	roundish pillow for recling and/ or oushined seat	kodam, thut chhan, nghen chhan, thil phah chhan dup	कोउदम्, ठुत् छन्, ङेह्न् छन्, थिल फह् छह् दूप्
मसलना क्रि.स. (vt)	masal.nā	maxim, Proverb	thupui, thufing	थुपुइ, थुफिङ
मसला सं.पु. (n.m.)	mas.lā	problem, issue	thil khrihkhan, thil sem chhuah	थिल् खिरह्खान्, थिल् सेम् छुअह्
मसहरी सं.स्त्री. (n.f.)	mas.harī	large bed, mosquito net	thosi len	थोउसी लेन्
मसाला सं.पु. (n.m.)	masālā	condiment, something requisite	mosola dip, cheibawlna	मोसोला दिप्, चेइबोलूना

मसी सं.स्त्री. (n.f.)	masī	ink	lehkhatui	लेह्‌ख तुइ
मसीहा सं.पु. (n.m.)	masīhā	messiah, angel	krista, angel	क्रिसता, अङेल्
मसूड़ा सं.पु. (n.m.)	masūṛā	the gums	hahni	हन्ही
मसूर सं.पु. (n.m.)	masūr	lentil	thali chi khat, dailuah sen chi	त्लाइ ची खत, दइलुअह् सेन ची
मस्त वि. (adj.)	mast	carefree, engrossed, intoxicated	engthawl, ngaihtuah mûk, rui	एङ्थोल्, ङइह्‌तुअह् मूक, रुइ
मस्तक सं.पु. (n.m.)	mastak	forehead	chal	चल
मस्ताना वि. (adj.)	mas.tānā	easy-going, unworrying	ngaihsam, enghelh nei lo	ङइह्‌सम, एङ्हेल्ह् नेइ लो
मस्तिष्क सं.पु. (n.m.)	mastiṣk	brain	thluak, finna	थ्लुअक्, फिन्‌ना
मस्ती सं.स्त्री. (n.f.)	mastī	state of being self contained, galety, inebreity	hlimna, awm nuam, hlimhlawp, ruih chuaina	ह्लीम्‌ना, ऑम नुअम्, ह्लीम ह्लोप, रुइह् चुअइना
मस्तूल सं.पु. (n.m.)	mastūl	mast	lawng ngul	लोङ ङुल्
मस्सा सं.पु. (n.m.)	massā	a wart, mole papilla	pangti char bawk, khuavang chhin-chhiah, taksa a hnute hmur anga thil pawng	पङ्ती चार बोक्, खुअवाङ छिन-छियह्, तक्‌सा अ ह्नुते ह्मुर अङा थिल पोङ
महँगा वि. (adj.)	mahãngā	dear, expensive costly	man tam, hautak	मन् तम् हाउतक्
महंगाई सं.स्त्री. (n.f.)	mahãgāī	dearness	man sang, to	मन् साङ, तोउ
महंत सं.पु. (n.m.)	mahant	high priest	puithiam lal	पुइथियम् लल
महक सं.स्त्री. (n.f.)	mahak	smell	rim, rimchhia	रिम, रिम्‌छिया
महकना क्रि.स. (vi)	mahak.nā	to give out sweel smell, fragrance	rimtui	रिमतुइ
महकाना सं.पु. (n.m.)	mah.kānā	department	peng khat, pisa peng khat	पेङ खत्, पिसा पेङ खत्
महज अ. (ind)	mahaj	only, sheer	chauh, mal, awmchhun, ngan	चउह्, मल्, ऑमछुन, ङन्
महती वि. (adj.)	mah.tī	form of great, big	ropui, lian	रोउपुइ, लियन्

महत्ता सं.स्त्री. (n.f.)	mahattā	greatness	ropuina	रोउपुइना
महत्व सं.पु. (n.m.)	mahatav	importance significance	pawimawh awmze nei tak	पोइमोह् ऑमजे नेइ तक
महत्वपूर्ण वि. (adj.)	mahatva- pūrṇa	important, significant	pawi-mawh, awmze nei tak	पोइ-मोह् ऑमजे नेइ तक
महत्वाकांक्षा वि. (adj.)	mahatvā kānkṣā	ambitions	tum sang, tumnaruh	तुम साङ, तुमनरुह्
महफिल सं.स्त्री. (n.f.)	mah.fil	recreational, assemblage	hun awla intihhlimna hmun or kal khawmna	हुन् ऑला इन्तिह्ह्लीमना म्हुन् ऑर कल खोम्ना
महर्षि सं.पु. (n.m.)	maharṣi	sage	mi fing, mi thiang- hlim	मी फिङ, मी थियङ ह्लीम्
महल सं.पु. (n.m.)	mahal	palace, maesion	lal in, in ropui tak	लल इन्, इन् रोउपुइ तक्
महसूल सं.पु. (n.m.)	mah.sūl	freight	bungraw phurh, bungraw phruh man	बुङरो फुरह्, बुङरो फुरह् मन
महसूस वि. (adj.)	mahsūs	felt, experienced	chin hria, mahni ngeiina tawn	चिन् ह्रीय, म्हनी ङेइइना तोन्
महा वि. (adj.)	mahā	great	hrawl, ropui, nasa	ह्रोल्, रोउपुइ, नसा
महाकाव्य सं.पु. (n.m.)	mahākāvyā	epic	ropui lai thil, hla nena vanglai hrilhna	रोउपुइ लाइ थिल्, ह्ला नेना वाङलाइ ह्लिलह्ना
महाजन सं.पु. (n.m.)	mahājan	high personage, money-lender	mi challang lutuk, pawisa puktirtu	मी चललाङ लुतुक्, पोइसा पूक्तीरतू
महात्मा सं.पु. (n.m.)	mahātmā	high-soulded, personage, saint	mi thianghlim, thlarau mi	मी थियङह्लीम, थ्लाराउ मी
महाद्वीप सं.पु. (n.m.)	mahā.dvīp	Continent	khawmualpui	खोमुअल्पुइ
महान वि. (adj.)	mahān	great	ropui nasa	रोउपुइ नसा
महानुभाव सं.पु. (n.m.)	mahānu- bhāv	person of high and noble ideas, a highly respec- ted person.	mi zahawm tak	मी जह्ऑम तक
महापुरुष सं.पु. (n.m.)	mahāpuruṣ	great man	mi ropui	मी रोउपुइ
महाभारत सं.पु. (n.m.)	mahā. bhārat	One of two	India thawnthu ropui	इण्डिया थोनूथू रोउपुइ

		great epics of India, the war described there in, a big fight	pahniha a pakhat, chuta indo chanchin, insualna rapthlak	पह्नीह् अ पखत्, चुता इनूदोउ चनूचिन् इनसुअलून रापत्लाक्
महामहिम सं.पु. (n.m.)	mahā-mahim	his excellency	ṭhat lawrna, lalpa	ठत् लॉरना, ललपा
महामारी सं.स्त्री. (n.f.)	mahāmārī	a fell desease that takes heavy toll. plague, cholera etc.	hri chhia, pulh hri	ह्री छिया, पुलह् ह्री
महाराज सं.पु. (n.m.)	mahārāj	emperor, cook	lal (ram zau tak nei), eisiam	लल (रम जाउ तक नेइ), एइ सियम्
महारानी सं.स्त्री. (n.f.)	mahārānī	emperor's wife queen	lalnu	लल नू
महालेखापाल सं.पु. (n.m.)	mahā. lekhāpāl	Account General	pawisa vawngtu puipa ber, pawisa lut leh chhuak enfeltu hotu	पोइसा वोङ्तू पुइपा बेर, पोइसा लुत लेह् छुआक् एनफेलतू होउतू
महावत सं.पु. (n.m.)	mahāvat	elephent driver	saipu	साइपू
महायुद्ध सं.पु. (n.m.)	mahā. yuddha	great.war	indona nasa	इनूदोउना नसा
महारथी सं.पु. (n.m.)	mahārathī	the great warrior	indo-na lama mihmingthang, indo hrat mi huaisen	इनूदोउना लमा मिम्हीङ्थङ, इनदोउ ह्रात मी हुअइसेन्
महावर सं.पु. (n.m.)	mahāvar	red colour used by ladies to beautiful the-ir feet.	hmei chhiaina anke chei nana rawng sen anhman.	म्हेइ छियाइना अनूके चेइ नाना रोङ सेन अनूम्हन्
महाविद्यालय सं.पु. (n.m.)	mahā-vidyālay	College	College, sikul sang ber, zirna sang zawk	कोलेज्, सिकुल साङ बेर, जिरना साङ जोक्
महावीर वि.पु. (adj.)	mahāvīr	very brave Lord Mahavir,Lord Hanuman.	huaisen tak, lalmahavir, lal Hanuman.	हुअइसेन तक, ललमहावीर, लाल हनुमान्
महाशय सं.पु. (n.m.)	mahāshya	a polite form of address, gentl-	zah entirna (kohna),	जह् एनूतीरना (कोउना),

		eman.	pa zahawm	पा जह्ऑम
महिमा सं.स्त्री. (n.f.)	mahimā	greatness, glory	ropuina.	रोउपुइना
महिला सं.स्त्री. (n.f.)	mahilā	lady	nu zahawm, hmeich-he zahawm	नु जह्ऑम, म्हेइछे जह्ऑम
महिषी सं.स्त्री. (n.f.)	mahisī	quen consort	kawppui, nupui	कोप्पुइ, नुपुइ
मही सं.स्त्री. (n.f.)	mahī	earth	lei pum.	लेइ पुम
महीन वि. (adj.)	mahīn	thin, fine, sharp	ria, pan	रिया, पन
महीना सं.पु. (n.m.)	mahīnā	month, monthly, meanes.	thla khat, thlatin	थ्ला खत्, थ्लातिन
महुआ सं.पु. (n.m.)	mahuā	an Indian tree bearing yellow flowers which are used for preparing liquor	thing chi khat par atanga zu thlawr thin	थिङ ची खत् पार अटङा जू थ्लोर ठिन
महोत्सव सं.पु. (n.m.)	mahotsav	gala festival	intihhlimna, hlimhlawpna	इनतिह् ह्लीमना, ह्लीम ह्लोपना
महोदय सं.पु. (n.m.)	mahoday	a polite form of address (for gentleman)	pu (pa zahawm kohna)	पू (प जह्ऑम कोह्ना)
माँ सं.स्त्री. (n.f.)	mā̃	mother	Nu	नू
मांग सं.स्त्री. (n.f.)	mā̃g	1. demand 2. hair-parting	1. nagenna, phût 2. bari	ङेन्ना, फूत, बरी
मांगना क्रि.स. (vt)	mā̃g.nā	to beg, to ask for	ngen	ङेन्
मांजना क्रि.स. (vt)	mā̃nj.nā	to cleanse	thian fai	थियन् फाइ
मांझी सं.पु. (n.m.)	mānjhī	boatman	lawng pu	लोङ पू
मांडी सं.स्त्री. (n.f.)	mā̃ḍī	(boiled) rice water	chaw tui hnang	चो तुइ ह्नाङ
मांस सं.पु. (n.m.)	mãns	meat, flesh	sa	सा
मांसपेशी सं.स्त्री. (n.f.)	mānsapeshī	muscle	tihrawl, tihrawl sek lai	तिह्रोल, तिह्रोल सेक लाइ
मांसल वि. (adj.)	mānsal	fleshy	thau, chum	थाउ, चुम
मांसाहारी वि. (adj.)	mānsāhārī	non-vegtarian food	sa ei mite chawei	सा एइ मी ते चोएइ

माघ सं.पु. (n.m.)	māgh	eleventh month of the hindu calendar	January thla hindu thla chhiara a thla sawmpakhatna	जनुअरी थ्ला, हिन्दू थ्ला छियारा अ थ्ला सोम पखतना
माचिस सं.स्त्री. (n.f.)	māchis	matches	nawalh	नोअल्ह्
माजरा सं.पु. (n.m.)	māj.rā	matter, affairs	chungchâng, chungthu	चुङ्चाङ, चुङ्थू
मात सं.स्त्री. (n.f.)	māt	mate, check-mate.	kawppui chess khela a lal dan tawng khawngna	कोप्पुइ, चेस खेल्ह् अ ललदान् तोङ खोङ्ना
मातम सं.पु. (n.m.)	mātam	mourning	mitthi sun, mitthi vui	मित्थी सून, मितथी वूइ
मातहत वि. (adj.)	mātahat	subordinate	hnuai zawk, hniam zawk	न्हुअइ जोक्, न्हीयम् जोक्
माता सं.स्त्री. (n.f.)	mātā	mother	nu	नू
मार्का सं.पु. (n.m.)	mārkā	mark, sign trademark	Chhin-Chhiahna entirna	छिनुछियह्ना एनतीरना
मातृत्व सं.पु. (n.m.)	mātritva	motherhood, maternity	nu nihna	नू निह्ना
मातृभाषा सं.स्त्री. (n.f.)	mātri. bhāsạ	mother-tongue	pianpui tawng	पियनुपुइ टोङ
मातृभूमि सं.स्त्री. (n.f.)	mātri. bhūmi	motherland	pianna ram.	पियनुना रम
मात्र (ind)	mātra	only	chauh	चउह्
मात्रा सं.स्त्री. (n.f.)	mātrā	quantity, dosa-ge, a unit of measurement	zat tam lam	जात्, तम लम्
माथा सं.पु. (n.m.)	māthā	forhead	chal	चल
माथापच्ची सं.स्त्री. (n.f.)	māthā-pachchi	taxing of brain	thluak tihah	थ्लुअक् तिहअह्
मादक वि. (adj.)	mādak	intoxicating spirituous	mi tirui thei	मी तिरुइ थेइ
मादकता सं.स्त्री. (n.f.)	mādak.tā	inoberiety, intoxication	ruihna	रुइह्ना
मादा सं.स्त्री. (n.f.)	mādā	female (animal)	thil nung reng renga a nu	थिल् नुङ रेङ रेङा अ नू

मादृदा सं.पु. (n.m.)	māddā	essential, element	tul, a hmahruai	टूल, अ म्हाहुअइ
मार्धुय सं.पु. (n.m.)	mādhurya	sweetness, melodiousness	thlumna, thluk no,	थ्लुमना, थ्लूक नोउ
माध्यम सं.पु. (n.m.)	mādhyam	medium	laihawl, vantlang	लाइहोल्, वानूत्लाङ
माध्यमिक वि. (adj.)	mādhya-mik	secondary, intermediary	pawi mawh lo zawk mi kara tla	पोइमोह् लोउ जोक्, मी कारा त्ला
मान सं.पु. (n.m.)	mān	respect, feignel anger	zahna, thinrim der	जह्ना, थिनृरिम् देर
मानचित्र सं.पु. (n.m.)	mān.chitra	map, chart	ram lem, kawng zawn nana ram lem emaw tuipui emaw ziah	रम लैम, कोङ जोन् नाना रम् लेम् एमो तुइपुइ एमा जियह्
मानना क्रि.स. (vt)	mān.nā	to admit, to code/accept.	luhtir, la lut pawm	लुहृतीर, ल लूत पोम्
मानदंड सं.पु. (n.m.)	mān.daṇḍ	criterion	tehkhawng, tehna	तेह्खोङ, तेह्ना
मानव वि. (adj.)	mānav	human	mihring, mihrinzia	मिह्रिङ, मिह्रिनूजिया
माननीय वि. (adj.)	mān.nīya	honourable, esteemed	zahawm	जह्ऑम
मानस सं.पु. (n.m.)	mānas	mind	rilru	रिलूरू
मानसिक वि. (adj.)	mānasik	mental	rilru lam	रिलूरुलम्
मानसून सं.पु. (n.m.)	mān.sūn	monsson	khawfur, fur	खोफूर, फूर
मानहानि सं.स्त्री. (n.f.)	mān.hāni	defamation	intih hming-chhiatna	इनूतिह् म्हीङ छियत्ना
माने सं.पु. (n.m.)	māne	meaning, pur-port import	awmzia, tum, kawhlam.	ऑमजिया, तुम, कोह्लम्
मानो क्रि.वि. (adv.)	māno	supposing, as if, as though	ngaihruat, ta se, ang maia	ङइह्रुआत्, ता से, अङ मइआ
मानवता सं.पु. (n.m.)	mānav.tā	humanity	mihring mihrinna	मिह्रिङ मिह्रिनूना
मान्य वि. (adj.)	mānya	Prestigious, acceptable	hming ṭhatna lantir pawmtlak, hming ṭha	म्हीङ ठत्ना लनतीर, पोमत्लाक्, म्हीङ ठा
मान्यता सं.स्त्री. (n.f.)	mānyatā	recognition, accredition	hriatna, hmehbelna	ह्रियत्ना, म्हेह्बेल्ना
माप सं.स्त्री. (n.f.)	māp	measurement	tehna, len lam	तेह्ना, लेन् लम्

मापना क्रि.स. (vt.)	māp.nā	to measure	teh	तेह्
माफिक वि. (adj.)	māfiq	suitable, agree-able, favourable	remchang, mil ngeih, ṭhat pui, rilrem zawng	रेम्चाङ, मिल् ङेइह्, ठत्पुइ, रिलरेम् जोङ
माफी सं.स्त्री. (n.f.)	māfī	pardon, free hold land	ngaihdamna, mahni ta ngei ram	ङइह्दमना, म्ह्नी ता ङेइ रम
मामला सं.पु. (n.m.)	mām.lā	business, affairs	thil ṭul, hna	थिल् टूल्, न्हा
मामा सं.पु. (n.m.)	māmā	maternal uncle	nute nuṭa	नूते नुटा
मामूली वि. (adj.)	māmūlī	ordinary	satliah, vantlang, naran.	सत्लियह्, वन्त्लाङ, नरान्
मामी सं.स्त्री. (n.f.)	māmī	maternal anut	nuteii, nu laizawn	नुतेई, नू लइजान्
मायका सं.पु. (n.m.)	māy.kā	parental house of a married woman	hmeichhe pasal nei tawh pian leh murna in	म्हेइछे पसल् नेइ तोह् पियन् लेह मूरना इन
माया सं.स्त्री. (n.m.)	māyā	God's, Play, illusion	thuneihna sang tum, hmuhsualna, mitthla	थुनेइह्ना साङ तुम, म्हुह्सुअलना, मित्त्ला।
मायाजाल सं.पु. (n.m.)	māyājāl	web of world-ly, attachment	khawvel thil nena inzam phan vel nuai, khawvel thil hipna	खोवेल् थिल् नेना इनजम् फन् वेल नुअइ खोवेल थिल् हीप्ना
मायूस वि. (adj.)	māyūs	disappointed, dejected	beidawng, lunghnur, ngui	बेइदोङ, लुङन्हुर, ङुइ
मायूसी सं.स्त्री. (n.f.)	māyūsī	disappointment dejection	beng thlep, beidawnna nguina	बेङ थ्लेप, बेइदोन्ना ङुइना
मार सं.स्त्री. (n.f.)	mār	beating, range	vua, tlang dung	वुआ, त्लाङ दुङ
मारकाट सं.स्त्री. (n.f.)	mār.kāt	bloody, scuffle	thisen inchhuah, intawh chilhna	थिसेन्, इनछुअह्, इन्तोह चिल्ह्ना
मार्केट सं.पु. (n.m.)	mārket	market	dawrpui, dawrkai thler	दोरपुइ, दोरकाइ थ्लेर
मारना क्रि.स. (vt.)	mār.nā	to beat, to kill, to strike	vua, vel, that, tihlum, sat, vit, vua	वुआ, वेल, थत्, तिह्लुम, सात्, वित्, वुआ

मारपीट सं.स्त्री. (n.f.)	mārpi̇̄t	exchange of blows, scuffle, battery	in tawh chilhna, inkahchilhna	इन तोह् चिल्हना, इन्कह्चिल्ह्ना
मार्मिक वि. (adj.)	mārmik	touching vital	lairil khawih	लाइरिल् खोइह्
माल सं.पु. (n.m.)	māl	riches, goods, public revenue	haunsakna, sum leh pai, mipui sum	हउसक्ना, सुम् लेह् पाइ, मिपुइ सुम
मालगाड़ी सं.स्त्री. (n.f.)	māl.gāṛī	goods train	bungrua phurtu rel	बुङरुआ फुरतू रेल
मालगुजारी सं.स्त्री. (n.f.)	māl.guzārī	land revenue	lei man.	लेइ मन
मालगोदाम सं.पु. (n.m.)	māl.godām	godown, ware-house	kudam, thil dahkhawmna	कुदाम, थिल् दह्खॉमना
मालटा सं.पु. (n.m.)	māltā	kind of citrous fruit	ser lam chi	सेर लम् ची
मालदार वि. (adj.)	māl.dār	wealthy, rich	hausa, neinung	हउसा, नेइनुङ
माला सं.स्त्री. (n.f.)	mālā	garland, string of beads, series	pangpar, ṭhi, ṭhi, indawta awm.	पङ्पार ठी, ठी, इन्दोत्ता ऑम
मालिक सं.पु. (n.m.)	mālik	master, owner	hruaitu, neitupa	हुअइतू, नेइतूपा
मालामाल वि. (adj.)	mālāmāl	very affluent, opulent	Hausa tak, Hausa	हउसा तक्, हउसा
मालियत सं.स्त्री. (n.f.)	māliyiat	value, worth, price	hlutna, manhla, man	ह्लुत्ना, मन्ह्ला, मन
मालिश सं.स्त्री. (n.f.)	mālish	massage	pang zut	पङ जूत
माली वि.पु. (adj.)	māḷī	pertaining to fiance, econo-min, gardener	pawisa lam khawihna pawisa deh dan huan pu	पोइसा लम् खोइह्ना पोइसा देह् दान हुअन् पू
मालूम वि. (adj.)	mālūm	known	hriat	ह्रियत्
मार्ग सं.पु. (n.m.)	mārg	way, route, road	kalkawng, zin kawng	कल्कोङ, जिन कोङ
मार्गदर्शक सं.पु. (n.m.)	mārg. darshak	guide	kaihruaitu, kawhhmuhtu.	काइहुअइतू, कोह्म्हुह्तू
मार्गदर्शन सं.पु. (n.m.)	mārg.darshan	guidance	in kaih hruaina	इन् कइह् हुअइना
मार्च सं.पु. (n.m.)	mārch	march (month)	march (thla) vauthla	मार्च (त्ला), वाउत्ला
मार्फत (postp.)	mārfat	by, through, careof	kal tlangin, lakah	कल त्लाङइन्, लक्अह्
माशा सं.पु. (n.m.)	māshā	an Indian mea-	India buk tehna	इण्डिया बूक तेह्ना

		sure of weight, equivalent to one twelve of a tola)	(tola khat hmun sawm pahniha hmun ṭhena khat)	(तोला खत् म्हुन् सोम पह्नीह्अ म्हुन ठेन्ना खत्)
माशूका सं.स्त्री. (n.f.)	māshūqā	beloved (woman)	hmangaihi (hmei-chhe puitling)	म्हाङइह्इ (म्हेइछे पुइत्लिङ)
मास सं.पु. (n.m.)	mās	month	thla (hunbi)	त्ला (हुन्बी)
मासिक सं.पु. (n.m.)	māsik	monthly	thla tin	त्ला तिन्
मासूम वि. (adj.)	māsūm	innocent, guiltless	pawisawi lo, sual la hre-lo	पोइसोइ लो, सुअल ल ह्रे-लो
मास्टर सं.पु. (n.m.)	māsṭar	master, teacher	hotu, zirtirtu	होउतू, जिरतीरतू
माहवार वि. (adj.)	māhvār	monthly	thlatin.	त्लातिन्
माहवारी वि. (adj.)	māhvārī	montly (m) menses	thlatin, hmeichhe thineih.	त्लातिन्, म्हेइछे थिनेइह्
माहिर वि. (adj.)	māhir	expert, clever	thiam, fing, zei	थियम्, फिङ, जेइ
मिक्सचर सं.पु. (n.m.)	mikschar	mixture	thil chawhpawlh	थिल् चोह्पोल्ह्
मिचकाना क्रि.अ. (vi)	mich.kānā	to wink	mit khapzauh	मित् खप्जउह्
मिचलाना क्रि.अ. (vi)	mich.lānā	to feel like vomitting, to nausecte.	luak chhuak, awm nuamlo nasa	लुअक् छुअक्, ऑम नुअम्लो नसा
मिजाज सं.पु. (n.m.)	mizāj	temperament, rature	rilru, khawhawi, leilung dan kalhmang	रिलरु, खोहोइ, लेइलुङ दान कलम्हाङ
मिटना क्रि.अ. (vt)	miṭ.nā	to be erased/ effaced, to be destroyed	tihchhiat tu/tih chimitna, tih boral tur.	तिह्छियत् तूर/तिह् चिमित्ना, तिह् बोउरल् तूर
मिटाना क्रि.स. (vt)	miṭānā	to erase/efface to destroy	tichhia, ti chimit, tiboral	तिछिया, तिचिमित्, तिबोउरल्
मिट्टी सं.स्त्री. (n.f.)	miṭṭī	earh, clay, corpse	khawvel, hlum, mitthi ruang	खोवेल, ह्लुम, मित्थी रुअङ
मिट्टी का तेल सं.पु. (n.m.)	miṭṭī kā tel	kerosene oil	khawnvartui	खोन्वरतुइ
मिठाई सं.स्त्री. (n.f.)	miṭhāī	Sweets(s)	thil thlum	थिल थ्लुम
मिठा वि. (adj.)	miṭhā	sweet	thlum	थ्लुम
मिठास सं.स्त्री. (n.f.)	miṭhās	sweetness	thlumna, thlum	थ्लुमना, थ्लुम
मित वि. (adj.)	mit	restricted,	khuahkhirh, huang	खुअह्खिरह्, हुअङ

		limited	chin, hung	चिन्, हुङ
मितली सं.स्त्री. (n.f.)	mit.lī	nausea, qualm	ngaih ṭhat lohna	ङइह् ठत्त लोह्ना
मित्र सं.पु. (n.f.)	mitra	friend	ṭhian	ठियन्
मित्रता सं.स्त्री. (n.f.)	mitratā	friendship	inṭhianna	इनठियन्ना
मिथ्या वि. (adj.)	mithyā	false	dik lo	दिक् लोउ
मिथ्याचार सं.पु. (n.m.)	mithyāchār	deceitful, conduct	bumhmang, awmdan	बुम्म्हङ ऑमदान
मिनट सं.पु. (n.m.)	minaṭ	minute	te tak te	ते तक् ते
मिनिस्टर सं.पु. (n.m.)	minisṭer	minister	sawrkara hotu	सोरकारा होउतू
मिन्नत सं.स्त्री. (n.f.)	minnat	supplication, entreaty	tawngtaia bia, ngenna	टोङ्टाइअ बिया, ङेन्ना
मिमियाना क्रि.अ. (vt)	mimiyānā	to bleat, to suplicate with servitity, grovel	Beram be, bawih anga inpe turin, tlu sawp	बेराम बे, बोइह् अङा इन्पे तूरइन, त्लू सोप
मियाद सं.पु. (n.m.)	miyād	time limit	hun tuk, hun ruat chhung	हुन् तुक्, हुन् रुआत् छूङ
मिरगी सं.स्त्री. (n.f.)	mir.gī	epilepsy	phungzawl	फूङ्जोल
मिर्च सं.स्त्री. (n.f.)	mirch	chilli	hmarcha	म्हरचा
मिलन सं.पु. (n.m.)	milan	union, meet	impumkhatna, intawng	इन्पुम्खत्ना, इन्तोङ
मिलनसार वि. (adj.)	milan.sār	social, afable	vantlang mipui thil, kawm nuam	वानत्लाङ मिपुइ थिल, कोङ नुअम्
मिलना क्रि.अ. (vi)	mil.nā	to meet, to be mixed	in tawng, awmza	इन्तोङ, ऑमजा
मिलाजुला वि. (adj.)	milā.julā	resembling, very much like	inchhun, ang inang em em	इनछून्, अङ, इन्अङ एम एम
मिलान सं.पु. (n.m.)	milān	act or state of collation, comparison	in khai khinna thil, khaikhinna	इन खाइ खिन्ना थिल् खाइखिन्ना
मिलाप सं.पु. (n.m.)	milāp	close meeting, reconciliation	khunkhan taka inbiakna, inrem rempui	खूनखान् तका इन्बियकना, इनरेम रेमपुइ
मिलावट सं.स्त्री. (n.f.)	milāvaṭ	act of mixing, adulteration the thing admixed	thil inpawlh, thil chi khata a pawlh loh tur pawlh	थिल् इन्पोल्ह, थिल ची खता अ पोल्ह् लोउह तूर पोल्ह्
मिलिटरी सं.स्त्री. (n.f.)	militarī	army, the	sipai pawl	सिपइ पोल्

		military		
मिल्कियत सं.स्त्री. (n.f.)	mil.kiyat	ownership, property	neitu nihna, neih sum	नेइतू निह्ना, नेइह सुम
मिश्रण सं.पु. (n.m.)	mishraṇ	mixure, compound	thil inchawh pawlh, thil chi hrang hrang inhlawm khawm	थिल् इन्चोह् पोल्ह् थिल ची हङ हङ इनह्लोम् खोम्
मिश्रित (p.p.)	mishrit	Compound, mixed	thil chi hrang hrang inhlawm khawm, thil chawh pawlh	थिल ची हङ हङ इनह्लोम् खोम्, थिल चोह् पोल्ह्
मिष्ठान्न सं.पु. (n.m.)	misṭhanna	Sweet	thlum	थ्लुम्
मिसरी सं.स्त्री. (n.f.)	misrī	sugar candy	chithlum mum	चिथ्लुम् मूम
मिसाल सं.स्त्री. (n.f.)	misāl	example	entirna	एन्तीरना
मिसिल सं.स्त्री. (n.f.)	misil	case-file	thubuaia la	थुबुअइअ ला
मिस्त्री वि. (adj.)	mis.trī	Egyptian	Aigupta hmeichhe in cheina	आइगुप्ता म्हेइछे इन् चेइना
मिस्सी सं.स्त्री. (n.f.)	missī	a powder used by woman for tinging their lips	heha hnawih chi	हेह्अ न्होइची
मीचना क्रि.स. (vt.)	mīch.nā	to close/shut	khar, chhin	खार, छीन्
मीजान सं.स्त्री. (n.f.)	mīzān	total	belhkhawm avai	बेल्ह्खोम, अवाइ
मीटर सं.पु. (n.m.)	mītar	1. mitre, 2. meter	thil sei lam tehna, tui leh kawlphe hnathawh tehna sana	थिल सेइ लम् तेह्ना, तुइ लेह् कोल्फे न्हाथोह् तेह्ना सना
मीटिंग सं.स्त्री. (n.f.)	mīting	meeting	inhmuhna, in tawhna	इन्म्हुह्ना, इन् तोह्ना
मीड़ सं.स्त्री. (n.f.)	mīṛ	glide	dam taka luang, tawlh	दम् तका लुआङ, तोल्ह्
मीनार सं.पु. (n.m.)	mīnār	tower, minerals	insang kulh, thil laih chhuah (minerals)	इनसाङ कुल्ह्, थिल लाइह् छुअह् (मिनेरत्स)
मीन सं.स्त्री. (n.f.)	mīn	fish, twelfth	sangha, vana arsi rual	सङ्ह् वना अरसी रुअल्

		sign of the zodiac pisces	pawimawha a sawm pahinihna	पोइमोहअ अ सोम् पह्नीह्ना
मीनाकारी सं.स्त्री. (n.f.)	mīnākārī	enamelling	thira rawngtle hnawih	थीरा रोङ्त्ले ह्नोइह्
मीनाक्षी वि. (adj.)	mīnākshī	having fish like eyes.	sangha mit pu	सङ्ह् मित् पू
मीमांसा सं.स्त्री. (n.f.)	mī mānsā	commentation, scholarly commentary	thil chung changa ngaih dan sawina, lehkha thiam, lehkhabu thu chang sawifiahna bu.	थिल् चुङ चाङा ङइह् दान सोइना, लेह्ख थियम्, लेह्खबू थू चाङ सोइफियह्ना बू
मील सं.पु. (n.m.)	mīl	mile	mel	मेल
मुडंन सं.पु. (n.m.)	mundan	1.Ceremonious 2. tonsure	1. urhsun, serh, 2. sakhaw rawngbawlna kawnga lu meh	1. उरह्सून्, सेरह् 2. साखो रोङबोल्ना कोङा लु मेह्
मुंडेर सं.पु. (n.m.)	munder	parapet	indonaa leipawng inphenna	इन्दोउना अ लेइपोङ इनफेन्ना
मुंशी सं.पु. (n.m.)	munshī	clerk	scribe ziaktu, mosiadan zirtirh	स्क्रिप जियाक्तू, मोउसियादान जिरतिरह्
मुंह सं.पु. (n.m.)	mũh	mouth, face, opning	ka, hmai, inhawng	का, म्हाइ, इन्होङ
मुंहजोर वि. (adj.)	mũh.jor	insolent, inpudent.	chaltlai, zak thei lo	चलत्लाइ, जक् थेइ लोउ
मुंहतोड़ वि. (adj.)	mũh.toṛ	irrefutabel, apt.	hnial, thlak rual loh, remchang	न्हीयल्, त्लाक् रुअल् लोह्, रेम्चाङ
मुंहफट वि. (adj.)	mũh.phaṭ	outspoken, frank	thukhuhlo, a ruh langa sawi	थुखुह्लो, अ रुह् लङा सोइ
मुंहमांगा वि. (adj.)	mũh.mā̃gā	(as much as) demanded, asked for	ngenna, dil, phut	ङेन्ना, दील, फूत्
मुअत्तिल वि. (adj.)	muattil	suspended	titawp rih, ban lai lawk	तितोप् रिह्, बान् लइ लोक्

मुआइना सं.पु. (n.m.)	muāinā	inspection	endikna	एन्दिक्ना
मुआवजा सं.पु. (n.m.)	muāv.zā	Compensation, remuneration	zangnadawmna, lawmman	जाङ्नदोम्ना, लोम्मन्
मुकद्दमा सं.पु. (n.m.)	muqad-damā	law suit, case	dan anga in khinna	दान अङा इन् खिन्ना
मुकद्दर सं.पु. (n.m.)	mukaddar	fate, destiny	chanpuał, khuanuruat, chan tâwk	चन्पुआल्, खुअनुरुअत् चन् तोक्
मुकम्मल वि. (adj.)	muqammal	finished, completed	siam zo tawh, zo tipuitling, hlen	सियम् जोउ तोह, जोउ तिपुइत्लिङ, ह्लेन्
मुकरना क्रि.स. (vt)	mukar.nā	to deny, to go back upon one's word, to belie.	pha, hnial mahni sawi sut leh	फा, न्हीयल् म्ह्नी सोइ सूत् लेह्
मुकर्रर वि. (adj.)	muqarrar	posted, appointed	dah, hnape, ruat	दह्, न्हापे, रुअत्
मुक्त (PP)	mukta	freed, independent	zalen tir, zalenna	जलेन् तीर, जलेन्ना
मुकाबला सं.पु. (n.m.)	mukab.la	1. Comparsion 2. encounter	1. tehkhinna, khaikhina 2. intawhna	1. तेह्खिन्ना, खाइखिन्ना 2. इन्तोहना
मुकाम सं.पु. (n.m.)	muqām	halt, site, place	tim hmun, dinhmun	तीम् म्हुन्, दिन्म्हुन
मुक्का सं.पु. (n.m.)	mukkā	punch, blow of fist.	chhunpawp, kuttuma hnek	छुन्पोप्, कुत्तुमा न्हेक्
मुकुट सं.पु. (n.m.)	mukuṭ	1. Coronet 2. Crest	1. lallu khum te chi, 2. sava thlik thli dir	लल्लु खुम् ते ची, सवा थ्लिक् थ्ली दीर
मुक्ति सं.स्त्री. (n.f.)	mukti	emancipation salvation	khuah khirhna ata ti chhuak, chhandamna.	खुअह् खिरह्ना अता ति छुआक् छनूदम्ना
मुक्ति मार्ग सं.पु. (n.m.)	mukti. marg	path of salvation	Chhandamna Kawng	छनूदम्ना कोङ
मुकुलित (PP)	mukulit	budded	thil kuhmum	थिल् कुह्मूम्
मुख सं.पु. (n.m.)	mukh	mouth, face, opening	ka, hmai, inhawng	का, म्हाइ, इनहोङ

मुखड़ा सं.पु. (n.m.)	mukhṛā	face	hmai	म्हाइ
मुखपृष्ठ सं.पु. (n.m.)	mukh. priṣṭha	title page	mipa naupang ṭhuihruai hming	मिपा नउपङ ठुइहुअइ म्हीङ
मुखबिर सं.पु. (n.m.)	mukhbir	informer	1. mi hek rutu 2. hrilh hretu.	1. मी हेक् रुतू हिल्ह् हेतू
मुखर वि. (adj.)	mukhar	cheeky, talk-ative	zak thei lo, tawng tam	जक् थेइ लो, टोङ तम्
मुखिया सं.पु. (n.m.)	mukhiyā	head, headman	lu, hotu	लू, होउतू
मुखौटा सं.पु. (n.m.)	mukhāutā	mask	hmaithing hawng	म्हाइथिङ होङ
मुखाकृति सं.स्त्री. (n.f.)	mukhākriti	facial expression	hmela thil awmze entir	म्हेला थिल ऑमजे एन्तीर
मुख्तसर वि. (adj.)	mukhtasar	brief	thu kaihtawi, tawi kim	थू कइह्तोइ, तोइकिम्
मुख्तार सं.पु. (n.m.)	mukhtār	attorney	ukil	उकिल्
मुख्तारनामा सं.पु. (n.m.)	mukhtār-nāmā	power of attor-ney	Ukil thuneihna	उकिल्, थुनेइह्ना
मुख्य वि. (adj.)	mukhya	Chief, main, leading	luber, bulpuiber, hruaina	लूबेर, बुलपुइबेर, हुअइना
मुख्यमंत्री वि. (adj.)	mukhya-mantrī	Chief minister	Sawrkar hotu lu ber (State khatah)	सोरकार होउतू लू बेर (स्टेट खत्अह्)
मुदगर सं.पु. (n.m.)	mud.gar	India type of dumb bell su sedin physical exercise.	India miin a ban tha Sawizawinaa an hman thil rit.	इण्डीया मीइन् अ बान् था सोइजोइनाअ अन् म्हन् थिल् रित्
मुग्ध वि. (adj.)	mugdh	fascinated, infatuated	hipa awm, zûna uai	हीपा ऑम् जून्ना उअइ
मुचलका सं.पु. (n.m.)	muchal.kā	personal-bond	(mimal) inlaichinna, (mimal) inzawmna	(मीमल्) इनलइचीन्ना, (मीमल्) इन्जोम्ना
मुजरा सं.पु. (n.m.)	muj.rā	musical sitting by a dancing girl	ri mawi, inkhawmnaa hmeichhia lam, rimawi nena lamna	री मोइ, इन्खोम्ना अ म्हेइछिया लम, रिमोइ नेना लाम्ना
मुजरिम वि. (adj.)	muj.rim	accused,	hekna awm, thil	हेक्ना ऑम, थिल्

		offender	ti sualtu	ति सुअलतू
मुझ (Pron.)	mujh	me	keimah	केइम्अह्
मुझे (Pron.)	mujhe	me to me	keimah, keimah ah	केइम्अह्, केइम्अह् अह्
मुठभेड़ सं.स्त्री. (n.m.)	muṭh.bheṛ	Confrontation encounter	in hmachhawnna intawhna	इन म्हाछोन्ना, इन्तोह्ना
मुड़ना क्रि.स. (vt.)	muṛ.nā	to turn, to bend	kir, tithlep, ngaihdan sawn	कीर, तित्लेप्, ङइह्दान सोन
मुताबिक (ind)	mutābik	according (to)	angin, ang zelin	अङइन् अङ जेलइन्
मुद्दई सं.पु. (n.m.)	muddaī	plaintiff	mihektu, khingtu	मीहेक्तू, खिङतू
मुद्दत सं.पु. (n.m.)	muddat	duration, long period	enge-maw hunchhung hun rei	एङे मो हुन्छूङ, हुन रेइ
मुद्दालेह सं.पु. (n.m.)	muddāleh	defendant	mi chhantu, mi vengtu	मी छन्तू, मी वेङतू
मुद्रक सं.पु. (n.m.)	mudrak	printer	Khawl chhutu, ziaka chhuahtu	खोल् छुतू, जियूका छुअह्तू
मुद्रण सं.पु. (n.m.)	mudraṇ	printing	khawl chhuta ziah	खोल् छुत्ता जियह्
मुद्रणालय सं.पु. (n.m.)	mudraṇālay	printing house, press	khawl chhutnain, lehkha chhutna khawl	खोल छुतनइन्, लेह्खा छुत्ना खोल
मुद्रा सं.स्त्री. (n.m.)	mudrā	seal, money, coin, mich	tiam kamna, pawisa, pawisa tlang (thir), mithianghlim Mikaela kut ni	तियम् कम्ना, पोइसा, पोइसा लाङ (थीर), मिथियङ ह्लीम् मीकएला कूत् नी
मुद्रिका सं.स्त्री. (n.f.)	mudrikā	finger-ring, seal	kutzung tanga zungbun ziak leh chhin-chhiahna nem kaina hmanrua	कुत् जुङ टङा जुङबुन, जियक् लेह् छिन् छियह्ना नेम् काइना म्हन्रुअ
मुद्रित (PP)	mudrit	printed	khawlchhuta ziah	खोल्छुत्ता जियह्
मुनादी सं.स्त्री. (n.f.)	munādī	proclamation by beat of drum ban	khuang vaw chunga vantlang hma-a thupan	खुअङ वो चुङा वान्त्लाङ म्हा-अ थुपुअन्

मुनाफा सं.पु. (n.m.)	munāfā	profit, gain	hlep, hlawkpui dik	ह्लेप ह्लोकपुइ दिक्
मुनासिब वि. (adj.)	munāsib	proper, reasonable	dik thlapa che rilru fim.	दिक् त्लापा चे, रिलरु फीम्।
मुनाफाखोरी सं.स्त्री. (n.f.)	munāfā-khorī	profiteering	hlawk lutuk Umna	ह्लोक लुतुक् ऊम्ना
मुनि सं.पु. (n.m.)	muni	ascetic hermit	sakhaw lama inthunun nana tisa hrehawmna in tuartir mi, sakhaw mi	साखो लमा इनथुनुन् नाना तीसा ह्रेह्ऑमना इन तुअरतीर मी, साखो मी
मुनीम सं.पु. (n.m.)	munīm	clerk of a merchant	sumdawng ziaktu rawih	सुमदोङ जियक रोइह्
मुन्ना सं.पु. (n.m.)	munnā	dear child	naupang duhawm	नउपङ दुह्ॉम
मुफलिस वि. (adj.)	muf.lis	poor, penniless	rethei, engmah nei lo	रेथेइ, एङम नेइ लो
मुफ्त वि. (adj.)	muft	free	zalen, khuahkhirh loh	जलेन्, खुअह्खिरह् लोह्
मुबारक वि. (adj.)	mubārak	auspicious	vanneih thlak remchang	वान्नेइह् त्लाक् रेमचाङ
मुमकिन वि. (adj.)	mum.kin	possible, feasible	tih theih, tih theih awm	तिह् थेइह् तिह् थेइह् ऑम
मुमुक्षा सं.स्त्री. (n.f.)	mumukṣā	aspiration for salvation	chhan damnana theih tawp beihna	छन् दमनाना थेइह् तोप् बेइह्ना
मुरकी सं.स्त्री. (n.f.)	mur.kī	a kind of music ornamentation around a note, eartops	hla thluk rimawi rema mawi taka siam	ह्ला थ्लूक रिमोइ रेमा मोइ तका सियम्
मुरझाना क्रि.अ. (vi)	mur.jhānā	to fade/wither	chuai, vuai	चुअइ, वुअइ
मुरब्बा सं.पु. (n.m.)	murabbā	jam	nek, bei, insu buai	नेक्, बेइ, इनसू बुअइ
मुरव्वत सं.स्त्री. (n.f.)	muravvat	noblesse oblige, nobility involving obligation	minihna sangte mawh phurhna, mi challangte intiamna thila inhnamhnawih	मीनिह्ना साङ्ते मोह् फुरह्ना, मी चलूलङ्ते इनूतियमूना थिला इनन्हम् न्होइह्
मुरली सं.स्त्री. (n.f.)	mur.lī	flute	phenglawng	फेङ्लाङ

मुराद सं.स्त्री. (n.f.)	murād	longing, craving	châkna, châk hliah/hliahna	चाक्ना, चाक् ह्लीय/ह्लीयना
मुर्गा सं.पु. (n.m.)	murgā	cock	arpa	अरपा
मुर्गानी सं.स्त्री. (n.f.)	murgānī	hen	ar vavu chi khat	आर वावू ची खत
मुर्गी सं.स्त्री. (n.f.)	murgī	hen	arpui	अरपुइ
मुर्दा वि. (adj.)	murdā	dead	thi, nung lo	थी, नुङ लो
मुलम्मा सं.पु. (n.m.)	mulammā	gilt, coating	rankgachak tui luan tuamtu, hnawih	रङकचक तुइ लुअन्, तुअम्तू, न्होइह्
मुल्ल सं.पु. (n.m.)	mullā	muslim priest	mosolman puithiam	मोसोलमान् पुइथियम्
मुसन्ना वि. (adj.)	musannā	duplicate, copy	tlukpui, tihdan zir	त्लुक्पुइ, तिह्दान जिर
मुसलमान सं.पु. (n.m.)	musal.mān	muslim	mosolman	मोसोलमान
मुसाफिर सं.पु. (n.m.)	musāfir	traveller, passenger	zinmi, lawng leh thlawhna leh tawlailir ilova mi chuang	जिन्मी लोङ लेह् त्लोह्ना लेह तोलाइलीर इलोवा मी चुअङ
मुसाफिरखाना सं.पु.	musāfir.khānā	traveller's waiting room	khualzintc hahchawlhna hmun	खुअल्जिन्ते हअह्चोल्ह्ना म्हुन
मुसीबत सं.स्त्री. (n.f.)	musībat	misfortune, calamity, difficulty	vanduaina, lungngialma, harsatna	वानदुअइना, लुङङइह्ना, हरसत्ना
मुस्कराना क्रि.अ. (vi)	muskarānā	to smile	nui	नुइ
मुस्कान सं.स्त्री. (n.f.)	muskān	smile	nui	नुइ
मुस्तकिल वि. (adj.)	mustakil	permanent, firm, fixed	nghet, muk tinghet tawh	ङेह्त, मुक् तिङेह्त तोह्
मुस्तैद वि. (adj.)	mustaid	active, ready	tihtur timi, inpeih, peih	तिह्तूर तिमी, इनपेइह् पेइह्
मुलजिम सं.पु. (n.m.)	mul.zim	employee, servent	hnathawk, chhiahhlawh	न्हाथोक्, छियह्ह्लोह्
मुल्तवी वि. (adj.)	mul.tavī	postponed	sawn leh, hun sawn	सोन लेह्, हुन सोन
मुलाकात सं.स्त्री. (n.f.)	mulāqāt	meeting, acquiantance	inhmuhna	इनम्हुह्ना

मुलायम वि. (adj.)	mulāyam	soft, tender	nem, ngainatawm, no	नेम, ङइह्नत्ऑम, नोउ
मुल्क सं.पु. (n.m.)	mulk	country	chenna ram, ram	चेनूना रम रम
मुवक्किल सं.पु. (n.m.)	muvakkil	client	mi thiam, ruaitu	मी थियम्, रुअइतू
मुश्किल वि. (adj.)	mushkil	difficult, hard	harsa, har	हरसा, हर
मुहब्बत सं.स्त्री. (n.f.)	muhabbat	love, affection	hmangaihna, ngainatna	म्हाङइह्ना, ङइनत्ना
मुहर सं.स्त्री. (n.f.)	muhar	an India gold coin, seal, stamp	India pawisa rangka chaka siam, nemng-hehna, chhin chhia-hna, chhutna	इण्डिया पोइसा रङकचका सियम्, नेमङेह्ना, छिनछियह्ना छुतना
मुहर्रम सं.पु. (n.m.)	muharram	day of Imam hussian's mar tyrdom-muslim festival	Iman Hussaina thihni mosolman hlimhlawpni	इमान हुसैना थिह्नी मोसोलमान ह्लीम ह्लोपनी
मुहर्रिर सं.पु. (n.m.)	muharrir	clerk	ziaktu	जियकतू
मुहलत (मोहलत) सं.पु. (n.m.)	muhalat	period of time alloted for finishing a job, leisure	hna thawh zawh nana hun tuk, chawlhna hun	न्हा थोह्जोह् नाना हुन तुक, चोल्ह्ना हुन
मुहल्ला सं.पु. (n.m.)	muhallā	locality	awmna hmun	ऑमना म्हुन
मुहाना सं.पु. (n.m.)	muhānā	estuary	lui chhuah lam.	लुइ छुअह् लम
मुहावरा सं.पु. (n.m.)	muhāvrā	Idiom, Practice	tawnghmang, thil tih, thin dan	टोङम्हङ, थिल् तिह् ठिन् दान
मुहिम सं.पु. (n.m.)	muhim	Compaign arduous job	nawr, raldona, hna harsa	नोर, रालदोउना, न्हा हरसा
मुहूर्त सं.पु. (n.m.)	muhūrt	auspicious moment	hun remchang, hun vannei	हुन् रेमचाङ, हुन् वाननेइ
मूंग सं.पु. (n.m.)	mũg	green, lentil	be hring chi khat	बे ह्रिङ चि खत
मूंगफली सं.स्त्री. (n.f.)	mũg.phalī	ground-nut	bodom	बोदोम्
मूंगा सं.पु. (n.m.)	mũgā	coral	1. tuia rannung kawr 2. talk lei rawng chi hrang hrang nei	1. तुइअ रनुनुङ कोर 2. त्लक् लेइ रोङ चि ह्रङ ह्रङ नेइ
मूंछ सं.स्त्री. (n.f.)	mũchh	whiskers,	bianghmul,	बियङ म्हुल,

		moushtaches	hmuihmul	म्हुइ म्हुल
मूंडना क्रि.स. (vt)	mũnd.nā	to shave, to cheat	met, bum	मेत, बुम
मूक वि. (adj.)	mūk	dumb, speech-less	ṭawngthei lo, ṭawnglo	टोङ्थेइ लो, टोङ्लो
मूडना क्रि.स. (vt)	mūnd.nā	to close or shut	khar, chhin	खार, छीन्
मूठ सं.स्त्री. (n.f.)	mūṭh	hilt, handle	ngunhnam fawng, vawn chhan	ङूनन्हाम्, फोङ, वोन् छन्
मूढ वि. (adj.)	mūḍh	idiotic, stupid	chhaw, atthlak	छो, आत्त्लाक्
मूत सं.पु. (n.m.)	mūt	urine	zun	जुन
मूत्र सं.पु. (n.m.)	mūtra	urine	zun	जुन
मूत्राशय सं.पु. (n.m.)	mūtrāshay	urinary, bladder	zun phing	जुन फीङ
मूर्ख वि. (adj.)	mūrkh	stupid, foolish	ât thlak, chhawih, chhaw	आत्त्लाक्, छोइह् छो
मूर्खता सं.स्त्री. (n.f.)	mūrkhatā	folly, stupidity	thil âtthlak, atna	थिल आत्त्लाक, आत्ना
मूर्च्छा सं.स्त्री. (n.f.)	mūrchha	swon, fainting	thidang	थिदङ
मूर्च्छित वि. (adj.)	mūrchhit	finted, out of senses	hriatna awm lo, thidang engmah hrelo	ह्रियत्ना ऑम लो, थिदङ एङ्मह् ह्रेलो
मूर्ति सं.स्त्री. (n.f.)	mūrti	idol, statue, icon	milem biak, milim, milem	मिलेम्, बियक् मिलिम्, मिलेम्
मूल वि. (adj.)	mūl	original, primitive	a dik tak, hmasang thil	अ दिक् तक, म्हासाङ थिल
मूलधन सं.पु. (n.m.)	mūl.dhan	principal (amount)	pawisa bul tumtu	पोइसा बुल तुमतू
मूल स्रोत सं.पु. (n.m.)	mūl.srot	starting, point, source	tanna bul, a lo chhuahna	टन्ना बुल, अ लो छुअह्ना
मूल्यवान वि. (adj.)	mūlyavān	Valuable, precious	hlutna, hlu	ह्लुतना, ह्लु
मूल्य सं.पु. (n.m.)	mūlya	value, price	hlutna, man	ह्लुतना मन
मूल्यांकन सं.पु. (n.m.)	mūlyaṅkān	valuation, estimation	a man hisapna, chhutna	अ मन हिसापना, छूत्ना
मूषक सं.पु. (n.m.)	mūṣak	rat	sazu	सजू
मूसल सं.पु. (n.m.)	mūsal	pestle	rawt fung	रोत फुङ
मूसलाधार वि. (adj.)	mūsalādhār	torrential (rain)	ruah pui vanawn	रुअह् पुइ वानऑन

मृग सं.पु. (n.m.)	mrig	deer	sakhi	सखी
मृगछाला सं.स्त्री. (n.f.)	mrig. chhālā	1. skin of deer 2. deer skin	sakhi vun	सखी वुन्
मृगनयनी सं.स्त्री. (n.f.)	mrig. nayanī	deer-eyed, having captivating eyes.	sakhi mitang, mihip thei tak mit	सखी मित् अङ, मी हीप थेइ तक मित
मृगछौना सं.पु. (n.m.)	mrig. chhāunā	fawn	sazuk no	सजुक् नोउ
मृगमरीचिका सं.स्त्री. (n.f.)	mrig. marīchikā	mirage	mitvai	मितवाइ
मृगया सं.स्त्री. (n.f.)	mrigayā	hunting	sapel	सपेल
मृतक वि. (adj.)	mritak	dead	thi	थी
मृत्यु सं.स्त्री. (n.f.)	mrityu	death	thihna	थीह्ना
मृत्युंजय वि. (adj.)	mrityñjay	Immortal	thi thei lo	थी थेइ लो
मृत्युशय्या सं.स्त्री. (n.f.)	mrityu-shayyā	death-bed	thihna khum	थीह्ना खुम
मृदंग सं.पु. (n.m.)	mridaṅg	an Indian musical instrument of the percussion type	India rimawi hla sakna hmanrua hla tumrem nana an hman	इण्डिया रिमोइ ह्ला सकनाम्हनूरुअह्ला तुमरेम् नाना अन् म्हन
मृदु वि. (adj.)	mridu	soft, tender, sweet	nem, dimdawih, thil thlum	नेम, दिम्दोइह्, थिल थ्लुम्
मृदुल वि. (adj.)	mridul	soft, tender, sweet	nem, no, ngaihnat-awm thlum	नेम, नोउ, ङइह्नत् ऑम थ्लुम
में (post position)	mẽ	in, into, at, on between, among	ah, chhungah, ang chungah, in karah zingah	अह्, छूङअह्, अङ, चुङअह्, इन कारअह् जीङअह्
मेंड सं.स्त्री. (n.f.)	mẽḍ	ridge, (between two fields)	tlang dung (tlang leh tlang inkar), huan/lo inrina pawng	त्लाङ दुङ (त्लाङ लेह् त्लाङ इन्कार), हुअन्/लो इन्रीना पोङ
मेंढक सं.पु. (n.f.)	mẽnḍhak	frog	chungu	चुङऊ
मेंबर सं.पु. (n.m.)	membar	member	pawl zinga mi	पोल् जीङा मी
मेंह सं.पु. (n.m.)	mẽh	rain	ruah	रुअह्
मेख सं.स्त्री. (n.f.)	mekh	smallish nail	tin te	तिन ते
मेघ सं.पु. (n.m.)	megh	rain, cloud	ruah, chhum	रुअह् छूम

मेज सं.पु. (n.m.)	mez	table	dawh kan	दोह्कान्
मेजपोश सं.पु. (n.m.)	mezposh	table cloth	dawhkan puan	दोहकान् पुअन्
मेजबान सं.पु. (n.m.)	mej.bān	host	khual thlengtu	खुअल् थ्लेङ्तू
			chaweia sawmtu	चोएइअ सोमतू
मेजर सं.पु. (n.m.)	mejar	Major (Army)	sipai lama captian	सिपइ लमा केपतेइन्
			chung chiah	चुङ चियह्
			(sipai)	(सिपइ)
मेडल सं.पु. (n.m.)	meḍal	medal	tangkapui	तङ्कपुइ
			lawmman	लोममन्
मेडी सं.स्त्री. (n.f.)	meḍī	the plant tenu-greek	thlai rim nei	थ्लाइ रिम नेइ
			chi khat	ची खत
मेधावी वि. (adj.)	medhāvī	wise, sagacous	fing, remhria	फिङ, रेमूहीय
मेवा सं.पु. (n.m.)	mevā	dry fruit	theirah tihro	थेइ रह् तिह्रोउ
मेमना सं.पु. (n.m.)	mem.nā	kid, lamb	no beram no	नोउ बेराम नोउ
मेयर सं.पु. (n.m.)	meyar	mayor	khaw hotu,	खो होउतू,
			khawpui	खोपुइ
			bawrhsap	बोरह्साप्
मेदा सं.पु. (n.m.)	medā	stomach	pumpui	पुमपुइ
मेल मिलाप सं.पु. (n.m.)	melmilāp	unison, recon-ciliation	thukhat vawnna,	थुखत् वोनूना,
			inremna	इन्रेमूना
मेल सं.पु. (n.m.)	mel	connection,	zawm, dam,	जोम, दम,
		mail friendship	inṭhianna	इन्ठियनूना
मेला सं.पु. (n.m.)	melā	fair	intihhlimna	इन्तिह्ह्लीमना
मेस सं.पु. (n.m.)	mes	mess	chaw eina	चो एइना
मेहतर सं.पु. (n.m.)	meh.tar	sweeper	hmunphiat	म्हुनफियत्
मेहनत सं.स्त्री. (n.f.)	meh.nat	labour, toil	han thawk, thawh	न्हा थोक्, थोह्
			rimna	रिमूना
मेहनती वि. (adj.)	meh.natī	labourious	taima, rim	तइमा, रिम
मेहमान सं.पु. (n.m.)	mehmān	guest	khual, inleng	खुअल्, इन्लेङ
मेहरबान वि. (adj.)	mahar.bān	kind	zaidam, ngilnei	जाइदम, ङिलूनेइ
मेहरबानी सं.स्त्री. (n.f.)	mehar.bānī	favour, kindness	duh sakna,	दुह् सकना,
			ngilneihna	ङिलनेइह्ना
मेहराब सं.स्त्री. (n.f.)	meh.rāb	arch	kaih, kulh	कइह्, कुलह्
मेहंदी सं.स्त्री. (n.f.)	mehandī	henna	hnawihsen,	न्होइह्सेन,
			thilsen	थिलसेन
			thei (kut, samah	थेइ (कुत्, समअह्

			an an hmang)	अन अन म्हाङ)
मैगजीन सं.स्त्री. (n.f.)	māigzīn	magazine	zem, indona	जेम, इनदोउना
			silai	सिलाइ
			ilo dah khawmna,	इलो दह् खोमूना
			chanchin bu	चनचिन बू
मैदा सं.पु. (n.m.)	māidā	fine-flour	chhangphut	छङफुत्
			dip ṭha	दिप् ठा
मैदान सं.पु. (n.m.)	māidān	ground, plins	mual, mual zawl,	मुअल, मुअल जोल,
			hmun zawl	म्हुन् जोल
मैना सं.स्त्री. (n.f.)	māinā	a black Indian	sava hram	सवा ह्राम
		bird with a	mawi tak	मोइ तक
		melodious voice	(India save dum	(इण्डिया सवा दुम
			tawng thei)	टोङ थेइ)
मैया सं.स्त्री. (n.f.)	māiyā	mother	nu, hringtu	नू, ह्रिङतू
मैं सर्व. (pron.)	mãi	I (f) ego	mahni/keimah	म्हनी/केइम्हह्
			(nihna)	(निह्ना)
मैच सं.पु. (n.m.)	māich	state, dais,	ennawm chhuahna	एनूनोम् छुअह्ना
		forum	hmun dawh sang,	म्हुन् दोह् साङ
			rorelna hmun	रोउरेलना म्हुन्
मैच सं.पु. (n.m.)	māich	match	infiamna kawnga	इनूफियमूना कोङा
			inelna	इनूएलूना
मैत्री सं.स्त्री. (n.m.)	māitrī	friendship,	inṭhianna,	इनठियूना,
		emity, union	inkawmngeihna,	इनकोमङेइह्ना
			inpumkhatna	इनपुमूखतना
मैनेजर सं.पु. (n.m.)	māinejar	Manager	kaihruaitu	काइहुअइतू
			hnathawktu pawl	न्हाथोकतु पोल
			kilkawitu	कीलकोइतू
मैल सं.स्त्री. (n.f.)	māil	dirt, filth,	bawlhhlawh kai,	बोल्ह्लोह् काइ,
		grudge	huatthu, thu vei	हुअतथू थु वेइ
मैला वि.पु. (adj.)	māilā	dirt, filth,	bawlhhlawh,	बोल्ह्लोह्,
		excreta	tenawm ek	तेनऑम एक
मोक्ष सं.पु. (n.m.)	mokṣa	salvation,	chhandamna, sual	छनूदमना, सुअल
		deliverance	laka humna	लका हुमना
मोच सं.स्त्री. (n.f.)	moch	sprain	ruh chuktuah ulh	रुह् चुकतुअह् उलह्
मोचन सं.पु. (n.m.)	mochan	deliverance,	then faina	थेन् फाइना
		riddance		

मोची सं.पु. (n.m.)	mochī	Cobbler	pheikhawk ṭhui	फेइखोक् ठुइ
मोजा सं.पु. (n.m.)	mojā	sock, stocking	mawza tawi	मोजा तोइ
मोटर सं.स्त्री. (n.f.)	moṭar	motor	tikaltu, ti chetu, khawl	तिकलतू, तिछेतू, खोल
मोटा वि. (adj.)	moṭā	fat, rough	thau, chum, thap, rum, sek	थाउ, चुम, थप, रुम, सेक
मोटाई सं.स्त्री. (n.f.)	moṭāī	fatness	thauna	थाउना
मोठ सं.पु. (n.m.)	moṭh	a kind of lentil	thlai chi khat, dailuah chi	थ्लाइ चि खत, दइलुअह् ची
मोड़ सं.पु. (n.m.)	moṛ	turn, bend	inherna, hawi lam kual, thlep	इनूहेरना, होइ लम, कुअल, थ्लेप
मोड़ना क्रि.स. (vt)	moṛ.nā	to turn/bend	kuai kur, thlep ulh	कुअइ कूर, थ्लेप उलह्
मोढ़ा सं.पु. (n.m.)	moṛha	a kind of a stool made of reed.	herh sawp	हेरह् सोप्
मोतिया वि.पु. (adj.)	motiyā	1. of the colour of pearl. 2. Jasmine flower	1. tuikeplung rawng 2. Jasmin par	1. तुइकेपलुङ रोङ 2. जसमीन पार
मोतिया बिंद सं.पु. (n.m.)	motiyā bind	cataract	1. mit natna chi khat 2. tui baw hawk hawk	1. मित् नत्ना ची खत 2. तुइ बो होक् होक्
मोती सं.पु. (n.m.)	motī	pearl	tuikeplung	तुइकेपलुङ
मोतीदारा सं.पु. (n.m.)	motīdārā	typhoid	âwmna khawsikpui	ऑमना खोसिक्पुइ
मोदक सं.पु. (n.m.)	modak	a type of indian sweet	India chithlum siam chi khat	इण्डिया चिथ्लुम सियम चि खत
मोम सं.स्त्री. (n.f.)	mom	wax	khawihnun, sathau khawn	खोइन्हून, सथाउ खोन
मोमजामा सं.पु. (n.m.)	mon.jama	oil-cloth	puan rawng hnawih khawng	पुअन् रोङ न्होइह् खोङ
मोमबत्ती सं.स्त्री. (n.f.)	mon.battī	Candlestick	sathau khawnvar	सथाउ खोनूवार
मोर सं.पु. (n.m.)	mor	Peacock	arawn	आरऑन
मोर्चा[1] सं.पु. (n.m.)	morchā	rust, battlefront	thirek, indona hmatawng	थिरएक, इनदोउना म्हातोङ

मोर्चा[2] सं.पु. (n.m.)	morchā	battle-front, rust.	indona hmun	इनूदोउना म्हुन
मोर्चा[3] बंदी सं.स्त्री. (n.f.)	morchā-bandī	battle, array	indona ralthuam	इनूदोउना रालथुअम
मोरी सं.स्त्री. (n.f.)	morī	drain, conduit	ṭuihawk luan	तुइह्ओक लुअन्
मोल सं.पु. (n.m.)	mol	price	kawr man	कोर मन्
मोलभाव सं.पु. (n.m.)	mol-bhāv	haggling,	tawngka a nawr	टोङ्का अ नोर
मोह सं.पु. (n.m.)	moh	infatuation, fascination	aikaih	आइकइह्
मोहक वि. (adj.)	mohak	fascinating,	mi hip theihna	मी हीप थेइह्ना
मोहताज वि. (adj.)	moh.tāj	needy, poor, depended	rethei, tlachham	रेथेइ, त्लाछम्
मोहर सं.स्त्री. (n.f.)	mohar	stamp, a seal, a gold coin	dak tiket, nemnghehna	दाक टिकेट, नेमङ्ह्एह्ना
मोहरी सं.स्त्री. (n.f.)	moh.rī	lower opening of trousers	kekawrtlawn kekua	केकोरत्लोन् केकुआ
मोहल्ला सं.पु. (n.m.)	mohallā	locality	awman hmun, bial chhung	ऑममन् म्हुन्, बियल् छूङ
मोहित वि. (adj.)	mohit	enchanted, charmed	ai kaih, mi hip theihna	आइ कइह्, मी हीप् थेइह्ना
मोहिनी सं.स्त्री. (n.f.)	mohini	Spell, enchant-ment.	aizialan, dawithiam	आइजियलन, दोइथियम्
मौका सं.पु. (n.m.)	māuqa	occasion, opportunity	remchang, hun	रेमचाङ, हुन्
मौखिक वि. (adj.)	māukhik	Oral, verbal	kaa sawi, a sawia sawi	काअ सोइ, अ सोइ अ सोइ
मौज सं.स्त्री. (n.f.)	māuz	wave, fancy, caprice	tui fawn, thil fawn rêng rêng (radio leh eng zung tiamin)	तुइ फोन, थिल फोन रेङ रेङ (रेडियो लेह एङ जुङ तियमूइन)
मौजा सं.पु. (n.m.)	māuzā	Village	thing-tlang khua	थिङ-त्लाङ खुआ
मौजी वि. (adj.)	māuzī	Capricious, fanciful	ngaihruat thil mumal nei lo	ङइह्रुअत् थिल् मूमल नेइ लो
मौजूद वि. (adj.)	māujūd	present	awm	ऑम
मौत सं.स्त्री. (n.f.)	māut	death	thihna	थिह्ना
मौन सं.पु. (n.m.)	māun	Silence	ngawihna, rehna	ङोइह्ना, रेह्ना

मौनव्रत सं.पु. (n.m.)	maun.vrat	vow of silence	ngawi tura chhe chhamna	ङोइ तूरा छे छमना
मौरसी वि. (adj.)	māurasī	hereditary	inthlahchhawn	इनथ्लाह्छोन
मौलवी सं.पु. (n.m.)	māul.vī	Scholar of Arabic, Persion or Urdu	Arabic thiam tak, persian emaw urdu thiam tak	अराबिक थियम् तक, पेरसियन एमो उर्दू थियम् तक
मौलाना सं.पु. (n.m.)	māulānā	great muslim scholar	musalman lehkha-thiam tak	मुसलमान लेह्ख थियम तक
मौलिक वि. (adj.)	māulik	Original	a tira mi, hmasa	अ तीरा मी, म्हासा
मौलिकता सं.स्त्री. (n.f.)	māulik.tā	Originality	bul, hnar	बुल, न्हार
मौसंबी सं.स्त्री. (n.f.)	māusambī	a big sweet lemon	sermam	सेरमाम
मौसम सं.पु. (n.m.)	māusam	Season, weather	sik leh sa, kum khata hun bi hrang hrang inher chhuak	सिक लेह् सा, कुम खता हुन् बी ह्रङ ह्रङ इनहेर छुआक
मौसा सं.पु. (n.m.)	māusā	husband of mother's sister	nute laizawn te pasal	नुते लइजोन ते पसल
मौसी सं.स्त्री. (n.f.)	māusī	mother's sister	nu laizawn	नू लइजोन
मौसेरा सं.पु. (n.m.)	māuserā	related through mother's sister	nute lai zawnte vanga inchhung, inkung kaihna	नूते लइ जोनते वङा इनछूङ, इनकूङकइह्ना
म्याऊ सं.स्त्री. (n.f.)	myāu	mewing (of a cat)	zawhte ngiau	जोह्ते ङिअव
म्यान सं.स्त्री. (n.f.)	myān	Sheath, scabbord	ngunhnam pai, pai	ङून्ह्नाम पाइ, पाइ
म्लान वि. (adj.)	mlān	withered, languid, gllomy	chuai, chul, ngui	चुअइ, चुल, ङूइ
म्युनिसिपैलिटी सं.स्त्री. (n.f.)	myunici-pēlitī	municipality	khawpui inawpna	खोपुइ इनूओपना
म्लेच्छ वि. (adj.)	mlechcha	dirty, Un Indian	bawhhlawh, tenawm	बोल्ह्ह्लोह, तेनऑम

य

यंत्र सं.पु. (n.m.)	yantra	machine, instrument.	hmanrua, khawl.	म्हनूरुआ खोल
यंत्रणा सं.स्त्री. (n.f.)	yantraṇā	torture	hremna, hrehawmna, nghaisakna	ह्रेमना, ह्रेह्ऑमना ह्ङइसक्ना
यक्ष सं.पु. (n.m.)	yakṣa	a mythological demigod	hindu pathian tenau	हिन्दू पथियन्, तेनाउ
यजमान सं.पु. (n.m.)	yajmān	patron of priest	in thawina lama hotu/puithiam	इन्थोइना लमा होउतू/पुइथियम्
यज्ञ सं.पु. (n.m.)	yagya	religious sacrifice and oblation	sakhaw thilhlan, sakhua avanga thil pek	साखो थिलह्लन्, साखुआ अवाङ्ग थिल पेक्
यज्ञोपवीत सं.पु. (n.m.)	yagopavīt	the sacred thread worn by the caste Hindus	hindu chi ṭha-in hrui an awrh/ hren	हिन्दू चि ठा इन हुइ अन् ऑरह्/ ह्रेन
यति सं.पु. (n.m.)	yati	ascetic, check	sakhaw lam inthunun nana tisa hreawmna in tuartir mi, en chiang	साखो लमा इन थुनुन नाना तिसा ह्रेऑमना इन तुअरतीर मी, एन चियङ
यतीम वि. (adj.)	yatīm	orphan	fahrah	फह्रह्
यतीमखाना सं.पु. (n.m.)	yatīm-khānā	orphanage	fahrahenkawlna hmun	फह्रह्एन्कोलना म्हुन
यत्न सं.पु. (n.m.)	yatna	effort	thil tum, beihna	थिल तुम, बेइह्ना
यत्नशील वि. (adj.)	yatna-shīl	making an effort.	tum, tih tum	तुम, तिह् तुम
यत्र तत्र अ. (ind)	yatra tatra	here and there	khawi lai laiah emaw	खोइ लाइ लाइअह् एमो
यथा (ind)	yathā	asper	zelah khatah	जेलअह्, खतअह्
यथार्थ वि. (adj.)	yathārth	real, fact	chiah, dik chiah	चियह्, दिक चियह्
यथार्थवादी वि. (adj.)	yathārth. vādī	realistic	a tak tak hmuh thiamna	अ तक तक म्हुह् थियम्ना
यथास्थान (conj.)	yathāsthān	at proper place	hmun dik	म्हुन दिक्

यथेच्छा क्रि.वि. (adv.)	yathech-chhā	according to one's wishes or desire	awt, châk	ओत्, चाक
यथेष्ट वि. (adj.)	yatheṣṭa	sufficient, as required	daih, tawk	दइह्, तोक
यथोचित वि. (adj.)	yothochit	proper	dik, dik thlapa che	दिक्, दिक् थ्लापा चे
यदाकदा (ind)	yadākadā	occasionally	a chang chang (in)	अ चाङ चाङ (इन)
यदि (conj.)	yadi	if	sela, chuan	सेला, चुअन्
यद्यपि (conj.)	yadayapi	enough, although	tawk fang, daih tawk	तोक् फङ, दइह् तोक
यम सं.पु. (n.m.)	yam	god of death	thihna lal (pathian)	थिह्ना लल (पथियन्)
यमदूत सं.पु. (n.m.)	yamdūt	messenger of death	thihna thu thawn tlânpuitu	थिह्ना थु थोन् त्लानूपुइतू
यमपुर सं.स्त्री. (n.f.)	yampur	infernal world	hremhmun thil, lei hnuai thil	ह्रेमम्हुन् थिल लेइ न्हुअइ थिल
यमराज सं.पु. (n.m.)	yamrāj	the god of yamas	thih hnua roreltu mitthi lalpa	थिह् न्हुअ रोउरेल्तू गित्थि ललगा
यमलोक सं.पु. (n.m.)	yamlok	internal world	hremhmun khawvel, leihnuai thil	ह्रेमम्हुन खोवेल, लेइन्हुअइ थिल
यवन सं.पु. (n.m.)	yavan	Mohammadan	Mohamedan sakhaw zuitu	मोहामेदन् साखो जुइतू
यवनिका सं.स्त्री. (n.f.)	yavnikā	curtain	puanzar, thil daidanna	पुअनूजार, थिल दाइदनूना
यश सं.पु. (n.m.)	yash	repute, renown	hming mawina, mi mal than dan	म्हीङ मोइना, मी मल थन दान
यशस्वी वि. (adj.)	yashasvī	reputed, renowned	hming ṭha, a ṭha zawnga mi lar tak	म्हीङ ठा, अ ठा जोङा मी लार तक
यशोगान सं.पु. (n.m.)	yashogān	eulogy, encomium	fakna	फक्ना
यशोदा सं.स्त्री. (n.f.)	yashodā	Nand's wife who had nourished krishan	kirshna nu (hring tu ni lo)	कृष्ण नू (हिङ तू नी लो)
यह वि. (adj. & Pron.)	yah	this, it	hei hi, he	हेइ ही, हे

यहाँ क्रि.वि. (adj.)	yahā̃	here	hetah hian	हेतह् हीयन्
यहीं (ind)	yahī̃	at this very place	hetah ngei hian	हेतह् ङेइ हीयन्
यहूदी सं.पु. (n.m.)	yahūdī	jew	juda mi, mi kawm	जुदा मी, मी कोम
यांत्रिक वि. (adj.)	yāntrik	mechanical	khawl lam thil	खोल् लम थिल
या (conj.)	yā	or	emaw	एमो
याचक वि. (adj.)	yāchak	suppliant, beggar	inphah hnuai, hmakun kutdawh	इनूफह् न्हुअइ, म्हाकून कुत्दोह
याचना सं.स्त्री. (n.f.)	yāchnā	supplication, begging	ngen, tawngtaia bia dilna	ङेन् टोङटाइअ बिया दीलूना
याचिका सं. स्त्री (n.f.)	yāchikā	petition	dilna	दीलूना
यातना सं.स्त्री. (n.f.)	yātnā	torture, bodily infiction	in nghai sakna, taka nghaisak	इन् ङ्हूइ सक्ना, तका ङ्इहूसक्
यातायात सं.पु. (n.m.)	yātāyāt	traffic, transport	veivahna, phurhna hmanrua	वेइवहूना फुरहूना म्हनूरुआ
यात्रा सं.स्त्री. (n.f.)	yātrā	journey	zin vahna	जिन वहूना
यात्री सं.पु. (n.m.)	yātrī	treveller, passenger	khualzin	खुअलजिन
याद सं.स्त्री. (n.f.)	yād	memory	hriat rengna	ह्रियत् रेङ्ना
यादगार सं.स्त्री. (n.f.)	yādgār	keepsake, mementor	in ngaihhruina	इन ङ्इहूहुइना
याददाश्त सं.स्त्री. (n.f.)	yāddāsht	memory	hriat reng theihna	ह्रीयत रेङ थेइहूना
यान सं.पु. (n.m.)	yān	vehicle	tawlailir, phurhhlan	तोलाइलीर, फुरहूलान्
यानी (ind)	yānī	that is	kha kha, chu chu	खा खा, चु चु
याम सं.पु. (n.m.)	yām	a watch of three hour's time	darkar thum, zan	दारकार, थुम्, जान
यामिनी सं.स्त्री. (n.f.)	yāminī	night	zân	जान
यार सं.पु. (n.m.)	yār	friend	ṭhian	ठियन्
यारी सं.स्त्री. (n.f.)	yārī	friendship	in ṭhianna, inkawm ngeihna	इन् ठियनूना, इनकोम ङेइहूना
युद्ध सं.पु. (n.m.)	yuddha	war, battle	indona	इनदोउना
युद्धपोत सं.पु. (n.m.)	youdhapot	warship	indolawng	इनदोउलोङ
युद्धभूमि सं.पु. (n.m.)	yuddha-bhūmi	battle-field	indona hmun	इनदोउना म्हुन्
युवक सं.पु. (n.m.)	yuvak	young boy/	ṭhalai, tleiràwl,	ठलाइ, त्लेइरोल्

		man, youth	rawlthar	रोलूथर
युवती सं.स्त्री. (n.f.)	yuvatī	young girl/ woman	hmeichhe lapuitling lo, hmeichhia	म्हेइछे, लपुइत्लिङ लो म्हेइछिया
युवराज सं.पु. (n.m.)	yourāj	heir apparent	ro khawmtu dinhmuna ding tura ngaih sa	रोउ खोमतू दिन्म्हुना दिङ तूरा ङइह् सा
युवा वि. (adj.)	yuvā	young (man), youth	ṭhalai, rawlthar	ठलाइ, रोलथर
युवावस्था सं.स्त्री. (n.f.)	yuvāvasthā	young age, youth fulness	thalai	ठलाइ
यूनियन सं.पु. (n.m.)	yuniyan	union	inzawmna, in pumkhatna	इन्जोमना, इन् पुमखत्ना
यूनिवर्सिटी सं.स्त्री. (n.f.)	yunivarsiṭī	university	zirna sang chi hrang hrang khai khawm-mnahmun	जिरना साङ चि ह्रङ ह्रङ खोइ खोम-नम्हुन्
ये (pron.)	ye	they	anmahni, an	अनम्ह्नी अन
यों क्रि.वि. (adv.)	yõ	in this way, thus	hetiang hian, chutiang chuan	हेतियङ हियन् चुतियङ चुअन्
योगाभ्यास सं.पु. (n.m.)	yogābhyās	practice of meditation	urhsun taka inngaihtuahna hman fo ṭhin	उरह्सून तका इनङइह्तुअह्ना म्हन् फोउ ठिन
योगी सं.पु. (n.m.)	yogī	ascetic, yogi	sakhaw lam inthunun nana tisa hrehawmna intuartir mi, taksa leh rilru sawi-zawina	साखो लमा इनथुनुन नाना तिसा हेह्ऑमना इनतुअरतीर मी, तकसा लेह् रिलूरु सोइ-जोइना
योग्य वि. (adj.)	yogya	able, capable, fit	thei, tling	थेइ, त्लीङ
योग्यता सं.स्त्री. (n.f.)	yogyatā	ability, capability	theihna, tihthei-hna, thiamna	थेइह्ना, तिह्थेइ-ह्ना, थियमना
योजना सं.स्त्री. (n.f.)	yojnā	plan, scheme	thil ruahmanna, thil duan chhin	थिल् रुआम्हनूना, थिल दुअन छिन
यौन वि. (adj.)	yāun	Sexual	mipat-	मिपत्-

			hmeichhiatna lam	म्हेइछियत्न लम्
योद्धा सं.पु. (n.m.)	yoddha	warrior	indo mi sipai	इनदोउ मी सिपइ
योनि सं.स्त्री. (n.f.)	yoni	source, origin, fountain	bul, hnar, tuikhur	बुल, न्हार, तुइखुर
यौगिक वि. (adj.)	yāugik	compound	thil chi hrang hranga inhlawm	थिल चि ह्रङ ह्रङा इनूह्लोम
यौवन सं.पु. (n.m.)	yāuvan	youth, adoles-cence	thalai, rawlthar, hun chhung	ठलाइ, रोलथर, हुन छूङ

र

रंक वि. (adj.)	raṅk	poor, penniless	rethei, engmah nei-lo	रेथेइ, एङम्हाह् नेइ-लो
रंग सं.पु. (n.m.)	raṅg	Colour	rawng	रोङ
रंग ढंग सं.पु. (n.m.)	raṅg.ḍhaṅg	ways, conduct	kalhmang, tih-danhmang	कलम्हाङ, तिह्-दानम्हङ
रंगत सं.स्त्री. (n.f.)	raṅgat	thint, shade	(rawng) lam pang	(रोङ) लम पङ
रंगना क्रि.स. (vt)	raṅg.nā	to colour/dye	rawng dum	रोङ दुम
रंग बिरंगा वि. (adj.)	raṅg. biraṅgā	multi coloured, motley	rawng chi tam inpawlh nuai	रोङ चि तम इनूपोल्ह् नुअइ
रंगभूमि सं.स्त्री. (n.f.)	raṅg.bhūmī	theatre	ennawm chhuahnain	एनूनोम् छुअह्नइन
रंगमंच सं.पु. (n.m.)	raṅg. mañch	stage	lem channa, dawh san	लेम चनूना, दोह सान
रंगमहल सं.पु. (n.m.)	raṅg.mahal	theatre	ennawm chhuahnain	एनूनोम छुअह्नइन्
रंगरूट सं.पु. (n.m.)	raṅg.rūṭ	recruit, novice	zirtir thar (mi), lak thar (mi)	जिरतीर थर (मी), लाक थर (मी)
रंगरेज सं.पु. (n.m.)	raṅgraj	dyer	rawngdumtu	रोङदुमतू
रंगरेली सं.स्त्री. (n.f.)	raṅg.relī	revelry	nuam sipbawlna, nuam tawlna	नुअम् सिपूबोलना, नुअम् तोलना
रंगाई सं.स्त्री. (n.f.)	raṅgāī	dying, colouring	rawng dum	रोङ दुम
रंगामेजी वि. (adj.)	raṅgāmejī	applying colours	rawng hnawih	रोङ न्होइह्
रंगीन वि. (adj.)	raṅgīn	coloured, colourful	rawngkai, lar	रोङकाइ, लार
रंगीला वि. (adj.)	raṅgīlā	colourful, gay, sportiveness	lar, hlim, zangkhai	लार ह्लीम, जाङखइ

रंज सं.पु. (n.m.)	rànj	sorrow, grief	lung chhiatna, lungngaihna	लुङ छियत्‌ना, लुङङइह्‌ना
रंजित (p.p.)	rañjit	dyed, coloured	rawnga dum,	रोङा दुम, रोङ
रंजिश सं.स्त्री. (n.f.)	rànjish	ill felling, malice	rilru sual/chhia	रिलरु सुअल्/छिया
रंजीदा वि. (adj.)	rànzīdā	sad, gloomy	lungngai, lunghnual, nguai	लुङङाइ, लुङन्हुअल्, ङुअइ
रंडापा सं.पु. (n.m.)	raṅḍāpā	widow hood	hmeithaina	म्हेइथाइना
रंडी सं.स्त्री. (n.f.)	raṅḍī	prostitute, harlot	nawhchizuar, mahni taksahralh	नोह्‌चिज़ुअर, म्हाह्‌नी तकसाह्रल्ह्
रंडुआ सं.पु. (n.m.)	raṇḍuā	widower	parawl (nupuisum)	परोल् (नुपुइसून्)
रंदा सं.पु. (n.m.)	randā	carpenter's plane	thing nawh mamna	थिङ नोह् मामृना
रंध्र सं.पु. (n.m.)	randhra	pore orifice	kua, awng	कुआ, ऑङ
रंभाना क्रि.अ. (vt)	rambhānā	to below (cow, buffalo etc.)	bu (bawng te)	बू (बोङ ते)
रईस वि. (adj.)	raīs	wealthy	hausa, neinung	हउसा, नेइनुङ
रकम सं.स्त्री. (n.f.)	raqam	amount, sum, capital	sumzat, sumpui	सुमजात्, सुमपुइ
रकाबी सं.स्त्री. (n.f.)	rakābī	disc.plate	thleng, thil phek	त्लेङ, थिल फेक्
रक्त सं.पु. (n.m.)	rakta	blood	bial thisen	बियल थिसेन
रक्तचाप सं.पु. (n.m.)	rakta-chāp	blood-pressure	lungin thisen a nemchhuah chakzia	लुङइन थिसेन अ नेमछुअह् चकजिया
रक्तपात सं.पु. (n.m.)	rakta-pāt	blood shed, cemage	inthahna, in samna	इनथह्‌ना इनूसामना
रक्तवर्ण वि. (adj.)	rakta.varṇa	blood red	thi anga sen	थी अङा सेन
रक्तस्राव सं.पु. (n.m.)	rakta.srāv	haemoorhage	thi chhuak, thisen dawt pawp	थी छुअक्, थिसेन दोत् पोप
रक्तिम वि. (adj.)	raktim	ruddy, having a red thing	senthuak	सेनृथुअक्
रक्त संचार सं.पु. (n.m.)	rakta. sañchār	blood pressure	lung aṭanga thisen innem chhuak chakzia sawina	लुङ अटंङा थिसेन् इनूनेम छुअक् चकजिया सोइना
रक्षक वि. (adj.)	rakṣak	Protective	lungmuang him	लुङमुअङ, हिम
रक्षा सं.स्त्री. (n.f.)	rakṣā	protection,	invenna	इनृवेनना,

		defence	humhimna, hliah khuhna	हुमहिमना, हलीयह् खुह्ना
रखना क्रि.स. (vt)	rakh.nā	to put, to keep, to a appoint, to maintain	dah ṭha, enkawl vawng	दह् ठा, एनूकोल वोङ
रख-रखाव सं.पु. (n.m.)	rakh.rakhāv	maintenance	enkawlna, vawn ṭhatna	एनूकोलना, वोन ठत्ना
रखवाला सं.पु. (n.m.)	rakh.vālā	caretaker, guard	enkawltu, venghimut	एनूकोलतू, वेङहिमूतू
रखवाली सं.स्त्री. (n.f.)	rakh.vālī	safe-guarding, protection	thlavanghauh, enkawlna, humhimna	त्लावाङहूउह् एनकोलना, हुमहिम्ना
रखेल सं.स्त्री. (n.f.)	rakhel	concubine	hmei	म्हेइ
रग सं.स्त्री. (n.f.)	rag	vein, artery	thi sendawt (lung kir), thisen dawt (lung atanga kal)	थि सेनूदोत् (लुङा कीर), थिसेन् दोत् (लुङ अटंङा कल)
रगड़ सं.स्त्री. (n.f.)	ragaṛ	rub, friction	innawt, innawhna	इनूनोत, इनूनोहना
रगड़ना क्रि.स. (vt)	ragaṛ.nā	to rub, to friction, to grate	nawt, su	नोत सू
रचना सं.स्त्री. (n.f.)	rach.nā	Construction, Composition (vt) construct, to compose	sak, remkhawm, sa	सक्, रेमूखोम, सा
रचनात्मक वि. (adj.)	rachanā-tmak	Constructive	ṭha lam hawi, ṭangkai (tha lamah)	ठा लम होइ, टङ्काइ (ठा लमअह्)
रचयिता सं.पु. (n.m.)	rach.yitā	author, composer	siam/ziaktu, remkhawmtu	सियम/जियकतू, रेमखोमतू
रज सं.पु. (n.m.)	raj	dust, blood of menstruation	vaivut, hmeichhe thineih thi	वाइवुत, म्हेइछे थिनेइह् थी
रजनी सं.स्त्री. (n.f.)	raj.nī	night	zan	जान
रजत जयंती सं.स्त्री.	rajat.jayanti	siliver jubilee	kum 25 na	कुम् 25 (सोमन्हीहूपङाना)
रजाई सं.स्त्री. (n.f.)	rajāī	quilt	rizai	रिजाइ
रजिस्टर सं.पु (n m.)	rajisṭar	Register	thil chhinchhiahnabu	थिल् छिनूछियहनाबू

रजिस्ट्रार सं.पु. (n.m.)	rajisṭrār	Registrar	ziaka chhinchhiahtu	जियूका छिनूछियह्तू
रजिस्ट्री सं.स्त्री. (n.f.)	rajisṭrī	Registration	ziaka chhinchhihna	जियूका छिनूछियह्ना
रज्जु सं.स्त्री. (n.f.)	rajju	rope	hruizen	हुइजेन्
रट सं.स्त्री. (n.f.)	raṭ	Continual repetition	nawn reng, tih reng	नोन् रेङ, तिह् रेङ
रटना क्रि.स. (vt)	raṭ.nā	to cram, to learn by rote	vawng, pawimawh lai chhinchhiah thuak	वोङ, पोइमोह्लाइ छिनछियह् थुअक्
रण सं.पु. (n.m.)	raṇ	battle, war	indona	इनदोउना
रणक्षेत्र सं.पु. (n.m.)	raṇ.kshetra	battle field	indona hmun	इनदोउना म्हुन्
रणनीति सं.पु. (n.m.)	rannīti	militarism	sipai thuhnuaia awmna	सिपइ थुन्हुअइअ ऑमना
रणभूमि सं.पु. (n.m.)	raṇ-bhūmi	battled-field	indona hmun	इनदोउना म्हुन्
रत वि. (adj.)	rat	busy, engaged	buai, thil tih nei	बुअइ, थिल तिह् नेइ
रतजगा सं.पु. (n.m.)	rat.jagā	keeping awake the whole night usually for devotional purpose	sakhaw thil vanga tlaivar, ṭawng ṭai tlaivar	साखो थिल वङा त्लइवार, टोङटाइ त्लइवार
रति सं.स्त्री. (n.f.)	rati	Conjugal-love Copulation	inngai, mu du	इनङाइ, मु दून
रत्ती सं.स्त्री. (n.f.)	rattī	an Indian weight, approximately qeual to 12 mg.	India rih zawng tehna kg. hu	इण्डिया रिह् जोङ तेह्ना के.जी. हू
रत्न सं.पु. (n.m.)	ratna	Jewel	lunghlu leh rangkachak ilo	लुङह्लु लेह् रङक-चक् इलोउ
रत्नानिधि सं.पु. (n.m.)	ratnānidhi	the ocean	tuifinriat	तुइफिनूरियत्
रत्नाकार सं.पु. (n.m.)	ratnākār	jeweller	rangkachak ilo chhertu	रङकचक इलो छेरतू
रतौंधी सं.स्त्री. (n.f.)	rathaũndhī	night blindness nyctalpoia	mitmal, thim deuhva hmu theilo	मितूमल, थिम देउवा म्हु थेइ लो
रथ सं.पु. (n.m.)	rath	chariot	hmanlai tawlailir	म्हानलाइ तोलाइलीर
रद्द वि. (adj.)	radd	cancelled	chawhchhiat, ban	चोहछियत्, बान,

			hluihlawn	न्हुइह्लोन
रद्दा सं.पु. (n.m.)	raddā	stratum, layer of biricks	lei thuahthip	लेइ थुअह्थीप
रद्दी वि. (adj.)	raddī	worthless	engmah lo, tlak tlailo	एङ्मह लो, त्लाक त्लाइलो
रनिवास सं.पु. (n.m.)	ranivās	an apartment alloted to fem-les in a palace, a harem	lal ina hmeichhe awmna in/pindan	लल इना म्हेइछे ऑमना इन/पिन्दन्
रपटना क्रि.स. (vt)	rapaṭ.nā	to slip/skid	tawlh, sawt	तोल्ह, सोत
रफा-दफा वि. (adj.)	rafā-dafā	settled and finished	tling tla, zo-fel	त्लीङ त्ला, जोउ-फेल
रफू सं.पु. (n.m.)	rafū	daming	tet thui (puan)	टेत् ठुइ (पुअन्)
रफूगर सं.पु. (n.m.)	rafūgar	darner	puan tet thuitu	पुअन टेत् ठुइतू
रफू-चक्कर वि. (adj.)	rafū chakkar	to run away	tlanbo, thangbo	त्लानबोउ, थङबोउ
रफ्तार सं.स्त्री. (n.f.)	raftār	speed	chakzawng	चक्जोङ
रबड़ सं.पु. (n.m.)	rabaṛ	rubber	ṭhelret	ठेलरेत्
रबड़ी सं.स्त्री. (n.f.)	rab.ṛī	thick sweetned milk	bawnghnute khal thlum	बोङन्हुते खल् त्लुम
रबी सं.स्त्री. (n.f.)	rabī	spring crop, rabi crop	fur thlai thar	फूर त्लाइ थर
रब्बा सं.पु. (n.m.)	rabbā	area	hungchhung hual chhung	हुङछूङ हुअल् छूङ
रमजान सं.पु. (n.m.)	ram.zān	ninth month of the muslim calender	Muslim kum chhiarna a a thla kuana	मुसलिम कुम छियरना अ अ त्ला कुअना
रमणी सं.स्त्री. (n.f.)	ram.nī	(lovely) young woman	tleirawl duhawm	त्लेइरोल, दुह्ऑम
रमणीयता सं.स्त्री. (n.f.)	ram.nīyatā	state or quality of being charm-ing	ngaihnobei, nalh, ngaihawm	ङइह्नोउबेइ, नल्ह ङइहऑम
रमा सं.स्त्री. (n.f.)	ramā	Goddess of wealth, lakshmi	hausakna Pathiannu Laksmi	हउसक्ना पथियनूनू लक्ष्मी
रम्य वि. (adj.)	ramya	pleasent, charming	nuam, lawmawm, ngaihawm	नुअम, लोमऑम, ङइह्ऑम

रव सं.पु. (n.m.)	rav	Sound, noise	ri, bengchheng	री बेङछेङ
रवन्ना सं.पु. (n.m.)	ravannā	paper containing details of goods despatched permit	bungraw thawn ziahna, bungraw thawn chhin-chhiana lehkha	बुङरो थोन् जियह्ना, बुङरो थोन छिन छियह्ना लेह्खा
रवानगी सं.स्त्री. (n.f.)	ravāngī	departure	inṭhenna, chhuah-sanna	इनठेनूना, छुअह्-सनूना
रवाना वि. (adj.)	ravānā	departed, setout	chhuahsan, kalchhuak	छुअह्सन्, कलछुआक्
रवि सं.पु. (n.m.)	ravi	Sun	ni	नी
रविवार सं.पु. (n.m.)	ravivār	Sunday	Pathianni, chawlhni	पथियनूनी, चोल्ह्नी
रवैया सं.पु. (n.m.)	ravaīyā	attitude, behaviour	awmdan, awmdan hmang	ऑमदान, ऑमदान म्हङ
रश्मि सं.स्त्री. (n.f.)	rashmi	beam ray	zung (ni eng angte)	जुङ (नी एङ अङते)
रस सं.पु. (n.m.)	ras	1. Juice 2. extrant 3. relish	englo tui, sawr chhuah, tuiti	एङलो तुइ, सोर छुअह्, तुइती
रसगुल्ला सं.पु. (n.m.)	ras.gullā	an Indian sweet made from cheese	chhese aṭanga eitur thlum siam (India)	चीस अटंङा एइतूर त्लुम सियम (इण्डिया)
रसद सं.स्त्री. (n.f.)	rasad	provisions, supplies	mamawh thil (eitur ilote)	ममोह् थिल (एइतूर इलो)
रसदार वि. (adj.)	ras.dār	juicy	itawm, tuihnang nei ṭha	ईत् ऑम, तुइह्नाङ नेइ ठा
रसना सं.स्त्री. (n.f.)	rasanā	tongue	lei	लेइ
रसरी सं.स्त्री. (n.f.)	ras.rī	cord, a string	hrui	हुइ
रसा सं.पु. (n.m.)	rasā	broth, soup, juice	intur thil-satui, theitui etc.	इनूतूर थिल-सतुइ, थेइतुइ etc.
रसास्वादन सं.पु. (n.m.)	rasāsavādan	tasting, relishing	tui, chil tiput	तुइ, चिल तिपूत्
रसायन विज्ञान सं.पु. (n.m.)	rasayan vigyan	(science of) chemistry	chemistry	खेमिसट्री
रसिक वि. (adj.)	rasik	amorous (Person)	ler, ngiahzawng neih hmang	लेर, ङइह्जोङ नेइह् म्हङ
रसिया सं.पु. (n.m.)	rasiyā	a man of taste,	mi thil mawi	मी थिल मोइ

		one with aes-thetic sense, a type of folk song	(mawina) ngaina leh che duh tui khawthlanghla, (che sang)	(मोइना) ङइना लेह चे दुह् तुइ खोत्लङ ह्ला (चे साङ)
रसीद सं.स्त्री. (n.f.)	rasīd	receipt	lak emaw pek emaw chhinchhiahna lehkha	लाक् एमो पेक् एमो छिनछियह्ना लेह्खा
रसीला वि. (adj.)	rasīlā	juicy, tasteful	tuihnag nei, thil itawm	तुइन्हाङ नेइ, थिल ईत्ऑम
रसोई सं.स्त्री. (n.f.)	rasoī	Cooking	thil (chaw lam) chhum	थिल (चो लम्) छुम्
रसोइया सं.पु. (n.m.)	rasoiyā	Cook	thil (Chaw lam) chhumtu	थिल (चो लम) छूमतू
रसोईघर सं.पु. (n.m.)	rasoīghar	kitchen	choka	चोउका
रस्म सं.पु. (n.m.)	rasm	Custom, prac-tice	lo tihdan hmang, tih ṭhan dan	लोउ तिह्दान म्हङ, तिह् ठन् दान
रस्सा सं.पु. (n.m.)	rassā	rope	hrui zen	ह्रुइ जेन
रस्सी सं.स्त्री. (n.f.)	rassī	rope	hruizen	ह्रुइजेन
रहन-सहन सं.पु. (n.m.)	rahan sahan	the method of living, Conduct manner.	awm dan hmang	ऑम दान म्हङ
रहना क्रि.स. (vi)	rah.nā	to live	nung, cheng	नुङ, चेङ
रहनुमा सं.पु. (n.m.)	rah.numā	guide, leader	kawhhmuhtu, hruaitu	कोह् म्हुह्तू, ह्रुअइतू
रहम सं.पु. (n.m.)	raham	kindness, pity	ngilneihna, khawngihna	ङिलनेइह्ना, खोङइह्ना
रहस्य सं.पु. (n.m.)	rahasya	secret, mystery	thuruk, thil inthup	थुरुक, थिल इनथुप
रहा-सहा वि. (adj.)	rahā-sahā	all that rema-ined, residual	chambang, hnunawi	चाम बाङ, न्हुनोइ
रहित वि. (adj.)	rahit	bereft	lusun, thilhlu tak chan	लुसून थिल ह्लु तक चान्
रहीम वि. (adj.)	rahīm	kind, God	ngiinei, pathian	ङिइलनेइ, पथियन्
राग सं.पु. (n.m.)	rāg	melody, passion	rimawi, rilru thothang	रिमोइ, रिलरु थोउथाङ

			thinrimna emaw hmangaihna vang emaw	थिन्रिमना एमो म्हाङइह्ना वाङ एमो
रांड सं.स्त्री. (n.f.)	rā̃ḍ	widow	hmeithai	म्हेइथाइ
रांपी सं.स्त्री. (n.f.)	rānpī	sheemakers's tool	pheikhawk siamtu hmanrua, vih kuakna thil zum	फेइखोक् सियमतू म्हन्रुआ, विह् कुअक्ना थिल जुम
राइफल सं.स्त्री. (n.f.)	rāiphal	rifle	silai chikhat, rifle	सिलाइ चिखत, राइफल
राई सं.स्त्री. (n.f.)	rāī	mustard	antam	अन्टम्
राकेश सं.पु. (n.m.)	rākesh	moon	thla	त्ला
राक्षस सं.पु. (n.m.)	rākṣas	goblin devil	ramhuai	रम्हुअइ
राक्षसी वि. (adj.)	rākṣasī	devilish, demoniac	ṭha lo, sual, nun ti chhe zawng	ठ लो, सुअल, नुन ति छे जोङ
राख सं.स्त्री. (n.f.)	rākh	ash, ashes	vut, vap	वुत्, वाप
राखी सं.स्त्री. (n.f.)	rākhī	Sacred thread tied by the sister on the wrist of her brother who guarantees life long protection to her.	farnu ina nuṭa bana a hrui ṭawnna la	फरनु इना नुटा बाना हुइ टोनूना ला
रांगा सं.पु. (n.m.)	rāngā	tin	ṭin, rangva	टीन, राङवा
रागी सं.पु. (n.m.)	rāgī	filled with level attachment	hmangaihnaa khat leh mi kawm ngeih	म्हाङइह्ना अ खत लेह् मी कोम् ङेइह्
रागिनी सं.स्त्री. (n.f.)	rāginī	a kind of melody	ri ngainat awm	री ङइनत् ऑम
राज सं.पु. (n.m.)	rāj	state, reign	rorelna ram, rorelna	रोउरेल्ना रम रोउरेलना
राजकाज सं.पु. (n.m.)	rāj.kāj	state affairs	ram (rorelna) chung chang	रम (रोउरेलना) चुङ चाङ
राजकीय वि. (adj.)	rāj.kīy	of or perainin g to the state	ram (sawrkar) lam thil	रम (सोरकार) लम थिल
राजकुमार सं.पु. (n.m.)	rāj.kumār	prince	lalfapa	ललूफपा
राजकुमारी सं.स्त्री. (n.f.)	rāj.kumārī	Princess	lal fanu	लल फनु

राजगद्दी सं.स्त्री. (n.f.)	rāj.gaddī	throne, enthronement	lalthut ṭhleng, lal ṭhut thleng ṭhutna	ललठुत् थ्लेङ, लल ठुत थ्लेङ ठुत्ना
राजतंत्रीय वि. (adj.)	rāj.tantrīy	monarchical	ram lal inthlah-chhawng nei chi	रम लल इनूत्लाह् छोङ नेइ ची
राजतिलक सं.पु. (n.m.)	rāj.tilak	Corenation	lallukhum khumtirna	लल्लुखुम खुमतीरना
राजदूत सं.पु. (n.m.)	rāj.dūt	ambassador	ram palai	रम पलाइ
राजद्रोह सं.पु. (n.m.)	rāj.droh	treason, sedition	phat sanna, ram rorelna kalh	फत सनूना, रम रोउरेलूना कल्ह्
राजद्रोही सं.पु. (n.m.)	rāj.drohī	seditionist	ram rorelna kalh zawnga che mi	रम रोउरेलना कल्ह् जोङा चे मी
राजधानी सं.स्त्री. (n.f.)	rāj.dhānī	Capital, metropolis	ram khawpui ber, kahwpui lian mi chitinreng chenna	रम खोपुइ बेर, खोपुइ लियन मी चितिन रेङ चेनूना
राजनीति सं.स्त्री. (n.f.)	rāj.nītī	politics	ram rorelna lam inrem dan hmang sawrkar inrebawl dan hmang	रम् रोउरेलना लम इनरेम दान म्हङ सोरकार इनरेलबोल दान म्हङ
राजनीतिक वि. (adj.)	rāj.nītik	political	sawrkar emaw pawl inrelbawlna lam	सोरकार एमो पोल इनरेलबोलना लम
राजपत्र सं.पु. (n.m.)	rāj.patra	gazette	sawrkar thuchhuahna chanchinbu	सोरकार थुछुअह्ना चनूचिनबू
राजपुत्र सं.पु. (n.m.)	rāj.putra	a king's son	lal fapa	लल् फपा
राजपूत सं.पु. (n.m.)	rāj.pūt	Rajput	Rajput	राजपूत
राजभवन सं.पु. (n.m.)	rāj.bhavan	government house	sawrkar in	सोरकार इन
राजमहल सं.पु. (n.m.)	rāj.mahal	royal palace	lalin	लल्इन
राजमार्ग सं.पु. (n.m.)	rāj.mārg	high way	kawngpui (khaw inkar kawng)	कोङ्पुइ (खो इनकार कोङ)
राजयक्ष्मा सं.पु. (n.m.)	rāj.yakṣmā	tuberculosis	ngawr hri	ङोर ह्री
राजसी वि. (adj.)	rāj.sī	princely, royal	lal tak, ropui	लल् तक, रोउपुइ
राजस्व सं.पु. (n.m.)	rājasva	revenue	ram chhiah	रम छियह्
राजहंस सं.पु. (n.m.)	rāj.hans	a male swan, a flamingo	vatawk pa, sava sendang/ke leh	वतोक पा, सवा सेनदाङ/के लेह्

			nghawng sei tak	हूङोङ सेइ तक
राजा सं.पु. (n.m.)	rājā	King	lal	लल
राजाधिराज सं.पु. (n.m.)	rājādhirāj	emperor	lalber, ram roreltu lu ber	ललूबेर, रम रोउरेलतू लू बेर
राजी वि. (adj.)	rāzī	agreed, willing	remti, duhve	रेमती, दुहूवे
राज्य सं.पु. (n.m.)	rājya	rule, state	uap/rorelnaram	उअपू/रोउरेलनरम्
राज्यपाल सं.पु. (n.m.)	rājyapāl	government	ram lal tenau	रम लल् तेनाउ
राज्यसभा सं.स्त्री. (n.f.)	rāyja.sabhā	Council of state upper house	ram rorel khawl lian, ram rorelna sang	रम रोउरेल् खोल् लियन् रम रोउरेलना साङ
राज्याभिषेक सं.पु. (n.m.)	rajyābhiṣek	renanation, enthornement	lal lu khum khumtirna lal ṭhutthlengathut lal nihna entirna	लल् लु खुम खुमतीरना लल् ठुत्थ्लेङा ठुत् लल्निह्ना एनतीरना
रात सं.स्त्री. (n.f.)	rāt	night	zan	जान
रातब सं.पु. (n.m.)	rātab	One day's food for cattle	bawngrual nikhat chawei	बोङरुअल निखत चोएइ
रात रानी सं.स्त्री. (n.f.)	rāt.rānī	queen of the night, a very fragrant flower which blooms in the night.	zanpar (rimtui deuh chi)	जानपार (रिमतुइ देउह् ची)
रात्रि सं.स्त्री. (n.f.)	rātri	night	zan	जान
रानी सं.स्त्री. (n.f.)	rānī	queen	lalnu	ललूनू
राम सं.पु. (n.m.)	rām	Prophet king Ram, the hero of the Raman-yan.	Rama (vai thawn thu Ramayana mi)	राम (वाइ थोन थू रामायण मी)
राम कहानी सं.स्त्री. (n.f.)	rām.kahānī	episode of one's life	dam chhunga thil (hun) pawimawh	दम छूङा थिल (हुन) पोइमोह्
रामबाण वि. (adj.)	rām.bāṇ	unfailing (medicine), un-erring device	tiṭha/dam ngei ngei, hman raw sual ngailo	तिठा/दम ङेइ ङेइ म्हनूरो सुअल ङाइलो
रामराज्य सं.पु. (n.m.)	rām.rājya	rule of Ram, ideal rule utopia	rama rorelna (ṭha leh fel), duh thusam	राम रोउरेलूना (ठा लेह् फेल), दुह् थुसामा

रामायण सं.पु. (n.m.)	rāmāyaṇ	Ramayan (Hindu epic)	Rama thawnthu (Hindu thawnthu)	रामा थोनथू (हिन्दू थोनूथू)
राय सं.स्त्री. (n.f.)	rāy	opinion	ngaihdan	ङाइह्दान
रायता सं.पु. (n.m.)	rāy.tā	a saltish dish prepared with curd and vegetables.	bawnghnute khar (dawi) leh thlai ilova eitur siam	बोङन्हूते खार (दोइ) लेह् त्लाइ इलोवा एइतूर सियम
राशन सं.पु. (n.m.)	rāshan	ration	chanpual	चनपुअल
राशि सं.स्त्री. (n.f.)	rāshi	amount, zodiac sign	1. tam zat, 2. arsi kawng pakhata chin chhiahnate	1. तम जात, 2. अरसी कोङ पखता छिन् छियह्नते
राष्ट्र सं.पु. (n.m.)	rāṣṭra	Nation	hnam	न्हम्
राष्ट्रगीत सं.पु. (n.m.)	rāṣṭra.gīt	national anthem	hnam hla bik	न्हम् ह्ला बीक्
राष्ट्रपति सं.पु. (n.m.)	rāṣṭra-pati	President	sawrkar hotu lu ber	सोरकार होउतू लू बेर
राष्ट्रभाषा सं.स्त्री. (n.f.)	raṣtra-bhāṣā	national language lingua franca	ram khata ṭawng hman pui ber, ram khata sawrkar ṭawng hman	रम खता टोङ म्हन् पुइ बेर, रम खता सोरकार टोङ म्हन्
राष्ट्रवादी वि. (adj.)	rāṣṭravādī	nationalist	hnam bik tana ṭan la hote	न्हम बीक् ताना टन ला होउते
राष्ट्रसंघ सं.पु. (n.m.)	rāṣṭra-sangh	United Nations Organisation U.N.O.	U.N.O.-khawvel hnam inzawm khawm pawl	U.N.O. खोवेल न्हम इनजोम खोम पोल
राष्ट्रीय वि. (adj.)	rāṣṭrīy	national	hnam thil	न्हम् थिल
राष्ट्रीयता सं.स्त्री. (n.f.)	rāṣṭrīy.tā	natioanlity, nationalism	hnam nihna, hnam pual thil	न्हम् निह्ना, न्हम् पुअल थिल
रास वि. (adj.)	rās	favourable, beneficial	ṭhat leh rem theihna, hma sawn leh ṭhat theihna	ठत् लेह् रेम थेइह्ना, म्हा सोन लेह् ठत् थेइह्ना
रासलीला सं.स्त्री. (n.f.)	rās.līlā	dramatic interpretation of the epigdoes of lord	lalpa Krishna chanchin	लल्पा कृष्णा चन्चिन्

		Krishna		
रास्ता सं.पु. (n.m.)	rāstā	path, way, rote, passage.	kawng, panna kalna	कोङ, पनूना कलूना
राह सं.स्त्री. (n.f.)	rāh	path, way	kawng, panna	कोङ, पनूना
राहगीर सं.पु. (n.m.)	rāh.gir̄	way farer	zin zin mi (kea zin)	जिनू जिनू मी (के अ जिनू)
राहत सं.स्त्री. (n.f.)	rāhat	relief	chhawkna, ṭanpuina	छोकूना, टनूपुइना
रहट सं.पु. (n.m.)	rahaṭ	persianwhal (used for dara-wing water from a well)	tui khai chhuahna atana hman thilbial vir thei	तुइ खाइ छुअहूना अताना म्हनू थिलबियल विर थेइ
राहदारी सं.स्त्री. (n.f.)	rāhdār̄i	duty which is imposed on roads, toll tax.	mitinin angkhata an chawi chhiah	मितिनूइन अङ खता अन चोइ छियहू
राही सं.पु. (n.m.)	rāh̄i	way-farer	zin, zin mi (ke a kal)	जिन, जिन मी (के अ कल)
राहू सं.पु. (n.m)	rāhū	the mythical monster who swallows up the moon and the sun and thus causes their eclips, (some one) :Pestilent.	rulpui nileh thla dawlh a awk lem awmtirtu, Chhiatna thlen tu	रुलपुइ नी लेहू त्ला दोल्हू अ ऑकू लेम ऑमतीर तू, छियहूना थ्लेनू तू
रिंच सं.पु. (n.m.)	rinc̄h	wrendh	thil kilh herh tawta herh thawl theihna	थिल किल्हू हेरहू तोतूता हेरहू थोलू थेइहूना
रिआयत सं.स्त्री. (n.f.)	riāyat	Concssion, remission	inhniamna, inngaihdamna	इनून्हीयमना, इनूङइहूदमूना
रिआया सं.स्त्री. (n.f.)	riāyā	subject, people	rorelna hnuaia mipuite, khua leh tuite, mipui	रोउरेलूना न्हुअइअ मिपुइते, खुआ लेहू लेहू, तुइते, मिपुइ
रिकार्ड सं.पु. (n.m.)	rikārḍ	record	chhinchhiah ziak emawa dahṭha	छिनूछियहू जियकू एमोअ दहूठा
रिक्त वि. (adj.)	rikta	empty, vancant	ruak, awl	रुअकू, ऑल

रिक्त स्थान वि. (adj.)	rikta.sthān	vacant place	hmun ruak/awl	म्हुन रुअक/ऑल
रिक्शा सं.पु. (n.m.)	rikshā	rickshaw	in phurhna lir thei mihring khalh/hnuh chi	इन फुरह्ना लीर थेइ मिह्रिङ खल्ह्/न्हुह् ची
रिजर्व वि. (adj.)	rizarv	reserved	ruatsa, hual	रुअत्सा, हुअल्
रिझाना क्रि.स. (vt)	rijhānā	to please, to entice	ti lawm, thlem	ति लोम्, त्लेम
रिटायर वि. (adj.)	riṭāyar	retired	chawl, bang	चोल, बाङ
रिपु सं.पु. (n.m.)	ripu	enemy, foe	hmelma, khinpui	म्हेल्मा, खिनपुइ
रिपोर्ट सं.स्त्री. (n.f.)	reporṭ	report	thu hriat tir, thu hrilhhriat	थु ह्रियत तीर, थु ह्रिल्हह्रियत्
रिमझिम सं.स्त्री. (n.f.)	rim.jhim	light drizzle	ruah si, ruah phing phi siau	रुअह् सी, रुअह् फिङ फी सुअव
रियाज सं.पु. (n.m.)	riyāz	exercise, exertion	taksa sawizawi, ṭan lâk	तकसा सोइजोइ, टन लाक
रियायत सं.स्त्री. (n.f.)	riyāyat	Concession	inhniamna, inawlna	इन्न्हीयमना, इनऑलना
रियासत सं.स्त्री. (n.f.)	riyāsat	1. former indi-an princely state 2. estate 3. state 4. regality	1. hmanlai lalram 2. ram-lo hmun 3. ram, 4. lalzia	1. म्हन्लाइ ललरम 2. रम-लोउ म्हुन् 3. रम लल्जिया
रिसना क्रि.स. (vi)	ris.nā	to oaze	chhuak, put, hnâm	छुअक्, पूत, न्हाम्
रिसाला सं.पु. (n.m.)	risālā	platoon, journal	sipai pawl (tlem) hokhat, chanchin ziah	सिपइ पोल् (त्लेम) होउखत, चनचिन जियह्
रिश्ता सं.पु. (n.m.)	rishtā	relation, relationship	inlaichinna, inhnaihna, inkawm ngeihna inngaihhnaihna	इनलइचीनूना, इनन्हाइह्ना, इनकोम ङेइह्ना इनङइह्न्हाइह्ना
रिश्तेदार सं.पु. (n.m.)	rishtedār	relative, relation kinsman	laina, laichin, chhung thisenzawmpui	लइना, लइचीन, छूङ थिसेनजोमपुइ
रिश्तेदारी सं.स्त्री. (n.f.)	rishtedārī	kinship, relationship	inlai chinna, inchhunna	इनलइ चीनूना, इनूछुअना
रिश्वत सं.स्त्री. (n.f.)	rishvat	bribe	thamna	थमना
रिश्वतखोर वि. (adj.)	rishvat.	who is used	thamna lami	थमना लमी

	khor	taking bribes		
रिवाज सं.पु. (n.m.)	rivāj	Custom, Vogue	chinzawng, ahun	चीन जोङ, अहुन
			ang zela mi	अङ जेला मी
			ngaih san zawng	ङइह् सान जोङ
रिहर्सल सं.पु. (n.m.)	riharsal	rehearsel	a tak anga	अ तक अङा
			enchhinna	एनछिन्ना
			inbuat saihna	इनबुअत् सइह्ना
			a taka zir	अ तका जिर
रिहा वि. (adj.)	rihā	released,	chhuah, zalentir	छुअह्, जलेन्तीर
		acuitted, freed		
रिहाई सं.स्त्री. (n.f.)	rihāī	release, dischar-	chhuahna,	छुअह्ना,
		ge	chhuahtirna	छुअह्तीरना
रीठा वि. (adj.)	rīṭhā	Soap nut	hlingsi (Puan	ह्लीङसी (पुअन्
			suk	सूक
			nana hman thin)	नाना म्हन ठिन)
रीता वि. (adj.)	rītā	empty, vacant	awl, ruak	ऑल, रुअक्
रीति सं.स्त्री. (n.f.)	rīti	custom, manner	tihdan hmang	तिह्दान म्हङ
रीतिरिवाज सं.पु. (n.m.)	rīti rivāz	Cusmots and	hnam emaw	न्हम् एमो
		manners, rite	sakhua emaw	साखुआ एमो
		and rituals	tih dan phung	तिह् दान फुङ
रीढ़ सं.स्त्री. (n.f.)	rīṛh	backbone, spine	hnung zang ruh	न्हुङ जाङ रुह्
रीछ सं.पु. (n.m.)	rīch	bear	savawm	सवोम
रीझना क्रि.रा. (vt)	rījh.nā	to be allured,	hip, bual a,	हीप, बुअल आ,
		captivated	zem a	जेम आ
रुआंसा वि. (adj.)	ruā̃sā	as if about to	men, ṭap ṭeuh	मेन्, टप टेउह
		weep		
रुआंसी वि. (adj.)	ruā̃sī	as if about to	men, ṭap, ṭeuh	मेन्, टप, टेउह
		weep		
रूई सं.स्त्री. (n.f.)	rūī	Cotton	la, lapar	ला, लपार
रुकना क्रि.अ. (vi)	ruk.nā	to stop	chawl, tawp	चोल, तोप
रुकावट सं.स्त्री. (n.f.)	rukāvaṭ	hindrance,	dalna, sukukna,	दालना, सुकुक्ना,
		obstacle	bahlahna	बह्लाह्ना
रुक्का सं.पु. (n.m.)	rukkā	chit, note,	lehkha thema	लेह्खा थेमा
		document	ziah,	जियह्,
			thil chhinchhiah	थिल छिन्छियह्
			nana ziah	नाना जियह्

रुख सं.पु. (n.m.)	rukh	attitude, trend, facet	awmdan phung, ngaihtuahna leh tih dan phung	ऑमदान फुङ, ङइह्तुअहना लेह् तिह् दान फुङ
रुखाई सं.स्त्री. (n.f.)	rukhāī	curtness, cluntness	bul, ram (ngaihdan leh tawng danah)	बुल, रम (ङइह्दान ललेह् टोङ दानअह्
रुखानी सं.स्त्री. (n.f.)	rukhānī	chisel	thirkhen, thirkhena thir	थीरखेन्, थीरखेन्ना थीर
रुग्ण वि. (adj.)	rugṇa	indisposed, ailling, ill	tlin lo, chak vak lo, dam lo	त्लीन लोउ, चक वक् लोउ, दम लोउ
रुग्णावस्था वि. (adj.)	rugṇā-vasthā	diseased condition	na, damlo	ना दमलोउ
रुचि सं.स्त्री. (n.f.)	ruchi	interest, taste	tuina, ngainat-zawng	तुइना, ङइनत्-जोङ
रुचिकर वि. (adj.)	ruchikar	interesting, relishing	rilru kuaizawng, nuam/tui ti	रिलरु कुअइजोङ, नुअम/तुइ ती
रुचिर वि. (adj.)	ruchir	sightly, winso-me, sweet	ngaihawm, nalh duhawm	ङइहऑम, नलह् दुह्ऑम
रुझान सं.पु. (n.m.)	rujhān	bent, proclivity	chem kalna, tih, theih/thiam zawng	चेम कल्ना, तिह् थेइह्/थियम जोङ
रुतबा सं.पु. (n.m.)	rutbā	position, status	nihna, dinhmun	निह्ना, दिनम्हुन
रुंधना क्रि.अ. (vi)	rundhna	choked	hak, thil dawt hnawha awm	हाक्, थिल दोत न्होह्अ ऑम
रुधिर सं.पु. (n.m.)	rudhir	blood	thisen, thi	थिसेन, थी
रुपया सं.पु. (n.m.)	rup.yā	rupee, money	cheng, pawisa	चेङ, पोइसा
रुमाल सं.पु. (n.m.)	rumāl	hand-kerchief ascarf	rawmawl, diar	रोमोल, दियर
रुलाना क्रि.स. (vt)	rulānā	to cause to weep	vel, tahtir	वेल्, टह्तीर
रुखा वि. (adj.)	rukhā	rought, dry, blunt	rothap, nelawmlo, ram	रोउथप्, नेलऑमलो, रम
रुखा-सूखा वि. (adj.)	rukhā-sūkhā	plain and simple	mawl leh ho	मोल लेह् होउ
रूठना क्रि.अ. (vt)	rūṭh.nā	to be displeas-ed, to show dipleasure	lawm lo, lawm loh entir	लोम लो, लोम लोह् एनतीर

रुढ़ि सं.स्त्री. (n.f.)	ruṛhi	Convention	tum neia inhawrkhawm	तुम नेइअ इनहोरखोम
रूप सं.पु. (n.m.)	rūp	beauty, charm shape	mawi, nalh, ngaihnobai ruangam tha	मोइ, नल्ह, ङइह्नोउबेइ, रुअङआम ठा
रूपरेखा सं.स्त्री. (n.f.)	rūp.rekha	outline, contour synopsis	tlangpui, hmelhmang thupui pawi mawhte	त्लाङ्पुइ, म्हेलुम्हङ थुपुइ पोइ मोहते
रूपवान वि. (adj.)	rūp.vān	handsome	hmeltha, thatawk	म्हेलठा, ठतोक
रुपहला वि. (adj.)	rup.halā	silvery	silver-ang, tangkaruaang	सिलवर अङ, तङकारुअ अङ
रेंगना क्रि.अ. (vi)	reṅg.nā	to creep/crawl	vak, tawlh, bawk vak	वाक्, तोल्ह, बोक् वाक्
रेंडी सं.स्त्री. (n.f.)	reṇḍī	the caster seed	thlai chi (Africaami)	त्लाइ ची (अफ्रिका अमी)
रेखा सं.स्त्री. (n.f.)	rekhā	line	rin ngil, tlar	रीन ङील, त्लर
रेखागणित सं.पु. (n.m.)	rekhā gaṇit	Geometry	Geometry	जेमेट्री
रेगमाल सं.पु. (n.m.)	regmāl	sand paper	lehkha thap thil nawh mamna	लेह्ख थप थिल नोह् मामूना
रेगिस्तान सं.पु. (n.m.)	registān	desert	thlaler, phu ve reng fal	त्लालेर, फू वे रेङ फाल
रेजिमेंट सं.स्त्री. (n.f.)	rejimenṭ	regiment	sipai pawlkhat, pawl khat	सिपइ पोलखत, पोल खत
रेडियो सं.स्त्री. (n.f.)	raḍiyo	radio	radio	रेडियो
रेत सं.स्त्री. (n.f.)	ret	sand	tiau, tiau pho	टीयउ, टीयउ फोउ
रेतना क्रि.स. (vt)	ret.nā	to file/rasp	ti mam, nawtmam (surai angte hmangin)	ति माम, नोत्माम (सुरइ अङ्ते म्हङइन)
रेती सं.स्त्री. (n.f.)	retī	file, sands	surai, thil thap nawhmam nana hman	सुरइ, थिल थप नोह्माम नाना म्हन्
रेतीला वि. (adj.)	retīlā	sandy	tiauva khat, ṭiau tamna	टीयउव खत, टीयउ तमूना
रेफरी सं.पु. (n.m.)	refarī	refree	endiktu, khalh ngiltu	एनदिकतू, खल्ह् ङीलतू

रेल सं.स्त्री. (n.f.)	rel	rail	rel	रेल
रेलगाड़ी सं.स्त्री. (n.f.)	rel.gārī	railway train	rel chawlhhmun	रेल चोल्ह्म्हुन
रेला सं.पु. (n.m.)	relā	a rush	nawr vakna, inchhuh vakna	नोर वक्ना, इनचुह् वक्ना
रेलपेल सं.स्त्री. (n.f.)	relpel	1. melee 2. exuberane	awmze nei lem lova phur hlut, ti teh chiam	ऑमजे नेइ लेम लोउवा फूर ह्लुत्, ति तेह् चियम्
रेवड़ी सं.स्त्री. (n.f.)	rav.ṛī	a hard crisp sweet meat	chithlummum ram tak chi	चित्लुममुम रम तक ची
रेशम सं.पु. (n.m.)	resham	silk	silk, maimaw puan	सिल्क्, माइमो पुअन्
रेशमी वि. (adj)	reshmī	Silken	silk lam chi, silk ang	सिल्क लम ची, सिल्क अङ
रेशा सं.पु. (n.m.)	reshā	fibre	la hrui, hrui	ल ह्रुइ, ह्रुइ
रेस्टोरेंट सं.पु. (n.m.)	resṭrorenṭ	restaurant	eitur chaw ilo zawrhna	एइ तूर चो इलोउ जोरह्ना
रेह सं.स्त्री. (n.f.)	reh	Whitish soil for cleansing purposes	tlak lei	त्लक लेइ
रेहन सं.पु. (n.m.)	rehan	pledge, hypothecation	intiamkamna	इन्तियमकमना
रेहननामा सं.पु. (n.m.)	rehan.nāmā	mortgage deed	dahkham neia thil tih	दह्खम नेइअ थिल तिह्
रैकेट सं.पु. (n.m.)	rāiket	racket	bawl vuakna (in khelhna)	बोल वुअक्ना (इन खेल्ह्ना)
रैन सं.स्त्री. (n.f.)	rāin	night	zan	जान
रैन बसेरा सं.पु. (n.m.)	rāin. baserā	night shelter	zana riahna	जाना रियह्ना
रोआ सं.पु. (n.m.)	roā	small and soft hair on the body, fur	hmul chhia, hmul nem	म्हुल छिया, म्हुल नेम
रोआदार वि. (adj.)	roā.dār	hairy, woolly	hmulngah, hmul anga khat	म्हुलङअह्, म्हुल अङा खत
रोक सं.स्त्री. (n.f.)	rok	restraint, restriction	khuah khirhna	खुअह् खिरह्ना

रोक टोक सं.स्त्री. (n.f.)	rok.ṭok	too much of restricition	khuah khirhna nasa lutuk	खुअह् खिरह्ना नसा लुतुक
रोकड़बही सं.स्त्री. (n.f.)	rokaṛ.bahī	cash book	pawisa hmuh leh hmanral ziahnabu	पोसा म्हुह् लेह म्हनूरल जियहनबू
रोकड़ बाकी सं.स्त्री. (n.f.)	rokaṛ-bāqī	cash-balance	pawisa neih/awm zat	पोइसा नेइह्/ऑम जात
रोकड़ जमा सं.पु. (n.m.)	rokaṛ.jamā	Opening-balance	pawisa ziah felnna a lo awmsa sawina, awmsa	पोइसा जियह् फेलना अ लोउ ऑमसा सोइना, ऑमसा
रोकथाम सं.स्त्री. (n.f.)	rok.thām	prevention, check	dalna, venna	दालना, वेन्ना
रोकना क्रि.स. (vt)	rok.nā	to stop, to detain	titawp, chelhding	तितोप, चेल्ह्दिङ
रोंगटा सं.पु. (n.m.)	rong.ṭā	small and soft hair on the body.	hmul chhia, hmul nem	म्हुल छिया, म्हुन नेम्
रोग सं.पु. (n.m.)	rog	disease	natna, damlohna	नत्ना, दामलोह्ना
रोगग्रस्त वि. (adj.)	rog.grast	diseased, ailing	dam lo, na	दम लो, ना
रोगन सं.पु. (n.m.)	rogan	paint	rawng hnawih chi (thil) rawnga chei, rawnghnawih	रोङ न्होइह् ची (थिल) रोङा चेइ रोङन्होइह्
रोगाणु सं.पु. (n.m.)	rogāṇu	germs of a disease	natna hrik	नत्ना ह्रिक
रोचक वि. (adj.)	rochak	interesting, pleasant	phurthlak, nuam, hlimawm	फूरत्लाक, नुअम, ह्लीमऑम
रोज सं.पु. (n.m.)	roz	day	ni	नी
रोजगार सं.पु. (n.m)	rozgār	business, occupation	thil tih lai, hna chelh lai, hnathawh	थिल तिह् लाइ, न्हा चेल्ह् लाइ न्हाथोह्
रोजगारी सं.स्त्री. (n.f.)	roz.gārī	change	danglam, thlak thleng	दङलम, त्लाक त्लेङ
रोजनामचा सं.पु. (n.m.)	roz.nāmchā	diary	nitin thil-thleng ziah-luhna	नीतिन थिल त्लेङ जियह्-लुह्ना
रोजा सं.पु. (n.m.)	rozā	fast	chak, rang	चक, रङ
रोजाना अ. (ind)	rozānā	daily	ni tinin	नी तिनइन
रोजी सं.स्त्री. (n.f.)	rozī	livelihood	nunna thil	नुन्ना थिल्

			nuntheihna	नुनथेइह्ना
रोटी सं.स्त्री. (n.f.)	roṭī	loaf (of bread), meal.	chhangur, chaw	छङउर, चो
रोड सं.स्त्री. (n.f.)	roḍ	(Undeclined) road	road, (siam tha)	रोड (सियम् ठा)
रोड़ा सं.पु. (n.m.)	roṛā	piece of stone/brick	lung them, lei rawh chan them	लुङ थेम, लेइ रोह् चन थेम
रोदन सं.पु. (n.m.)	rodan	weeping crying	tap, tahna	टप, टह्ना
रोना सं.पु. (n.m.)	ronā	to weep, pathetic, and painful episode at one's life.	tap, dam chhunga thil tawn hreawm nasa sawina	टप दम छूङा थिल तोन ह्रेऑम नसा सोइना
रोपण सं.पु. (n.m.)	ropaṇ	planting	(thil) phun, (thil) dah	(थिल) फुन, (थिल) दाह
रोपना क्रि.स. (vt)	rop.nā	to plant/implant/ transport	phun, dah sawn	फुन, दह् सोन
रोब सं.पु. (n.m.)	rob	over powering influence, awe	mi hip thiehna	मी हीप थेइह्ना
रोबदाब सं.पु. (n.m.)	rob.dāb	awe	ngaih ropuina	ङइह् रोउपुइना
रोबीला वि. (adj.)	robīlā	awe-inspiring	ngaihropui	ङइह् राउपुइ
रोम सं.पु. (n.m.)	rom	soft hair on the body, fur	hmulthi, hmulnem	म्हुलथी, म्हुलनेम
रोमांच सं.पु. (n.m.)	romañch	horripilating, horrid	rapthlak tihbai awm, ten	रापत्लाक, टिह्बाइ ऑम, तेन
रोमांचक सं.पु. (n.m.)	romañchak	horripilation	zauthau hmul thi ding	जाउथाउ, म्हुल थी दिङ
रोमांचित (pp)	romañchit	horripilated, thirlled	zauthau	जाउथाउ
रोमांचकारी वि. (adj.)	romañch.kārī	horripilating, thrilling	phur êm êm zauthau	फूर एम एम जाउथाउ
रोमावली सं.स्त्री. (n.f.)	romāvalī	soft hair on the body	hmul nem hmuthi	म्हुल नेम, म्हुल थी
रोली सं.स्त्री. (n.f.)	rolī	a mixture of turmeric and dime powder used for	aieng dip leh chinai dip in pawlh vaiin vanneihna atana	अइएङ दिप लेह चिनइ दिप इन पोल्ह् वाइइन वाननेइह्ना अताना

		auspicious pru-poses.	an intah thin	अन इनूतह् ठिन
रोशनदान सं.पु. (n.m.)	roshan.dān	Ventilator	boruak luh leh chuahna, boruak kawng	बोउरुअक् लुह् लेह छुअह्ना बोउरुअक कोङ
रोशनी सं.स्त्री. (n.f.)	roshnī	light	eng	एङ
रोष सं.पु. (n.m.)	roṣ	resentment, anger	huatna, thinrimn	हुआत्ना, थिनूरिमना
रौंदना क्रि.स. (vt)	rāund.nā	to tample down to Crush down	chilthlu tichhia	चीलत्लू, तिछिया
रौद्र वि. (adj.)	rāudra	dreadful, fearful	hluahawm, rapthlak	ह्लउह्ऑम, रापत्लाक
रौनक सं.स्त्री. (n.f.)	rāunaq	luste, hustle, bustle	eng, nung, buai	एङ, नुङ बुअइ
रौप्य सं.पु. (n.m.)	rōupya	silver argentine	tangkarua, tangkarua ang	तङकरुआ, तङकरुआ अङ
रौरव वि. (adj.)	rāurav	dreadful, terrible	tihbaiawm, rap thlak	टिह्बाइऑम, रापत्लाक

ल

लंकेश सं.पु. (n.m.)	laṅkesh	Ravan, king of ceylon (lanka)	ravan, ceylon lal	रावण सीलोन लल
लंगड़ा वि. (adj.)	laṅgaṛā	lame, limp	ke bai, zawi, bai	के बाइ, जोइ,
लंगड़ाना क्रि.अ. (vi)	laṅgṛānā	to limp	bai	बाइ
लंगर सं.पु. (n.m.)	laṅgaar	anchor, pendulum	thir-chakai, thil rit khia inthen chi	थीर-चकआइ, थिल रित् खाइ इनूथेन ची
लंगूर सं.पु. (n.m.)	laṅgūr	an Indian ape having a black face and a long tail	zawng lian chi (hmei dum leh mei sei nei)	जोङ लियन ची (म्हाइ दुम लेह मेइ सेइ नेइ)
लंगोट सं.पु. (n.m.)	laṅgoṭ	a small loinclo-th used as an under garment in India	hrenpereng	ह्रेनूपेरेङ
लंघन सं.पु. (n.m.)	laṅghan	going without food, fast	chaw ngheina	चो ह्ङेइना

लंपट वि. (adj.)	lampaṭ	lewd	hur	हुर
लंब सं.पु. (n.m.)	lamb	perpendicular	ding ngil	दिङ ङील्
लंबा वि. (adj.)	lambā	long, lengthy	sei, thui	सेइ, थुइ
लंबाई सं.पु. (n.m.)	lambāī	length	sei lam	सेइ लम
लंबायमान वि. (adj.)	lambāya-mān	lengthened, lying flat	ti sei, ti rei	ति सेइ, ति रेइ
लम्बोदर वि. (adj.)	lambodar	1. fat bellied 2. Ganesh	1. dulkiar 2. hindu pathian (sainawn nei)	1. दुलकियर 2. हिन्दू पथियन (साइ नोन् नेइ)
लकड़हारा सं.पु. (n.m.)	lakaṛhārā	woodman, wood-cutter	thing kittu	थिङ कित्तू
लकड़ी सं.स्त्री. (n.f.)	lakṛī	wood, stick	thing, tiang	थिङ, तियाङ
लकवा सं.पु. (n.m.)	lak.vā	paralysis	zeng, zenna	जेङ, जेन्ना
लकीर सं.स्त्री. (n.f.)	lakīr	line	rin gil, rin	रीन् ङील्, रीन
लक्ष सं.पु. (n.m.)	lakṣa	1. one hundred thousand 2. target	1. nuai khat 2. inthemthiamna, thil sai	1. नुअइ खत 2. इनथेमथियमना, थिल साइ
लक्षण सं.पु. (n.m.)	lakṣaṇ	1. symptom 2. indication	1. a lan chhuah dan 2. entirna, kawktu	1. अ लन छुअह् दान 2. एन्तीरना, कोक्तू
लक्ष्मी सं.स्त्री. (n.f.)	Lakshmī	lakshmi, goddess of wealth	lakshmi, sum leh pai pathian-nu	लक्ष्मी, सुम लेह् पाइ पथियन् नू
लक्ष्य सं.पु. (n.m.)	lakṣya	target, objective	inthem thiamna thil fuh tum, thil sai thil tum	इनथेम थियम्ना थिल फुह् तुम, थिल साइ, थिल तुम
लखपति सं.पु. (n.m.)	lakhpati	millionaire	mi hausa tawntaw	मि हाउसा तोन्तो
लगन सं.स्त्री. (n.f.)	lagan	devotion (to purpose). assiduity	ṭhahnemngai taka rawngbawlna thil ngainat bikna	ठह्नेमङाइ तका रोङ बोलना, थिल ङइनत् बीकना
लगना क्रि.अ. (Vi)	lag.nā	1. to be attached (affixed), 2. to engage, 3. to hit	1. behtir 2. inhnnamhna-win 3. fuh	1. बेह्तीर 2. इनूह्नमून्होइह् 3. फुह्

लगभग अ. (ind.)	lag.bhag	approximately, nearly	vel, a tlang puiin, ṭhelh	वेल, अ त्लाङ्पुइइन्, ठेल्ह्
लगातार अ. (ind.)	lagātār	continuously, without break	chhum lo chat lo	घुम लोउ चत् लोउ
लगान सं.स्त्री. (n.f.)	lagān	rent (of land)	chhiah, ram luah man	छियह्, रम लुअह् मन
लगाना क्रि.स. (Vt.)	lagānā	1. to put on, 2. to apply	hnawih, inthuam,	न्होइह्, इनथुअम्
		3. to impose	hmang, tihtur tuk	म्हङ, तिह्तूर तुक
लगाम सं.स्त्री. (n.f.)	lagām	rein, bridle	sakawr lakam, thununtu	सकोर लकम थुनुन्तू
लगाव सं.पु. (n.m.)	lagāv	aṭtachment, in-timacy	inzawmna, inngainatna	इन्जोमना, इनङइनत्ना
लग्न वि (adj.)	lagna	attached, annexed	zawm, behtir	जोम, बेह्तीर
लघु वि. (adj.)	laghu	small	te, tlem	ते, त्लेम
लघुतम वि. (Adj.)	laghutam	smallest, lowest	te ber, tlem ber, hnuaihnung ber	ते बेर, त्लेम बेर, न्हुअइन्हुङ बेर
लघुता सं.स्त्री (n.f.)	laghutā	smallness, inferiority	chhe zawk, hnuaihnung	छे जोक, न्हुअइन्हुङ
लघुशंका सं.स्त्री. (n.f.)	laghush-ankā	urination	zun	जुन
लचक सं.स्त्री. (n.f.)	lachak	elasticity (of objects) flexibility	fan theihna, ngai awh leh theihna	फान् थेइह्ना, ङाइ ऑह लेह थेइह्ना
लचकना क्रि.अ. (Vi)	lachak. nā	to resile, spring back, to bend	per let, ngai awh leh	पेर लेत, ङाइ ओह् लेह्
लचीला वि. (adj.)	lachīlā	elastic, flexible	fan thei, ting thei	फान् थेइ, तीङ थेइ
लच्छी सं.स्त्री. (n.f.)	lachchhī	deminutive of hank/skein	la duang	ल दुअङ
लजाना क्रि.अ. (Vi)	lajānā	to be shy, to plush	zaka sen awm awm, zak	जका सेन ऑम ऑम जक
लजीला वि. (adj.)	lajīlā	bashful	zakthei zakzum	जकथेइ जकजुम

लज्जा सं.स्त्री (n.f.)	lajjā	bashfulness, modesty	inngaihtlawmna, nung chang mawi, zahna	इनङइह् त्लोमना, नुङचङ मोइ, जह्ना
लट सं.स्त्री. (n.f.)	laṭ	lock of hair	sam them chhawlleng, sam hlawm	सम थेम् छोल् लेङ, सम ह्लोम
लटकन सं.पु. (n.m.)	laṭkan	pendent, pen dulum	cheimawina thil khai, thil khai inthen	चेइमोइना थिल खाइ, थिल खाइ इनथेन्
लटकना सं.पु. (n.m.)	laṭaknā	to hang, to be in suspense	ngaihna hre lova awm	ङइह्ना ह्रे लोउवा ऑम
लटकाना क्रि.अ. (Vi)	laṭkānā	1. to hang/ suspend, 2. to keep waiting	khai, chwlhtir rih	खाइ, चोल्ह्तीर रिह्
लटा वि. (adj.)	laṭā	greedy, wicked	duham, huam-hauh, sual	दुह्आम, हुअम् हउह् सुअल
लट्टू सं.पु. (n.m.)	laṭṭū	spinning top	kaihbu (toy)	कइह्बू
लठ्ठ सं.पु. (n.m.)	laṭṭh	stick, cudgel	tiang, talhtum	तियङ, तलह्तुम
लठ्ठा सं.पु. (n.m.)	laṭṭhā	a rod measur-ing 5 1/2 cubits	5 1/2 kiubit tiat tiang	5 1/2 किउबित् तियत् तियङ
लड़कपन सं.पु. (n.m.)	laṛak pan	boyhood, mentality	mipa naupan lai	मीपा लउपन् लाइ
लड़का सं.पु. (n.m.)	laṛkā	boy	mipa naupang	मीपा नउपङ
लड़की सं.स्त्री (n.f.)	laṛkī	girl	hmeichhe naupang	म्हेइछे लउपङ
लड़खड़ाना क्रि.अ. (Vi)	laṛkhaṛānā	to stagger, to falter	pai	पाइ
लड़ना क्रि.अ. (Vi)	laṛnā	1. to fight 2. to collide	1. sual, bei 2. insu, intauh	1.सुअल, बेइ 2. इनसू, इनतउह्
लड़ाई सं.स्त्री (n.f.)	laṛāī	fight	indona, inbeihna	इन्दोउना, इनबेइह्ना
लड़ाका वि. (adj.)	laṛākā	quarrelsome, militant	buaina cho mi, hauh hrat	बुअइना चो मी, हउह् ह्राअत्
लड़ाना क्रि.अ. (Vi)	laṛānā	to cause to	insualtir	इन्सुअल्तीर

		fight	insual tichhuak	इनसुअल तिछुअक्
लड़ी सं.स्त्री. (n.f.)	laṛī	string, chain	hrui, thil indawt indawt zut	हुइ, थिल, इनदोत् इनदोत् जुत्
लड्डू सं.पु. (n.m.)	laḍḍū	1. a round Indian sweet 2. zero	1. chhang thlum mum bial 2. bial, engmah lo	1.छङ थ्लुम् मूम् बियाल 2. बियाल, एङमह् लोउ
लत सं.स्त्री. (n.f.)	lat	addiction	ching dawklak tawh, ngawl vei	चीङ दोक्लक् तोह्, ङोल् वेइ
लता सं.स्त्री. (n.f.)	latā	creeper	hrui zam chi	हुइ जाम ची
लताड़ना क्रि.स. (Vt)	latāṛ.nā	1.to press with feet for relieving pain 2. to scold	sawi sel, hau, na tawrh vanga ke per	सोइ सेल्, हाउ, न तोरह् वङा के पेर
लता-मण्डप सं.पु. (n.m.)	latā-maṇḍap	creeper bower	thut hahchawlhna hrui bukina a khuh	ठुत् हअह्चोल्ह्ना हुइ बूक इना अ खुह्
लतीफा सं.पु. (n.m.)	latīfā	witticism	ṭawngka chhuak fing tak	टोङ्का छुअक् फिङ तक
लथपथ वि. (adj.)	lathpath	besmeared,	chulh, tat, hnawih	चुल्ह्, तात्, न्होइह्
लदना क्रि.अ. (Vi)	lad.nā	to be loaded, to be sentenced to rigorous imprisonment	phur, lungin tang tura tih	फूर, लुङइन् ताङ तूरा तिह्
लपकना क्रि.अ. (Vi)	lapaknā	1. to rush forward 2. to catch	1. um, hmalama ban 2. man,	उम म्हालमा बन मन
लपट सं.स्त्री (n.f.)	lapaṭ	flame, blaze	mei alh, eng pup pup	मेइ अल्ह्, एङ पुप पुप
लपेटना क्रि.स. (Vt)	lapeṭ.anā	1. to fold/roll up 2. to implicate	1. thlep 2. huam tel	थ्लेप् हुअम् तेल्
लफंगा वि. (adj)	lafangā	loafer, rogue	mi theuleu	मी थेउलेउ
लफ्ज सं.पु. (n.m.)	lafz	word	ṭawngkam, thu mal	टोङ्कम, थु मल
लबादा सं.पु. (n.m.)	labādā	over-garment,	puan bah chi,	पुअन् बह् ची

		cloak	kawrchung fual	कोरचुङ फुअल्
लबालब वि. (adj)	labālab	full to the brim, brimming	khat, khat parh	खत, खत परह्
लय सं.स्त्री.पु. (n.f.) (n.m.)	lay	1. rhythm, tune 2. deluge, merger, fusion	1. hla vuak kah dan, thluk 2. chim, fin	1. ह्ला वुअक् कह दान, थ्लूक चीम् फिन्
लरजना क्रि.अ. (Vi)	laraj.nā	to oscillate, to be frightened	inthen, a tawn tawna phe vel, hlau	इन्थेन्, अ तोन तोना फे वेल, ह्लाउ
ललक सं.स्त्री (n.f.)	lalak	longing, craving	chakna, lunglenna	चाक्न, लुङलेन्ना
ललकार सं.स्त्री. (n.f.)	lal.kār	challenge, gage	chona.	चोउना,
ललकारना क्रि.स. (Vt)	lalkār.nā	to challenge, to abet	cho, chotuah	चोउ, चोउतुअह्
ललचना क्रि.अ. (Vi)	lalach.nā	to be tempted/ allured	thlem, vehthlem	थ्लेम् वेहथ्लेम
ललचाना क्रि.स. (Vt.)	lal.chānā	to tempt, to allure	thlem	थ्लेम
ललना सं.स्त्री. (n.f.)	lalnā	beautiful lady	nu hmelṭha, hmeichhia hmelṭha	नू म्हेलठा, म्हेइछिया म्हेलठा
ललाट सं.पु. (n.m.)	lalāṭ	forehead	chal, chaldar	चल, चलदार
ललाम वि. (adj.)	lalām	beautiful, charming	hmeltha, zei	म्हेलठा, जेइ
ललित वि. (adj.)	lalit	fine, pretty, comely	tha, nalh, ngaihnobei	ठा, नल्ह, ङइह्नोउबेइ
ललित कला वि. (adj.)	lalit kalā	fine art	thil mawi lampanga themthiamna (lemziak, hla mawi, milem ker etc.)	थिल मोइ लमपङा थेमथियम्ना (लेमजियक, हला मोइ, मीलेम केर etc)
लल्लो-चप्पो सं. स्त्री. (n.f.)	lallo-chappo	flattery, servi-bity	in tak derna	इन तक देरना
लवण सं.पु. (n.m.)	lavaṇ	salt	chi	ची
लवलीन वि. (adj.)	lavlīn	absorved,	rilru zawng zawng	रिलूरू जोङ जोङ

		engrossed	pe, ngaih tuah muk	पे, ङइह् तुअह् मूक्
लवलेश वि. (adj.)	lavlesh	iota	thil themte, chhe te	थिल थेमते, छे ते
लश्कर सं.पु. (n.m.)	lashkar	army, host, multitude	sipai pawl, mipui	सिपइ पोल, मोपुइ
लसदार वि. (adj.)	las.dār	sticky, viscid	ban	बन
लस्सी सं.स्त्री. (n.f.)	lassī	curd beverage	bawnghnute thur in chi	बोङन्हुते थूर इन ची
लहंगा सं.पु. (n.m.)	lahagā	a long loose skirt worn by women in India	puanfen arh fual	पुअन्फेन अरह् फुअल्
लहकना क्रि.स. (Vt.)	lahak.nā	to wave, to quaver	tifawn, tiphe	तिफोन् तिफे
लहजा सं.पु. (n.m.)	lahjā	1. tone, intonation, 2. manner of speech	rik dan, thluk dan, tawng thluk dan	रीक् दान, थ्लूक दान, टोङ थ्लूक दान
लहर सं.स्त्री (n.f.)	lahar	1. wave, 2. impulse	fawn, rilru let but	फोन, रिलूरू लेत् बुत्
लहराना क्रि.स.अ. (vi, vt.)	lah.rānā	to wave/undulate	fawn	फोन
लहरिया सं.पु. (n.m.)	lah.riyā	wavy line, tilde	kual kawi chiat	कुअल् कोइ चियत्
लहलहाना क्रि.अ. (Vi)	lah.lahānā	1. to be verdant/vloom 2. to flourish	par, vul	पार, वुल
लहसुन सं.पु. (n.m.)	lah.sun	garlic, allium sativum	purun var	पुरून् वार
लहू सं.पु. (n.m.)	lahū	blood	thisen	थिसेन्
लहूलुहान वि. (adj-)	lahū.luhān	smeared with/bathed in blood	thisena bual	थिसेना बुअल्
लांघना क्रि.सं. (Vt.)	lā̃gha.nā	to cross over, to jump over	kal tlang, kan, zuankhum	कल त्लाङ, कॉन, जुअन्खूम
लाँछन सं.पु. (n.m.)	lāñchan	stigma, blemish	mihring panga thir ling nena misual an	मीहिङ पङा थीर लिङ नेना मिसुअल अन

			chhinchhiahna ser, bawlhhlawhna	छिनछियह्ना सेर, बोल्ह्ह्लोह्ना
लांछित (P.P)	lāñchit	stigmatized	a chhuanchhe zawngatehkhin nana hmang	अ छुअन्छे जोङा तेह्खिन् नाना म्हङ
लाइन सं.स्त्री (n.f.)	lāin	1. line 2. railway line	rin, rel kawng	रीन, रेल कोङ
लाइब्रेरी सं.स्त्री (n.f.)	lāibrerī	library	chhiar atana lehkhabu chi hrang hrang dah khawmna hmun	छियर् अताना लेह्खबू चि ह्रङ ह्रङ दह् खोमना म्हुन्
लाइसेंस सं.पु. (n.m.)	lālsens	licence	phalna	फलना
लाई सं.स्त्री (n.f.)	lāī	parched rice	buhro	बुह् रोउ
लाउडस्पीकर सं.पु. (n.m.)	lāud.spīkar	loudspeaker	au rinna	आउ रिन्ना
लाक्षा सं.स्त्री (n.f.)	lākṣā	sealing wax, lac	thalhrit	थलह्रित्
लाक्षागृह सं.स्त्री (n.f.)	lākṣāgrih	house of lac	thalhrit in	थलह्रित इन
लाख वि. (adj.)	lākh	a hundred thousand	nuaikhat	नुअइखत
लागत सं.स्त्री (n.f.)	lāgat	cost	man, man nei	मन, मन नेइ
लागू वि. (adj.)	lāgū	applicable (of rules)	vuah theih, hman theih	वुअह थेइह्, म्हन थेइह
लाघव सं.पु. (n.m.)	lāghav	brevity, shortness	tawizia, reilohzia	तोइजीय, रेइलोउजीय
लाचार वि. (adj.)	lāchār	helpless	tanpuitu nei lo, mangang	टनपुइतू नेइ लोउ, मङअङ
लाचारी सं.स्त्री (n.f.)	lāchārī	helplessness	mangang, tanpuitu nei lo engmah titheilo	मङअङ, टनपुइतु नेइ लोउ एङ्मह् तिथेइलोउ
लाज सं.पु. (n.m.)	lāj	honour,prestige	hming mawina, zahawmna	म्हीङ मोइना, जह्ऑपना
लाजवन्ती वि.स्त्री (adj.f.)	lājvantī	1. bashful (blonde) 2. touch me-not	zakthei, mi hello	जकथेइ, मी हेललोउ

लाजवाब वि. (adj.)	lājawāb	peerless, matchless, speechless	tluk ruallon sawitheihloh,	त्लुकरूअल लोह् सोइथेइह् लोह्
लाजिम वि. (adj.)	lājim	compulsory	tih loh theih loh	तिह् लोह् थेइह् लोह्
लाट सं.स्त्री. (n.f.)	lāṭ	steeple	biak in chhip	बियक इन छीप
सं.पु. (n.m.)		lord	zum, lal	जुम, लल
लाटरी सं.स्त्री (n.f.)	lāṭarī	lottery	thumvawrna	ठुमवोरना
लाठी सं.स्त्री (n.f.)	lāṭhī	lathi, staff	tiang	तियङ
लाठीचार्ज सं.पु. (n.m.)	lāṭhīchārj	lathi-charge	nawr, tianga insualna	नोर, तियङा इनसुअलना
लाडला वि. (adj.)	lāḍ.lā	darling, beloved	duhh tak, hmangaih	दुह् तक, म्हाङइह्
लात सं.स्त्री. (n.f.)	lāt	leg	ke	के
लादना क्रि.स. (vt.)	lādnā	to load	phur siam	फुर सियाम
लानत सं.स्त्री. (n.f.)	lānat	damnation, reproach	thiam loh chantirna, demna, sawiselna	थियमलोउ चनतीरना, देमना, सोइसेलना
लाना क्रि.स. (vt.)	lānā	to bring/fetch	rawn la, va la	रोन ला, वा ला
लापता वि. (adj.)	lāpatā	missing,un-traceable	bo, chhui theihloh	बोउ, छुइथेइह्लोउ
लापरवाह वि. (adj.)	lāparvāh	careless, negligent	fimkhur lo, ngaisaklo	फीमखुर लोउ, ङइह्सक् लोउ
लापरवाही सं.स्त्री (n.f.)	lāparvāhī	carelessness, negligence	ngaihthahna, ngaihsamna	ङइह्थह्ना, ङइह्समना
लाभ सं.पु. (n.m.)	lābh	profit, gain, benefit	help, hlawkna, ham thatna	ह्लेप, ह्लोकना, हम ठत्ना
लाभकारी वि. (adj.)	lābh.kārī	profitable, beneficial	hlawk, thatphah	ह्लोक, ठत्फह्
लाभदायक वि. (adj.)	lābhdāyak	profitable, beneficial	hlawk, thatphah	ह्लोक, ठत्फह्
लाभांश सं.पु. (n.m.)	lābānsh	dividend	sem tur, thil sema pakhat chanpual (a pung tiamin	सेम तूर, थिल सेमा पखत चनपुआल अ पुङ तीयमूइन
लाम सं.पु. (n.m.)	lām	army, war/bat-tle front	sipai pawl, khawmual sipai	सिपइ पोल, खोमुअल् सिपइ
लायक वि. (adj.)	lāyak	able, capable	thei, thiam	थेइ, थियाम

लार सं.स्त्री. (n.f.)	lār	saliva	chil	चिल
लारी सं.स्त्री. (n.f.)	lārī	lorry	motor lian bang hniam tak nei, bungraw phurhna motor chung nei lo	मोटोर लियन बङ न्हीयम तक नेइ, बुङरो फुरहना मोटोर चुङ नेइ लोउ
लाल वि. (adj.)	lāl	red	sen	सेन
लालच सं.पु. (n.m.)	lālach	greed	duhamna	दुह्आमना
लालची वि. (adj.)	lālchī	greedy, avaricious	duham, sum um nasa mi	दुह्आम, सुम ऊम नसा मी
लालटेन सं.स्त्री.	lāl.ṭen	lantern	khawnvar, laltin	खोन्वार, ललटीन
लालन-पालन सं.पु. (n.m.)	lālan-pālan	bringing up, maintenance	in chawmna, inkaihhruaina	इन चोमना, इनकाइह्हुअइना
लालसा सं.स्त्री	lāl.sā	yearning, craving	ngaihna,chakna	ङइह्ना, चाकना
लालायित वि. (adj.)	lālāyit	eager, anxious	nghakhlel, phur	ङह्कह्लेल्, फूर
लालिमा सं.स्त्री (n.f.)	lālimā	ruddiness, reddishness	senna	सेनना
लाली सं.स्त्री. (n.f.)	lālī	redness, radiance	senna, engnung	सेनना, एङनुङ
लावण्य सं.पु. (n.m.)	lāvaṇya	charm, loveliness	aizial, aikaih, zei nagihnobei	आइजियल्, आइकइह्, जेइ, ङइह्नोउबेइ
लावारिस वि. (adj.)	lāvāris	heirless (Person), unclaimed	ro shawmtu nei lo tumahin taa an chhal loh	रोउ खोमतू नेइ लोउ तूमह्इन ताअ अन छाल लोह्
लाश सं.स्त्री (n.f.)	lāsh	dead body, corpse	ruang, mitthi ruang	रुअङ, मित्थी रुअङ
लासानी वि. (adj.)	lāsānī	peerless, matchless	tluk rualloh, ṭha chung chuang	त्लुक रूअललोह्, ठा चुङचुआङ
लाही सं.स्त्री. (n.f.)	lāhī	1. grain insect, 2. parched rice	1. rannung te tak te thlai tichhetu 2. buh ro	1. रनूनुङते तक ते त्लाइ तिछेतू 2. बुह् रोउ
लिंग सं.पु. (n.m.)	liṅg	gender, sex, male organ	a nu leh pa thliarna	अ नू लेह् पा थ्लीयरना
लिए अ. (ind.)	liye	for, for the sake of, in order to	tan, atan	तान, अतान

लिखना क्रि.स. (vt.)	likh.nā	to write, to note down	ziak	जियक
लिखाई सं.स्त्री (n.f.)	likhāī	hand writing	kutziak	कुतजियक
लिखाना क्रि.स. (vt.)	likhānā	to cause to write by giving dictation	mi ziahtur sawi	मी जियह्तूर सोइ
लिखवाना क्रि.स. (vt)	likh.vānā	to cause to write	ziak	जियक
लिखापढ़ी सं.स्त्री. (n.f.)	likhāpaṛhī	reduction to written from correspondence (of letter)	thua indawrna	थूअ इनदोरना
लिखावट सं.स्त्री (n.f.)	likhāvaṭ	hand-writing	kutziak	कुत्जियक
लिखित (P.P.)	likhit	written, reduced to black and white, documentary	ziak tawh, ziaha dahfel	जियक तोह् जियह्अ दह्फेल
लिटर सं.पु. (n.m.)	liṭar	litre	thil tui teh khawng	थिल तुइ तेह् खोङ
लिटाना क्रि.स. (v.t)	liṭānā	causative of lie (down), to lay oneself down	mut tir, timu	मुत तीर, तिमू
लिपटना क्रि.अ. (vi)	lipaṭ.nā	to cling to, to be engrossed	vuan tlat, intulut intulut	वान् त्लात् इन्तुलूत
लिपि सं.स्त्री (n.f.)	lipi	script, writing	thu ziak	थु जियाक्
लिपिक सं.पु. (n.m.)	lipik	clerk, writer	ziaktu	जियकतू
लिपिबद्ध (PP)	lipi.baddh	written, reduced to black and white	ziak tawh	जियक् तोह्
लिप्त वि. (adj.)	lipta	embroled, in-volved	inhnamhnawih, kangkai, kaihhnawih	इन्न्ह्मून्होइह्, काङ्काइ, कइह्न्होइह्
लिप्सा सं.स्त्री (n.f.)	lipsā	greed, lure, lust	duhamna, hurna,	दुह्आमना, हुरना,
लिफाफा सं.पु. (n.m.)	lifāfā	envelope, outer covering	tuamtu, funna, lehkha ip	तुअमतू, फूनना, लेह्ख इप
लियाकत सं.स्त्री. (n.f.)	liyāqat	ability	theihna, tiththeihna	थेइह्ना, तिह्थेइह्ना
लिवाना क्रि.स. (vt.)	livānā	to cause to	la, rawn la rawn	ला, रोन ला, रोन

		bring	hruai	ह्रुअइ
लिस्ट सं.स्त्री (n.f.)	lisṭ	list	ziah tlar, chhinchhiah	जियह त्लर, छिनछियह
लिहाज सं.पु. (n.m.)	lihāz	consideration, respect	ngaihremna, zah	ङइह्रेमना जह्
लिहाफ सं.पु. (n.m.)	lihāf	quilt	lachilh	लचिल्ह्
लीक सं.स्त्री. (n.f.)	līk	line, track, rut (of wheel)	la, hrui, rin ngil, rin tawlailir ke hnuhma	ला, ह्रुइ, रीन ङील, रीन, तोलाइलीर के न्हुम्हा
लीख सं.स्त्री (n.f.)	līkh	a type of tiny whitish louse	hrik var te tak te chi	ह्रिक वार ते तक ते ची
लीचड़ वि. (adj.)	līchaṛ	1. sluggish, 2. stingy	1. muang, tuanfum 2. mikawm	1. मुआङ, टुअन्फूम 2. मीकोम
लीची सं.स्त्री. (n.f.)	līchī	leechee (a tree and its fruit)	lachu	लचू
लीडर सं.पु. (n.m.)	līḍar	leader	hruaitu	ह्रुअइतू
लीद सं.स्त्री. (n.f.)	līd	dung of horse, ass, elephant etc.	ran ek	रन एक
लीन वि. (adj.)	līn	1. dissolved 2. engrossed	1. zawp, tuiral 2. titlut	1. जोप, तुइरल 2. तित्लुत
लीपना क्रि.स. (vt.)	līp.nā	to plaster/coat, to smear	rawng ilo chulh hnan, hnawihmam	रोङ इलोउ चुल्ह न्हनन्, न्होइह्माम
लीपापोती सं.स्त्री. (n.f.)	līpā-potī	1. white washing, patching up 2. spoiling	1. hnawihmam chei ṭha 2. tihmelhem	1. न्होइमाम, चेइ ठा 2. तिह्म्हेलहेम
लीला सं.स्त्री. (n.f.)	līlā	frolicsome/illusory creation (of God), fun and frolic	hlimhlawpna, tualchai hlimna	ह्लीमह्लोपना, तुअलचाइ ह्लीमना
लुंगी सं.स्त्री. (n.f.)	luṅgī	an Indian type of loin cloth	puan ven chi, lungi	पुअन् वेन ची लूङी
लुंज वि. (adj.)	lunj	cripple	kuttual leichham, kebai	कुत्तुअल लेइछम, केबाइ
लुंठित (PP)	lunṭhit	rolled	tilir, zial	तिलीर, जियल
लुगाई सं.स्त्री. (n.f.)	lugāī	1. woman, wife,	hmeichhia nupui,	म्हेइछिया, नुपुइ,

		2. kept concubine	hmei	म्हेइ
लुच्चा वि. (adj.)	luchchā	wicked person, scoundrel	misual, mi tenawm	मिसुअलु, मि तेनूऑम
लुटना क्रि.अ. (vi)	luṭ.nā	to be robbed/ looted/ plundered	ru, suam	रू, सुअम्
लुटाना क्रि.स. (vt.)	luṭānā	to squander, to spend lavishly	khawh riral	खोह् रीरल्
लुटिया सं.स्त्री. (n.f.)	luṭiyā	diminutive of vessel	bel te (tui dahna)	बेल ते (तुइ दह्ना)
लुटेरा सं.पु. (n.m.)	luṭerā	robber, bandit, plunderer	rukru, suamhmang	रूकरू, सुअमम्हङ
लुढ़कना क्रि.अ. (vi)	luṛhak.nā	to roll down, to die, to be upset	lum, thi, tikhawlo	लुम, थी, तिखोलोउ
लुत्फ सं.पु. (n.m.)	lutf	enjoyment, pleasure, fun	nawmna, lawmna, hlimhlawp	नोमूना, लोमूना, ह्लीमह्लोप
लुप्त (PP)	lupta	1. disappeared, 2. extinct	1. bo, bibo, hmuh theih lohva awm 2. awm tawh lo	1. बोउ, बिबोउ, म्हुह् थेइह् लोउवा ऑम 2. ऑम तोह लोउ
लुब्ध वि. (adj.)	lubhdha	greedy, covetous,	duham, virthial, awhhmang	दुह्आम, विरथियल, ओह्म्हङ
लुभावना वि. (adj.)	lubhāv.nā	charming, attractive	itawm, duhawm ngaihnobei	ईतऑम, दुह्ऑम ङइह्नोउबेइ
लू सं.स्त्री. (n.f.)	lū	hot wind, blast	thli lum, boruak phuh fiak deuhva ri thei ham rik.	थ्ली लुम, बोउरूअक फुअह् फीयक देउह्वा री थेइ हम रीक.
लूट सं.स्त्री. (n.f.)	lūṭ	loot	thil suam	थिल सुअम
लूटखसोट सं.स्त्री. (n.f.)	lūṭ-khasoṭ	pillage	rawk, suam	रोक, सुअम
लूटना क्रि.स. (vt.)	lūṭ.nā	to rob/ plunder/loot	ru, rawk, suam	रू, रोक, सुअम
लूला वि. (adj.)	lūlā	with a maimed/ dismembered hand	kut nei lo	कुत नेइ लोउ

लेई सं.स्त्री. (n.f.)	leī	an adhesive preparation of fine flour (used in book-binding)	chhangphut thilhernaa siam ban	छङ्फुत् थिलहेरनआ सियम बन
लेकिन (ind.)	lekin	1. but,	1. mahse, nimahsela	1. म्हसे, निम्हसेला
		2. however	2. engpawh nise	2. एङ्पोह् नीसे
लेक्चर सं.पु. (n.m.)	lekchar	lecture	thusawi, inzirtirna	थुसोइ, इनूजिरतीरना
लेक्चरार सं.पु. (n.m.)	lekcharār	lecturer	zirtirtu thusawitu	जिरतीरतू, थुसोइतू
लेख सं.पु. (n.m.)	lekh	writing hand-writing	thu ziak, kutziak	थु जियक्, कुतजियक्
लेखक सं.पु. (n.m.)	lekhak	writer, author	ziaktu, thu phuahtu	जियकतू, थु फुअह्तू
लेखनकला सं.पु. (n.m.)	lekhan kalā	chiro-graphy	kutziak lam zirna/ sawina	कुतजियक लम जिरना/ सोइना
लेखनी सं.स्त्री. (n.f.)	lekhinī	pen	kawlawm	कोलॉम
लेखपाल सं.पु. (n.m.)	lekhpāl	person who keeps village landrecords	khawkhata ram neih dan chinchang ziaka vawngtu	खोखत्ता रम नेइह् दान चिन्चाङ जियका वोङ्तू
लेखबद्ध वि. (adj.)	lekh-badth	reduced to writing	ziak, ziaka vawn	जियक, जियका वोन
लेखा सं.पु. (n.m.)	lekhā	account, return	thil chhiar leh chhutna, bat chin chhutna, pawisa vawnna	थिल छीयर लेह छूत्ना, बत चिन् छूत्ना पोइसा वोनूना
लेखाकार सं.पु. (n.m.)	lakhākār	accountant	pawisa vawngtu, pawisa ziaka vawng feltu	पोइसा वोङ्तू, पोइसा जियका वोङ फेलतू
लेखा-जोखा सं.पु. (n.m.)	lekhā-jokhā	calculation of accounts	chhiar, chhut	छीयर, छूत
लेट सं.स्त्री. (n.f.)	leṭ	late	kal tlai	कल त्लाइ
लेटना क्रि अ. (vi.)	leṭ.nā	to lie (down, to lay oneself	mu, inzalh, zal	मू, इनूजल्ह, जल

		down		
लेटर बक्स सं.पु. (n.m.)	leṭar baks	letter-box	dak thlakna bawm	दाक त्लाक्ना बोम
लेप से.पु. (n.m.)	lep	liniment, coating	inzutna leh inhnawihna hriak ril tak	इनूजूतना लेह् इनन्होइना ह्रियक रिल् तक
लेफ्टिनेटं सं.पु. (n.m.)	lepṭinenṭ	Lieutenant	aiawh, sipai officer captain hnuai chiah	आइओह्, सिपइ ऑफिसर केपतेइन् न्हुअइ छियह्
लेबल सं.पु. (n.m.)	lebal	label	thil chhinchhiahna lehkha them	थिल छिनूछियहना लेह्ख थेम
लेना क्रि.स. (vt.)	lenā	to accept, to take	pawm, la	पोम, ला
लेनदार सं.पु. (n.m.)	len-dār	creditor	leibatu	लेइबतू
लेनदेन सं.पु. (n.m.)	len-den	social dealings, transaction	indawrna,	इनूदोरना,
लेशमात्र सं.पु. (n.m.)	lesh-mātra	modicum	tlem te	त्लेम ते
लेप सं.पु. (n.m.)	lep	1. plaster, ointment	1. pangti pem tuamna puan ban, belna, 2. damdawi hnawih chi	1. पङती पेम् तुअमना पुअन् बन, बेलना, 2. दमूदोइ न्होइह् ची
लैस वि. (adj.)	lāis	equipped	thuam, buatsaih	थुअम्, बुअत्सइह्
लोई सं.स्त्री. (n.f.)	loī	dough, a thin wollen shawl or wrapper	chhangphut hmeh ban, sahmul puan-bah pan tak	छङफुत् म्हेह् बन सम्हुल पुअनूबह् पन तक
लोक कथा सं.स्त्री. (n.f.)	lok-kaṭhā	folk tale	ziak ni lova tawngkaa thawnthu inhlan chhawn, pipu thawnthu	जियक नी लोउवा टोङ्काअ थोनथू इनूह्लने छोन, पीपू थोनथू
लोकगीत सं.पु. (n.m.)	lok-gīt	folk song	hnam zai	न्हम् जाइ
लोकतन्त्र सं.पु. (n.m.)	lok-tantra	democracy	mipui rorelna, mipui thlan sawrkar	मीपुइ रोउरेलना मीपुइ थ्लन् सोरकार
लोकनृत्य सं.पु. (n.m.)	lok-nritya	folk dance	hnam lâm	न्हम लाम
लोकप्रिय वि. (adj.)	lok-priya	popular	tlangtla, lar	त्लाङत्ला, लार

लोकमत वि. (adj.)	lok-mat	folk opinion	mipui ngaih dan	मीपुइ ङइह्दान
लोकसभा सं.स्त्री. (n.f.)	lok-sabhā	House of the people, the lower house of the Indian parliament	ram roreltu ṭhukhawm	रम रोउरेलतू ठुखोम्
लोकसेवा सं.स्त्री. (n.f.)	lok-sevā	public service	mipui rawngbawlna	मीपुइ रोङबोलना
लोकोक्ति सं.स्त्री. (n.f.)	lokokti	popular saying	thufing	थुफिङ
लोग सं.पु. (n.m.)	log	people, folk	mipui, mahni chhungkua	मीपुइ, म्हनी छूङ्कुआ
लोच सं.स्त्री. (n.f.)	loch	elasticity, flexibility	fan theihna, ngai awh leh theihna	फान थेइह्ना ङाइ ऑह लेह् थेइह्ना
लोचन सं.पु. (n.m.)	lochan	eye	mit	मित
लोटना क्रि.अ. (vi)	loṭ.nā	to roll/welter	lir, vir, lum	लीर, विर, लुम
लोटा सं.पु. (n.m.)	loṭā	an Indian type of water vessel	bel, no (Indian)	बेल, नोउ (इण्डियन)
लोढ़ा सं.पु. (n.m.)	loḍhā	stone pestle	lung suk, lung rawt fung	लुङ सुक, लुङ रोत् फुङ
लोना वि. (adj.)	lonā	saltish, saline	al, chi pai	अल, चि पाइ
लोप सं.पु. (n.m.)	lop	vanishing, disappearance	bibo, mualliam	बीबोउ, मुअललियाम्
लोबान सं.पु. (n.m.)	lobān	benzoin	Java leh Sumatra-a thing chi khat, thil charnante lehrimtui siam nantea an hman	जावा लेह् सुमात्रा-अ थिङ चि खत्, थिल चारनॉनते लेह् रिमतुइ सियम् नॉनतेअ अन् म्हन
लोबिया सं.स्त्री. (n.f.)	lobiyā	cow pea	be chi khat	बे चि खत
लोभ सं.पु. (n.m.)	lobh	greed, lure	duhamna	दुहूआमना
लोभी वि. (adj.)	lobhī	greedy, avaricious	duham, huamhauh	दुहूआम, हुअम्हउह्
लोम सं.पु. (n.m.)	lom	soft hair on the body, fur	hmul, sahmul	म्हुल, सम्हुल
लोमड़ी सं.स्त्री (n.m.)	lomṛī	fox	sihal	सिहल

लोमहर्षण वि. (adj.)	lom-harṣaṇ	horripilatory	hmul thi ding	म्हुल थी दिङ
लोरी सं.स्त्री. (n.f.)	lorī	lullaby	hla (inawihna) nau awih hla	ह्ला (इनूओइह्ना) नाउ ओइह् ह्ला
लोलुप वि. (adj.)	lolup	covetous	thil it, duham	थिल ईत्, दुह्आम
लोहा सं.पु. (n.m.)	lohā	iron	thir	थीर
लोहार सं.पु. (n.m.)	lohār	black smith	thir deng	थीर देङ
लौंडा सं.पु. (n.m.)	lāuṇḍā	lad, boy	mipanaupang, rawlthar	मीपानउपङ, रोलथर
लौ सं.स्त्री. (n.f.)	lāu	flame, glow	mei alh, eng	मेइ अलह् एङ
लौकिक वि. (adj.)	lāukik	worldly, mundane	khawvel thil, tisa thil	खोवेल थिल, तीसा थिल
लौकी सं.स्त्री. (n.f.)	lāukī	bottle gourd, pumpkin	um, mai	ऊम, माइ
लौटना क्रि.अ. (vi)	lāuṭnā	to return, to come back	kir, thleng leh, kalkir	कीर, थ्लेङ लेह, कलकीर
लौटाना क्रि.स. (vt.)	lāuṭānā	to give back, to return	pe kir, let	पे कीर, लेत्
लौह सं.पु. (n.m.)	lāuh	iron	thir	थीर
लौहपुरुष सं.पु. (n.m.)	lāuh puruṣ	iron-man	awmkhauh, tum ruh nasa mi	ऑमखउह, तुम रूह नसा मी

व

वंचक वि. (adj.)	vañchak	deceitful, cheat	bumhmang	बुमम्हङ
वंचना सं.स्त्री. (n.f.)	vañchanā	deception, deprivation	inbumna, chantirna	इनबुमना, चनतीरना
वंचित (PP)	vañchit	deceived, deprived	bum, chântir	बुम, चानतीर
वंदना सं.स्त्री. (n.f.)	vandnā	obeisance, adoration	zahderna thiltih	जह्देरना थिलतिह्
वंदनीय वि. (adj.)	vand.nīya	worthy of obeisance, adorable	ngaihsan mi, chawi san tlak, zah tlak	ङइह्सान मी चोइ सान त्लाक जह् त्लाक
वंश सं.पु. (n.m.)	vansh	1. dynasty, 2. bamboo	1. lal chhungkaw inthlah chhawngte rorel hun chhung 2. mau	1. लल छूङको इन थ्लाह् छोङ्ते रोउरेल हुन छूङ 2. माउ

वंशज सं.पु. (n.m.)	vanshaj	descendant, scion	thlah, tuchhuan	थ्लाह्, तुछुआन्
वंश वृद्धि सं.स्त्री.(n.f.)	vansh vridhi	growth of the family	chhungkaw ṭhanlenna	छूङको ठनूलेनूना
वंशावली सं.स्त्री. (n.f.)	vanshāvalī	genealogy	chhungkaw thlahtute, thlahte chhuina	छूङको थ्लाहतूते, थ्लाहते छुइना
वंशी सं.स्त्री. (n.f.)	vanshī	flute	pheng lawng	फेङ लोङ
वंशीधर सं.पु. (n.m.)	vanshīdhar	an epithet of Krishna	1. Shri Krishna 2. phenglawng tumtu	1. श्री कृष्णा 2. फेङलोङ तुमतू
वक सं.पु. (n.m.)	vak	crane(bird)	Kanghlai, tui sava	काङह्लाइ, तुइ सवा
वकालत सं.स्त्री. (n.f.)	vakālat	pleadership, legal practice	dil sakna, lama tan, dana rorelna	दील सक्ना, लमा टन, दाना रोउरेल्ना
वकालतनामा सं.पु. (n.m.)	vakālat-nāmā	power of attorney	ukil thil tih theihna, ukil aiawh theihna	उकिल थिल तिह् थेइह्ना, उकिल आइओह् थेइह्ना
वकील सं.पु. (n.m.)	vakīl	pleader, lawyer	ukil, ngentu, dan hremi	उकिल, ङेनतू, दान ह्रेमी
वक्त सं.पु. (n.m.)	vaqta	time, hour	hun, darkar	हुन, दारकार
वक्ता सं.पु. (n.m.)	vaktā	speaker, orator	thusawitu, thu vai thiam mi	थुसोइतू, थु वइ थियम् मी
वक्तव्य सं.पु. (n.m.)	vaktavya	Statement, speech	thu sawi	थु सोइ
वक्र वि. (adj.)	vakra	curved, oblique, craoked	thil kawi kual	थिल कोइ कुआल
वक्ररेखा वि. (adj.)	vakra-rekhā	a curve curved line	thil kawi, kual	थिल कोइ, कुआल
वक्ष सं.पु. (n.m.)	vakṣa	1. breast 2. chest	1. hmei-chhe hnutebu 2. awm bawr	1. म्हेइछे न्हुतेबू 2. ऑम बॉर
वक्षस्थल सं.पु. (n.m.)	vakṣasthal	1. chest 2. breast	1. awm. 2. awm (bawr)	1. ऑम 2. ऑम (बॉर)
वगैरहा (ind.)	vagāirah	et-cetera	chutiang, zelin	चुतियाङ जेलइन

वचन सं.पु. (n.m.)	vachan	1. Utterance, 2. promise	1. sawi, thutiam	1. सोइ, थुतियाम्
वचन बद्ध (PP)	vachan baddha	committed (to one's words's) bound (to one's words)	tiamkam, insawi ba	तियाम्कम्, इनसोइ बा
वजन सं.पु. (n.m.)	vazan	weight	rih lam, rit	रिह् लम, रित्
वजह सं.स्त्री. (n.f.)	vajah	reason	chhan	छन्
वजीफा सं.पु. (n.m.)	vazīfā	stipend, scholarship	kutkham man, zirlaitet-anpuina pawisa	कुत्खम मन, जिरलाइते टनपुइना पोइसा
वजीर सं.पु. (n.m.)	vazīr	minister	puithiam, sawrkara hotu	पुइथियम, सोरकारा होउतू
वज्र सं.पु. (n.m.)	vajra	Indra's weapon	(Hindu Pathian) ṭektla	(हिन्दू पथियान्) टेकत्ला
वज्रपात सं.पु. (n.m.)	vajrapāt	thunderbolt	ṭek, ṭektla	टेक, टेकत्ला
वटवृक्ष सं.पु. (n.m.)	vaṭ.vrikṣa	banyan tree	hmawng, bung	म्होङ बूङ
वतन सं.पु. (n.m.)	vatan	motherland	pianna ram	पियन्ना रम
वत्स सं.पु. (n.m.)	vatsa	beloved child, dear youngboy	naupang duhawm, nau duhlai	नउपङ दुह्ऑम, नाउ दुह्लाइ
वदन सं.पु. (n.m.)	vadan	face	hmai, hmel	म्हाइ, म्हेल्
वध सं.पु. (n.m.)	vadh	murder, killing	that, tualthat	थत्त् तुअल थत्त्
वधिक सं.पु. (n.m.)	vadhik	1. executioner 2. fowler	1. thi tura ruatte tihlumtu 2. ramâr peltu	1. थी तूरा रूअत्ते तिह्लुमतू 2. रमआर पेलतू
वधू सं.स्त्री. (n.f.)	vadhū	wife	nupui	नुपुइ
वध्य वि. (adj.)	vadhya	deserving/ ment to be killed	tlak/thah tlak, thah phu	त्लाक/थह् त्लाक, थह् फू
वन सं.पु. (n.m.)	van	forest, jungle	ngaw, ramhnuai	ङो रमह्नुअइ
वनगमन सं.पु. (n.m.)	van-gaman	departure for abode in the wood-lands/forest	ramhnuaia awmna in pana chhuahna	रमह्नुअइअ ऑमना इन पना छुअह्ना
वनवास सं.पु. (n.m.)	vanvās	dwelling in the	ramhnuaia hnawh	रमह्नुअइअ न्होह्

		forest, exile	chhuah	छुअह्
वनस्थली सं.स्त्री. (n.f.)	vanasṭhalī	woodlands	thing hmun	थिङ म्हुन
वनस्पति सं.स्त्री. (n.f.)	vanaspati	vegetation, vegetable	thlai, thing leh hnim	थ्लाइ, थिङ लेह् हृनीम
वनिता सं.स्त्री. (n.f.)	vanitā	pretty woman	hmeltha (hmei-chhia) hmeltha (hmei-chhia) hmeichhe duhawm	म्हेलठा (म्हेइछिया) म्हेलठा (म्हेइछिया) म्हेइछे दुह्ऑम
वफा सं.स्त्री. (n.f.)	vafā	1. loyalty 2. faith	1. lam tang, rinawmna 2. rinna	1. लम टङ, रिनऑमना 2. रिनूना
वफादार वि. (adj.)	vafādār	loyal, faithful	rinawm, rin tlak	रिनऑम, रिनत्लाक
वमन सं.पु. (n.m.)	vaman	vomitting	lua	लुअ
वय सं.पु. (n.m.)	vay	age	kum, upat lam sawina	कुम, उपत् लम सोइना
वयस्क वि. (adj.)	vayaska	major, adult.	puitling, ṭhan kin	पुइत्लीङ, ठनकिन
वर सं.पु. (n.m.)	var	1. birdegroom 2. boon	1. mopa 2. lawmna thilpek	1. मोउपा 2. लोमूना थिलपेक्
वरण सं.पु. (n.m.)	varaṇ	selection, choice	thlanna, thlan, duhthlan	त्लनूना, त्लन्, दुहत्लन्
वरदान सं.पु. (n.m.)	var.dān	boon, blessing	lawmman, induh sakna	लोमूमन, इनदुह् सक्ना
वरदी सं.स्त्री. (n.f.)	vardī	uniform	thawmhnaw inang tlang	थोमन्हो इनअङ त्लाङ
वरन् (ind)	varan	on the other hand	chutilo pawhin, chutiang anih loh leh	चुतिलो पोहइन् चुतियङ अ निह् लोह् लेह
वरना क्रि.सं. (vt.)	varnā	1. to choose (ind) 2. or else, otherwise	1. thlang 2. chulovah, a nih loh chuan	1. त्लङ 2. चुलोअह्, अ निह् लोह् चुआन
वरिष्ठ वि. (adj.)	variṣṭha	senior, senior-most	uzawk, thawk hmasa zawk	उजोक, थोक म्हासा जोक
वरुण सं.पु. (n.m.)	varuṇ	Neptune, seagod	ni he tu arsi (planet), zinga pakhat, hmasang,	नी हेलूतू अरसी, जीङा पखत म्हासाङ,

			Rom mite tuipui pathian	रोम मीते तुइपुइ पथियान्
वर्ग सं.पु. (n.m.)	varg	1. class 2. square	1. pawl, rual khat 2. thil kil li nei sir in chen leh kil intiat tlang chiah	1. पोल, रूअल खत 2. थिल किल ली नेइ सीर इनचेन लेह् किल इनृतियात् त्लाङ चियह्
वर्गमूल सं.पु. (n.m.)	varg.mūl	square root	number pakhat chu number amah leh amah inpuntir chhuak nise, chumi number in puntir-a chu a square root a ni	नमबर पखत चु नम्बर अमह् लेह अमह् इनपुनतीर छुअक् नीसे, चुमी नम्बर इन पुनतीर-अ चु अ स्कुअर रूत अ नी
वर्गाकार वि. (adj.)	vargākār	of the shape of a square	thil killi nei chi	थिल किलूली नेइ ची
वर्जित वि. (adj.)	varjit	forbidden, banned, prohibited	khap, phal loh thil	खप, फल लोह् थिल
वर्ण सं.पु. (n.m.)	varṇa	colour, class, race	hnam, chi, thlah	न्हम ची थ्लह्
वर्णन सं.पु. (n.m.)	varṇan	description, narration	ziah emaw sawi chianna, thu sawi emaw ziah emaw	जियह् एमो सोइ चियनूना, थु सोइ एमो जियह् एमो
वर्णमाला सं.स्त्री. (n.f.)	varṇ-mālā	alphabet	A-Aw-B (eng ṭawng pawh)	अ-ओ-बी (एङ टोङ पोह)
वर्तनी सं.स्त्री. (n.f.)	vartanī	spelling	sipel, thuaa A-Aw-B	सिपेल, थुआ अ -ओ-बी
वर्तमान वि. (adj.)	vartamān	1. present 2. living	1. tun thil, tun hun 2. nung	1. तून थिल, तून हुन 2. नुङ
वर्तुलाकार वि. (adj.)	vartulākār	round, spherical	mum bial	मूम बियाल
वर्दी सं.स्त्री. (n.f.)	vardī	uniform, livery	thawmhnaw inang tlang, thawmhnaw inbel bil (eng pawl emaw atan)	थोमह्नो इनअङ त्लाङ, थोमह्नो इनबेल बिल (एङ पोल एमो अतान्)
वर्धन सं.पु. (n.m.)	vardhan	increase,	punna, ṭhanna	पुनूना, ठनूना

		growth		
वर्ष सं.पु. (n.m.)	varṣ	year	kum	कुम
वर्षगांठ सं.स्त्री. (n.f.)	varṣgānṭh	birth anniversary	pian champha	पियन् चमफा
वर्षा सं.स्त्री. (n.f.)	varṣā	rain	ruahtla, ruah	रूअह्त्ला, रूअह्
वलय सं.पु. (n.m.)	valay	ring	dar ri, ri	दार री, री
वल्कल सं.पु. (n.m.)	valkal	bark	ui bauh ri	उइ बउह् री
वल्द वि. (adj.)	vald	son of	chumi fapa	चुमी फमा
वल्लरी सं.स्त्री. (n.f.)	vallarī	creeper	hrui zam chi	हुइ जाम ची
वश सं.पु. (n.m.)	vash	control authority	khuah khirhna, thuneihna	खुअह् खिरहना, थुनेइह्ना
वशीभूत (PP)	vashībhūt	brought under control	khuah khirhna hnuaia dah	खुअह् खिरह्ना न्हुअइअ दह्
वसंत सं.पु. (n.m.)	vasant	spring (season)	ruahtui tlak tirh hun, thlai leh thing hnah chawr hun	रूअह्तुइ त्लाक तिरह हुन, त्लाइ लेह थिङ न्हाअह् चोर हुन
वसंती वि. (adj.)	vasantī	vernal, light yellow	nipui hun thil, nipui laia awm	निपुइ हुन थिल, निपुइ लाइअ ऑम
वसन सं.पु. (n.m.)	vasan	(garment, clothing)	thawmhnaw hak leh sin	थोमन्हो हाक् लेह् सिन्
वसा सं.स्त्री. (n.m.)	vasā	fat	thau	थाउ
वसीका सं.पु. (n.m.)	vasīkā	document, deed	lehkha pawimawh	लेह्खा पोइमोह
वसीयत सं.स्त्री. (n.f.)	vasīyat	will	tum ruhna	तुम रूह्ना
वसुंधरा सं.स्त्री (n.f.)	vasundharā	earth	lei pum, khawmual	लेइ पुम, खोमुअल
वसुधा सं.स्त्री. (n.f.)	vasudhā	earth	lei pum, lei	लेइ पुम, लेइ
वसूल वि. (adj.)	vasūl	realized, collected	a man dawng	अ मन दोङ
वसूली सं.स्त्री. (n.f.)	vasūlī	realization, recovery	a khun a khana latu, hmuh letna	अ खून अ खान्ना लतू, म्हुह् लेत्ना
वस्तु सं.स्त्री. (n.f.)	vastu	object, thing	thil, thil hmuh	थिल, थिल म्हुह्
वस्तुतः (ind.)	vastutah	in reality, actually	a tak tak	अ तक तक

वस्त्र सं.पु. (n.m.)	vastra	clothes, apparel	puan, kawr	पुअन्, कोर
वह वि. (adj.)	vah	that, the (m) he/she/it	kha kha, chu amah (mipa) amah (hmeichhia)	खा खा, चु अम्ह् (मीपा) अम्ह् (म्हेइछिया)
वहन सं.पु. (n.m.)	vahan	act of carrying	phur, keng	फूर, केङ
वहम सं.पु. (n.m.)	vaham	false notion, delusion	bumna, hriat sualna, manghmuh	बुम्ना, ह्रियत् सुअल्ना, मङम्हुह्
वहमी वि. (adj.)	vahmī	superstitious (person)	pawng paw puithu	पोङ पो पुइथू
वहाँ क्रि.वि. (adv.)	vahā̃	at that very place, right there	sawtah, chutah ngei chuan	सोतह्, चुतह् ङेइ चुअन्
वही वि. (adj.)	vahī	the same	a ngai, thuhmun	अ ङाइ, थुम्हुन्
वांछनीय वि. (adj.)	vāñchha-nīya	desirable	itawm, duhawm	इत्ऑम दुह् ऑम
वांछित वि. (adj.)	vāñchhit	desired	chak, awt	चाक, ओत्
वाउचर सं.पु. (n.m.)	vāuchar	Voucher	hriat puina leh nemnghehna lehkha	ह्रियत पुइना लेह् नेम्ङेह्ना लेह्खा
वाक् सं.स्त्री. (n.f.)	vāk	speech	thu sawi	थु सोइ
वाक् पटु वि. (adj.)	vāk.patu	skilled in the art of talking	tawng lama themthiam, hmui themthiam	टोङ लमा थेम्थियम् म्हुइ थेम्थियम्
वाकई (ind)	vāqaī	in reality, really	tak tak	तक तक
वाक्य सं.पु. (n.m.)	vākya	sentence	tawngkam khat	तोङकम खत
वाकिफ वि. (adj.)	vāqif	familiar, Conversant	tlang nel, hriat bel	त्लाङ नेल, ह्रियत् बेल
वाक्यखंड सं.पु. (n.m.)	vākya. khanḍ	a phrase, a clause	tawng kam khat	टोङ कम खत
वाकिया सं.पु. (n.m.)	vākiyā	incident, event	thil lo awm, thil lo thleng	थिल लोउ ऑम, थिल लो थ्लेङ
वाग्जाल सं.पु. (n.m.)	vāg.jāl	grand eloquence	thu sawi thiamna	थु सोइ थियम्ना
वाङ् मय सं.पु. (n.m.)	vāṅmay	literature	thu leh hla phuah mawi thu leh hla	थू लेह् ह्ला फुअह् मोइ थू लेह् ह्ला

			thluk	थ्लूक
वाचन सं.पु. (n.m.)	vāchan	reading	chhhiar	छियर
वाचनालय सं.पु. (n.m.)	vāchnālay	reading room	lehkha chhiarna	लेह्‌ख छियरना
			pindan	पिन्‌दन
वाचाल वि. (adj.)	vāchāl	talkative,	ṭawng thei, ṭawng	टोङ थेइ, टोङ
		prattler	cheh	चेह्
वाजिब वि. (adj.)	vājib	right, proper,	dik, fel	दिक्, फेल
		just		
वाजी सं.पु. (n.m.)	vājī	horse	sakawr	सकोर
वाटिका सं.स्त्री (n.f.)	vātikā	small garden	in bul huan	इन बुल हुअन्
वाणिज्य सं.पु. (n.m.)	vāṇijya	commerce	Sumdawnna	सुमदोन्‌ना
वाणी सं.स्त्री. (n.f.)	vāṇī	speech, voice	thusawi, tawngri	थुसोइ, टोङरी
वातानुकूल सं.पु. (n.m.)	vātānukūl	air conditioning	boruak awm dan	बोउरूअक् ऑम दान
			siam	सियम्
वातानुकूलित वि. (adj.)	vātānukūlit	air conditioned	boruak duh ang	बोउरूअक् दुह् अङ
			chiaha siam rem	चियह्‌अ सियम् रेम
			(a lum leh	(अ लुम् लेह्
			vawh lam)	वोह लम)
वातायन सं.पु. (n.m.)	vātāyan	ventilator	boruak luhtirtu	बोउरूअक् लुहतीरतू
			leh chhuahtirtu	लेह छुअह्‌तीरतू
वातावरण सं.पु. (n.m.)	vātāvaraṇ	atmosphere,	boruak, chhehvel	बोउरूअक्, छेह्‌वेल
		environment	boruak	बोउरूअक्
वात्सल्य सं.पु. (n.m.)	vātsalya	parental affec-	hringtu	ह्रिङ्तू
		tion	hmangaihna nu	म्हाङइह्‌ना नू
			leh pa hmangaihna	लेह् पा म्हाङइह्‌ना
वाद-विवाद सं.पु. (n.m.)	vād.vivād	discussion,	sawihona,	सोइहोउना,
		debate	sawichian hona	सोइचीयन होउना
वादक सं.पु. (n.m.)	vādak	instrumentalist	rimawi tumtu	रिमोइ तुमतू
वादा सं.पु. (n.m.)	vādā	promise	thutiam	थुतियम
वादानुवाद सं.पु. (n.m.)	vādānuvād	an altercation,	inhnial fiamna	इन्‌न्हीयल फियम्‌ना
		a debate		
वादी सं.पु. (n.m.)	vādī	complaint,	sawi seltu, dan pu	सोइ सेल्‌तू दान पु
		plaintiff	luttu	लूत्‌तू
वाद्य सं.पु. (n.m.)	vādya	musical	rimawi tumna	रिमोइ तुम्‌ना
		instrument	hmanrua	म्हनूरूआ
वाद्ययन्त्र सं.पु. (n.m.)	vādya	musical instru-	hla sakna	ह्‌ला सक्‌ना

	yantra	ment	hmanrua, rimawi tumna hmanrua, darbu	म्हनूरूआ, रिमोइ तुमूना म्हनूरूआ, दरबू
वाद्यवृद संपु. (n.m.)	vādyavrind	orchestra	rimawi tumtu	रिमोइ तुमतू
वानर संपु. (n.m.)	vānar	ape, monkey	pawl zawng	पोल जोङ
वापसी सं.स्त्री. (n.f.)	vāpasī	act of returning	kir lehna, thlen lehna	कीर लेहूना, थ्लेन लेहूना
वापिस वि. (adj.)	vāpis vāpas	returned	kir, thleng leh	कीर, थ्लेङ लेह्
वापी सं.स्त्री. (n.f.)	vāpī	tank	tuizem, tuikhuah	तुइजेम, तुइखुआह्
वामन सं.पु. (n.m.)	vāman	dwarf	mi te, thil fek tak	मी ते, थिल फेक् तक
वायलिन सं.पु. (n.m.)	vāylin	voilin	ting tang (a nawha nawh rik chi)	टिङ्टङ (अ नोअह नोह् रीक ची)
वायस सं.पु. (n.m.)	vāyas	Crow	choak	चोउआक्
वायु सं.सत्री. (n.f.)	vāyu	air	boruak	बोउरूअक्
वायुमंडल सं.पु. (n.m.)	vāyuman-ḍal	atmosphere	boruak	बोउरूअक्
वायुयान सं.पु. (n.m.)	vāyuyān	aeroplane	thlawh theihna	थ्लोह् थेइह्ना
वायुसेना सं.स्त्री. (n.f.)	vāyusenā	air-force	thlawhna sipai pawl	थ्लोह्ना सिपइ पोल
वार सं.पु. (n.m.)	vār	day	ni	नी
वारदात सं.स्त्री. (n.f.)	vār.dāt	mishap, acci-dent	van duaina, chet sualna	वान् दुअइना, चेत सुअलना
वारना क्रि.स. (vt)	vār.nā	to sacrifice	chan huama pe leh, chan	चान हुअमा पे लेह्, चान
वारि सं.पु. (n.m.)	vāri	water	tui	तुइ
वारिधि सं.पु. (n.m.)	vāridhi	ocean	tuifinriat	तुइफिनरियात्
वारिस सं.पु. (n.m.)	vāris	heir	ro khawmtu, ro luahtu	रोउ खोमतू, रोउ लुअहतू
वार्ड सं.पु. (n.m.)	vārḍ	ward	enkawl (mi emaw)	एनकोल (मी एमो)
वार्डन सं.पु. (n.m.)	vārdan	warden	enkawltu, vengtu	एनकोलतू, वेङ्तू
वार्ता सं.स्त्री. (n.f.)	vārtā	conversation, talk	titi, inkhawmna, thusawi	ती-ती, इनखोमना, थू सोइ
वार्तालाप सं.पु. (n.m.)	vārtālāp	parley, conver-sation	hmelma nena inbiakna, ti ti	म्हेलमा नेना इनबियकना, ती-ती
वार्निश सं.स्त्री. (n.f.)	vārnish	varnish, french	thil khawih	थिल खोइह्

		polish	hnumna hlo	न्हुमूना ह्लोउ
वालंटियर संपु. (n.m.)	vālanṭiyar	volunteer	mahni duh thua pawla inpe, mahni duh thua titu	म्हनी दुह् थू अ पोला इनपे, म्हनी दुह् थ ूअ तितू
वालिद संपु. (n.m.)	vālid	father	pa, thlahtu	पा थ्लाह्तू
वालीबाल संपु. (n.m.)	vālibāl	volley-ball	len zar chunga ball chum khuma infiamna	लेन जार चुङा बॉल चुम खूमा इनफियमना
वाष्प संपु. (n.m.)	vāṣpa	steam	tui hu, chakna tha	तुइहू, चकना था
वार्षिक वि. (adj.)	vārṣik	yearly, annual	kumtin, kumtin thil	कुमतिन, कुमतिन थिल
वास संपु. (n.m.)	vās	1. abode, 2. smell	1. chenna hmun, chamna hmun 2. rim	1. चेनूना म्हुन, चामना म्हुन 2. रिम
वासना संस्त्री. (n.f.)	vāsnā	craving, longing	châkna, lunglenna	चाकना, लुङलेनून
वासी संपु. (n.m.)	vāsī	inhabitant	luahtu, cheng	लुअहतू, चेङ
वास्कट संस्त्री. (n.f.)	vāskaṭ	waist-coat	hak hnan chi kawrchung ban bul	हाक् न्हन् ची कोरचुङ बान बूल
वास्तव वि. (adj)	vāstav	factual, actual	a tak tak, a taka awm thil	अ तक तक, अ तका ऑम थिल
वास्तविक वि. (adj.)	vāstavik	real, actual	ta tak, tak tak	ता तक, तक तक
वास्ता संपु. (n.m.)	vāstā	dealing	indawrna	इन्दोरना
वास्तुकला संस्त्री. (n.f.)	vāstukalā	architecture	in sak dan lam sawina	इन सक दान लम सोइना
वास्ते अ. (ind.)	vāste	for	atan, aiah	अतान, आइअह्
वाहक वि. (adj.)	vāhak	bearer	kengtu, phurtu	केङ्तू, फुरतू
वाहन संपु. (n.m.)	vāhan	that which carries	thil phurhna, thil phurhna tawlailir, thil kengtu	थिल फुरह्ना, थिल फुरह्ना तोलाइलीर थिल केङ्तू
वाहिनी संस्त्री. (n.f.)	vāhinī	a division of the army	sipai pawl khat	सिपइ पोल खत
वाहियात वि. (adj.)	vāhiyāt	good for nothing	eng atan maha tlaktlai lo	एङ अतान माह्उ त्लाक त्लइ लो
विकट वि. (adj.)	vikaṭ	horrible, monstrous	râpthlak, ṭihbaiawm	रापत्लाक टिह्बाइऑम

विकराल वि. (adj.)	vikarāl	morstrous, formidable	mak danglam tak, huphurhawm	मक दङलम तक, हुफुरह्ऑम
विकल वि. (adj.)	vikal	restless, uneasy	awm hle hle thei lo, awm nuam lo	ऑम ह्ले ह्ले थेइ लो, ऑम नुअम लो
विकलांग वि. (adj.)	vikalāng	crippled, maimed	kuttual leichham, piang sual	कुत्तुअल लेइछम, पियङ सुअल
विकल्प सं.पु. (n.m.)	vikalpa	option, alternative	duh thlanna, duh thlan theihna	दुह् त्लन्ना, दुह् त्लन् थेइह्ना
विकसित (PP)	vikasit	developed, blossomed	tiṭhang, par chhuak, nihtur ang nizo	तिठङ, पार, छुआक्, निह्तूर अङ निजोउ
विकार सं.पु. (n.m.)	vikār	1. charge 2. trasformation	thlak thleng, dang lamna	त्लाक् त्लेङ, दङ लमना
विकास सं.पु. (n.m.)	vikās	1. development 2. evolution	1. hmasawnna, ṭhanlenna 2. inlumlet (a ṭha zawngin)	1. म्हासोन्ना, ठनलेन्ना 2. इन्लुमलेत् (अ ठा जोङइन)
विकृत (PP)	vikrit	deformed, changed	tihhmelhem, pianhmang, mawina tichhia	तिह्म्हेलहेम, पियन्म्हङ मोइना तिछिया
विक्रम सं.पु. (n.m.)	vikarm	valour, valiance	pasal ṭhatna, huaisenna	पसल ठत्ना, हुअइसेन्ना
विक्रय सं.पु. (n.m.)	vikray	sale	zawrhna, hralhna	जोरह्ना, ह्ल्हना
विक्रेता सं.पु. (n.m.)	vikretā	seller, salesman	thil zuartu	थिल जुआरतू
विक्षिप्त वि. (adj.)	vikṣipta	insane, demented	a rilru buai	आ, रिलरू बुअइ
विक्षोभ सं.पु. (n.m.)	vikṣobh	agitation, turbulence	nghinna, buaina	ङ्हीन्ना, बुअइना
विख्यात वि. (adj.)	vikhyāt	renowned, well known	hmingthang, mi hriat mi	म्हीङ थङ, मी ह्रियत् मी
विगत वि.(adj.)	vigat	past	kal liam tawh, tawp, tawh	कल लियम् तोह्, तोप तोह्
विग्रह सं.पु. (n.m.)	virgrah	distntegration, tiff	ṭhiat darh	ठियत् दरह्

विघटन सं.पु. (n.m.)	vighaṭan	1. decomposition, 2. disintegration, 3. dissolution	1. ṭawihral 2. nawi darh 3. ṭhiat	1. टोइह्रल 2. नोइदरह् 3. ठियत्
विघ्न सं.पु. (n.m.)	vighna	impediment (which thwarts or is calculated to thwart the normal course or events, interference	danna, bahlahna	दन्ना, बह्लाह्ना
विचलित वि. (adj.)	vichalit	deviated	dan lo anga khawsa, kal sual, kal peng	दान लो अङा खोसा, कल सुअल, कल पेङ
विचार सं.पु. (n.m.)	vichār	idea, thought	ngaihtuahna, ngaihdan	ङइह्तुअह्ना, ङइह्दान
विचारक वि. (adj.)	vichārak	thinker, philosopher,	thu ril ngaihtuah mi	थु रिल ङइह्तुअह् मी
विचारणीय वि. (adj.)	vichārṇīa	worth consideration	ngaihtuah tlak, chhùizui tlak	ङइह्तुअह् त्लाक्, छुइजुइ त्लाक्
विचारधारा स.स्त्री. (n.f.)	vichār.dhārā	ideology, line of thinking	rilru kalhmang chhuina, rilru suk thlekdan	रिलरू कलम्हङ छुइना, रिलरू सूक त्लेकदान
विचित्र वि. (adj.)	vichitra	strange, odd	mak, danglam, dang dai	मक, दङलम, दङदाइ
विचित्रता सं.स्त्री. (n.f.)	vichitratā	strangeness, queemess	danglam bikna	दङलम बीक्ना
विच्छेद सं.पु. (n.m.)	vichced	break, discontinuity	khawl kal lai chhe palh, keh darh, khaihlak	खोल कल लाइ छे पल्ह्, केह् दरह्, खइह्लक
विछोह सं.पु. (n.m.)	vichhoh	separation from a dear one	duh lai ṭhenna, hmangaih laka awm hranna	दुह् लाइ ठेन्ना, म्हाङइह् लका ऑम ह्रन्ना
विजन वि.पु. (adj.m.)	vijan	lonely, solitary lonely place, solitude	khawhar, fianrial	खोहर, फियन्रियल्

विजय सं.सत्री. (n.f.)	vijay	conquest, victory	hnehna	न्हेह्ना
विजय पताका स.स्त्री. (n.f.)	vijay patākā	banner of victory	hnehna puanzar	न्हेह्ना पुअनूजार
विजयी वि. (adj.)	vijayī	victorious	hnehtua awm, chak zawk	म्हेह्तूअ ऑम, चक जोक्
विजातीय वि. (adj.)	vijātīy	of foreign genus	ram danga awm thil	रम दङा ऑम थिल
विजित वि. (adj.)	vijit	conquered	hneh	न्हेह्
विजेता सं.पु. (n.m.)	vijetā	victor, Conquerer	hnehtu	न्हेह्तू
विज्ञप्ति सं.स्त्री. (n.f.)	vijgyapti	communique, bulletin	sawrkar chanchin tar chhuah, pawl bik thu chhuah	सोरकार चनचिन तार छुअह्, पोल बीक थु छुअह्
विज्ञान सं.पु. (n.m.)	vigyān	science	leilung thil chhuina, thil nihna tak chhui chhuahna	लेइलुङ थिल छुइना, थिल निह्ना तक छुइ छुअह्ना
विज्ञापन सं.पु. (n.m.)	vijgyāpan	advertisement	tlangauna, sawimawina, tlangzarhna	त्लाङआउना, सोइमोइना, त्लाङ्जरह्ना
विटप सं.पु. (n.m.)	viṭap	tree	thing	थिङ
विटामिन सं.पु. (n.m.)	viṭāmin	vitamin	chawa taksa chakna awm	चोआ तकसा चकना ऑम
विडंबना सं.सत्री. (n.f.)	viḍambanā	1. mockery, 2. anomaly	innuih sawhna, awmdan phung lova awm	इननुइह् सोहना, ऑमदान फुङ लोवा ऑम
वितरण सं.पु. (n.m.)	vitraṇ	distribution	sem, theh darh	सेम, थेह् दरह्
वितरित वि. (adj.)	vitarit	distributed	sem, theh, darh	सेम, थेह् दरह्
वितान सं.पु. (n.m.)	vitān	canopy, baldachin	a chungzar	अ चुङ्जार
वित्त सं.पु. (n.m.)	vitta	finance	pawisa chungthu	पोइसा चुङ्थू
विदा सं.स्त्री. (n.f.)	vidā	adieu	dam takin	दम तकइन
विदाई सं.स्त्री. (n.f.)	vidāī	farewell	inthlahna	इनूत्लह्ना
विदित वि. (adj.)	vidit	known	hriat	ह्रियत्
विदुषी सं.स्त्री. (n.f.)	viduṣī	schloarly	mi lehkhathiam	मी लेह्खथियम

		/learned woman	tak	तक
विदूषक सं.पु. (n.m.)	vidūṣak	buffon, qester	nuihza siamtu	नुइह्जा सियमूतू
विदेश सं.पु. (n.m.)	videsh	foreign country/land	ram pawn, ram dang	रम पोन रम दङ
विदेशी वि. (adj.)	videshī	foreign, alien	ram pawn lam thil	रम पोन लम थिल
विद्यमान वि. (adj.)	vidyamān	present, existent	tun thil, tun huna awm	तून थिल, तून हुना ऑम
विद्या सं.स्त्री. (n.f.)	vidyā	knowledge, learning	thil hriat zauna, thiam thil zirna	थिल ह्रियत जाउना, थियम थिल जिरना
विद्यापीठ सं.पु. (n.m.)	vidyāpīth	house of learn-ing school	zirnain, thiam zirna in	जिरनाइन, थियम् जिरना इन
विद्यार्थी सं.पु. (n.m.)	vidyārthī	student, learner	zirlai, zirtu	जिरलाइ, जिरतू
विद्यालय सं.पु. (n.m.)	vidyālay	school	zirna in, sikul	जिरना इन, सिकुल
विद्युत सं.स्त्री. (n.f.)	vidyut	lighting, electricity	kawlphe thil tih theihna	कोलफे थिल तिह् थेइहना
विद्वता सं.स्त्री. (n.f.)	vidvattā	scholarship learning	lehkha thiamna	लेह्खा थियम्ना
विद्वान वि. (adj.)	vidvān	learned, erudite, scholar	lehkha thiam, mi thiam	लेहख थियम् मी थियम
विद्धेष सं.पु. (n.m.)	vidveṣ	ill will, animosity	huatna, hmel makna	हुआतना, म्हेल मक्ना
विद्रोह सं.पु. (n.m.)	vidroh	rebellion, revolt, insur-rection	helna	हेलना
विद्रोही वि. (adj.)	vidrohī	rebellous, in-surgent	hel hmang, thu awih lo	हेल म्हाङ, थु ओइह लो
विधवा सं.स्त्री. (n.f.)	vidhavā	widow	pasal sun tawh hmeichhia	पसल सून तोह् म्हेइछिया
विधा सं.स्त्री (n.f.)	vidhā	form type	pian phung nih phung	पियन फुङ निह् फुङ
विधाता सं.पु. (n.m.)	vidhātā	creater, providence	siamtu	सियमतू
विधान सं.पु. (n.m.)	vidhān	legislation	dan siam, dan zam	दान सियम, दान जम

विधानसभा सं.पु. (n.m.)	vidhān-sabhā	legislative, assembly	dan zamtu kal khawmna	दान जमतू कल खोमूना
विधि सं.स्त्री. (n.f.)	vidhi	1. method, mode, 2. law	1. tih dan, kal hmang dan	1. तिह् दान, कल म्आङ 2. दान
विधिवत् क्रि.वि. (adv.)	vidhivat	lawfully, legally	sawrkar dan ang takin	सोरकार दान अङ तकइन
विधु सं.पु. (n.m.)	vidhu	the moon, brahma	Hindu pathian min ber	ह्निन्दू पथियन मिन बेर
विधुर सं.पु. (n.m.)	vidhur	widower	nupui sun tawh mipa sawina	नुपुइ सून तोह् मिपा सोइना
विधेयक सं.पु. (n.m.)	vidheyak	bill (legislative)	dan siam	दान सियम
वेधशाला सं.स्त्री. (n.f.)	vedh.shālā	observatary	van lam leh khaw awm dan thlirna hmun	वान लम् लेह् खो ऑम दान थ्लीरना म्हुन्
विध्वंस सं.पु. (n.m.)	vidhvans	destruction, demolition	tih chhiatna, chhut chhiatna	तिह् छियत्ना छूत छियत्ना
विनती सं.स्त्री. (n.f.)	vinatī	entreaty	ngenna	ङेन्ना
विनय सं.पु. (n.m.)	vinay	1. modesty 2. humility	1. nungchang mawi 2. inngaih tlawmna	1. नुङचङ मोइ 2. इनङइह् त्लोमूना
विनष्ट (PP)	vinașta	Perished, destroyed	thi, thiboral, thiral	थी, थीबोउरल, थीरल
विनाश सं.पु. (n.m.)	vināsh	destruction all round, devastation	chhiat buaina, vai chhiatna	छियत्-बुअइना, बाइ छियतना
विनिमय सं.पु. (n.m.)	vinimay	exchange, barter	indawr tawnna, inthlengna	इनदोर तोन्ना, इनत्लेङ्ना
विनीत वि. (adj.)	vinīt	1. bowing 2. modest	1. inngaitlawm 2. kun	1. इनङाइत्लोम कून
विनोद सं.पु. (n.m.)	vinod	1. amusement, humour	hlimna, intihhlimna, nuihza zawng thil	ह्लीमूना, इनतिह्ह्लीमूना नुइह्जा जोङ थिल
विनोदी वि. (adj.)	vinodī	humorous, Jacular	nuihzat thlak, hlim thlak	नुइह्जत त्लाक, ह्लीम त्लाक्
विन्यास सं.पु. (n.m.)	vinyās	arrangement, marshalling	buat saihna	बुआत् सइह्ना
विपक्ष सं.पु. (n.m.)	vipakșa	opposite party,	pawl dang, khin	पोल दङ खिन

		opposition party	lam pawl	लम पोल
विपत्ति सं.स्त्री. (n.f.)	vipatti	hardship, adversity	harsatna, chhiatna	हरसत्ना, छियत्ना
विपदा सं.स्त्री. (n.f.)	vipadā	hardship, adversity	harsatna, chhiattawh	हरसत्ना छियत्तोह्
विपरीत वि. (adj.)	viparīt	contrary, opposite	a letling, a kalh zawng	अ लेतलिङ, अ कलह् जोङ
विपिन सं.पु. (n.m.)	vipin	woods	thing hmun, ramhnuai	थिङ म्हुन, रलन्हुअइ
विपुल वि. (adj.)	vipul	abundant, immerse	tam, thahnem	तम, ठन्हेम
विप्र सं.पु. (n.m.)	vipra	brahmin	puithiam chi	पुइथियम् ची
विप्लव सं.पु. (n.m.)	viplav	revolt, rebellion	helna	हेल्ना
विफल वि. (adj.)	viphal	fruitless, futile	sawt lo, sawng sawhlawt lo	सोत लो, सोङ सोह्लोत लो
विभा सं.स्त्री. (n.f.)	vibhā	lustre, radiance	enna, ropuina	एन्ना, रोउपुइना
विभाग सं.पु. (n.m.)	vibhāg	division	semna, inthenna	सेमना, इनठेन्ना
विभाजक वि. (adj.)	vibhājak	dividing	ṭhen, daidang	ठेन, दाइदङ
विभाजन सं.पु. (n.m.)	vibhājan	division, partition	daidanna, inṭhenna, semna	दाइदन्ना, इनठेन्ना, सेमना
विभाजित वि. (adj.)	vibhājit	divided, partitioned	sem, daidan	सेम, दाइदन
विभिन्न वि. (adj.)	vibhinna	of different kinds, various	chi hrang hrang	चि ह्रङ ह्रङ
विभूति सं.स्त्री. (n.f.)	vibhūti	1. sacred ash, 2. grandeur	1. Pathian hnena hlan, serh 2. ropuizia	1. पथियान न्हेना ह्लान, सेरह् 2. रोउपुइजिया
विभूषित वि. (adj.)	vibhūṣit	ornamented, adorned	cheimawi, chei	चेइमोइ, चेइ
विभेद सं.पु. (n.m.)	vibhed	subdivision	ṭhen sawm leh chhawn	ठेन सोम लेह् छोन
विभोर वि. (adj.)	vibhor	rapt, enraptured	rilru zawng zawng nena tih, inpumpek	रिलरू जोङ जोङ नेना तिह्, इनपुमपेक
विमल वि. (adj.)	vimal	limpid, pure,	thianghlim,	थियाङ्ह्लीम,

		flawless	fir, fim	फीर, फीम
विमाता सं.स्त्री. (n.f.)	vimātā	stepmother	nuhrawn	नुह्रोन
विमान सं.पु. (n.m.)	vimān	aeroplane	thlawhtheihna	थ्लोह्थेइह्ना
विमुख वि. (adj.)	vimukh	1. turned away 2. a verse	1. hawisan 2. ngaina lo, hua	1. होइसन 2. ङइना लो, हुअ
विमुग्ध वि. (adj.)	vimugdha	infatuating, hypnotised	dawi mut thil	दोइ मुत थिल
विमोचन सं.पु. (n.m.)	vimochan	1. release, 2. liberation	1. chhuah 2. chhuahtirna	1. छुअह् 2. छुअह्तीरना
वियोग सं.पु. (n.m.)	viyog	1. separation, 2. bereavement	1. awm hranna, in ṭhenna, 2. lusunna	1. ऑम ह्रहना, इनठेना, 2. लुसूनना
विरक्त वि. (adj.)	virakta	detached (from wordly affairs)	khawvel thil laka indah hrang	खोवेल थिल लका इन्दह् ह्रङ
विरक्ति सं.स्त्री. (n.f.)	virakti	detachment	awm hranna, thlawnna	ऑम ह्रन्ना, त्लोन्ना
विरल वि. (adj.)	viral	rare	vang, khat	वाङ, खात
विरला वि. (adj.)	virlā	rare (person)	vang, khat, mi naran lo, pan	वाङ खात, मी नरान लो पन
विरह सं.पु. (n.m.)	virah	separating, parting	awm hranna, inṭhenna	ऑम ह्रह्ना, इनठेन्ना
विरहा सं.पु. (n.m.)	virhā	love song describing the pains of separation	in hmangaihte inṭhenna hla	इन म्हाङइह्ते इन ठेन्ना ह्ला
विराजना क्रि.अ. (vi)	virāj.nā	to take seat, to be seated	ṭhu	ठु
विराजमान वि. (adj.)	virāj.mān	occupying a seat (of honour)	luah, awh	लुअह्, ओह्
विराट वि. (adj.)	virāṭ	large-scale	a nawlpui, pui/ lian tham	अ नोलपुइ, पुइ/ लियन थम
विराम सं.पु. (n.m.)	virām	pause, cessation, stop	dal, titawp, chawl, tawpna	दाल, तितोप, चोल, तोपना
विरासत सं.स्त्री. (n.f.)	virāsat	heritage, inheritance	thil rochun ro luah	थिल रोउचुन, रोउ लुअह्
विरूद्ध वि. (adj.)	virūdda	against	kalh, dodal	कलह्, दोउदाल

विरोध सं.पु. (n.m.)	virodh	opposition, hostility	inepna, inkalhna, sawrkarna changtu pawl hnialkalhtu	इनूएपना, इनकल्ह्ना, सोरकारना चङ्तु पोल न्हीयलकल्ह्तू
विरोधी वि. (adj.)	virodhī	contrary	a kalh zawng, a letling	अ कल्ह् जोङ, अ लेतलिङ
विलंब सं.पु. (n.m.)	vilamb	delay	tikhawtlai, hun tawlh sawn, timuang	तिखोत्लाइ, हुन तोल्ह सोन, तिमुआङ
विलंबित वि. (adj.)	vilambit	late, delayed	tlai, tihkhawtlai	त्लाइ, तिह्खोत्लाइ
विलक्षण वि. (adj.)	vilkṣan	peculiar, odd	mak, ze danglam bik	मक, जे दङ्लम बीक
विलय सं.पु. (n.m.)	vilay	1. dissolution, 2. merger	1. tih tawpna, kehdarhna, 2. a danga bet	1. तिह् तोपना, केह्दरह्ना, 2. अ दङा बेत
विलाप सं.पु. (n.m.)	vilāp	wailing, lamentation	sunna	सूनूना
विलायत सं.स्त्री. (n.f.)	vilāyat	1. England 2. any European country	sap ram thil leh mihring, sap ram	साप रम थिल लेह् मिह्रिङ, साप रम
विलायती वि. (adj.)	vilāyatī	English, European foreign	England ram leh mipui thil, sap ram/ thil	इग्लैण्ड रम लेह् मिपुइ थिल, साप रम/ थिल
विलास सं.पु. (n.m.)	vilās	copious, enjoyment	nawmna hluar	नोमूना ह्लुआर
विलासिता सं.स्त्री. (n.f.)	vilāsitā	indulgence in gay life	a nuam lama inhri thlakna	अ नुआम लमा इनह्री त्लाकना
विलासी वि. (adj.)	vilāsī	pleasure seeking	hlim leh nawmna uar	ह्लीम लेह् नोमूना उआर
विलीन वि. (adj.)	vilīn	absorbed, merged	keng/nei tel, fin	केङ/नेइ तेल, फिन
विलुप्त वि. (adj.)	vilupta	disappeared, vanished	bo, bibo, hmuh theih lova awm	बोउ, बिबोउ, म्हुह् थेइह् लोवा ऑम
विलोम वि. (adj.)	vilom	converse, inverse	a letling zawng, a let zawng	अ लेत्लिङ जोङा, अ लेत् जोङ

विवरण सं.पु. (n.m.)	vivaraṇ	description, particulars	a ziarang sawina, nihna hrang hrang sawina	अ जियाराङ सोइना, निह्ना ह्रङ ह्रङ सोइना
विवश वि. (adj.)	vivash	helpless, compelled	chang dang kan thei lo	चाङ दङ कान थेइ लोउ
विवशता सं.स्त्री. (n.f.)	vivashtā	helplessness, compulsion	intihluih tirna, tirh luihna, loh theih lohna	इनतिह् लुइह् तीरना, तिरह् लुइह्ना, थेइह् लोह थेरह् लोह्ना
विवाद सं.पु. (n.m.)	vivād	dispute, controversy	inhnialan, thu intu lo awm	इनूह्नीयना, थु इनतू लो ऑम
विवादी वि. (adj.)	vivādī	discordant	inrem lo, inkalh, mam remlo	इनरेम लो, इनूकल्ह, माम रेमलो
विवाह सं.पु. (n.m.)	vivāh	marriage, wedding	inneihna	इननेइह्ना
विवाहित वि. (adj.)	vivāhit	married	ṇupui/pasal nei,	नुपुइ/पसल नेइ,
विवेक सं.पु. (n.m.)	vivek	faculty of resoning	chhia leh tha hriatna, pianpui thiamna	छिया लेह् ठा ह्रियत्ना, पियनूपुइ थियमूना
विवेचना सं.स्त्री. (n.f.)	vivechnā	expatiation, detailed discussion	huang, zau, sawi zau	हुआङ, जाउ, सोइ जाउ
विशद वि. (adj.)	vishad	elaborate	chipchiar, chipchiar taka siam	चिपचीयर, चिपचीयर तका सियम्
विशाल वि. (adj.)	vishāl	grand, colossal	sangber, ropui ber	साङबेर, रोउपुर बेर
विशालता सं.स्त्री. (n.f.)	vishāl.tā	grandeur, hugeness	ropuina	रोउपुइना
विशिष्ट वि. (adj.)	vishiṣṭa	1. particular 2. prominent	1. sawi bik, hmerh bik, mi mal 2. lang sar	1. सोइ बीक, म्हेरह् बीक, मी मल 2. लङ सार
विशुद्ध वि. (adj.)	vishuddha	pure, genuine	thianghlim, fir, tak	थियङ ह्लीम, फीर तक
विशेष वि. (adj.)	visheṣ	special,	bik, bik atana	बीक, बीक अताना

		particular	ruahman	रूअम्हन
विशेषज्ञ वि. (adj.)	visheṣagy	specialist	thiamna bika neitu	थियमूना बीका नेइतू
विशेषण सं.पु. (n.m.)	visheṣaṇ	adjective	thil nihna sawi fiahtu thumal	थिल निहूना सोइ फियहूतू थुमल
विशेषता सं.स्त्री. (n.f.)	visheṣtā	speciality characteristic feature	thiam bik, thawh bik, thil bik nihna, ze lang sar bik hring hrana inentir	थियम बीक, थोह् बीक, थिल बीक निहूना जे लङसार बीक ह्रिङ ह्राना इनएनतीर
विश्रांति सं.स्त्री. (n.f.)	vishrānti	relaxation	Chawl hahdam, inthlah zamna	चोल हूअहूदम, इनथ्लाह् जमना
विश्राम सं.पु. (n.m.)	vishrām	rest, repose	chawl	चोल
विश्रामालाय सं.पु. (n.m.)	vishrāmālay	retiring room	chawlhna pindan	चोल्हना पिनदन
विश्लेषण सं.पु. (n.m.)	vishleṣaṇ	analysis	thil ṭhiat sawma a bung hrang hrang endikna	थिल ठियात् सोमा अ बुङ ह्रङ ह्रङ एनदिक्ना
विश्व सं.पु. (n.m.)	vishva	1. universe 2. world	1. lei leh van 2. khawvel pumpui	1. लेइ लेह् वान 2. खोवेल् पुमपुइ
विश्वस्त वि. (adv.)	vishvasta	relied on reliable	rinawm, rintlak	रिनूऑम, रिनत्लाक
विश्वास सं.पु. (n.m.)	vishvās	belief, confi-dence, trust	rinna, inrinna	रिनूना, इनरिनूना
विश्वासघात सं.पु. (n.m.)	vishvāsghāt	betrayal	phatsan, bum	फतसन, बुम
विश्वासपात्र वि. (adj.)	vishvāspā-tra	reliable, trust worthy (person)	rinawm, rintlak	रिनऑम, रिनत्लाक
विश्वविद्यालय सं.पु. (n.m.)	vishva. vidyālay	university	zirna sang chi hrang hrang khaikhawmna hmun	जिरना साङ ची ह्रङ ह्रङ खाइखोमना म्हुन
विष सं.पु. (n.m.)	viṣ	posion	tûr	तूर

विषाणु सं.पु. (n.m.)	viṣāṇu	virus	natna hrik te ber chi	नत्ला ह्रिक ते बेर ची
विषधर सं.पु. (n.m.)	viṣ.dhar	(Pisonous) snake	rûl, mihlauhawm, rûl tur nei	रुल, मिह्लाऑम, रुल तूर नेइ
विषम वि. (adj.)	visham	uneven, rough odd	kawpkim lo, bumboh dang, dai bik	कोपकिम लो, बुमबोउ दङ, दाइ बीक
विषमता सं.स्त्री. (n.f.)	viṣam.tā	uneveness, dissimlarity	in khuang ruallohna, inan lohna	इनखुआङ रुअल्लोह्ना इनअम लोह्ना
विषय सं.पु. (n.m.)	viṣay	subject	a chantu a thupui thil zir chi khat	अ चनतू अ थुपुइ, थिल जिर चि खत
विषाक्त वि. (adj.)	viṣakta	poisonous, toxic	tûr nei	तूर नेइ
विषाद सं.पु. (n.m.)	viṣād	gloom	nguina, hlim lohna	ङुइना, ह्लीम लोह्ना
विषैला वि. (adj.)	viṣāilā	poisonous, venomous	tûr nei, hluahawm	तूर नेइ, ह्लाउऑम
विसर्जन सं.पु. (n.m.)	visarjan	abandonment, disposal	chhuahsan, rauh san	छुअह्सन्, रउह् सन
विसर्जित वि. (adj.)	visarjit	dispedsed, disposed	dek ral, theh thang	देक रल, थेह् थङ
विस्तार सं.पु. (n.m.)	vistār	extent, expansion	zauhna, zau lam	जउहना, जाउ लम
विस्तृत वि. (adj.)	vistrit	extensive detailed	hrawl, zau kimchang	ह्रोल, जाउ किमचङ
विस्थापित वि. (adj.)	visthāpit	displaced	la sawn, dah sawn, luah, lan	ल सोन, दह सोन, लुअह् लन
विस्फोट सं.पु. (n.m.)	visphoṭ	bursting out, explosion	puak	पुअक्
विस्मय सं.पु. (n.m.)	vismay	amasement, wonder	mak tihna, mak	मक तिह्ना, मक
विस्मयादि बोधक सं.पु. (n.m.)	vismayādi bodhak	an interjection	thu uarna	थु उअरना
विस्मरण सं.पु. (n.m.)	vismaraṇ	forgetting, oblivision	theih nghilh, mangnghilhna	थोइह ङिल्ह, मङङिल्हना
विस्मित वि. (adj.)	vismit	amazed,	mak ti, mak	मक ती, मक

			tih tir	तिह् तीर,
		astonished	phawk	फोक
विस्मृत वि. (adj.)	vismrit	forgotten, lose of memory	theihnghilh hriat na hluah	थेइह्ङिल्ह ह्रियतना ह्लाउह्
विहंग सं.पु. (n.m.)	vihaṅg	bird	save chi rêng rêng	सवा ची रेङ रेङ
विहान सं.पु. (n.m.)	vihān	day-break	khaw eng	खो एङ
विहार सं.पु. (n.m.)	vihār	roamking for pleasure, Budhhist monastery	vak engthawl, Budha sakhaw beho awmna in	वाक् एङ्थोल, बुद्धा सखो बेहोउ ऑमना इन
विहीन वि. (adj.)	vihīn	void of, without	pâwnah, tel lovin	पोन्अह, तेल्लोवइन
विह्वल वि. (adj.)	vihval	agonishingly perturbed	namen lova thibuai	नमेन लोवा तिहबुअइ
वीथी सं.स्त्री. (n.f.)	vīthī	track	kawng	कोङ
वीथिका सं.स्त्री. (n.f.)	vīthikā	a path, way, a road	kawng, kawng zawng	कोङ, कोङ जोङ
वीना सं.स्त्री. (n.f.)	vīnā	Veena, harp, an Indian musical instrument like a flute	hman lai ṭing ṭang (Indian)	म्हान लाइ टिङ टङ (इनडियन)
वीर वि. (adj.)	vīr	brave, gallant	huaisen, ngeng	हुअइसेन, ङेङ
वीरगति सं.स्त्री. (n.f.)	vīr.gati	heroic end	chhuanawm taka tawp, ngaih sanawm taka tawp	छुअन्ऑम तका तोप, ङइह सान्ऑम तका तोप
वीरचक्र सं.पु. (n.m.)	vīr.chakra	an award given for gallantary in war	pasal ṭhatna lawm man (indona)	पसल ठत्ना लोम मन (इनदोउना)
वीरता सं.स्त्री. (n.f.)	vīr.tā	bravery, gallantry	pasal ṭhatna huai senna	पसल ठतना हुअइ सेन्ना
वीरत्व वि. (adj.)	vīratva	heroism, bravery	huai takin	हुअइ तकइन
वीरांगना सं.स्त्री. (n.f.)	vīrāṅganā	valiant woman, heroine	hmeichhe huaisen	म्हेइछे हुअइसेन
वीरान वि. (adj.)	virān	desolate,	fian-rial, khawhar	फियन्रियल्, खोहर

		deserted	rauhsan	रउह्सन
वृंद सं.पु. (n.m.)	vrind	congregation assemblage, group	kal khawmna, inkhawmna, huho	कल खोमूना, इनूखोमना, हुहोउ
वृक्ष सं.पु. (n.m.)	vrikṣa	tree	thing	थिङ
वृक्षारोपण सं.पु. (n.m.)	vrikṣāropaṇ	plantation of tree	thing phunnahmun	थिङ फुनूनाम्हुन
वृत्त सं.पु. (n.m.)	vritta	1. circle, 2. description	1. rin bial, rin kual 2. sawi fiahna	1. रीन बियल, रीन कुआलू 2. सोइ फियहूना
वृत्ताकार वि. (adj.)	vrittākār	circular	bial, kual	बियल, कुअल
वृतांत सं.पु. (n.m.)	vrittānt	1. description 2. account	1. sawi fiah, a ziarang sawi 2. chin chang	1. सोइ फियहू, अ जियाराङ सोइ 2. चिन चाङ
वृत्ति सं.स्त्री. (n.f.)	vritti	1. vocation, 2. disposition	1. koḥna, chem kal̇na 2. awm phung, nunzia	1. कोउहना, चेमकलना 2. ऑम फुङ, नुनूजिया
वृथा (ind)	virthā	in vain, uselessly	engmah lo, thlawn	एङमहू लो, थ्लोन
वृद्ध वि. (adj.)	virddha	aged, elderly	upa, tar	उपा, तर
वृद्धावस्था सं.स्त्री. (n.f.)	virdhā-vasthā	oldage	kum upa lam	कुम उपा लम्
वृद्धि सं.स्त्री. (n.f.)	vriddhi	increase, growth	thanna, punna	ठनूना, पुनूना
वृषभ सं.पु. (n.m.)	virṣabh	bull, taurus the second sign of zodiac	bawngpa til reh loh	बोङपा तिलू रेहू लोह
वृष्टि सं.स्त्री. (n.f.)	vristị	rain	ruah	रुअहू
वृष्टिकाल सं.पु. (n.m.)	vriṣṭikāl	rainy season	Fur, ruahtui tlak hun	फूर, रुअहूतुइ त्लाक हुन
वृहत्तर	vrihattar	greater	lian zawk	लियन जोक
बृहत्तर वि. (adj.)	brihattar		ropui zawk	रोउपुइ जोक
वृहस्पतिवार	vrihaspa-tivār	thursday	ningani	निङानी
बृहस्पतिवार सं.पु.	brihaspa-	thursday	ningani	निङानी

(n.m.)	tivār			
वे वि. (adj.)	ve	those	sawng saw, chung chu	सोङ सो चूङ चु
वेग सं.पु. (n.m.)	veg	velocity, speed	kal chak dân	कल चक दान
वेतन सं.पु. (n.m.)	vetan	pay, salary	hlawh	ह्लोह्
वेत्ता (suffic)	vettā	Proficient, wellversed	thiam bel, nâl	थियम बेल, नाल
वेदना सं.स्त्री. (n.f.)	ved.nā	agony	taksa rilru lama na lutuk	तकसा रिलरु लमा ना लुतुक
वेदपाठी सं.पु. (n.m.)	ve.paṭhī	reioter of the vedas	vedash chhamtu/ sawitu	वेदास छमतू/ सोइतू
वेदी सं.स्त्री. (n.f.)	vedī	alter (as sanc- tion by Vedas)	maicham	माइचाम
वेनी सं.स्त्री. (n.f.)	venī	briad (of hair)	phiar, sam phiar	फियर, सम फियर
वेश सं.पु. (n.m.)	vesh	1. dress, cos- trume 2. guise	1. Silhfen 2. lan dan	1. सिल्हफेन 2. लन दान
वेशभूषा सं.स्त्री. (n.f.)	vesh.bhūṣā	garments, apparel and getup etc.	thawmhnaw, kawr	थोमह्नो, कोर
वेश्या सं.स्त्री. (n.f.)	veshyā	prositute, harlot	naw-chizuar	नोह-चिजुआर
वैकुंठ स.पु. (n.m.)	vāikuṅṭh	1. vishnu's abode, 2. heaven	1.vishnu chenna (hindu Pathian) 2. vanram	विष्णु चेन्ना (हिंदू पथियान) वानरम
वैज्ञानिक वि. (adj.)	vāigyānik	scientific scientist	1. finna thil, nihna chipchiar zirna 2. mifing a chip chiara hremi	फिन्ना थिल, निह्ना चिपचियार जिरना 2. मिफिङ अ चिप चियारा ह्रेमी
वैध वि. (adj.)	vāidya	legal, valid	danina aphal	दानइना अफल
वैधानिक वि. (adj.)	vāidhānik	constitutional	a ruagâma awm ve reng dan dik	अ रुअङआमा ऑम वे रेङ, दान दिक
वैभव सं.पु. (n.m.)	vāibhav	1. grandeur, 2. wealthy and glory	1. ropuina 2. housa leh ropui	1. रोउपुइना 2. हउसा लेह् रोउपुइ
वैभवशाली वि. (adj.)	vāibhav.	grand, wealthy	sang ber,	साङ बेर,

	shālī	and glorious	ropui ber	रोउपुइ बेर
वैदेही सं.स्त्री. (n.f.)	vāidehī	daughter of vaidete, sita	sita	सीता
वैमनस्य सं.पु. (n.m.)	vāimanasya	animosity, rancour	huatna, hmel mākna intaina	हुअत्ना, म्हेल माकना इन्तइना
वैयक्तिक वि. (adj.)	vāiyaktik	personal, individual	mahni pual, mimal pual	म्हनी पुअल, मिमल पुअल
वैर सं.पु. (n.m.)	vāir	enmity	in hmel mâkna	इन म्हेल माक्ना
वैरागी वि. (adj.)	vāirāgī	who has renounced, mundane affiars, recluse	a fala awm, khawvel thil kalsana awm hrang	अ फाल्ला ऑम, खोवेल थिल कलसना ऑम ह्रङ
वैराग्य सं.पु. (n.m.)	vāirāgya	reuniciation	ban sanna, phat sanna	बान सन्ना, फत् सन्ना
वैरी सं.पु. (n.m.)	vāirī	foe, enemy	hmelma	म्हेलमा
वैश्य सं.पु. (n.m.)	vāishya	third of the four castes of hindu social system. its main profession is business	Hindu chi thliar pali zinga a pathumnahna ber sumdawn lam	हिन्दू ची थ्लीअर पली जीङा अ पथुमनाअनून्हा बेर सुमदोन लम
वैसा वि. (adj.)	vāisā	of that kind, like that	chutiang	चुतियाङ
वैसे (ind)	vāise	in that way	chutiangin, chulam hawiin	चुतियाङइन, चुलम, होइइन्
वोट सं.पु. (n.m.)	voṭ	vote	thlanna, thlan theihna	थ्लन्ना, थ्लन थेइह्ना
वोटर सं.पु. (n.m.)	voṭar	voter	thlangtu	थ्लाङ्तू
व्यंग्य सं.पु. (n.m.)	vyangya	irony, sarcasm	elsenna, ṭawng elna	एलसेन्ना, टोङ एलना
व्यक्त वि. (adj.)	vyakta	explicit, manifested	a ruh lang sawi, lang fiah	अ रुह् लङ सोइ, लङ फियह
व्यक्ति सं.पु. (n.m.)	vyakti	person, individual	mi, mimal	मी, मीमल

व्यक्तिगत वि. (adj.)	vyaktigat	1. individual 2. personal	1. a rual zianga pakhat chungchang 2. mimal thil	1. अ रुआल जीङा पखत चुङ्चाङ मिमल थिल
व्यग्र वि. (adj.)	vyagra	restless, perturbed	awm, hle hle thei lo, buai	ऑम ल्हे ल्हे थेइ लो, बुआइ
व्यतीत वि. (adj.)	vyatīt	passed	pel, kal pel	पेल, कल पेल
व्यथा सं.स्त्री. (n.f.)	vyathā	agnuish, agony	taksa or rilru natan, hrehawm tuarna	तकसा ऑर रिलरु नत्ना ह्रेऑम तुअरना
व्यथित (PP)	vyathit	in agony	taksa rilru lamanatna	तकसा रिलरु लमा नत्ना
व्यभिचार सं.पु. (n.m.)	vyabhichār	adultery, fornication	inuirena, uirena	इनउइरेना, उइरेना
व्यभिचारी वि. (adj.)	vyabhichārī	adulterer, libertine	uiretu, mi hur	उइरेतू, मी हुर
व्यय सं.पु. (n.m.)	vyaya	expenditure, expense	senso, pawisa hman ral zat	सेनसोउ, पोइसा, म्हन रल जात
व्यर्थ वि. (adj.)	vyartha	useless	tangkaina awm lo	टङ्काइना ऑम लोउ
व्यवकलन सं.पु. (n.m.)	vyavkalan	subtraction (maths)	paih	पइह्
व्यवसाय सं.पु. (n.m.)	vyav.sāy	1. vocation 2. trade, business	1. hnathawh, chem kalna sumdawnna	1. न्हाथोह्, चेम कलना सुमदोन्न
व्यवस्था सं.स्त्री. (n.f.)	vyavasthā	arrangement management	buatsaih, enkawlna	बुअत् सइह्, एनकोलना
व्यवस्थापक सं.पु. (n.m.)	vyavasth-āpak	manager, organiser	kaihruaitu	काइहुइतू
व्यवस्थित वि. (adj.)	vyavasthit	orgaised, well-managed	huaihawt, puahchah	हुअइहोत, पुअह्चह्
व्यवहार सं.पु. (n.m.)	vyav.hār	behaviour, dealing	nungchang, khawsazia	नुङ्चङ, खोसजिय
व्यसन सं.पु. (n.m.)	vyasan	addiction	zuk leh hmuam leh kani lama	जूक लेह, म्हुअहम् लेह कनी लमा

			a ngawl vei tawh, ching dawk lak tawh	अ ङोल वेइ तोह, चीङ दोक लक तोह
व्यस्त वि. (adj.)	vyasta	busy, engaged	buai, hna ngah	बुअइ, न्हा ङअह
व्याकरण सं.पु. (n.m.)	vyākaraṇ	grammar	ṭawng dik zirna, ziak dik zirna	टोङ दिक **जिरना**, जियक दिक **जिरना**
व्याकुल वि. (adj.)	vyākul	agitated, pertubed	tinghing, chawk buai	तिङिङ, चोक बुअइ
व्याख्या सं.पु. (n.m.)	vyākhyā	lecture, speech	thu sawina, inzir tirna	थु सोइना, इनजिर तीरना
व्याख्यान पु. (m.)	vyākhyān	lecture	thusawina, inzirtirna	थुसोइना, इनजिरतीरना
व्याघ्र सं.पु. (n.m.)	vyāghra	tiger	sakei	सकेइ
व्याध सं.पु. (n.m.)	vyādh	hunter, fowler	sa pel mi	सपेल मी
व्याधि सं.स्त्री. (n.f.)	vyādhi	ailment, malady	natna	नत्‌ना
व्यापक वि. (adj.)	vyāpka	pervading, extensive	zau, huamzau	जाउ, हुअमजाउ
व्यापार सं.पु. (n.m.)	vyāpār	business, trade	hna, tih tur, sumdawnna	न्हा, तिह्‌, तूर, सुमदोनूना
व्यापारिक वि. (adj.)	vyāpārik	commercial, mercantile	sumdawnna	सुमदोनूना
व्यापारी सं.पु. (n.m.)	vyāpārī	tradesman, merchant	sumdawng, dawrkai	सुमदोङ, दोरकाइ
व्यायाम सं.पु. (n.m.)	vyāyām	physical-excercise	in sawi-zawina	इन सोइ-जोइना
व्यायामशाला सं.स्त्री. (n.f.)	vyāyām-shālā	gymnasium	in sawi-zawina hmun	इन सोइ-जोइना म्हुन
व्यावर्तक वि. (adj.)	viyāvartak	returning, going behind	kalkir, hnung lama kal	कलकीर, न्हुङ लमा कल
व्यावसायिक वि. (adj.)	vyāvasāyik	Professional, vocational	kawng zawh lam, ei zawnna lam	कोङ जोह्‌ लम, एइ जोनूना लम
व्यावहारिक वि. (adj.)	vyāv.hārik	practical, applied	a tiha tih, a hmana hman	अ तिहअ तिह्‌, अ म्हना म्हन
व्यास सं.पु. (n.m.)	vyās	1. diameter 2. a river in the punjab	a tantlanga tehna thil bial or tan mum tlang	अ तनत्लङा तेहना, थिल बियल ऑर मुम तन त्लङ

व्युत्पुत्ति सं.स्त्री. (n.f.)	vyutpatti	derviation, etymology	a bula chhui kir	अ बुला छुइ कीर
व्युत्पन्न वि. (adj.)	vyutpanna	derived, derivative	a bual chhui kir	अ बुला छुइ कीर
व्यूह सं.पु. (n.m.)	vyūh	battle, array, disposition of army	indona, mumal neia intlar	इनदोउना, मुमल नेइअ इन त्लर
व्योम सं.पु. (n.m.)	vyom	sky, space	van, van boruak	वान, वान बोउरुअक
व्रण सं.पु. (n.m.)	vraṇ	wound	hliam	ह्लीयम
व्रत सं.पु. (n.m.)	vrat	1. Vow, pledge 2. fast	1. thu tiam chhe-chham 2. chawnghei	थु तियम छेछम् चोङेइ
व्रती वि. (adj.)	vratī	1. one who has taken a vow/ plage 2. one who is observing/ keeping a fast	mi, thu lo in tiam kamna nei tawh, mi, chaw ngeia inserh	मी, थु लोउ इन तियम कमना नेइ तोह्, मी, चो ङेइअ इनसेरह्

श

शंकर सं.पु. (n.m.)	shaṅkar	lord shiv	shiva lalpa (hindu pathian)	शिवा ललपा (हिन्दू पथियन)
शंका सं.स्त्री. (n..f)	shaṅkā	doubt	rinhlelhna	रिनल्ह्लेलना
शंकु सं.स्त्री. (n.f.)	shaṅku	cone	thil mum zum	थिल मुम जुम
शंख सं.पु. (n.m.)	shaṅkh	conch	tui pui chengkawl kawr (ham rik chi)	तुइ पुइ चेङकोल कोर (हम रीक ची)
शऊर सं.पु. (n.m.)	shaūr	decency manners	awmdan, ṭha, awmdan, mawi	ऑमदान ठा, ऑमदान मोइ
शक सं.पु. (n.m.)	shak	suspicion doubt	rinhlelhna, ngaihdam lohna	रिनल्हेलूना, ङइहूदम लोहना
शकरकंद सं.पु. (n.m.)	shakar.kand	sweetpotato	kawlbahra	कोलबह्रा
शकुन सं.पु. (n.m.)	shakun	bird, omen, auspicious sign	sava, thil râpthlak lo thleng tur chhinchhiahna.	सवा, थिल रापत्लाक् लोउ थ्लोङ तूर छिनछियह्ना

			vanneihna	वान्नेइह्ना
			lo thleng tur	लोउ थ्लेङ तूर
			chinchiahna	छिनछियह्ना
शक्कर सं.स्त्री. (n.f.)	shakkar	sugar	chithlum, kurtai	चित्लुम, कुरतइ
शक्की वि. (adj.)	shakkī	doubting/ suspicious	engmah rinngam lo nun rinhlelhnaa khat nun	एङमह् रिनङ्म लोउ नुन रिनह्लेल्ह्नाअ खत नुन
शक्ति सं.स्त्री. (n.f.)	shakti	power, energy	chakna, thil tih theihna	चकना, थिल तिह् थेइह्ना
शक्तिशाली वि. (adj.)	shaktishālī	possessing power, powerful	thiltih theihna nei, thil tithei	थिलतिह् थेइह्ना नेइ, थिल तिथेइ
शक्ल सं.स्त्री. (n.f.)	shakal	countenance, looks, form	hmelhmang, landan ruangam	म्हेलम्अङ लनदान, रुआङआम
शठ वि. (adj.)	shaṭh	wicked, rogue	misual	मीसुअल
शतक सं.पु. (n.m.)	shatak	one hundred, century	za khat, zabi	ज खत, जबी
शतक वि. (adj.)	shatak	century	kum za (bi) zabi	कुम जा (बी) जबी
शतरंज सं.पु. (n.m.)	shat-ranj	chess	chess	चेस
शताब्दी सं.स्त्री. (n.f.)	shatābdī	century, 100 years	kum zabi	कुम जबी,
शत्रु सं.पु. (n.m.)	shatru	enemy, foe	hmelma khinpui	म्हेलमा, खिनपुइ
शत्रुता सं.स्त्री. (n.f.)	shatrutā	enmity, hostility	inhmelmakna, in ngeihlohna	इनम्हेलमाकना, इनङेइह्लोह्ना
शनिवार सं.पु. (n.m.)	shanivār	saturday	inrinni	इन्रिन्नी
शनैः शनैः (ind)	shanāih-shanāih	gradually by degreas	zawi zawiin, muagn changin	जोइ जोइइन, मुअङ चाङइन
शपथ सं.स्त्री. (n.f.)	shapth	oath, swearing	chhe chham.	छे छम
शपथपत्र सं.पु. (n.m.)	shapth-patra	affidavit	chhechhamna lehkha ziah	छे छमना लेह्खा जियह्
शबीह सं.स्त्री. (n.f.)	shabīh	picture, portrait	milem, mihring lem	मिलेम, मिह्रिङ लेम
शब्द सं.पु. (n.m.)	shabda	word	thumal	थुमल
शब्दकोश सं.पु. (n.m.)	shabda-kosh	dictionary lexicon	A, AB, B indawta rem thumalte	अ, ओ, बी इनूदोता रेम थुमलते

			leh a awmzia ziahna bu	लेह् अ ऑमजिया जियह्ना बू
शब्दायमान वि. (adj.)	shabdāya-mān	sounding sonorific	ri	री
शयनकक्ष संपु. (n.m.)	shayan-kakṣa	bedroom	mutna pindan	मुत्ना पिनदन
शय्या सं.स्त्री. (n.f.)	shayyā	bedstead, bed	khum	खुम
शर सं.पु. (n.m.0	shar	arrow	thal	थल
शरण सं.स्त्री. (n.f.)	sharaṇ	refuge, shelter	inhumhimna, bihrukna hliah-khuhna	इनहुमहिमना, बिह्रुकना ह्लीयह्-खुह्ना
शरणागत वि. (adj.)	sharaṇāgat	(one) who had come to seek shelter	mi hliahkhuhna zawng, hlaihkhuh ngai	मी ह्लीयखुह्ना जोङ, ह्लीयह्खुह् ङाइ
शरणार्थी सं.पु. (n.m.)	sharṇārthī	refugee	mi ram zarzova mi rama awm	मी रम जारजोवा मी रमा ऑम
शरद सं.स्त्री. (n.f.)	sharad	autumn	favang	फवाङ
शरबत सं.पु. (n.m.)	sharbat	syrup, sweet beverage	tui thlum hnang, intur thlum chi rêng rêng	तुइ त्लुम न्हाङ, इनतूर त्लुम ची रेङ रेङ
शरम सं.स्त्री. (n.f.)	sharam	shame	zahna, khawhawi ngam lohna	जह्ना, खोहोइ ङम लोह्ना
शरमाना क्रि.अ. (vi)	sharamānā	to feel shy	zak, kimki	जक, किमकी
शरमीला वि. (adj.)	sharmīlā	shy, bashful	zakthei, kimki	जकथेइ, किमकी
शरमिंदा वि. (adj.)	sharmindā	ashamed	zak, khaw hawi ngam lo	जक, खो होइ ङम लोउ
शराफत सं.स्त्री. (n.f.)	sharāfat	gentlemenli-ness, nobility	ṭhatna ropui, patlinna.	ठत्ना रोउपुइ, पत्लीनूना
शराब सं.स्त्री. (n.f.)	sharāb	wine, liquor	wain, zu	वइन, जू
शराबी वि. (adj.)	sharābī	drunkard	zurui	जुरुइ
शरारती वि. (adj.)	sharā.ratī	naughty (person)	(mi) chimawm inhlei	(मी) चिमऑम, इनह्लेइ
शरीक वि. (adj.)	sharīq	participant	telve, ṭawmpui	तेलवे, टोमपुइ
शरीफ वि. (adj.)	sharīf	noble gentlemanly	ṭha, puitling patling (thil tih)	ठा पुइत्लीङ पुत्लीङ (थिल तिह्)
शरीफा सं.पु. (n.m.)	sharīfā	custard apple	apple a siam ei	एपल अ सियम एइ

			mi, thei	मी, थेइ
शरीर सं.पु. (n.m.)	sharīr	body	taksa, ruangam	तकसा, रुअङआम
शर्करा सं.स्त्री. (n.f.)	sharkarā	sugar	chithlum, kurtai	चित्लुम, कुरतइ
शर्त सं.स्त्री. (n.f.)	shart	condition	intiamkamna,	इनुतियमकमना,
		terms, bet	chhe̒chham a sawi	छेछम अ सोइ
शर्तिया क्रि.वि. (adv.)	shartiyā	surely,	ngei ngei ang,	ङेइ ङेइ अङ,
		certaintly	tak tak, lutuk	तक तक, लुतुक
शर्मिन्दगी सं.स्त्री. (n.f.)	sharmin-	shame, dis-	zahna, awmdan	जह्ना, ऑमदान
	dagī	comfiture	hloh	ह्लोउह्
शर्मीला वि. (adj.)	sharmīlā	shy, bashful	zak thei, kim ki	जक थेइ, किम की
शलगम सं.पु. (n.m.)	shalgam	turnip	ṭam bul þawk	टम बुल बोक
			chi khat	चिखत
शलाका सं.स्त्री. (n.f.)	shalākā	ballot, rod	a ruka inthlanna	अ रुका इनत्लनूना
			thirtlawn	थीरत्लोन
शल्क सं.पु. (n.m.)	shalk	scale (of fish)	phuhlip	फुल्हीप
शल्यचिकित्सा सं.स्त्री.	shalya-	surgery,	in zaina	इन जइना
(n.f.)	chikitsā	operation	(dam lo)	(दम लोउ)
शशक सं.पु. (n.m.)	shashak	rabbit	sazupui	सजुपुइ
शशि सं.पु. (n.m.)	shashi	moon	thla	त्ला
शव सं.पु. (n.m.)	shav	dead body,	mi ruang	मी रुआङ
		corpse		
शवपरीक्षा सं.स्त्री. (n.f.)	shav-	post mortem	mi ruang zai	मी रुआङ जइ
	parīkṣā	autopsy		
शस्त्र सं.पु. (n.m.)	shastra	weapon, arms	indona hriamhrei	इनदोउना ह्रियमह्रेइ
शस्त्रागार सं.पु. (n.m.)	shastrāgār	arsenal,	indona hriamhrei	इनदोउना ह्रियमह्रेइ
		armoury	dah khawmna	दह खोमना
शस्य सं.पु. (n.m.)	shasya	crop	buh-thlai	बुह्-थ्लाइ
शहंशाह सं.पु. (n.m.)	shahan-	king of kings	lalte la, lalber	ललते लल, ललबेर
	shāh	emperor		
शह सं.स्त्री. (n.f.)	shah	check (in chess)	vei lam	वेइ लम
		lift		
शहतीर सं.पु. (n.m.)	shahtīr	beam	(in) liang	(इन) लियाङ
शहतूत सं.पु. (n.m.)	shahtūt	mulberry tree	theihmu kung	थेइम्हू कूङ
		and its fruit	leh rah	लेह रह
शहद सं.पु. (n.m.)	shahad	honey	khawizu	खोइजू
शहनाई सं.स्त्री. (n.f.)	shahnāyī	an Indian	india tawtawrawt,	इण्डिया तोतोरोत,

		clarionet, oboe	tumphit .	तुमफीत्
शहर सं.पु. (n.m.)	shahor	town, city	khawpui, khawpui lian	खोपुइ, खोपुइ लियन
शहरी वि. (adj.)	shahrī	belonging to a city or town, urban	khawpui mi (cheng)	खोपुइ मी (चेङ)
शहादत सं.स्त्री. (n.f.)	shahādat	testimony, martyrdom	nihphung sawina, rin zawng\ duhzawng thihpui ngamna	निह्फुङ सोइना, रिन ज़ोङ/ दुहजोङ थिहपुइ ङमना
शहीद वि. (adj.)	shahīd	martyr	rinzawng, thihchilh	रिनजोङ, थिह्चिल्ह्
शांत वि. (adj.)	shānt	traquil, calm	muang, reh riai thlamuanawm	मुअङ, रेह् रिअइ त्लामुअनऑम
शाति सं.स्त्री. (n.f.)	shānti	tranquillity calmness	hahdam thlak nun, nun muanawm nun fim-fel	ह्अहदम त्लाक नुन, नुन मुअनऑम नुन फीम-फेल
शांतिमय वि. (adj.)	shāntimay	peaceful	muanawm	मुअन्ऑम
शाकाहारी वि. (adj.)	shākāhārī	vegetarian, herbivorous	thlai\hnim ring mi	थ्लाइ/ह्नीम रिङ मी
शाखा सं.स्त्री. (n.f.)	shākhā	branch, school (of thought)	ngaihdan peng khat	ङइहदान पेङ खत
शागिर्द वि. (adj.)	shāgird	pupil, disciple	zirtu, zuitu	जिरतू, जुइतू
शादी सं.स्त्री. (n.f.)	shādī	marriage	inneihna	इनूनेइह्ना
शान सं.पु. (n.m.)	shān	pomp, splendour	nasa ropui, ropui bung bung	नसा रोउपुइ, रोउपुइ बूङ बूङ
शानदार वि. (adj.)	shāndār	magnificent,	mak ropui, ropui	मक रोउपुइ, रोउपुइ
शानशौकत सं.पु. (n.m.)	shān-shāuqat	pomp and show	a lang a pauva ropui nasa	अ लङ अ पाउवा रोउपुइ नसा
शाप सं.पु. (n.m.)	shāp	curse, imprecation	anchhia, chhia thlentir tura ramhuai au	आन्छिया, छिया थ्लेन्तीर तूरा रमहुअइ आउ
शाबाश (ind)	shābāsh	bravo ! well done !	a ṭha, ṭha lutuk	अ ठा, ठा लुतुक
शाबाशी सं.स्त्री. (n.f.)	shābāshī	applause (for	lo au, lo	लोउ आउ, लोउ

		cheering up)	fuih	फुइह्
शाम सं.स्त्री. (n.f.)	shām	evening	tlai lam	त्लाइ लम
शामत सं.स्त्री. (n.f.)	shāmat	illuck	vanduaina	वानदुअइना
शामियाना सं.पु. (n.m.)	shāmiyānā	canopy	inchung ang	इनचुङ अङ
			lu lam khuhna	लू लम खुह्ना
शामिल वि. (adj.)	shāmil	include	huap, huam	हुअप, हुअम
शामिल होना क्रि.स. (vt.)	shāmil hona	to take part	telh ve, huap tel huamin	तेलह् वे, हुअप तेल् हुअमृइन्
शायद (ind)	shāyad	perhaps	ta se, mahna, maithei	तासे, म्ह्ना, मइथेइ
शायर सं.पु. (n.m.)	shāyar	(urdu) poet	urdu hla phuahtu	उर्दू ह्ला फुअह्तू
शायरी सं.स्त्री. (n.f.)	shayari	(urdu) poetry	urdu hlathu	उर्दू ह्लाथू
शारदा सं.स्त्री. (n.f.)	shārdā	goddess of learning	zirna lam pathian	जिरना लम पथियन्
शाल सं.पु. (n.m.)	shāl	shawl, sal tree	puan-sin lum, sal-thing	पुअन-सिन लुम, साल थिङ
शाला सं.स्त्री. (n.f.)	shālā	house as in गोशाला	in chi khat (bawngin)	इन चि खत (बोङइन)
शालीन सं.स्त्री. (n.f.)	shālin	graceful, serene	nalh, mawı leh ṭha, thian-mawi	नल्ह्, मोइ लेह् ठा, थियन-मोइ
शावक सं.पु. (n.m.)	shāvak	young one of an animal of bird	ran emaw sava emaw no	रन एमो सवा एमो नोउ
शाश्वत वि. (adj.)	shāṣhvat	enternal, perpetual	chatuan, awm reng	चतुअन, ऑम रेङ
शासक सं.पु. (n.m.)	shāsak	ruler	roreltu	रोउरेलतू
शास्त्र सं.पु. (n.m.)	shāstra	branch of knolwedge, scrip-ture	finna peng khat thil ziah, sakhaw (bible angte)	फिनृना पेङ खत, थिल जियह, साखो (बइबल अङ्ते)
शास्त्रार्थ सं.पु. (n.m.)	shāstrārtha	debate on the scriptures or interpretation thereof	thuziah in sawi fiah siakna thuziah chungchanga inhnialna	थुजियह् इन सोइ फियह सियकृना थुजियह् चुङ्चाङा इनहृनीयलना
शास्त्री सं.पु. (n.m.)	shāstri̅	scholar of scriptures	thubu (bible angte) thiam mi	थुबू (बइबल अङ्ते) थियाम मी
शास्त्रीय वि. (adj.)	shāstri̅ya	classical, scrip-	hmanlai ngaihdan	म्हानृलाइ ङइह्दान

		tural, academic	sang leh ṭha ang zul zui	साङ लेह् ठा अङ जूल जुइ
शासन सं.पु. (n.m)	shāsan	governance, government	ram rorel/khawl sawrkar	रम रोउरेल/खोल, सोरकार
शहजादा सं.पु. (n.m.)	shahzādā	prince	lalfapa	ललफ़पा
शाही वि. (adj.)	shāhī	kingly, royal, mejestic	lalzia, ropuizia	ललजिया, रोउपुइजिय
शिकंजा सं.पु. (n.m.)	shikanjā	clamp, grip	chehbehna	चेह्बेह्ना
शिकंजी सं.स्त्री. (n.f.)	shikanjī	syrup prepared with fresh lemon	thil thlum hnang ser nena siam	थिल त्लुम न्हाङ सेर नेना सियाम
शिकन सं.स्त्री. (n.f.)	shikan	crease, wrinkle	chuar, sawng	चुआर, सोङ
शिकायत सं.स्त्री. (n.f.)	shikāyat	complaint, grievance	phunnawina, lugnawilohna	फुन्नोइना, लुङओइलोह्ना
शिकार सं.पु. (n.m.)	shikār	victim, prey, game	tuartu, sal pel	तुआरतू, सपेल
शिकारी सं.पु. (n.m.)	shikārī	hunts man, hunter	ram chhuak mi, sa peltu	रम छुआक् मी, सपेलतू
शिक्षक सं.पु. (n.m.)	shikṣak	teacher	zirtiru	जिरतीरतू
शिक्षा सं.स्त्री. (n.f.)	shikṣā	education	zirna, inzirna	जिरना, इन्जिरना
शिक्षित वि. (adj.)	shikṣit	educated, literate	in zir fing, lehkhathiam	इन जिर फिङ, लेह्खथियम
शिखर सं.पु. (n.m.)	shikhar	apex, summit, peak	vawrtawp, sanna lei ber	वोरतोप, सान्ना लाइ बेर
शिखर सम्मेलन सं.पु.	shikhar sammelan	summit conference	rorelna leh sawihona sang	रोउरेलना लेह सोइहोउना साङ
शिखा सं.स्त्री. (n.f.)	shikhā	tuft of hair on the crowln pointed flame. pinnacle	1. chhip sam 2. meialh hmawr zum 3. chhip zum	1. छीप सम 2. मेइअलह् म्होर जुम 3. छीप जुम
शिथिल वि. (adj.)	shithil	lax, fececid	tha thlah, zawi, vuai	थ-त्लाह्, जोइ, वुअइ
शिनाख़्त सं.स्त्री. (n.f.)	shinākht	identification	nih r.a fin fiahna	निह्ना फिन फियहना
शिफ्ट सं.स्त्री. (n.f.)	shifṭ	shift	sawn	सोन
शिरा सं.स्त्री. (n.f.)	shirā	blood vessel	thisen dawt	थिसेन दोत्

शिरोधार्य वि. (adj.)	shirodh-ārya	reverentially accepted	urh sun taka lalut	उरह् सून तका ललूत
शिरोमणि सं.पु. (n.m.)	shiromaṇi	crest jewel topping person	lunghlu tawk tarh mi thei chung chuang	लुङह्लु तोक तरह्, मी थेइ चुङ चुआङ
शिला सं.स्त्री. (n.f.)	shilā	rock, piece of stone	lung, lung them	लुङ, लुङ थेम
शिलालेख सं.पु. (n.m.)	shilālekh	petrograph	lung insiam dan chhuina, lung chanchin zirna	लुङ इन्सियम दान छुइना, लुङ चनचिन जिरना
शिल्प सं.पु. (n.m.)	shilpā	craft	kut themthiam thil	कुत थेमथियम थिल
शिल्पी सं.पु. (n.m.)	shilpī	crafts man	kut themthiam mi	कुत थेमथियम मी
शिवालय सं.पु. (n.m.)	shivālay	temple dedi-cated to lord shiv	shiva lalpa biakna in	शिवा ललपा बियक्ना इन
शिविर सं.पु. (n.m.)	shivir	camp	hmun khuar lai lawkna, chawlh	म्हुन खुअर लाइ लोकना, चोल्ह्
शिशिर सं.पु. (n.m.)	shishir	later half (the colder part) of winter	thlasik vawh tak tak hun	त्लासिक वोह् तक तक हुन
शिशु सं.पु. (n.m)	shishu	infant, baby	nausen, naute	नउसेन, नउते
शिष्ट वि. (adj.)	shiṣṭa	civilised, cour-teous	changkang, ṭha leh mawi	चङ्काङ, ठा लेह मोइ
शिष्टाचार सं.पु. (n.m.)	shiṣṭāchār	etiquette, usual formality good manners	awmdan leh cheth-mang dik leh fel	ऑमदान लेह चेतम्हङ दिक् लेह् फेल
शिष्य सं.पु. (n.m.)	shiṣya	disciple, pupil	hnung, zuitu, zirtu	न्हुङ जुइतू, जिरतू
शीघ्र क्रि.वि. (adv.)	shīghra	speedily, soon, quickly	rang takin, hma takin, thuai thuaiin	रङ तकइन, म्हा तकइन, थुअइ थुअइइन्
शीत वि. (adj.)	shīt	cold, frigid	vawt khawng	बोत, खोङ
शीतयुद्ध सं.पु. (n.m.)	shītyudha	cold war	indo puang chiah si lova	इनदोउ पुआङ चियह् सी लोवा

			thil emaw thu	थिल एमो थू
			emaw in	एमो इन
			chuh chiam	चुह् चियम
शीतल वि. (adj.)	shītal	cool, cold	vawt	वोत
शीतल-पाट्टी सं.स्त्री. (n.f.)	shītal-pāṭṭī	straw mat	rairuang emaw	राइरुआङ एमो
			pawla	पोला
			siam chhuat phah	सियम छुआत् फअह्
शीतला सं.स्त्री. (n.f.)	shīttlā	small pox,	zawnghri,	जोङ ह्री,
		goddess of	zawnghri	जोङ ह्री
		small pox	pathian nu	पथियन नू
शीरा सं.पु. (n.m.)	shīrā	molasses,	thil thlum	थिल त्लुम
		syrup	tuihnang	तुइन्हाङ
शील सं.पु. (n.m.)	shīl	disposition,	awmphung, nunze	ऑमफुङ, नुन्जे
		modesty	mawi	मोइ
			(uchuak lo)	(उचुआक् लोउ)
शीलवान वि. (adj.)	shīlvān	deferentially,	uchuak lo,	उचुआक् लोउ,
		modest	thu khuh	थु खुह
शीशम सं.पु. (n.m.)	shīsham	rose wood	rose-thing	रोस-थिङ
शीशमहल सं.पु. (n.m.)	shīshmahal	house of mirors	darthlalang in	दारत्लालङ इन
शीशा सं.पु. (n.m.)	shīshā	glass, mirror	darthlalang	दारत्लालङ
			(inenna)	(इनएन्ना)
शीशी सं.स्त्री. (n.f.)	shīshī	phial	damdawi (tui) bur	दमदोइ (तुइ) बूर
शीर्ष सं.पु. (n.m.)	shīrṣa	apex, summit,	vawrtawp, sanna	वोरतोप, सान्ना
		vertex	lai ber hmun,	लाइ बेर म्हुन,
			chhip zum lai	छीप जुम लाइ
शीर्षक सं.पु. (n.m.)	shīraṣak	heading, title	thupui, hming	थुपुइ, म्हीङ
			vuah	वुअह
शुक सं.पु. (n.m.)	shuk	parrot	vaki	वकी
शुक्रवार सं.पु. (n.m.)	shukravār	friday	zirtawpni	जिरतोपनी
शुक्लपक्ष वि. (adj.)	shukla-pakṣa	moonlit half of	thla awk	त्ला ऑक
		a lunar month	lem laia	लेम लाइअ
			a eng lam	अ एङ लम
शुक्रिया सं.पु. (n.m.)	shukriyā	thanks	lawmthu	लोमथू
शुचि वि. (adj.)	shuchi	pure, sacred	thianghlim, serh	थियङ त्लीम, सेरह
शुतुर-मुर्ग सं.पु. (n.m.)	shutur-	ostrich	sava lian ber chi	सवा लियन बेर ची

	murg		Africa-a	अफ्रीका-अ
			awm ṭhin	ऑम ठीन
शुद्ध वि. (adj.)	shuddha	pure, correct	chawh pawlh loh, dik, ni chiah	चोह् पोल्ह लोह्, दिक, नि चियह्
शुभ वि. (adj.)	shubh	auspicious, good	ṭha leh vanneih thlak	ठा लेह् वन्नेइह् त्लाक
शुभचिंतक वि. (adj.)	shubh-chintak	benevolent, wellwisher	tihhmasawnna lam, duhsakna	तिह्म्होसोन्ना लम, दुह्सकना
शुभागमन स.पु. (n.m.)	shubhā-gaman	gracious, arrival	duhsakna thil thleng	दुह्सकना थिल थ्लेङ
शुभेच्छु सं.पु. (n.m.)	shubhe-chchhu	welwisher	duh saktu	दुह् सकतू
शुरू सं.पु. (n.m.)	shurū	beginning, start	ṭantirhna, ṭanna, dintirhna	टनतिरह्ना, टन्ना, दिनतिरह्ना
शुरुआत सं.स्त्री. (n.f.)	shuruāt	beginning	atir	अतीर
शुल्क सं.पु. (n.m.)	shulk	fee, subscrip-tion	fee, tih\lak man	फी, तिह्⁄लाक मन
शुश्रूषा सं.स्त्री. (n.f.)	shushrūshā	nursing	mi emaw ran emaw damlo enkawlna lam	मी एमो रन एमो दमलो एनकोलना लम
शुष्क वि. (adj.)	shuṣka	dry, arid	ro, char, ram ro, kawlh	रोउ, चार, रम रोउ, कोल्ह्
शूद्र सं.पु. (n.m.)	shūdra	of the lowest of the four classes of hindu society	hindu chi hnuaih-nung ber mi	हिन्दू ची न्हुअइन्हुङ बेर मी
शून्य वि. (adj.)	shūnya	empty, vacant	ruak, awl	रुअक्, ऑल
शूर वि. (adj.)	shūr	brave, valorous	huaisen, huai, mi huai	हुअइसेन, हुअइ, मी हुअइ
शूरवीर वि. (adj.)	shūrvīr	brave, coura-geous, manful	huai, huaisen, pa	हुअइ, हुअइसेन, पा
शूल सं.पु. (n.m.)	shūl	prong, thorn, stabbing pain	tang, ḥling, na zawk zawk	टङ, ह्लीङ, न जोक जोक
शृंखला सं.स्त्री. (n.f.)	shrinkhalā	chain, seiries	khaidiat, in dawt zawm zel	खाइदियत्, इन दोत जोम जेल

श्रृंग सं.पु. (n.m.)	shriñg	summit, horn	chhipzum sang lai, (ki anga) zum lai	छिपजुम साङ लाइ (की अङा) जुम लाइ
श्रृंगार सं.पु. (n.m.)	shriñgār	make up, adornment	hmai cheina, tihmawina	म्हाइ चेइना, तिह्मोइना
श्रृंगाल सं.पु. (n.m.)	shirgāl	jackal	sihal	सिहल्
शेखचिल्ली सं.पु. (n.m.)	sekhchilli	legendary foolish person	hnamthawnthutea mi chawih leh mi a	न्हम् थोन् थूतेअ मी छोइह् लेह् मी आ
शेखी सं.स्त्री. (n.f.)	shekhi	boasting, gasconade	chapo, uanthuanna	चपोउ उअन्थुअनूना
शेड सं.पु. (n.m.)	sheḍ	shed, shade	thlam bûk, daihlim	थ्लाम, बूक, दइत्लीम
शेयर सं.पु. (n.m.)	sheyar	share	chanvo, chanpual	चनवोउ, चनपुअल
शेर सं.पु. (n.m.)	sher	tiger	sakei	सकेइ
शेरवानी सं.स्त्री. (n.f.)	Servāni	a kind of long coat	kawr fual chi khat	कोरफुअल ची खत
शेष सं.पु. (n.m.)	sheṣ	reminder residue	hriat nawntirna bang nawi	ह्रियत नोन् तीरना, बाङ नोइ
शेषनाग सं.पु. (n.m.)	sheṣhnāg	(in hindu mythology) thousand headed serpent who is supposed to support the earth on his head.	hindu thawn thua lei do kangtu rul lu sangkhat nei	हिन्दू थोनथूअ लेइ दोउ काङ्तू रुल लू साङ्खत नेइ
शैतान वि. (adj.)	shāitān	naughty, michievous	inhlei, chimawm	इनह्लेइ चिमऑम
शैतानी वि. (adj.)	shāitāni	satanic, mischievous	sual, chimawm	सुअल चिमऑम
शैल सं.पु. (n.m.)	shāil	rock	lung	लुङ
शैली सं.पु. (n.m.)	shāili	style	inchei dan/tih dan hmang bik, thil ziah rinna, hmawr zum	इनचेइ दान/तिह् दान म्हङ बीक, थिल जियह रिनूना, म्होर जुम,

			kuang sei	कुआङ सेइ
शैशव सं.पु. (n.m.)	shāishav	infancy, childhood	nausen lai, naupan lai	नउसेन लाइ, नउपन लाइ
शोक सं.पु. (n.m.)	shok	sorraw, mourning	lungngaihna, lusunna	लुङ ङइह्ना, लुसुनूना
शोकसंतप्त वि. (adj.)	shok-santapta	bereaved	(mi) chanhai, rethei	(मी) चनहइ, रेथेइ
शोकाकुल वि. (adj.)	shokākul	over whelmed with grief	manganna, tlakbuak avanga sa hal	मङअनूना त्लाकबुअक अवङा स हाल
शोख वि. (adj.)	shokh	impertinent, aggressive	mi zahpahna nei lo, mi dangte mitmei pawisa lova che mi	मी जह्पह्ना नेइ लोउ, मी दङते मितमेइ पोइसा लोवा चे मी
शोखी सं.स्त्री. (n.f.)	shokhī	impertinence, insolense	inzahpah lohna, tu mitmei mah veng-thawng lova in luling mi	इनजह्पह् लोह्ना, तू मितमेइ मह् वेङ थोङ लोवा इन लुलिङ मी
शोचनीय वि.(adj.)	shochnīya	critical deplorable	sawihnawmna lam endawng thil	सोइन्होमूना लम, एनदोङ थिल
शोभा सं.स्त्री. (n.f.)	shobhā	beauty, grace	mawina, nalh leh inrem	मोइना, नल्ह् लेह् इनरेम
शोभित वि. (adj.)	shobhit	radiant, embellished	êng chhuak, cheimawi	एङ छुआक्, चेइमोइ
शोर सं.पु. (n.m.)	shor	noise	ri	री
शोरबा सं.पु. (n.m.)	shorbā	soup, broth	ei tur tui hnang	एइ तूर तुइ न्हाङ
शोरा सं.पु. (n.m.)	shorā	saltpetra, sodium	potassium nitrate, sodium (chi)	पोटासियम नइट्रेत्, सोडियम् (ची)
शोषण सं.पु. (n.m.)	shoshaṇ	exploitation, absorption	hman ṭangkai thiehna zawng zawng hman hlutna hman zai	म्हन टङकाइ थेइह्ना जोङ जोङ म्हन ह्लुतना म्हन जाइ
शोषित (p.p.)	shoṣit	exploited, absorbed	hmang, ṭangkai, ṭangkai zawkna tura telh\lak	म्हाङ टङकाइ, टङकाइ जोकना तूरा तेल्ह/लाक

शोहदा सं.पु. (n.m.)	shohdā	scoundrel, rogue	misual, mi chimawm	मिसुअल, मी चिमऑम
शोहरत सं.स्त्री. (n.f.)	shohrat	celebrity, renom	mi lar, (mi) hming thang	मी लार, (मी) म्हीङ थङ
शौक सं.पु. (n.m.)	shāuq	hobby, fondness	tihnuam tihzawng thil ngainatna	तिह्नुआम् तिह्जोङ थिल, ङइनत्ना
शौकिया वि. (adj.)	shāuquiyā	amateur	eizawnna ni lova tui zawng a nih avanga engemaw\ti ching mi	एइजोन्ना नि लोउवा तुइ जोङ अ निह् अवाङा एङएमो ती/ चीङ मी
शौकीन वि. (adj.)	shāuqīn	fashionable foppish	a hun ang zela chin zawng, intivei taka inchei leh che mi	अ हुन अङ जेला चीन जोङ, इनतिवेइ तका इनचेइ लेह् चे मी
शौच सं.पु. (n.m.)	shāuch	evacuation purification	tihthianghlimna	तिह थियाङह्लीमना
शौचालय सं.पु. (n.m.)	shāuchālay	lavatory	inthiarna in te	इनथियारना इन ते
शौर्य सं.पुं. (n.m.)	shāurya	chivalry, heroism	huai senna	हुअइ सेन्ना
शौहर सं.पु. (n.m.)	shāuhar	husband	pasal	पसल
श्मशान सं.पु. (n.m.)	shmshān	cremation ground	ruang halna hmun	रुअङ हालना म्हुन
श्याम वि. (adj.)	shyām	dark comple-xioned black	vun emaw mi hang	वुन एमो मी हाङ
श्रद्धा सं.स्त्री. (n.f.)	shraddha	reverence	inzahna, zahawmna	इनजह्ना, जह्ऑमना
श्रद्धांजलि सं.स्त्री. (n.f.)	shraddha-ānjali	homage	inzahna entir nana thiltih	इनजह्ना एनतीर नॉना थिलतिह्
श्रम सं.पु. (n.m.)	shram	labour	hnathawh, kut chhuak	न्हाथोह्, कुत छुअक्
श्रमकण सं.पु. (n.m.)	shramkaṇ	perspiration coused by hardwork	hna hah taka thawhna, thlan tla	न्हा हअह् तका थोह्ना त्लन त्ला

श्रमजीवी सं.पु. (n.m.)	shramjīvī	labourer	hnathawktu	न्हाथोकतू
श्रमबिंदु सं.पु. (n.m.)	shram-bindu	perspiration caused by hardwork	hah taka hna thawh vanga thlan tla	हअह् तका न्हा थोह् वङा त्लन त्ला
श्रमसाध्य वि. (adj.)	shram-sādhya	arduous, strenuous	harsa, hah thlak	हरसा, हअह् त्लाक
श्रमिक सं.पु. (n.m.)	shramik	labourer	hna thawktu	न्हा थोकतू
श्रमित वि. (adj.)	shramit	exhausted with hard labour or toil	thawk hah henp	थोक हअह् न्हेप
श्रमी वि. (adj.)	shramī	laborious, hard working	thawk hah	थोक हअह्
श्रवण सं.पु. (n.m.)	shravaṇ	the organ of hearing, ear, a kind of devo-tion.	beng, rinawmna chi khat	बेङ, रिनऑमना चि खत
श्रव्य वि. (adj.)	shravya	audible, able to be heard	benga ri hriat theih	बेङा रि ह्रियत थेइह्
श्रांत वि. (adj.)	shrānt	wearied, tired	hah	हअह्
श्रांति सं.स्त्री. (n.f.)	shrānti	weariness, fatigue	hahna, zawina	हअह्ना, जोइना
श्राद्ध सं.पु. (n.m.)	shrāddha	an act of devo-tion, the offer-ing of water, food etc. to the brahmans in honour of manes.	Brahman (hindu puithiam) zah entir nana thil pek	ब्रह्मण (हिन्दू पुइथियग) जए् एनतीर नॉना थिल पेक्
श्राप सं.पु. (n.m.)	shrāp	a curse	anchhia	ऑन छिया
श्री सं.स्त्री. (n.f.)	shrī	renown, repute	hmingthang, hmingṭha	म्हीङथङ, म्हीङठा
श्रीगणेश सं.पु. (n.m.)	shrīgaṇesh	commencement, beginning	in ṭanna, tantirhna	इन टन्ना, टन्तिरह्ना
श्रीमती सं.स्त्री. (n.f.)	shrīmatī	Mrs. Madam	pi	पी

श्रीमान् सं.पु. (n.m.)	shrīmān	respectful form of addressing someone, as sir Mr. etc.	Zah taka mi kohna pu	जह् तका मी कोह्ना, पू
श्रीयुत सं.पु. (n.m.)	shrīyut	title appended to name for respect	zah zawngte hminga zahna entirnana belh chhah	जह् जोङ्ते म्हीङा जह्ना एनतीर नॉना बेल्ह छह्
श्रोता सं.पु. (n.m.)	shrotā	listener	ngaithlatu	ङइत्लातू
श्रुत (p.p.)	shrut	heard, perceived through theear	benga thil hriat	बेङा थिल ह्रियत्
श्रेणी सं.स्त्री. (n.f.)	shrenī	class, series	pawl khat, chi khat in zawm	पोल खत, चि खत इन जोम
श्रेय सं.पु. (n.m.)	shreya	credit	rin tlak tihlanna	रिन त्लाक तिह्लन्ना
श्रेयस्कर सं.पु. (n.m.)	shreyaskar	propitious, auspicious	ham ṭhatna lam thil, vanneihna lam entirna	हम् ठत्ना लम थिल, वाननेइह्ना लम एनतीरना
श्रेष्ठ वि. (adj.)	shresṭha	best, prominent	ṭha ber, langsar	ठा बेर, लङ्सार
श्लथ वि. (adj.)	shlath	loose, weary fatigued	chau, zawi	चाउ, जोइ
श्लाघनीय वि. (adj.)	shlāghnīya	praise worthy, eminent	fak tlak, fakawm	फक् त्लाक्, फकऑम
श्लोक सं.पु. (n.m.)	shlok	couplet, hymn	hla thu, hla	ह्ला थू, ह्ला
श्वान सं.पु. (n.m.)	svān	dog	ui	उइ
श्वास सं.पु. (n.m.)	svās	breath, asthma	thaw, thaw sak awm na	थो, थो सक, ऑम ना
श्वेत वि. (adj.)	shvet	white	var	वार
श्वेतांबर सं.पु. (n.m.)	svetāmbar	one who dons white, one of the two principal sects among Jains	vara in thuam, Jains ho chi peng khat	वरा इनथुआम, जैन होउ चि पेङ खत

ष

षटकोण सं.पु. (n.m.)	ṣaṭkoṇ	hexagon	rinngil paruk inzawm ina a kualkhung	रीनङील परुक इनजोम इना अ कुआलखुङ
षडानन वि. (adj.)	ṣaḍānan	1. having six mouths 2. an epithet of kartikeya	ka paruk nei	का परुक नेइ
षड्यंत्र सं.पु. (n.m.)	ṣaḍ.yantra	conspiracy, plot	inphiarna	इनफियरना
षडरस सं.पु. (n.m.)	ṣaḍ.ras	six main tastes	chi ruk	ची रुक

स

संकट सं.पु. (n.m.)	saṅkaṭ	trouble, distress	buaina, hrehawmna	बुअइना, हेऑमना
संकलन सं.पु. (n.m.)	saṅkalan	compilation, collection	lakkhawm, remkhawm	लाकखोम, रेमखोम
संकल्प सं.पु. (n.m.)	saṅkalp	resolve, determination	tum ruhna, thutlukna	तुम रुह्ना थुत्लूकना
संकल्पना सं.स्त्री. (n.f.)	saṅkalpanā	concept, notion	ngaihdan pawnlang	ङइह्दान पोनलाङ
संकीर्ण वि. (adj.)	saṅkīrṇa	narrow, parochial	ngaihdan zim, pawl bik te ngaihdan	ङइहदान जीम, पोल बीक ते ङइह्दान
संकुचित वि. (adj.)	saṅkuchit	contracted, narraw	sawng-zim	सोङ-जीम
संकेत सं.पु. (n.m.)	saṅket	signal, hint	signal, hriattir	सिगनल, ह्रियततीर
संकोच सं.पु. (n.m.)	saṅkoch	contraction, shyness	tawmimna, zahzumna	तोमइमना, जह्जुमना
संकोची वि. (adj.)	saṅkochī	shy, bashful	zakzum, zak thei	जकजुम, जक थेइ
संक्रांति सं.पु. (n.m.)	saṅkrānti	a union, planet's passage from one sign of the zodiac to another	in zawmna, arsi kawng	इनजोमना, अरसी कोङ
संक्रामक वि. (adj.)	saṅkrāmak	infections	inkai chi	इनकाइ ची

संक्षिप्त वि. (adj.)	saṅkṣipta	brief, consice	tawi-kim, tawi-fel ṭha	तोइ-किम, तोइ-फेल ठा
संख्या सं.स्त्री. (n.f.)	saṅkhyā	number	namber, zat chhiarna	नम्बर, जात् छियरना
संखिया सं.पु. (n.m.)	saṅkhiyā	arsenic	tur (oxygen nena chawhpawlha tur hlauawm tak ni thei)	तूर (अक्सीजन नेना चोह्पोल्हअ तूर ह्लाउऑम तक नि थेइ)
संग सं.पु. (n.m.)	saṅg	accompaniment company	pawl, ho	पोल, होउ
संगठित वि. (adj.)	saṅgaṭhiṭ	organised	thi fel, rel fel	थि फेल, रेल फेल
संगत वि. (adj.)	saṅgat	compatible, consistent	inrem, inhmeh zel	इनरेम, इनम्हेह् जेल
संगति सं.स्त्री. (n.f.)	saṅgatī	1. Compati-bility 2. asso-ciation	thil inrem, intih khawmna, thil	थिल इनरेम, इनतिह् खोमना, थिल
संगम सं.पु. (n.m.)	saṅgam	1. confulence, 2. junction 3. conjunction	inchawphawlhna, luandunna, infinna	इनचोह्पोल्ह्ना, लुअनदुन्ना, इनफिन्ना
संगमरमर सं.पु. (n.m.)	saṅg.marmar	marble	sailung var	सइलुङ वार
संगिनी वि. (adj.)	saṅginī	female com-panion	ṭhian (hmeichhia)	ठियन (म्हेइछिया)
संगी वि.सं.पु.	saṅgī	chum (male) companion	ṭhian (mipa)	ठियन (मीपा)
संगीत सं.पु. (n.m.)	saṅgīt	music	rimawi	रिमोइ
संगीतज्ञ सं.पु. (n.m.)	saṅgītagya	one wellversed in music, musician	rimawi tumtu, hla zir mi	रिमोइ तुमतू, ह्ला जिर मी
संगीन वि. (adj.)	saṅgīn	grave	thlan	थ्लान
संग्रहीत	saṅgrihīt	collected,	lakhawm,	लखोम,
संगृहीत वि. (adj.)	saṅgrihīt	compiled	chilhkhawm	चिल्ह्खोम
संग्रह सं.पु. (n.m.)	saṅgarh	Collection Compilition	lakkhawm, dahkhawm	लाकखोम, दह्खोम
संग्रहालय सं.पु. (n.m.)	saṅgrahālay	museum	thilhlui dah khawmna	थिलह्लुइ दह खोमना
संग्राम सं.पु. (n.m.)	saṅgrām	battle	indona	इनदोउना

संघ सं.पु. (n.m.)	saṅgh	federation, union	inzawm khawm, pawlho	इनूजोम, खोम पोलहोउ
संघर्ष सं.पु. (n.m.)	saṅgharṣ	struggle,	buaina, innghirng-hona	बुअइना, इनङिहूरङ-होउना
संचय सं.पु. (n.m.)	sañchay	accumulation, collection	lo pung, inbelh-chhah khawm	लोउ पुङ इनबेल्ह्-छह खोम
संचार सं.पु. (n.m.)	sañchār	communication	inpawhna, hriattrina	इनपोह्ना, ह्रियत्तीरना
		circulation	inhrilh hriatna	इनह्रिल्ह ह्रियतना
संचार साधन सं.पु. (n.m.)	sañchār sādhan	means of com-munication	in tlawh pawhna	इन त्लोह पोह्ना
संचालक सं.पु. (n.m.)	sañchālak	conductor, director	kawhhmuhtu, kaihruaitu	कोह्म्हुहतू, काइह्रुअइतू
संचालन सं.पु. (n.m.)	sañchālan	conduction, direction	inkawhmuhna, inkaihhruaina	इनकोह्म्हुह्ना, इनकइह्ह्रुअइना
संचित (pp)	sañchit	accumulated, collected	intipung intikhawm	इनतिपुङ, इनतिखोम
संजीदा वि. (adj.)	sañjīdā	sober, serious	1. ti mai mai lo, kulmuk. 2. rawng lar lo 3. mi fim	ति मइ-मइ लोउ, कुलमूक, रोङ लार लोउ, मी फीम
संजोना क्रि.स. (vt)	sañjonā	to keep things ship-shape, to array	a nih tur ang taka thil remfel	अ निह् तूर अङ तका थिल रेमफेल
संजीवनी सं.स्त्री. (n.f.)	sañjīv.nī	elixir	vawrtawp, damdawi chak tawp	वोरतोप, दमदोइ चक तोप
संज्ञा सं.स्त्री. (n.f.)	sagña	1. name 2. Noun 3. con-soiousness	thil hming, thin lungrila hriatna	थिल म्हीङ, थिन लुङरिला ह्रियत्ना
संडास सं.पु. (n.m.)	sanḍās	latrine in the form of a pit	êkin laihkhuar	एकइन लइह्खुआर
संत वि (adj.)	sant	saintly	thianghlim, sual kai lo	थियङह्लीम, सुअल काइ लोउ
संतति सं.स्त्री. (n.f.)	santati	progecy, off spring	ṭhang thar, thlahte	ठङ थर, त्लाहते

संतप्त वि. (adj.)	santapt	grieved, stricken	lungngai, vanduaina tawk	लुङ्ङाइ, वानदुअइना तोक
संतरा सं.पु. (n.m.)	santarā	tangerine, orange	serthlum	सेरत्लुम
संतरी सं.पु. (n.m.)	santarī	sentry, armed guard	ralthuam nena vengtu, sentiri	रालथुअम नेना वेङ्तू, सनतिरी
संतान सं.पु. (n.m.)	santān	issue, off spring	fa, no	फा, नोउ
संताप सं.पु. (n.m.)	santāp	grief, remors	lungngaihna, tuarna	लुङ ङइह्ना, तुअरना
संतुलन सं.पु. (n.m.)	santulan	balance, equi-librium	inbuk tawk, inrem tawk	इनबूक तोक, इनरेम तोक
संतुलित (pp)	santulit	balanced, even level	inrem, inbuk, rualrem	इनरेम, इनबूक, रुअलरेम
संतुष्ट वि. (adj.)	santuṣṭa	satisfied, gratified	lungawi, tlai, kham	लुङओइ, त्लाइ, खम
संतोष सं.पु. (n.m.)	santosh	satisfaction, contentment	duh tawkna, lungawina	दुह तोकना, लुङओइना
संदर्भ सं.पु. (n.m.)	sandarbh	context reference	bu chhungthu, thu bul	बू छूङ थू, थु बुल
संदल सं.पु. (n.m.)	sandal	Sandal (wood)	sandal thing	सनदल थिङ
संदिग्ध वि. (adj.)	sandigdh	doubtful, dubious	rintlak loh, rinhlelh awm	रिनत्लाक लोउ, रिनहेल्ल् ऑम
संदूक सं.पु. (n.m.)	sandūk	box	thingrem (thir emawa siam pawh)	थिङरेम (थीर एमोअ सियम पोह्)
संदेशवाहक सं.पु. (n.m.)	sandesh vāhak	messenger	thu chah kengtu, zual ko	थु चह्केङतू, जुअल कोउ
संदेश सं.स्त्री. (n.f.)	sandesh	1. message 2. a kind of Bengali sweet	1. thu chah 2. Bengali Sweet	1. थु चह् 2. बेङगाली छङ
संदेशा सं.पु. (n.m.)	sandeshā	message	thuchah, thu chhuah	थू-चह चह्, थुछुअह
संदेह सं.पु. (n.m.)	sandeh	suspicion, doubt	rinhlehna, ngaihngam lohna	रिनहे्ल्ह्ना, ङइह्ङम लोउना
संधि सं.स्त्री. (n.f.)	sandhi	1. conjunction	1. thu zawmtu	1. थु जोमतू

		2. joint 3. union of two sounds (Gram) 4. treaty	2. ruh in zawmna 3. ri hrang in belh khawm 4. inremna	2. रुह इन जोमना 3. री ह्रङ इनबेल्ह् खोम 4. इनरेमना
संधिपत्र सं.पु. (n.m.)	sandhipatra	deed/document of treaty	inremna thuthlung	इनरेमना, थुत्लुङ
संध्या सं.स्त्री. (n.f.)	sandhyā	evening, evening prayer	tlailam, tlailam ṭawngṭai na	त्लइलम, त्लइलम टोङटाइना
संन्यासी सं.पु. (n.m.)	sanyāsī	ascetic, one who take renounce	khawvel nun hawisana nung mi inserh hrang, sadhu	खोवेल नुन होइसना नुन, मी इनसेरह् ह्रङ साधु
संम्पत्ति सं.स्त्री.(n.f.)	sampatti	wealth, property	hausakna, sum leh pai, in leh lo	हउसकना सुम लेह पाइ, इन लेह् लोउ
संपन्न वि. (adj.)	sampanna	prosperous, accomoplished	neinung, thling, (mi) thiamnei (mi)	नेइनुङ, त्लीङ (मी) थियम नेइ (मी)
संपन्नता सं.स्त्री. (n.f.)	sampan-natā	plenty, prosperity	tam, hausa, hnianqhnar	तम हउसा, न्हीयङन्हार
संपर्क सं.पु. (n.m.)	sampark	contact, liaison	inrilremna, inthurualna	इनूरिलरेमना, इनथुरुअलना
संपदा सं.स्त्री. (n.f.)	samp.dā	wealth	neihnunna, hausakna	नेइह्नुनूना, हउसकना।
संपादक सं.पु. (n.m.)	sampādak	editor	thu ziaktu	थु जियकतू
संपादन सं.पु. (n.m.)	sampādan	editing, accomplishment	ziaka dah, thiam	जियका दह्, थियम
संपूर्ण वि. (adj.)	sampūrṇa	entire, whole	vaiin, pumpui	वाइइन पुमपुइ
संप्रदाय सं.पु. (n.m.)	sampradāy	1. community 2. sect (religious)	1. pawlho khat, chiho khat, 2. sakh-huaa pawlho khat	1. पोलहोउ खत, चिहोउ खत, 2. सखुआअ पोलहोउ खत
संबंध सं.पु. (n.m.)	sambandh	relation, contact, detrothal	inlaichinna, thil tihpui	इनलइचीनूना, थिल तिह्पुइ
संबंधी वि. (adj.)	sambandhī	pertaining to, relating to	lam hawi, lampang lam	लम होइ, लम पङ लम
संबोधन सं.पु. (n.m.)	sambodhan	address	thuhrilh, thusawi	थुह्रिल्ह्, थुसोइ

संभव वि. (adj.)	sambhav	possible	theih, thiltih theih	थेइह्, थिलतिह्, थेइह्ना
संभवतः (ind)	sambha-vatah	Possibly	mai, thei, mial	मइ, थेइ, मियल
संभाल सं.स्त्री. (n.f.)	sambhāl	looking after, care	enkawlna	एनकोलना
संभालना क्रि.स. (vt)	sambhāl.nā	to take care of, to look after	enkawl	एनकोल
संभावना सं.स्त्री. (n.f.)	sambhāv.nā	Possibility, likelihood	tih theihna, thil awm thei	तिह् थेइह्ना, थिल ऑम थेइ
संभाषण सं.पु. (n.m.)	sambhāṣaṇ	discousre dialogue	thu sawi	थु सोइ
संभोग सं.पु. (n.m.)	sambhog	ceitus	inpawlna (mipa leh hmeiichhia)	इनपोलना (मीपा लेह म्हेइछिया)
संभ्रांत वि. (adj.)	sambrānat	distinguished, esteemed	tha fal, ngaih sanawm	ठ फाल, ङइह् सानऑम
संयत वि. (adj.)	saỹat	restrained, disciplined	khuah khirh thunun	खुअह् खिरह् थुनुन
संयम सं.पु. (n.m.)	saỹam	resraint, discipline	inkhuah khrihna, inthununna	इनखुअह् खिरह्ना, इनथुनुन्ना
संयमी वि. (adj.)	saỹamī	moderate, disciplined	awm tawk hria awm tawka, awm thunu	ऑम तोक हीय ऑम तोक, ऑम थुनुन
संयुक्त वि. (adj.)	saỹukta	joint	ruh tuah inzawmna	रुह् तुअह् इनजॉमना
संयुक्त राष्ट्र संघ सं.पु. (n.m.)	saỹukta ra-ṣṭra sangh	Nations or-ganisation	hnam inzawm khawm pawl	न्हम इनजॉम खोम पोल
संयोग सं.पु. (n.m.)	saỹog	coincidence, chance	ni mial, awm hlauh, fuh mial	नी मियल्, ऑम ह्लाउ, फुह् मियल
संरक्षक सं.पु. (n.m.)	sar̃akṣak	1. Patron 2. guardian	1. innghah napa/nu, 2. mawhphurtu	1. इनङह्-नपा/नू, 2. मोहफुरतू
संरक्षण सं.पु. (n.m.)	sar̃akṣaṇ	patronage, protection	thlavang hauhna, venhimna	त्लावाङ हउह्ना, वेनहिमना
संलग्न वि. (adj.)	sal̃agna	attached,	zawm zel, bul	जोम जेल, ब्

		adjacent	hnaite	न्हाइते
संवत् सं.पु. (n.m.)	saṽat	1. era, year	1. khawvel (hun engemaw lai) 2. kum	1. खोवेल (हुन एङएमो लाइ) 2. कुम
संवरना क्रि.अ. (vi)	saṽar.nā	appear in a right/choice make up	duhanga ṭha a inlan	दुहअङा ठा अ इनलन
संवहन सं.पु. (n.m.)	saṽahan	1. Conduction, 2. carrying	1. kal tlang theihna 2. phur keng	1. कल त्लङ थेइह्ना 2. फूर केङ
संवाद सं.पु. (n.m.)	saṽād	message dialogue	thusawi, thuhrilh	थुसोइ, थुह्रिल्ह्
संवाददाता सं.पु. (n.m.)	saṽād.dātā	correspondent	lehkha thawnna inhriattirna	लेहख थोन्ना ह्रियततीरना
संवादी वि. (adj.)	saṽādī	corresponding concordant	inrem, inmil	इनरेम, इन्मिल
संवारना क्रि.स. (vt)	saṽār.nā	to make up, to arrange, in proper order	siam ṭha rem ṭha/fel	सियम ठा रेम ठा/फेल
संविधान सं.पु. (n.m.)	saṽidhān	constitution	dan zam	दान जम
सशक्त वि. (adj.)	sashakta	forceful, powerful	mi hneh thei, mi thil ti thei	मी न्हेह् थेइ, मी थिल ति थेइ
संशय सं.पु. (n.m.)	saṽshya	doubt, suspicion	rinhlelhna, ngaih ngam lohna	रिनह्लेलना, ङइह ङम लोहना
संशोधन सं.पु. (n.m.)	saṽshodhan	correction, amendment	tih dikna, siam ṭhatna	तिह दिक्ना, सियम ठत्ना
संसद सं.स्त्री. (n.f.)	saṽsad	Parliament	rorel khawl, rorelna kengtu pawl	रोउरेल खोल, रोउरेलना केङ्तू पोल
संसद सदस्य सं.पु. (n.m.)	saṽsad sadasya	member of parliament	rorel khawl member, roreltu	रोउरेल खोल मेमबर, रोउरेलतू
संसदीय वि. (adj.)	saṽsadīya	Parliamentary	rorel dan hmang	रोउरेल दानम्हाङ
संसर्ग सं.पु. (n.m.)	saṽsarg	Contact, ass-ociation	inhmel hriat, in-kaihhnawihna	इनम्हेल ह्रियत, इनकइह्न्होइना
संसार सं.पु. (n.m.)	saṽsār	world	khawvel	खोवेल
संस्करण सं.पु. (n.m.)	saṽskaraṇ	edition	ziaka nem, ziah	जियका नेम, जियह

संस्कार सं.पु. (n.m.)	sãmskār	ritual, tradition	serh leh sang, sawngbawl dan, hnam tihdan hmang	सेरह् लेह् साङ, सोङबोलदान, ह्नम तिह्दान म्हङ
संस्कृत वि. (adj.)	sãskrit	refined, cultured, sanskrit	ṭha leh zei, nun phung	ठा लेह् जेइ, नुन फुङ
संस्कृति वि. (adj.)	sãskriti	culture	hnam kal phung, hnam awmdan hmang	ह्मन कल फुङ, ह्नम ऑमदान म्हङ
संस्था सं.स्त्री. (n.f.)	sãsthā	institution	rorelna dan ram rorelna enkawl dan	रोउरेलना दान रम रोउरेलना एनकोल दान
संस्मरण सं.पु. (n.m.)	sãsmaraṇ	reminiscences, memories	hmu chhui letna, tunhma nuna thil ṭhleng te ṭhlir letna	म्हु छुइ लेत्ना तूनम्हा नुना थिल थ्लेङ ते त्लीर लेत्ना
संहार सं.पु. (n.m.)	sãhār	annihilation, carnage	in thah mangna, insuatna	इन थअह् मङ्ना, इनसुअत्ना
सकपकाना क्रि.अ. (vi)	sãk.pakānā	to be non plussed	buai chhe lo, phi lo	बुअइ छे लोउ, फी लोउ
सकुचाना क्रि.अ. (vi)	sakuchānā	to feel embarassed	zak, hnar hmu lian	जक, न्हार म्हु लियन
सक्रिय वि. (adj.)	sakriy	active	harh, taima	ह्रह्, तइमा
सखा सं.पु. (n.m.)	sakhā	chum, pal, intimate	ṭhian hnai, ṭhian ṭha	ठियन न्हाइ, ठियन ठा
सखी सं.स्त्री. (n.f.)	sakhī	chum (girl)	ṭhian (hmeichhia)	ठियन (म्हेइछिया)
सख्त वि. (adj.)	sakhat	hard, regorious hards disesouous	sak, harsa, nasa	सक, हरसा, नसा
सख्ती सं.स्त्री. (n.f.)	sakhatī	quality or state of being	zia, nihna, ṭhat dan	जिय, निह्ना, ठत दान
सगा वि. (adj.)	sagā	1. real 2. born of same parents	1. tak tak 2. nu leh pa thuhmun aṭanga piang	1. तक तक 2. नू लेह पा थुम्हुन अटंङा पियङ
सगाई सं.स्त्री. (n.f.)	sagāī	betrothlal,	nupui tura	नुपुइ तूरा

		engagement	bia emaw hual	बिया एमो हुअल
सगुण सं.पु. (n.m.)	saguṇ	Possessed of attributes, endowed with qualities	chan ṭha dawng thilpek dawng (nundan kawngah)	चन ठा दोङ, थिलपेक दोङ (नुनदान कोङअह)
सघन वि. (adj.)	saghan	1. dense, 2. intensive	1. chhah muk 2. ngun thluk, tak tak	1. छुअह् मुक 2. ङुन त्लूक, तक तक
सच वि. (adj.)	sach	true	ni, dik	नी, दिक
सचमुच क्रि.स. (adv)	sach.much	in truth, really	dik takin, tak takin	दिक तकइन, तक तकइन
सचित्र वि. (adj.)	sachitra	pictorial, illustrated	lem nena tar lang, lem nena hrilh fiahna	लेम नेना तार लङ लेम नेना ह्लिल्ह फियहना
सचिव सं.पु. (n.m.)	sachiv	Secretary	ziah fel hna thawktu ziaktu	जियह् फेल न्हा थोकतू जियकतू
सचिवालय सं.पु. (n.m.)	sachivālay	Secretary	ziaktute awmna (Office)	जियकतूते ऑमना (ऑफिस)
सचेत वि. (adj.)	sachet	1. alert, 2. cautious	1. harh vang 2. fimkhur	1. हरह् वाङ 2. फिमखुर
सचेष्ट वि. (adj.)	sacheṣṭa	active endea-vouring	taima, beih hram hram	तइमा, बेइह् ह्राम ह्राम
सच्चरित्र वि. (adj.)	sachcha-aritra	of good moral character,	nungchang ṭha, nun ṭha	नुङचङ ठा, नुन ठा
सच्चा वि. (adj.)	sachchā	truthful	dik	दिक
सच्चाई सं.स्त्री. (n.f.)	sachchāī	truth fulness	dikna	दिकना
सच्चिदानंद सं.पु. (n.m.)	sachchidā-nand	the supreme being	san berna, a ber nihna	सान बेरना, अ बेर निह्ना
सजग वि. (adj.)	sajag	wakeful, awake	harh, tho, muhil lo	हरह्, थोउ, मुहील लोउ
सजधज सं.स्त्री. (n.f.)	san dhaj	pomp and show	hmuh nawm bũng bũng	ह्म्हु नोम बूङ बूङ
सजना क्रि.अ. (vi)	saj.nā	to appear in make up to be embellished	hmai hnawih nena inlar, inchei	म्हाइ न्होइह् नेना इनलार, इनचेइ
सजनी सं.स्त्री. (n.f.)	saj.nī	sweet, chum	ṭhian duhawm	ठियन दुह्ऑम

सजल वि. (adj.)	sajal	hudrous, tearful	tuipai, ṭap lungchhia	तुइपाइ, टप लुङछिया
सजा सं.स्त्री. (n.f.)	sajā	Punishment penalty	hremna	ह्रेमना
सजाना क्रि.स. (vt)	sajānā	embellish, to arrange in proper order	fel taka rem	फेल तका, रेम
सजावट सं.स्त्री. (n.f.)	sajāvaṭ	decoration, ornamentation	cheina, cheimawina	चेइना, चेइमोइना
सजीला वि. (adj.)	sajīlā	winsome, graceful	ngaih zawnawm, ngaihnobei, nalh (zahawm)	ङइह् जोनऑम, ङइह्नोउबेइ, नल्ह (जहऑम)
सजीव वि. (adj.)	sajīv	live, full of life	nung, harh	नुङ, हरह्
सज्जन सं.पु. (n.m.)	sajjan	gentleman, goodman	mi tak, mi tha	मी तक, मी ठा
सटना क्रि.अ. (vi)	saṭ.nā	to be contiguous	hnai vaia awm reng hnaih reng	न्हाइ वाइअ ऑमरेङ, न्हाइ रेङ
सट्टा सं.पु. (n.m)	saṭṭā	Speculation	hma lam thlirna, ngun taka ngaih tuah	म्हालम थ्लीरन, ङुन तका ङइह्तुअह्
सठियाना क्रि.अ. (vi)	saṭhiyānā	1. to be in old age 2. to be renile	1. inenkawl, ṭha thei tawh lo, 2. tar chak lo	1. इनएनकोल ठ थेइ तोह् तोउ, 2. तर चक लोउ
सड़क सं.स्त्री. (n.f.)	saṛak	road	kal kawng	कल कोङ
सड़ना क्रि.अ. (vi)	saṛ.nā	puterfy/decompose	ṭawih, hing	टोइह्, हीङ
सड़सठ वि. (adj.)	saṛ.saṭh	Sixty seven	sawmruk paruk	सोमरुक परुक
सड़ाँध सं.स्त्री. (n.f.)	saṛā̃dh	Stench, foul smell due to puter faction	rim chhia, ṭawihrim	रिम छिया, टोइह्रिम
सतत वि. (adj.)	satat	Continual, Continuous	in zawm zel, chhum lo, chat lo	इन जोम जेल, छुम लोउ, चत लोउ
सतयुग सं.पु. (n.m.)	sat.yug	the first and the.......of Uni-	Hindu mythology hmasa ber	हिन्दू माइथोलोजी म्हासा बेर

		verse accord	leh tha ber	लेह् ठा बेर
सतर्क वि. (adj.)	satark	alert, cautious	inring, fimkhur	इन्रिङ, फिमखुर
सतह सं.स्त्री. (n.f.)	satah	surface, level	chunglâng, zawl	चुङलाङ, जोल
सतहत्तर वि. (adj.)	sat.hattar	seventy seven	sawm sarih pasarih	सॉम सरिह् पसरिह्
सताना क्रि.स. (vt)	satānā	to oppress/ tyranise	nekchep, .ti duh dah	नेकचेप, ति दुह् दह्
सती सं.स्त्री. (n.f.)	satī	Chaste woman, esp. true to her husband	nupui/nu rinawm	नुपुइ/नू रिनऑम
सत्कर्म सं.पु. (n.m.)	satkarma	virtuous deed	thil ṭha tih	थिल ठा तिह्
सत्कार सं.पु. (n.m.)	satkār	Courteous wel- come	lawm, lawmlut	लॉम, लॉमलूत
सत्तर वि. (adj.)	sattar	seventy	sawmsarih	सॉमसरिह्
सत्ता सं.स्त्री. (n.f.)	sattā	existence	awm zia, nih zia	ऑम जिया, निह्जिय
सत्ताईस वि. (adj.)	sattāīs	twenty seven	sawmhnih pasarih	सॉमन्हीह् पसरिह्
सत्ताधारी वि. (adj.)	sattādhārī	person power/ authority	mi lian, mithu nei sang	मी लियन, मीथु नेइ साङ
सत्तानवे वि. (adj.)	sattānave	ninety seven	sawmkua pasarih	सोमकुअ पसरिह्
सत्तावन वि. (adj.)	sattāvan	fifty seven	sawmnga pasarih	सोमङा पसरिह्
सत्तासी वि. (adj.)	sattāsī	eighty seven	sawmriat pasarih	सोमरियत् पसरिह्
सत्तू सं.पु. (n.m.)	sattū	parched gram or barly	chana emaw buhtun emaw kan ro	चाना एमों बुह्तुन एमो कन रोउ
सत्यानाश सं.पु. (n.m.)	satyānāsh	total ruination	chhiat ṭhakna, chhiat hlenna, hlauh	छियत् ठकना, छियत ह्लेनूना, ह्लाउह्
सत्यभाषी वि. (adj.)	satya bhāṣī	true in word	thua dik	थु अ दिक
सत्यवादी वि. (adj.)	satyavādī	Scrupulosuly true in word	thu dik tawp, khawk	थु दिक तोप, खोक
सत्याग्रह सं.पु. (n.m.)	satyāgrah	insistence on truth	thudik duh tlatna	थु दिक दुह् त्लत्ना
सत्याग्राही वि. (adj.)	satyāgrāhī	offering satya- grah	thu dik duhna kawng a kal	थु दिक दुह्ना, कोङ अ कल
सत्र सं.पु. (n.m.)	satra	session	ṭhu khawm	ठु खोम

सत्रह वि. (adj.)	satrah	Seventeen	sawmpa-sarih	सोम्पसरिह्
सत्य वि. (adj.)	satya	true	dik	दिक
सत्व सं.पु. (n.m.)	satva	essence, extract	rim nam, sawr chhuak	रिम नम, सोर छुआक्
सत्वगुण सं.पु. (n.m.)	satvaguṇ	the quality of goodness	ṭha nihna	ठा निह्ना
सत्संग सं.पु. (n.m.)	satsang	Company of the good religious assembly	sakhaw pawl khat	साखो पोल खत
सदन सं.पु. (n.m.)	sadan	house	in (chenna, dahna)	इन (चेन्ना, दह्ना)
सद्भाव सं.पु. (n.m.)	sad.bhāv	good will, kind, feeling	inhmuh thiamna	इनम्हुह् थियमना
सद्भावना सं.स्त्री. (n.f.)	sad.bhāvnā	good will, kindly feeling	tum ṭha, inbiak thiamna	तुम ठा, इन्बियक् थियम्ना
सदर वि. (adj.)	sadar	main head	bul, bulpui, lu	बुल, बुलपुइ, लू
सदर मुकाम वि. (adj.)	sadar. muquām	headquarters	hmunpui	म्हुनपुइ
सदस्य सं.पु. (n.m.)	sadasya	member	member pawla mi	मेम्बर, पॉला मी
सदा (ind)	sadā	always, ever	fo ṭhin	फोउ ठिन
सदाचारी वि. (adj.)	sadāchārī	of good conduct righteous	mi fel, mi ṭha	मी फेल, मी ठा
सदाबहार वि. (adj.)	sadā bahār	ever-green	thing/hnim, kumtluana hring	थिङ/न्हीम, कुमत्लुआना ह्रिङ
सदी सं.स्त्री. (n.f.)	sadī	century	kum za hi, za bi	कुम जा ही, जा बी
सदैव (ind)	sadāiv	always, ever, forever	fo ṭhin, kum khua atan	फोउ ठिन, कुम खुआ अतान
सद्गुण सं.पु. (n.m.)	sad.guṇ	good, trait, virtue	kawng/thil ṭha, fel nihna ṭha	कोङ/थिल ठा, फेल निह्ना ठा
सदुपयोग सं.पु. (n.m.)	sadup.yog	good counsel	thurawn ṭha	थुरोन ठा
सदृश वि. (adj.)	sadrish	like, alike	ang, thuhmun	अङ, थुम्हुन
सधवा वि. (adj.)	sadhavā	whose husband is alive (woman)	nu pasal nei lai (pasal la dam)	नु पसल नेइ लाइ (पसल ल दम)
सन सं.पु. (n.m.)	san	hemp	hrui chi khat, chutiang hrui	ह्रुइ चि खत, चुतियङ ह्रुइ

			lakna thing	लाकना थिङ
सन् स.पु. (n.m.)	san	Anno-Domini	Isua pian hnu	ईशु पियन न्हु
सनई सं.स्त्री. (n.f.)	sanaī	hemp	buara	बुआरा
सनक सं.स्त्री. (n.f.)	sanak	1. eccentricity	1. dangdai	दङदाइ
		2. craze	2. atpui 1. thil	2. आतपुइ थिल
सनकना क्रि.अ. (vi)	sanak.nā	to go crazy	thil atchilh	थिल आत्चिल्ह्
सनकी वि. (adj.)	sanakī	1. eccentric	1. thil emaw mi	1. थिल एमो मी
		2. crazy	dangdai	दङदाइ
			2. engemaw	2. एङएमो
			at chilh	आत्चिल्ह्
सनद सं.स्त्री. (n.f.)	sanad	Certificate from a person in authority, deed	hriat puina lekha ziah	ह्रियत पुइना लेह्ख जियह्
सनसनी सं.स्त्री. (n.f.)	san.sanī	sensation, thrill	Engemaw beng-verh zawng leh mi tizau thau chi	एङएमो बेङ-वेरह् जोङ लेह् मी तिजाउ थाउ ची
सनातन वि. (adj.)	sanātan	eternal, perpetual	chatuan, awm reng, ni reng	चतुअन, ऑम रेङ, नि रेङ
सन्न वि. (adj.)	sanna	stunned	awm dan hlauh, thaua man	ऑम दान ह्लउ, थाउअ मन
सन्नाटा सं.पु. (n.m.)	sannāṭā	stillness complete	reh ṭhiap	रेह् ठियप
संन्यास सं.पु. (n.m.)	sanyās	the fourth and the last stage of Hindu's life typifying renunciation	Hindu-ho nun chhawng lina leh a tawp simna entirna nun	हिन्दू-होउ नुन् छोङ लीना लेह् अ तोप सिमना एनतीरना नुन
सपना सं.पु. (n.m.)	sap.nā	dream	mumang, suang-tuahna	मुमङ, सुआङ-तुअह्ना
सपाट वि. (adj.)	sapāṭ	flat, plane	zawl, mam	जोल, माम
सर्पाकार सं.पु. (n.m.)	sarpākār	Snaky	hlauhawm inphum ru	ह्लउऑम इनफूम रु
सपूत सं.पु. (n.m.)	sapūt	worthy son	fapa tlak tlai	फपा त्लाक त्लाइ
सपेरा सं.पु. (n.m.)	saperā	snake-charmer	rûl lamtir thiam mi	रुल लामतीर थियम् मी
सप्तक सं.पु. (n.m.)	saptak	1. group of	1. pasarih bawr-	1. पसरिह् बोर-

		seven 2. gamut (music)	khawm 2. rimawi ki chi kim	खोम 2. रिमोइ की ची किम
सप्तर्षि सं.पु. (n.m.)	saptarṣi	ursa major, the great bear	zang khua	जाङ खुआ
सप्ताह सं.पु. (n.m.)	saptāh	week	chawlhkar	चोल्ह्कार
सफर सं.पु. (n.m.)	safar	journey, travel	zin	जिन
सफरमैना सं.पु. (n.m.)	safarmāinā	sappers and miners	Royal Engineer hnuaia thawk mite sawina	रॉयल इनजिन्यार न्हुइअ थोक मीते सोइना
सफल वि. (adj.)	saphal	successful, fruitful	hlawhtling, rah neia hna thawh	ह्लोत्लीङ, रह नेइअ न्हा थोह्
सफलता सं.स्त्री. (n.f.)	saphal.tā	success, fruit fulness	hlawh tilinna, thawhrah	ह्लोत्लीनूना, थोहरह्
सफा वि. (adj.)	safā	1. Clean 2. Page filo	1. fai 2. lehkhabu phêk	1. फाइ 2. लेहखबू फेक
सफाई सं.स्त्री. (n.f.)	safāī	cleanliness, tidiness	fiana, invawn felna	फाइना, इनवोन् फेलना
सफीना सं.पु. (n.m.)	safīnā	subpoena	rorelnaa lang tura kohna thu ziak	रोउरेलनअ लङ तूरा कोउना थु जियक
स्फटिक सं.पु. (n.m.)	sphaṭik	Crystal	1. lung hlu chi 2. thil chiang tak sawina 3. tui fim sawina	1. लुङ ह्लु ची 2. थिल् चियङ तक सोइना तुइ फीम सोइना
सफेद वि. (adj.)	safed	white	var	वार
सफेदी सं.स्त्री. (n.f.)	safedī	whiteness	var, varna	वार, वारना
सब वि. (adj.)	sab	all	vaiin, pumin	वाइइन, पुमइन
सबक सं.पु. (n.m.)	sabak	lesson	zirlai	जिरलाइ
सब्जी सं.स्त्री. (n.f.)	sabzī	herbage, vegetable	thlai, therhlo	थ्लाइ, थेरह्लोउ
सब्र सं.पु. (n.m.)	sabra	patience	dawh theihna	दोह थेइह्ना
सबल वि. (adj.)	sabal	strong, powerful	chak, thilti thei	चक, थिलति थेइ
सब सर्व (Pron.)	sab sarv	everybody	mitin	मितिन
सबूत सं.पु. (n.m.)	sabūt	proof evidence	finfiahna, enchianna	फिनफियह्ना, एनचियनूना

सभा सं.स्त्री. (n.f.)	sabhā	assembly, meeting	inkhawm, intawk khawm	इनूखोम, इनतोक खोम
सभापति सं.पु. (n.m.)	sabhāpatī	chairman	inkhawm kaihruaitu	इनखोम काइह्रुअइतू
सभासद सं.पु. (n.m.)	sabhāsad	member of an assembly councillor	rorel pawl ami	रोउरेल पोल अमी
सभ्य वि. (adj.)	sabhya	civilized, civil	vengva, miang	वेङ्वा, मीअङ
सभ्यता सं.स्त्री. (n.f.)	sabhyatā	civilization, courtery	changkanna, veng	चङकानूना, वेङ
सम वि. (adj.)	sam	equal, even	tlukpui, inbuk	त्लूकपुइ, इनबूक
समक्ष क्रि.वि. (adv.)	samakṣ	before	tawk hmaah	तोक म्हाअह्
समग्र वि. (adj.)	samagra	entire, whole	pum, vai	पुम, वाइ
समझ सं.स्त्री. (n.f.)	samajh	intelligence, sense	finna, hriatna	फिनूना, ह्रियतना
समझदार वि. (adj.)	samajh.dār	sensible wise	fing	फिङ
समझना क्रि.स. (vt)	samajhanā	to understand, to make out	hrethiam ngaihruat thiam	ह्रेथियम ङइह्रुआत थियम
समझाना क्रि.स. (vt)	sam.jhānā	to make under- stand, to ex- plain	hrilh fiah	ह्रिल्ह फियह्
समझौता सं.पु. (n.m.)	sam.jhāutā	Compromise, Compounding	in remsiamna, inhriat thiamna, inremna	इन रेमसियमना, इनह्रियत् थियमना, इनरेमना
समतल वि. (adj.)	samtal	level, even plane	zawl, rualrem mam	जोल, रुअलरेम, माम
समता सं.स्त्री. (n.f.)	sam.tā	equality, parity	intluk, inang reng	इनत्लुक, इनअङरेङ
समदर्शी वि. (adj.)	sam.darshī	even eyed	ang khat renga en mi, mi zawng zawng ang khata ngai mi	अङ खत रेङा एन मी, मी जोङ जोङ अङ खता ङाइ मी
समधी सं.पु. (n.m.)	samdhī	father-in-law of son/daughter	pasala pa emaw nupuia pa	पसला पा एमो नुपुइअ पा
समन्वय सं.पु. (n.m.)	samanvay	Coordination, harmony	ṭan la rual, in chawih	टन ल रुआल, इनचोइह्
समय सं.पु. (n.m.)	samay	time	tun	हुन

समय सारिणी सं.स्त्री. (n.f.)	samya. sariṇī	time table	a hun taka tihtur tarlan, hun bi nei tih tur tar chhuah	अ हुन तका तिह तूर तारलन, हुन बी नेइ तिह् तूर तार छुअह्
समर सं.पु. (n.m.)	samar	battle, war	indona, innghir nghona	इनदोउना, इनङीर ङोउना
समर्थ वि. (adj.)	samarth	capable, competent	tithei, tithei tawk	तिथेइ, तिथेइ तोक
समर्थक सं.पु. (n.m.)	samarthak	Supporter	thlawptu, ṭantu	त्लोपतू, टनतू
समर्थन सं.पु. (n.m.)	samarthan	Support	thlawp, ṭan	त्लोप, टन
समर्पण सं.पु. (n.m.)	samarpaṇ	1. dedication, 2. surrender	1. inpek zawhna 2. intuk luhna, hlanna	1. इनपेक जोह्ना 2. इनतुक लुह्ना ह्लनूना
समर्पित (PP)	samarpit	dedicated, surrendered	hlan, pe	ह्लन, पे
समवेत वि.क्रि.वि. (adj. & adv.)	samvet	Collectively	a khawmin, a zavaiin	अ खोमइन, अ जवाइइन
समसम वि. (adj.)	samsam	similar	ang, pangngai	अङ, पाङङाइ
समसामयिक वि. (adj.)	sam. sāmayik	contemporary contempor aneous.	Hun khat awm	हुन खत ऑम
समस्त वि. (adj.)	samast	entire, whole compound	a pum, azavai, hung chhung	अ पुम, अजवाइ, हुङ छुङ
समस्या सं.स्त्री. (n.f.)	samasyā	problem	tihtur, buaina, siamtur	तिह्तूर, बुअइना, सियमतूर
समांतर वि. (adj.)	samāntar	parallel	1. rin ngil pahniha inhlat lam in ang renga kal dun zel 2. kal rual, in dun zel	1. रीन ङील पह्नीहअ इनह्लत लम इन अङ रेङा कल दून जेल कल रुअल, नि दून जेल
समाज सं.पु. (n.m.)	samāj	society	vantlang	वानत्लाङ
समागम सं.पु. (n.m.)	samāgam	arrival, meeting	thleng inhmuhna	त्लेङ, इनम्हुह्ना
समाचार सं.पु. (n.m.)	samāchār	news	chanchin thar	चनचिन थर

समाचार पत्र सं.पु. (n.m.)	samāchār patra	newspaper	chanchinbu	चनचिनबू
समाजवाद सं.पु. (n.m.)	samāj.vād	socialism	mipui vantlang ro inrelna	मीपुइ वानत्लाङ रोउ इनरेलना
समाधान सं.पु. (n.m.)	samādhān	Satisfying explanation	chin felna, lungsi zana hrilh fiahna	चिन फेलना, लुङसी जानूना हिल्ह् फियह्ना
समाधि सं.स्त्री. (n.f.)	samādhi	1. trance 2. tomb	1. zelanga awm	जेलअङा ऑम
समान वि. (adj.)	samān	equal, similar	intluk, inang	इनत्लुक, इनअङ
समानता सं.स्त्री. (n.f.)	samān.tā	equality, similarity	intlukna, inanna	इनत्लुकना, इनअनूना
समाना क्रि.अ. (vi)	samānā	to pervade in, to occupy all space in	fan chhuak awh khat, luah zo	फिन छुआक् ओह खत, लुअह् जोउ
समापन सं.पु. (n.m.)	samāpan	winding up, closing up, ending	tawpna	तोपना
समाप्त वि. (adj.)	samāpata	finished, ended	tih zawh, tih tawp	तिह् जोह, तिह् तोप
समारोह सं.पु. (n.m.)	samāroh	function, celebration	lawmna, lawmna inkhawm	लॉमना, लॉमना इनखोम
समालोचना सं.स्त्री. (n.f.)	samāloch.nā	review	ennawn, thlir let	एनूनोम, श्लीर लेत
समावेश सं.पु. (n.m.)	samāvesh	incorporation inclusion	telh vena	तेल्ह् वेना
समास सं.पु. (n.m.)	samās	Compound, compound word	thil chi hrang hrang inhlawmkhawm	थिल चि ह्रङ ह्रङ इनह्लोम खोम
समिति सं.स्त्री. (n.f.)	samiti	Committee, society	thu ngaihtuah tu pawl, pawl ho	थु ङइह्तुअह् तु पॉल, पॉल होउ
समिधा सं.स्त्री. (n.f.)	samidhā	fire wood used as fuel in sacrificial fire	in thawinana meituah hman	इन थोइनाना मेइतुअह् म्हन
समीप वि. (adj.)	samīp	near, close by	hnai, hnai vai, bul	ह्नाइ, ह्नाइ वाइ, बुल

समीकरण सं.पु. (n.m.)	samīkaraṇ	equation, qualisation	tih inanna, inmiltirna	तिह इनअनूना, इनमिलतीरना
समीर सं.स्त्री. (n.f.)	samīr	breeze	thlifim	थ्लीफीम्
समुचित वि. (adj.)	samuchit	appropriate, meet	inhmeh, mil, inchawih	इनूम्हेह्, मिल, इनचोइह्
समुदाय सं.पु. (n.m.)	samudāy	association, community	in zawmkhawmna, ho khat	इन जॉमखोमना, होउखत
समेत क्रि.वि. (adv.)	samet	with, alongwith	nenin, rualin	नेनइन्, रुअलइन
समेटना क्रि.स. (vt)	sameṭ.nā	to gather,to roll	la khawm, tel	ल खोम, तेल
समोसा सं.पु. (n.m.)	samosā	an Indian variety of saltish pastry, usually & tringualr in shape	India chhang al chi khat, singara	इण्डिया छङ अल चि खत, सिङारा
सम्मति सं.स्त्री. (n.f.)	sammati	1. Opinion, view, 2. assent	1. ngiahdan, thlir dan 2. remti	1. ङइह्दान, थ्लीर दान 2. रेमती
सम्मन सं.पु. (n.m.)	samman	summons	kohna (kawta kohna angtehi)	कोउह्ना (कोता कोउह्ना अङते ही)
सम्मिलित वि. (adj.)	sammilit	Combined, included	lal ti kawp, telh	लल ति कोप, तेल्ह्
सम्मिश्रण सं.पु. (n.m.)	sammishraṇ	Compounding mixing up	rawt khawm, chawh pawlh	रोत खोम, चोह् पोल्ह
सम्मुख (ind)	sammukh	1. infront of 2. opposite of (mulhs)	1. hmalam, 2. lehlampang	1. म्हालम, 2. लेह्लमपङ
सम्मेलन सं.पु. (n.m.)	sammelan	Conference convention	ro rel khawmna, ro rel tura in khawmna	रोउ रेल खोमना, रोउरेल तूरा इन खोमना
सम्राट सं.पु. (n.m.)	samrāṭ	emperor	lalber	ललबेर
सयाना वि. (adj.)	sayānā	1. grown up, 2. shrewd clever	1. puitling 2. fet fing	1. पुइत्लीङ 2. फेत् फिङ
समूह सं.पु. (n.m.)	samūh	multitude, group	nipui, pungkhawm	मीपुइ, पुङखोम
सर वि. (adj.)	sar	1. victorious 2. hand in game	1. hneh 2. khelh lai	1. ह्नेह 2. खेल्ह लाइ
सरकना क्रि.अ. (vi)	sark.nā	to move a little	che sawn hret	चे सोन हेत्

		to crawl .		
सरखत सं.पु. (n.m.)	sar.khat	deed, written agreement	inremna thu delh kilh, inremna thu thlung	इनरेमना थु देल्ह् किल्ह्, इनरेमना थु त्लुङ
सरकस सं.पु. (n.m.)	sarkas	circus	hmuhnawm, ennawm	म्हुह्नॉम, एननॉम
समन्वित वि.(adj.)	samanvit	Coordinated	ṭan la khawm ṭha	टन ल खोम ठा
सरकार सं.स्त्री. (n.f.)	sarkār	1. government 2. master, lord	sawrkar	सोरकार
सरकारी सं.स्त्री. (n.f.)	sar.kārī	Official, Pertaining to government	sawrkar thil	सोरकार थिल
सरगम सं.पु. (n.m.)	sar.gam	gamut (music)	ri-aki hniam ber aṭanga a sang ber hnam	री-अकी ह्नीयम बेर अटंङा अ साङ बेर ह्नम
सरदार सं.पु. (n.m.)	sar.dār	1. Chief 2. leader 3. member of sikh community	hruaitu, sikh mi	ह्रुइतू, सिख मी
सरपंच सं.पु. (n.m.)	sar.pãch	Chief arbiter	chikhat lal hotu, roreltu lu	चिखत होउतू, रोउरेलतू लू
सरपट वि. (adj.)	sar.pat	gallopping, at a gallop	zuangin, sakawr zuanin	जुअङ्इन, सकॉर ज़ुअनइन
सरल वि. (adj.)	saral	simple, easy	mawl, awlsam	मोल, ऑमसम
सरस वि. (adj.)	saras	juicy, tasty	tui, hang	तुइ हाङ
सरसरी वि. (adj.)	sar.sarī	1. cursory 2. summary	1. tih thuak 2. thu tlangpui	1. तिह् थुअक् 2. थु त्लाङ्पुइ
सरसों सं.स्त्री. (n.f.)	sar.sõ	mustard (seed or plant)	an ṭam (kauphêk)	अन टम (कोउफेक)
सरस्वती सं.स्त्री. (n.f.)	sarasvatī	Goddess of learning	zirna/hriatna pathian nu	जिरना/ह्रियतना, पथियन नू
सरहद सं.स्त्री. (n.f.)	sarhad	border, frontier	ramri	रमरी
सरासर (ind)	sarāsar	from end to end, totally wholy	a bul leh tawpah, a vaiin, a pumin	अ बुल लेह् तोपअह्, अ वाइइन, अ पुमइन
सराहना क्रि.वि. (vt)	sarāh.nā	to praise/land	fak, fak, mawi	फक, फक मोइ

		to commend		
सराहनीय वि. (adj.)	sarāhnīya	praise worthy, laudable	fak tlak, chawimawi tlak	फक त्लाक, चोइमोइ त्लाक
सर्राफ सं.पु. (n.m.)	sarrāf	bullion, merchant	sumdawng hausa tawntaw	सुमदोङ हउसा तोनूतो
सर्राफा सं.पु. (n.m.)	sarrāfā	bullion, market	sumdawnna rura	सुमदोनूना रुरा
सरिता सं.पु. (n.m.)	saritā	stream, river	lui, lui pui	लुइ, लुइ पुइ
सरिसृप सं.पु. (n.m.)	sarisrip	crawling/creeping insects or the like, reptiles	rannung tleng/ vak chi-rûl, pangang etc.	रननुङ त्लेङ/ वाक् ची-रुल, पङङ् ते
सरेस सं.पु. (n.m.)	sares	gelatine	hnang-ban	न्हाङ-बन
सरोकार सं.पु. (n.m.)	sarokār	concern, connection	chung chang, kaihhnawih	चुङ्चाङ, कइह्न्होइह्
सरोद सं.पु. (n.m.)	sarod	an Indian musical instrument resembling a guitar	Indian ṭing ṭang	इण्डिया टिङटङ
सरोवर सं.पु. (n.m.)	sarovar	lake, pond, pool	dil tui tling	दील तुइ त्लीङ
सरौता सं.पु. (n.m.)	sarāutā	instrument for cutting betel, nuts, nuts cracker	kuhva chehna	कुह्वा चेह्ना
सर्द वि. (adj.)	sard	cold	vawt, hit	वोत, हित
सर्दी सं.स्त्री. (n.f.)	sardī	cold	vawt, hit	वोत, हित
सर्प सं.पु. (n.m.)	sarp	snake	rûl	रुल
सर्पाकार सं.पु. (n.m.)	sarpākār	snaky	hlauhawm inphum ru	ह्लाउऑम इनफूम रु
सर्व वि. (adj.)	sarv	all, whole, entire	vaiin, pumin, pumpuiin	वाइइन, पुमइन, पुमपुइइन्
सर्वज्ञता सं.स्त्री. (n.f.)	sarvagyatā	omniscience	engkim hria	एङकिम ह्रिया
सर्वत्र (ind)	sarvatra	everywhere, in all cases	khawiah pawh, eng thuah pawh	खोइअह् पोह्, एङ थूअह पोह
सर्वथा (ind)	sarvathā	to tally, completely	vaiin, pumin	वाइइन, पुमइन

सर्वनाम सं.पु. (n.m.)	sarvanām	pronoun	thil hming aiawh	थिल म्हीङ आइऑह
सर्वप्रथम वि.क्रि.वि. (adj. & adv.)	sarvapra-tham	first of all	a hmasa berin	अ म्हासा बेरइन
सर्वप्रिय वि. (adj.)	sarvapriya	dear of all, loved by all	miting duat, mitin hmangaih	मितिन दुअत्, मितिन म्हाङइह्
सर्वांगीण वि. (adj.)	sarvāngiṇ	all round	eng pawh tlin, eng pawh thiam mai	एङ पोह् त्लीन, एङ पोह् थियम मइ
सर्वाधिक वि. (adj.)	sarvādhik	greatest in number	tam ber, namber sang ber	तम बेर, नम्बर साङ बेर
सर्वव्यापक वि. (adj.)	sarvavyāpak	omnipresent, all pervading	kawikipa awm	कोइकिपा ऑम
सर्वव्यापी वि. (adj.)	sarvavyāpī	omnipresent	kawikipa awm	कोइकिपा ऑम
सर्वस्व सं.पु. (n.m.)	sarvasva	one's all	neih zawng leh thihna zawng	नेइह् जोङ लेह् थेइह्ना जोङ
सर्वेसर्वा वि. (adj.)	sarvesarvā	all-in all	engkima engkim	एङकिमा **एङकिम**
सर्वोच्च वि. (adj.)	sarvochcha	supreme, highest	chungnung ber, chungchuang	चुङनुङ बेर, चुङचुआङ
सर्वोत्तम वि. (adj.)	sarvottam	supreme, best of all	ṭha chungnung ber	ठा, चुङनुङ बेर
सर्वोदय सं.पु. (n.m.)	sarvoday	uplift of one and all	mimal leh mi zawng zawng chang-kanna	मीमल लेह **मी** जोङ जोङ चङ-कान्ना
सर्वोपरि वि. (adj.)	sarvopari	above all, superior	mi chungnung hotu ber	मी चुङनुङ होउतू बेर
सलवार सं.स्त्री. (n.f.)	salvār	a kind of trousers	kekawr tlawn chi khat	केकोर त्लोन चि खत
सलहज सं.स्त्री. (n.f.)	salhaj	wife of brother-in-low	mahni nupui/pasal te unaupa nupui	मह्नी नुपुइ/पसल ते उनाउपा नुपुइ
सलाई सं.स्त्री. (n.f.)	salāī	pointed logish stick rod for applying colly-rium to the eye-s, match stick	mita hnawihna hmawlhte nawalh fung	मीता न्होइना ह्मोल्ते, नोअल्ह फुङ
सलाख सं.स्त्री. (n.f.)	salākh	thin long met-allic bar	thirting sei	थीरतियाङ सेइ

सलाद सं.पु. (n.m.)	salād	salad	chhum loh thlai ilo chaw nena hmeh chi	छुम लोह् त्लाइ इलोउ चो नेना म्हेह् ची
सलाम सं.पु. (n.m.)	salām	muslim form of salutation	muslim ho chibai inbukna	मुसलिम होउ चिबइ इनबूकना
सलामी सं.स्त्री. (n.f.)	salāmī	salutation, formal salutation (military in particular)	chibai inbukna (sipai ho inbukna ang)	चिबइ इनबूकना (सिपइ होउ इनबूकना अङ)
सलाह सं.स्त्री. (n.f.)	salāh	advice, counsel	thurawn	थुरोन
सलाहकार सं.पु. (n.m.)	salāhakār	counsellor, advisor	thurawntu, kawhhmuhtu	थुरोन्तू कोह्म्हुह्तू
सलिल सं.पु. (n.m.)	salil	water	tui, tuiril	तुइ, तुइरिल
सलीका सं.पु. (n.m.)	salīkā	etiquette, good manners	awmdan fel, awmdan ṭha	ऑमदान फेल, ऑमदान ठा
सलूक सं.पु. (n.m.)	salūk	behaviour, social dealing the good dose	awmphung, vantlang tihdan hmang, thil ṭha tih	ऑमफुङ, वानत्लाङ तिह्दान म्हाङ, थिल ठा तिह्
सलोना वि. (adj.)	salonā	comely, winsome, saltish	ngaihno bei, hmel hawih, al	ङइह् नोउ बेइ, म्हेल होइह्, अल
सवा वि. (adj.)	savā	one and a quarter	pakhat leh hmun lia ṭhenna hmun khat	पखत लेह म्हुन लीअ ठेन्ना म्हुन खत
सवाव सं.पु. (n.m.)	savāb	(heavenly) reward for deeds meritorious religious deed.	thil ṭha tih lawmman, sakhaw thiltih	थिन ठा तिह् लोम्मन, साखो थिलतिह्
सवार वि. (adj.)	savār	mounted	pung, rum	पुङ, रुम
सवारी सं.स्त्री. (n.f.)	savārī	actor state of riding, mount, vehicle	thil chunga chunag	थिल चुङा चुआङ
सवारी गाड़ी सं.पु. (n.m.)	savārīgāṛī	passenger train	mihring phurtu rel	मीह्रिङ फुरतू रेल

सवाल सं.पु. (n.m.)	savāl	question	zawhna	जोहना
सवेरा सं.पु. (n.m.)	saverā	morning	zing, zing lam	जीङ, जीङ लम
सशक्त वि. (adj.)	sashakta	forceful powerful	mi hnehthei, mi thil ti thei	मी न्हेह्थेइ, मी थिल ति थेइ
सशरीर वि. (adj.)	sasharīr	physically, bodily	taksain	तकसाइन
ससुर सं.पु. (n.m.)	sasur	father-in-law	nupui\pasalapa	नुपुइ/पसलापा
ससुराल सं.स्त्री. (n.f.)	sasurāl	place or recidence of the in-laws	nupui/pasalte chhung chenna	नुपुइ/पसलते छूङ चेन्ना
सस्ता वि. (adj.)	sastā	cheap, low priced	tlawm, man tlem	त्लोम, मन त्लेम
सहकर्मी सं.पु. (n.m.)	sah-karmī	co-worker	thawhpui	थोहपुइ
सहकारी वि. (adj.)	sahkārī	co-operative	thawhpui nuam ṭangkai	थोहपुइ नुआम, टङकाइ
सहकारिता सं.स्त्री. (n.f.)	sah-kāritā	co-operation	in thawhpuina, inrem taka thawh hona	इन थोहपुइना, इनरेम तका थोह् होउना
सहगान सं.पु. (n.m.)	sahgān	chorus	thunawn, thu uar bik	थुनोन्, थु उआर बीक
सहधार्मिणी सं.स्त्री. (n.f.)	sah-dhārmiṇī	wife	nupui	नुपुइ
सहन सं.पु. (n.m.)	shan	court yard, act or state of enduring\tolerating	kawt zawl tuarna	कोत् जोल, तुअरना
सहनशील सं.पु. (n.m.)	sahanshīl	forbearing, tolerant	tuarchhel, tuar thei, dawh thei	तुअर-छेल, तुअर थेइ, दोह थेइ
सहना क्रि.स. (vt)	sahnā	to endure\bear, to abideby	dawh, tuar, awi	दोह, तुआर, ओइ
सहपाठी सं.पु. (n.m.)	sahpāṭhī	class-fellow	pawlpui	पोलपुइ
सहभोज सं.पु. (n.m.)	sah.bhoj	a dinner community dinner	chaw ei khawm	चो एइ खोम
सहमत वि. (adj.)	sahmat	concurred, agreed	rem, inrem in mil	रेम, इनरेम, इन मिल

सहमति सं.स्त्री. (n.f.)	sahmati	concurrence, assent	inmilna, inremna, remtihna	इनमिलना, इनरेमना रेमतिह्ना
सहमना क्रि.स. (vt)	sahamnā	to get scared	hlau thawng ṭi	ह्लाउ थोङ टी
सहयोग सं.पु. (n.m.)	sahyog	co-operation, colloboration	thawhho theihna, thawh tlanna	थोह होउ थेइह्ना, थोह त्लान्ना
सहयोगी वि. (adj.)	sahyogī	associate	thawhpui, tihpui	थोहपुइ, तिहपुइ
सहयोगी वि. (adj.)	sahyogī	associated	thawhpui, tihpui	थोहपुइ, तिहपुइ
सहलाना क्रि.स. (vt)	sahlānā	to rub gently	zawitea nuai	जोइतेअ नुअइ
सहशिक्षा सं.स्त्री. (n.f.)	sah-shikṣā	co-education	a hova zirna (mipa leh hmeichhia)	अ होउवा जिरना (मीपा लेह् म्हेइछिया)
सहसा (ind)	sahsā	all of sudden	thawk khatah	थोक खतअह्
सहस्र वि. (adj.)	sahasra	thousand	sang	साङ
सहानुभूति सं.स्त्री. (n.f.)	sahānu-bhūtī	sympathy	khawngaihna, lainatna	खोङइह्ना, लइनत्ना
सहायक वि. (adj.)	sahāyak	assistant, helper aide	ṭanpuitu, chhang daltu	टनपुइतू, छङ दालतू
सहायता सं.स्त्री. (n.f.)	sahāyatā	aid, help	inṭanpuina, inchhawm dawlna	इनटनपुइना, इनछोमदोलना
सहारा सं.पु. (n.m.)	sahārā	support, prop.	tungdingtu, banpui	तुङदिङतू, बनपुइ
सहित (ind)	sahit	with, alongwith together with	nenin, a ṭhiangin	नेन्इन, अ ठियङइन
सहिष्णु वि. (adj.)	sahisṇu	meek and forbearing	thu hnuairawlh leh dawh thei	थु न्हुअइरोल्ह लेह दोह थेइ
सही वि. (adj.)	sahī	right, correct, true	dik, fuh	दिक, फुह
सही-सलामत क्रि.वि. (adv.)	sahī-salāmat	hale and hearty intact	hrisel, chak	ह्रिसेल, चक
सहूलियत सं.स्त्री. (n.f.)	sahūliyat	facility, amenity	hnemhna	न्हेमन्हा
सहृदय वि. (adj.)	sahirday	having a good heart	rilru\thinlung ṭha nei	रिलरु/थिनलुङ ठा नेइ
सहृदय वि. (adj.)	sahirday	warm hearted, humane, affec-tionate	mi ngaihawm, mi lawmthiam, mi ngainat awm	मी ङइह्ऑम, मी लोमथियम, मी ङइनत्ऑम
सहेली सं.स्त्री. (n.f.)	sahelī	female com-	awmpui, ṭhian	ऑमपुइ, ठियन

		panion	(hmeichhia)	(म्हेइछिया)
सहोदर वि. (adj.)	sahodar	uterine (one's)	nuta-nuhmun	नुटा-नुम्हुन
			pah-	पहृङ,
		own brother	rang, mahni nuṭa	म्हानी नुटा
सांकल सं.स्त्री. (n.f.)	sãnkal	chain like hasp for fasening the door	kawngka kalhna	कोङ्का कल्ह्ना
सांकेतिक वि. (adj.)	sãketik	symbolic	entirna	एनूतीरना
सांझ सं.स्त्री. (n.f.)	sãjh	evening	tlai lam	त्लाइ लम
सांड सं.पु. (n.m.)	sãnḍ	bull	bawngpa, sial\lawipa	बोङ्पा, सियल/लोइपा
सांत्वना सं.स्त्री. (n.f.)	sãntvanā	solac, consolation	inhnemn	इनन्हेमना
सांप सं.पु. (n.m.)	sāmp	serpent, snake	rûlpui, rûl	रुलपुइ, रुल
सांप्रदायिक वि. (adj.)	sāmpradāyik	communal	pawl thil	पोल थिल
सांप्रदायिकता सं.स्त्री.	sāmpradāyikatā	communalism	hnam intih bikna, chi inhirat bikna	न्हम् इनतिह् बीकना, ची इनह्यित बीकना
सांवला वि. (adj.)	sāvlā	swarthy	vun dum, hang	वुन दुम, हाङ
सांस सं.स्त्री. (n.f.)	sãs	breath	thaw	थो
सांसारिक वि. (adj.)	sānsārik	worldly, mundane	khawvel thil pawn lang	खोवेल थिल पोन लाङ
सांस्कृतिक वि. (adj.)	sāskritik	cultural	hnamze thil	ह्नमजे थिल
साइंस सं.पु. (n.m.)	sāinṣ	science	chiang taka thil hriatna, (atiha tih)	चियङ तका थिल ह्यितना (अतिहअतिह्)
साइज सं.स्त्री. (n.f.)	sāiz	size	lenzia	लेनजिया
साइत सं.स्त्री. (n.f.)	sāit	moment, auspicious moment	hun tak, hunṭha, bik	हुन तक, हुन ठा, बीक
साइनबोर्ड सं.पु. (n.m.)	sāinborḍ	sign-board	hriattirna tar	ह्यितत्तीरना तार
साई सं.स्त्री. (n.f.)	sāī	advance	pawisa hman	पोइसा म्हन
		earnest money	pek (lailawk)	पेक (लइलोक)
साईस सं.पु. (n.m.)	sāīs	groom, syce	hnung zui tu, mi cheitu (chhiahhlawh)	न्हुङ जुइतू, मी चेइतू (छियह्ह्लोह)

साकार वि. (adj.)	sākār	shapped, having a shape	hmel hmang, riruang	म्हेल म्हङ, रीरुअङ
साकिन वि. (adj.)	sākin	resident, inhabitant of	awmna in, chenna in	ऑमना इन, चेन्ना इन
साक्षर वि. (adj.)	sākṣar	literate	lehkhathiam	लेह्खथियम
साक्षरता सं.स्त्री. (n.f.)	sākṣaratā	literacy	lekhathiamna	लेह्खथियमना
साक्षात् वि. (adj.)	sākṣāt	personified, inflesh and blood	tisa a chang, hring hrana inentir	तीसा अ चङ, ह्रिङ ह्राना इनएनतीर
साक्षात्कार सं.पु. (n.m.)	sākṣātkār	being face to face, interview	in hma chhawna awm, mi hma chhawna awm	इन म्हा छोना ऑम, मी म्हा छोना ऑम
साक्षी सं.पु. (n.m.)	sākṣī	witness, evidence	hre chiangtu, thu hretu, hriat chianna, finfiahna	ह्रे चियङ्तू, थू ह्रेतू, ह्रियत चियनूना, फिनफियह्ना,
साक्ष्य सं.पु. (n.m.)	sākṣya	evidence, testimony	nihzia, finfiahna, nihna tihlanna	निह्जीय फिनफियह्ना, निह्ना तिह्लनना
साख सं.पु. (n.m.)	sākh	credit, good will	inrin tawnna, thil tih	इनरिन् तोनूना, थिल तिह्
साग सं.पु. (n.m.)	sāg	green leaves used a vegetable cooked, vegetable preparation.	thlai hnah, thlai chawhmeh siam	त्लाइ ह्नह, त्लाइ चोम्हेह् सियम
सागर सं.पु. (n.m.)	sāgar	sea	tuipui	तुइपुइ
सागवान सं.पु. (n.m.)	sāgvān	teak	tik thing	तीक थिङ
सागौन सं.स्त्री. (n.f.)	sāgāun	teakwood	tik-thing	तीक-थिङ
साज सं.पु. (n.m.)	sāz	accoutrements, set of musical instruments	thuam, tum rik bu khat	थुअम, तुम रीक बु खत
साजन सं.पु. (n.m.)	sājan	husband, lover	pasal, ngaihzawng	पसल, ङइह्जोङ
साज-सामान सं.पु.	sāz-sāmān	equipment, furniture, luggage	thuam, bungrua, thawmhnaw	थुअम, बुङरुअ, थोमन्हो

साजिंदा सं.पु. (n.m.)	sājindā	one who plays on a musical instruments spl. in the accompanyist.	khuang pu, tumtu	खुआङ पू, तुमतू
साजिश सं.स्त्री. (n.f.)	sājish	conspiracy, plot	inphiarna	इनफियरना
साझा सं.पु. (n.m.)	sājhā	partnership	tihdun, inkawp	तिह्दुन, इनकोप
साझेदार सं.पु. (n.m.)	sājhedār	copartner, co-owner	tihpui, ṭawm puitu	तिहपुइ, टोम पुइतू
साठ वि. (adj.)	sāṭh	sixty	sawmruk	सोमरुक
साठ-गाँठ सं.स्त्री. (n.f.)	sāṭh-gānṭh	secret pact, intrigue	a ruka inthurual	अ रुका इनथुरुअल
साड़ी सं.स्त्री. (n.f.)	sāṛī	saree, sari	sari	सारी
साढू सं.पु. (n.m)	sādhū	husband of wifes sister of brother-in-law	nuphal pa	नुफल पा
सात वि. (adj.)	sāt	seven	pasarih	पसरिह्
सातवां वि. (adj.)	sātvā̃	seventh	pasarihna	पसरिह्ना
साथ सं.पु. (n.m.)	sāth	company, association	pawl, kawp	पोल, कोप
साथी सं.पु. (n.m.)	sāthī	companion, comrade	ṭhian	ठियन
सादर (ind)	sādar	with respect, respectfully	zah takin	जह् तकइन
सादगी सं.स्त्री. (n.f.)	sādgī	simplicity	mawlna	मोलना
सादा वि. (adj.)	sādā	simple, plain	mawl	मोल
सादृश्य वि. (adj.)	sādrishya	like, similar, alike	ang, thuhmun inang	अङ, थुम्हुन इनअङ
साध सं.स्त्री. (n.f.)	sādh	long-cherished desire	lo chak êmêm ṭhin	लोउ चक एम एम ठीन
साधक वि. (adj.)	sādhak	religiously, persevering, instrumental	urhsun leh chhel takin, hmanrua	उरहसून लेह छेल तकइन, म्हनरुआ
साधन सं.पु. (n.m.)	sādhan	means, completion	hmanrua, zawh (zo)	म्हनरुअ, जोह (जोउ)
साधना क्रि.स. (n.f.)	sādhnā	to accomplish,	chher chhuak, ti	छेर छुआक, ति

		to bring round	(ṭha) zo	(ठा) जोउ
साधना सं.स्त्री. (n.f.)	sādhnā	great perseverance	chhelna nasa	छेलना नसा
साधारण वि. (adj.)	sādhāraṇ	ordinary, common	naran, pangngai,	नरान, पाङ्ङाइ,
साधु वि. (adj.)	sādhu	saintly	thianghlim (nungchang)	थियङल्लीम (नुङ्चुङ)
साध्य वि. (adj.)	sādhya	attainable, which can be accomplished	phak, tihtheih	फाक, तिहथेइह
साध्वी सं.स्त्री. (n.f.)	sādhvī	chaste and faithful	ṭha leh rinawm	ठ लेह रिनऑम
सान सं.पु. (n.m.)	sān	whetston, grindstone	lungtat, rawtsawmna	लुङ्तात, रोतसोमना
सानी वि. (adj.)	sānī	matching	inhmeh, inrem	इनम्हेह्, इनरेम
साप्ताहिक वि. (adj.)	sāptāhik	weekly	kartin	कारतिन
साफ वि. (adj.)	sāf	clear, clean	fiah, chiang, fai,	फियह, चियङ, फाइ,
		neat, frank, smooth .	fel, thukhuh lo	फेल, थुखुह लोउ
साफ-सुथरा वि. (adj.)	sāf-suthrā	neat and clean	fel-fai	फेल-फाइ
साफा सं.पु. (n.m.)	sāfā	turban like head dress	diarkhum	दियरखुम
साबित (pp)	sābit	proved, testified	tih chian, finfiah	तिह चियन, फिनफियह
साबुदाना सं.पु. (n.m.)	sābudānā	sago	dam lo chaw (tuiril)	दम लोउ चो (तुइरिल)
साबुन सं.पु. (n.m.)	sābun	soap	sahbawn	सहबोन
सामंजस्य सं.पु. (n.m.)	sāmanjasya	coordination	inrem taka tih emaw tih dial dial	इनरेम तका तिह एमो तिह दीयल दीयल
सामंत सं.पु. (n.m.)	sāmant	feudal chieftain	lal tenau	लल तेनाउ
सामग्री सं.स्त्री. (n.f.)	sāmagrī	collection of articles	thil dah khawl	थिल दह् खोल
साम्ना सं.पु. (n.m.)	sāmnā	confrontation, encounter	inhma chhawnna	इनम्हा छोनूना

सामने क्रि.वि. (adv.)	sāmne	in front before, yonder	hmaah, hmasa, sawtah, khitah	म्हाअह्, म्हासा, सोतह्, खितह्
सामयिक वि. (adj.)	sāmayik	current, topical	a hun laia lar	अ हुन लाइअ लार
सामर्थ्य सं.स्त्री. (n.f.)	sāmarthya	strength, power, capacity	chakna, theihna	चकना, थेइहना
सामाजिक वि. (adj.)	sāmājik	social	tlang thil, vantlang	त्लाङ थिल, वानत्लाङ
सामान सं.पु. (n.m.)	sāmān	goods, luggage	bungrua, thawmhnaw	बुङरुआ, थोमन्हो
सामान्य वि. (adj.)	sāmānya	common	naran, pangngai	नरान, पाङङइ
सामान्यतया क्रि.वि.	sāmānya-tayā	generally, commonly	a tlangpuiin, a naranin	अ त्लाङपुइइन, अ नरानइन
सामुदायिक वि. (adj.)	sāmudāyik	pertainning to communal	chi leh hnam a zawnga tih	ची लेह न्हअम जोङा तिह
सामूहिक वि. (adj.)	sāmūhik	collective	ho, zual, khawm, tel	होउ, जुअल, खोम, तेल
साम्यवाद सं.पु. (n.m.)	sāmyavād	communism	intihṭawmna leh neih ṭawmna dan	इनतिहूटोमना लेह नेइह् टोमना दान
साम्राज्य सं.पु. (n.m.)	sāmrājya	empire	ram, rorelna ram	रम, रोउरेलना रम
सायं वि. (adj.)	sāyãm	pertaining to evening	tlailam, zanlam	त्लइलम, जानलम
सायंकाल सं.पु. (n.m.)	sāyānkāl	evening, evening time	tlai, zan	त्लाइ, जान
सार सं.पु. (n.m.)	sār	essence, substance, abstract	nihna ril tak, nihna ril suangtuah theih chauh	निह्ना रिल तक, निह्ना रिल सुआङतुअह थेइह चउह्
सारस सं.पु. (n.m.)	sāras	crane (bird)	tui sava ngal sang	तुइ सवा ङल साङ
सारांश सं.पु. (n.m.)	sārānsh	gist, summary	thu tlangpui	थु त्लाङपुइ
सारा वि. (adj.)	sārā	whole, entire all	pum, vai, zawng zawng	पुम, वाइ जोङ जोङ
सारणी सं.स्त्री. (n.f.)	sāriṇi	table (systematic arrangement in rows and columns)	dawhkan remthat	दोह्कान रेमठत
साजेंट सं.पु. (n.m.)	sārjenṭ	sergeant	sipai\police tlem	सिपइ/पुलिस त्लेम

			chunga hotu	चुङा होउतू
सार्थक वि. (adj.)	sārthak	meaningful, fruitful	awmzenei, rah chhuah thei	ऑमजे नेइ, रह् छुअह थेइ
सार्वजनिक वि. (adj.)	sārvajanik	public	mipui vantlang	मीपुइ वानत्लाङ
साल सं.पु. (n.m.)	sāl	year, stiffening of nerves	kum, hriatna hrui khawng	कुम, ह्रियतना, हुइ खोङ
सालगिरह सं.स्त्री.(n.f.)	sālgirah	birthday	pian champhaphak	पियन चमफाफाक्
सालन सं.पु. (n.m.)	sālan	soupy preparation	sahbown tui	सहबोन तुइ
साला सं.पु. (n.m.)	sālā	brother, brother-in-law	nupui te nuta	नुपुइ ते नुटा
सालाना वि. (adj.)	sālānā	yearly, annual	kumtin	कुमतिन
साली सं.स्त्री. (n.f.)	sālī	sister, sister-in-law	nupui te laizawn	नुपुइ ते लइजोन
सावधान वि. (adj.)	sāvdhān	careful, cautious	fimkhur	फिमखुर
सावधानी सं.स्त्री. (n.f.)	sāvdhānī	carefulness	fimkhurna	फिमखुरना
सावन सं.पु. (n.m.)	sāvan	fifth month of hindu calendar the main month of rainy season	pangana fur thla	पङाना फूर त्ला
सास सं.स्त्री. (n.f.)	sās	mother-in-law	pasal emaw nupuite emaw nu	पसल एमो नुपुइते एमो नू
साहचर्य सं.पु. (n.m.)	sāhcharya	association, companionship	inkawmna, inpawlna	इन्कोमना, इन्पोलना
साहस सं.पु. (n.m.)	sāhas	courage, nerve	huaina, ngamna	हुअइना, ङमना
साहसी वि. (adj.)	sāhasī	courageous, adventurous	huaisen tihngam	हुअइसेन तिह्ङम
साहब सं.पु. (n.m.)	sāhab	lord, master, god	lalpa, hotu, pathian	ललपा, होउतू, पथियन
साहित्य सं.पु. (n.m.)	sāhitya	literature	thu-hla ril	थू-ह्ला रिल
साहित्यकार सं.पु. (n.m.)	sāhityakār	literature, writer	thu-hla lam thiam mi, thu ziaktu	थू-ह्ला लम थियम मी, थु जियकतू
साहू सं.पु. (n.m.)	sāhū	wealthy person, banker	mi hausa, pawisa dah, puk ilona vawngtu	मी हउसा, पोइसा दह, पूक इलोउना वोङतू

साहूकार सं.पु. (n.m.)	sāhūkār	wealthy perosn, banker	mi hausa, pawisa khawl	मी हउसा, पोइसा खोल
साहूकारी सं.स्त्री. (n.f.)	sāhūkārī	occupation or status of banker	hna chelh lai emaw pawisa vawngtu nihna	न्हा चेलह् लाइ एमो पोइसा वोङ्तू निह्ना
सिंगार सं.पु. (n.m.)	singār	make up	hmai vel hnawih chi	म्हाइ वेल न्होइह् ची
सिंगारदान सं.पु. (n.m.)	singārdān	make up box\ case	hmai hnawih bawm	म्हाइ न्होइह् बोम
सिंघाड़ा सं.पु. (n.m.)	singhāṛā	water chestnut	thei kawr sak tuia awm chi	थेइ कोर सक, तुइअ ऑम ची
सिंचाई सं.स्त्री. (n.f.)	sinchāī	irrigation	tui lak pen, tihnawng	तुइ लाक पेन, तिह्न्होङ
सिंदूर सं.पु. (n.m.)	sindūr	vermilion mercuric sulphide	sen lar rawng,	सेन लार रोङ
सिंधु सं.पु. (n.m.)	sindhu	sea, river indus, sind, province	tuipui, luipui indus lui, sind ram	तुइपुइ, लुइपुइ इनदास लुइ, सिन्द रम
सिंह सं.पु. (n.m.)	sinh	lion	sakeibaknei	सकेइबकनेइ
सिंहनाद सं.पु. (n.m.)	sinhnad	roar of a lion war cry	sakeibaknei rûm, indona au aw	सकेइबकनेइ रुम, इनदोउना आउ ओ
सिंहासन सं.पु. (n.m.)	sinhāsan	throne	Lalṭhutthleng	ललठुतत्लेङ
सिंहावलोकन सं.पु. (n.m.)	sinhāva-lokan	looking all round	enkual chhuak	एनकुलाल छुअक्
सिकता सं.पु. (n.m.)	siktā	sand	ṭiau vaivut	टीउ वइवुत
सिकुड़न सं.स्त्री. (n.f.)	sikuṛan	crumple, wrinkle	chuar, sawng	चुअर, सोङ
सिकुड़ना क्रि.अ. (vi)	sikuṛnā	to shrink\ srivel, to con-tract	tawm, sawng, in sawrte	तोम, सोङ, इन सोरते
सिक्का सं.पु. (n.m.)	sikkā	coin	pawisa thir	पोइसा थीर
सिक्खा सं.पु. (n.m.)	shikkhā	sikh, follower of sikhism	sikh, sikh sakhaw zuitu	सिक्ख, सिक्ख साखो जुइतू
सिखाना क्रि.सं. (vt)	sikhānā	to train\inst-	chher, zirtir	छेर, जिरतीर

		ruct, to teach		
सिगनल सं.पु. (n.m.)	signal	signal	chhin chhiahna, entirna	छिनछियह्ना, एनतीरना
सिड़ी वि. (adj.)	siṛī	cranky	mi tihmawh, mi tih har	मी तिह्मोह, मी तिह् हर
सित वि. (adj.)	sit	white	var, ngo	वार, ङोउ
सितंबर सं.पु. (n.m.)	sitambar	septembeı	september	सेपतेमबार
सितार सं.पु. (n.m.)	sitār	sitar, an Indian type of guitar	India ṭingṭang sitar	इण्डिया टिङटङ सितार
सितारा सं.पु. (n.m.)	sitārā	star	arsi	अरसी
सिद्ध वि. (adj.)	siddha	proved, established	fiah tawh, din tawh	फियह् तोह्, दिन तोह
सिद्धांत सं.पु. (n.m.)	siddhānt	principle, canon theory	thupui laimu, thu in nghahna	थुपुइ लइमू, थु इन् ङह्ना
सिनेमा सं.पु. (n.m.)	sinemā	cinema	cinema (milem che thei)	सिनेमा (मिलेम चे थेइ)
सिपाही सं.पु. (n.m.)	sipāhī	sepoy, policeman, soldier	sipai pulis, sipai	सिपइ पुलिस, सिपइ
सिफत सं.स्त्री. (n.f.)	sift	characterstic, speciality	nihan zia, chemkalna	निह्ना जिय, चेमकलना
सिफर सं.पु. (n.m.)	sifar	zero, cypher	bial, engmah lo	बियल, एङमह लोउ
सिर्फ (ind)	sirf	only	chauh	चउह
सिफारिश सं.स्त्री. (n.f.)	sifārish	recommendation, commendation	ṭha tihpuina, aw pawh	ठा तिहपुइना, ऑ पोह
सिमटना क्रि.अ. (vi)	simaṭnā	to constrict\ contract, to near completion	sawng te, tawm zo lek lek, zo mek	सोङ ते, तोम जोउ लेक लेक, जोउ मेक
सियार सं.पु. (n.m.)	siyār	jackal	sihal	सिहल
सियासत सं.स्त्री. (n.f.)	siyāsat	politics	ram rorel dan kalhmang	रम रोउरेल दान कलम्हङ
सिर सं.पु. (n.m.)	sir	head	lu	लू
सिरका सं.पु. (n.m.)	sirkā	vinegar	acetic acid tuia pawlh dal, zu lam aṭanga siam	असतिक असिड तुइअ पोलूह् दल, जू लम अटङा सियम

सिरनामा सं.पु. (n.m.)	sirnāmā	form of address in a letter etc. caption of an article	thu tar	थु तार
सिरपिटाना क्रि.अ. (vi)	sir-pitānā	to be completely non plussed	buai miah lo	बुअइ मियह लोउ
सिरमौर सं.पु. (n.m.)	sirmāur	crown of the head	lau khum chi	लुअ खुम ची
सिरहन सं.स्त्री. (n.f.)	sirhan	tremar, thrill	khur, zauthauna khur	खूर, जाउथउना खूर
सिरा सं.पु. (n.m.)	sirā	end, extremity, top	tawp, hmawr, chung ber	तोप, म्होर, चुङ बेर
सिल सं.स्त्री. (n.f.)	sil	flat stone used for grinding purpose.	mawsawla rawtna lung	मोसोला रोतना लुङ
सिलसिलेवार क्रि.वि. (adv.)	silsilevār	in orderly manner, in due order	fel leh ṭha thlapin	फेल लेह ठा त्लापइन
सिलवट सं.स्त्री. (n.f.)	silvaṭ	crease, crumole	chuar, khawr	चुआर, खोर
सिलबट्टा सं.पु. (n.m.)	silbaṭṭā	stone pestle and plat stone	rawtna lung leh a sum	रोत्ना लुङ लेह अ सुम
सिलसिला सं.पु. (n.m.)	silsilā	sequence, order conncection context	in dawt fel, thu hma	इन दोत फेल, थु म्हा
सिलाई सं.स्त्री. (n.f.)	silāī	stitching, sewing	ṭhui, thil ṭhui	ठुइ, थिल ठुइ
सिल्क सं.पु. (n.m.)	silk	silk	silk, maimaw puan	सिल्क, माइमो पुअन्
सिल्ली सं.स्त्री. (n.f.)	sillī	slate, whetstone for sharpening metallic tools	slate lung phĕk, lung tat	स्लेट लुङ फेक, लुङ तात
सिवाय (prep. & poste)	sivay	except	lo chu, tihlovah	लोउ चु, तिहलोउवाह
सिसकना क्रि.अ. (v.i.)	sisaknā	to sob	inhnit ṭap	इनन्हीत् टप
सिसकी सं.स्त्री. (n.f.)	siskī	sob	ṭap in sut	टप इन सूत

सिहरना क्रि.अ. (v.i.)	siharnā	to shake/shiver	inthing	इनथिङ
सींग सं.पु. (n.m.)	sīng	horn	ki (saki)	की (सकी)
सींचना क्रि.स. (v.t.)	sīchnā	to irrigate\ water	tui la peng, tui leih	तुइ ल पेङ, तुइ लेइह्
सीख सं.स्त्री. (n.f.)	sīkh	advice, instruction	thu rawn, thu kawhhmuh	थु रोन, थु कोह्म्हुह्
सीखना क्रि.स. (vt)	sīkhnā	to learn, to receive lessons	thil zir, inzir	थिल जिर, इनूजिर
सीट सं.स्त्री. (n.f.)	sīṭ	seat, boast, brag	ṭhutna, awm theihna chapopui	ठुत्ना, ऑम थेइह्ना चपोउपुइ
सीटी सं.स्त्री. (n.f.)	sīṭī	whistle	hamrik	हमरीक
सीढ़ी सं.स्त्री. (n.f.)	sīṛhī	ladder, staircase flight of stairs	leilawn, rahka	लेइलोन, रह्का
सीताफल सं.पु. (n.m.)	sītāphal	pumkin	mai	माइ
सीधा वि. क्रि.वि.	sīdhā	straight, simple direct, clear	ti nghal vat, mawl fiah chiang	तिह्ङाल वत, मोल फियह् चियङ
सीधा-सादा वि. (adj.)	sīdhāsādā	plain and simple	mawl	मोल
सीना क्रि.स. (vt)	sīnā	to stitch/sew	thui	ठुइ
सीना सं.पु. (n.m.)	sīnā	chest, breast	awm, awmpho	ऑम, ऑमफोउ
सीनाजोरी सं.स्त्री. (n.f.)	sīnāzorī	high-handedness	intihthuneihna, hnehsawhna	इनतिह्थुनेइह्ना न्हेह्सोह्ना
सीपी सं.स्त्री. (n.f.)	sīpī	samll shell of an oyster, often used as a gadget	tuikep kawra siam thil	तुइकेप कॉरा सियम थिल
सीमा सं.स्त्री. (n.f.)	sīmā	limit, boundary	ramri	रमरी
सीमित (p.p.)	sīmit	limited, bounded	chin nei, tawp nei	चिन नेइ, तोप नेइ
सीमेंट सं.पु. (n.m.)	sīmenṭ	cement	thil chi hnih chartu thil charna	थिल चि न्हीह् चारतू, थिल चारना
सीलन सं.पु. (n.m.)	sīlan	dampness, damp	hnawng, dam	न्होङ, दाम
सीसा सं.पु. (n.m.)	sīsā	lead	suan	सुअन
सुई सं.स्त्री. (n.f.)	suī	needle, hand of a watch	hriau, sana a kawktu	ह्रिअउ, सना अ कोकतू

सुकाल सं.पु. (n.m.)	sukāl	favourable time good opportunity	hun remchang,	हुन रेमचाङ,
सुकुमार वि. (adj.)	sukumār	delicate, tender	no, hram lo	नोउ, ह्राम लोउ
सुख सं.पु. (n.m.)	sukh	happiness, pleasure	hlimna, nawmsakna	ह्लीमूना नोमसकना
सुखद वि. (adj.)	sukhad	pleasing, delightful	lawmawm, hlimawm	लोमऑम, ह्लीमऑम
सुखपूर्वक क्रि.वि. (adv.)	sukh-pūrvak	happily, comfortably	hlim takin, muanawm leh nuam takin	ह्लीम तकइन, मुअनऑम लेह् नुअम तकइन
सुख शांति सं.स्त्री. (n.f.)	sukh-shānti	peace and happiness	muanna leh hlimna	मुअनूना लेह् ह्लीमना
सुखाना क्रि.स. (v.t.)	sukhānā	to dry, to dry up	tiro, tihul	तिरोउ, तिहुल
सुखी वि. (adj.)	sukhī	happy	hlim	ह्लीम
सुगंध सं.स्त्री. (n.f.)	sugandh	fragrance, aroma	rim thiang, rim	रिम थियङ, रिम
सुगढ़/सुघड़ वि. (adj.)	sugaṛh/ sughāṛ	well built accomplished	sa tha tawk, belh chian dawl, thiam vel vek	स ठा तोक, बेल्ह चियन दोल, थियम वेल वेक
सुगम वि. (adj.)	sugam	easy, passable	tha tawk duh tawk tling	ठ तोक, दुह तोक त्लीङ
सुगमता सं.स्त्री. (n.f.)	sugamtā	easiness	awlaina	ओलआइना
सुग्गा सं.पु. (n.m.)	suggā	parrot	vaki	वकी
सुँघाना क्रि.स. (v.t.)	sũghanā	to cause to smell	rim siam	रिम सियम
सुचारु वि. (adj.)	suchāru	pretty, charming	nalh, zei, ngaihnobei	नल्ह, जेइ, ङइह्नोउबेइ
सुजान वि. (adj.)	sujān	sagacious,	mi thil chhut thiam, mi thu	मी थिल छूत थियम, मी थू
		sensible, wise	hma leh hnu chhuui thiam, mi fing	म्हा लेह् न्हू छुइ थियम, मी फिङ
सुझाना क्रि.स. (v.t.)	sujhānā	to suggest, to indicate	rawt, tinzawn	रोत, तिनजोन

सुझाव सं.पु. (n.m.)	sujhāv	suggestion	rawtna, rinzwang	रोतना, रिनजोङ
सुडौल वि. (adj.)	sudāul	shapely, well-formed	hmelhmang ṭha	म्हेलम्हङ ठा
सुत सं.पु. (n.m.)	sut	son	fapa	फपा
सुतली सं.स्त्री. (n.f.)	sutlī	hemp jute string	buara hrui	बुअरा ह्रुइ
सुथरा वि. (adj.)	sutharā	neat, clean, tidy	fel, fai,	फेल, फाइ,
सुंदर वि. (adj.)	sundar	beautiful, handsome	mawi hmelhmang ṭha	मोइ, म्हेलम्हङ ठा
सुंदरता सं.स्त्री. (n.f.)	sundaratā	beauty, cleanliness	mawina, ngaintawmna	मोइना, ङइनत्ऑमना
सुंदरी सं.स्त्री. (n.f.)	sundarī	beautiful, women	hmeichhe nalh leh zei	म्हेइछे नल्ह लेह जेइ
सुंबा सं.पु. (n.m.)	sumbā	boring gadget	thil verhna	थिल वेरह्ना
सुदिन सं.पु. (n.m.)	sudin	happy times	hun hlimawm	हुन् ह्लीम्ऑम
सुदी सं.स्त्री. (n.f.)	sudī	bright fortnight of the lunar month	thla hleinga lai hun	त्ला ह्लेइङा लाइ हुन
सुदूर वि. (adj.)	sudūr	far off, very far, far away	hla tak	ह्ला तक
सुध सं.स्त्री. (n.f.)	sudh	awareness, conciousness	beng chhitna lam ngaihvenna	बेङ छित्ना लम, ङेइह्वेनना
सुध-बुध सं.स्त्री. (n.f.)	sudh-budh	awareness	ngaihven zawng bengchhit zawng	ङइहवेन जोङ, बेङछित जोङ
सुधरना क्रि.अ. (v.i.)	sudhrnā	to be reformed, to improve	siam ṭhata awm, ṭha lam pan	सियम ठत्ता ऑम, ठ लम पन
सुधा सं.स्त्री. (n.f.)	sudhā	nectar, ambrosial beverage	zu (pangpar zu) thil zu inchi	जू (पङ्पार जू) थिल जू इनची
सुधाकर सं.पु. (n.m.)	sudhākar	moon	thla	त्ला
सुधार सं.पु. (n.m.)	sudhār	refrom reformation improvement	siam ṭhatna, tih hmasawmnna	सियम ठत्ना, तिह् म्हासोन्ना
सुधारक सं.पु. (n.m.)	sudhārak	reformer	siamthatu	सियमठतू
सुधारना क्रि.स. (v.t.)	sudhārnā	to reform, to improve	siam ṭha tiṭhazual	सियम ठा, तिठाजुअल
सुनना क्रि.स. (v.t.)	sunanā	to hear, to listen	benga hria,	बेङा ह्रिया,

			ngaithla	ङाइत्ला
सुनवाई सं.स्त्री. (n.f.)	sunvāī	hearing	benga hriatna	बेङा ह्रियतना
सुनसान वि. (adj.)	sunsān	lonely, desolately, quietly	khawhar takin, mal inti takin, reh ṭhiapin	खोहर तकइन, मल इनति तकइन, रेह ठियपइन
सुनहला वि. (adj.)	sunhalā	of the colour of gold, golden	rangkachak rawng	रङकचक रोङ
सुनार सं.पु. (n.m.)	sunār	goldsmith	thir chhertu (rangachak chhertu)	थीर छेरतू (रङकचक छेरतू)
सुनिश्चित (p.p.)	sunishchit	firmly determined, definite	tum ruh, chiang	तुम रुह् चियङ
सुन्न वि. (adj.)	sunna	void of all sensation benumbed	hriatna bo vekin, eng hre lovin	ह्रियतना बोउ वेकइन, एङ ह्रे लोउइन
सुपारी सं.स्त्री. (n.f.)	supārī	betelnut, arecanut	kuhva, kuhva rah	कुह्वा, कुह्वा रह्
सुपुर्द वि. (adj.)	supurd	entrusted (to)	kuta vawntir, mawhphurhna pêk	कुता वोनूतीर, मोहफुरह्ना पेक
सुपुत्र सं.पु. (n.m.)	suputra	dutiful son	fa (mipa) thuawih	फा (मीपा) थुओइह्
सुप्त वि. (adj.)	supta	asleep, dormant, latent	muhil, chawl	मुहील, चोल
सुबह सं.स्त्री. (n.f.)	subhah	morning	zing, zing lam	जीङ, जीङ लम
सुभट सं.पु. (n.m.)	subhaṭ	a great warrior	indo mi, mi ropui	इनदोउ मी, मी रोउपुइ
सुभाषित वि. (adj.)	subhāṣit	well said, finely expressed	sawi fel, sawi ṭha	सोइ फेल, सोइ ठा
सुमन वि. (adj.)	suman	nicehearted, flower	(adj.) rilru ṭha (n) pangpar,	(adj.) रिलरु ठा (n) पङपार
सुयश सं.पु. (n.m.)	suyash	renown, repute	mi thang ṭha, mi fel sawi selbo	मी थङ ठा, मी फेल सोइ सेल बोउ
सुयोग सं.पु. (n.m.)	suyog	happy coincidence, occasion	hun hlim awm intawng	हुन ह्लीम ऑम इनूतोङ
सुरंग[1] सं.स्त्री. (n.f.)	surang	tunnel, mine (of dynamite)	thil laih chhuahna kua\kawng	थिल लइह् छुअह्ना कुआ/कोङ
सुरंग[2] वि. (adj.)	surang	of good colour,	rawng ṭha\nung	रोङ ठा/नुङ

		chest nut colour	rawng senbuang	रोङ सेनबुअङ
सुर सं.पु. (n.m.)	sur	god, tone, note tune	pathian, thluk ri mawi	पथियन, त्लूक रि मोइ
सुरक्षा सं.स्त्री. (n.f.)	surakṣā	protection defence	venhimna	वेनहिमना
सुरक्षित (p.p.)	surakṣit	well protected, defended reserved	ven him humthat	वेन हिम हुम ठत
सुरखी सं.स्त्री. (n.f.)	surkhī	redness, bannerlire	senzia, puanzarhrui	सेनजिय, पुअनजारहुइ
सुरचाप सं.पु. (n.m.)	surchāp	the rainbow	chhimbal	छिमबाल
सुरबाला सं.स्त्री. (n.f.)	surbālā	a female deity	pathiannu	पथियननू
सुरमई वि. (adj.)	surmaī	of the colour of collgrim of slatish hue	lung lekha rawng, vai mithnawih rawng	लुङ लेहूख रोङ, वाइ मित ह्नोइह् रोङ
सुरमा सं.पु. (n.m.)	surmā	collyrium	mitna damdawi, mit hnawih	मितना दमदोइ, मित ह्नोइह्
सुरमादानी सं.स्त्री. (n.f.)	surmā-dānī	collyrium receptacle	mitnawih awmna	मित ह्नोइह् ऑमना
सुरम्य वि. (adj.)	surmaya	exquisitely charming	ngaihno bei tak	ङइह्नोउ बेइ तक
सुरलोक सं.पु. (n.m)	surlok	heaven, paradise	vanram, pialral	वानरम, पियलराल
सुरसुराना क्रि.स. (v.t.)	sursurānā	to itch, slightly to make a sound like that of a creeping animals.	thak-zadeuh, rannung vuak ri anga ri	थक-जदेउह् रननुङ वूअक् री अङा री
सुरसुरि सं.स्त्री. (n.f.)	sursuri	an insect which eats into grains.	buh nget (lung)	बुह् ङेत (लुङ)
सुरा सं.स्त्री. (n.f.)	surā	wine\liquor	wine\zu	वइन् (जू)
सुराग सं.पु. (n.m.)	surāg	clue, cue	zawnawlna, kawhhmuhna	जोनओलना, कोहम्हुह्ना
सुराही सं.स्त्री. (n.f.)	surāhī	long necked jar, usually earthen,	tuibel rawng sei nei	तुइबेल रोङ सेइ नेइ

		meant of cooling water		
सुरीला वि. (adj.)	surīlā	melodious, tuneful, sweet	ri mawi, ri ngaihawm	री मोइ, री ङइह्नोम
सुलगना क्रि.अ. (v.i.)	sulag.nā	smoulder	mut	मुत
सुलगाना क्रि.स. (v.t.)	sulgānā	light	kangkai, tialh	काङकाइ, तिअलह्
सुलझना क्रि.अ. (v.i.)	sulajh.nā	to disentangled	in phelh	इन फेल्ह्
सुलझाना क्रि.स. (v.t.)	suljhānā	to disentangle\ solve	phelh\ching fel	फेल्ह/चिङफेल
सुलभ वि. (adj.)	sulabh	easily, available\ obtainable	awlsam taka neih theih, neih\lak mai theih	ओलसम तका नेइह् थेइह्, नेइह्/लाक मइ थेइह्
सुलह सं.स्त्री. (n.f.)	sulah	compromise, truce	a lai tanna, inremsiamna	अ लाइ तन्ना, इनरेमसियमना
सुलहनामा सं.पु. (n.m.)	sulahnāmā	deed of compromise	inremsiamna thiltih, thu laitana thil tih	इनरेमसियमना थिलतिह्, थु लाइतन्ना थिल तिह
सुलाना क्रि.स. (v.t.)	sulānā	to cause to sleep, to make (some one) sleep.	muthilhtir, tir	मुत्हिल्ह्तीर-तीर
सुलेख सं.पु. (n.m.)	sulekh	beautiful hand writing, calligraphy	kut ziak mawi, kut ziak lam thil	कुत जियक मोइ, कुत जियक लम थिल
सुविधा सं.स्त्री. (n.f.)	suvidhā	convenience, facility	remchanna, remchanna thilhman	रेमचान्ना, रेमचान्ना थिलम्हन्
सुशील वि. (adj.)	sushīl	of good disposition, courteous.	awmdan ṭha a awm, hawihhawm, mi zaingai thiam	ऑमदान ठा अ ऑम, होइह्होम, मी जाइङाइ थियम
सुशोभित (p.p.)	sushobhit	to become, to befit	nihtur ang ni, lo ni	निह्तूर अङ नी, लोउ नी
सुषमा सं.स्त्री. (n.f.)	suṣmā	natural\exquisite beauty	pianphung mawi	पियनफुङ मोइ
सुषुप्त (p.p.)	suṣupta	asleep, in slum-	mut chhuak,	मुत छुआक,

		ber, latent	muhil anga chawl	मुहील अङा चोल
सुसज्जित (p.p.)	susajjit	well decorated	ṭha taka chei,	ठ तका चेइ,
सुस्त वि. (adj)	sust	lazy, idle, indolent, slow.		
सुस्ताना सं.पु. (n.m.)	sustānā	to take rest to relax		
सुस्ती सं स्त्री. (n.f.)	sustī	laziness, idleness	thatchhiatna	थतछियतना
सुहाग सं.पु. (n.m.)	suhāg	woman's blessed state of life when her spouse is alive	pasal neite malsawmna	पसल नेइते मलसॉमना
सुहागा सं.पु. (n.m.)	suhāgā	borax ftetrahydrate	sodium, dip	सोडियम, दिप
सुहागिन सं.स्त्री. (n.f.)	suhāgin	woman whose husband is alive	hmeichhe pasal nei lai	म्हेइछे पसल नेइ लाइ
सुहावना वि. (adj.)	suhāvanā	pleasant, delightful	nuam, engthawl, hlimawm	नुआम, एङ्थोल, ह्लीमऑम
सूंघना क्रि.अ. (v.t.)	sũghnā	to sudl	hnim (rim hnim)	ह्नीम (रिम ह्नीम)
सूंड सं.स्त्री. (n.f.)	sūṇḍ	trunk (of an elephant)	sai nawn	साइ नोन्
सूअर सं.पु. (n.m.)	sūar	pig	vawk	वोक
सूआ सं.पु. (n.m.)	sūa	parrot	vaki	वकी
सूक्ष्म वि. (adj.)	sūkshma	minute, very small	te tak te, hriat tham loh	ते तक ते, ह्रियत थम लोह्
सूक्ष्मदर्शी वि. (adj.)	sūkṣmadarshī	having a keen insight, microscope	(adj.) thil hmu\ hre thiam. (m) enlenna	(adj.) थिल म्हु/ ह्रे थियम (m) एनलेन्ना
सूखना क्रि.अ. (v.i.)	sūkhnā	to dry, to get dry	ti ro, ti hul	ति रोउ, ति हुल
सूखा वि. (adj.)	sūkhā	dry	ro, hul	रोउ, हुल
सूचक वि. (adj.)	sūchak	indicator, informer, indicator	(adj.)kawhhmuhtu (m) hrilhhretu, kawhhmuhtu	(adj.) कोह्म्हुह्तू (m) ह्रिल्ह्रेतू कोह्म्हुह्तू
सूचना सं.स्त्री. (n.f.)	sūchnā	information, notice	inhrilhhriatna, hriattirna	इनह्रिल्ह्रियतना, ह्रियत्तीरना

सूची सं.स्त्री. (n.f.)	sūchī	list, inventory	tlar, thilhming ziah	त्लर, थिलम्हीङ जियह्
सूजन सं.स्त्री. (n.f.)	sūjan	swelling, inflammation	vung pem	वूङ पेम
सूजना क्रि.अ. (v.i.)	sūjnā	to swell	lo vung	लोउ वूङ
सूजा सं.पु. (n.m.)	sūjā	a kind of long and thick stitching needle	hriau lian	ह्रिअउ लियन
सूजाक सं.पु. (n.m.)	sūzāk	gonorrhoea	hmeichhe serh chhunga natna chi khat	म्हेइछे सेरह छूङा नतना चिखत
सूजी सं.स्त्री. (n.f.)	sūjī	granulated wheat	them nawi, wheat phut mu	थेम नोइ, हुइत् फुत मू
सूत सं.पु. (n.m.)	sūt	cotton yarn, cotton thread	la duang, la zai	ल दुअङ, ल जाइ
सूतक सं.पु. (n.m.)	sūtak	state of temporary intouchability due to some birth or death in the family	chhungkua a naupian vang emaw, thihna vang emaw khawih thian loh	छूङ्कुअ अ नाउपियन वाङ एमो, थिह्न वाङ एमोअ खोइह थियन लोह्
सूतिकागृह सं.पु. (n.m.)	sūtikā-grih	lying in home	awmna in, chennain	ऑमना इन, चेन्नाइन
सूती वि. (adj.)	sūtī	of cotton	la a siam	ला अ सियम
सूत्र सं.पु. (n.m.)	sūtra	formula, aphorism clue	zawn hmuh awl dan, zawn awlna	जोन म्हुह् ओल दान, जोन ओलना
सूत्रपात सं.पु. (n.m.)	sūtra-pāt	commencement begining	inṭanna, ṭantirhna	इनटन्ना, टनतिरहना
सूत्रधार सं.पु. (n.m.)	sūtradhār	stage manager (in old sanskrit dramas)	lemchang huaihawttu	लेमचङ हुअइहोत्तू
सूद सं.पु. (n.m.)	sūd	interest (on principal)	a pung nei	अ पुङ नेइ
सूना वि (adj.)	sūna	lonely, unfrequented	fal tlawh pawh loh	फाल, त्लोहपोह् लोउह

सूप सं.पु. (n.m.)	sūp	a handy gadget\ appliance used for winnowing grain and the like	buh ṭhapna hmanrua	बुह् ठापना म्हनूरुअ
सूबा सं.पु. (n.m.)	sūbā	province	ram bung khat	रम बुङ खत
सूरज सं.पु. (n.m.)	sūraj	sun	ni	नी
सूरजमुखी सं.पु. (n.m.)	sūraj-mukhī	sunflower	ni hawi par	नी होइ पार
सूरत सं.स्त्री. (n.f.)	sūrat	face, form, condition	hmelhmang, awmdan	म्हेलम्हङ, ऑमदान
सूरमा सं.पु. (n.m.)	sūrmā	warrior, brave, fighter, hero	mi indo huai, mu huaisen	मी इनूदोउ हुअइ, मी हुअइसेन्
सूराख सं.पु. (n.m.)	sūrākh	hole, aperture	kua, awng	कुअ, ओङ
सूर्य सं.पु. (n.m.)	sūrya	sun	ni	नी
सूली सं.स्त्री. (n.f.)	sūlī	an ancient form of capital punishment	inhremna hmanlai chi, hmanlai in-hremna ber chi	इनह्रेमूना म्हनूलाइ ची, म्हनूलाइ इन-ह्रेमना बेर ची
सेंकना क्रि.स. (v.t.)	senknā	to foment, to bake	ur (chhang ur) tho (chhang tho)	उर (छङ उर) थोउ (छङ थोउ)
सेक्रेटरी सं.पु. (n.m.)	sekretarī	secretary	ziaktu	जियकतू
सेज सं.स्त्री. (n.f.)	sej	luxurious bed	khum nuam chung chuang	खुम नुअम चुङ चुअङ
सेंट सं.पु. (n.m.)	sent	scent	rim	रिम
सेठ सं.पु. (n.m.)	Seṭh	wealthy\ moneyed-person	pawisa ngah, hausa	पोइसा ङह, हउसा
स्काउट सं.पु. (n.m.)	skāuṭ	scout	enthlithlaiitu	एनथ्लीथ्लाइतू
स्कीम सं.स्त्री. (n.f.)	skīm	Scheme	ruahman, relbawl	रुअम्हन, रेलबोल
स्कूल सं.पु. (n.m.)	skūl	School	thiam zirna, inzirna	थियम जिरना, इनूजिरना
स्खलित वि. (adj.)	skhalit	deviation from rule	ngaihdan hrang lam nghet lo	ङइहदान ह्रङ लम ङेत् लोउ
स्टाक सं.पु. (n.m.)	sṭāk	Stock	dah khawl sa	दह खोल सा
स्टाल सं.पु. (n.m.)	sṭāl	Stall	thil zawhna inte, ran in	थिल जोह्ना इनते, रन इन
स्टीमर सं.पु. (n.m.)	sṭīmar	Steamer	lawng tuihu	लोङ तुइहू

			hmang, chi,	म्हङ ची,
			lawng meikhu	लोङ मेइखू
			chhuah	छुअह
स्टूल सं.पु. (n.m.)	stūl	Stool	êk, ṭhut-thleng	एक, ठुत-थ्लेङ
			nghen-chhan	ङेन-छन
			nei lo	नेइ लोउ
स्टेज सं.स्त्री. (n.f.)	sṭej	Stage	1. chhuat dawhsan	1. छुअत दोहसान
			2. thiltihna	2. थिल तिह्ना
			hmun	म्हुन
			3. damchhung hun	3. दमछूङ हुन
			pawimawh thlen	पोइमोह थ्लेन
स्टेट सं.स्त्री. (n.f.)	sṭeṭ	state	state	स्टेट
स्टेशन सं.पु. (n.m)	sṭeshan	Station	chawlh-hmun	चोल्ह् म्हुन
स्टैण्ड सं.पु. (n.m.)	sṭēṇḍ	Stand	dinhmun,	दिनम्हुन,
			dawhkan (etc.) ke	दोहकान (etc.) के
स्टोर सं.पु. (n.m.)	sṭor	store	thil zawrhna dawr,	थिल जोरहना दोर,
			thil dahkhawm	थिल दहखोम
स्तंभ सं.पु. (n.m.)	stambh	Column, pillar	ban, banpum dotu	बन, बनपुम, दोउतू
स्तंभित वि. (adj.)	stambhit	dazed\astounded	mak ti lutuk, bara	मक ति लुतुक, बारा
			khaih	खइह्
स्तन सं.पु. (n.m.)	stan	breast, udder	awm, hnute bu	ऑम, न्हुते बू
स्तनपायी वि. (adj.)	stan.pāyī	breast sucking	rannung	रननुङ
		(animal) mammal	hnute hne chi	न्हुते न्हे ची
स्तब्ध वि. (adj.)	stabdha	stupefied,	barakhaih, makti	बाराखइह्, मकति
		dumb founded	lutuk	लुतुक
स्तर सं.पु. (n.m.)	star	1. level	1. zawl tawk	1. जोल तोक
		2. stature	2. nihna, dinhmun	2. निह्ना, दिनम्हुन
स्तुति सं.स्त्री. (n.f.)	stuti	reverential	fakna thu, chawi	फकना थू, चोइ
		praise, eulogy	mawina	मोइना
स्तूप सं.पु. (n.m.)	stūp	mound, stupa	lei pawng,	लेइ पोङ,
			Budhistho	बुदिष्टहोउ
			maicham lei tih	माइचाम लेइ तिह्
			pawn	पोन
स्त्री. सं.स्त्री. (n.f.)	stri	woman, female	hmeichhia, nu,	म्हेइछिया, नू
		wife	nupui	नुपुइ
स्त्रीलिंग सं.पु. (n.m.)	strīlling	feminine	hmeichhe\nu lam	म्हेइछे/नू लम

		gender	sawina	सोइना
स्थगित वि. (adj.)	sthagit	adjourned, postponed	hun sawn	हुन सोन
स्थल सं.पु. (n.m.)	sthal	place, site, land	hmun mual	म्हुन, मुआल
स्थलचर वि. (adj.)	sthal.char	living on land, terrestrial	khawmual cheng chi	खोमुअल चेङ ची
स्थाणु वि. (adj.)	sthāṇu	stagnate, motionless	ngai renga awm che chang lo	ङाइ रेङा ऑम चे चाङ लोउ
स्थाणु (2) सं.पु. (n.m.)	sthāṇu (2)	a pillar, the trunk of a tree, an epithet of shiva	ban, thing kung pui	बन, थिङ कूङपुइ
स्थान सं.पु. (n.m.)	sthān	place, locality, spot	hmun, laitak	म्हुन, लाइतक
स्थानांतर सं.पु. (n.m.)	sthānāntar	act of transfering, transference	awmhmun sawn	ऑमम्हुन सोन
स्थानांतरित वि. (adj.)	sthānāntarit	transferred	sawmhun sawn	ऑमम्हुन सोन
स्थानापन्न वि.पु. (adj.m.)	sthānāpanna	officiating, stubstitute	aiawh	अइओह
स्थानीय वि. (adj.)	sthānīya	local	hmun bik, bial	म्हुन बीक, बियल
स्थापना सं.स्त्री. (n.f.)	sthāp.nā	founding, establishment	thil din, lung phum, thil ṭan	थिल दिन, लुङ फूम, थिल टन
स्थापित वि. (adj.)	sthāpit	founded, established	thil ṭan, thil din, lung phum, phum	थिल टन, थिल दिन, लुङ फूम, फूम
स्थायी वि. (adj.)	sthāyī	stable, permanent	nghet, tih danglam mai mai loh	ङ्हेत्, तिह दङलम मइ मइ लोउ
स्थित (p.p.)	sthit	situated	awm	ऑम
स्थिति सं.स्त्री. (n.f.)	sthiti	situation, state	awmna, awmzia	ऑमना, ऑमजिय
स्थिर वि. (adj.)	sthir	fixed, immovable, motionless	awm tlat sawntheih loh, che lo	ऑम त्लत् सोनथेइह् लोउ चे लोउ
स्थूल वि. (adj.)	sthūl	bulkey, fat	lian, thau	लियन, थाउ
स्नातक सं.पु. (n.m.)	snātak	graduate	zirna lama	जिरना लमा

		university	university	
			in-degree a pek	इन-डिग्री अ पेक
			(B.A.)	(B.A.)
स्नान सं.पु. (n.m.)	snān	bath	inbualna, bual	इनबुअलना, बुअल
स्नानागार सं.पु. (n.m.)	snānāgār	bathroom	inbualna	इनूबुअलना
			pindan\in	पिनदन/इन
स्नायु सं.स्त्री. (n.f.)	snāyu	nerve	tha zam,	थ जाम,
			tum ruhan	तुम रुहना
स्नेह सं.पु. (n.m.)	sneh	1. affection, love	ngai, hmangaihna	ङाइ, म्हाङइह्ना
स्पंदन सं.पु. (n.m.)	spandan	pulsation,	phu	फू
		throbbed	(ma phu ang)	(मर फू अङ)
स्पर्धा सं.स्त्री. (n.f.)	spardhā	emulation, rivalry	inelna	इनएलना
स्पर्श सं.पु. (n.m.)	sparsh	touch, contact	khawih, zawmpui,	खोइह, जोमपुइ,
			bepawp	बेपोप
स्पष्ट वि. (adj.)	spaṣṭa	clear, evident	chiang, nihzia	चियङ, निह्जिय
			hriat theih	ह्रियत थेइह
स्पष्टवादिता सं.स्त्री.	spaṣṭa.	frankness in	1. sawi chiang	1. सोइ चियङ
(n.f.)	vāditā	speaking 2. out-	2. zep neilo	जेप नेइलोउ
		spoken		
स्पष्टवादी सं.पु. (n.m.)	spaṣṭavādī	one who talks	zep nei lo mi,	जेप नेइ लोउ मी,
		staight, out	thil	थिल
		spoken	nih ang ang sawi	निह अङ अङ सोइ
			zel mi	जेल मी
स्पष्टीकरण सं.पु.	spaṣṭīkaran	clarification,	sawi chianna, thil	सोइ चियनूना, थिल
(n.m.)		explain	nihna tarlanna	निह्ना तारलनूना
स्प्रिंग सं.स्त्री. (n.f.)	spring	spring	tui-hna nei, thing-	तुइ-ह्ना नेइ, थिङ-
			hnah chawrno hun	ह्नह् चोरनोउ हुन
स्पिरिट सं.स्त्री. (n.f.)	spiriṭ	spirit	thlarau	त्लाराउ
स्फुट वि. (adj.)	sphuṭ	miscelaneous	chi hrang	ची ह्रङ
			hrang dah	ह्रङ दह
			khawm sawina	खोम सोइना
स्फुटन सं.पु. (n.m.)	sphuṭan	1. blowing out	1. chhem	1. छेम
		2. sprouting	2. chawr	2. चोर
स्फुलिंग सं.पु. (n.m.)	sphuling	spark	meisi	मेइसी
स्फूर्ति सं.स्त्री. (n.f.)	sphūrti	agility, liveli	tho thang	थोउ थाङ
		ness	ṭha, nung harh	ठा, नुङ हरह्

स्मरण सं.पु. (n.m.)	smaraṇ	recalling to mind, recollection.	hre chhuak, ngaihtuah chhuak	हे छुआक्, ङइह्तुअह् छुआक
स्मरणीय वि. (adj.)	smaraṇīya	memorable, worth remembering	thil hriat reng tlak chhinchhiah tlak	थिल ह्रियत रेङ त्लाक, छिनछियह् त्लाक
स्मरण शक्ति सं.स्त्री. (n.f.)	samarṇ. shaktī	memory, power of memorising	hriat rengna, hriat reng theihna	ह्रियत् रेङ्ना, ह्रियत रेङ थेइह्ना
स्मारक सं.पु. (n.m.)	samārak	memorial monument	hriat rengna thil	ह्रियत् रेङ्ना थिल
स्मित वि. (adj.)	smit	smiling, smile	(adj.) nui, (m) nui	(adj.) नुइ (m) नुइ
स्मृति सं.स्त्री. (n.f.)	smriti	memory, recollection	hriat rengna, hriat chhuahna	ह्रियत रेङ्ना, ह्रियत छुअह्ना
स्यात् (ind)	syāt	perhaps	mahna, mial takin	मह्ना, मियल तकइन
स्याह वि. (adj.)	syāh	black	dum, hang	दुम, हाङ
स्याही सं.स्त्री. (n.f.)	syāhī	1. blackness 2. black ink	1. dumzia 2. lehkhatui dum	1. दुमजिय 2. लेहखतुइ दुम
स्लेट सं.स्त्री.(n.f.)	sleṭ	slate	lunglehkha ziakna, lunglehkha	लुङ्लेह्ख जियकना, लुङ्लेह्ख
स्व (prefix)	sva	denoting one's own or self	mahni	मह्नी
स्वचालित (p.p.)	svachālit	automatic	khawl mahnia che thei	खोल मह्नीअ चे थेइ
स्वच्छंद वि. (adj.)	svach-chhand	free, self willed	zalen, thawveng, thuduh (mahni)	जलेन, थोवेङ, थुदुह (मह्नी)
स्वच्छ वि. (adj.)	svachchha	clean	fai, fim	फाइ, फिम
स्वच्छता सं.स्त्री. (n.f.)	svach-chhatā	cleanliness, limpidness	faina, fimna	फाइना, फिमना
स्वजन सं.पु. (n.m.)	svajan	kith and kin, near and dear, relative	laichin, chhung	लइचीन, छूङ
स्वजातीय वि. (adj.)	svajātīya	of one's own race\caste	chipui	चिपुइ
स्वतः (ind)	svatah	involuntarily, automatically	duhthu lo, duh vang	दुह्थू लोउ, दुह वाङ

			lo, tutih vang ni lova che	लोउ, तूतिह् वाङ नि लोउवा चे
स्वतंत्र वि. (adj.)	svatantra	independent, free	tudang ngai lo, zalen mahnia ro inrel	तूदङ ङाइ लोउ, जलेन मह्नीअ रोउ इनरेल
स्वतंत्रता सं.स्त्री. (n.f.)	svatantratā	independence, freedom	tumah beh chhan lo, zalenna mahnia ro inrelna	तूमह् बेह् छन लोउ जलेनूना मह्नीअ रोउ इनरेलना
स्वदेश सं.पु. (n.m.)	svadesh	native land, motherland	mahni ram, pianna ram, thlahtute ram	मह्नी रम, पियनूना रम, त्लाहतूते रम
स्वदेशी वि. (adj.)	svadeshī	indigenous	ram bik thil, ram thil\ mi	रम बीक थिल, रम थिल/मी
स्वप्न सं.पु. (n.m.)	svapna	dream	mumang, suangtuahna	मुमङ, सुअङ्तुअह्ना
स्वभाव सं.पु. (n.m.)	svabhāv	nature, temperament	awmdan hmang pianphung, rilruput-zia, nihphung	ऑमदान म्हङ पियनफुङ, रिलरुपुत-जिया, निह्फुङ
स्वयं (ind)	svayaṁ	myself, yourself himself, one's own self	mahni ngei, nang ngei, amah ngei mahnita ngei	म्हनी ङेइ, नङ ङेइ, अमह् ङेइ मह्नीता ङेइ
स्वयमेव क्रि.वि. (adv.)	svayameva	in person, on one's own free will	mahni ngeiin, mahni thu ngatin	मह्नी ङेइइन, मह्नी थू ङतइन
स्वयंवर सं.पु. (n.m.)	svayamvar	ceremony prevalent in ancient India in which the bride choose her husband her-self	Hmanlai India hmeichhiaten pasal an thlanna in khawm	म्हानूलाइ इण्डिया म्हेइछियातेन पसल अन त्लनूना इनखोम
स्वयंसेवक सं.पु. (n.m.)	svayam-sevak	volunteer, one who serves other voluntarily	mahni duhthua thil ti tura inpe	म्हनी दुह्थूअ थिल तितूरा इनपे

स्वांग सं.पु. (n.m.)	svāng	guise of another	midang awmdan	मीदङ ऑमदान
स्वर सं.पु. (n.m.)	suar	vowel, voice, tone, intonation	vowel aw	वोएल, ओ
स्वराज्य सं.पु. (n.m.)	svarāyja	swaraj, self government	mahnia ro inrelna	मह्नीअ रोउ इनरेलना
स्वरूप सं.पु. (n.m.)	svarūp	shape, form	hmelhmang, landan	म्हेलम्हङ, लनदान
स्वर्ग सं.पु. (n.m.)	svarg	paradise, celestial abode in heaven	pialral, vanram	पियलराल, वानरम
स्वर्गवास सं.पु. (n.m.)	svarg-vās	departure for heaven, death, dwelling in heaven	thihna, vanram pan vanram	थिह्ना, वानरम पन, वानरम
स्वर्गीय वि. (adj.)	svargīya	late	thi	थी
स्वर्ण सं.पु. (n.m.)	svarṇa	gold	rangkachak	रङकचक
स्वर्णकार सं.पु. (n.m.)	svarṇakār	gold smith	rangkachak chhertu	रङकचक छेरतू
स्वर्णयुग सं.पु. (n.m.)	svarṇayug	golden age	hun ṭha, hun rangkachak	हुन् ठा, हुन रङकचक
स्वल्प वि. (adj.)	svalpa	very little (in quantity)	tlem	त्लेम
स्वशासन सं.पु. (n.m.)	svashāsan	self government self-rule	ro inrel sawrkar	रोउ इनरेल सोरकार
स्वस्थ वि. (adj.)	svastha	healthy	hrisel, chak	ह्रिसेल, चक
स्वाति सं.पु. (n.m.)	svati	fifteenth of the twenty seven constellation	arsi bawr sawmhnih pasarih zinga a sawmpangana	अरसी बोर सॉमन्हीह् पसरीह् जीङा अ सॉमपङाना्
स्वातिबूंद सं.पु. (n.m.)	svatibūnd	a rain drop in the स्वाति नक्षत्र	van aṭanga ruah mal far, arsi bawr sawmhnih pasarih zinga a sawmpangana aṭanga ruah mal far	वान अटंङा रुअह मल फर, अरसी बोर सॉमन्हीह् पसरीह् जीङा अ सॉमपङाना अटंङा रुअह् मल फर

स्वाद सं.पु. (n.m.)	svād	taste, flavour	tuina, tuizia	तुइना, तुइजिय
स्वादिष्ट वि. (adj.)	svādiṣta	tasty, tasteful, delicious	tui, hang	तुइ हाङ
स्वाधीन वि. (adj.)	svādhīn	selfsufficient, independent	mahni in to delh, mi dang ngailo	मह्नी इन तोउ देल्ह, मी दङ ङाइलोउ
स्वाधीनता सं.स्त्री. (n.f.)	svādhīnatā	self dependence, independence	mahni awm awma awm, midang ngaihlohna	मह्नी ऑम ऑमा ऑम, मीदङ ङइह्लोह्ना
स्वाध्याय सं.पु. (n.m.)	svādhyāy	self recitation, self study	mahni in sawina thu, mahni inen fiahna thu	मह्नी इन सोइना थू, मह्नी इनएन फियह्ना थू
स्वाभाविक वि. (adj.)	svābhāvik	natural, spontaneous	ni ve reng, tih luih nilo	नि वे रेङ, तिह लुइह् निलोउ
स्वाभिमान सं.पु. (n.m.)	svābhimān	self respect	mahni zahawmna, mahni mitakna	मह्नी जहूऑमना, मह्नी मितक्ना
स्वामिभक्त सं.पु. (n.m.)	svāmi-bhakta	a leige, loyal, faithful	lamṭang, mi rinawm zuitu	लमटंङ, मी रिनऑम जुइतू
स्वामी सं.पु. (n.m.)	svāmī	master, lord, owner, husband, hermit	hotu, lalpa, neitu, pasal, mithianghlim	होउतू, ललपा, नेइतू पसल, मीथियङह्लीम
स्वायत्त वि. (adj.)	svāyatta	autonomous	mahnia ro inrel	मह्नीअ रोउइनरेल,
स्वार्थ सं.पु. (n.m.)	svārth	self interest selfishness	mahni chauh inngaihtuahna, mahni hmasialna	मह्नी चउह् इनङइह्तुअह्ना, मह्नी म्हासियलना
स्वार्थी वि. (adj.)	svārthī	selfish, selfseeker	mahnihmasial, mahni hmakhua chauh ngai mi	मह्नीम्हासियल, म्हनी म्हाखुअ चउह ङाइ मी
स्वावलंबन सं.पु. (n.m.)	svāvalam-ban	self reliance	mahni in to delhna, mahnia awm theihna	मह्नी इन तोउ देल्हना, मह्नीअ ऑम थेइहना
स्वास्थ्य सं.पु. (n.m.)	svāsthya	health	hriselna	ह्रिसेलना
स्वाहा (ind)	svāhā	exclamation made while ofering obla-	mei pathian biakna a au dan	मेइ पथियन बियकना अ आउ दान

		tion (to the fire god)		
स्वेद सं.पु. (n.m.)	sved	perspiration, sweat	thlan, thlan tla	त्लन, त्लन त्ला
स्वीकार सं.पु. (n.m.)	svīkār	act of acceptance	pawm, dawng	पोम, दोङ
स्वीकृति सं.स्त्री. (n.f.)	svīkriti	assent, acceptance	remtihna, pawmna	रेमतिह्ना, पोमना
स्वेच्छा सं.स्त्री. (n.f.)	svechchhā	one's own volition\wish	mahni duhthu	मह्नी दुह्थू
स्वेच्छाचारी वि. (adj.)	svechchhā-chārī	self willed	mahni thu duh	मह्नी थु दुह

ह

हंगामा सं.पु. (n.m.)	hangāmā	tumult, uproar	mipui buai nuai nuai	मीपुइ बुअइ नुअइ मुअइ
हंडा सं.पु. (n.m.)	haṇḍā	metallie container (usually of brass) for storing water etc.	dar bel (tui khawl khawmna)	दार बेल (तुइ खोल खोमना)
हंडिया सं.स्त्री. (n.f.)	haṇḍiyā	small earthen pot used for cooking purpose	leia siam bel, hlum bel	लेइअ सियम बेल, ह्लुम बेल
हंस सं.पु. (n.m.)	hans	swan, soil	va-tawk thlarau	वा-तोक त्लाराउ
हंसना क्रि.अ. (v.i.)	hañsnā	to laugh, to deride\ridicule	nui, nuih sawh	नुइ, नुइह् सोह्
हंसाना क्रि.स. (v.t.)	hañsana	to make (others) laugh, to amuse	tihlim, tinui	तिह्लीम, तिनुइ
हंसली सं.स्त्री. (n.f.)	hañslī	collar bone, an ornament worn round the neck	khing-khang ruh, thi awrh	खिङ-खङ रुह, ठी ओरह
हंसिया सं.स्त्री. (n.f.)	hañsiya	sickle	favah	फवह्
हंसी सं.स्त्री. (n.f.)	hāsi	laughter, juke fun	nui, nuihza hlimhlawp	नुइ, नुइह्जा ह्लीमह्लोप
हक सं.पु. (n.m.)	haq	right, claim	chanpual dik tak,	चनपुअल दिक तक,

			chanvo hauhna	चनवोउ ह्उह्ना
हकदार वि. (adj.)	haqdār	right-ful, claimant	chuhtu dik, hauhtu dik	चुह्तू दिक, ह्उह्तू दिक
हकलाना क्रि.अ. (v.i.)	haklānā	to stutter\ stammer	dangàwk	दङऑक
हक्का-बक्का वि. (adj.)	hakkā-bakkā	taken aback	hlauthawng	ह्लाउथोङ
हकीकत सं.स्त्री. (n.f.)	haqīqat	reality, truth fact	thu dik, rinawmna, thil nihna tak	थु दिक, रिनऑमना, थिल निह्ना तक
हकीम सं.पु. (n.m.)	hakīm	Hal keem, physician following the greek system of medical treatment	daktawr, greek dan anga enkawl	दाकतोर, ग्रीक दान अङा एनकोल
हजम वि. (adj.)	hazam	digested, misappopriated	pai ṭawih fel leh diklova dekral	पाइ टोइह् फेल लेह् दिक्लोवा देकरल
हजामत सं.स्त्री. (n.f.)	hajāmat	shave and\or haircut	lu met, hmul met	लु मेत, म्हुल मेत
हजार वि. (adj.)	hazār	thousand	sangkhat	साङखत
हटना क्रि.अ. (v.i.)	haṭnā	to move away\ aside	sira insawn, peng, sirsawn	सीरा इनसोन, पेङ, सीरसोन
हटाना क्रि.स. (v.t.)	haṭānā	to displace\ remove	dah sawn, la chhuak luahlan	दह सोन, ल छुआक् लुअह्लान
हट्टा-कट्टा वि. (adj.)	haṭṭā-kaṭṭā	lusty, stout and sturdy	hrisel, sakhat	ह्रिसेल, सखत
हठ सं.पु. (n.m.)	haṭh	stubborness, obstinacy	tihmawh, luhlul	तिहमोह्, लुह्लुल
हठधर्मी सं.स्त्री. (n.f.)	haṭh-dharmī	sheer obstinacy\ stubbornness	luhlul, tihmawh	लुह्लुल, तिह्मोह
हठात् क्रि.वि. (adv.)	haṭāt	forcibly, suddenly	tilui, thut, rin loh takin	तिलुइ, थुत, रिन लोह तकइन
हठी वि. (adj.)	haṭhī	stubborn, obstinate	luhlul tihmawh	लूह्लुल, तिह्मोह्
हड़ताल सं.स्त्री. (n.f.)	haṛtāl	strike	hna thawk duh lova nawrhna	ह्ना थोक दुह लोवा नोरह्ना

हड़पना क्रि.स. (v.t.)	haṛapnā	to swellow, to grab	lem, dawlh, pumhmawm	लेम, दोल्ह्, पुमम्होम्
हड़बड़ाना क्रि.अ. (v.i.)	haṛbaṛānā	to make under haste, to act precipitoulsy	ti chûk chûk, ti rum rum	ति चूक चूक, ति रुम रुम
हड़बड़ी सं.स्त्री. (n.f.)	haṛbaṛī	undue haste, hurry-scurry	hmanhmawhna hmanhmawhphili	म्हनूम्होह्ना म्हनूम्होह्फीली
हतक सं.स्त्री. (n.f.)	hatak	insult, disgrace	inhmusitna, hmingchhiatna, mualphona	इनम्हुसितूना, म्हीङछियतना, मुअलफोउना
हतबुद्धि वि. (adj.)	hat-buddhi	at one's wits end confounded	buai, chi-ai	बुअइ ची-आइ
हताश वि. (adj.)	hatāsh	despairing, hopeless	beisei bo	बेइसेइ बोउ
हताहत वि. (adj.)	hatāhat	killed and wounded	tihlum, hliam	तिह्लुम, ह्लीयम
हतोत्साह वि. (adj.)	hatotshāh	disheartened	tibeidawng, lunghnur	तिबेइदोङ, लुङन्हूर
हत्था सं.पु. (n.m.)	hatthā	handle, impression, of hand	vawn fung, liang, kutthla	वोन फुङ, लियङ, कूतूत्ला
हत्या सं.स्त्री. (n.f.)	hatyā	murder	tualthat	तुअलथत्
हत्यारा सं.पु. (n.m.)	hatyārā	murderer, assassin	tual thattu	तुअल, थतूतू
हथकंडा सं.पु. (n.m.)	hathkanḍā	sleight of hand, dtackics	kawnghmang, khunkhan	कोङम्हङ, खूनखान
हथकड़ी सं.स्त्री. (n.f.)	hath-kāṛī	hand cuff, manacle	kut kawl	कुत कोल
हथकरघा सं.पु. (n.m.)	hathkarghā	handloom	tualtah puan	तुअलतह् पुअन
हथगोला सं.पु. (n.m.)	hath-golā	hand grenade	vawmpuah	वोमपुअह्
हथियाना क्रि.स. (v.t.)	hathiyānā	to grab	pawng paw neih, man, tham	पोङ्पो नेइह्, मन, ठाम
हथियार सं.पु. (n.m.)	hathiyār	weapon	hriamhrei, ralthuam	ह्रीयमह्रेइ, रालथुअम
हथियारबंद वि. (adj.)	hathiyār-band	armed, equipped with arms	hriamhrei nena in thuam, inral thuam	ह्रीयमह्रेइ नेना इन थुअम, इनराल थुअम

हथेली सं.स्त्री. (n.f.)	hathelī	palm (of hand)	kutphah	कुतफअह
हड्डी सं.स्त्री. (n.f.)	haḍḍī	bone	ruh	रुह
हद सं.स्त्री. (n.f.)	had	limit, boundary bound	chin, huangchin	चिन, हुअङचिन
हनन क्रि.स. (v.t.)	hanan	slaughtering, slaying, murdering	talh, sâm, that	तल्ह, साम, थत
हफता सं.पु. (n.m.)	haftā	week	chawlhkar	चोल्हकार
हया सं.स्त्री. (n.f.)	hayā	innate modesty	inngaihtlawmna nungchang mawi	इनङइह्‌त्लोमना, नुङचङ मोइ
हर वि. (adj.)	har	every, (m) Lord shiv (suffix) carrying away	tin, ṭheuh	तिन, ठेउह
हरकत सं.स्त्री. (n.f.)	harkat	movement, unbecoming conduct	chet, phusakna, mawilo taka awm leh che	चेत, फुसकना, मोइ लोउ तका ऑम लेह् चे
हरकारा सं.पु. (n.f.)	harkārā	messenger, courier	zualko, palai tirhkah	जुअलकोउ, पलाइ, तिरह्‌कह्
हरजाई सं.पु. (n.m.)	harjāī	a spouse who carries on with various persons, promiscuous spouse.	mi uire hmang, mi awmhlei	मी उइरे म्हङ, मी ऑमह्‌लेइ
हरजाना सं.पु. (n.m.)	harjānā	damages, compensation	thil tih chhiat avanga zangnadawmna	थिल तिह् छियत् अवाङा जाङ-दोमना
हरण सं.पु. (n.m.)	haraṇ	stealing\carrying away	ruk sak, hnehlak, thil ru, thil labo	रुक सक, न्हेह्‌लाक, थिल रु, थिल लबोउ
हरना क्रि.स. (v.t.)	harnā	to steal\carry away	ru	रु
हरा वि. (adj.)	harā	green	hring, thar, chawr no	ह्रिङ, थर, चोर नोउ
हराना क्रि.स. (v.t.)	harānā	to defeat\beat	hneh, vua, vel tlawn	न्हेह्, वुआ, वेल, त्लोन

हराम वि. (adj.)	harām	illo-gotten, improper	âwm lo, dikfello, fellova neih leh lak	ऑम लोउ, दिक्फेल लोउ, लोउवा नेइह् लेह् लाक
हरामी वि. (adj.)	harāmi	illegitimate, born out of adutlerous.	sawn	सोन
हरारत सं.स्त्री. (n.f.)	harārat	heat, temper-ature	sa, natna, lumna	सा, नत्ना, लुमना
हरिजन सं.पु. (n.m.)	harijan	God's own being, one be-longing to the scheduled class	pathian fate, hnam hnufual	पथियन फाते, न्हम न्हुफुअल
हरियाणा सं.पु. (n.m.)	hariyānā	a Hindi speak-ing state of nor-thern India	Hindi tawng hmanna state	हिन्दी टोङ म्हन्ना स्टेट
हरियाली सं.स्त्री. (n.f.)	hariyāli	greenery	hring dep, hnim emaw thlai hring	ह्रिङ देप, न्हीम एमो त्लाइ ह्रिङ
हर्ज सं.पु. (n.m.)	harj	harm, loss	natna, pawi	नत्ना, पोइ
हर्ता सं.पु. (n.m.)	hartā	a stealer, a plunderer a thief a spoiler	natna, pawi rukru, thil suam	नत्ना, पोइ रुकरु, थिल सुअम
हर्फ सं.पु. (n.m.)	harf	letter	lehkhawthawn, hawrap	लेह्खथोन, होरोप
हल सं.पु. (n.m.)	hal	plough, solu-tion (of a pro-blem)	leilehna, a dikna zawn chhuahna hrilhfiahna	लेइलेह्ना, अ दिक्ना जॉन छुअहना ह्रिल्ह्फियह्ना
हलधर सं.पु. (n.m.)	haldhar	plough man, Balram, elder brother of lord Krishna	leilettu, balram	लेइलेत्तू, बलराम
हर्ष सं.पु. (n.m.)	harṣ	joy, jubilation delight	lawmna, hlimna	लोमना, ह्लीमना
हर्षध्वनि सं.स्त्री. (n.f.)	harṣ-dhavani	ory of joy\ jubilation	hlawh tlinnaa lawmna, hnehna,	ह्लोह् त्लीन्नाअ लोमना, न्हेह्ना,

			lawmna,	लोमना
हर्षित (p.p.)	harṣit	delighted	lawm, hlim	लोम, ह्लीम
हलक़ा सं.पु. (n.m.)	halqā	circle, beat, area	thil bial, rinkual, bial, enkawl huam chhung	थिल बियल, रीनकुअल, बियल, एनकोल हुअम् छूङ
हलका वि. (adj.)	halkā	light	da, dâng, eng	दा, दाङ, एङ
हलचल सं.स्त्री. (n.f.)	halchal	stir, commotion	chawk tho, buai philina	चोक थोउ, बुअइ फीलीना
हल्दी सं.स्त्री. (n.f.)	haldī	turmeric	aieng	अइएङ
हलफ़ सं.पु. (n.m.)	halaf	oath	chhechham, intiamkamna	छेछम, इनतियमकमना
हलफनामा सं.पु. (n.m.)	halaf-nāmā	affidavit, written statement on oath	chhechham nen meuhva ziaka tiam, thil nihna tak ziaka puanna	छेछम नेन मेउहवा जियूका तियम, थिल निह्ना तक जियका पुअनना
हलवा सं.पु. (n.m.)	halvā	a danity Indian dish	thil thlum nem tui tak	थिल त्लुम नेम तुइ तक
हलवाई सं.पु. (n.m.)	halvāī	confectioner	hmawm-sawm thlum siamtu or zuartu	ह्मोम्-सोम त्लुम सियमतू ऑर जुअरतू
हलाल वि. (adj.)	halāl	slaughtered as per muslim convention	muslim dana inthahna	मुसलिम दाना इनथह्ना
हल्ला सं.पु. (n.m.)	hallā	uproar, tumult	buai bengchheng	बुअइ, बेङछेङ
हवन सं.पु. (n.m.)	havan	fire sacrifice	meia inthawina	मेइआ इनथोइना
हवलदार सं.पु. (n.m.)	haval-dār	havildar	belthum kai	बेलथुम काइ
हवस सं.स्त्री. (n.f.)	havas	longing, lust	lunglenna, châkna	लुङलेनूना, चाकना
हवा सं.स्त्री. (n.f.)	havā	air, wine, breeze	boruak, thli, thaw	बोउरुअक, थ्ली, थो
हवाई वि. (adj.)	havāī	aerial, false, aginary	boruak thil, diklo, dawt, ngaihruat thil	बोउरुअक थिल, दिक लोउ, दोत, ङइहूरुअत थिल
हवाई अड्डा सं.पु. (n.m.)	havāī-aḍḍā	aerodrome	thlawhna tum hmun	थ्लोह्ना टुम म्हुन

हवाई जहाज सं.पु. (n.m.)	havāī-jahāz	aeroplane	thlawhna, thlawhtheihna	थ्लोह्ना, थ्लोहथेइह्ना
हवाखोरी सं.स्त्री. (n.f.)	havākhorī	enjoying freshari		
हवादार वि. (adj.)	havādār	airy, ventilated	thengthaw, thaw-veng, boruak luhna siam	थेङ्थो, थोवेङ बोउरुअक लुह्ना सियम
हवाला सं.पु. (n.m.)	havālā	reference	chungchang sawina hriattirna	चुङ्चाङ सोइना, ह्रिअत्तीरना
हवालात सं.स्त्री. (n.f.)	havālāt	custody	khuahkhrihna lungin tantirna	खुअह्खिरह्ना लुङइन तानतिरना
हवेली सं.स्त्री. (n.f.)	havelī	mansion	in ropui tak, lal upain	इन रोउपुइ तक, ललउपाइन
हसरत सं.स्त्री. (n.f.)	hasrat	wistfulness, longing	lunglenna, chakna	लुङ्लेन्ना, चाकना
हस्त सं.पु. (n.m.)	hast	hand, tenth constellation of the stars.	kut, arsi bawr sawmna	कुत, अरसी बोर सोमना
हस्तकला सं.स्त्री. (n.f.)	hastakalā	handicraft	kuta siam, thil ṭangkai leh mawi, kuta siam	कुता सियम, थिल टङ्काइ लेह मोइ, कुता सियम
हस्तक्षेप सं.पु. (n.m.)	hasta-ksep	interferance, meddling	khawih buai, inrawlh	खोइह् बुअइ, इनरोल्ह्
हस्तलिपि सं.स्त्री. (n.f.)	hasta-lipi	handwriting	tukziak	कुतजियक
हस्तांतरण सं.पु. (n.m.)	hastāntaraṇ	handing over, transference	hlan chhawn, inhlanna	ह्लन छोन, इनह्लनना
हस्ताक्षर सं.पु. (n.m.)	hastākṣar	signature	mahni hming ziak	मह्नी म्हीङ जियक
हस्ती सं.पु. (n.m.)	hastī	elephant	sai	साइ
हस्ती सं.स्त्री. (n.f.)	hastī	being, indivi-duallity	thil awm, nihna ze bik	थिल ऑम, निह्ना जे बीक
हाँ (ind)	hā̃	yes	ni, aw	नी, ऑ
हांक क्रि.स. (v.i.)	hā̃k	to drive, to goad	khalh, tiang nena kalh	खल्ह, तियङ नेना खल्ह
हांकना क्रि.स. (v.t.)	hā̃knā	to drive	khalh	खल्ह
हांडी सं.स्त्री. (n.f.)	hā̃ḍī	an earthen pot	ketli	केतली
हांफना क्रि.अ. (v.i.)	hā̃ph.nā	to pant		

हाकी सं.स्त्री. (n.f.)	hakī	Hockey	tiangkawmnena vuak mum khel	तियङ्कोम नेना वुअक मूम खेल
हाजमा सं.पु. (n.m.)	hājmā	power of digestion	pai ṭawih theihna	पाइ टोइह् थेइह्ना
हाजिर वि. (adj.)	hāzīr	present	awm	ऑम
हाजिरी सं.स्त्री. (n.f.)	hāzirī	attendance, roll call	hming lamna	म्हीङ लमना
हाट सं.स्त्री. (n.f.)	hāṭ	market, periodical market	dawrpui, hun bi nei dawrpui	दोरपुइ, हुन बी नेइ दोरपुइ
हाड़ सं.पु. (n.m.)	hāṛ	bone	ruh, ruhrel	रुह, रुहरेल
हाथ सं.पु. (n.m.)	hāth	hand	kut	कुत
हाथापाई सं.स्त्री. (n.f.)	hāthāpāī	scuffle	inchai-buaina, in tawh chilhna	इनचइबुअइना, इन तोह् चिल्ह्ना
हाथी सं.पु. (n.m.)	hāthī	elephant	sai	साइ
हानि सं.स्त्री. (n.f.)	hāni	loss	hekna, thil hloh	हेकना, थिल ह्लोउ
हानिकारक वि. (adj.)	hānikārak	harmful causing loss	pawi, tina thei	पोइ, तिना थेइ
हामी सं.स्त्री. (n.f.)	hāmī	assent	remti, pawmpui	रेमती, पोमपुइ
हाय विस्मय (exclam.)	hāy	alas	chheheu ! khawiaw !	छेहेउ ! खइऑ !
हायतोबा सं.स्त्री. (n.f.)	hāytobā	uproar, tumult	buai bengchheng, mipui buai nuainuai	बुअइ, बेङछेङ, मीपुइ बुअइ नुअइ नुअइ
हार सं.स्त्री. (n.f.)	hār	defeat	tlawmna, hlawh chhamna	त्लोमना, ह्लोह् छमना
हारना क्रि.अ. (v.i.)	hārnā	to be defeated	hneha awm, tlawm	न्हेह्अ ऑम, त्लोम,
हारमोनियम सं.पु. (n.m.)	hārmonium	harmonium	phaiphuleng zah rik chi	फाइफुलेङ जह् रीक ची
हार्दिक वि. (adj.)	hārdik	hearty, cordial	hrisel, phur, mitihlim thei	ह्रीसेन, फुर मीतिह्लीम थेइ
हाल सं.पु. (n.m.)	hāl	conditon, recent past	dinhmun, awm dan	दिनम्हुन, ऑमदान
हालचाल सं.पु. (n.m.)	hālchāl	state of affairs, going on	thil kalhmang leh awm dan	थिल कलम्हङ लेह् ऑमदान

हालत सं.पु. (n.m.)	hālat	circumstances	thil chungchang awm dan, boruak kalhmang	थिल चुङचाङ ऑम दान, बोउरुअक कलम्हङ
हालांकि (ind)	hālānki	though, although	mahsela, nimahse	मह्सेला, निमह्से
हावभाव सं.पु. (n.m.)	hāv-bhāv	gestures and postures	mahni rilru lantir nana zai zir, taksa awm dan	मह्नी रिलरु लनतीर नॉना जइ जिर, तकसा ऑमदान
हावी वि. (adj.)	hāvī	dominant	chaldelh, chungthlak	चलदेल्ह, चुङत्लाक
हाशिया सं.पु. (n.m.)	hāshiyā	margin, border	sir, fem, bituk chin	सीर, फेम, बितुक चिन
ह्रास सं.पु. (n.m.)	hrās	decrease, decrement, decay	hekna, tlemna	हेक्ना, त्लेमना
हास्यास्पद वि. (adj.)	hāsyāspad	ludicrous, funny	nuihzatthlak, awm lo	नुइह्जतत्लाक, ऑम लोउ
हाहाकार सं.पु. (n.m.)	hāhākar	cry of distress	na tuarna, manganna, tuar aw, lungngai aw	न तुअरना, मङअन्ना, तुअर ऑ, लुङङाइ ऑ
हिंडोला सं.पु. (n.m.)	hiṇḍolā	swing adorned with a seat	pipu ṭhutna awm	पीपू ठुतना ऑम
हिंद सं.पु. (n.m.)	hind	India	india	इण्डिया
हिंदी सं.स्त्री. (n.f.)	hindī	Hindi	hindi ṭawng	हिन्दी टोङ
हिंदू वि. (adj.)	hindū	Hindu	Hindu	हिन्दू
हिंदुस्तान सं.पु. (n.m.)	hindustān	Hindustan, India	India	इण्डिया
हिंसक वि. (adj.)	hinsak	violent, carnivorous	kut inthlak, tharum thawh, sa ei chi	कुत इनत्लाक, थरुम थोह्, स एइ ची
हिंसा सं.स्त्री. (n.f.)	hinsā	violence	tharum thawhna	थरुम, थोह्ना
हिंसात्मक वि. (adj.)	hinsātmak	violent	na tak, râpthlak tak	न तक, रापत्लाक तक
हिचक सं.स्त्री. (n.f.)	hichak	hitch, hesitation	bahlahna,	बह्लह्ना,

			in bahna tîmna	इनबह्ना तीमना
हिचकना क्रि.अ. (v.i.)	hichakna	to hitch\ hesitate	bat, tim hreh	बात, तीम, ह्रेह्
हिचकी सं.स्त्री. (n.f.)	hichkī	hiccup	irhfiak	इरह्फियक
हिचकोला सं.पु. (n.m.)	hichkola	Jerk, jolk	thin sawk, sawi nghing dawt dawt	थिन् सोक्, सोइ ङिङ् दोत दोत
हिजड़ा सं.पु. (n.m.)	hijṛā	eunuch	tilreh	तिलरेह्
हिज्जे सं.पु.बहुव.	hijje	spelling	thu mala hawrawp chhep	थु मल्ला होरोप छेप
हित सं.पु. (n.m.)	hit	interest, welfare	hnamṭhatna, hmakhua	हमठत्ना, म्हाखुअ
हितकारी वि. (adj.)	hitkārī	beneficial, of benefit	hlawkpui, ṭhat hnempui	ह्लोकपुइ, ठत् न्हेमपुइ
हितचिंतक वि. (adj.)	hit-chintak	well wisher, benefactor	thil ṭha tihsaktu, hmangaitu	थिल ठा तिह्सकतू, म्हाङइतू
हितैषी वि. (adj.)	hitāṣī	wishing well wisher	thil ṭha duhsaktu hmangaitu	थिल ठा दुहसकतू, म्हाङइतू
हिदायत सं.स्त्री. (n.f.)	hidāyat	instruction	inzirtirna, kawhhmuhna	इनजिरतीरना कोह्म्हुह्ना
हिनहिनाना क्रि.अ. (v.i.)	hin-hinānā	to neigh	sakawr hram	सकोर ह्राम
हिफाजत सं.स्त्री. (n.f.)	hifāzat	safty, protection	ralmuanna, hum himna	रालमुअन्ना, हुम हिमना
हिमनदी सं.स्त्री. (n.f.)	himnadī	glacier	tlang pang aṭanga zawi zawia vur khawn tawlh	त्लाक पङ अटङा जोइ जोइअ वूर खोन तोल्ह्
हिमपात सं.पु. (n.m.)	himpāt	snow-fall	vur tla	वूर त्ला
हिमालय सं.पु. (n.m.)	himālay	Himalayas	Himalaya	हिमालय
हिम्मत सं.स्त्री. (n.f.)	himmat	strength	chakna, tha	चकना, था
हिरन सं.पु. (n.m.)	hiran	deer	sakhi leh sazuk chi rêng rêng	सखी लेह् सजुक ची रेङ रेङ
हिया सं.पु. (n.m.)	hiyā	heart	lung, hnuk-pui	लुङ, न्हुकपुइ
हिरासत सं.स्त्री. (n.f.)	hirāsat	custody	khuahkhrihna, lung in tantirna	खुअह्खिरह्ना, लुङ इन तानृतीरना
हिलना क्रि.अ. (v.i.)	hilnā	to move\shake	tiche, thing	तिचे, थिङ
		to quiver	nghawr, khur	ङोह्र, खूर
हिलाना क्रि.स. (v.i.)	hilānā	to move\shake	thing, sawi, dah	थिङ, सोइ, दह,

		to put	nam	नम
हिलोर सं.स्त्री. (n.f.)	hilōr	ware, surge, undulation	tuifawn, so sang fawn	तुइफोन, सोउ साङ फोन
हिसाब सं.पु. (n.m.)	hisāb	account, sum calculation	thil chhiar leh chhutna, pawisa vawnna thil chan-chin sawina	थिल छिअर लेह् छूत्ना, पोइसा वोनना थिल चन-चिन सोइना
हिसाब-किताब सं.पु.	hisāb-kitāb	accounts	thil chhiar leh chhutna, bat chin chhutna, din hmun chhutna	थिल छियर लेह छूतना, बत चिन छूतना, दिन म्हुन छूतना
हिस्सा सं.पु. (n.m.)	hissā	per portion, share	them, khing, chanve, chanpual	थेम, खिङ, चनवे, चनपुअल
हिस्सेदार सं.पु. (n.m.)	hissedār	co-sharer, partner	kawppui, lamṭang	कोपपुइ, लमटङ
हिस्सेदारी सं.स्त्री. (n.f.)	hissedārī	partnership	inkawpna	इनकोपना
ही (ind)	hī	only, none but	chauh, chauh lo chu	चउह, चउह लोउ चु
हींग सं.स्त्री. (n.f.)	hīg̃	asafoetida	chawhmeh a telh chi	चोम्हेह् अ तेल्ह ची
हीक सं.स्त्री. (n.f.)	hīk	smell, rather unpleasant	rim, rimchhia	रिम, रिमछिया
हीन वि. (adj.)	hīn	low destidtute	thlahthlama awm, hlamchhiah a awm	त्लाह्त्लमा ऑम, ह्लमछियह्अ ऑम
हीरा सं.पु. (n.m.)	hīrā	diamond	lunghlu	लुङ्ह्लु
हीरो सं.पु. (n.m.)	hīro	hero	changtupa ber, pasaltha	चङ्तुपा बेर, पसलठा
हीरोइन सं.स्त्री. (n.f.)	hīroīn	heroin	hmeichhe huaisen ngaih sanawm	म्हेइछे हुअइसेन ङइह्सानऑम
हुंकार सं.स्त्री. (n.f.)	hũnkār	roor	huk, rum, ngur	हूक, रुम, ङुर
हुंडी सं.स्त्री. (n.f.)	hũndī	bill of exchange draft	thil ruah-man lawkna lawkna, thil duan chhinna	थिल रुअम्हन् लोकना, लोकना, थिल दुअन छिन्ना

हुक्म सं.पु. (n.m.)	hukm	order, command	thupek, thununna	थुपेक, थुनुनूना
हुकूमत सं.स्त्री. (n.f.)	hukūmat	government, rule	rorelna, inawpna	रोउरेलना, इनूऑपना
हुक्का सं.पु. (n.m.)	hukkā	hubble, bubble	tuikunluk mawl chi, so bawrh bawrh	तुइकुनलुक मोल ची, सोउ बोरह् बोरह्
हुजूर सं.पु. (n.m.)	huzūr	your majesty or lordship presence, attendance	lalpa, hotu	ललपा, होउतू
हुज्जत सं.स्त्री. (n.f.)	hujjat	wrangling, controversy	inhnialna, thu inchuhna	इनन्हीयलना, थु इनछुह्ना
हुड़कना क्रि.स. (v.t.)	huṛaknā	to suffer the pangs of separation	inṭhen vanga, lungleng, inthen khawhar tuar	इनठेन वाङा, लुङलेङ इनूठेन खोहर तुअर
हुड़दंग सं.पु. (n.m.)	huṛdang	restiveness	luhlulna, awmdan ṭha zawm hle hle thieh lohna	लुहलुलना, ऑमदान ठा जॉग ह्ले ह्ले थेइह् लोउह्ना
हुनर सं.पु. (n.m.)	hunar	art, st	themthiamna sang	थेमथियमन साङ
हुनरमंद वि. (adj)	hunarmand	skillful	themthiam	थेमूथियाम्
हुलिया सं.पु. (n.m.)	huliā	appearance, form	piạnhmang, landan	पियनूम्हङ, लनदान
हुल्लड़ सं.पु. (n.m.)	hullaṛ	noise, furore	bengchheng au bengchheng	बेङछेङ, आउ बेङछेङ
हूक सं.स्त्री. (n.f.)	hūk	shooting pain	na zawk zawk, natna	न जोक जोक, नत्ना
हू बहू वि. (adj.)	hūbahū	exact	dik chiah	दिक चियह्
हृदय सं.पु. (n.m.)	hriday	heart	lung, thinlung	लुङ, थिनूलुङ
हृदयस्पर्शी वि. (adj.)	hriday-sparshī	touching the heart, pathetic	khawngaihthlak	खोङइह्त्लाक्
हृदयविदारक वि. (adj.)	hriday-vidārak	heart-rending	tuarhar, hrehawm nasa	तुअरहर, ह्रेऑम नसा
हृष्ट-पुष्ट वि. (adj.)	hrisṭa-pusṭa	stout and robust	sanṭha, tawr ṭha	सनठा, तोर ठा

हेकड़ी सं.स्त्री. (n.f.)	hekṛī	brave do and gas conade	misual kawlhrawng tak	मिसुअल कोलह्रोङ तक
हेठी सं.स्त्री. (n.f.)	heṭhī	insult, indignity	inhmusitna, inhnehsawhna	इनम्हुह्सित्ना, इनन्हेह्सोह्ना
हेडमास्टर सं.पु. (n.m.)	heḍmāster	head master	hotu, hruaitu	होउतू, ह्रुअइतू
हेतु सं.पु. (n.m.)	hetu	purpose	vang, chhan tum	वाङ, छन, तुम
हेमंत सं.पु. (n.m.)	hemant	winter, comprising the month of मार्ग शीर्ष and पोष	thlasik	त्लासिक
हेय वि. (adj.)	hey	bad, worthless	sual, tlaktai lo eng nilo	सुअल, त्लाकत्लाइ, लोउ एङ निलोउ
हेरफेर सं.पु. (n.m.)	herpher	interchange, change	karthlakna, in thlengna, inthlak thleng	कारत्लाकना, इन त्लेङ्ना, इनत्लाक त्लेङ
हेराफेरी सं.स्त्री. (n.f.)	herāpherī	bungle	mumal lo taka thil tih	मुमल लोउ तका थिल तिह
हेलमेल सं.पु. (n.m.)	helmel	intimacy, familiarity	in nelna, pawngpaw tlangnelna	इन्नेलना, पोङपो त्लाङनेलना
हैजा सं.पु. (n.m.)	hāizā	cholera	tuihri	तुइह्री
हैट सं.पु. (n.m.)	hāiṭ	hat	lukhum tlang	लुखुम त्लाङ
हैरत सं.स्त्री. (n.f.)	hāirat	amazement, astonishment	parh mak tihna	परह् मक तिह्ना
हैरान वि. (adj.)	hāirān	perplexed, disturbed amazed	tihrilhai mak	तिह्रिलह्हइ, मक
हैरानी वि. (adj.)	hāirānī	surprise	mak tihna	मक तिहना
हैवान सं.पु. (n.m.)	hāivān	animal, brute, uncivil person	ramsa zinga a mawl pawl, mi tawrawt	रमसा जिङा अ मोल पोल, मी तोरोत्
हैसियत सं.स्त्री. (n.f.)	hāisiyat	status, capacity	nihna, dinhmun	निह्ना, दिनम्हुन
होंठ सं.पु. (n.m.)	hõṭh	lip	heh, hmui	हेह्, म्हुइ
होटल सं.स्त्री. (n.f.)	hoṭal	hotel	khualbuk	खुअलबूक
होड़ सं.स्त्री. (n.f.)	hoṛ	competition, bet	inelna, pawisa inchawina	इनएलना, पोइसा इनूचोइना

होनहार वि. (adj.)	honhār	promising, inevitable	beiseiawm, chhenfakawm, awm	बेइसेइऑम, छेनफाकऑम, ऑम
			reng tur, reng	रेङ तूर, रेङ
होनी सं.स्त्री. (n.f.)	honī	inevitable, fate	loh theih loh, pumpelh theih loh	लोउ थेइह् लोउ, पुमपेल्ह् थेइह् लोउ
होना क्रि.अ. (v.i.)	honā	to be, to become, to take place	ni, nei awm	नी, नेइ ऑम
होली सं.स्त्री. (n.f.)	holī	a Hindu festival of merry makeing in which people throw coloured powder\water on one another	Hindu kut, rawng	हिन्दू कूत, रोङ
होल्डर सं.पु. (n.m.)	holḍar	holder	chelh tu	चेल्ह् तू
होश सं.पु. (n.m.)	hosh	consciousness sense	finna, hriatna	फिनूना, ह्रियतना
			a hriat theihna	अ ह्रियत थेइह्ना
			chi hrang hrang	ची ह्रङ ह्रङ
होशियार वि. (adj.)	hoshiyār	clever,vigilant	fing, rem hria	फिङ, रेम ह्रिया
होशियारी सं.स्त्री. (n.f.)	hoshiyārī	cleverness	finna, thiaman	फिनूना, थियमूना
होस्टल सं.पु. (n.m.)	hosṭal	hostel	khualbuk, zirlaiho	खुअलबूक, जिरलाइहोउ
			riahna in	रियहना इन
हो-हल्ला सं.पु. (n.m.)	ho-hallā	uproar	buai bengchheng	बुअइ बेङछेङ
हौज सं.पु. (n.m.)	hāuz	reservoir	tuikhuah, tuizem	तुइखुअह्, तुइजेम
हौदा सं.पु. (n.m.)	hāudā	contrivance, for seating placced on an elephant	sai hnunga ṭhutna tura thil siam	साइ ह्नुङा ठुतना तूरा थिल सियम
हौवा सं.पु. (n.m.)	hāuvā	scarerow, bogey	ramhuai thil hlauhawm leh rapthlak	रमहुअइ थिल ह्लाउऑम लेह् रापत्लाक
हौसला सं.पु. (n.m.)	hāus-lā	courage, courageous	huai senna, tumruhna	हुअइ सेनूना तुमरुहना

परिशिष्ट APPENDIX

संख्या	Number	Numerals	
एक	one	Pakhat	पखत
दो	two	Pahnih	पह्नीह्
तीन	three	Pathum	पथुम
चार	four	Pali	पली
पाँच	five	panga	पंङा
छह	six	paruk	परुक
सात	seven	pasarih	पसरिह्
आठ	eight	pariat	परियत
नौ	nine	pakua	पकुअ
दस	ten	sawm	सोम
ग्यारह	eleven	sawmpakhat	सोमपखत
बारह	twelve	sawmpahnih	सोमपह्नीह्
तेरह	thirteen	sawmpathum	सोमपथुम
चौदह	fourteen	sawmpali	सोमपली
पंद्रह	fifteen	samwpanga	सोमपङा
सोलह	sixteen	sawmparuk	सोमपरुक
सत्रह	seventeen	sawmpasarih	सोमपसरिह्
अठारह	eighteen	sawmpariat	सोमपरियत
उन्नीस	Nineteen	sawmpakua	सोमपकुअ
बीस	Twenty	sawmhnih	सोमनीह्
इक्कीस	Twentyone	sawmhnihpakhat	सोमनीह्पखत
बाईस	Twentytwo	sawmhnihpahnih	सोमनीह्पह्नीह
तेइस	Twentythree	sawmhnihpathum	सोमनीह्पथुम
चौबीस	Twentyfour	sawmhnihpali	सोमनीह्पली
पच्चीस	Twentyfive	sawmhnihpanga	सोमनीह्पङा
छब्बीस	Twenty six	sawmhnihparuk	सोमनीह्परुक
सत्ताईस	Twentyseven	sawmhnihpasarih	सोमनीह्पसरिह्
अट्ठाईस	Twentyeight	sawmhnihpariat	सोमनीह्परियत
उनतीस	Twentynine	sawmhnihpakua	सोमनीह्पकुअ
तीस	Thirty	sawmthum	सोमथुम
इकतीस	Thirty one	sawmthumpakhat	सोमथुमपखत
बत्तीस	Thirty two	sawmthumpahnih	सोमथुमपह्नीह्

तैंतीस	Thirtythree	sawmthumpathum	सोमथुमपथुम
चौंतीस	Thirty four	sawmthumpali	सोमथुमपली
पैंतीस	Thirty five	sawmthumpanga	सोमथुमपङा
छत्तीस	Thirty six	sawmthumparuk	सोमथुमपरुक
सैंतीस	Thirtyseven	sawmthumpasarih	सोमथुमपसरिह्
अड़तीस	Thirtyeight	sawmthumpariat	सोमथुमपरियत
उन्तालीस	Thirty nine	sawmthumpakua	सोमथुमपकुअ
चालीस	Forty	sawmli	सोमली
इकतालीस	Forty one	sawmlipakhat	सोमलीपखत
बयालीस	Forty two	sawmlipahnih	सोमलीपह्नीह्
तैंतालीस	Fortythree	sawmlipathum	सोमलीपथुम
चवालीस	Forty four	sawmlipali	सोमलीपली
पैंतालीस	Forty five	sawmlipanga	सोमलीपङा
छियालीस	Forty six	sawmliparuk	सोमलीपरुक
सैंतालीस	Fortyseven	sawmlipasarih	सोमलीपसरिह्
अड़तालीस	Fortyeight	sawmlipariat	सोमलीपरियत
उनचास	Forty nine	sawmlipakua	सोमलीपकुअ
पचास	Fifty	sawmnga	सोमङा
इकावन	Fifty one	sawmngapakhat	सोमङापखत
बावन	Fifty two	sawmngapahnih	सोमङापह्नीह्
तिरपन	Fifty three	sawmngapathum	सोमङापथुम
चौवन	Fifty four	sawmngapali	सोमङापली
पचपन	Fifty five	sawmngapanga	सोमङापङा
छप्पन	Fifty six	sawmngaparuk	सोमङापरुक
सत्तावन	Fifty seven	sawmngapasarih	सोमङापसरिह्
अट्ठावन	Fifty eight	sawmngapariat	सोमङापरियत
उनसठ	Fifty nine	sawmngapakua	सोमङापकुअ
साठ	sixty	sawmruk	सोमरुक
इकसठ	Sixty one	sawmrukpakhat	सोमरुकपखत
बासठ	Sixty two	sawmrukpahnih	सोमरुकपह्नीह्
तिरसठ	Sixty three	sawmrukpathum	सोमरुकपथुम
चौंसठ	Sixty four	sawmrukpali	सोमरुकपली
पैंसठ	Sixty five	sawmrukpanga	सोमरुकपङा
छियासठ	Sixty six	sawmrukparuk	सोमरुकपरुक
सड़सठ	Sixty seven	sawmrukpasarih	सोमरुकपसरिह्
अड़सठ	Sixty eight	sawmrukpariat	सोमरुकपरियत

उनहत्तर	Sixty nine	sawmrukpakua	सोमरुकपकुअ
सत्तर	Seventy	sawmsarih	सोमसरिह्
इकहत्तर	Seventyone	sawmsarihpakhat	सोमसरिह्पखत
बहत्तर	Seventytwo	sawmsarihpahnih	सोमसरिह्पह्नीह्
तिहत्तर	Seventythree	sawmsarihpathum	सोमसरिह्पथुम
चौहत्तर	Seventyfour	sawmsarihpali	सोमसरिह्पली
पचहत्तर	Seventy five	sawmsarihpanga	सोमसरिह्पङा
छिहत्तर	Seventy six	sawmsarihparuk	सोमसरिह्परुक
सतहत्तर	Seventyseven	sawmsarihpasarih	सोमसरिह्पसरिह्
अठहत्तर	Seventyeight	sawmsarihpariat	सोमसरिह्परियत
उनासी	Seventynine	sawmsarihpakua	सोमसरिह्पकुअ
अस्सी	Eighty	sawmriat	सोमरियत
इकासी	Eighty one	sawmriatpakhat	सोमरियतपखत
बयासी	Eighty two	sawmriatpahnih	सोमरियतपह्नीह्
तिरासी	Eightythree	sawmriatpathum	सोमरियतपथुम
चौरासी	Eighty four	sawmriatpali	सोमरियतपली
पचासी	Eighty five	sawmriatpanga	सोमरियतपङा
छियासी	Eighty six	sawmriatparuk	सोमरियतपरुक
सत्तासी	Eighty seven	sawmriatpasarih	सोमरियतपसरिह्
अट्ठासी	Eighty eight	sawmriatpariat	सोपरियतपरियत
नवासी	Eighty nine	sawmriatpakua	सोमरियतपकुअ
नब्बे	Ninety	sawmkua	सोमकुअ
इकानवे	Ninety one	sawmkuapakhat	सोमकुअपखत
बानवे	Ninety two	sawmkuapahnih	सोमकुअपह्नीह्
तिरानवे	Ninety three	sawmkuapathum	सोमकुअपथुम
चौरानवे	Ninety four	sawmkuapali	सोमकुअपली
पंचानवे	Ninety five	sawmkuapanga	सोमकुअपङा
छियानवे	Ninety six	sawmkuaparuk	सोमकुअपरुक
सत्तानवे	Ninety seven	sawmkuapasarih	सोमकुअपसरिह्
अट्ठानवे	Ninety eight	sawmkuapariat	सोमकुअपरियत
निन्यानवे	Ninety nine	sawmkuapakua	सोमकुअपकुअ
सौ	Hundred	za	जा
डेढ़ सौ	Hundred and fifty	za sawmnga	जासोमङा
दो सौ	Two hundred	zahnih	जह्नीह्
ढाई सौ	Two Hundred and fifty	zahnihswmnga	जह्नीहसोमङा
तीन सौ	Three hundred	zathum	जथुम

साढ़े तीन सौ	Three hundred and fifty	zathumsawmnga	जथुमसोमङा
चार सौ	Four hundred	za li	जली
पाँच सौ	Five hundred	zanga	जङा
छः सौ	Six hundred	zaruk	जरुक
सात सौ	Seven hundred	zasarih	जसरिह्
आठ सौ	Eight hundred	zariat	जरियत्
नौ सौ	Nine hundred	zakua	जकुअ
एक हजार	One thousand	sangkhat	साङ्खत
दस हजार	Ten thousand	singkhat	सीङ्खत
एक लाख	One lac	nuai khat	नुअइखत
दस लाख	Ten Million	maktaduai	मकतादुअइ
करोड़	Ten Million	maktaduai	मकतादुअइ
अरब	Billion	tluk leh dingawn	त्लूक लेह् दिङऑन
क्रमसूचक संख्या	**Ordinals**	**indawt**	**इनदोत्**
पहला	First	pakhatna	पखतना
दूसरा	second	Pahnihna	पह्नीह्ना
तीसरा	Third	pathumna	पथुमना
चौथा	Fourth	palina	पलीना
पाँचवाँ	Fifth	pangana	पङ्ना
छठा	Sixth	Parukna	परुकना
वार	**Days**		
रविवार	Sunday	pathiani	पथियनूनी
सोमवार	Monday	thawhtanni	थोह्टनूनी
मंगलवार	Tuesday	thawhlehni	थोह्लेह्नी
बुधवार	Wednesday	Nilaini	निलाईनी
बृहस्पतिवार	Thursday	Nilaithawh ṭanni\Ninga-ni	निलाइथोह् टनूनी/निङा नी
शुक्रवार	Friday	zirtawpni	जिरतोपनी
शनिवार	Saturday	Inrinni	इनरिनूनी

दिशा	Direction	pan lam awmna lam	पन् लम ऑमना लम
पूर्व	East	khawchhak	खोछक
दक्षिण	South	chhim	छिम
पश्चिम	West	khawthlang	खोत्लङ
उत्तर	North	hmar	म्हार
दक्षिणपूर्व	South east	chhim chhak	छिम छक
दक्षिण पश्चिम	South west	chhim thlang	छिम त्लङ
उत्तरपूर्व	North east	hmarchhak	म्हारछक
उत्तर पश्चिम	North west	hmar thlang	म्हारत्लङ
दिशा	Direction	an lam awmna lam	अन लम ऑमना लम
पास	Near	hnai, hnaih	ह्नाइ, ह्नइह्
दूर	Distance	hlat lam, kar	ह्लत लम, कार
ऊपर	On	chungah	चुङअह
नीचे	Down	hnuai	न्हुअइ
दाएँ	Right	ding lam	दिङलम
बाएँ	Left	vei lam	वेइलम
सामने	Infront	hma	म्हा
आगे	Front	hma lam, hma	म्हा लम, म्हा
पीछे	Behind	hnungah	न्हुङलम
सीधे	Straight	ngil	ङील
केंद्र	Centre	lai tak	लाइ तक

मास	Month		
जनवरी	January	pawlkût thla	पोलकूत त्ला
फरवरी	February	Ramtuk thla	रमतुक त्ला
मार्च	March	Vauthla	वाउ त्ला
अप्रैल	April	ṭauthla	टाउ त्ला
मई	May	ṭomirthla	टोउमिर त्ला
जून	June	nikir thla	निकीर त्ला
जुलाई	July	vawkhniahzawn thla	वोकह्नीयहजोन त्ला
अगस्त	August	thiṭin thla	थिटीन त्ला

सितम्बर	September	mimkût	मीमकूतत्ला
अक्टूबर	October	khuangchawi thla	खुअङ्चोइ त्ला
नवम्बर	November	sahmulphahthla	सम्हुलफह्
		thla	त्ला
दिसम्बर	December	pawltlakthla	पोलत्लाक त्ला
शरीर के अवयव	**Body part**	**taksa**	**तकसा**
भुजा	Arm	ban	बान
पीठ	back	hnung	न्हुङ
रीढ़ की हड्डी	back bone	hnungzang ruh	न्हुङ्जाङ रुह
दाढ़ी	beard	khabe hmul	खबे म्हुल
शरीर	body	taksa	तकसा
हड्डी	bone	ruh	रुह
दिमाग	brain	thluak, finna	त्लुआक, फिन्ना
छाती	chest	âwm (bawr)	ऑम (बोर)
छाती	breast	âwm, âwm	ऑम, ऑम
		bawr	बोर
गाल	cheek	biang	बियाङ
ठुड्डी	chin	khabe	खबे
कान	ear	beng	बेङ
आँख	eye	mit	मित
भौंह	eyebrow	mitko hmul	मितकोउ म्हुल
बरौनी	eyelash	mithmul	मितम्हुल
कुहनी	elbow	kiu, kiuthlep	कीउ, कीउत्लेप
चेहरा	face	hmai	म्हाइ
उंगली	finger	kutzungṭang	कुतजुङ्टङ
पैर	foot	ke	के
माथा	forehead	chal	चल
बाल	hair	sam	सम
हाथ	hand	kut	कुत
सिर	head	lu	लू
हृदय	heart	thinlung	थिनलुङ
एड़ी	heels	kheimit	खेइमित
कुल्हा	hip	mawngtam	मोङ्तम
		bâwr, khelbawr	बोर, खेलबोर

आँत	intestine	ril	रील
जबड़े	jaws	khabe, khabe ruh	खबे, खबे रुह्
घुटना	knee	khup	खूब
टाँग, पैर	leg	ke	के
होंठ	lips	hmui, heh	म्हुइ, हेह्
यकृत	liver	thin	थिन
फेफड़े	lungs	chuap	चुआप
मूँछ	moustache	hmui hmul	म्हुइ म्हुल
मुँह	mouth	ka	का
नाभि	navel	lai (laihrui in thlunna)	लाइ (लाइहुइ इन त्लुन्ना)
नाखून	nail	tin	तिन
गर्दन	neck	nghawng	ङोह्ङ
नाड़ी	nerve	thazam, thahruitha	थजाम, थहुइथा
नाक	nose	hnar	न्हार
पंजा	paw	kethiah, tin nei ke bawr	केठियह्, तिन नेइ के बोर
नाड़ी	pulse	mar leh lung phu	मर लेह् लुङ फू
पसली	rib	nak ruh	नाक रुह
कंधा	shoulder	Koki	कोउकी
अस्थिपंजर	skeleton	ruhrel	रुहरेल
चमड़ा	skin	vun	वुन
खोपड़ी	skull	lu ruh	लु रुह
पेट	stomach	pum	पुम
जाँघ	thigh	malpui, mal	मलपुइ, मल
गला	throat	hrawk	ह्रोक
अंगूठा (पैर का)	toes	ke zungpui	कै जुङपुइ
जीभ	tongue	lei	लेइ
दाँत	tooth	ha	हा
नसें	veins	thisen zam (thazam)	थिसेन जाम (थजाम)
कमर	waist	kawng	कोङ
कलाई	wrist	banrek	बनरेक

रोग/स्वास्थ्य **Diseases\health**

फोड़ा	Abscess	Khawihli	खोइह्ली
सहायता	Aid	Ṭanpui	टनपुइ

अम्बुलेंस	Ambulance	damlo hruaina	दमलोउ ह्रुअइना
		motor	मोटोर
दमा	asthma	thawchham natna	थोछम नत्ना
पट्टी	Bandage	pan tuamna	पान तुअमना
खून बहना	Bleeding	Thi put	थी पूत
छाला	Blister	pangti durh	पङ्ती दुरह्
खरोंच	Bruise	pem, pilh	पेम, पिल्ह्
जलना	Burn	kang	काङ
हैजा	cholera	Tuịhri natna	तुइह्री नत्ना
जुकाम	common cold	hritlang	ह्रित्लाङ
दशा	condition	awm dan	ऑम दान
कब्ज	constipation	êk khal	एक खल
खांसी	cough	khuh	खुउह्
लूला	cripple	kebai	केबाइ
बहरा	deaf	bengngawng	बेङ्ङोङ
मधुमेह	diabetes	zun thlum	जुन त्लुम
पश्य, आहार	diet	ei tur inchawh	एइ तूर इनचोह
		lawkna	लोकना
दस्त	diarrhae	Kawṭhalo	कोठलो
रोग	disease	natna	नत्ना
खुराक	dose	damdawi ei	दमदोइ एइ
		zat tur bi	जात तूर बी
पेचिश	dysentry	santen	सनतेन
दाद	eczema	vun natna chi khat	वुन् नत्ना चि खत
एनिमा	Enema	mawnga damdawi	मोङा दमदोइ
		thi kah luh	तुइ कह् लुह्
मिरगी	Epilepsy	phungzawl natna	फूङ्जोल नत्ना
मूर्च्छा	Fainting	Thidang	थिदङ
ज्वर	Fever	Khawsik	खोसिक
सेंकना	fomantation	puan lum nena deh,	पुअन लुम नेना देह,
		tui lum nena	तुइ लुम नेना
		indehna	इनदेह्ना
हड्डी टूटना	Fracture	ruh tliak	रुह् त्लिअक
हकीम/वैद्य	Doctor	Daktor	दोक्तोर
स्वास्थ्य	Health	Hriselan	ह्रिसेन्ना
हिचकी	Hiccup	irhfiak	इरह्फियक

कुबड़ा	Hunch backed	zangkûl	जाङ्कूल
चोट	Hurt	tina	तिना
संक्रामक रोग	infectious disease	kai theih, kaih	काइ थेइह्, कइह्
		hnawih awlsam	नहोइह् ऑलसम्
		natna	नत्ना
फलू	influenza	hritlang	ह्रित्लाक
खुजली	Itching	thak	थक
अपच	indigestion	pai tawih theih	पाइ टोइह् थेइह्
		lohna	लोउना
फूलना	Inflammation	Vung	वूङ
पीलिया	Jaundice	mit bua	मीत बुआ
लंगड़ा	Lameman	ke bai	के बाइ
कोढ़ी	Leper	phar	फार
कोढ़	Leprosy	pharnatna	फारनत्ना
तुतलाना	Lisping	lei tawt ṭawng	लेइ तोत टोङ
मलेरिया	Malaria	sikserh	सिकसेरह्
पागल	Mad	rilru kim lo	रिलरु किम लोउ
दवा	Medicine	damdawi	दमदोइ
मिक्शचर	Mixture	thil in chawhpawlh	थिल इन चोह्पोल्ह्
काना	one eyed man	mit ḳhingdel	मित खिङ देल
मलहम	Onitment	hriak hnaiwh chi	ह्रियक ह्नोहइ् ची
दर्द	Pain	na	ना
लकवा	Paralysis	zeng	जेङ
बीमार	Patient	dam lo	दम लोउ
गोलियाँ	Pills	damdawi mum	दमदोइ मुम
मुहासे	pimples	arngeng	अरङेङ
निमोनिया	Pneumonia	awmna khawsipui	ऑमना खोसिकपुइ
गठिया	Rheumatism	ruh seh	रुह् सेह
बीमार	Sick	dam lo	दम लोउ
चेचक	small pox	zawng hri	जोङ ह्री
छींक	Sneeze	hahchhiu	हअह्छिअउ
हकलाना	Stammering	dang awk	दङ ऑक
सूजना	Swelling	vung	वूङ
तपेदिक	T.B.	ngawr	ङोर
गोली	Tablet	damdawi mum	दमदोइ मूम
ज्वर	Temperature	Pangsa	पङसा

थर्मामीटर	Thermometer	Khawsik enna	खोसिक एन्ना
ताकत की दवा	Tonic	chakna damdawi	चक्ना दमदोइ
इलाज	Treatment	en dan	एन दान
टायफायड	Typhoid	Khawsikpui	खोसिक्पुइ
बेहोश	unconsicous	Thidang	थिदङ
घाव	wound	hliam	ह्लीयम्
फल	**fruits**	**Thei**	**थेइ**
सेब	Apple	Apple	अपल
केला	Banana	Balhla	बलह्ला
जामुन	Blackberry	zamun thei	जामुन थेइ
नारियल	Coconut	narial thei	नारियल थेइ
अंजीर	Fig	Theipui	थेइपुइ
फल	Fruit	thei	थेइ
अंगूर	Grape	Greprah	ग्रेपरह्
अमरुद	Guava	Kawlthei	कोलथेइ
आम	mango	theihai	थेइहाइ
मुसम्मी	Mousumy	serman	सेरमाम
खरबूजा	Muskmelon	hmazil	म्हाजिल
नांरगी, संतरा	Orange	serthlum	सेरत्लुम
पपीता	Papaya	Thingfanghma	थिङफङ-म्हा
अनन्नास	Pineapple	lakhuihthei	लखुइह्थेइ
केला	Banana, plantain	balhla	बल्ह्ला
बेर	Plum	Borai	बोरइ
अनार	Pomegranate	theibuhfai	थेइबुहफाइ
तरबूज	Watermelon	dawnfawh	दोन्फोह्
गन्ना	sugarcane	fu	फू
साग-सब्जी	**Vegetables**	**thalai hnah**	**थ्लाइ न्हाह्**
सेम	Bean	Kawm neia rahchi	कोम नेइअ रह्ची
चुकन्दर	Beetroot	antam bulbawk	अनटम बुलबॉक
बैंगन	Brinjal	bawkbawn	बोकबोन
पातगोभी	cabbage	zikhlum	जीकह्लूम
गाजर	Carrot	anṭam bulbal	अनटम बुलबाल

		thlum chi	थ्लुम ची
मिर्चा	Chilli	hmarcha	म्हरचा
फूलगोभी	Cauliflower	parbawr	पारबॉर
धनिया	Coriander	Dhaniya	धनिया
ककड़ी	Cucumber	Fanghma	फङम्हा
तोरई	Cucurbiraceous	umei	ऊम एइ
बथुआ	Chewopa dium ablum	anṭam chi khat	अनटम चि खत
मेंथी	Finugreek	An hnah (kha)	अन ह्नह् (खा)
लहसुन	Garlic	purun var	पुरुन वार
पुदीना	Gardenmint	Pudina	पुदिना
अदरख	Ginger	sawhthing	सोह्थीङ
कटहल	Jack fruit	lamkhuang, la ui	लामखुआङ, ला उइ
भिंडी	Lady's Finger	bawrhsaiabe	बोरहसाइअबे
नींबू	Lemon	serthur	सेरथूर
प्याज	Onion	Purun	पुरुन
मटर	Pea	Be	बे
आलू	Potato	Alu	आलू
कद्दू	Pumpkin	Mai	माइ
मूली	Radish	Mula	मूला
पालक	(iron tamna)	thlai hnah ei chi	त्लाइ ह्नह् एइ ची
टमाटर	Tomato	tomato	तोमतो
इमली	Tamarind	tengtere	तेङ्तेरे
शलगम	Turnip	antam bulbawk	अनटम बुलबोक
रंग	**Colour**	**Rawng**	**रोङ**
काला	black	dum, hang	दुम, हाङ
नीला	blue	dumpawl	दुमपोल
भूरा	Brown	buang	बुआङ
रंग	colour	rawng	रोङ
गहरा	dark	thim, duk	थिल, दुक
कत्थई	coffee-brown	coffee rawng	कॉफी रोङ
सुनहरा	golden	rangkachak rawng	रङ्कचक रोङ
हरा	green	hring	ह्रिङ
स्लेटी	grey	paw, vut buak	पो, वुत बुअक
हल्का	light	dal	दल

नांरगी	orange	serthlum rawng	सेरत्लुम रोङ
जामुनी	purple	rawng sen duk	रोङ सेन दुक
लाल	red	sen	सेन
जोगिया	reddish	sena buak	सेना बुआक्
आसमानी	skyblue	vanrawng	वानरोङ
रुपहला	silvery	silver rawng	सिलवर रोङ
बैगनी	violet	bawkbawn rawng	बोकबोन रोङ
सफेद	white	var	वार
पीला	Yellow	eng	एङ

पशु	**Animals**	**thil nung**	**थिल नुङ**
भालू	bear	savawm	सवोम
बैल	bullock	Bawngpa til reh	बोङपा तिल रेह्
भैंसा	buffallow	lawi (pa)	लोइ (पा)
भैंस	she-buffallo	lawi (nu)	लोइ (नु)
बिल्ली	cat	zawhte	जोहते
ऊंट	camel	sanghawngsei	सह्ङोङसेइ
बछड़ा	calf	bawngno (pa)	बोङनोउ (पा)
गाय	cow	bawngpui	बोङपुइ
हिरण	deer	sakhi	सखी
कुत्ता	dog	ui	उइ
हाथी	elephant	sai	साइ
लोमड़ी	fox	sihal	सिहल
बकरी	goat	kêl	केल
घोड़ा	horse	sakawr	सकॉर
सिगार	jackal	sihal	सिहल
जिराफ	giraffe	Africa ramsa chi khat râng rek ruk, nghawng sei deuh mai	अफ्रिका रमसा ची खत राङ रेक रुक, हूङोङ सेइ देउह मइ
चीता	leopord	keite	केइते
चूहा	mouse	sazu	सजू
सिंह	lion	sakei baknei	सकेइ बकनेइ
साड़	bull	bawng chal, bawngpa til reh loh	बोङ चल, बोङपा तिल रेह लोह
सूअर	pig	vawk	वोक

अजगर	python	saphai	सफाइ
खरगोश	Rabbit	sazupui	सजुपुइ
चूहा	Rat	sazu	सजू
गेंडा	Rhinoceros	samak	समक
भेड़	sheep	Beram	बेराम
भेड़िया	Wolf	chinghnia	चिङन्हीय
शेर	tiger	sakei	सकेइ

जलचर	**Aquatics tuia**	**cheng chi**	**चेङ ची**
मगर	Crocodile	awle	ऑले
मेंढ़क	frog	uṭawk	उटोक
मछली	fish	sangha	सङ्हा
साँप	snake	rûl	रुल
कछुआ	turtle	satel	सतेल

पक्षी	**Birds**	**sava**	**सवा**
चिमगादड़	bat	bak	बाक
पक्षी	bird	sava	सवा
बुलबुल	bulbul	sava chi khat hram mawi tak	सवा ची खत ह्राम मोइ तक
कोयल	cuckoo	sava chi khat 'kukku, kukku' tia hrâm ṭhin (chi)	सवा ची खत 'कुकू, कुकू' तिया ह्राम ठीन (ची)
सारस	crane	kanghlai	काङ्ह्लाइ
कौआ	crow	choâk	चोउआक
फाख्ता	dove	ṭhuro	ठुरोउ
बतख	duck	varak	वरक
गरुड़	eagle	mupui	मुपुइ
मुर्गा	fowl	arpa	अरपा
हंस	goose	vatawk	वतोक
बाज	hawk	mu, mu âr-la	मू, मू आर-ला
मुर्गी	hen	arpui	अरपुइ
बगुला	heron	kanghlai lian chi	काङ्हलाइ लियन ची
चील	kite	mu	मू

मैना	maina	sava chi (ṭawng thei)	सवा ची (टोङ थेइ)
बुलबुल	nightingale	zan sava hram mawi	जान सवा ह्राम मोइ
उल्लू	owl	chhimbuk	छिमबुक
मोर	peocock	ârawn	आरओन
कबूतर	pigeon	parva	पारवा
पपीहा	sparrowhawk	chawngzawng ang tak hram mawi	चोङजोङ अङ तक ह्राम मोइ
गौरैया	sparrow	chawngzawng	चोङजोङ
हंस	swan	vatawk	वतोक

सम्बन्ध	**Relationship**	**inlaichinna**	**इनलइचीनूना**
मामी, मौसी, चाची	Aunt	nu (nute laizawn) leh ni (pate farnu) lehpu (nute nuṭa) te nupui leh pa (pa-mi) te nupui	नू (नूते लइजोन) लेह् नी (पाते फरनू) लेह् पू (नूते नुटा) ते नुपुइ लेह् पा (प-मी) ते नुपुइ
मंगेतर	betrorthed	nupui pasala inhual	नुपुइ पसला इनहुअल
दुल्हन	bride	mo, mo tur	मोउ, मोउ तूर
दुल्हा	bridegroom	mo neitu, mo neitu tur	मोउ नेइतू, मोउ नेइतू तूर
समधी	father-in-law of one's son or daughter	mo neitu pa	मोउ नेइतू पा
भाई	bother	unaupa, nuṭa	उनाउपा नुटा
भाभी	brother's wife	unauap, nupui	उनाउपा नुपुइ
भतीजा	brother's son	unaupa fapa	उनाउपा फपा
भतीजी	brother's daughter	unaupa fanu	उनाउना फनु
देवर, साला, जेठ	brother-in-law	nupuite nuta	नुपुइते नुटा
चचेरा, फुफेरा, ममेरा भाई	cousin	pamite fa leh puzawnte fa	पमीते फा लेह् पूजोन्ते फा
सगा	close kin	pianpui (unau)	पियनपुइ (उनाउ)
पुत्री	daughter	fanu	फनु
दामाद	son-in-law	mâkpa	माक्पा
बहू	daughter-in-law	mo nu	मोउ नु
परिवार	Family	chhungkua	छूङकुअ
पिता	Father	pa	पा
ससुर	Father-in-law	pasalte pa	पसलते पा

ससुराल	Father-in-law's house	pasalte in	पसलते इन
पत्नी	wife	nupui	नुपुइ
चाचा	Father's Younger brother	patea	पतेअ
दादा	grand father	pu (pate lam pa)	पू (पाते लम पा)
दादी	grandmother	pi (pate nu)	पी (पाते नु)
बुआ	father'sister	ni	नी
पोती	Grand daughter	tunu	तुनू
पोता	Grand son	tupa	तुपा
पति	husband	pasal	पसल
देवर	husband's younger brother	pasalte nau (mipa)	पसलते नाउ (मीपा)
रिश्तेदार	relative	laichin	लइचीन
रिश्ता	Kinship	inchinna, in lai chinna	इन लइ चीनूना
माँ	mother	nu	नू
मामा	mother's brother uncle	pu (nute nuṭa)	पू (नुते नुटा)
मौसी	mother's sister aunt	nuteii\nulian (nu laizawn)	नुतेई/नुलियन (नू लइजोन)
मौसा	mother'sister's husband	nu laizawn pasal	नु लइजोन पसल
नाना	Mother's father	(nute pa) pu	(नूते पा) पू
ननिहाल	mother's father's house	pute in (nute pa)	पूते इन (नूते पा)
नानी	Mother's mother	pi (nute nu)	पी (नूते नू)
भतीजा	Nephew	unaute fapa, vahpa	उनाउते फपा, वह्पा
बहन	Sister	farnu	फरनू
बहनोई	Sister's husband	unaunuapasal	उनाउनूपसल
भांजा	Sister's son	farnute fapa	फरनूते फपा
भांजी	Sister's daughter	farnute fanu	फरनूते फनू
सौतेली माँ	Stepmother	nu hrawn	नुह्रोन
बेटा	Son	fapa	फपा
बहू	Son's wife	Monu	मोउनू
पत्नी	Wife	nupui	नुपुइ
साला	Wife's brother	nupuite nuta	नुपुइते नुटा

साली	Wife'sister	nupuite unaunu	नुपुइते उनाउनू
सलहज	Wife's brother's wife	nupuite unaupa nupui	नुपुइते उनाउपा नुपुइ
साढू	Wife's sister's husband	nupuite unaunu pasal	नुपुइते उनाउनू पसल
मामा	Uncle (metarnal)	pu (nute nuṭa)	पू (नूते नुटा)
चाचा	Uncle (paternal)	pami (pate unau pa)	पमी (पाते उनाउ पा)
सास	Mother-in-law	pasalte nu	पसलते नू

●●●